Nicolai Hartmann
Studien zur Neuen Ontologie und Anthropologie

Nicolai Hartmann

Studien zur Neuen Ontologie und Anthropologie

———

Herausgegeben von
Gerald Hartung und Matthias Wunsch

DE GRUYTER

ISBN 978-3-11-029119-3
e-ISBN 978-3-11-029120-9

Library of Congress Cataloging-in-Publication Data
A CIP catalog record for this book has been applied for at the Library of Congress.

Bibliografische Information der Deutschen Nationalbibliothek
Die Deutsche Nationalbibliothek verzeichnet diese Publikation in der Deutschen
Nationalbibliografie; detaillierte bibliografische Daten sind im Internet über
http://dnb.dnb.de abrufbar.

© 2014 Walter de Gruyter GmbH, Berlin/Boston
Druck und Bindung: Hubert & Co., Göttingen
♾ Gedruckt auf säurefreiem Papier
Printed in Germany

www.degruyter.com

Vorwort

Das vorgelegte Studienbuch soll in mehreren Hinsichten einen Beitrag zur Erschließung des Werks von Nicolai Hartmann leisten. Erstens macht es wichtige Texte Hartmanns verfügbar, die bislang verstreut und teilweise schwer zugänglich waren. Anhand von Originaltexten bietet es zweitens eine kompakte Einführung in zentrale Themenkreise seines Denkens. Auf diese Weise kann es in Lehrveranstaltungen zur Philosophie als Textgrundlage dienen. Drittens soll das Studienbuch dazu beitragen, Hartmanns Position für gegenwärtige philosophiehistorische Untersuchungen und in Hinblick auf bestimmte systematische Fragestellungen der Gegenwartsphilosophie kenntlich zu machen sowie stärker in den Fokus zu bringen.

Bei der Konzeption des Bandes haben wir zwei Schwerpunkte gesetzt: Hartmanns Neue Ontologie und seine Auseinandersetzung mit der Anthropologie. Diese Themenfelder sind sowohl zur Einführung in Hartmanns Philosophie als auch wegen ihrer philosophischen Aktualität von besonderem Interesse. Angesichts der gewählten Schwerpunkte haben sich bei der Textauswahl die meisten Aufsätze von selbst aufgedrängt. Um den Umfang des Studienbuchs zu begrenzen, mussten wir allerdings auf einige verzichten. So wäre beispielsweise die Hinzunahme der späten Abhandlung „Die Erkenntnis im Lichte der Ontologie", nicht zuletzt wegen ihrer interessanten Bezüge zur Anthropologie, sinnvoll gewesen. Sie liegt im Unterschied zu den hier aufgenommenen Texten allerdings bereits in einer Separatveröffentlichung vor („Die Erkenntnis im Lichte der Ontologie", mit einer Einführung von Josef Stallmach, Hamburg 1982).

Die Aufsätze sind hier in chronologischer Ordnung versammelt. Dabei haben wir uns grundsätzlich am Publikationsjahr orientiert, mit Ausnahme von „Neue Ontologie in Deutschland", wo uns die Orientierung am Zeitpunkt der Fertigstellung (1940 statt 1946) systematisch sinnvoller erschien. Jeder der aufgenommenen Texte ist mit einer kurzen Einleitung der Herausgeber versehen, die ihn in den damaligen Diskussionskontext und in Hartmanns Werk einordnet. Grundlage der Edition sind die jeweiligen Originalpublikationen, also nicht eventuelle Zweitveröffentlichungen in den nach Hartmanns Tod erschienenen *Kleineren Schriften*. In die damalige Rechtschreibung und Interpunktion haben wir nicht eingegriffen, offensichtliche Fehler aber stillschweigend korrigiert. Ergänzungen in den Anmerkungen oder zusätzliche Anmerkungen, die wir an einigen Stellen für erforderlich hielten, sind durch die Verwendung eckiger Klammern gekennzeichnet.

Für wertvolle und zuverlässige Hilfe, vor allem für die technische Unterstützung bei der Erstellung der Texte danken wir Heike Koenig, Daniel Rompf und Ines Bräuniger. Dem Verlag *De Gruyter* und insbesondere Frau Dr. Gertrud Grünkorn danken wir für die gute Zusammenarbeit und die Möglichkeit, dieses Projekt dort zu realisieren, wo Hartmanns Gesamtwerk publiziert ist.

Wuppertal, im September 2013   Gerald Hartung und Matthias Wunsch

Inhaltsübersicht

Grundzüge und Aktualität von Nicolai Hartmanns Neuer Ontologie und Anthropologie

1. Neue Ontologie und Kategorienlehre

Nicolai Hartmann galt in der ersten Hälfte des 20. Jahrhunderts als einer der bedeutendsten Philosophen seiner Zeit und ist in der Rückschau einer der letzten, dessen Gesamtwerk sich in seiner Weite und Tiefe ohne Weiteres mit Kant oder Hegel messen kann. Zu allen Bereichen der Philosophie hat Hartmann umfangreiche Monographien verfasst. Neben *Grundzüge einer Metaphysik der Erkenntnis* (1921), der *Ethik* (1926), *Das Problem des geistigen Seins* (1933) und den postumen Werken *Teleologisches Denken* (1951) und *Ästhetik* (1953) ist dabei vor allem seine vierbändige Ontologie hervorzuheben: 1. *Zur Grundlegung der Ontologie* (1935), 2. *Möglichkeit und Wirklichkeit* (1938), 3. *Der Aufbau der realen Welt* (1940) und 4. *Philosophie der Natur* (1950).[1] Der ontologische Werkkomplex bildet den Kern von Hartmanns Denken.[2]

Bereits das früheste der genannten Werke, die *Metaphysik der Erkenntnis*, gibt einen Vorbegriff der Hartmannschen Ontologie: Die von Aristoteles ausgehende, „alte[] Ontologie der Scholastiker und Rationalisten" wollte eine „Logik des Seienden" sein und übertrug „logische[] Strukturen auf die Seinssphäre"; sie war „rein konstruktiv, deduktiv und rationalistisch".[3] Hartmann betont demgegenüber, dass logische Strukturen zu einer Sphäre gehören, die als „ideale Sphäre" von der „realen Sphäre" zu unterscheiden sei. Ob alle Strukturen der realen Sphäre logisch oder alle logischen Strukturen realisiert sind, könne nicht vorab festgelegt werden, sondern bedürfe einer eigenen ontologischen Untersuchung.[4] Sie wäre Teil einer „kritischen Ontologie". Deren Begriff und Möglichkeit hat Hartmann erstmals in seinem Aufsatz „Wie ist kritische Ontologie überhaupt möglich?" mit einiger Ausführlichkeit erläutert (*Text 2* im vorliegenden Band). Mit dem Terminus „kritisch" knüpft Hartmann, der selbst der Tradition des Neukantianismus ent-

---

1 Eine von Theodor Ballauf erstellte Liste von Hartmanns Publikationen findet sich in: Heimsoeth, Heinz/ Heiß, Robert (Hgg.), *Nicolai Hartmann. Der Denker und sein Werk*, Göttingen 1952, 286–289.

2 Eine gute Einführung in Hartmanns Werk gibt Morgenstern, Martin, *Nicolai Hartmann zur Einführung*, Hamburg 1997.

3 Hartmann, Nicolai, *Grundzüge einer Metaphysik der Erkenntnis*, 1. Auflage: Berlin und Leipzig 1921, 144 f.; 4. Auflage: Berlin 1949, 187.

4 Vgl. Hartmann, Nicolai, „Wie ist kritische Ontologie überhaupt möglich?", *Text 2* im vorliegenden Band, 76; außerdem Hartmann, Nicolai, *Grundzüge einer Metaphysik der Erkenntnis*, 4. Auflage: Berlin 1949, 31–32.

stammt und bei Hermann Cohen und Paul Natorp studiert hat, an Kant an.[5] Auch für Hartmann bleibt eine kritische Unternehmung dem Dogmatismus entgegengesetzt, also der Anmaßung, mit ungeprüften, willkürlichen Voraussetzungen fortzuschreiten. Er gibt dieser Kantischen Auffassung aber dadurch eine eigene Wendung, dass er das Denken mit vorgefassten „Standpunkten" wie dem Idealismus und dem Realismus als dogmatisch begreift. Das eröffnet den Spielraum für eine nicht-dogmatische, kritische Metaphysik. Dabei würde es sich um eine Philosophie handeln, die der von Hartmann geprägten programmatischen Formel „Diesseits von Idealismus und Realismus" genügt (*Text 1* im vorliegenden Band).

Die kritische Ontologie fordert nicht nur die Unterscheidung zwischen der realen und der logischen Sphäre ein, sondern auch die zwischen der logischen und der Denksphäre. Auch hier habe die ontologische Tradition zu Unrecht eine Gleichsetzung vorgenommen. Sie stehe damit insgesamt für eine doppelte Identitätsthese. Die Kombination der beiden Teilthesen führt zu der Auffassung, dass das Denken in seinen Strukturen direkt die Strukturen des Realen offenbart. „Dieser Standpunkt", so Hartmann, „ist die Wurzel des Übels, er ist radikal falsch".[6] Wenn Hartmann die Ontologie, die er dagegen aufbieten möchte, „kritisch" nennt, meint er auch darin, sich auf Kant berufen zu können. Denn dieser habe als erster gesehen, dass hier ein Problem besteht, das heißt, dass die objektive Gültigkeit der apriorischen Denkfunktionen eines eigenen Nachweises bedarf. Damit aber habe er – auch wenn seine in der Transzendentalen Deduktion der reinen Verstandesbegriffe entwickelte Lösung des Problems unzureichend bleibe – die Selbstverständlichkeit der von Hartmann als „Wurzel des Übels" bezeichneten Auffassung zerstört und die Möglichkeit eröffnet, „die ontologische Frage kritisch zu stellen".[7]

Wenn die kritische Ontologie die Sphärengleichsetzungen, die die alte Ontologie kennzeichnen, aufgeben muss, dann ist ihr ein rationalistisches oder konstruktives Vorgehen verschlossen. Vielmehr steht sie vor der Aufgabe, die kategorialen Grundzüge der Sphären im Einzelnen auszumachen und von ihnen her nach ontologischen Zusammenhängen zu fragen.[8] Kritische Ontologie, so

---

5 Zu Hartmanns Verhältnis zum Neukantianismus und zu Kant siehe Breil, Reinhold, *Kritik und System. Die Grundproblematik der Ontologie Nicolai Hartmanns in transzendentalphilosophischer Sicht*, Würzburg 1996, 35ff.
6 Vgl. Hartmann, Nicolai, „Wie ist kritische Ontologie überhaupt möglich?", *Text 2* im vorliegenden Band, 77.
7 *Text 2* im vorliegenden Band, 77.
8 Vgl. zur Einordnung der Neuen Ontologie Hartmanns im Kontext einer Reform der Logik im 19. Jahrhundert Hartung, Gerald, „Genese und Geltung der Kategorien. Nicolai Hartmann und das Programm der Kategorienforschung", in: Hartung, Gerald/ Wunsch, Matthias/ Strube,

Hartmann, „ist möglich nicht ‚von oben her', synthetisch, aus Axiomen, Hypothesen, Identitätsthesen; sondern ‚von unten her', aus der Analyse vorliegender Strukturphänomene", das heißt „als eine analytische Ontologie".[9] Hartmann nennt drei Quellen der ontologischen Analyse: die naive, die wissenschaftliche und die philosophische Erfahrung. Bei der ersten handelt es sich um die alltägliche und lebenspraktische Erfahrung; zur zweiten gehören die Erkenntnisse aller „Einzelwissenschaften"; und die dritte umfasst die Erfahrung, die „in dem geschichtlichen Gange menschlicher Denkarbeit als eine lange Reihe von Versuchen, Fehlschlägen und Selbstkorrekturen verzeichnet ist".[10] Das methodische Ideal, die philosophische Ausgangsbasis wie Descartes oder Fichte auf einen einzigen Satz zu beschränken, ist Hartmann zufolge Zeichen „der ungeheuerlichsten Selbsttäuschung der Philosophie".[11] Seine Strategie ist es dagegen, das Orientierungsgebiet der Philosophie möglichst weit abzustecken. Nur so lasse sich verhindern, dass sich ein, wie implizit auch immer vorgefasster, theoretischer Standpunkt allein schon durch die Auswahl der Phänomene Geltung verschafft.

Den ersten Schritt seiner Analytik bezeichnet Hartmann selbst als „Phänomenologie". Er knüpft damit an die gleichnamige, von Edmund Husserl begründete, Denkrichtung an, ohne sich allerdings auf deren idealistische Ausprägung einzulassen. Die Phänomenologie hat Hartmann zufolge eine vorbereitende Funktion. Es geht in ihr um eine Deskription des vorliegenden Befundes, die angesichts der Fülle der Phänomene Orientierung ermöglicht. Der Befund darf aber weder um die naive, vorwissenschaftliche Erfahrung beschnitten werden, wie es im Szientismus geschieht, noch wie in der Husserlschen Phänomenologie um die wissenschaftliche Erfahrung. Hartmann beharrt darauf, dass „Wissenschaft mit zu den Erkenntnisphänomenen gehört und denselben Anspruch auf Beschreibung hat" wie die naive Erfahrung.[12] Die deskriptiv-phänomenologische Methode liefert als umfassende Analyse des Phänomens die unverzichtbare

---

Claudius (Hgg.), *Von der Systemphilosophie zur systematischen Philosophie – Nicolai Hartmann*, Berlin-New York 2012, 45–65.

9 Hartmann, Nicolai, *Grundzüge einer Metaphysik der Erkenntnis*, 4. Auflage: Berlin 1949, 193.

10 Hartmann, Nicolai, „Neue Wege der Ontologie", in: ders. (Hg.), *Systematische Philosophie*, Stuttgart – Berlin 1942, 199–311, hier: 214.

11 Hartmann, Nicolai, *Grundzüge einer Metaphysik der Erkenntnis*, 1. Auflage: Berlin – Leipzig 1921, 33; 4. Auflage: Berlin 1949, 41.

12 Vgl. Hartmann, Nicolai, *Der Aufbau der realen Welt. Grundriß der allgemeinen Kategorienlehre*, 3. Auflage: Berlin 1964, 534f. Zu Hartmanns ambivalentem Verhältnis zur Phänomenologie siehe auch Möckel, Christian, „Nicolai Hartmann – ein Phänomenologe? Zu den Termini Phänomen und Phänomenologie in der Metaphysik der Erkenntnis", in: Hartung, Gerald/ Wunsch, Matthias/ Strube, Claudius (Hgg.), *Von der Systemphilosophie zur systematischen Philosophie – Nicolai Hartmann*, Berlin-New York 2012, 105–127.

Vorarbeit für die Herausarbeitung des Fragwürdigen am Phänomen, das heißt die Problemanalyse. Damit ist der zweite Schritt von Hartmanns Vorgehen angesprochen: die „Aporetik" als reine „Problemwissenschaft".[13] Auf die Identifizierung der Probleme folgt als dritter Schritt ihre Bearbeitung, das Hinarbeiten auf ihre Lösung. Hartmann nennt diesen über die Analytik hinausgehenden dritten Schritt „Theorie".[14] Die Behandlung der Probleme ist von der Phänomenologie und der Aporetik abhängig. Entsprechend sind ungenügende Theorien dadurch gekennzeichnet, dass sie den Phänomenen nicht gerecht werden, die Probleme, wo sie diese überhaupt in den Blick bekommen, verzerren oder Lösungen im Ausgang von vorgefassten Standpunkten erzwingen. In der Auseinandersetzung mit solchen Theorien kommt die philosophische Erfahrung als Korrektiv und als Vermittler neuer Theoriebildung zum Einsatz. Ob und inwieweit aber der dritte Schritt, die Theorie, ein System etablieren kann, muss offen bleiben. Hartmann bleibt gegen jedes „Systemdenken" skeptisch. Er stellt dagegen das „systematische Denken" – Phänomenologie, Aporetik und Theorie sind dessen Stufen.[15]

Das inhaltliche Programm der kritischen, Neuen Ontologie lässt sich am besten mit Blick auf die vier ontologischen Hauptwerke Hartmanns skizzieren.[16] Dort bemüht er sich erstens um die Klärung der allgemeinen Frage nach dem „Seienden als Seienden" sowie um die Thematik der Gegebenheit des Seienden *(Zur Grundlegung der Ontologie)*. Zweitens geht es ihm um das Problem der

---

13 Hartmann, Nicolai, *Grundzüge einer Metaphysik der Erkenntnis*, 1. Auflage: Berlin – Leipzig 1921, 31; 4. Auflage: Berlin 1949, 38 f. Zur Aporetik siehe ausführlich Schlittmaier, Anton, *Zur Methodik und Systematik von Aporien. Untersuchungen zur Aporetik bei Nicolai Hartmann und Gottfried Martin*, Würzburg 1999.

14 Hartmann, Nicolai, *Grundzüge einer Metaphysik der Erkenntnis*, 1. Auflage: Berlin – Leipzig 1921, 32; 4. Auflage: Berlin 1949, 40.

15 Hartmann, Nicolai, „Systematische Selbstdarstellung" (1933), in: ders., *Kleinere Schriften*, Bd. 1: *Abhandlungen zur systematischen Philosophie*, Berlin 1955, 1–51, hier: 9 f. – Hartmann neigt manchmal dazu, „Phänomenologie – Aporetik – Theorie" als Schrittfolge mit nur einer Richtung zu sehen. Gottfried Martin hat bereits früh darauf hingewiesen, dass das Verhältnis dynamischer gefasst werden sollte, etwa phänomenologische und auch theoretische Elemente in die Aporetik zu rücken wären. Martin, Gottfried, „Aporetik als philosophische Methode", in: Heimsoeth, Heinz/ Heiß, Robert (Hgg.), *Nicolai Hartmann. Der Denker und sein Werk*, Göttingen 1952, 249–255. Zudem ist inzwischen häufig und zu Recht darauf hingewiesen worden, dass die für die Phänomenologie kennzeichnende Beobachtung und Beschreibung nicht theoriefrei zu haben ist. Bei Hartmann selbst ist dies zumindest insofern berücksichtigt, als er wissenschaftliche Erfahrung zum phänomenologischen Datum zählt.

16 Zur folgenden Übersicht siehe Hartmann, Nicolai, *Zur Grundlegung der Ontologie*, 4. Auflage: Berlin 1964, 131; ders, *Der Aufbau der realen Welt. Grundriß der allgemeinen Kategorienlehre*, 3. Auflage: Berlin 1964, 1; ders., *Philosophie der Natur. Abriß der speziellen Kategorienlehre*, Berlin 1950, V.

Seinsweisen des Idealen und des Realen sowie ihres Verhältnisses zueinander. Es ist seines Erachtens auf dem Weg einer Modalanalyse in Angriff zu nehmen *(Möglichkeit und Wirklichkeit)*. Drittens wendet sich Hartmann den inhaltlichen Fragen der Ontologie zu. Das heißt, er entwickelt eine allgemeine Kategorienlehre, die die Unterschiede der Seinsgebiete und Seinsschichten sowie deren Grundzüge und Verhältnisse herausarbeitet *(Der Aufbau der realen Welt)*. Zuletzt geht es Hartmann viertens um die spezielle Kategorienlehre eines bestimmten Seinsgebiets: der Natur *(Philosophie der Natur)*.

Hartmann hat immer wieder die Textgattung des Aufsatzes benutzt, um Vorgriffe auf seine Neue Ontologie zu formulieren, die dann ohne Revision im Grundsätzlichen in den ontologischen Werkkomplex eingegangen sind. So findet sich seine erste Ausarbeitung einer Theorie der „Gegebenheit des realen Seins", wie er sie 1935 in *Zur Grundlegung der Ontologie* präsentiert, und insbesondere die Lehre von den „emotional-transzendenten Akten",[17] in seinem vier Jahre zuvor gehaltenen Vortrag „Zum Problem der Realitätsgegebenheit" *(Text 4 im vorliegenden Band)*. Zentrale Überlegungen der in den 1920er Jahren erschienenen Aufsätze „Wie ist kritische Ontologie überhaupt möglich?" und „Kategoriale Gesetze" *(Texte 2 und 3 im vorliegenden Band)* sind in den 1940 veröffentlichten *Aufbau der realen Welt* aufgenommen worden. Beide Aufsätze sind ihrem Untertitel zufolge jeweils „Ein Kapitel zur Grundlegung der allgemeinen Kategorienlehre". Was der erste beisteuert, ist eine pointierte und übersichtliche Kritik der traditionellen Fehler der Ontologie.[18] Der zweite Aufsatz ist dazu das positive Gegenstück. Er bringt Hartmanns Lehre der Gesetze, die die Schichten der realen Welt, ihre Binnen- und Schichtungsverhältnisse betreffen, erstmals gebündelt auf den Punkt.[19]

Nachdem Hartmann seine Auseinandersetzung mit den Hauptfehlern der alten Ontologie und seine Lehre der kategorialen Gesetze, die vielen Interpreten als das Zentrum seiner Ontologie gilt, in *Der Aufbau der realen Welt* noch einmal ausführlich entwickelt hat, kann er eine konzentrierte Rückschau auf das bisher

---

17 Siehe Hartmann, Nicolai, *Zur Grundlegung der Ontologie*, 4. Auflage: Berlin 1964, 139–222, insbesondere 163 ff.

18 Vgl. in „Wie ist kritische Ontologie überhaupt möglich?" den Abschnitt „Die traditionellen Fehler" (im vorliegenden Studienbuch, 82 ff.) mit Hartmann, Nicolai, *Der Aufbau der realen Welt*, 3. Auflage: Berlin 1964, 61–156. – Eine weitere Reihe von Überlegungen von „Wie ist kritische Ontologie überhaupt möglich?" ist auch in die Ergänzungen eingegangen, die Hartmann gegenüber der ersten Auflage der *Grundzüge einer Metaphysik der Erkenntnis* (Berlin – Leipzig 1921) in die zweite Auflage aufgenommen hat (Berlin – Leipzig 1925).

19 Hartmann entwickelt seine Lehre der „Kategorialen Gesetze" außer in dem gleichnamigen Aufsatz in Hartmann, Nicolai, *Der Aufbau der realen Welt. Grundriß der allgemeinen Kategorienlehre*, 3. Auflage: Berlin 1964, 375–522.

Geleistete halten. Dem dient sein 1940 geschriebener (aber erst 1946 veröffent-
lichter) Aufsatz „Neue Ontologie in Deutschland" (*Text 5* im vorliegenden Band).
Er zeichnet dort das Bild einer philosophischen Ontologie, die in Kontinuität mit
der natürlichen Weltansicht und den positiven Wissenschaften steht. Sie begreift
die Welt als Schichtenbau, dessen Grundbestimmtheiten und -verhältnisse durch
eine Kategorienlehre aufzuklären sind. Hartmann zufolge geht es der neuen wie
der alten Ontologie insgesamt um das Seiende als solches und in diesem Sinne
bleibe sie *philosophia prima* – doch da sie den Anspruch aufgibt, den anderen
philosophischen Disziplinen und den Wissenschaften ihre „Wege vorzuzeichnen",
und diese vielmehr selbst voraussetzt, wird sie „dem Lehrgange nach [...] *philosophia ultima*".[20]

2. Anthropologie im Lichte der Ontologie

Die Annäherung an Hartmanns Denken über seine Aufsätze erscheint insofern als
gute Strategie, als er in diesen Texten zentrale Aspekte seiner Neuen Ontologie
und Kategorienlehre zuerst und in konzentrierter Weise ausgearbeitet hat. In
Bezug auf Hartmanns Überlegungen zur Anthropologie ist der Zugang über die
Aufsätze nicht nur ein günstiges, sondern das einzig probate Vorgehen. Unter den
vielen Monographien Hartmanns, die ansonsten das gesamte Feld der Philosophie
abdecken, ist keine einzige der Anthropologie gewidmet. Hartmann hat auch nie
eine Vorlesung zum Thema gehalten.[21] Umso wichtiger sind in diesem Zusammenhang zwei seiner Aufsätze, die sich direkt mit der philosophischen Anthropologie auseinandersetzen: der Rezensionsaufsatz „Neue Anthropologie in
Deutschland" (1941/2) zu Arnold Gehlens *Der Mensch* (1940) und die Abhandlung
„Naturphilosophie und Anthropologie" (1944).[22]

Hartmann leitet den Rezensionsaufsatz mit der Bemerkung ein, dass „man in
Fachkreisen der deutschen Philosophie" seiner Erinnerung nach auf nichts „so
sehnlich gewartet hat wie auf einen neuen, grundlegenden Ansatz der philosophischen Anthropologie" (*Text 6* im vorliegenden Band). Nach den für die mo-

---

20 Hartmann, Nicolai, „Neue Ontologie in Deutschland", *Text 5* im vorliegenden Band, 278. Vgl.
dazu auch Hartmann, Nicolai, „Systematische Selbstdarstellung" (1933), in: ders., *Kleinere
Schriften*, Bd. 1: *Abhandlungen zur systematischen Philosophie*, Berlin 1955, 1–51, hier: 51, und
ders., *Zur Grundlegung der Ontologie*, 4. Auflage: Berlin 1964, 31f.
21 Vgl. Stallmach, Josef, „Kopernikanische Wende in der Philosophie des 20. Jahrhunderts?",
in: Buch, Alois Joh. (Hg.), *Nicolai Hartmann 1882–1982*, Bonn 1982, 9–27; hier: 20.
22 Vgl. Hartung, Gerald, *Das Maß des Menschen. Aporien der philosophischen Anthropologie und
ihre Auflösung in der Kulturphilosophie Ernst Cassirers*, 2. Auflage: Weilerswist 2004, 185–203.

derne philosophische Anthropologie bahnbrechenden Arbeiten von Max Scheler und Helmuth Plessner waren die Erwartungen hoch.[23] Gehlen, so Hartmanns Einschätzung, hat sie mit seinem Buch *Der Mensch* (1940)[24] insgesamt gesehen mehr als erfüllt. Ein wichtiger Punkt, in dem sich Hartmann jedoch kritisch äußert, ist Gehlens Ablehnung von Schichtenmodellen. Karl-Siegbert Rehberg hat kürzlich auf den Brief hingewiesen, in dem sich Gehlen bei Hartmann für die positive Besprechung bedankt. Gehlen bat darin, die „Ablehnung des Schichtengedankens [...] nicht für endgültig zu halten".[25] Wie ein Aufsatz deutlich macht, den Gehlen ursprünglich für den 1952 erschienenen Gedenkband für Hartmann verfasst hat, verfestigte sich seine Ablehnung aber noch.[26] Während diese Differenz zwischen Hartmann und Gehlen bestehen blieb, bildet das Operieren mit ontologischen Schichten- oder Stufenmodellen gerade das Zentrum der Einigkeit zwischen Hartmann und den beiden Begründern der modernen philosophischen Anthropologie, das heißt Scheler und Plessner. Das wird zum einen bereits am Titel der von Plessner 1928 vorgelegten Grundlegung der modernen philosophischen Anthropologie – *Die Stufen des Organischen und der Mensch* – deutlich; und zum anderen operiert auch Scheler in dem für seine Anthropologie zentralen Vortrag „Die Sonderstellung des Menschen" (1927) mit einer das Lebendige insgesamt strukturierenden „*Stufenfolge* der psychischen Kräfte und Fähigkeiten".[27]

---

23 Scheler, Max, *Die Stellung des Menschen im Kosmos* (1928), in: ders., *Späte Schriften* (= *Gesammelte Werke*, Bd. 9), hrsg. v. Manfred Frings, 3. Auflage: Bonn 2008, 7–71. Plessner, Helmuth, *Die Stufen des Organischen und der Mensch. Einleitung in die philosophische Anthropologie* (1928), Berlin – New York 1975.
24 Gehlen, Arnold, *Der Mensch. Seine Natur und seine Stellung in der Welt* (= Arnold Gehlen *Gesamtausgabe*, hrsg. v. Karl-Siegbert Rehberg, Bde 3.1 und 3.2), Frankfurt a. M. 1993.
25 Zitiert nach Rehberg, Karl-Siegbert, „Nicolai Hartmann und Arnold Gehlen. Anmerkungen über eine Zusammenarbeit aus Distanz", in: Accarino, Bruno / Matthias Schloßberger (Hgg.), *Expressivität und Stil. Helmuth Plessners Sinnes- und Ausdrucksphilosophie*, Berlin 2008, 273–276, hier: 275.
26 Es handelt sich um Gehlens erst 2008 publizierten Aufsatz „Über den Cartesianismus Nicolai Hartmanns", in: Accarino, Bruno / Matthias Schloßberger (Hgg.), *Expressivität und Stil. Helmuth Plessners Sinnes- und Ausdrucksphilosophie*, Berlin 2008, 277–284. Der Aufsatz fand keine Aufnahme in den frühen Gedenkband von Heimsoeth, Heinz/ Heiß, Robert (Hgg.), *Nicolai Hartmann. Der Denker und sein Werk*, Göttingen 1952. In einem Brief an Karl-Siegbert Rehberg hat Frida Hartmann, Hartmanns Witwe, mitgeteilt, der Grund dafür lag darin, dass sie und Heimsoeth „fanden, er [Gehlens Aufsatz] enthielte nur Ablehnung und Kritik" und sei daher ungeeignet. Siehe dazu den in der vorigen Anmerkung genannten Text Rehbergs (273).
27 Scheler, Max „Die Sonderstellung des Menschen", in: Der Leuchter. Weltanschauung und Lebensgestaltung. 8. Buch: Mensch und Erde, hrsg. v. Graf Hermann Keyserling, Darmstadt 1927, 161–254, hier: 164.

Eine Reihe der späteren Arbeiten Hartmanns ist durch eine Affinität zur anthropologischen Thematik geprägt.[28] Der systematische und gegen den Neukantianismus gerichtete Ausgangspunkt von Hartmanns philosophischer Entwicklung war, dass die Erkenntnistheorie der Ontologie nachgeordnet und Erkenntnis eine Seinsrelation ist. In der Spätphase seines Denkens rückt das seiende Subjekt, das die erste Stelle dieser Seinsrelation und anderer transzendenter Akte einnimmt, stärker in den Mittelpunkt, und zwar unter dem Terminus „Mensch". Erkenntnis wird nun verstanden als „das große Instrument der Orientierung des Menschenwesens in der umgebenden Welt".[29] Hartmann lehnt zwar weiterhin in aller Deutlichkeit die These der alten Ontologie ab, dass „die Welt auf den Menschen hin angelegt" sei; vielmehr sei „alles in ihm relativ auf die Welt" [30] – aber auf der methodischen Ebene scheint die Neue Ontologie nun von der Anthropologie her in den Blick genommen zu werden. Denn ausgehend von der anthropologischen These, dass aller Geist „leibgebunden" und von organischem Leben getragen wird, wird es nun als eine wichtige Aufgabe der Neuen Ontologie formuliert, den Menschen aus dem „Zusammenhang mit dem Gesamtbau der Welt heraus zu verstehen, ja sein Wesen von hier aus neu zu bestimmen".[31] Darum, so Hartmann weiter, „bedarf es schon für die Zwecke der Anthropologie einer neuen Ontologie".[32] Diese in „Neue Wege der Ontologie" (1942) eingenommene Blick-

---

28 Das gilt etwa für Hartmann, Nicolai, „Die Erkenntnis im Lichte der Ontologie" (1949), mit einer Einführung von Josef Stallmach, Hamburg 1982. Stallmach weist auf die anthropologischen Bezüge dieser Abhandlung eigens hin: XXII ff. Auch in Hartmann, Nicolai, „Neue Wege der Ontologie", in: ders. (Hg.), *Systematische Philosophie*, Stuttgart – Berlin 1942, 199–311, finden sich mit „Neue Ontologie und neue Anthropologie" und „Die Schichtung des Menschenwesens", 223–231 u. 287–293, zwei Kapitel mit anthropologischer Thematik. Schließlich widmet Hartmann der Anthropologie auch in seiner späten Göttinger Vorlesung zur Einführung in die Philosophie einen „Die Stellung des Menschen in der Welt" genannten Abschnitt; Hartmann, Nicolai, *Einführung in die Philosophie*, überarbeitete, vom Verfasser genehmigte Nachschrift der Vorlesung im Sommersemester 1949 in Göttingen, 2. Auflage: Osnabrück 1952, 107–120.
29 Hartmann, Nicolai, „Naturphilosophie und Anthropologie", *Text 7* im vorliegenden Band, 353. Die neue, anthropologische Perspektive auf die Erkenntnis wird dann weiter ausgearbeitet in Hartmann, Nicolai, „Die Erkenntnis im Lichte der Ontologie" (1949), Hamburg 1982.
30 Hartmann, Nicolai, „Neue Wege der Ontologie", in: ders. (Hg.), *Systematische Philosophie*, Stuttgart – Berlin 1942, 199–311, hier: 226.
31 Ebd., 225. Vgl. Hartung, Gerald, „Im Gesichtskreis des Lebens. Nicolai Hartmanns naturphilosophischer Ansatz einer philosophischen Anthropologie", in: Plas, Guillaume u. Raulet, Gerard (Hgg.): *Philosophische Anthropologie. Themen und Positionen*, Bd. 4, Zweiter Teilband: *Konkurrenz der Paradigmata. Zum Entstehungskontext der philosophischen Anthropologie*, Nordhausen 2012, 451–469.
32 Hartmann, Nicolai, „Neue Wege der Ontologie", in: ders. (Hg.), *Systematische Philosophie*, Stuttgart – Berlin 1942, 231.

richtung vom Begriff des Menschen auf die Ontologie ist dann auch in Hartmanns wichtigster anthropologischer Abhandlung „Naturphilosophie und Anthropologie" (1944) maßgeblich (*Text 7* im vorliegenden Band). Die dort gesuchten „Kategorien des Menschseins" ergeben sich aus dem spezifischen „Ineinandergreifen" von Kategorien der Seinsschichten, die den Aufbau der realen Welt insgesamt bestimmen.

3. Neue Ontologie und Anthropologie in der gegenwärtigen Diskussion

Während der Hartmannschen Philosophie längere Zeit ein eher sporadisches und vereinzeltes Interesse entgegengebracht wurde,[33] ist seit Beginn des 21. Jahrhunderts, 50 Jahre nach seinem Tod, wieder eine verstärkte und breiter werdende Hinwendung zu Hartmann zu beobachten. 2001 fand in Bolzano/Italien die Konferenz *The Legacy of Nicolai Hartmann* statt. Die darauf zurückgehenden englischsprachigen Beiträge sind in der Zeitschrift *Axiomathes* erschienen.[34] Die damit einhergehende Internationalisierung der neueren Hartmann-Diskussion schlägt sich auch in der 2009 erfolgten Gründung der *Nicolai Hartmann Society* nieder, die auf Ihrer Homepage eine Reihe der seit 2000 erschienenen Arbeiten zu Hartmann nennt. Einen neueren Überblick über die verschiedenen Aspekte von Hartmanns Philosophie bieten die beiden ebenfalls auf Hartmann-Konferenzen zurückgehenden Sammelbände *The Philosophy of Nicolai Hartmann* (2011) und *Von der Systemphilosophie zur systematischen Philosophie – Nicolai Hartmann* (2012).[35] Für die internationale Diskussion sind Übersetzungen der Texte Hart-

---

33 Hier sind zunächst die „jüngeren" Gedenkbände zu nennen: Buch, Alois Joh. (Hg.), *Nicolai Hartmann 1882–1982*, Bonn 1982. Patzig, Günther u. a., *Symposium zum Gedenken an Nicolai Hartmann (1882–1950)*, Göttingen 1982. Gegen Ende des 20. Jahrhunderts sind zudem auch einige wichtige Monographien zu Hartmann erschienen: Werkmeister, W. H., *Nicolai Hartmann's New Ontology*, Tallahassee 1990. Morgenstern, Martin, *Nicolai Hartmann. Grundlinien einer wissenschaftlich orientierten Philosophie*, Tübingen-Basel 1992. Breil, Reinhold, *Kritik und System. Die Grundproblematik der Ontologie Nicolai Hartmanns in transzendentalphilosophischer Sicht*, Würzburg 1996. Siehe außerdem die besprochenen Arbeiten in Breil, Reinhold, „Literatur zur ‚Neuen Ontologie' Hartmanns und Jacobys", in: *Philosophischer Literaturanzeiger* 48, 1995, 88– 101.
34 Die von Roberto Poli mit einem Vorwort versehenen Beiträge finden sich in *Axiomathes. Where Science Meets Philosophy* 12, 2001, 157– 365.
35 Poli, Roberto/ Scognamiglio, Roberto/ Tremblay, Frederic (Hgg.), *The Philosophy of Nicolai Hartmann*, Berlin-New York 2011. Hartung, Gerald/ Wunsch, Matthias/ Strube, Claudius (Hgg.),

manns insbesondere ins Englische von großer Bedeutung. Lange Zeit waren nur die *Ethik* und „Neue Wege der Ontologie" übersetzt.[36] Inzwischen liegt auch Hartmanns „Wie ist kritische Ontologie überhaupt möglich?" (*Text 1* im vorliegenden Band) auf Englisch vor.[37] Zudem hat der Verlag *De Gruyter* englische Übersetzungen von *Möglichkeit und Wirklichkeit (Possibility and Actuality)* noch für 2013 und der *Ästhetik (Aesthetics)* für 2014 angekündigt.

Vor diesem Hintergrund ist zu fragen, wo sich für die gegenwärtige philosophische Forschung Möglichkeiten der inhaltlichen und systematischen Anknüpfung an Hartmann ergeben. Ohne Anspruch auf Vollständigkeit möchten wir einige Hinweise dazu sammeln.

(1) Zuerst ist hier die philosophische Anthropologie zu nennen. Seit den 1990er Jahren ist in der deutschsprachigen Diskussion eine Renaissance der von Max Scheler und Helmuth Plessner begründeten modernen philosophischen Anthropologie zu beobachten. In diesem Kontext ist deutlich geworden, dass Hartmann, der 1925 eine Professur in Köln antrat und dort mit Scheler und Plessner zusammenarbeitete, der wichtigste Ideengeber und Unterstützer dieses Ansatzes war.[38] Zugleich zeigte sich, dass Schelers *Die Stellung des Menschen im Kosmos* als eine anthropologische Konkretisierung von Hartmanns Kategorienlehre zu verstehen ist und dass sich im Rückgriff auf diese Lehre einige Standardeinwände gegen Schelers Anthropologie ausräumen lassen, die zuerst von Ernst Cassirer und Martin Heidegger erhoben wurden.[39] Hartmanns systematische Relevanz für die philosophische Anthropologie kommt mittlerweile aber auch

---

Von der Systemphilosophie zur systematischen Philosophie – Nicolai Hartmann, Berlin-New York 2012.

36 „Neue Wege der Ontologie" (in: Hartmann, Nicolai (Hg.), *Systematische Philosophie*. Stuttgart-Berlin 1942, 199–311) ist in der Übersetzung *New Ways of Ontology* 1953 in Chicago erschienen. Die englische Übersetzung der *Ethik (Ethics, 3 vols.)* ist 1932 in London erschienen; sie ist 2002–2004 mit einer neuen Einleitung von A. A. Kinneging wiederabgedruckt worden.

37 Hartmann, Nicolai/ Peterson, Keith R. (Übersetzer), „How Is Critical Ontology Possible? Toward the Foundation of the General Theory of the Categories, Part One", in: *Axiomathes* 22, 2012, 315–354. Der Übersetzer hat bei derselben Gelegenheit auch eine lesenswerte Einführung zu diesem Text bzw. zu Hartmanns Ontologie publiziert: Peterson, Keith R., „An Introduction to Hartmann's Critical Ontology", in: *Axiomathes* 22, 2012, 291–314.

38 Siehe dazu Fischer, Joachim, „Neue Ontologie und Philosophische Anthropologie. Die Kölner Konstellation zwischen Scheler, Hartmann und Plessner", in: Hartung, Gerald/ Wunsch, Matthias/ Strube, Claudius (Hgg.), *Von der Systemphilosophie zur systematischen Philosophie – Nicolai Hartmann*, Berlin-New York 2012, 131–151.

39 Wunsch, Matthias, „Zur Standardkritik an Max Schelers Anthropologie und ihren Grenzen. Ein Plädoyer für Nicolai Hartmanns Kategorienlehre". XXII. Deutscher Kongress für Philosophie, 11.–15.09.2011, München 2011. Online im Internet: URL: http://epub.ub.uni-muenchen.de/12502/ (Stand: 20.09.2013).

jenseits des Zusammenhangs mit Scheler und Plessner in den Blick.[40] Gleichwohl bleibt auf diesem Gebiet noch viel zu tun. Es gilt, die bei Hartmann „latente Anthropologie"[41] herauszuarbeiten[42] und in die gegenwärtige anthropologische Diskussion einzuspeisen.

(2) Hartmanns Kategorien- und Schichtenlehre ist neben der philosophischen Anthropologie auch für andere Aspekte der Gegenwartsphilosophie von Bedeutung. So wird in der zeitgenössischen Philosophie des Geistes und der Person nach den Verhältnissen zwischen mentalen und physischen Eigenschaften oder zwischen Person und Organismus gefragt. In neueren Texten zu Hartmann ist deutlich geworden, dass sich dessen Konzeption zu den dabei diskutierten Supervenienz-, Emergenz- und Konstitutionstheorien in aufschlussreicher Weise in Beziehung setzen lässt.[43] Auch in der aktuellen Metaphysik gibt es wieder Positionen, die mit den Konzepten „ontological levels" und „ontological novelty" operieren und darin von der detailliert ausgearbeiteten Ontologie Hartmanns profitieren könnten.[44]

(3) Außerdem kann Hartmann aufgrund der wissenschaftlichen Orientierung seiner Neuen Ontologie gegenwärtigen Positionen des methodologischen Naturalismus ein wichtiger Verbündeter sein. Er vertritt ausdrücklich eine naturalistische Kontinuitätsthese, wenn er betont, eine „feste Grenzscheide der Philosophie" gegen die „Einzelwissenschaften" lasse sich nicht ziehen.[45] In seiner

---

40 Peterson, Keith R., „All that we are. Philosophical Anthropology and Ecophilosophy", in: *Cosmos and History. The Journal of Natural and Social Philosophy* 6(1), 2010, 91–113.
41 Der Ausdruck stammt von Stallmach, Josef, „Kopernikanische Wende in der Philosophie des 20. Jahrhunderts?", in: Buch, Alois Joh. (Hg.), *Nicolai Hartmann 1882–1982*, Bonn 1982, 9–27; hier: 22.
42 Dabei am weitesten vorangekommen ist bisher Ehrl, Gerhard, „Nicolai Hartmanns philosophische Anthropologie in systematischer Perspektive", in: *Prima Philosophia* 16, Sonderheft 8, 2003, 7–76. Siehe aber auch Grötz, Arnd, *Nicolai Hartmanns Lehre vom Menschen*, Frankfurt a. M. et al. 1989.
43 Siehe dazu Johansson, Ingvar, „Hartmann's nonreductive materialism, superimposition, and supervenience", in: *Axiomathes* 12, 2001, 195–215; Dahlstrom, Daniel, „Zur Aktualität der Ontologie Nicolai Hartmanns", in: Hartung, Gerald/ Wunsch, Matthias/ Strube, Claudius (Hgg.), *Von der Systemphilosophie zur systematischen Philosophie – Nicolai Hartmann*, Berlin-New York 2012, 349–366; Wunsch, Matthias, „Kategoriale Gesetze. Zur systematischen Bedeutung Nicolai Hartmanns für die moderne philosophische Anthropologie und die gegenwärtige Philosophie der Person", in: Gerald Hartung/ Matthias Wunsch/ Claudius Strube (Hgg.), *Von der Systemphilosophie zur systematischen Philosophie – Nicolai Hartmann*, Berlin – New York 2012, 153–170; hier: 162ff.
44 Baker, Lynne R., *The Metaphysics of Everyday Life. An Essay in Practical Realism*, Cambridge 2007, 234–237.
45 Hartmann, Nicolai, *Der Aufbau der realen Welt. Grundriß der allgemeinen Kategorienlehre*, 3. Auflage: Berlin 1964, 2.

Erfahrungsorientierung bezieht er, wie gesehen, allerdings ebenso sehr die alltägliche und lebenspraktische wie die wissenschaftliche Erfahrung mit ein. Die
Überprüfung, wie weit es ihm gelingt, mit seiner Konzeption der Homogeneität
beider Erfahrungstypen einen Beitrag zur Verminderung der Spannung zwischen
„manifestem" und „wissenschaftlichem Weltbild" (Wilfrid Sellars) zu liefern, ist
unseres Erachtens ein Forschungsdesiderat.[46]

(4) Wenn Hartmann erklärt, er wolle die ganze Breite der Erfahrung ausschöpfen, dann begreift er dabei neben der naiven und der wissenschaftlichen
Erfahrung auch die „philosophische Erfahrung" mit ein.[47] In der Gegenwartsphilosophie hat die philosophiehistorische Forschung zwar nicht die beste Presse;
doch wie Daniel Dahlstrom zu Recht betont hat, können wir von Hartmanns
weitreichender Auseinandersetzung mit der philosophischen Tradition lernen,
dass die Geschichte der Ontologie selbst ontologisch ergiebig ist.[48]

(5) Auch in der Erkenntnistheorie kann die gegenwärtige philosophische
Forschung Anknüpfungspunkte bei Hartmann finden. Pionierarbeit dazu hat
bereits Martin Morgenstern in den 1990er Jahren geleistet. Mit Blick auf zwei
Hauptthemen von Hartmanns Erkenntnistheorie – das Problem des Apriorismus
und das erkenntnistheoretische Problem des Realismus – hat er aufschlussreiche
Bezüge zu Karl Poppers Kritischem Realismus und der Evolutionären Erkenntnistheorie bei Konrad Lorenz und Gerhard Vollmer aufgewiesen.[49]

(6) Das Programm einer „Kategorialanalyse" verknüpft in systematischer
Absicht die bisher genannten Punkte und stellt für die Frage nach dem Verhältnis
von Philosophie und Wissenschaften eine kaum zu überschätzende Provokation
dar. Einerseits nämlich können wir von einer schwer zu überbietenden Kränkung
der Philosophie sprechen, der von Hartmann kein eigener Gegenstandsbereich
mehr zugesprochen wird. Andererseits müssen sich die sogenannten „Realwissenschaften" (die Natur- wie die Sozial- und Kulturwissenschaften) dem Vorwurf
stellen, dass sie den „metaphysischen Einschlag" in ihren Begriffssprachen nicht
explizit machen. Im Gegensatz zu Rudolf Carnap zielt Hartmann aber nicht darauf
ab, „metaphysische Scheinprobleme" aufzuzeigen. Ihm geht es vielmehr darum,

---

46 Siehe dazu etwa Hartmann, Nicolai, *Zur Grundlegung der Ontologie*, 4. Auflage: Berlin 1964,
217 f.
47 Siehe z. B. Hartmann, Nicolai, „Neue Wege der Ontologie", in: ders. (Hg.), *Systematische
Philosophie*, Stuttgart – Berlin 1942, 199–311, hier: 214.
48 Dahlstrom, Daniel, „Zur Aktualität der Ontologie Nicolai Hartmanns", in: Hartung, Gerald/
Wunsch, Matthias/ Strube, Claudius (Hgg.), *Von der Systemphilosophie zur systematischen Philosophie – Nicolai Hartmann*, Berlin-New York 2012, 349–366, hier: 358 f.
49 Morgenstern, Martin, *Nicolai Hartmann. Grundlinien einer wissenschaftlich orientierten Philosophie*, Tübingen-Basel 1992, 20–69.

die Spannungen zwischen Alltagssprache, wissenschaftlicher und philosophischer Begrifflichkeit zu pointieren und den Unterschied zwischen Scheinproblemen und echten Problemen durch alle Dimensionen hindurch zu treiben. Auch metaphysische Fragen können echte Probleme betreffen, wenn sie nur an der richtigen Stelle, d. h. als Probleme des geistigen Seins, verortet werden.

(7) Zudem könnte, um einen letzten Punkt zu nennen, auch die neuere Kognitionswissenschaft von Hartmann profitieren. Kürzlich ist vorgeschlagen worden, die vielfältigen neuen kognitionswissenschaftlichen Ansätze der *enactive, distributed, embodied* oder *extended cognition* unter dem Terminus „situated cognition" zusammenzuführen.[50] Wo es um die Frage der historischen Vorläufer und philosophischen Grundlagen dieser neuen Richtung geht, werden zu Recht phänomenologische Autoren wie Edmund Husserl, Martin Heidegger und Maurice Merleau-Ponty ins Spiel gebracht.[51] Dass hier auch an Hartmann angeknüpft werden kann, wird bisher kaum gesehen.[52] Bedenkt man jedoch, dass die neuen Ansätze eine Konzeption entwickeln, die die logische Abhängigkeit mentaler Aktivität von dem Kontext und der Situation ihres Vorkommens betonen,[53] so wird deutlich, dass gerade Hartmann hier von eminenter Bedeutung sein könnte. Er skizziert schon die Ausgangslage nicht als ein Gegenüber von Ich und Welt, sondern betont die Eingliederung menschlicher Personen in die Welt. Diese Eingliederung geschieht grundlegend, da noch unterhalb der Erkenntnisebene, durch emotional-transzendente Akte und höherstufig durch besondere „Sphären der Einbettung in die reale Welt", die in den Phänomengebieten der „Arbeit", „des sozialen, rechtlichen, politischen und geschichtlichen Lebenszusammenhanges" und des „kosmischen Zusammenhanges" bestehen.[54] In allen Fällen von Realitätsgegebenheit liegt Hartmann zufolge ein für die gesamte Person konstitutives Involviertsein in diese Realität selbst vor. Speziell für die geistige Realität hat Hartmann das anhand der unhintergehbaren wechselseitigen Bedingtheit von

---

50 Robbins, Philip/ Aydede, Murat (Hgg.), *The Cambridge Handbook of Situated Cognition*, Cambridge 2009.

51 Thompson, Evan, *Mind and Life*, Cambridge/MA 2007, 16–36, 413–416; Gallagher, Shaun/ Zahavi, Dan, *The Phenomenological Mind. An Introduction to Philosophy of Mind and Cognitive Science*, London 2008.

52 Siehe allerdings Keith Petersons Hinweis: „Hartmann's late philosophical anthropology makes it clear that human knowers are embodied and embedded in an encompassing world, and that the conditions of human cognition include the ontological features of this world as well as the structure of the human being" (Peterson, Keith R., „An Introduction to Hartmann's Critical Ontology", in: *Axiomathes* 22, 2012, 291–314, hier: 299).

53 Robbins, Philip/ Aydede, Murat, „A Short Primer on Situated Cognition", in: dies. (Hgg.), *The Cambridge Handbook of Situated Cognition*, Cambridge 2009, 3–10, hier: 3.

54 Hartmann, Nicolai, *Zur Grundlegung der Ontologie*, 4. Auflage: Berlin 1964, 163–203.

personalem und objektivem Geist gezeigt und für einen relationistischen Personbegriff argumentiert.[55]

Die Aktualität Hartmanns zeigt sich nicht zuletzt darin, dass er auf jegliches konstruierende Systemdenken verzichtet, ohne die systematische Durchdringung philosophischer Probleme aufzugeben, und dass er eine gegenüber den Phänomenen revisionäre Haltung ablehnt, ohne in eine Philosophie des *Common sense* abzugleiten bzw. die wissenschaftliche Orientierung der Philosophie aufzugeben.[56] Zu dieser wissenschaftlichen Orientierung gehört auch die Einsicht, dass alle Erkenntnis, also auch die philosophische, einen unhintergehbaren hypothetischen Einschlag hat und nur über Forschergenerationen hinweg, arbeitsteilig gewonnen werden kann (vgl. dazu *Text 8* im vorliegenden Band). Wir verstehen diese Einsicht als Aufforderung, im Ausgang von Nicolai Hartmann weiterzudenken.

---

55 Hartmann, Nicolai, *Das Problem des geistigen Seins*, 2. Auflage: Berlin 1949, 125 f., 175 ff.

56 Vgl. hierzu alle Beiträge in: Hartung, Gerald/ Wunsch, Matthias/ Strube, Claudius (Hgg.), *Von der Systemphilosophie zur systematischen Philosophie – Nicolai Hartmann*, Berlin-New York 2012, die den im Titel des Bandes vermerkten Übergang von der Systemphilosophie zu einer Praxis systematischen Philosophierens in einem offenen Horizont, dessen Grenzen von den Wissenschaften permanent verschoben werden, anhand der Analyse einzelner Aspekte der Philosophie Nicolai Hartmanns herausarbeiten.

1 Diesseits von Idealismus und Realismus

Einleitung

1924 wird der 200. Geburtstag Immanuel Kants gefeiert. Vielerorts, auch außerhalb Deutschlands, finden Festveranstaltungen statt. Die größte, in Kants Heimatstadt Königsberg, erstreckt sich über mehrere Tage.[1] Die dortige Albertus-Universität bringt anlässlich der Zweihundertjahrfeier eine Festschrift heraus.[2] Auch die *Kant-Studien* widmen dem Ereignis ein Jubiläumsheft. Nicolai Hartmann ist darin mit seiner Abhandlung „Diesseits von Idealismus und Realismus" vertreten. Der Untertitel macht den Anspruch des Textes deutlich: „Ein Beitrag zur Scheidung des Geschichtlichen und Übergeschichtlichen in der Kantischen Philosophie". Es geht also im Unterschied zu einer philosophiehistorischen um eine sachorientierte Auseinandersetzung mit Kants Denken. Diese Art der Auseinandersetzung wird Hartmann zufolge „noch gar zu wenig gepflogen" (19).[3]

Wie trennt man das Übergeschichtliche vom Geschichtlichen im Denken eines Autors? Entscheidend dafür, so Hartmann, sei, in welcher Weise dieses Denken verfährt. Hartmann unterscheidet zwischen der „systematischen" und der „aporetischen Denkweise" (22). Dabei handelt es sich um idealtypische Tendenzen des Denkens, die in einzelnen philosophischen Werken, wenn auch mit verschiedenem Gewicht, zusammen auftreten. Die systematische Denkweise geht von einer vorgefassten Konzeption, einem Systemgedanken aus, in Bezug auf den Probleme aufgenommen oder abgewiesen und im Lichte dessen sie untersucht werden. Demgegenüber kennt die aporetische Denkweise „keine Zwecke der Forschung neben der Verfolgung der Probleme selbst" (23). Sie ist also in dem Sinne unparteiisch, dass sie nicht durch die Bestätigung des vorab gefassten Systemgedankens motiviert ist. Es geht ihr darum, die Probleme zu ihrem eigenen Recht kommen zu lassen. In seinem Aufsatz „Systematische Selbstdarstellung" hat Hartmann die beiden Denkweisen mit den Begriffen „Systemdenken" und „Problemdenken" belegt.[4] Das ist terminologisch überzeugender, weil es sinnvoll er-

---

1 Siehe dazu Schaub, Edward L., „The Kantfeier in Königsberg", in: *The Philosophical Review* 33 (5), 1924, 433–449.

2 *Immanuel Kant. Festschrift zur zweiten Jahrhundertfeier seines Geburtstages*, hrsg. von der Albertus-Universität in Königsberg in Preussen, Leipzig 1924.

3 In Klammern gesetzte Zahlen verweisen auf die Seitenzahlen von Hartmanns Aufsätzen im vorliegenden Studienbuch.

4 Hartmann, Nicolai, „Systematische Selbstdarstellung" (1933), in: ders., *Kleinere Schriften*, Bd. 1, Berlin 1955, 1–51, hier: 2.

scheint, auch die aporetische Denkweise bzw. das Problemdenken als ein „systematisches Denken" zu bezeichnen.

Hartmann zufolge ist das Systemdenken standpunktlich, das Problemdenken überstandpunktlich. Das bedeutet nicht, dass letzteres keinen Standpunkt einnimmt; doch bei diesem handelt es sich immer um einen vorläufigen, den „des jeweiligen Problemzusammenhanges, so wie die vorliegenden Phänomene ihn darbieten" (23). Beim Systemdenken dagegen ist der Standpunkt durch den es prägenden Systemgedanken vorab bestimmt, das heißt aus dem, was als Maßstab für die gesamte Untersuchung dient. Ein solcher Standpunkt ist Hartmann zufolge historisch kontingent und sachlich einseitig. Entsprechend kann, was in einem Denken standpunktlich ist, darin nicht übergeschichtlich sein. Um das Übergeschichtliche in einem Denken freizulegen, gilt es seinen überstandpunktlichen Gehalt, seine problemorientierte, aporetische Tendenz zu identifizieren.

Kant ist Hartmann zufolge zwar weit eher ein Problem- als ein Systemdenker, doch auch er operiert mit einem vorgefassten Standpunkt: dem transzendentalen Idealismus. Überstandpunktlich in Kants Philosophie ist daher, was dem transzendentalen Idealismus gegenüber indifferent ist, oder anders gesagt, was „diesseits von Idealismus und Realismus" ist. Das gilt vor allem von den unabweisbaren Fragen, die den „Kampfplatz" der „endlosen Streitigkeiten" bilden, den Kant zu Beginn der Vorrede der *Kritik der reinen Vernunft* „Metaphysik" nennt.[5] Hartmann ist neben Max Wundt und Heinz Heimsoeth einer von drei Autoren, die 1924 der metaphysischen Kantinterpretation in Abgrenzung zum Neukantianismus jeweils eine bestimmte Gestalt geben.[6] Im Vergleich mit Wundt und Heimsoeth betont er dabei aber weniger die metaphysische Kontinuität, in der Kant zu seinen Vorgängern steht, als dessen Plan, das Prolegomenon einer künftigen Metaphysik zu liefern. Sich selbst zählt Hartmann in einer provokanten rhetorischen Zuspitzung zu denjenigen, die aus dem „kritizistischen Schlummer" erwacht seien und „wieder an einer Metaphysik zu bauen begonnen haben" (19).

Doch handelt es sich dabei, so mag man sich verwundert die Augen reiben, nicht um ein böses Erwachen, das direkt in den Dogmatismus zurückführt, den Kant selbst doch überwinden half? Nein, *Metaphysik ohne Kritik*, also dogmatische

---

5 Kant, Immanuel, *Kritik der reinen Vernunft* (= *Gesammelte Schriften*, hrsg. v. d. Kgl. Preußischen Akademie der Wissenschaften [und Nachfolgern], Berlin 1900 ff., Bde. 3 u. 4), A VII f.
6 Wundt, Max, *Kant als Metaphysiker. Ein Beitrag zur Geschichte der Philosophie im 18. Jahrhundert*, Stuttgart 1924. Heimsoeth, Heinz, „Metaphysische Motive in der Ausbildung des kritischen Idealismus", in: *Kant-Studien* 29, 1924, 121–159; sowie ders., „Persönlichkeitsbewußtsein und Ding an sich in der Kantischen Philosophie", in der oben in Anm. 2 genannten Festschrift, 43–80. Vgl. dazu die Hinweise bei Malter, Rudolf, „Kritizismus und Metaphysik. Zur Kantinterpretation Hinrich Knittermeyers", in: *Kant-Studien* 63, 1972, 86–100; hier: 86–90.

Metaphysik ist keineswegs die Hartmannsche Option. Sein Vorhaben richtet sich nur umgekehrt gegen *Kritik ohne Metaphysik*. Die beiden Alternativen erschöpfen den theoretischen Spielraum nicht. Ohnehin, so Hartmann, sei der „Gegensatz ‚Kritik – Metaphysik' gar nicht Kantisch" (24). Was er selbst anvisiert, sei eine kritische Metaphysik. Die Frage nach ihrer Möglichkeit steht im vorliegenden Studienbuch im Zentrum des zweiten Aufsatzes „Wie ist kritische Ontologie überhaupt möglich?". Aber schon der erste Aufsatz gibt wichtige Hinweise darauf, was Hartmann unter einer kritischen Metaphysik versteht. Ihr Widerpart bleibt auch hier die dogmatische Metaphysik. Diese versuche, die metaphysischen Probleme „gewaltsam zur Lösung zu führen, ihnen auf Grund unbeweisbarer Voraussetzungen die Lösung zu erzwingen" (25). Als das wichtigste Mittel gegen die dogmatische Metaphysik muss daher das aporetische Denken gelten. „Nur aporetische Denkweise", so Hartmann, „ist kritisches Denken" (25). Damit wird „kritisch" zum Gegenbegriff von „standpunktlich".[7] Der transzendentale Idealismus kann daher nicht mit der kritischen Philosophie identifiziert werden, sondern nur als ein Versuch gelten, sie durchzuführen. Uneingeschränkt kritisch wäre für Hartmann nur eine Philosophie und Metaphysik, die sich diesseits von Idealismus und Realismus hält. Hartmann verfolgt aber nicht das Ziel, diese Überlegungen gegen Kant auszuspielen. Dieser sei in erster Linie ein Problemdenker statt wie seine Vorgänger (Wolff und seine Schule) und Nachfolger (Fichte, Schelling, Hegel) ein Systemdenker. Auf diese Weise ist er „wie ein Nüchterner unter Trunkenen", ein „Verwalter des Übergeschichtlichen in der Philosophie" (26).

„Diesseits von Idealismus und Realismus" ist in sechs Abschnitte unterteilt. Der erste Abschnitt erläutert die skizzierte Problemstellung, das Übergeschichtliche in Kants Philosophie freizulegen. Zweitens gibt Hartmann einen Überblick über die Elemente der Kantischen Position, die nicht übergeschichtlich, sondern vom Standpunkt des transzendentalen Idealismus abhängig sind. Mit dem dritten Abschnitt wendet er sich dem Übergeschichtlichen in Kants Philosophie zu, und zwar zunächst auf der Ebene des Phänomenbestandes (Phänomenologie). Der vierte Abschnitt nimmt das Übergeschichtliche bei Kant auf der Ebene der Erkenntnisproblematik und -theorie in den Blick (Aporetik und Theorie[8]). Den zentralen standpunktindifferenten Aspekt des analytischen Teils der *Kritik der reinen Vernunft* macht Hartmann in Kants Erläuterung des obersten Grundsatzes

---

[7] So auch Schnädelbach, Herbert, *Philosophie in Deutschland. 1831–1933*, Frankfurt a. M. 1983, 255 f.

[8] Zu Hartmanns methodischem Dreischritt von Phänomenologie, Aporetik und Theorie siehe den Abschnitt „Phänomenologie und Aporetik" in: Hartmann, Nicolai, *Grundzüge einer Metaphysik der Erkenntnis*, 1. Auflage: Berlin – Leipzig 1921, 28–32; 4. Auflage: Berlin 1949, 36–40, und die generelle Einführung des vorliegenden Studienbuchs.

aller synthetischen Urteile aus: Die „Bedingungen der Möglichkeit der Erfahrung überhaupt sind zugleich Bedingungen der Möglichkeit der Gegenstände der Erfahrung".[9] Im fünften Abschnitt stellt Hartmann gegen die klassische deutsche Philosophie und den Neukantianismus das „Ding an sich" als den „eigentlich kritische[n] Grundbegriff" heraus (54). Der sechste Abschnitt schließlich trennt Standpunktliches und Überstandpunktliches auf dem Gebiet Kantischer Freiheitslehre, und zwar hinsichtlich des Autonomiegedankens und der „Kausalantinomie".[10]

9 Kant, Immanuel, *Kritik der reinen Vernunft* (= *Gesammelte Schriften*, hrsg. v. d. Kgl. Preußischen Akademie der Wissenschaften [und Nachfolgern], Berlin 1900 ff., Bde. 3 u. 4), A 158, B 197.
10 Als „Kausalantinomie" bezeichnet Hartmann die in der *Kritik der reinen Vernunft* behandelte „dritte Antinomie" (A 444 f., B 472 f.). In seiner Terminologie macht sie zusammen mit der „Sollensantinomie" die beiden in der *Ethik* untersuchten „Freiheitsantinomien" aus; zu diesen Antinomien vgl. die beiden Abschnitte in Hartmann, Nicolai, *Ethik*, 3. Auflage: Berlin 1949 (1. Auflage: 1925), 647 ff. u. 686 ff.

Diesseits von Idealismus und Realismus.
Ein Beitrag zur Scheidung des Geschichtlichen
und Übergeschichtlichen in der Kantischen Philosophie[1]

1.

Es ist ein Wagnis, in unserer Zeit mit neuen Gedanken über Kant hervorzutreten – soviel ist über seine Lehre geforscht, gestritten, geschrieben worden. Eine neue Deutung seiner Lehre zu den vielen alten zu legen ist entweder ein müßiges oder aber ein höchst schwieriges Unterfangen. Handelte es sich für mich um Deutung, ich würde mich des Wagnisses nicht getrauen. Aber es handelt sich nicht darum.

Nicht als Historiker habe ich von Kant zu sprechen, sondern als Systematiker, nicht zu interpretieren, was Kant gedacht, sondern herauszuheben, womit er uns und kommenden Zeiten vorangeschritten. Diese Art Betrachtung ist nicht neu, aber noch gar zu wenig gepflogen und bisher an vielem Wesentlichen vorübergegangen. In ihrer Richtung ist noch viel zu leisten, zumal in allen Lagern darüber Einigkeit ist, daß Kant von seinen Interpreten immer noch nicht ausgeschöpft ist. Daß meine Aufgabe im Geiste Kants gestellt ist, mögen überdies die Anhänger des modernen Historismus seinen eigenen Worten aus der Vorrede der *Prolegomena* entnehmen: „Es gibt Gelehrte, denen die Geschichte der Philosophie (der alten sowohl als neuen) selbst ihre Philosophie ist; für diese sind gegenwärtige Prolegomena nicht geschrieben.“[2] Der Kantinterpret sollte diese sehr eindeutige Mahnung nie vergessen. Er hat sie nur zu oft vergessen. Die ganze Kritik ist ein Prolegomenon künftiger Metaphysik. Und wir Heutigen, die wir uns wohl bewußt sind, vom „Kritizismus“ erwacht zu sein (der leere Kritik ohne Metaphysik sein wollte), und wieder an einer Metaphysik zu bauen begonnen haben, – wir sollten das am meisten beherzigen. Denn daß es auch ein Erwachen vom kritizistischen Schlummer gibt, nicht weniger als vom „dogmatischen“, dafür mehren sich die Zeichen der Zeit. Hat sich doch das Erkenntnisproblem selbst als ein im Kerne metaphysisches Problem erwiesen. Nur der Metaphysiker kann das Prolegomenon der Metaphysik würdigen, nur für ihn ist es geschrieben. Das ist Kants Meinung. Für wen könnte es wohl mehr geschrieben sein als für uns?

---

1 Ursprünglich als Vortrag gehalten in der Kantgesellschaft Berlin am 13. Dezember 1922. Die Form des Vortrages ist, zumal im 1. Abschnitt, soweit festgehalten, als sie dem Gegenstande Prägung gibt. Die folgenden Abschnitte sind bedeutend erweitert, der letzte neu hinzugefügt.
2 [Kant, Immanuel, *Prolegomena zu einer jeden künftigen Metaphysik, die als Wissenschaft wird auftreten können* (= *Gesammelte Schriften*, hrsg. v. d. Kgl. Preußischen Akademie der Wissenschaften [und Nachfolgern], Berlin 1900 ff., Bd. 4), 255.]

Was ich hier vorlegen möchte, ist das Programm zu einem Kantbuche, das ich selbst nicht schreiben werde, das aber geschrieben werden muß, und das ich als eine Aufgabe unserer Zeit ansehe – eine ganz aktuelle Aufgabe, die für jeden besteht, dem Probleme und Geschichte der Probleme eine unzerreißbare Einheit bedeuten. Eine Aufgabe, die zu meistern ich mich nicht berufen fühle, wiewohl ich es nicht vermeiden kann an ihr mitzuarbeiten, zu deren Sprecher ich mich dennoch mache, weil ich sie – wie vielleicht viele der jüngeren Zeitgenossen – deutlich vor Augen sehe. Die Grenzen, in denen ich es tue, seien meine Rechtfertigung. Das Programm enthält eine Reihe von Thesen, die ich allen denen zur Diskussion stellen möchte, denen Kantische Philosophie mehr bedeutet als ein Stück Vergangenheit. Es sind keine Kampfesthesen, sie greifen niemandes Auffassung an, wie sie auch selbst keine neue Auffassung in Vorschlag bringen. Wohl aber sind es Querfragen der Kantforschung überhaupt, Fragen, die in anderer Dimension ausschauen als die geschichtliche Interpretation; Blicklinien, die sich mit denen des zeitlichen Entlangschauens überschneiden.

Kant hat seinen Standpunkt als transzendentalen Idealismus bezeichnet. Damit scheint jeder Auffassung der Weg vorgezeichnet zu sein. Das vielsagende Schlagwort zieht seinen Bannkreis, der dem Gedanken Grenzen setzt. Man ist von vornherein voreingestellt auf einen Ausschnitt von Problemen, ist gleichsam gefangen. Aber hat man sich schon gefragt, ob Kants eigene Gedankenwelt diese Grenze einhält, ob seine Probleme diesen Bannkreis auch respektieren? Hat man es gewagt, an seiner eigenen standpunktlichen Grenzsetzung als einer für seine Untersuchung maßgebenden zu zweifeln? Ich meine, es ist noch nicht geschehen, oder doch nicht radikal. Der Bann des Systems hat die Interpreten unvergleichlich stärker in Atem gehalten als der Bann der Probleme. Was es mit diesem Unterschied auf sich hat, wird noch sogleich prinzipiell festzustellen sein. Die Frage aber ist, ob nicht für Kants Denken selbst das umgekehrte Verhältnis waltet. Gewiß sind mehr oder weniger kühne Fortbildner der Kantischen Lehre in verschiedenster Richtung über diese Grenzsetzung hinausgegangen. Aber das geschah in eigener systematischer Tendenz, im Bewußtsein, von Kants Bahnen abzuweichen. In den Kantischen Formulierungen selbst aber suchte man solchen Durchbruch nicht. Was ich wagen möchte, ist dagegen, ihn eben in Kants eigenen Formulierungen zu suchen.

Für die Auswertung Kants ist dieses die entscheidende Aufgabe. Der transzendentale Idealismus ist schließlich nur ein Standpunkt unter anderen. Er hat seine Stärken und Schwächen. Unsere Zeit ist nicht mehr die seinige, er gehört der Geschichte an. Dem Historiker wird er nach wie vor der Angelpunkt der Interpretation sein müssen. Dem systematischen Forscher, der in Kant den machtvollen Vorläufer sieht, kann er das unmöglich bedeuten; ihm ist es um das Überzeitliche und Übergeschichtliche in den großen Denkern zu tun, um das, was kein Idealismus und kein Realismus einengt. Was übergeschichtlich ist in der Philosophie, muß notwendig überstandpunktlich sein; es muß also auch diesseits von Idealismus und Realismus stehen. Mit solchem „diesseits" ist nicht ein verkapptes „jenseits" gemeint. Wer „diesseits" sagt, der übt nur die ἐποχή den fraglichen Standpunkten gegenüber, er enthält sich der Entscheidung; er konstruiert nicht einen beide synthetisch umfassenden Standpunkt. Denn ob es einen solchen „jenseits" von Idealismus und Realismus gibt, ist eine Frage, die gänzlich außerhalb der Grenzen gegenwärtiger Untersuchung fällt.

Probleme lassen sich nicht in Grenzen zwingen, wie ein Standpunkt sie immer setzt. Sie haben ihren Eigensinn, ihr Eigenleben. Das gilt auch von Kants Problemen. An das Eigenleben der Kantischen Probleme allein – und sei es auch im Gegensatz zu seinem geprägten System – wird sich bewußt oder unbewußt der Systematiker halten. Mit einem Wort: es ist unmöglich Kant auszuschöpfen, so lange man sein Werk in die Zwangsjacke eines geschichtlichen Standpunktes (und sei es auch seines eigenen Standpunktes) eingeschnürt sieht. Denn das ist das Geheimnis der Kantischen Philosophie: sie geht in ihrer eigenen Systemform, im transzendentalen Idealismus, nicht auf. Nicht für eine bestimmte Deutung ihres Wesens gilt das, sondern für sie selbst, von vornherein, so wie sie in den drei Kritiken vorliegt. Das enge Kleid, das Kant ihr anlegte, hat ihr von Anfang an nicht gepaßt. Der lebendige Gedanke sprengte das Kleid gleich unter den Händen des Meisters. Kant mochte gleichwohl nicht anders können. Kein lebendiges Erzeugnis fügt sich dem Willen des Erzeugers. Es wächst ihm über den Kopf, er meistert es nicht mehr. Gerade das ist das Schicksal der Großen. Ihr Werk ist größer, als sie selbst ahnen. Die Formen versagen, sein Eigenleben ist ein autonomes.

Nicht alle Thesen Kants bedürfen des transzendentalen Idealismus. Manche stehen indifferent zu ihm, tragen nichts zu ihm bei; diese stehen von vornherein überstandpunktlich da („diesseits"). Andere widersprechen ihm direkt oder indirekt. Und doch finden wir sie selbständig durchgeführt, als handelte es sich um etwas ganz Eigenes, vom Ganzen Losgelöstes. Man hat darin Inkonsequenzen sehen wollen – man sah immer nur auf das System, die Weltanschauung, auf den Einheitstypus von Methode und Geistesart. Aber Kant ist gar nicht so sehr „Systematiker"; die Nachkantianer, die großen Idealisten, vermißten bei ihm das System. Das war nicht aus der Luft gegriffen. Diese wirklichen „Systematiker" erkannten, daß dasjenige, was Kant als Form des Ganzen geprägt hatte, seine eigene Problemfülle nicht faßte. Auf die Konsequenz des Systems ist der geschichtlich denkende Epigone natürlich viel mehr bedacht als der, in dessen Kopf der Gedanke entstand. Er sucht und verlangt sie, wo dieser sie nur lose und gleichsam versuchsweise über das Ganze gelegt hat.

Es gibt eine Inkonsequenz des Systems und eine Inkonsequenz des Problems. Sie treten selten zusammen auf in einem philosophischen Kopf. Ja, man könnte nach diesem Gegensatz die philosophischen Köpfe in zwei Grundtypen scheiden. Der Grund davon aber liegt in der positiven Kehrseite, in der Art der Konsequenz. Es gibt eben eine Konsequenz des Systems, des Standpunktes, des konstruktiven Weltbildes, und eine Konsequenz des Problems, der Aporie selbst, der Untersuchung und Behandlung ihres Gehaltes rein als solchen. Daß sich bei der Vielspältigkeit der philosophischen Probleme die eine mit der anderen nicht ohne weiteres decken kann, liegt auf der Hand. Ein unendlicher Verstand, der alle Problemlinien bis in ihre entferntesten Konsequenzen übersehen könnte, wäre freilich imstande, beide Arten der Konsequenz zu vereinigen. Er würde eben das System so anlegen, daß alles in ihm seinen Ort fände. Ein endlicher Verstand wird das nie können. Seine Systembildungen sind nur Antizipationen des Ganzen vor dessen wirklicher philosophischer Durchdringung und Überschau. Jeder Systembau ist für ihn ein Wagnis, ein kühner Wurf – veranlaßt durch die ewige Sehnsucht des Menschengeistes nach Einheit und Umspannung. Er kann seinem Wesen nach nie mehr als ein Versuch sein.

An die Spitze der nachstehenden Untersuchung möchte ich daher den für unsere Frage maßgebenden Unterschied „systematischer" und „aporetischer" Denkweise stellen. Die Geschichte der Philosophie ist reich an Beispielen des einen wie des anderen Typus. Oft auch finden wir beide vereinigt in einer Person, selten aber sind sie sachlich vereinigt in einem Gedanken, einer Untersuchung. Systematische Konsequenz widerstreitet der aporetischen im endlichen Verstande, und umgekehrt diese jener. Gewiß gibt es Denker, die ein glückliches Gleichgewicht beider Tendenzen zeigen. Aber im allgemeinen sind es nicht die großen, führenden Denker, nicht die Meister der gedanklichen Konsequenz überhaupt; zumeist sind es die Epigonen der Großen, die Kompilatoren, die Eklektiker.

Systematische Denkweise geht vom Ganzen aus. Die Konzeption ist hier das Erste und bleibt das Beherrschende. Nach dem Standpunkt wird hier nicht gesucht, er wird zu allererst eingenommen. Und von ihm aus werden die Probleme ausgelesen. Problemgehalte, die sich mit dem Standpunkt nicht vertragen, werden abgewiesen. Sie gelten als falsch gestellte Fragen. Vorentschieden ist hier nicht etwa über die Lösung der Probleme selbst, wohl aber über die Grenzen, in denen sich die Lösung bewegen darf. Die Probleme führen nicht auf die Einheit des Ganzen hin, der Forscher folgt ihnen nicht um ihrer selbst willen – getreulich, wie sie ihn führen. Seine Aufgabe ist nicht, sich führen zu lassen, sondern seinerseits die Gedankenmasse auf ein vorgestecktes Ziel hinauszuführen, die vorweggenommene Einheit des Ganzen zu beweisen. Er kann das Eigenleben der Probleme nur so weit gelten lassen, als es dieser Einheit konveniert. Sie haben nur dem Systemgedanken zu dienen, ihn durchzuführen und zu sichern. Die Folge ist die Selektion der Probleme unter dem Gesichtspunkt des Systems, die Vergewaltigung ihrer Eigengesetzlichkeit. Die Konsequenz des Systems hat die Konsequenz der Probleme verschlungen, sie beschnitten, gestutzt. Die verführerischen Systeme aller Zeiten sind von dieser Art, das System des Plotin oder Thomas nicht weniger als das des Spinoza, Fichte oder Hegel.

Aporetische Denkweise verfährt in allem umgekehrt. Ihr sind die Probleme vor allem heilig. Eine Auslese unter ihnen zugunsten eines Standpunktes gilt ihr schon als Versündigung an ihnen. Sie kennt keine Zwecke der Forschung neben der Verfolgung der Probleme selbst; sie läßt sich unbedingt führen, wohin die ihr vorliegenden und faßbaren Probleme sie weisen. Sie kennt hierin keine Grenzen; auf Tod und Leben mit den Problemen, das ist ihre Devise. Sie schaut nicht lüstern nach Resultaten aus, ihr ist es nicht um den Erweis einer Weltanschauung zu tun, und sei es auch, daß die stärksten Gefühlswerte daran hingen. Sie scheut den spekulativen Vorblick, er gilt ihr als etwas Unreinliches, als Kompromiß. Ihr Wahrheitsstreben ist ein ungeteiltes, unverfälschtes; diese Reinheit gilt ihr mehr als der stolze Triumph des Systems. Das System selbst freilich ist ihr nicht gleichgültig, aber es gilt ihr nur als Idee, als Ausblick; sie ist sich bewußt nicht zu wissen, wie es ausfallen wird. Erst der Abschluß aller Problemverfolgung könnte es bringen, aber der Abschluß ist nicht erreichbar. Diktatorische Aufprägung des menschlich zurechtgemachten Systems bedeutet ihr gedankliche Unredlichkeit, Verfälschung, der Standpunkt, auf den aporetische Denkweise sich stellt, ist immer nur ein vorläufiger, der des jeweiligen Problemzusammenhanges, so wie die vorliegenden Phänomene ihn darbieten. Sie ist bereit, ihn jeden Augenblick zu verlegen, nicht willkürlich, sondern aus der Notwendigkeit eben jenes Zusammenhanges heraus, nach Maßgabe ihres eigenen Fortschreitens. Sie zweifelt nicht daran, daß es das System gibt, und daß es vielleicht in ihrem eigenen Denken latent das Bestimmende ist. Darum ist sie seiner gewiß, auch wenn sie es nicht erfaßt.

Ob es aporetische Denkweise in der Philosophie jemals rein gegeben hat, mag dahingestellt bleiben. Die Systemspekulation mischt sich ja leicht auch in das keuscheste Denken. Aber der Tendenz nach kennen wir sie bei vielen der Großen. Platons Scheu vor festen Formulierungen ist bekannt. Er, der sich rühmte, kein „Syngramma" geschrieben zu haben, rollt in jeder Schrift neu und unbefangen seine Probleme auf – und oft die alten Probleme ohne Rücksicht auf früher Festgestelltes –, er ist nirgends um Resultate, um Einstimmigkeit oder Unstimmigkeit besorgt; jede Unstimmigkeit ist ihm vielmehr als solche bedeutsam. Es ist kein Zufall, daß der Streit um den systematisch letzten Sinn seiner „Idee" bis heute unentschieden ist. Die Idee war ihm keine Systemgrundlage, sondern ein universaler Problembegriff. Nicht wenige Denker sind ihm darin nachgefolgt. Auch in Aristoteles ist eine tiefe Ader aporetischen Denkens, und was die Durchbildung der Methode anlangt, so hat gerade er es darin zur Meisterschaft gebracht. Ganze

Bücher seiner Hauptschriften tragen rein aporetischen Charakter. Aber er, wie die meisten Späteren, gaben dem Systemdenken daneben breiten Raum. Durch die Geschichte der Philosophie gehen beide Tendenzen, immer im Streit miteinander, mit dem Übergewicht bald auf der einen, bald auf der anderen Seite. Oft schneidet das System die Problemforschung ab, oft auch durchbrechen die Probleme das System. Die Geschichtsforschung ist bisher vorwiegend Geschichte der Systeme, der Denkertypen und ihrer Weltanschauung gewesen. Auch die von Windelband versuchte und von manchen weiter ausgebaute „Problemgeschichte" macht davon keine Ausnahme; nur die äußere Anordnung wird variiert, das Prinzip des geschichtlichen Sehens bleibt das gleiche. Daß dabei das Eigenleben der Probleme und zugleich das philosophisch Wertvollste in der Gedankenarbeit manches Denkers nicht zu seinem Recht kommen konnte, ist begreiflich. Eine wirklich aporetisch orientierte Problemgeschichte gibt es noch nicht. Aber, wie schon gesagt, die Aufgabe, die hier liegt, ist gar keine rein historische. Sie muß von anderer Seite angegriffen werden.

Auch in Kant leben beide Tendenzen der Philosophie, aber mit ungleicher Stärke. Was ich in bezug auf ihn behaupten möchte, ist das entschiedene Übergewicht der aporetischen Tendenz. In dieser Tendenz wurzelt das Übergeschichtliche seiner Philosophie, alles das, was diesseits von Idealismus und Realismus steht. Das hängt aufs engste mit dem Geist der „Kritik" zusammen, die er zum Titelbegriff seiner Hauptwerke gemacht hat. Man hat es im Neukantianismus immer mehr vergessen, daß sein Gedanke der Kritik nicht gegen Probleme und Phänomene gerichtet ist, sondern ausschließlich gegen Behauptungen, Standpunkte und Systemkonstruktionen. Nicht eine Auslese der Probleme schwebt ihm vor, sondern eine Auslese der Lösungen. Dogmatisch sind ihm niemals Fragestellungen als solche, wohl aber Antworten, wenn sie aus willkürlichen Voraussetzungen heraus gegeben werden. Willkürliche Voraussetzungen aber sind gerade die standpunktlichen. Man mißversteht den Sinn seiner Kritik vollständig, wenn man meint, sie sei gegen alle und jede Metaphysik gerichtet. Der Gegensatz „Kritik – Metaphysik" ist gar nicht Kantisch. Wie hätte Kant sonst die *Kritik der reinen Vernunft* als ein Prolegomenon künftiger Metaphysik meinen können! Es gibt Probleme, die ihrem Wesen nach metaphysisch sind. Kant bezeichnet sie als die unlösbaren und doch zugleich unabweisbaren. Das haben viele Interpreten zu beherzigen unterlassen. Beide Bestimmungen sind wörtlich zu nehmen: kein menschliches Denken wird diese Probleme je lösen, aber deswegen ist doch auch kein menschliches Denken befugt, sie abzuweisen. Man kann sie verkennen, an ihnen vorübergehen, aber man kann sie nicht aus der Welt schaffen, nicht aufheben. Der Gedanke hat sie nicht geschaffen, er kann sie auch nicht vernichten. Er übernimmt sie mit dem Reich der Phänomene, vor die er sich gestellt sieht. Und er muß sie respektieren, er hat keine Gewalt über sie, sie sind da.

Die Versündigung an ihnen, die Problemunterschlagung, fällt auf ihn selbst zurück. Sie rächt sich an ihm, am System, tritt in seiner Enge, Einseitigkeit, Unzulänglichkeit zutage. Daß solche Probleme aber, auch wenn der Gedanke es getreulich mit ihnen aufnimmt, nicht lösbar sind, dies eben ist das ewig Metaphysische in ihnen. Es gibt eine gleichsam naturgewachsene Metaphysik der Probleme; gegen sie richtet sich die Kantische Kritik nicht. Gerade hier heißt es, auf Tod und Leben gehen mit den Problemen. Aber es gibt eine andere Metaphysik, die darin besteht, solche Probleme gewaltsam zur Lösung zu führen, ihnen auf Grund unbeweisbarer Voraussetzungen die Lösung zu erzwingen. Diese Metaphysik ist „dogmatisch". Gegen sie allein richtet sich die Kritik.

Es bleibt zu fragen: ist gewaltsame Problemabweisung weniger „dogmatisch" als gewaltsame Problemlösung? Beruhen nicht beide auf derselben Willkür der Voraussetzung, des Standpunktes, der Systemkonzeption? Vergewaltigt werden die Probleme auf die eine wie auf die andere Weise. Nur aporetische Denkweise verfährt anders, nur sie läßt schlicht gelten, was sie findet, ohne Abstreichungen und ohne Hinzudichtung; nur sie behandelt die Probleme unbeirrt, ohne den Anspruch, sie um jeden Preis zu lösen. Nur sie ist kritisches Denken. Standpunktlich-systematische Denkweise dagegen ist ihrem Wesen nach dogmatisch. Dieser natürliche, im Wesen der Sache liegende Sinn des Gegensatzes „kritisch – dogmatisch" ist von Kant selbst verwischt und zweideutig gemacht worden durch die Vermengung mit einem anderen, ihm gänzlich heterogenen und rein standpunktlichen Gegensatz – dem Gegensatz von Idealismus und Realismus. Freilich ist es nicht Kants Meinung, daß Idealismus und kritische Philosophie dasselbe sei, ja nicht einmal transzendentaler Idealismus und kritische Philosophie; viel eher schon Realismus und Dogmatismus. Der transzendentale Idealismus ist mehr nur ein Versuch, die kritische Philosophie durchzuführen. Die Gleichsetzung liegt da freilich nahe. Aber als These aufgestellt ist sie erst von den Nachkantianern (Reinhold, Maimon, Fichte). Von hier stammt die nachhaltige Verdunkelung des eigentlichen Sinnes der „Kritik". Denn dieser ist ein durchaus überstandpunktlicher.

Aber wie dem auch sei, das im letzten Sinne Kritische in Kant ist jedenfalls dieses, daß er gegen die Konsequenz des Systems (seines Idealismus) oft, gegen die Konsequenz der Probleme höchst selten oder niemals verstößt. Das ist das Übergewicht der aporetischen Denkweise in ihm: die Unbeirrbarkeit der echten Forschertendenz, die es mit jeder sich ergebenden Schwierigkeit aufnimmt und nötigenfalls mit ihr das System durchbricht. Man möchte sagen, die Unstimmigkeiten des Kantischen Systems sind eben das im höheren Sinne Kritische in seiner gedanklichen Arbeit.

Es gibt mehr zu lernen an Kant als das Engumgrenzte, das sein wohlgefügtes, durchsichtiges System umschließt. Seine Probleme durchbrechen dieses System auf Schritt und Tritt. Sie beweisen damit ihr Eigenleben im Denken Kants. So liegt denn in seinem Denken selbst das Schwergewicht auf dem Ewigen, Übergeschichtlichen. Denn Systeme sind zeitliche Erscheinungen, sie kommen und gehen, und eines vernichtet immer das andere; um dieser Flüchtigkeit der Systeme willen entbehrt die Geschichte der Metaphysik des „sicheren Ganges einer Wissenschaft" und gleicht einem „Herumtappen" im Dunkeln. Aber alle Systeme drehen sich um dieselben Probleme. Probleme sind nicht erdacht, wie die Gedankenbauten, die sich über ihnen erheben. Die Probleme sind das Ewige in der Flucht der Systeme. Und nur was an ihnen und um ihrer selbst willen erarbeitet ist, hat Bestand; nur das eben erweitert und vertieft die Problemlage selbst und führt auf wirkliche Lösung zu.

Kant hat den geklärten, leidenschaftslosen Blick für das Ewige. Er ist inmitten der großen Systembildner vor und nach ihm wie ein Nüchterner unter Trunkenen, von denen jeder für sich seinen Traum träumt. Er sieht harte Wirklichkeit und weiß ihre Härten zu achten. Wohl hat auch er die spekulative Ader. Aber der Rausch erfaßt ihn nicht, die Spekulation macht ihn nicht blind für das Sonderrecht der ewigen Probleme, deren Verwalter der Philosoph ist. So ist er ein Verwalter des Übergeschichtlichen in der Philosophie, wie wohl nur wenige es gewesen sind. Und was er in diesem Geiste leistet, das ist das Übergeschichtliche in seiner Lehre.

2.

Die Aufgabe, vor der wir stehen, erheischt es, mit dem Negativen zu beginnen, mit einer Überschau dessen, was nicht übergeschichtlich ist in Kant. Hierher gehört alles, was dem Standpunkt allein sein Dasein verdankt, alles was mit dem transzendentalen Idealismus als solchem steht und fällt. Eine lange Reihe bekannter Kantischer Thesen ist von dieser Art. Es seien hier nur die zentralsten herausgehoben.

Da ist zunächst die These, daß alles Objektive in einem Subjektiven wurzeln müsse. Alles Apriorische muß reine Funktion sein, Synthese, die vollzogen wird; der Gegenstand aber soll in der Synthese entstehen. Eine prinzipielle Überordnung des Subjekts über das Objekt durchzieht die Anlage der Kritik. Kategorien, die dem Objekt primär eigen wären, existieren für Kant nicht. Solche Prinzipien könnten nicht *a priori*, nicht allgemein und notwendig erkannt werden; desgleichen könnte das kategorial Geformte an den Objekten dann nicht *a priori* erkannt werden. Kant meint, *a priori* könne nur eingesehen werden, was dem Subjekt angehört und aus ihm stammt. So müssen die Kategorien „reine Verstandesbegriffe" sein. Die Folge ist, daß der subjektive Ursprung dann hinterher eine besondere transzendentale Deduktion ihrer objektiven Gültigkeit notwendig macht, was wiederum nur durch Einführung des „Subjekts überhaupt" gelingen kann.

Hier liegt ein doppeltes Mißverständnis des Apriorischen. Erstens gehört die Erkennbarkeit gar nicht zum Wesen der Prinzipien; durch sie wird der Gegenstand erkannt, sie selbst aber bleiben in dieser Gegenstandserkenntnis unerkannt. Und zweitens ist das Apriorische überhaupt nicht Funktion, geschweige denn Funktion des Subjekts, sondern ein Gegenständliches, das überall, wo wir es antreffen, nur als Objektsbestimmtheit vorkommt. Läßt man aber diese beiden Grundmotive des Subjektivismus fallen, so schwindet auch die mißliche Notwendigkeit der nachträglichen transzendentalen Deduktion.

Dasselbe gilt für Raum und Zeit. Warum dürfen sie „nur" Anschauungsformen sein? Warum nicht auch Formen der Dinge an sich? Weil Dinge an sich nicht erkennbar sind. Aber warum ist hier das Ansichsein dem Unerkennbaren gleichgesetzt? Das ist eine willkürliche Voraussetzung. Ansichsein und Unerkennbarkeit (Irrationalität) haben nichts miteinander zu tun. Es gibt sowohl irrationale Erscheinung als auch erkennbares Ansichsein. Beides läßt sich leicht aus Kant selbst nachweisen, ersteres am organischen Naturgegenstande, letzteres am Noumenon in der praktischen Vernunft.

Ferner „Grundsätze" sind Urteile; das Urteil fügt ihre Gesetzlichkeit den Gegenständen erst ein. Warum können sie nicht direkt Seinsgesetze der Gegenstände sein? Z. B. das Kausalgesetz – warum muß der Verstand es der Natur „vorschreiben", es durch das Urteil an ihnen vollziehen? Wiederum weil Kausalerkenntnis sonst nicht *a priori* sein könnte! Aber im wahrgenommenen „Dinge" sind diese Urteile ja schon vollzogen; sonst könnte das Mannigfaltige in ihnen ja gar nicht zur Einheit eines Dinges geschlossen erscheinen. So ergibt sich das Mißliche, daß Dingwahrnehmung die Urteile schon voraussetzt.

Derselbe transzendentale Subjektivismus steckt im Sittengesetz. Es soll die „Gesetzgebung" der praktischen Vernunft sein. Praktische Vernunft ist aber nicht mehr Erkenntnis, sondern Wille. Also wäre es die eigene Gesetzgebung des reinen Willens (seine Autonomie). Aber kann das stimmen? Dann wäre ja das Sollen auf das Wollen gegründet, und das Wollen hätte nicht mehr Freiheit dem Sollen gegenüber, sich dafür oder dawider zu entscheiden. Denn wie sollte der Wille seiner Eigengesetzlichkeit indifferent gegenüber stehen! Gleichwohl muß er dem Sollen gegenüber Freiheit haben. Sonst wäre er unter dem moralischen Gesetz gezwungen, wie das Naturgeschehen unter den Kategorien gezwungen ist. Dann wäre auch der imperativische Charakter des Gesetzes eine offenbar irrtümliche Annahme. Das Sittengesetz wäre dann einfach das Seinsgesetz des reinen Willens – was dem echten Sinn der Kantischen Ethik vollends ins Gesicht schlüge.

Ihren Schwerpunkt haben alle diese subjektivistischen Thesen in der Lehre vom „Subjekt überhaupt" (auch „Bewußtsein überhaupt", „transzendentales

Subjekt" genannt). In der Deduktion der reinen Verstandesbegriffe wird der Begriff der „transzendentalen Apperzeption" deutlich nach der Analogie des empirischen Selbstbewußtseins gebildet. So ist auch der Begriff des Subjekts überhaupt nach Analogie des empirischen Subjekts gebildet. Es ist das ins Große, Allgemeine, Überempirische projizierte menschliche Subjekt. Diese Projektion ist für den Idealisten keine willkürliche. Sie bedeutet die Vermeidung des unhaltbaren empirischen Idealismus, der die Dinge für bloße Vorstellungen des empirischen Objekts erklärt und dabei in die unheilbare Aporie gerät, nicht erklären zu können, wie das Subjekt dazu kommt, seine eigenen, selbstgeschaffenen Gebilde für gegebene Objekte anzusehen. Wenn Kant lehrt, der Verstand schreibe der Natur die Gesetze vor, so ist damit nicht der Verstand des Einzelsubjekts gemeint, sondern der Verstand im Sinne des Subjekts überhaupt. So hat das „Vorschreiben" einen guten Sinn. Das Subjekt überhaupt bildet die umfassende Sphäre, innerhalb deren sich empirisches Subjekt und empirisches Objekt gegenüberstehen. Beide stehen unter den gleichen Prinzipien, d. h. unter Raum, Zeit und Kategorien. Sieht man genauer zu, wie Kant das Subjekt überhaupt charakterisiert, so findet man gar keine eigentlichen Subjektscharaktere an ihm, sondern nur die Einheitsidee dieser Prinzipien. Der Sinn dieses metaphysischen Schemas wird durchsichtig, wenn man auf die Theorie der synthetischen Urteile *a priori* hinblickt. Diese Urteile fällt das empirische Subjekt, und zwar über das empirische Objekt. Ihre Apriorität bedeutet, daß sie nicht aus einer direkten Gegebenheit, einem Sichdarbieten des Objekts entnommen sind, sondern im Gegensatz zu allem Gegebenen vom Subjekt selbständig der Objektvorstellung eingefügt werden. Die Frage ist, wie kommt es, daß solche Urteile das Wesen des Objekts nicht verfehlen, daß sie etwas „objektiv Reales" treffen? Die Antwort liegt im Schema: das empirische Subjekt urteilt unter Gesetzen, die gar nicht die seinen allein sind, sondern die des Subjekts überhaupt; die Sphäre des Subjekts überhaupt aber umfaßt das empirische Objekt mit, über welches geurteilt wird. Dieses Umfassen bedeutet eben, daß das Umfaßte (das empirische Objekt) unter denselben Gesetzen steht wie das urteilende empirische Subjekt. So ist es sehr wohl zu verstehen, wie das apriorische Urteil des empirischen Subjekts über das empirische Objekt Gültigkeit haben kann.

In der Sprache des transzendentalen Idealismus aber heißt dieses Umfaßtsein der empirischen Objekte vom Subjekt überhaupt nichts anderes als deren „transzendentale Idealität". Dieselben Objekte also sind zugleich real und ideal, nämlich empirisch real und transzendental ideal. Für das Subjekt überhaupt sind sie „bloße Erscheinungen", durch seine Kategorien und Anschauungsformen sind sie „konstituiert", und außerhalb seiner oder unabhängig von ihm sind sie nichts. Deswegen sind sie keine Dinge an sich. Dem empirischen Subjekt dagegen stehen sie als äußere, unabhängige Gebilde gegenüber, denn nicht *seine* Prinzipien sind es, von denen es konstituiert ist. Ihm also gelten sie mit Recht als etwas Reales. So kommt es, daß eben das, was transzendental bloß Erscheinung ist, empirisch nichtsdestoweniger real ist. Hierauf beruht die für Kants Denken charakteristische Koexistenz des empirischen Realismus und des transzendentalen Idealismus. Der springende Punkt in dieser Lehre ist eben die Schichtung oder das Ineinanderstecken der beiden Subjektsphären.

Auf diesem metaphysischen Schema beruht ferner das Restriktionsgesetz, in das die transzendentale Deduktion der reinen Verstandesbegriffe mündet. Das Gesetz besagt, daß Kategorien nur Geltung haben für Gegenstände möglicher Erfahrung; ihre Gültigkeit ist also eingeschränkt durch die Reichweite der Anschauung. Was über diese hinausliegt, mag wohl denkbar sein, ist aber nicht erkennbar. Solche Lage jenseits dieser Grenze hat das Ding an sich. Das ist nicht verständlich, solange man die Sachlage allein vom empirischen Subjekt aus sieht, ergibt aber einen guten Sinn vom Gesichtspunkt des transzendentalen Subjekts. Denn die Grenze möglicher Erfahrung ist die Reichweite des Subjekts überhaupt. Andererseits ist eben dieses Subjekt überhaupt Einheit und Träger der Kategorien, und nur was in seinen Bereich fällt, kann unter den Kategorien stehen. So kommt es, daß das empirische Subjekt diese Kategorien innerhalb der Grenze möglicher Erfahrung anzuwenden berechtigt ist, auf Dinge an sich aber nicht. Die stehen jenseits der Reichweite des Subjekts überhaupt.

Für das Kantische System (als System!) ist das „Subjekt überhaupt" der zentrale Begriff. Aber um so mehr ist zu fragen: ist seine Annahme damit gerechtfertigt? Ist das System als solches diese Konzession wert? Der Idealismus ist ja kein unbedingtes Muß für die Philosophie; nur für ihn aber ist das „Subjekt überhaupt" erforderlich. Freilich unter dieser Voraussetzung ist es sinnvoll, daß der Verstand der Natur Gesetze „vorschreibe". Aber ist es denn so durchaus notwendig, daß es überhaupt ein solches Vorschreiben gibt? Müssen denn Raum und Zeit durchaus Anschauungsformen, Kategorien durchaus Verstandesbegriffe, die Grundgesetze des Gegenstandes durchaus Urteile sein? Ist es wahr, daß es sonst keine synthetischen Urteile *a priori* mit objektiver Gültigkeit geben könnte? Bedarf es dazu eines Subjekts überhaupt?

Die ganze Reihe dieser Fragen – und sie läßt sich leicht noch um vieles verlängern – ist schlechterdings mit *nein* zu beantworten. Was für die Gültigkeit der synthetischen Urteile *a priori* wirklich erforderlich ist, das ist gar nicht das „Subjekt überhaupt"; für sie genügt es als Grundbedingung, daß überhaupt eine übergeordnete gemeinsame Gesetzessphäre Subjekt und Objekt umschließt. Kant hat diese Grundbedingung an anderer Stelle (in der Lehre vom obersten Grundsatz, s. unten) aufs klarste formuliert. Daß diese übergeordnete gemeinsame Gesetzessphäre inhaltlich durch die Reichweite der Gültigkeit von Raum, Zeit und Kategorien definiert ist, liegt in ihrem Wesen als Gesetzessphäre und ist von Kant scharf hervorgehoben. Daß sie aber Subjektscharakter habe, und ein „Subjekt überhaupt" sei, liegt nicht in ihrem Wesen – weder als einer Gesetzessphäre, noch als des Gemeinsamen und Umspannenden von Subjekt und Objekt. Hier ist Kant sichtlich nicht dem Problem der synthetischen Urteile gefolgt, sondern seiner idealistischen Systemkonzeption. Aus dieser allein folgt die Subjektivität der transzendentalen Sphäre, und mit dieser das „Vorschreiben", der Urteilscharakter des Gegenstandsgesetzes, der Begriffscharakter der Kategorien und der Anschauungscharakter von Raum und Zeit. Das „Subjekt überhaupt" ist eine rein standpunktliche Fiktion. Mit ihr fällt der transzendentale Idealismus in den Atavismus der von ihm so heftig bekämpften dogmatischen Systeme, in denen die Fiktion des *intellectus infinitus, archetypus* oder *divinus* dieselbe überbauende Rolle gespielt hat. Und sofern alle diese Potenzierungen des Intellekts – ob hypostasiert oder nicht – letztlich doch nach Analogie des uns Menschen allein bekannten menschlichen Intellekts konstruiert sind, so steckt hierin (wie vielleicht im erkenntnistheoretischen Idealismus überhaupt) der verkappte Überrest eines alten Anthropomorphismus. –

Ein anderes rein standpunktliches Element klingt in der Lehre von Erscheinung und Ding an sich durch; die Unterscheidung als solche ist notwendig und darf gewiß nicht verkürzt werden. Die Frage ist nur: darf man beide so auseinanderreißen, daß nur Erscheinung erkennbar ist, das Ding an sich aber nicht? Liegt es nicht im Wesen der Erscheinung, Erscheinung eines „Erscheinenden" zu sein? Sonst wäre Erscheinung leerer Schein, Erscheinung von nichts, also auch gar nicht Erscheinung. Kant gerade protestiert aufs nachdrücklichste gegen die Verwechslung von Erscheinung und Schein. Steckt aber ein Erscheinendes dahinter, so ist evident, daß dieses nicht wiederum bloß Erscheinung sein kann, sondern nur ein Ansichseiendes, in Kantischer Sprache also „Ding an sich". Daraus folgt aber erstens, daß mit der Erscheinung ein dahinterstehendes Ding an sich immer schon mit zugestanden ist; und zweitens, daß dieses Ding an sich immer mit erkannt wird, wo die Erscheinung erkannt wird. Denn ist das Ding an sich das Erscheinende in der Erscheinung, so ist es unmöglich, daß es in diesem seinem Erscheinen gleichwohl verborgen bleibe, d. h. nicht erscheine. Es ist also unmöglich, daß Erscheinung allein ohne Ding an sich erkannt werde; entweder werden beide erkannt, oder beide sind unerkennbar.

Das „Noumenon"[3] Kants soll theoretisch nur im negativen Verstände Geltung haben, nur Grenzbegriff der Erkenntnis sein. Warum aber eigentlich diese Einschränkung? Weil es nicht erkennbar ist? Aber 1. ist es seinem Wesen nach genau so erkennbar wie das Phänomenon; dieses besteht ja eben in seinem Erscheinen

---

3 [Zur Unterscheidung zwischen Noumena und Phaenomena siehe Kant, *Kritik der reinen Vernunft*, A 235, B 293.]

für das Subjekt. Und 2. selbst wenn es nicht erschiene und nicht erkennbar wäre, so könnte es deswegen doch im positiven Verstande „sein". Ist doch das An-sichseiende eben dadurch charakterisiert, daß es in seinem Dasein unabhängig ist von allem Erkanntwerden oder Nichterkanntwerden. Z. B. Gott ist doch nicht deswegen ein „Gott im negativen Verstande", weil er dem Subjekt nicht erfaßbar ist! Hinter dem Nichterfaßbarsein verbirgt sich vielmehr gerade ein eminent po-sitives Sein.

Der positive Sinn des Noumenon kommt denn auch in der Lehre vom „tran-szendentalen Gegenstande" deutlich zum Vorschein. Dieser ist gleichsam das verlängerte „empirische Objekt". Er ist derjenige Teil des Objekts, der außerhalb der Reichweite möglicher Erfahrung, und deswegen (nach dem Restriktionsgesetz) auch außerhalb der Reichweite der Kategorien fällt. Der systematische Grund dieses Außerhalb-Fallens ist aber der, daß dieser Teil des Objekts jenseits der Grenzen des „Bewußtseins überhaupt" zu liegen kommt. Diese Jenseits-Lage eben ist die des Dinges an sich im Kantischen System. Wäre nun der transzendentale Gegenstand für die Erkenntnis gleichgültig und eine schlechterdings zu ver-nachlässigende Größe, so behielte der Idealismus damit wenigstens in sich selbst recht. Aber hier eben durchbricht das Problem machtvoll das künstliche System. Die Erkenntnis ist eindeutig und unablösbar bezogen auf den transzendentalen Gegenstand. Die „Totalität der Bedingungen", die in ihm beschlossen ist, schwebt in aller Gegenstandserkenntnis dem erkennenden Subjekt als das eigentlich zu Erkennende vor. Sie ist in der Idee des Gegenstandes schon vorweggenommen. Ist dem aber so, wie kann es dann zu Recht bestehen, daß der Gegenstand durch die Grenze des „Bewußtseins überhaupt" (also des Erfahrungs- und Kategorienbe-reichs) in zwei heterogene Teile zerschnitten wird: einen empirischen und einen transzendentalen, einen bloß als Erscheinung seienden und einen ansichseien-den? Das würde die Einheit des Gegenstandes aufheben, ihn in sich heterogen machen und damit den Sinn der Gegenstandserkenntnis selbst der unheilbarsten Zweideutigkeit anheimfallen lassen. –

Weitere Vorurteile, die freilich nur lose mit dem Idealismus zusammenhän-gen, sind der Intellektualismus und der Formalismus Kants. Sie sind in unserer Zeit vielfach bekämpft worden, am nachdrücklichsten wohl von phänomenolo-gischer Seite. Ist es notwendig, daß apriorische Einsicht Sache des Denkens und des Urteils ist? Kann sie nicht auch intuitiv sein? Apriorische Anschauung gibt Kant ja bei Raum und Zeit zu. Warum nicht also bei den Kategorien und Grund-sätzen? Die Schwierigkeit, daß die konkrete, aller Reflexion entbehrende Ding-wahrnehmung schon Urteile enthalten müßte – denn sie enthält die Kategorien –, fiele damit auf einen Schlag weg.

Und ist es notwendig, daß alles Apriorische „formal" ist, d. h. nur in „reiner Form" besteht und den Inhalt überhaupt (nämlich allen und jeden) erst von anderer Seite empfangen muß? Daß dieser Formalismus des Apriorischen sich in der Ethik bitter rächt, ist am Problem des kategorischen Imperatives längst aufgefallen und gerügt worden. Er ließ Kant das ethische Erbe des Altertums, die Mannigfaltigkeit der sittlichen Wertgehalte, wie die Antike sie in der Tugendlehre entwickelt hatte, verkennen. Aber auch auf theoretischem Gebiet gilt das Gleiche. Müssen denn Kategorien durchaus Formen sein? Ein uraltes geschichtliches Vorurteil spricht aus dieser Voraussetzung. Seit Aristoteles heißen bestimmende Prinzipien „Formen". Ontologisch hat das seine Berechtigung, wenn man das Gegenstück, die passive Materie, gelten läßt. Aber vom erkenntnistheoretischen Gesichtspunkt bemächtigt sich ein ganz anders geartetes Systeminteresse dieser These, das Interesse des Rationalismus. Denn Materie ist und bleibt irrational, auch wenn sie nur als Erkenntnisstoff dem Subjekt gegeben ist. Ein letzten Endes rationalistisches Motiv ist es, das nicht in Kant allein, sondern in allen großen Erkenntnistheoretikern der Neuzeit die Tendenz nährt, Prinzipien seien das an sich Substratlose, Stofffreie, dasjenige, dessen Wesen in Form, Gesetz und Relation restlos aufgeht; Prinzipien sind das in sich logisch Durchsichtige, Rationale. Dem Idealismus liefert das, wenn es stimmt, einen willkommenen Rückhalt; denn das will vor allem einleuchten: wenn Prinzipien rational sind, so können sie in der Tat Sache des Denkens, des Urteils und folglich Sache des Bewußtseins sein, während Materien und Substrate sich dem sichtlich widersetzen. Dennoch ist die Rechnung falsch, und zwar aus zwei Gründen.

Erstens ist es nicht wahr, daß alle Prinzipien (etwa die zwölf Kantischen Kategorien) in Form, Gesetz, Relation aufgehen. Nur eine ganz unzureichende Kategorialanalyse – und Kant gesteht selbst zu, daß er diese Analyse schuldig bleibt – konnte das von ihnen glauben. Daß es kategoriale Elemente der Materialität (im Kantischen Sinn) und des Substrathaften in ihnen gibt, davon legt schon das Substanzprinzip Zeugnis ab, dessen Wesen sich ja nicht in der „Beharrung" als Gesetzlichkeit erschöpft, sondern das „Beharrende" selbst in der Beharrung mit meint[4]. Zweitens aber verrechnet sich der Rationalismus, selbst wenn man von diesen Grenzen des Form- und Relationscharakters absieht. Gesetzt nämlich Kategorien gingen mit ihrem ganzen Wesen in Form, Gesetz, Relation auf, so ist doch damit noch nicht erwiesen, daß diese ihrerseits durchweg rational wären. Es ist tatsächlich nicht schwer, irrationale Gesetzlichkeiten aufzuzeigen; man braucht dabei nur an die Gesetze des Lebendigen zu denken, deren Ausnahmestellung in dieser Beziehung Kant durchaus anerkannte. Allgemeiner läßt

---

4 Näheres hierzu in Logos, Bd. V. „Über die Erkennbarkeit des Apriorischen". S. 319 f. [Hartmann, Nicolai, „Ueber die Erkennbarkeit des Apriorischen", in: *Logos. Internationale Zeitschrift für Philosophie der Kultur*, hrsg. v. Richard Kroner und Georg Mehlis, Band V, 1914/1915, Heft 1–3, 290–329; später in: ders: *Kleinere Schriften*, Band III, Berlin 1958, 186–220, hier 211 f.]

sich aber noch sagen, es ist ein Irrtum von Grund aus, zu glauben, daß Gesetze und Relationen durchweg dem Denken zugänglich, oder gar ganz Sache des Denkens wären; vielmehr ist es ontologisch leicht einzusehen, daß der Zusammenhang des Seienden, der sich ja keineswegs mit dem des Denkens und Erkennens zu decken braucht, nicht im mindesten an die Grenzen gebunden ist, bis zu denen das Denken ihm zu folgen vermag, daß vielmehr immer nur ein Ausschnitt aus ihm wirklich denkbar wird. Auch an den allgemeinsten und scheinbar einfachsten kategorialen Gesetzen, z. B. denen des Logischen, läßt sich das zeigen[5]. Damit aber fällt auch die standpunktliche Berechtigung der Formalismusthese hin. Weder der Rationalismus noch auch der Idealismus hat an ihr eine Stütze. –

Unter den vielen weiteren rein standpunktlich bedingten Thesen Kants sei zum Schluß nur noch der Primat der praktischen Vernunft angeführt. Diese These bedeutet die Überordnung des reinen Willens über die reine Erkenntnis; mit ihr mündet der transzendentale Idealismus in transzendentalen Voluntarismus aus. Ist dieser Primat für die Rechtfertigung der ethischen Freiheit wirklich nötig? Auch diese Frage ist zu verneinen. Für die Willensfreiheit genügt die Selbständigkeit der praktischen Vernunft, die Autonomie ihres Prinzips. Daß solche Autonomie nur bei Überordnung des Praktischen bestehen könne, ist dagegen keineswegs aus ihrem Wesen zu folgern; es hat denn auch bei Kant einen ganz anderen Grund. Für ihn kommt ein Dualismus, welcher zwei autonome Gesetzlichkeiten koordiniert bestehen ließe, nicht in Betracht. Es muß Einheit sein um jeden Preis. Also muß die eine von beiden übergeordnet sein. Die theoretische darf es nicht sein, dann fiele die Freiheit hin. Es muß also die praktische Gesetzlichkeit übergeordnet sein. Aber – in diesem Schluß ist der Obersatz sehr fraglich. Koordination kann sehr wohl bestehen; genau besehen, ist ja gerade die Einheit problematisch, die Zweiheit aber gegeben. Und schließlich, wenn wirklich die Forderung des Monismus mehr als ein Systempostulat sein sollte, so bliebe ja immer noch die Möglichkeit, daß die gesuchte Einheit beiden Gesetzlichkeiten gemeinsam übergeordnet wäre. Sie brauchte ja nicht notwendig erkennbar zu sein.

Und ist etwa die Lösung der Freiheitsantinomie, auf die es hierbei mit Recht so sehr ankommt, auf die Scheidung von Ding an sich und Erscheinung als Bedingung angewiesen – wobei dann die praktische Vernunft als Trägerin des Dinges an sich das Übergewicht hätte? Auch das keineswegs. Weder braucht Kausalität bloße Erscheinungssache zu sein, noch Freiheit einem Noumenon anzuhaften, selbst gesetzt, daß dieses hier „im positiven Verstande" zu Recht bestünde. Sondern es genügt, daß überhaupt zwei heterogene Gesetzlichkeiten, zwei Schichten der

---

5 Ebenda S. 310 und 322 f. [In der Fassung der *Kleineren Schriften* (siehe vorige Anm.), 203 und 214 f.]

Determination in einer und derselben Welt koexistieren. Von solchen ist die komplexere und in diesem Sinne „höhere" der niederen und elementareren gegenüber unter allen Umständen frei; denn die niedere Formung ist allemal der höheren gegenüber indifferent, passiv – bloße „Materie". In Wahrheit ist Kant wohl der erste gewesen, der diesen großen Gedanken nicht nur erfaßt, sondern auch für die Lösung der Freiheitsantinomie fruchtbar gemacht hat. Aber die Scheidung von Phänomenon und Noumenon, die er damit verquickte, hat den eigentlichen Sachgehalt dieses Philosophems derartig verdunkelt, daß er bis heute von den Interpreten nicht ans Licht gezogen ist (das Weitere zu diesem Punkt s. unten, Abschn. 6).

3.

Die aufgezählten Punkte – die nur eine Auswahl bilden – sollen das Negative andeuten, den Hintergrund, das standpunktlich Bedingte und bloß Geschichtliche in Kant, wogegen sich als Positives das Übergeschichtliche, diesseits von Idealismus und Realismus Stehende abheben soll. Das Folgende sucht dieses Übergeschichtliche in wenigen, auch durchaus nur sporadisch herausgegriffenen Hauptzügen aufzuweisen, wobei das Augenmerk weniger auf den Erweis der These als auf die Plastik der Probleme gerichtet ist. Daß diese für sich selbst spricht, ist überall die Voraussetzung.

Den eigentlichen Hauptpunkten vorgelagert ist eine größere Reihe gedanklicher Motive, die gleich an der Schwelle der Kantischen Philosophie liegen – noch diesseits der eigentlichen Aporetik, aber eben damit auch diesseits aller standpunktlichen Deutungen. Für unser heutiges Methodenbewußtsein lassen sie sich am besten als phänomenologische Elemente im Denken Kants bezeichnen.

In erster Linie ist hier zu denken an die klassische Phänomenologie der Urteile in der Einleitung der *Kritik der reinen Vernunft*. Kant faßt diese Erörterung zusammen unter dem Titel einer *quaestio facti*, der die *quaestio juris* erst noch folgen soll. Er sieht also das, was er hier aufdeckt, als bloßen Befund an, diesseits aller Theorie, ja diesseits der eigentlichen Fragestellung. Es überkreuzen sich zwei Einteilungen der Urteile nach den Gegensätzen „*a priori – a posteriori*" und „analytisch – synthetisch". Aus dem Wesen dieser Gegensatzpaare folgt, 1. daß alle analytischen Urteile *a priori*, und 2. daß alle aposteriorischen synthetisch sind. Da diese beiden Sätze aber nicht umkehrbar sind, so folgt 3. daß es auch apriorische Urteile geben kann, die zugleich synthetisch sind. Die weitere Frage ist, ob es solche synthetische Urteile *a priori* wirklich gibt. Diese Frage wird durch eine weitere phänomenologische Analyse der wissenschaftlichen Urteile beantwortet. Und wiederum ist es die Art der Analyse selbst, die sich des Faktums versichert. Die Behandlung der Beispiele ist das Ausschlaggebende: 7 + 5 = 12, „die Gerade ist die kürzeste", desgleichen die physikalischen Beispiele, – überall wird aus dem Inhaltsverhältnis selbst gezeigt, daß das Prädikat im Subjekt nicht enthalten ist, während das Urteil dennoch Allgemeinheit und Notwendigkeit besitzt.

Ebenso enthält die transzendentale Ästhetik ein lehrreiches Bruchstück zur Phänomenologie von Raum und Zeit. Nicht alles, was Kant über diese lehrt, gehört hierher, z. B. nicht die Idealität und der „bloße" Anschauungscharakter von Raum und Zeit. Um so schwerer aber fallen als phänomenologische Thesen die einfacheren Bestimmungen ins Gewicht, von denen er ausgeht: Raum und Zeit sind nicht abstrahiert vom Empirischen, sind nicht diskursiv und allgemein wie Begriffe; sie sind anschaulich und einzig, wie alles Anschauliche; von ihnen gibt es keinen Plural, es gibt nur „einen" Raum und „eine" Zeit; diese aber sind zu gleich unendlich und gegeben, nämlich in ihrer Unendlichkeit und trotz ihr mitgegeben in allen endlichen raum-zeitlichen Gebilden; sie sind Bedingungen der Wahrnehmung (der äußeren beide, der inneren nur die Zeit), denn sie sind Gegebenheitsformen des Mannigfaltigen selbst, das die Wahrnehmung darbietet, man kann wohl die Dinge aus Raum und Zeit, aber nicht Raum und Zeit aus den Dingen wegdenken; darüber hinaus ist der Raum die Bedingung geometrischer Gesetzlichkeit, und weil seine Eigenschaften anschaulich sind, ist geometrische Einsicht auf Anschauung basiert. Eine analoge Phänomenologie der Kategorien fehlt in der *Kritik der reinen Vernunft*. Eine Kategorialanalyse, eine Exposition oder „metaphysische Erörterung" der Kategorien hat Kant nicht für nötig gehalten. Statt dessen bringt er die immerhin zweifelhafte „Ableitung" aus der Urteilstafel, die gar keine inhaltliche Erörterung ist. Bei den Grundsätzen freilich wird das Unterlassene zum Teil nachgeholt, aber erstens sind die dort gegebenen Strukturanalysen nicht für alle Kategorien gebracht, und auch für die einzelnen nicht vollständig, und zweitens stehen sie nicht an der Stelle, die ihnen zukommt, nicht vor dem Einsetzen der *quaestio juris*.

Ähnlich phänomenologische Partien zeigen auch die beiden anderen Kritiken, wenn schon nicht in gleicher Reinheit. Am augenfälligsten ist die Beschreibung des Faktums in der Analytik des Schönen, etwa in solchen Bestimmungen des Geschmacksurteils wie der „subjektiven Allgemeinheit" oder der „Interesselosigkeit". Den Charakter eines bloßen Befundes am Phänomen hat auch die Feststellung der formalen Zweckmäßigkeit im Bau der Organismen; auch sie dient durchaus nur der *quaestio facti* und bildet für die Probleme der Naturteleologie lediglich die inhaltliche Voraussetzung, den gegebenen Anhaltspunkt. Nicht weniger diesseits aller Aporetik stehen die Ausgangserörterungen in der *Kritik der praktischen Vernunft*, z. B. die Bestimmungen über den Sinn des Guten, des reinen Willens, über das Wesen des Sollens und des Apriorischen im sittlichen Bewußtsein. Noch stärker tritt das Phänomenologische hervor in der Lehre vom

„kategorischen" Charakter ethischer Imperative, sowie von dem unlöslichen Wesensverhältnis gegenseitiger Bezogenheit zwischen kategorischem Imperativ und Freiheit. Schließlich darf man hierher auch die Inhaltsanalyse des Sittengesetzes rechnen, sofern sie der Sache nach nichts weniger als bloße „Form"-Analyse, sondern durchaus die Herausarbeitung einer ethischen Wertmaterie, und zwar einer sehr bestimmten, ist. Die Kantische Behauptung, daß dieser Inhalt allein die ganze Fülle des sittlich Guten umspanne, ist freilich von sehr anderer Art; aber sie hat mit jener sonstigen Analyse selbst nicht das mindeste zu tun, diese steht vollkommen unabhängig von ihr da.

Schwerer aber noch als alle diese problembedingenden und problemformenden Feststellungen fällt als phänomenologisches Motiv das unbeirrbare Festhalten Kants am natürlichen Realismus, oder wie Kant ihn nennt, am „empirischen Realismus", in die Wagschale. Für denjenigen, dessen systematische Grundanschauung idealistisch war, ist das kein leichtes Stück. Er mußte es sich recht eigentlich abringen, mußte seinen idealistischen Standpunkt eigens daraufhin anlegen, ihn mit der empirischen Realität in Einklang zu bringen. Daß Kant dieses tat, ist eben das stärkste Zeugnis dafür, daß er das Gewicht der Phänomene als solcher zu würdigen wußte. Denn die empirische Realität der Dinge ist Phänomen, sie gehört mit zum Faktum der Erkenntnis; es gibt kein naives Bewußtsein, das seine Gegenstände nicht für real, gegeben, selbständig auftretend hielte. Dieses „Phänomen der Realität", wie man es nennen kann (ein Erkenntnisphänomen im strengen Sinne), bestreitet der empirische Idealismus; er begibt sich dadurch selbst in die denkbar verzweifelteste Lage, er widerspricht einer einfachen, klaren, jederzeit leicht konstatierbaren Bewußtseinstatsache. Denn der Index der Realität, den die Dinge für das empirische Subjekt haben, ist eben unbestreitbare Tatsache. Eine Theorie, die sich mit Tatsachen in Widerspruch setzt, hat von vornherein verspielt. Das ist es, was Kant deutlich gesehen hat. Deshalb die Bestimmtheit, mit der er für den „empirischen Realismus" eintritt; daher die Sorgfalt, mit der er sich um die „objektive Gültigkeit" oder „Realität" alles dessen bemüht, was im transzendentalen Sinne subjektiven Ursprungs ist. Daher auch der Nachdruck, der auf der Überhöhung im Verhältnis der beiden Standpunkte liegt (des empirischen Realismus und des transzendentalen Idealismus), sowie das dieser Überhöhung entsprechende Schichtungsverhältnis des empirischen und des transzendentalen Subjekts. Und als dies alles ihn dennoch vor Mißverständnissen nicht bewahrte, hielt er es für angezeigt, in der zweiten Ausgabe der *Kritik* seiner Lehre von den Postulaten des empirischen Denkens jene erstaunliche „Widerlegung des Idealismus" einzufügen, die den Interpreten soviel Kopfzerbrechen gemacht und mehr als einem geradezu als Entgleisung Kants gegolten hat.

Und doch liegt gerade hier der Kernpunkt alles – auch des rein geschichtlichen – Verstehens der Kantischen Philosophie. Für Kant lag die Frage so: wie
können ein und dieselben Gegenstände zugleich real und ideal sein? Real sind sie
in der Auffassung des natürlichen Bewußtseins, und diese Auffassung als solche
kann nicht bestritten werden, ist vielmehr zu erklären; ideal aber müssen sie sein,
sofern es verständlich sein soll, daß das Subjekt über sie apriorische Urteile fällt,
die nicht logisch aus dem Inhalt ihres Begriffes folgen. Die Lösung gibt das (oben
entwickelte) metaphysische Schema seines Systems. Dieselben Gegenstände, die
dem empirischen Subjekt unaufhebbar gegenüberstehen, sind in den Umkreis des
transzendentalen Subjekts einbezogen. Sie sind also für dieses ideal (bloß Erscheinung), zugleich aber für jenes real. Mit anderen Worten, Idealität und Realität hängen gar nicht an der Beschaffenheit des Objekts als solchen, sondern
einzig an seiner Stellung zum Subjekt. Gibt es nun zweierlei Subjekt zu einem und
demselben Objekt, so ist es klar, daß dieses letztere real und ideal zugleich sein
kann, ohne dadurch im mindesten zweideutig zu werden.

Diese Lösung ist eine rein standpunktliche; ja man darf hinzufügen, in ihr
liegt die von Kant versuchte Rettung des Idealismus. Nicht auf sie kommt es daher
für unsere Untersuchung an, wohl aber auf das gedankliche Motiv, das zu ihr den
Anlaß gibt. Dieses Motiv ist eben die durch keine idealistische Voreingenommenheit beirrbare Überzeugung Kants vom Recht des „empirischen Realismus".
Es ist das Gewicht eines Phänomens, das ihn hier zu den weitgehendsten Kon-
zessionen, ja zur eigentlichen Durchbildung seines Systems geführt hat. Wieviel
geschichtlich und standpunktlich Bedingtes auch in diesem System zusammenwirken mag, derjenige innere Faktor, der es über Berkeleys metaphysische Unstimmigkeiten tatsächlich hinaushob, ist ein phänomenologischer. –

Man begegnet phänomenologischen Elementen bei Kant keineswegs bloß in
den Ausgangspunkten. Auch mitten drin in der Theorie sind sie zu finden. Und oft
sind sie mit letzterer so eng verwoben, daß es kaum möglich ist, sie rein herauszuheben.

Auf der Grenzscheide zur theoretischen Grundfrage steht die Lehre von den
„zwei Stämmen" der Erkenntnis, die geschichtlich die Synthese von Apriorismus
(Rationalismus) und Empirismus bedeutet. Diese Synthese – wohl der populärste
Punkt der Kantischen Erkenntnistheorie – verdankt ihre besondere begriffliche
Form dem Streit der großen Vorgänger, in erster Linie Leibniz und Locke. Dieser
Streit war aber nicht so sehr aus der Antithetik von Apriorismus und Empirismus
erwachsen, als vielmehr aus der von Intellektualismus und Sensualismus. Der
letztere Gegensatz ist ein engerer, speziellerer; er kann mit jenem wohl zusam-
mengehen, deckt sich aber nicht mit ihm. Er ist ein Gegensatz der Erkenntnisvermögen oder Funktionen, jener aber ist ein Gegensatz der Erkenntnisursprünge.

„Cogitatio" und „sensation" unterscheiden sich als solche ganz anders, als innere Gewißheit und Gegebenheit von außen sich unterscheiden.

Es ist ein Verhängnis der Kantischen Philosophie und des deutschen Idealismus überhaupt geworden, daß Kant diese beiden Unterscheidungen nicht genügend auseinandergehalten hat. „Sinnlichkeit und Verstand" steht in der *Kritik* ungezählte Male, wo *„a posteriori* und *a priori"* stehen sollte. Das hat verdunkelnd auf die an sich durchaus schlichte und eindeutige Ausprägung des Aposteriorischen und Apriorischen gewirkt. Denn tatsächlich ist die Lehre der *Kritik* auf der Antithese dieser beiden letzteren allein erbaut, nicht auf der von Sinnlichkeit und Verstand. Wie hätte Kant sonst in der „Sinnlichkeit" selbst apriorische Elemente anerkennen können, wie hätte er vor die transzendentale Logik eine transzendentale Ästhetik setzen können! Man muß, wenn man auf die wirklichen Grundlagen der *Kritik* durchstechen will, vor allem diese Vermengung der Motive durchschauen und abstreifen. In Wahrheit sind es ein aposteriorisches und ein apriorisches Element – beide rein als solche genommen –, die sich in aller Gegenstandserkenntnis („Erfahrung") gegenüberstehen. Das erstere ist mit Recht in erster Linie auf die Sinnesdaten bezogen, mit Recht als eine eigene, selbständige Instanz, ein autonomer Faktor der Erkenntnis anerkannt, im Gegensatz zu Leibniz' Theorie des „confusen Denkens". Das andere aber, das apriorische Element, ist mit Unrecht auf Form, Gesetzlichkeit und Synthesis beschränkt, mit Unrecht in Funktionen des Subjekts verlegt, mit Unrecht auch innerhalb der letzteren wiederum vorwiegend auf Denken und Urteil bezogen; mit Recht dagegen auf eine selbständige, autonome Erkenntnisquelle überhaupt zurückgeführt. Der Nachweis dieser Rechtmäßigkeit liegt – neben der Durchführung der *quaestio facti* in der Einleitung – wohl am deutlichsten in der Art, wie die „Analogien der Erfahrung", besonders die Substantial- und Kausalerkenntnis, als apriorische Elemente in der Erfahrung erwiesen sind.

Das Gefüge der realen Gegenstandserkenntnis ist nach Kant ein Zweiinstanzensystem. Es beruht voll und ganz auf der Wechselbeziehung und gegenseitigen Durchdringung der beiden heterogenen Erkenntniselemente. Dieser Dualismus ist nicht weiter zurückführbar auf eine hinter ihm verborgene Einheit, die es etwa aufzudecken gälte. Was diesen Gedanken bestimmt und ihm im Gegensatz zu Leibniz' gnoseologischem Monismus des Apriorischen die Schroffheit einer bewußten Antithese verleiht, ist zunächst wiederum die schlichte Anerkennung eines Phänomens. Denn der Unterschied der Erkenntnisweise zwischen dem am Einzelfall als tatsächlich Gegebenen und dem am Gesetz in strenger Allgemeinheit, aber ohne Tatsächlichkeit Erschauten ist eben ein vorgefundener, irreduzibler. Der moderne Intuitivismus hat Unrecht, hieran zu rütteln. So sehr es wahr sein mag, daß apriorische und aposteriorische Erkenntniselemente im Grunde gleich intuitiv sind – mit solch einer Feststellung ist doch der von Kant erschaute

Unterschied nicht überwunden, sondern nur in die Intuition selbst hinein verlegt. Es gibt dann eben zwei Grundtypen der Anschauung, in denen der alte Dualismus wiederkehrt, und statt von apriorischen und aposteriorischen Elementen der Erkenntnis hätte man von apriorischer und aposteriorischer Anschauung zu sprechen. Dem Phänomen dieser Dualität kann man auf alle Fälle nicht entgehen, ohne das Grundproblem der realen Gegenstandserkenntnis zu verfehlen.

4.

Darüber hinaus freilich hat eben dieser innere Dualismus der Erkenntnisinstanzen für Kant noch eine weitere und tiefere Bedeutung. Mit ihr aber verlassen wir die Ebene des bloß Phänomenologischen in Kant und begeben uns ins Feld der eigentlichen Erkenntnisproblematik und der Theorie. Die übergeschichtlichen Motive, die hiermit beginnen, sind aporetischer Natur.

Wenn Kant lehrt, Begriffe für sich genommen seien „leer", Anschauung für sich genommen „blind", so steckt darin die Meinung, daß eigentliche Erkenntnis nur beide zusammen ausmachen; ein Gegenstand wird nur da erfaßt, wo beide zusammentreffen und übereinstimmen. Es handelt sich also um eine Ergänzung, ein Gleichgewicht. Diese These trifft aber gerade auf Begriff und Anschauung nicht zu, denn Begriffe könnten ja auch empirisch gewonnen (abstrahiert) sein und sind dann keineswegs „leer", Anschauung aber kann auch *a priori* sein und ist dann durchaus nicht „blind". Kant meint eben auch hier in Wirklichkeit den Gegensatz apriorischer und aposteriorischer Erkenntnis. Auf diesen treffen beide Bestimmungen zu.

Läßt man diese Richtigstellung gelten, so ist der Gedanke der notwendigen Ergänzung von größter Bedeutung. An ihm hängt der Sinn der transzendentalen Deduktion. Diese läuft auf das Restriktionsgesetz hinaus. „Restringiert" wird hier die objektive Gültigkeit der Kategorien, und zwar auf mögliche Erfahrung. Durch Kategorien allein wird nichts erkannt, sondern nur gedacht. Nicht alles Denkbare aber ist erkennbar. Das Intelligible als solches ist gar nicht erkennbar; erst wenn es zugleich sensibel ist, kann Erkenntnis resultieren. Substituiert man hier wiederum für das Intelligible das *a priori* Erfaßbare, für das Sensible aber das *a posteriori* Gegebene, so gewinnt die Restriktionsthese die Bedeutung einer Einsicht, die weit über das Kategorienproblem, und erst recht über jeden philosophischen Standpunkt, hinausragt; sie bringt dann etwas ewig Notwendiges und Unverlierbares zum Ausdruck. Denn so enthält sie den Hinweis auf ein Kriterium der Wahrheit, wie es alle Erkenntnistheorie sucht.

Die transzendentale Deduktion steht ganz und gar im Zeichen des Wahrheitsproblems. Wahrheit in bezug auf synthetische Urteile *a priori* heißt eben in

Kantischer Sprache „objektive Gültigkeit" oder „objektive Realität". Um objektive Gültigkeit oder Realität aber handelt es sich in der Deduktion. Und was ist Kants Resultat? Die objektive Gültigkeit kommt jenen apriorischen Urteilen nur zu, soweit ihnen die Daten möglicher Erfahrung entsprechen; d. h. sie bedürfen des Zeugnisses der Gegeninstanz. Apriorische und aposteriorische Erkenntnis sind in der Tat jede für sich unfertig. Die erstere erfaßt nur das Allgemeine, das Gesetz, die durchgehende Bestimmtheit möglicher Gegenstände, niemals aber einen wirklichen Gegenstand als solchen; die letztere dagegen gibt die Wirklichkeit des Einzelfalles, begreift ihn aber nicht in seinem Wesen, denn dieses ist ein allgemeines und nie am Falle als solchem einsichtig. Das Kantische Bild trifft also auf den Unterschied apriorischer und aposteriorischer Erkenntnis tatsächlich zu; jene ist wirklich „leer" (entbehrt der Daseinsgewißheit), diese wirklich „blind" (begreift das gegebene Dasein nicht). Diese Heterogeneität der beiden Erkenntniselemente macht es, daß beide nicht nur erst zusammen eigentliche Erkenntnis ergeben, sondern auch daß sie gegenseitig sich stützen; denn so enthält jede das Korrektiv der anderen. Der tiefere Sinn des Restriktionsgesetzes ist, daß die Daseinsgewißheit der sinnlichen Gegebenheit das natürliche und notwendige Korrektiv, gleichsam die Beglaubigung des *a priori* Erschauten, bildet. Am Verhältnis der „Tatsache" zur Hypothese, als der auf bloßer Gesetzeseinsicht beruhenden Möglichkeit, beleuchtete Kant in den Postulaten des empirischen Denkens und in der Methodenlehre diesen Sachverhalt. Daß ebenso das Apriorische als Gesetzeseinsicht das Korrektiv für das Tatsachenzeugnis der Sinne ist, welches für sich genommen noch gar nicht weiß, worin eigentlich das Tatsächliche besteht, ist freilich in diesem Zusammenhang nicht ebenso bewußt ins Licht gerückt, liegt aber im Ganzen der Kantischen Problembehandlung ebenso deutlich anerkannt vor. Beides aber ist vollkommen unabhängig vom Standpunkt; ja es ist für die realistische Auffassung der Erkenntnisrelation womöglich noch wesentlicher als für die idealistische. Denn hier liegt auf dem Gegenüber, dem Transzendenzverhältnis von Subjekt und Gegenstand der ganze Nachdruck; Wahrheit der Erkenntnis aber ist dasjenige, was diese Transzendenz überbrückt.

Will man den Grundgedanken, der in dieser Kantischen Lehre angelegt ist, frei ausgestalten, so nimmt er etwa folgende Form an. Wahrheit (objektive Gültigkeit) ist nicht Sache des logischen Zusammenhanges. Der Satz des Widerspruchs ist für sie nur eine *conditio sine qua non*. Im Gegensatz zur bloß inneren Übereinstimmung der Vorstellung in sich bedeutet Wahrheit eine äußere, zwischen Gegenstand und Vorstellung bestehende Übereinstimmung. Für diese aber hat das vorstellende Subjekt kein direktes Kriterium. Es kann nur Vorstellungen oder Vorstellungselemente miteinander vergleichen, nicht aber diese mit einem Objektkorrelat; ein solches könnte ihm eben doch wiederum nur in Vorstellungsform gegeben sein. Das ändert sich aber, wenn die Vorstellungselemente in sich selbst heterogen sind, in verschiedener Weise und unabhängig von einander gegeben sind, wie die apriorischen und die aposteriorischen. In ihrem strukturellen und inhaltlichen Gegensatz liegt dann gleichzeitig zweierlei Zeugnis von derselben Sache vor, und zwar vergleichbar, oder vielmehr vor allem bewußten Vergleichen immer schon innerlich aufeinander bezogen. Was in dieser inneren Beziehung nicht einstimmig ist, kann offenbar nicht als „objektiv real" gelten; denn da beide Zeugnisse sich auf dasselbe Objekt beziehen, so müssen sie auch in der Vorstellung Einklang ergeben, – oder aber eins von beiden muß fehlerhaft sein. Ein negatives Kriterium liegt also jedenfalls in solcher Konfrontation der Zeugen, wie sie sich in aller Realerkenntnis immerfort abspielt. Darüber hinaus aber eröffnet sich der Ausblick auch auf die Bedeutung eines positiven Wahrheitskriteriums, das in eben diesem Verhältnis liegt, wenn man erwägt, daß die Heterogeneität und gegenseitige Unabhängigkeit der beiden Arten des Zeugnisses das Auftreten der gleichen Fehler oder Irrtümer in beiden so gut wie ganz ausschließt. Was also in diesem Sinne innerlich (in der Vorstellung) übereinstimmt, das darf auch als äußerlich mit dem Gegenstande übereinstimmend gelten[6]. –

Eine Fülle ähnlicher überstandpunktlicher Motive durchzieht die ganze transzendentale Analytik, am dichtesten gesät wohl in dem Abschnitt von den „Analogien der Erfahrung". Statt einer Aufzählung dieser Mannigfaltigkeit, die im Einzelnen so manches nicht ganz einfachen Nachweises bedarf, sei hier nur der zentrale Punkt herausgegriffen. Man pflegt einen solchen zentralen Punkt für die Kantische Erkenntnistheorie vorwiegend in der Lehre von der transzendentalen Apperzeption zu sehen. Für das Systeminteresse an Kant mag das eine Notwendigkeit sein. Aporetisches Interesse muß anders wägen. Ich sehe den zentralen Punkt der transzendentalen Analytik im „obersten Grundsatz aller synthetischen Urteile".

Dieser Grundsatz ist in mehr als einer Hinsicht ein sehr merkwürdiger.

1. Er ist durch die voraufgehende Ableitung nur sehr schwach begründet. Die Ableitung ist dunkel, ist schwer zu interpretieren, steht auch sichtlich nicht auf der vollen Höhe des Problems. Die Interpreten sind denn auch zumeist über sie hinweggegangen. Ja, das Darüberhinweggehen erstreckt sich bei vielen auch auf den Grundsatz selbst, als hinge er nur von der gegebenen Ableitung ab. Kant geht von der Definition des synthetischen Urteils aus. *P* ist nicht in den Merkmalen von

---

6 Ob dieser letztere Gedanke noch als Kantisch bezeichnet werden darf, wage ich nicht zu entscheiden. Für das Nähere hinsichtlich seiner theoretischen Durchführung muß ich auf meine „Metaphysik der Erkenntnis", Berlin 1921, Kap. 51 und 52 verweisen. [Hartmann, Nicolai, *Grundzüge einer Metaphysik der Erkenntnis*, 1. Auflage: Berlin-Leipzig 1921, 346–363 (in der 4. Auflage: Berlin 1949, Kap. 56 u. 57, 427–444).] Daselbst auch der Nachweis für das geschichtliche Alter dieses Gedankens.

S enthalten. Das Urteil *S* ist *P* bedeutet ein Hinausgehen über *S*. Es bedarf also eines Dritten, um die Urteilsbeziehung herzustellen. Das Dritte wird als ein Medium aller synthetischen Urteile bezeichnet. Zu suchen soll es in der Form des inneren Sinnes, und weiter in der transzendentalen Apperzeption sein. Aber dann bleibt die alte Frage der objektiven Realität offen. Nur Erfahrung kann den Gegenstand „geben". Möglichkeit der Erfahrung also gibt objektive Realität. Erfahrung ihrerseits beruht „auf einer Synthesis nach Begriffen vom Gegenstande der Erscheinungen überhaupt"[7]. Daraus soll der Grundsatz folgen: „ein jeder Gegenstand steht unter den notwendigen Bedingungen der synthetischen Einheit des Mannigfaltigen der Anschauung in einer möglichen Erfahrung."[8] Ist die Ableitung dunkel, so ist die Formulierung des Prinzips selbst unscharf. Der Sinn des Ganzen kann nur der sein, daß das gesuchte „Medium aller synthetischen Urteile"[9] in den Kategorien besteht, welche auch den Gegenstand der Erfahrung bestimmen. Aber zu klarem Ausdruck kommt das nicht.

2. Der Grundsatz ist jedenfalls nicht das, was man an dieser Stelle mit Recht erwartet: ein oberstes Gesetz der Synthese selbst. Gesucht ist ein Analogon zum „obersten Grundsatz aller analytischen Urteile", welches Kant mit Recht im Satz des Widerspruchs erblickt[10]. Ein solches Analogon zu finden ist nicht so unmöglich. Setzt man für den Satz des Widerspruchs die übliche logische Formel „*A* ist nicht *non A*" (Kant freilich formuliert ihn anders), und nimmt man hinzu, daß im synthetischen Urteil gerade gefordert ist, daß *P* in *S* nicht enthalten sei, also jedenfalls den Charakter eines *non S* habe, so ergibt sich als allgemeine Form des synthetischen Urteils die Formel: „*A* ist *non A*." Das ist nicht ein strenges Gegenstück zum Satz des Widerspruchs, sondern auch seine formelle Aufhebung. Ein solches Gesetz haben die Nachkantianer bei Kant vermißt. Und sie haben es gesucht, jeder in seiner Weise. Dieses Suchen hat zur Dialektik geführt. In Hegels Logik wird dieser Sachverhalt durchsichtig, denn er ist es, der dem Satz des Widerspruchs (welcher ja nichts als die Nichtigkeit des Widerspruchs besagt) ein anderes Gesetz entgegenstellt, welches man das der Realität des Widerspruchs nennen kann, und welches tatsächlich die Formel „*A* ist *non A*" zeigt. Noch greifbarer vielleicht wird das in Hegels Lehre von der „Aufhebung", die zugleich Vernichtung, Bewahrung und Erhebung ist. Dialektik ist das innere Gefüge der Synthesis, ihre Gesetzlichkeit. So war es schon einmal in der Geschichte der Philosophie zum Durchbruch gekommen, beim späten Platon. Und auch Platon hatte (im *Sophistes*) das Prinzip der Beziehung oder „Verflechtung" in einem Sein

---

7 [Kant, *Kritik der reinen Vernunft*, A 156, B 195.]
8 [Kant, *Kritik der reinen Vernunft*, A 158, B 197.]
9 [Kant, *Kritik der reinen Vernunft*, A 155, B 194.]
10 [Kant, *Kritik der reinen Vernunft*, A 150 ff., B 189 ff.]

des Nichtseins erblickt. Die Lücke im Kantischen Denken bezeichnet genau die Stelle, an der in alter wie in neuer Zeit der Gedanke der Dialektik einsetzt.

3. Ein allgemeines Gesetz der Synthesis als solcher ist also der Kantische Grundsatz jedenfalls nicht. Was er dagegen wirklich ist, ergibt sich aus seiner zweiten Formulierung, die Kant unmittelbar an die erste (die obige) anschließend bringt und offenbar als ihre Erläuterung gemeint hat. Diese Formel lautet: „Die Bedingungen der Möglichkeit der Erfahrung überhaupt sind zugleich Bedingungen der Möglichkeit der Gegenstände der Erfahrung und haben darum objektive Gültigkeit in einem synthetischen Urteile *a priori*.“[11] Formuliert dieser Grundsatz nicht das Wesen der Synthesis, so formuliert er dafür etwas anderes, was nicht weniger wichtig ist, nämlich dasjenige, was an synthetischen Urteilen *a priori* das ewig Fragwürdige ist. Er formuliert die allein zureichende Bedingung, unter der solche Urteile das Wesen des Gegenstandes wirklich treffen können, die Bedingung also, unter der allein sie wahr, oder „objektiv gültig" sein können. In diesem Sinne, d. h. im Sinne von Kants erkenntnistheoretischer Grundfrage, ist er in der Tat ein universales Grundgesetz. Er ist das eigentliche Erkenntnisgesetz aller apriorischen Einsicht.

Ein Erweis hierfür liegt, wie gesagt, in der Kantischen Ableitung nicht. Aber es ist nicht schwer einzusehen, daß der Grundsatz in seiner zweiten Formulierung eines besonderen Erweises auch gar nicht bedarf. Er leuchtet unmittelbar ein, sobald man sein Wesen im Zusammenhang der Problemlage erfaßt hat. Er ist unabhängig von der Ableitung, weil die bloße Formel in sich selbst evident ist.

Diese Evidenz kann man sich zum Bewußtsein bringen, wenn man die Aporie des Apriorischen genau nach der Richtung hin aufrollt, nach welcher der Grundsatz sie beantwortet, d. h. nach der Seite der „objektiven Gültigkeit". Die Aufrollung kommt dann der einzig möglichen und allerdings erforderlichen Ableitung gleich, die bei Kant fehlt. Ich versuche hier, sie in wenigen Strichen anzudeuten, wie ich sie mir denke.

Das synthetische Urteil ist laut Definition nicht aus dem logischen Verhältnis der Termini evident. Denn *P* ist in *S* nicht enthalten; wenigstens nicht im vorliegenden Begriff *S*. Dennoch wird *P* von *S* ausgesagt, d. h. es wird behauptet, *P* sei im Gegenstande *S* enthalten. Durch diese Aussage wird es dem Begriff *S* als neues Merkmal eingefügt. Von wo aber ist das Wissen um die behauptete Zugehörigkeit hergenommen? Vom Gegenstande *S* kann es ebensowenig hergenommen sein wie vom Begriff, denn der Gegenstand ist als wirklicher noch gar nicht gegeben; das Urteil ist ja „apriorisch", d. h. es liegt im Erkenntnisgange „vor" der Gegebenheit des Einzelfalles. Dennoch geschieht das Erstaunliche: das Urteil wird gefällt, es ist

---

11 [Kant, *Kritik der reinen Vernunft*, A 158, B 197.]

allgemein, der Einzelfall ist in seinen Umfang einbezogen, er wird also vor seiner Gegebenheit beurteilt, und zwar – wie die nachfolgende Erfahrung zeigt – zutreffend beurteilt. Die Urteilssynthese also antizipiert den Fall; weder Begriff noch Gegenstand rechtfertigen die Antizipation, und dennoch trifft diese den realen Sachverhalt.

Das ist die Problemlage. Die Frage ist: wie kann es zugehen, daß ein solches Urteil den Gegenstand wirklich trifft? Unter welcher Bedingung ist es möglich, daß Erkenntnis von sich aus, ohne vorherige Gegebenheit, eine Bestimmtheit des Gegenstandes *a priori* richtig vorwegnimmt? Als Beispiel gelte die Errechnung einer Planetenbahn. Man bedenke: der Verstand rechnet bei sich, nach seinen Gesetzen, er errechnet das Zukünftige, wo nach Jahr und Tag zu bestimmter Stunde und Minute der Planet stehen wird; und die Folge erweist, der Planet läuft wirklich auf der errechneten Bahn, er steht, wenn der Augenblick eintritt, tatsächlich an der errechneten Stelle. Wie kommt es nun, daß ein Naturgeschehen sich so vorausberechnen läßt? Die Rechnung des Astronomen schreibt dem Planeten doch nicht die Bahn vor. Dann müßte sie ihm ja beliebig Bahnen vorschreiben können! Das ist nicht der Fall. Im Gegenteil, die Rechnung schmiegt sich der einen allein realen Bahn durchaus an. Das Rätselhafte ist nur, daß sie es zum Voraus kann, ehe der Planet die Bahn real durchläuft. Es ist, als gäbe es etwas in der Natur, was auch Mathematik triebe, und zwar dieselbe Mathematik, die der rechnende Verstand treibt. Man gelangt hier über die ewige Frage nicht hinweg: wie kommt es, daß die Natur sich nach der Mathematik des Verstandes richtet? Und diese Frage ist noch zu erweitern, denn nicht um Mathematik allein handelt es sich hier, sondern um ein viel breiteres System von Gesetzen, denen der Verstand bei seinen Antizipationen folgt.

Es gibt nur eine Möglichkeit, dieses Erkenntnisphänomen zu verstehen. Das Rätsel löst sich, wenn die Gesetze oder Prinzipien des Naturgeschehens dieselben sind wie die des rechnenden Verstandes, der Antizipation und des apriorischen Erkennens überhaupt. In einer Identitätsthese also liegt die Lösung: es muß Identität der Prinzipien bestehen zwischen dem erkennenden Bewußtsein und seinem Gegenstand. Das ist die Bedingung, unter der allein synthetische Urteile *a priori* zu Recht bestehen, d. h „objektiv gültig" sein können.

Das aber ist es gerade, was der Kantische Grundsatz in seiner zweiten Formulierung unzweideutig zum Ausdruck bringt. Denn „Bedingungen der Möglichkeit der Erfahrung überhaupt" sind eben Erkenntnisprinzipien (Raum, Zeit und Kategorien); und von diesen behauptet der Grundsatz: sie „sind zugleich Bedingungen der Möglichkeit der Gegenstände der Erfahrung." Das heißt, sie sind zugleich Gegenstandsprinzipien. In dem „sind zugleich" liegt der Charakter der Identitätsthese. Weil Erkenntnisprinzipien zugleich Seinsprinzipien sind, können auf ihnen apriorische Urteile beruhen, welche ungeachtet ihres antizipierenden Charakters doch auf den Gegenstand zutreffen.

Versteht man die Kantische Formel in diesem Sinn, so erweist sie sich als ein wahrhaft genialer Grundsatz. Sie gibt in knappen Worten das allein Notwendige und Zureichende, nicht mehr und nicht weniger. Das gewöhnliche Schicksal der philosophischen Indentitätsthesen ist, daß sie übers Ziel schießen; so die alte eleatische Identität von Denken und Sein, Schellings Identität von Subjekt und Objekt u. a. In diesen ist sichtlich zuviel identisch gesetzt. Bewußtsein und Außenwelt (Gegenstand) sind und bleiben verschieden, bleiben einander transzendent, unaufhebbar gegenüber. Hebt man dieses Gegenüberstehen auf, so hebt man das Erkenntnisphänomen mit auf; denn eben im Erfassen eines transzendenten (nach Kant „empirisch realen") Objekts durch das Subjekt besteht die Erkenntnisrelation. Wer Subjekt und Objekt, beide als Ganze genommen, identisch setzt, der behält für eine Relation überhaupt keinen Spielraum mehr. Das Problem der apriorischen Erkenntnis rechtfertigt solche totale Identität auch keineswegs. Zu seiner Lösung ist vielmehr erforderlich, daß Bewußtsein und Gegenstandswelt geschieden bleiben, nur daß in dieser ihrer Geschiedenheit ein Identisches sei, das die Beziehung herstellt. Das Identische aber muß in den beiderseitigen Prinzipien liegen; denn auf ihnen beruhen die allgemeinen Gesetzlichkeiten, die den Inhalt apriorischer Einsicht ausmachen.

Die Sachlage ist also diese: sind Subjekt und Objekt total identisch, so findet überhaupt keine Erkenntnis statt; sind sie total heterogen, so findet keine apriorische Erkenntnis statt. Nur der Mittelweg zwischen diesen Extremen ist beschreibbar, nur er wird dem Problem gerecht. Kant schlägt ihn mit der Formel seines Grundsatzes treffsicher ein: nicht Erfahrung und Gegenstand sind identisch, wohl aber die beiderseitigen Bedingungen ihrer Möglichkeit. Das genügt für die objektive Realität synthetischer Urteile *a priori*.

Aber die Treffsicherheit der Formulierung geht noch weiter. Der Grundsatz ist auch so gefaßt, daß er von Kants eigenen Systemvoraussetzungen unabhängig dasteht. Er ist überstandpunktlich, diesseits von Idealismus und Realismus. In ihm ist von keinem „Vorschreiben", keinem „Hervorbringen", oder „Vollziehen" einer Funktion die Rede. Alle subjektivistische und funktionalistische Auffassung ist hier fallen gelassen. Nicht darauf kommt es hier an, daß Kategorien „reine Verstandesbegriffe" sind, oder daß es ein „Subjekt überhaupt" gibt, dem sie primär angehören, sondern lediglich darauf, daß sie identisch sind für Denken und Sein.

Hält man den Grundsatz streng beim Wort, so läßt sich die Überstandpunktlichkeit in aller Schärfe beweisen. Idealismus und Realismus bilden ihm gegenüber nur Auffassungsweisen, deren Unterschied zu seinem Inhalt indifferent steht. Idealistische Auffassung ordnet das Subjekt dem Objekt über, realistische das Objekt dem Subjekt. Im ersteren Falle müssen die Prinzipien ursprünglich Subjektsprinzipien sein und erst mittelbar, durch die Überordnung des Subjekts, auch zugleich Objektsprinzipien. Umgekehrt im Falle des Realismus; hier müssen sie in erster Linie Objektsprinzipien sein und erst mittelbar, weil das Objekt übergeordnet ist, Subjektsprinzipien. Daß Kant selbst sich die Sachlage im Sinne der ersteren Möglichkeit gedacht hat, daran ist natürlich nicht zu zweifeln, denn als Sphäre der Prinzipien steht bei ihm das „Subjekt überhaupt" da. Aber die These des Grundsatzes hat mit dieser standpunktlichen Parteinahme nichts zu tun. Sie steht vollkommen indifferent gegen Idealismus und Realismus, verträgt sich mit diesem genau so gut wie mit jenem. Die Kategoriensphäre kann ebensogut primär eine Seinssphäre sein, sie braucht gar nicht den Charakter eines „Subjekts überhaupt" zu haben. Worauf es ankommt, ist überhaupt nicht Idealität oder Realität der Prinzipien, sondern einzig ihre Identität für Subjekt und Objekt.

Tatsächlich kann kein philosophischer Standpunkt, welcher er auch sei, des Kantischen Grundsatzes entbehren, wenn anders er überhaupt das Problem der apriorischen Erkenntnis im Ernst stellt. Ja man darf sagen, der Realismus bedarf seiner noch dringlicher als der Idealismus, weil die Transzendenz des Gegenstandes in seinem Sinne ein viel größeres Gewicht hat. Der Idealismus schwächt die Bedeutung der Identitätsthese ab, indem er den Gegenstand ins Subjekt (und sei es auch nur ins transzendentale) mit hineinnimmt. Die Identität der Kategorien ist dann nahezu eine Selbstverständlichkeit. Läßt man aber den Gegenstand real jenseits des Subjekts (auch des transzendentalen) bestehen, so fällt der Identität der Kategorien die ganze Last der Schwierigkeit zu, die Verbindung zwischen Subjekt und Objekt herzustellen, wie sie in der apriorischen Objekterkenntnis vorliegt. Daß Identität der Kategorien das leisten kann, das eben macht ihre Stärke aus.

Kant hat die Tragweite der Formulierung, die er im obersten Grundsatz aufgestellt, nicht ausgeschöpft. Er konnte sie nicht übersehen, weil seine standpunktlichen Voraussetzungen ihn festhielten. Kant wuchs hier, dem Problem folgend, hinaus über alle solche Grenzen, aber er wußte nicht darum. Wie er die Grenzen seines Systems nicht sah, so auch nicht den großen Durchbruch durch das System, der ihm hier gelang. Daß der oberste Grundsatz mehr leistet als die Begründung der synthetischen „Urteile" *a priori*, daß er für alle auch nicht urteils- und denkgemäßen Erkenntniselemente apriorischer Art zureichend ist, ja daß er sich darüber hinaus auf alle Gesetzlichkeiten und Formen der Objekterkenntnis, sofern sie nicht ihrerseits in apriorischer Einsicht zum Bewußtsein kommen, als ihrer aller zureichende Grundlage erstreckt, das hat Kant nicht gesehen. Ebensowenig hat er ein Bewußtsein gehabt, daß sein Grundsatz vollkommen unabhängig von seinem transzendentalen Idealismus, ja von standpunktlichen Unterschieden überhaupt, dasteht. Die Größe des Wurfes, der ihm gelang, steht in keinem Verhältnis zu den Grenzen des Systems, in denen Kant die Konsequenzen zog. In dieser Tatsache sehe ich das stärkste und greifbarste Zeugnis für die Überlegenheit der aporetischen Denkweise über die systematische in Kants Philosophie, oder wenn man so will, für das sachliche Übergewicht des Überstandpunktlichen und Übergeschichtlichen im Aufbau der *Kritik der reinen Vernunft*.

Die Probe aufs Exempel liefert die Geschichte des Erkenntnisproblems. Dem Rätsel der apriorischen Einsicht haben seit dem Altertum zahlreiche Denker nachgesonnen. Enthält nun die Kantische Formel den Schlüssel zu seiner Lösung, so wäre es doch erstaunlich, wenn nicht andere vor ihm auf den gleichen Gedanken gekommen sein sollten.

Tatsächlich ist die Geschichte reich an Spuren dieses Gedankens. Leibniz, der absolute Apriorist, begründet alle Erkenntnis auf der Identität der Ideen oder „ewigen Wahrheiten", die ursprünglich im Verstande Gottes sind, der Anlage nach aber jeder Monade innewohnen. Alle Monaden repräsentieren das Weltall (den Inbegriff aller Monaden), jede in ihrer Weise, in unendlich abgestuften Graden der Deutlichkeit; denn jede trägt dasselbe System von Gesetzen in sich wie das Universum. Sind nun die höheren Stufen der Repräsentation Erkenntnis, so beruht diese ganz und gar auf der Identität der Gesetze im Repräsentierenden und Repräsentierten.

Nicht weniger einleuchtend ist das Gleiche bei Spinoza. *Cogitatio* (Bewußtsein) und *extensio* (Außenwelt) stehen ohne direkte Verbindung da; nur in der Einheit der Substanz hängen sie zusammen. „Ideen" und „Dinge" sind ewig geschieden. Dennoch entsprechen sie einander, und auf diesem Entsprechen beruht das, was wir Erkenntnis nennen. Fragt man, warum sie einander entsprechen, so antwortet darauf der Lehrsatz (Ethik II. 7): *ordo et connexio rerum idem est ac ordo et connexio idearum.*[12] Also auch hier: Ideen und Dinge sind ewig geschieden, aber ihre Beziehungsgesetze sind die gleichen. Der Gedanke ist übrigens in Descartes auch schon fast spruchreif, es fehlt ihm nur die greifbare Formulierung. Spinoza brauchte ihn nur in Worte zu fassen.

Geht man weiter zurück, so ist die zentrale Lehre der ontologischen Logik bei den Scholastikern (zumal in der Blüte des Begriffsrealismus) die von der Identität der Begriffs- und Seinsform, der *essentia* und der *forma substantialis*. Die Alleinherrschaft der deduktiven Erkenntnis beruhte ganz und gar auf dieser Gleichsetzung. Der geistige Urheber dieser Lehre aber ist Aristoteles. Und auch bei ihm ist es schon dieselbe Identität, die der Metaphysik zugrunde liegt: die Identität des εἶδος (oder des τί ἦν εἶναι) und der μορφή der Dinge. Es ist ein Schauspiel

---

12 [Spinoza, Baruch de, Ethica ordine geometrica demonstrata et in quinque partes distincta, Pars II, Propositio 7.]

eigener Art, zu sehen, wie diese echt aprioristische These den Empirismus seiner Induktionstheorie überlagert, zum System ergänzt und schließlich das Ganze seines Lehrgebäudes beherrscht.

Aber auch Aristoteles ist nicht der Urheber dieser Theorie. Er ist darin ganz Platoniker. Platon, der als erster den Begriff der apriorischen Erkenntnis (προει-δέναι) in Schärfe herausarbeitete, begründete sie durch seine Ideenlehre. Was aber sind die Ideen? Sind sie Bewußtseinsprinzipien oder Seinsprinzipien? Ist Platon Idealist oder Realist? Bekanntlich ist beides behauptet worden, und beide Auffassungen können sich mit Recht auf Worte Platons stützen. Ist das nun eine Zweideutigkeit der Ideenlehre? Oder darf man vielleicht umgekehrt schließen: das gerade ist Platons Meinung, daß das eine und alleinige Ideenreich zugleich das Reich der Seinsprinzipien und das der Bewußtseinsprinzipien ist? Der Streit hierüber will nicht verstummen. Aber mir will scheinen, daß Platon weder Idealist noch Realist ist (ein Gegensatz, der überhaupt erst viel späteren Datums ist), sondern durchaus diesseits von Idealismus und Realismus steht, und daß der Sinn seiner Lehre eben dieser ist, daß dieselben Ideen der Seele und dem Kosmos innewohnen. Nur so konnte er behaupten, daß die Seele, indem sie sich in ihre Tiefen zurückziehe, dort in Form eines ureigenen Wissens „die Unverborgenheit des Seienden" zu fassen bekomme. Dann aber ist der erkenntnistheoretische Sinn der Ideenlehre eine Identitätsthese, und zwar streng im Sinne von Kants oberstem Grundsatz.

Will man dieses gedankliche Motiv noch weiter – auch über die Ursprünge des bewußt gestellten Erkenntnisproblems hinaus – zurückverfolgen, so lassen sich noch zwei frühere Entwicklungsstadien aufzeigen. Der „Logos" Heraklits zeigt schon dasselbe Doppelgesicht wie die Platonische Idee; er ist Logos des Kosmos einerseits und Logos der Seele andererseits, und dennoch nur einer. „Eins ist das Weise" in Allen, niemand hat eine „Privatvernunft", alle Vernunft ist kosmisch.[13] Klingt es nicht geradezu, als wäre die universale Identitätsthese seines großen Zeitgenossen Parmenides hier kritisch restringiert: nicht Denken und Sein schlechthin sind identisch, wohl aber etwas in ihnen, das Urgesetz? Platon brauchte den Logos Heraklits nur inhaltlich zu differenzieren, und das Ideenreich war da. Er ist im Erkenntnisproblem ganz Herakliteer.

Man darf aber mit gleichem Recht sagen, er ist eben hierin Pythagoreer. Denn derselbe Gedanke – wenn auch auf das Mathematische eingeschränkt – war altpythagoreisches Gut. Von diesen Denkern, deren Namen verloren sind, sagt

---

13 [Es handelt sich um eine Kompilation zweier Fragmente von Heraklit. Vgl. Heraklit, Fragment B 32, in: Diels, Hermann (Hg.), *Die Fragmente der Vorsokratiker*, Berlin 1903, 72 (erstes Zitat); vgl. Fragment B 2, in: ebd., S. 66 (zweites Zitat).]

Aristoteles: „sie meinten, die Prinzipien der Zahlen seien Prinzipien der Dinge."[14] Auch das ist eine wohlweislich eingeschränkte Identitätsthese. Sie würde, im Sinne der späteren Problementfaltung formuliert, lauten: die Mathematik des Verstandes ist zugleich die Mathematik des Kosmos. Die Pythagoreer waren Astronomen. Sie kannten das Wunder des Vorauswissens auf Grund der Berechnung.

Für diese ganze ehrwürdige Reihe von Vorgängern ist Kant der Vollender. Er hat die universale Formel geprägt, die für alle jene erstaunlichen Anklänge des gesuchten Grundverhältnisses die allein zureichende ist. Ja, diese seine Prägung der Formel macht uns erst fähig, jene Anklänge herauszuhören, das alte geschichtliche Gut in übergeschichtlichem Sinne auszuwerten.

5.

Das *exemplum crucis* der Kantianer ist von jeher das Ding an sich gewesen. Der transzendentale Idealismus läßt eigentlich kein Ding an sich zu. Sein Begriff hat keinen Raum in diesem System, er läßt es in Realismus umschlagen. War diese Schwierigkeit bei Kant selbst noch halb versteckt, durch Reinholds Elementarlehre wurde sie offenbar. Seit Salomon Maimon haben die Idealisten das klar eingesehen (vor allem Fichte und Hegel, nicht weniger auch Viele im Neukantianismus) und die einzig mögliche Konsequenz gezogen, das Ding an sich ganz zu eliminieren, es für ein Unding, einen Unbegriff zu erklären.

Die Frage ist nur, wie konnte denn Kant selbst die große Inkonsequenz seiner Lehre vom Ding an sich begehen? Wie konnte er derartig sein eigenes System durchbrechen, es der größten Zweideutigkeit preisgeben?

Die Antwort wird lauten müssen: er folgte hier eben nicht der Konsequenz des Systems, sondern der Konsequenz des Problems. Diese war die stärkere in ihm. Das Ding an sich ist das beredteste Zeugnis für das Übergewicht der aporetischen Denkweise in Kant.

Welches Problem aber konnte den wohlgegründeten Bau derartig aus den Fugen bringen? Sonderbarerweise ist es nicht das eigentliche Problem des Ansichseins als solches. Dieses hätte in der inneren Wesensbezogenheit der „Erscheinung" auf ein hinter ihr stehendes Ding an sich ihm wohl nahe treten können. Aber Kant sieht in der Unterscheidung nur die Scheidung, nicht die Verbundenheit. So geht er an dieser Aporie vorbei. Was ihn dennoch auf das Ding an sich stößt, ist ein anderer Fragekomplex, der der Irrationalität, der Grenze der

---

14 [Aristoteles, Metaphysik, Buch 1, Abschnitt 5, 985 b 23 ff.]

Erkennbarkeit, oder der Grenze möglicher Erfahrung. An dieser Frage sinkt ihm die Untersuchung in die Tiefe.

Man braucht hierfür gar nicht erst die dynamischen Antinomien heranzuziehen. Das Erkenntnisproblem führt ganz schlicht und geradlinig auf dieselbe Aporie hinaus. Der Gegenstand der Erkenntnis, in seiner Ganzheit genommen, ist mehr als „empirischer Gegenstand", er geht nicht auf im „Gegenstand möglicher Erfahrung". Er ist über dessen Grenze hinaus – gleichsam verlängert – „transzendentaler Gegenstand". Auf diesen sieht sich der Erkenntnisprozeß in seiner Endabsicht, seiner Idee des Gegenstandes, hingelenkt. Er kann ihn aber prinzipiell niemals erreichen, weil zum transzendentalen Gegenstande die „Totalität der Bedingungen" gehört, welche eine Unendlichkeit bildet und in ihrer Gesamtheit dem Unbedingten gleichkommt. Das Unbedingte aber zu erfassen ist der an sehr bestimmte Bedingungen geknüpften menschlichen Erkenntnis nicht gegeben.

Das ändert die Lehre der transzendentalen Analytik sehr wesentlich ab. Es ist also doch nicht so, daß alles, was Gegenstand heißen darf, in die Reichweite der Kategorien und des Subjekts überhaupt fällt. Wäre es so, so müßte alles durchaus erkennbar sein; es könnte wohl beliebig Unerkanntes, aber nicht Unerkennbares geben, wie es sich denn nach Kants immer wiederkehrender Formulierung nicht um die Grenzen tatsächlicher, jeweiliger Erfahrung, sondern um die Grenzen „möglicher Erfahrung" handelt. Es gibt also eine Grenze, die wohl der Erkenntnis, nicht aber dem Gegenstande der Erkenntnis vorgezogen ist; und also gibt es einen unerkennbaren Rest des Gegenstandes, der nur intelligibel, nicht sensibel ist, der niemals in den Kreis der „Erscheinung" und des empirisch Realen eintritt, niemals „Phänomenon" wird, sondern bloßes Noumenon bleibt.

Kant nennt ihn „Noumenon im negativen Verstande". Die Negativität an ihm aber hat bloß gnoseologischen Charakter, sie besteht lediglich in der Unerkennbarkeit. Und auch die Unerkennbarkeit haftet nicht ihm als solchem an, sondern nur in Beziehung auf die Einrichtung unseres Verstandes. Hätten wir einen intuitiven Verstand, der das Ansichseiende direkt, ohne Vermittlung der Sinne, anschauen könnte, so wäre alles Denkbare auch erkennbar. Solche Anschauung wäre „intellektuale Anschauung". Das Restriktionsgesetz wäre dann überflüssig, weil Anschauung dieser Art dann die erweiterte Erfahrung bildete, so daß es keinen Kategoriengebrauch (Denken) geben könnte, dem mögliche Erfahrung nicht zu folgen vermöchte. Nun aber ist der Verstand, den wir haben, ein bloß diskursiver, kein intuitiver. Das Restriktionsgesetz ist für uns unaufhebbar in Kraft; es gibt die Grenze der Anschauung, und mit ihr die der Erkennbarkeit. Was an Gegenständlichkeit jenseits dieser Grenze zu liegen kommt, ist unerkennbar, und in diesem Sinne für uns bloß „negativ", bloß ein „Grenzbegriff". Über das metaphysische Wesen dieses Unerkennbaren dagegen ist hiermit gar nichts vorentschieden, in seinem Seinscharakter braucht es deswegen keineswegs negativ zu sein. Im Gegenteil, es steht zu erwarten, daß gerade hier das metaphysisch Positivste und Absolute liegt, denn Unerkennbarkeit ist gar kein mangelndes Sein, sondern eben lediglich mangelnde Erkenntnis. Den Beweis dafür, daß Kant das Verhältnis in diesem Sinne verstanden hat, bringt die *Kritik der praktischen Vernunft* durch den Gebrauch, den sie vom Noumenon als einem eminent Positiven und Absoluten macht. Daß aber auch im Gebiet der theoretischen Vernunft das gleiche gilt, das bezeugt das Gewicht desjenigen metaphysischen Begriffs, den Kant ohne Rücksicht auf System und Standpunkt überall unbeirrbar für diesen ganzen Problemkomplex festhielt, das Gewicht des aller transzendentalen Idealität spottenden „Dinges an sich".

Hinter dem „Noumenon im negativen Verstande" steht unbewältigt und unabweisbar das Noumenon im positiven Verstande. Erfahrung gibt es von ihm nicht, synthetische Urteile *a priori* kann der diskursive Verstand wohl darüber fällen, aber sie haben keine objektive Gültigkeit. Denn dieses Noumenon steht nicht unter den Kategorien, die den Verstand beherrschen. Seine Bedingungen sind nicht zugleich die Bedingungen der Erfahrung. Die Grundbedingung apriorischer Erkenntnis, die der oberste Grundsatz aufstellt, ist hier nicht erfüllt. Das heißt in der Sprache des Idealismus: das Noumenon ist „transzendentaler Gegenstand", es verhält sich zum transzendentalen Subjekt, wie der empirische Gegenstand zum empirischen Subjekte, es liegt außerhalb seiner Grenzen, ist ihm transzendent und ist deswegen auch dem empirischen Subjekt nicht faßbar.

Wie ist nun das zu verstehen? Ist der Idealismus hier preisgegeben? Oder ist der „transzendentale Idealismus", der als höhere Problemsphäre den „empirischen Realismus" überbauen sollte, seinerseits wieder von einem metaphysischen Realismus überbaut, so daß das zweischichtige Verhältnis der Problemebenen nunmehr dreischichtig würde? Aber da behielte ja doch der Realismus als höchster Gesichtspunkt das letzte Wort, und das System als ganzes hörte auf Idealismus zu sein.

Kant bleibt die Antwort hierauf schuldig. Er hat die Systemkonsequenzen so weit gar nicht gezogen. Man darf sie ihm also auch nicht andichten. Aber die Unstimmigkeit, die aufgerollte Problemlage, ist in der Lehre vom Noumenon vorhanden. Und von ihr fällt ein überraschend helles Streiflicht auf die Problemkette der Analytik zurück.

In der Lehre vom Noumenon entsprechen einander genau: 1. der empirische Gegenstand und die Bedingungen möglicher Erfahrung, sowie 2. der transzendentale Gegenstand und die Totalität der Bedingungen. Das Verhältnis, auf das es ankommt, ist offenbar dieses: die Totalität der Bedingungen ist nicht erschöpft durch die Bedingungen möglicher Erfahrung. Von den letzteren allein aber lehrte der oberste Grundsatz, daß sie zugleich Bedingungen des Gegenstandes sind. So ergibt sich hier das Neue: es gibt im transzendentalen Gegenstande einen Rest von

Bedingungen (neben Raum, Zeit und Kategorien), die nicht zugleich Bedingungen der Erfahrung sind, – also Seinsprinzipien, die nicht zugleich Erkenntnisprinzipien sind, d. h. weder als Urteilsformen noch als Anschauungsformen im Subjekt wiederkehren. Diesem Rest von Bedingungen, die nicht identisch für Objekt und Subjekt sind, entspricht eben der unerkennbare Rest des Gegenstandes.

Das ist eine hochbedeutsame Ergänzung zur Lehre vom obersten Grundsatz. Dieser setzte die Identität der Prinzipien für „Erfahrung" und „Gegenstand der Erfahrung" als Voraussetzung apriorischer Erkenntnis. Hier nun erweist sich, daß diese Identität nur eine partiale ist. Sie bezieht sich nur auf einen Teil der Prinzipien des Gegenstandes. So erst wird die Formel des Grundsatzes voll verständlich. Sie behauptet nämlich gar nicht, daß alle Gegenstandsbedingungen zugleich Erfahrungsbedingungen seien, sondern nur umgekehrt, daß alle Erfahrungsbedingungen zugleich Gegenstandsbedingungen sind. Behauptete sie das erstere, so würde sie die totale Erkennbarkeit des Gegenstandes über jede Grenze möglicher Erfahrung hinaus mit behaupten. Das ist nicht Kants Meinung. Was der Grundsatz wirklich mit behauptet, ist nur dieses, daß apriorische Einsicht, die sich innerhalb der Grenzen möglicher Erfahrung hält, objektive Gültigkeit hat, darüber hinaus aber versagen muß.

Jetzt also erfährt die Kantische Identitätsthese ihre Restriktion, und zwar dieselbe, die in der transzendentalen Deduktion vom Kategoriengebrauch bewiesen wurde, die notwendige Restriktion auf mögliche Erfahrung. Sie bezieht sich also nur auf die Prinzipien des empirischen, nicht des transzendentalen Gegenstandes. Mit anderen Worten, der Gegenstand ist nur so weit erkennbar (empirischer Gegenstand), als seine Prinzipien zugleich Erkenntnisprinzipien sind. Das sind sie aber nicht durchweg, ihre Totalität liegt über die Grenze der Identität hinaus. Über diese Grenze hinaus ist der Gegenstand unerkennbar, transzendentaler Gegenstand, – d. h. wohl Problem, Idee, wohl denkbar, aber nicht auf Erfahrung beziehbar, wobei Erfahrung eben die apriorische Erkenntnis einschlösse.

Die Grenze jener Identität der Bedingungen ist also zugleich die Grenze der Erkennbarkeit des Gegenstandes.

Wie weit Kant selbst diesen Zusammenhang klar gesehen habe, mag dahingestellt bleiben. Soviel ist klar, seine Formulierungen führen ganz eindeutig auf ihn hinaus, und damit deckt er die Tiefenschicht des Erkenntnisproblems, das ewig Metaphysische in ihm auf: das Problem der Erkennbarkeitsgrenze überhaupt und des Irrationalen. Daß Kant das Problem des Irrationalen mit dem des Ansichseins vermengte, war ein Irrtum, der seinen idealistischen Voraussetzungen entsprang; denn offenbar ist es für ein Ansichseiendes, wenn überhaupt es ein solches gibt, ganz gleichgültig, ob und wie weit es erkennbar bzw. unerkennbar ist. Das Sein als solches besteht ja nicht im Erkanntwerden, und wo es erkannt wird, da bleibt es in seiner Seinsweise unberührt davon. Ein autonomer, ontologischer Seinsbegriff fehlt bei Kant; und in der ganzen Erkenntnistheorie ist es bei ihm nur die Frage der Erkennbarkeitsgrenze, die wirklich positiv auf ihn hinausführt. Dieser Zusammenhang der beiden Probleme ist ein rechtmäßiger. Denn das Zugeständnis eines Unerkennbaren durchbricht in der Tat die These, daß alles Sein nur den Sinn des Objektseins für ein Subjekt habe. Es durchbricht die rein gnoseologische Einstellung, bricht ins Ontologische durch. Denn das Unerkennbare ist ja gerade im strengen Sinne nicht Objekt, sondern entzieht sich der Objektstellung zum Subjekt. Im Begriff des „Dinges an sich" klingt deutlich diese Jenseitigkeit (in bezug auf das bloße Objektsein) an. Die Kantische Vermengung von Ansichsein und Irrationalität im Begriff des Dinges an sich ist zwar eine fälschliche Verwischung der Problemgrenzen; aber der Problemzusammenhang als solcher besteht nichtsdestoweniger zu Recht.

Hier ist der Punkt, an dem das Erkenntnisproblem selbst durch sein Eigenleben das System aus den Angeln hebt – viel resoluter noch als auf dem Höhepunkt der Analytik. Das Gewicht des „transzendentalen Gegenstandes" zieht das ganze Niveau der Untersuchung in eine neue Tiefenlage, es drängt sie aus der erkenntnistheoretischen Problemebene hinab in die fundamentalere ontologische. Das aber ist es, was sich mit dem transzendentalen Idealismus nicht verträgt: das Bestehen eines dem „Subjekt überhaupt" transzendenten Gegenstandes hebt ihn auf. Man bedenke: der Erkenntnisgegenstand wird durch die Erkennbarkeitsgrenze in zwei heterogene Stücke zerschnitten, das eine soll bloße Erscheinung, das andere Ding an sich sein! Das ist eine offenkundige Willkürlichkeit und ontologisch ein Ding der Unmöglichkeit. Es reißt die Einheit des Gegenstandes in eine durch nichts zu rechtfertigende Zweiheit auseinander. Der Gegenstand muß in seiner Seinsweise notwendig homogen sein. Sein unerkennbarer Teil muß denselben *modus existendi* haben wie der erkennbare. Auf jede andere Weise macht man aus der nur für das Subjekt und seine Erkenntnisreichweite bestehenden Erkenntnisgrenze eine Seinsgrenze, was unter allen Umständen eine Metabasis, ja eine Problemverkennung ist. Das trifft auch dann zu, wenn man festhält, daß „Erscheinung" nur Sinn hat als Erscheinung eines Ansichseienden (und in diesem Sinne Erscheinenden), sonst aber zum leeren „Schein" herabsinkt. Ja, so gerade leuchtet die Einheit und Homogeneität des Gegenstandes erst recht ein. Dieses Verhältnis aber erkannte Kant durchaus an. Folglich hebt er hier seinen Idealismus auf.

Zieht man von hier aus die Konsequenzen für das „System", die Kant natürlich nicht nur nicht zieht, sondern auch gar nicht gesehen oder erwogen hat, so fällt zugleich damit das meiste von dem bloß standpunktlich Bedingten und „Geschichtlichen" in seiner Lehre. Es fällt das „Subjekt überhaupt" – nicht freilich als Sphäre der Erkennbarkeit, wohl aber als „Subjekt" –, es fällt das „Vorschreiben" der Gesetze durch den Verstand, das synthetische Hervorbringen des Objekts und die transzendentale Subjektivität von Raum, Zeit und Kategorien.

Was die idealistischen Interpreten von jeher für eine Inkonsequenz der kritischen Philosophie gehalten haben, das Ding an sich, erweist sich somit als der eigentlich kritische Grundbegriff. Man glaubte ihn „kritisch" zurechtstutzen zu müssen, indem man ihn – was Kant nie getan – der „transzendentalen Idee" gleichsetzte und so zu einem bloßen Regulativ der Methode herabsetzte. Man verfehlte damit nicht nur der Sache nach die Problemlage, sondern auch die Meinung Kants. Denn nach Kant ist es nicht so, daß etwa das Ding an sich bloß Idee wäre; umgekehrt, da wir das Ding an sich nicht erkennen (die eigenen Ideen der Vernunft zu erkennen wäre ja leicht!), wohl aber denken können, so muß es eine Denkform, eine Art des Begriffs geben, in der es – eben als unerkennbares – gedacht wird. Das ist die „Idee". Aber die Idee des Dinges an sich ist deswegen so wenig selbst das Ding an sich, als empirische Vorstellungen beliebiger Art das empirisch Reale sind, das ihr Gegenstand ist.

Vermeidet man dieses im Neukantianismus verhängnisvoll gewordene Mißverständnis, so kann man an der eminent kritischen Bedeutung des Dinges an sich in der Kantischen Philosophie nicht vorbeisehen. Sie liegt erstens in der notwendigen Restriktion der theoretischen Hauptthese, der des obersten Grundsatzes, auf ihren kritischen Geltungsbereich, wobei aus der totalen Identität der Prinzipien, vom Gegenstand aus gesehen, eine bloß partiale wird. Zweitens aber liegt sie in der grundlegenden Kritik am idealistischen Standpunkt und an der funktionalistischen Metaphysik des „Bewußtseins überhaupt".

6.

Die Art, wie Kant das Freiheitsproblem behandelt, hat immer für eine spezifisch idealistische gegolten. Auch in diesem Punkt kann ich mich der herrschenden Auffassung nicht anschließen. Auch hier will es mir geboten erscheinen, Standpunktliches und Überstandpunktliches zu scheiden, und das um so mehr, als auf diesem Problemgebiet überhaupt größeres Dunkel herrscht – nicht nur bei Kant, sondern auch in unseren Tagen. Die Metaphysik der Sitten ist metaphysischer als die Metaphysik der Erfahrung. Das macht es besonders mühevoll, ihr wahres Gesicht hinter dem Schleier der idealistischen Systematik zu erkennen.

Zwei Bestandstücke machen die Grundlage der Kantischen Freiheitslehre aus: der Gedanke der Autonomie und die Lösung der Kausalantinomie. Im ersteren liegt der ethische Nachweis, daß es Freiheit gibt, im letzteren der theoretische Nachweis, wie sie möglich ist. Die beiden Bestandstücke verhalten sich demnach zueinander wie *quaestio facti* und *quaestio juris*. Diese Disposition legt es schon nahe, daß der Nachweis der Diesseits-Stellung an beiden eine sehr ungleiche Aufgabe ist.

Daß ein „kategorisches", d. h. unbedingtes, Sittengesetz durchaus in Autonomie der praktischen Vernunft wurzeln müsse, ist ein idealistischer Satz, zumal wenn man um dieser Autonomie willen der praktischen Vernunft den Primat beimißt. Daß ein solches Gesetz aber überhaupt autonom sein muß den Naturgesetzen gegenüber, das ist nicht idealistisch gedacht. Jede Ethik bedarf dieser Einsicht als Grundlage. Darin aber liegt einmal die Apriorität des sittlichen Prinzips – eine alte Einsicht, denn Erfahrung gibt überhaupt keine Wertgesichtspunkte –, darüber hinaus aber noch die andere Artung dieser Apriorität. Es handelt sich also um Selbständigkeit des Prinzips nicht nur gegenüber allem Empirischen, sondern auch gegenüber allen anderen apriorischen Prinzipien. Für Kant nun bedeutete diese Autonomie des Prinzips schon beinah selbst die sittliche Freiheit, eben weil er sie als Selbstgesetzgebung der praktischen Vernunft verstehen zu müssen meinte. Wie das mit dem transzendentalen Subjektivismus zusammenhängt, liegt ja auf der Hand. Geschichtlich aber dürfte das Verhältnis eher das umgekehrte sein: die Auffassung der Freiheit als Gesetzgebung der Vernunft ist das stärkste innere Motiv des Subjektivismus. In dieser Richtung liegt auch der Gedanke des Primates, soweit wenigstens er ein rein ethischer ist.

Von dieser idealistischen Metaphysik der Vernunft läßt sich ohne Schwierigkeit die Argumentation ablösen, in der Kant vom Sittengesetz zur Freiheit aufsteigt. Das Bewußtsein des Sittengesetzes gilt ihm als ein „Faktum der Vernunft";[15] sein Inhalt ist auch „für den gemeinsten Verstand ganz leicht und ohne Bedenken einzusehen" – nicht freilich in Form des abstrakten Gesetzes, wohl aber in Form eines Wissens darum, was unter dem Prinzip „zu tun sei".[16] Nun hat ein kategorisches Gebot nur Sinn für einen Willen, der überhaupt in der Lage ist, ihm zu folgen oder zuwider zu handeln, also für einen Willen, der frei ist. Für jeden anderen Willen wäre es entweder Naturgesetz und dann absolut zwingend, oder überhaupt nicht Gesetz; in beiden Fällen aber wäre es kein Gebot, kein Imperativ. Hierin liegt die Deduktion der Freiheit. Das „unerklärliche Faktum" des Sittengesetzes erhebt den Menschen in eine „intelligible Ordnung", die anders geartet ist als die natürliche Ordnung des empirisch Realen (der Erscheinung).[17] Die Freiheit in ihm ist Noumenon, aber freilich jetzt nicht im negativen Verstande. Zu ihrer Deduktion bedarf es also nicht der Beziehung auf empirische Anschauung. Statt der Anschauung legt praktische Vernunft „den Begriff ihres Daseins in der in-

---

15 [Kant, Immanuel, *Kritik der praktischen Vernunft* (= *Gesammelte Schriften*, hrsg. v. d. Kgl. Preußischen Akademie der Wissenschaften [und Nachfolgern], Berlin 1900 ff., Bd. 5), 31.]

16 [Kant, *Kritik der praktischen Vernunft*, a. a. O., 36.]

17 [Kant, *Kritik der praktischen Vernunft*, a. a. O., 43, 42.]

telligiblen Welt, nämlich der Freiheit, zum Grunde".[18] Denn ein Sittengesetz ist nur in Beziehung auf Freiheit möglich, und Freiheit ist somit notwendig, weil das Sittengesetz Faktum ist.

Diese Deduktion, die den zentralen Gedanken der zweiten „Kritik" ausspricht, ist offenbar unabhängig nicht nur vom Idealismus, sondern auch von anderen Systemvoraussetzungen Kants. Für sie ist es nicht notwendig, daß das Sittengesetz ein bloß formales sei, daß es Gesetzgebung des reinen Willens sei, ja nicht einmal daß die Gesetzesform (das Gebot als solches) das Primäre an ihm sei. Sie läßt sich mit gleichem Recht auf materiale Werte beziehen, sofern diese nur rein *a priori* erfaßt werden und allem empirisch Realen gegenüber autonom dastehen. Ebenso unwesentlich ist für die Sache die dem Standpunkt entnommene Scheidung von Phänomenon und Noumenon, worauf schon die Tatsache hinweist, daß das letztere hier durchaus Noumenon im positiven Verstande ist. Worauf es ankommt, ist einzig dieses, daß das ethische Prinzip eine anders geartete Autonomie habe als die Seinsgesetze und daß in dieser Andersheit der Charakter einer Anforderung liege, die sich nur an einen freien Willen richten kann. Nicht die Schroffheiten der absoluten Sollens- und Pflichtethik sind wesentlich, sondern nur die Absolutheit und Eigenart, des Prinzips selbst. Denn darin liegt der Erkenntnisgrund der Ethik für das Vorhandensein des freien Willens.

Aber wie freier Wille in einer durchgehend determinierten Welt möglich ist, das ist freilich eine andere Frage. Und damit stehen wir bei dem zweiten Bestandstück der Kantischen Freiheitslehre, der Lösung der „dritten Antinomie".[19]

Die Lösung geschieht bekanntlich wiederum durch die Unterscheidung von Erscheinung und Ding an sich. Was in der Welt der Phänomene Phänomenon ist und der Gesetzlichkeit der Phänomene unterliegt, das braucht deswegen in diesem seinem Phänomen-Sein nicht aufgehen. Es kann darüber hinaus Noumenon sein und in der intelligiblen Welt einer anderen Gesetzlichkeit unterliegen, die jene der Phänomene unberührt läßt, weil sie von anderer Art ist. Der Mensch als Naturwesen ist Phänomenon, er mitsamt seinem empirischen Wollen ist restlos kausal determiniert, ist prinzipiell ebenso berechenbar wie eine Mondfinsternis. Von dieser höchst komplexen Determiniertheit kann durch keine Macht der Welt etwas aufgehoben werden. Daher die Unmöglichkeit der „Freiheit im negativen Verstande", d. h. einer Freiheit, die in einer Unbestimmtheit, Undeterminiertheit, ·im bloßen Spielraum des so oder auch so Könnens bestünde, kurz einer Wahlfreiheit, wie sie gemeinhin verstanden wird. Zugleich fällt damit die verbreitete Vorstellung hin, daß Freiheit nur auf einem (wenigstens partialen) Indetermi-

---

18 [Kant, *Kritik der praktischen Vernunft*, a. a. O., 46.]
19 [Vgl. Kant, *Kritik der reinen Vernunft*, A 532 ff., B 560 ff.]

nismus beruhen müsse. Ein Aussetzen der Determination wäre ein „Abbruch" an der Naturgesetzlichkeit und ist theoretisch (metaphysisch) unmöglich, denn der Strom des Kausalnexus beherrscht alles allseitig in der Natur; es ist aber auch ethisch gar nicht erforderlich, denn in der Willensfreiheit handelt es sich gar nicht um Freiheit im negativen Verstande. Es darf sich jedenfalls nicht darum handeln, wenn Freiheit kein Phantasiebild bleiben soll.

Der Mensch ist nicht Phänomenon allein, sein Wesen geht im Naturwesen nicht auf. Das sittliche Wesen in ihm ist von anderer Art. Daß dem Kausalnexus kein „Abbruch" geschehen kann, damit ist nicht gesagt, daß zu den kausalen Naturdeterminanten – etwa zu dem Bündel der Kausalfäden, die sich im empirischen Willen schneiden – nicht noch anderweitige positive Determinanten hinzutreten könnten, die ihrerseits nicht aus dem Kausalnexus, dem Strom des Weltgeschehens, herstammen. Ob es solche anderweitige Determinanten gibt, läßt sich vom Gesichtspunkt des kausalen Naturgeschehens aus nicht entscheiden. Aber wenn es sie geben sollte, so würde eine solche Determinante mit ihrem Eintreten in den Kausalnexus den „ersten Anfang einer Kausalreihe" bedeuten; sie würde innerhalb dieses Nexus erste Ursache sein für alles, was sie im weiteren Ablauf des Weltgeschehens bewirkte. Ihre Wirkungen nämlich würden von diesem Punkt des Kontinuums an in den kausalen Gesamtnexus eingeflochten sein und ihn als integrierendes Element mit bestimmen. Sie selbst aber wäre nicht Wirkung von Ursachen, sondern dem Nexus enthoben, d. h. ihm gegenüber frei. Sie hätte also „Freiheit im positiven Verstande"[20], eine Freiheit, die nicht ein Minus, sondern ein Plus an Determination bedeutete. Eine erste Ursache in diesem Sinne nennt Kant *causa noumenon*.[21] Und der Mensch, sofern sein Wille solche erste Ursache in den Nexus hineinträgt, ist *homo noumenon*.[22]

Wie es nun hierbei auch um die Metaphysik des Noumenon stehe, unberührt von ihr und evident für jeden, der die Sachlage erfaßt, stehen die eigentlichen Grundmotive des Kantischen Gedankens da: die Verkehrtheit des Indeterminismus und der negativen Freiheit einerseits, sowie die Überlegenheit der positiven Freiheit (über letztere) auf Grund ihrer prinzipiellen Verträglichkeit mit lückenloser Kausaldetermination. Will man diesen tiefsinnigen Gedanken ganz ausschöpfen, so muß man zu den Kantischen Formulierungen in eine gewisse Distanz treten und den Sachverhalt rein in sich selbst erwägen.

---

20 [Zur Unterscheidung zwischen Freiheit im „negativen" und im „positiven" Sinn siehe Kant, *Kritik der praktischen Vernunft*, a. a. O., 33.]

21 [Kant, *Kritik der praktischen Vernunft*, a. a. O., 55.]

22 [Zu den Begriffen des *homo noumenon* und *homo phaenomenon* siehe Kant, *Die Metaphysik der Sitten* (= *Gesammelte Schriften*, hrsg. v. d. Kgl. Preußischen Akademie der Wissenschaften [und Nachfolgern], Berlin 1900 ff., Bd. 6), 239, 418.]

Zu diesem Zweck sei die Frage aufgeworfen: ist es denn wahr, was Kant behauptet, daß „Freiheit im positiven Verstande" sich mit durchgehendem Determinismus verträgt? Diese Freiheit soll doch einen Zuwachs an Determination bedeuten. Tritt aber eine Determinante zu einem bestehenden System von Determinanten hinzu, so wird doch in diesem der Prozeß abgelenkt, verändert, beeinflußt. Läßt sich denn aber ein Prozeß ablenken, der schon vollständig determiniert war? Geschieht hier, wenn auch keine der Komponenten aufgehoben wird, nicht dennoch der Naturdetermination „Abbruch", indem eben doch die Gesamtresultante aus ihrer durch jene Komponenten determinierten Richtung abgebogen und in eine andere Richtung umgelenkt wird?

Hier ist der Punkt, in dem Kant die Struktur des Kausalnexus in ihrem innersten Wesen durchschaut hat. Grundlegend für diese Struktur ist die eindeutige, irreversible Abhängigkeit des Späteren vom Früheren. In dieser Abhängigkeit wird unaufhebbar alles festgehalten, was einmal an Bestimmungsstücken darin enthalten ist; einen Abbruch der Determinanten läßt der Nexus nicht zu, jede einzelne „wirkt" ungehemmt fort und fort. Aber einen Zuwachs der Determinanten läßt er wohl zu. Der Spielraum der Determinationshöhe überhaupt ist in ihm nicht begrenzt. Er hat Platz für unbeschränkt viele anderweitige Determinanten – wenn nämlich es solche gibt, und sie die Kraft haben, in ihn als Komponenten einzutreten. Seine Richtung ist indifferent; sie ist wirklich immer nur die jeweilige Resultante der Komponenten, die folglich mit deren Zuwachs beliebig variieren kann. Kurz, der Kausalnexus ist – ungeachtet seiner durchgängigen Bestimmtheit – gleichgültig gegen den Eingriff einer fremden Macht, sofern es eine solche neben oder über ihm gibt; er widersetzt sich dem Eingriff nicht. Er nimmt ihn in sich auf und bezieht ihn in sein Geflecht von Kausalfäden ein. Er folgt dem Anstoß der äußeren Macht ebenso blind wie den inneren Mächten seiner eigenen jeweiligen Komponenten.

Daß der Kausalnexus sich tatsächlich so verhält – und zwar wesensgemäß – kann man sich am leichtesten am Vergleich mit seinem Gegenstück, dem Finalnexus, klarmachen. Hier ist der Prozeß nicht durch die vorausgehenden Stadien (Ursachen), sondern durch ein Ziel, den Zweck, bestimmt. Der Zweck aber liegt zum Voraus fest, vor seiner Verwirklichung durch den Prozeß. Die Determination des Prozesses selbst geschieht also hier rückläufig vom vorbestimmten Endstadium aus, also nicht gleichgültig gegen die Richtung, sondern von vornherein mit festgelegter, unablenkbar auf den Zweck orientierter Richtung. Der Finalnexus also muß sich dem Eingriff einer äußeren Macht widersetzen; er kann die Ablenkung der Prozeßrichtung nicht zulassen, weil diese durch den Zweck vorbestimmt ist. Er kann also neue Determinanten nicht aufnehmen, denn eine jede solche bedeutet Ablenkung vom Ziel. Wird ihm aber durch eine Macht, die stärker ist als er, eine ihm äußere Determinante aufgedrängt, so setzt in dem Gefüge seines

Nexus ein realer Widerspruch, eine Art Daseinskampf der Determinanten ein, in dem entweder er selbst oder die fremde Determinante die Oberhand behält. Im ersteren Falle lenkt die (attraktive) Kraft des Zweckes den abgebogenen Prozeß wieder in seine Finalrichtung zurück, sie schafft gleichsam ein Gegengewicht zu der Störung und gleicht sie aus. Im zweiten Falle aber reicht die Attraktionskraft des Zweckes hierzu nicht aus, sie unterliegt der fremden Kraft; die Richtung wird nicht wiederhergestellt, der Prozeß hört also auf Finalprozeß zu sein.

Daß Kant das Wesen des Finalnexus strukturell durchschaut habe, läßt sich nicht behaupten; aber daß seine Auffassung mit der hier gegebenen (übrigens wohl der stillschweigend allgemein zugestandenen) übereinstimmt, ist aus der Kritik der teleologischen Urteilskraft leicht zu beweisen. Die Abneigung Kants gegen die alte Auffassung der Naturprozesse, auch der vitalen, als realer (konstitutiver) Naturteleologie steht hiermit in genauestem Einklang. Dafür fehlt es in der Kantforschung auch keineswegs an gebührender Würdigung. Was aber bislang durchaus fehlt, das ist das Verständnis für die grundlegende Bedeutung dieser Sachlage für das ethische Freiheitsproblem.

Wäre die Natur final determiniert, so wäre Freiheit des Willens ein Ding der Unmöglichkeit. Keine Macht der Welt, welche sie auch wäre, könnte dann durch ihr Eingreifen in den Nexus des Geschehens die Richtung des letzteren beeinflussen, ohne den Nexus als solchen zu zerstören. Der prästabilierte Zweck würde ihn entweder zurücklenken – auf sich zu –, oder er würde aufhören Zweck zu sein. In einer solchen Welt wären alle Richtungen des Geschehens prädestiniert. Die Form ihres Nexus ließe keinen Raum für hinzutretende Komponenten. Das Bündel der Finalkomponenten ist aber allemal ein geschlossenes; es kann nicht nur nicht verringert, sondern auch nicht erweitert werden, ohne daß der Zweck verfehlt wird. Es hat seine bestimmte, unüberschreitbare „Enge". Der Prozeß ist allemal begrenzt in seiner Breite, wie er begrenzt ist in seinem Ablauf – durch das Ziel.

Ganz anders, wenn die Natur bloß kausal determiniert ist. Die Richtung des Kausalprozesses ist nicht vorher bestimmt; vielmehr er hat gar keine einheitliche Richtung, weil er gar kein Ziel hat. Er ist blind, er läßt sich von Augenblick zu Augenblick umlenken, je nach den in ihn eintretenden Determinanten. Das Bündel seiner Komponenten ist nie geschlossen, er hat keine „Enge". Einen Konflikt der Determinanten kann es in ihm nicht geben. Kein prästabiliertes Ziel lenkt hier die abgebogene Richtung des Geschehens wieder zurück. Der Kausalnexus ist ein absolut tendenzloser, neutraler Prozeß. Diese Neutralität gibt ihm die scheinbar paradoxe Fähigkeit, sich trotz lückenloser Determination mit positiver Freiheit widerspruchslos zu vertragen.

Es ist einer der verhängnisvollsten Irrtümer der vor- und nachkantischen Philosophen, den „Determinismus" überhaupt als ein Hemmnis der ethischen Freiheit anzusehen. Da man Determinismus zumeist als Kausalmechanismus versteht, so fällt dabei unbesehen das Odium der alles ertötenden, formelhaften Starre auf den Kausalnexus. Nichts ist verkehrter als das – wie Kants Behandlung der Kausalantinomie lehrt. Gerade der Kausalnexus verhält sich ganz passiv gegen Determination höherer Art, wie die der positiven Freiheit. Der Determinismus als solcher widerspricht der Freiheit nicht, weil Freiheit selbst ja nicht Unbestimmtheit, sondern Determination *sui generis* ist. Alles kommt vielmehr auf den Typus der Determination an. Und da erweist es sich – entgegengesetzt der herrschenden Meinung –, daß gerade der Finaldeterminismus, den man für ethisch ungefährlich hielt (weil er der Aktivität des Ethos verwandt ist), als Typus des allgemeinen Naturnexus der Freiheit widerspricht; und daß umgekehrt der Kausaldeterminismus der Natur, den man so hartnäckig als den inneren Feind der Freiheit bekämpfte, sich widerspruchslos mit ihr verträgt.

Die Klarheit über diesen Sachverhalt, den Kant wenigstens zur Hälfte (in seinem positiven Teil) durchschaute und in wahrhaft tiefsinnigen Formulierungen – gänzlich unabhängig von den Voraussetzungen seines Idealismus für alle Zeit festgenagelt hat –, ist eine Errungenschaft von größter Tragweite für die aller philosophischen Ethik nottuende Metaphysik der Freiheit. Es ergibt sich vor allem die Unhaltbarkeit aller teleologischen Weltbilder vor der Grundforderung der Ethik, weil Freiheit in einer durchgehend teleologisch determinierten Welt unmöglich ist. Unter den philosophischen Systemen trifft das am schwersten die pantheistischen – und zwar sowohl die realistisch als auch die idealistisch fundierten. Nicht als ob der philosophische Theismus weniger teleologisch wäre, er ist nur weniger besorgt um das Freiheitsproblem, der Vorsehungsglaube verschlingt hier die anderen Probleminteressen. In den großen pantheistischen Systemen, vor allem in denen des deutschen Idealismus, haben wir den bewußten Versuch, Willensfreiheit im strengen Sinne mit allgemeiner Weltteleologie zu vereinigen. Diese Synthese – bekannt als die von „Freiheit und Notwendigkeit" – ist keinem der großen Meister gelungen. Und sie kann prinzipiell niemals gelingen. Denn in einer durchgehend final determinierten Welt ist zum Voraus über den Kopf des Menschen hinweg nach allgemeinen Weltzwecken festgelegt, was er tut und was er läßt, was er will und nicht will. Alle Synthese ist hier nur Schein. In Wirklichkeit kommt es zu keiner Vereinigung von Freiheit und finaler Notwendigkeit, sondern nur zum Schein der Freiheit unter der Allherrschaft einer unendlich überlegenen göttlichen Vorsehung und Vorbestimmung. Und so kommt das Gegenteil dessen heraus, was jene Idealisten wollten: statt der Erhebung des Menschen zur Göttlichkeit – seine Entmündigung und Erniedrigung zum Naturwesen. Gegen die Härte dieser Konsequenz hilft kein Sträuben des frommen Gemüts, das an sittliche Freiheit und an göttliche Vorbestimmung zugleich glauben will. Die Antinomie ist im kategorischen Wesen des teleologischen Nexus selbst verankert.

Will man dieser ewigen Unstimmigkeit entgehen, so muß man den Weg Kants gehen, der die kritische Überlegenheit des kausalen Weltbildes deutlich erkannte. Diese Überlegenheit ist für das theoretische Wissen eine längst anerkannte Tatsache; daß sie aber auch für das Gebiet der Ethik gilt, dürfte erst Kants Behandlung der Kausalantinomie erwiesen haben. Diese Einsicht ist durch die teleologischen Systeme des nachkantischen Idealismus wieder verdunkelt worden und bis heute nicht ausgewertet. Dennoch ist gerade sie die womöglich noch wichtigere und folgenreichere Seite der großen inneren Umstellung von der alten teleologischen Naturanschauung auf die bescheidenere, unverbindliche, neutrale These der bloß kausalen Determination des Naturgeschehens. –

Ich kehre nach dieser allgemeinen Überlegung noch einmal zu den Kantischen Formulierungen zurück. Denn noch ein zweites Stück übergeschichtlichen philosophischen Gutes gilt es aus ihnen herauszuheben. Ich substituiere zu diesem Zweck (wie schon Kant selbst getan) das positiv verstandene Noumenon, wie die „praktische Vernunft" es offenbart, in die aus der Kausalantinomie gewonnene Disposition des Problems.

Ist es erwiesen, daß der Kausalnexus dem Eingriff der *causa noumenon* offen steht, so fragt es sich: gibt es die außerkausale Macht in der Welt, welche die Rolle einer solchen tatsächlich spielen könnte? Darauf antwortet die Lehre von der Doppelnatur im Wesen des Menschen als *homo phaenomenon* und zugleich *homo noumenon*. Letzterer steht unter einer anderen Gesetzlichkeit. Und fragt man weiter, ob sich diese aufzeigen läßt, so antwortet die *Kritik der praktischen Vernunft* mit dem Sittengesetz als einem „Faktum der Vernunft".

Dieses Gesetz greift tatsächlich ein in den realen Nexus des Weltgeschehens, nämlich überall dort, wo der sittliche Mensch sich in seinem Willen und Handeln durch das Sittengesetz bestimmen läßt. Die Handlung ist dann eben das reale Eingreifen der *causa noumenon*. Ihr Ursprung ist ja außerkausal (im autonomen Gesetz), ihre Erscheinungsform aber, die Auswirkung, ist durchaus kausal, steht ganz und gar drin im Strome des zeitlichen Geschehens. Die paradoxe Formel Kants von der „Kausalität aus Freiheit" rechtfertigt sich buchstäblich; es ist das „Anheben einer Kausalreihe", was hier vor sich geht. Die Freiheit selbst aber, „aus" der diese Kausalität kommt, ist „Freiheit unter dem Gesetz", ein wirkliches Plus an Determination, positive Freiheit.

Man kann sich das metaphysische Verhältnis von Sittengesetz und Kausalität im Phänomen der Handlung noch um vieles klarer zur Anschauung bringen, wenn man erwägt (was Kant nur andeutet), daß Wollen und Handlung evidenterweise nach Zwecken orientiert sind, d. h. finale Struktur haben, und daß folglich in der realen Auswirkung der Handlung ein Ineinandergreifen der beiden Typen des Nexus, des kausalen und des finalen, stattfindet. Es drängt sich dann von selbst die Frage auf, wie ein solches Ineinandergreifen, oder genauer, ein Eingreifen der finalen Determination in das Geflecht der kausalen, möglich ist. Wären beide in ihrer kategorialen Struktur durchweg heterogen, so ließe sich das „Eingreifen" der einen in die andere offenbar nicht verstehen. Das aber ist nicht der Fall. Der Finalnexus ist keineswegs einfach die Umkehrung des Kausalnexus. Wohl ist hier das Frühere aus dem Späteren her determiniert. Aber diese Rückdetermination ist nur eines von drei Momenten, die einander hier überlagern. Das erste ist die dem realen Prozeß vorauseilende Fixierung des Zweckes selbst; in ihr ist der Zweck noch irreal, bloße Antizipation. Ihr folgt erst als zweites die Bestimmung der Mittel; diese ist rückläufig vom Späteren zum Früheren, denn aus dem Zweck heraus geschieht die Auslese der Mittel. Ist die ganze Reihe der Mittel rückdeterminiert bis zum ersten, so setzt dann erst das dritte Moment des Nexus ein, die Verwirklichung des Zweckes durch die Mittel. Nur dieses dritte Moment ist realer Prozeß, die beiden ersteren gehen ihm als irreale Bedingungen vorher. Aber dieses dritte, allein reale Determinationsmoment ist wiederum rechtläufig, geht vom Früheren zum Späteren, vom Mittel zum Zweck; es hat also die Richtung des Kausalnexus. Ja, mehr noch, es hat auch die kategoriale Struktur des Kausalnexus, ist Kausalprozeß. Denn hier sind die Mittel die hervorbringenden Ursachen des Zweckes, der Zweck aber als reales Endstadium ist Wirkung der Mittel. Mittel und Zweck im realen Prozeß haben also *eo ipso* das Verhältnis von Ursache und Wirkung. Dieser als drittes Moment des Finalnexus auftretende Kausalprozeß unterscheidet sich von anderen Kausalprozessen überhaupt nur durch die Selektion seiner Komponenten, die eben unter anderweitiger, nicht kausaler Determination steht. Daraus folgt, 1. daß finale Determination beliebig in das Gefüge der Kausalprozesse eingreifen kann, mit ihrem letzten Moment paßt sie unmittelbar da hinein, die Strukturen sind dieselben; und 2. daß es real sich auswirkende Finaldetermination überhaupt nur da geben kann, wo ein Gefüge von Kausalprozessen besteht, das ihr die realen Mittel zum Zweck – gleichsam als eligierbare Mannigfaltigkeit – darbietet. Die durchgehend kausal geordnete Welt des Natürlichen ist also nicht nur kein Hindernis für die Teleologie des Wollens und der Handlung, sondern geradezu deren unerläßliche Vorbedingung. Mit anderen Worten, Zwecktätigkeit eines sittlichen Wesens unter autonomen Geboten kann es überhaupt nur in einer kausal determinierten Welt geben.

Hiermit aber gewinnt der Kantische Freiheitsgedanke ein ganz anderes Gepräge innerer Notwendigkeit, als sich aus seinen eigenen Formulierungen entnehmen ließ. Es erweist sich, daß er gar nicht an die transzendental-idealistische Systemdisposition gebunden ist, ja, daß man ihn in ganzer Gehaltsfülle erst erfaßt, wenn man diese fallen läßt. In Wirklichkeit handelt es sich einzig und allein um das Koexistenzverhältnis zweier heterogener Gesetzlichkeiten in einer einzigen, identischen Welt. Hierfür nun kommt es keineswegs darauf an, daß Natur bloß „Erscheinung", das andere Prinzip aber – sei es nun Vernunft oder sonst was –

Ding an sich sei. Ebenso unwesentlich ist es, ob das Verhältnis der beiden Gesetzlichkeiten selbst das von phänomenaler und noumenaler Bestimmung ist, oder ein anderes. Worauf es ankommt ist einzig dieses, daß die eine Welt überhaupt zweischichtig ist, daß in ihr überhaupt zwei Gesetzlichkeiten, zwei autonome Determinationsweisen, einander überlagern, und daß die eine von ihnen die höhere, komplexere ist. Denn in jeder Schichtung von Formungen oder Gesetzlichkeiten (Determinationstypen) herrscht notwendig dieses Verhältnis: immer ist die niedere der höheren gegenüber passiv, bloße Materie, bietet sich widerstandslos der höheren Formung dar. Das aber heißt zugleich, daß die höhere allemal der niederen gegenüber „frei" ist. Sie hat an ihr als passiver Materie freien Spielraum ihrer Auswirkung, eben weil jene ihr keinen Widerstand leistet, an das ganze Niveau ihrer autonomen Gestaltung gar nicht heranreicht. Die niedere Determination braucht der höheren gar nicht erst besonders Platz zu machen, braucht ihrerseits nicht auszusetzen, um ihr Spielraum zu lassen. Man denke etwa an das innerhalb der Natur bestehende Verhältnis mathematischer und mechanischer, oder mechanischer und biologischer Gesetzlichkeit. Nirgends hier bedarf es eines Ausweichens in diesen Überlagerungsverhältnissen, nirgends waltet auch nur partialer Indeterminismus; und doch hat allemal die höhere Determinationsform über der niederen unbegrenzten Spielraum, denn allemal ist diese gegen sie inhaltlich indifferent, bloßer Stoff für die Gebilde höherer Komplexion. Und allemal sind die letzteren durch das Vorhandensein der niederen bedingt, ohne sie aber unmöglich.

Das Verhältnis von Naturnotwendigkeit und Willensfreiheit, wie Kant es gesehen hat, ist nur ein Spezialfall dieses allgemeinen metaphysischen Grundgesetzes. Gewiß hat Kant dieses Gesetz nicht in seiner Allgemeinheit gesehen, sondern eben nur am Spezialfall, in dessen Problem er steht. Dennoch ist er (mit dieser Einschränkung) der Entdecker des Gesetzes. Denn schließlich werden alle allgemeinen Gesetzlichkeiten zuerst am Spezialfall erschaut und erst nachträglich auf ihre wahre Reichweite ausgedehnt. Dazu kommt, daß Kant das Gesetz in eben demjenigen Spezialfall erschloß, für den es, ungeachtet seiner breiteren Geltung, von einzigartiger Bedeutung ist. Denn einzig hier, an der Grenzscheide von Naturgesetzlichkeit und moralischer Gesetzlichkeit, liegt der kritische Punkt, an dem sich von altersher die Theorien scheiden. Einzig hier konnte das Problem sich so zuspitzen, einzig hier konnte es entdeckt werden. Daß aber Kant es hier entdeckte, das ist das eminent Überstandpunktliche und Übergeschichtliche in seiner Behandlung der Kausalantinomie.

Freiheit ist immer die Begleiterscheinung eines durchgängigen mehrschichtigen Determinismus. Wo es Freiheit geben soll, da müssen sich mindestens zwei verschiedenartige, aber beiderseits autonome Determinationstypen überlagern. Im Falle der Willensfreiheit sind es ein kausaler und ein finaler Typus. Der erstere als der niedere und allgemeinere zeigt vollkommene Indifferenz gegen den letzteren; am finalen Typus dagegen als dem ungleich höheren und spezielleren tritt jenem gegenüber das Freiheitsphänomen auf. Vertreten ist er in der Welt ausschließlich am Willen, sein Prinzip ist das Sittengesetz (bzw. das Reich der ethischen Werte), sein Modus des Eintretens in die niedere Formung die Handlung. Der Mensch als der wollende und handelnde ist in der Welt der Punkt des Aufeinanderstoßens natürlicher und ethischer Gesetzlichkeit, der Schnittpunkt zweier Determinationen, der Schauplatz des Austrages zwischen ihnen. Daher seine Doppelnatur als „Naturwesen" und „Vernunftwesen". An ihm dokumentiert sich die Kraft des höheren Prinzips – in der offenkundigen Überlegenheit, die ihm die Teleologie seines Wollens und Handelns gegenüber dem blinden Naturgeschehen verleiht, – einer Überlegenheit, die ungeachtet seiner Kleinheit und Schwäche als Naturwesen zu Recht besteht.

Das rätselhafte Phänomen der Freiheit ist, in größerem metaphysischem Zusammenhang gesehen, die Erscheinungsform der Beziehung höherer Gesetzesform auf niedere, und zwar an demjenigen Wesen, in welchem die Beziehung sich vollzieht. Darum ist Willensfreiheit die Erscheinungsform der Beziehung zwischen der Teleologie der ethischen Prinzipien und dem Kausalgefüge der Naturgesetze. Aber dieses Freiheitsphänomen ist unmöglich in einem einschichtigen System, einer homogen nur von einer einzigen Art Gesetzlichkeit durchwalteten Welt! Freiheit ist unmöglich im reinen Naturalismus, der alles, auch das Ethische, kausal verstehen will; sie ist aber genau ebenso unmöglich in einem reinen Teleologismus (etwa dem Pantheismus), der auch die ganze Natur final macht. Freiheit des Menschen als sittlichen Wesens in der Welt ist nur möglich, wenn der Mensch eine spezifische Form der Determination – und zwar die höhere – vor der übrigen Welt voraus hat. Teleologie ist der Kausalität gegenüber die entschieden höhere, reichere, absolutere Determination. Das ethische Prinzip aber ist es, was der Teleologie des Willens die Inhalte, die bestimmten Zwecke, gibt. Folglich darf die Natur nicht auch teleologisch determiniert sein, wenn anders der des ethischen Telos fähige Wille in ihr frei sein soll. Der Finalnexus ist eben nicht nur vollständige, sondern auch geschlossene Determination; er läßt keine neuen Komponenten zu. Teleologie des Willens und der ethischen Prinzipien (Gebote) durch ihn ist nur möglich in einer Welt, die ihrerseits nicht auch schon teleologisch determiniert ist. Ein und derselbe Prozeß kann nicht zugleich auf zwei verschiedene Ziele hin orientiert sein; er kann nicht „zween Herren dienen". Die Teleologie der Natur, oder auch Gottes – was pantheistisch kein großer Unterschied ist – würde die Teleologie des Menschen, der sie unendlich überlegen sein müßte, schlechterdings verschlingen. Die Teleologie des Menschen aber ist die kategoriale Form seiner Freiheit.

Kant hatte darum tief Recht, wenn er den ganzen Nachdruck darauf legte, das Sittengesetz als ein Prinzip ganz anderer Art, und zwar höherer Art als Naturgesetze, auszuzeichnen. Freilich hätte es deswegen nicht gerade „Gesetzgebung der praktischen Vernunft" zu sein brauchen; das geht auf Rechnung des transzendentalen Subjektivismus. Wohl aber mußte es unter allen Umständen eine Gesetzlichkeit von höherem Typus sein; das heißt nicht ein Gesetz von größerer Macht – was auf ein bloßes „Gebot", das auch übertreten werden kann, ja auch keineswegs zutrifft –, wohl aber ein Gesetz, das neuartige und höhere Formbestimmtheit über die Naturformen setzt. Von dieser Art aber ist alle sittliche Forderung. Das ist es, was in den Begriffen „Autonomie" und „Primat" deutlich durch alle Systematik durchblickt. Am Primat freilich hängt die Zweideutigkeit, daß das inhaltlich höhere Prinzip zugleich das dem Geltungsbereich nach überlegene sei. Hier fehlt eben die genaue Kategorialanalyse der beiden Gesetzlichkeiten, und darum auch die ihres Verhältnisses. Das kategoriale Grundgesetz, daß die höhere Gesetzlichkeit, ungeachtet ihrer Bewegungsfreiheit über der niederen, doch allemal die bedingtere, abhängigere und in diesem Sinne „schwächere" ist, blieb Kant verborgen. Er sieht im Charakter des bloßen „Gebotes" wohl das Zurückbleiben hinter der absoluten Herrschaft des Naturgesetzes; aber er zieht daraus nicht die allgemeine Konsequenz.

Auch in anderer Beziehung hat Kant seinen eigenen Gedanken nicht richtig ermessen. Seine Lösung der Antinomie rechtfertigt noch nicht die Willensfreiheit, wie die Ethik sie verlangt, nicht die individuelle Freiheit. Kant substituiert an die Stelle der „Freiheit im positiven Verstande" nur die Autonomie des Prinzips oder der „praktischen Vernunft". Beides ist aber keineswegs unmittelbar die Freiheit des Menschen. Ja Kant übersieht, daß in seiner eigenen Aufrollung des Problems noch eine zweite Antinomie, hinter der Kausalantinomie, sich auftut. Gerade nach seinen Eingangserörterungen über das Wesen des Willens muß dieser nicht nur dem Naturgesetz, sondern auch dem Sittengesetz gegenüber frei sein. Neben die Antinomie von Kausalität und Wollen tritt also die von Sollen und Wollen, eine Antinomie zweier Autonomien, wie Fichte sie nachmals als Konsequenz der Kantischen Lehre ans Licht gezogen hat. Wenn Kant glaubte, die Willensfreiheit schon erwiesen zu haben, so überschätzte er die Leistung seiner transzendentalen Dialektik. Dagegen hat er dasjenige, was er hier wirklich geleistet, noch unterschätzt. Was seine „dritte Antinomie" tatsächlich leistet, ist die Sicherung der unerläßlichen grundlegenden Vorbedingung, nämlich der Erweis der metaphysischen Möglichkeit der Freiheit überhaupt in einer determinierten Welt. Diese Errungenschaft ist tatsächlich viel größer, als Kant sie sehen konnte. Denn sie ist überstandpunktlich, sie beruht nicht auf den Systemvoraussetzungen des transzendentalen Idealismus, in dessen Formen sie bei Kant eingespannt ist. Sie steht streng diesseits von Idealismus und Realismus, und keine Ethik – welchen Standpunktes sie auch sein mag – kann sie entbehren.

Kants Lehre von der Freiheit ist ein ebenbürtiges Seitenstück zu seiner Lehre vom obersten Grundsatz. Freilich fehlen hier die bestätigenden geschichtlichen Zeugnisse. Das Problem ist eben den älteren Denkern noch unbekannt. Es ist erst von Kant erstmalig in seiner ganzen Tiefe aufgerollt worden.

2 Wie ist kritische Ontologie überhaupt möglich?

Einleitung

Für die Entwicklung von Hartmanns Neuer Ontologie ist sein Aufsatz „Wie ist kritische Ontologie überhaupt möglich?" ein Meilenstein. Der Text erschien 1924 als Beitrag zur Festschrift für Paul Natorp. Die Ausgangsfrage ist, worin die bis Aristoteles und weiter zurückreichende „alte Ontologie" fehlgeht. Hartmann meint, dass ihr Grundfehler in zwei Identitätsthesen besteht: Zum einen werden Seinsform und Logos (logische Form bzw. Struktur), zum anderen logische Struktur und reines Denken bzw. Vernunft (*ratio*) gleichgesetzt (74 f.).[1] Die erste Aufgabe der kritischen Ontologie liegt daher darin, eine Grenzscheidung vorzunehmen. Die drei von Hartmann hier angesprochenen Sphären – die reale Sphäre, die logische Sphäre und die Denksphäre – müssen zunächst überhaupt als solche unterschieden werden. Erst dann lässt sich die Frage stellen, ob sie der Struktur nach zusammentreffen oder inwieweit sie übereinstimmen. Das Problem der genauen Bestimmung der drei Sphären und ihrer wechselseitigen Beziehungen ist primär ein ontologisches. Es erfordert eine Theorie der Seinssphären und insbesondere Untersuchungen zum realen und idealen Sein sowie ihrem Verhältnis.[2] Doch es geht über die Ontologie hinaus und verweist auf eine universale Prinzipienlehre. Diese würde außer von ontologischen Prinzipien auch von solchen des Denkens und Erkennens sowie von dem Verhältnis zwischen diesen unterschiedlichen Prinzipienarten handeln. Außerdem hätte sie das Verhältnis all dieser – theoretischen – Prinzipien zur Gruppe der axiologischen Prinzipien zu untersuchen.

Nur die universale Prinzipienlehre wäre Hartmann zufolge „eine echte *philosophia prima*" (78). Er bezeichnet sie auch als „Kategorienlehre", da er unter „Kategorien" Prinzipien jeder Art versteht. Eine Grundlegung der Kategorienlehre bzw. das „Prolegomenon einer künftigen *philosophia prima*" müsste aus Hartmanns Sicht die Bearbeitung von drei Aufgaben einschließen: Die erste besteht darin, die Fehler der bisherigen Kategorienforschung aufzudecken, um einer falschen Orientierung der neuen Ersten Philosophie vorzubeugen. Die zweite Aufgabe betrifft die bereits genannten Sphären. Sie erfordert es, eine „Disposition

---

1 Vgl. dazu Hartmann, Nicolai, *Grundzüge einer Metaphysik der Erkenntnis*, 4. Auflage: Berlin 1949, 188–191.

2 Unter dem idealen Sein versteht Hartmann hier „das Sein der logischen Strukturen, der mathematischen Gegenstände, der Wesenheiten aller Art" (103). Zu seiner Konzeption des idealen Seins insgesamt siehe Hartmann, Nicolai, *Zur Grundlegung der Ontologie*, 4. Auflage: Berlin 1965, 223 ff.

der Problemsphären" durchzuführen, der die Kategorien angehören. Dabei ist von vornherein zu berücksichtigen, dass die einzelnen Kategorien in verschiedener Weise für mehrere Sphären gelten können. Als dritte Aufgabe nennt Hartmann, „die obersten Leitgesetze der Kategorienschichtung" und „die methodischen Richtlinien ihrer Erforschung herauszuarbeiten" (81).

Die genannten Aufgaben der Grundlegung der Kategorienlehre werden von Hartmann „drei Kapiteln" eines von ihm verfolgten Programms zugeordnet. Das erste Kapitel legt er mit dem „Die traditionellen Fehler" überschriebenen Hauptteil des vorliegenden Aufsatzes vor; daher der Untertitel des Aufsatzes: „Ein Kapitel zur Grundlegung der allgemeinen Kategorienlehre". Genau diesen Untertitel hat Hartmann dann auch für seinen zwei Jahre später, 1926, erschienenen Aufsatz „Kategoriale Gesetze" gewählt (*Text 3* im vorliegenden Band). Dort widmet er sich ausdrücklich der dritten genannten Aufgabe, also der Theorie der Kategorienschichtung. Für die zweite Aufgabe, dort als „Disposition der Seinsphären" bezeichnet, weist er zudem auf einige Passagen der *Grundzüge einer Metaphysik der Erkenntnis* hin, die er teilweise erst in die 1925 erschienene erweiterte zweite Auflage des Werks aufgenommen hat (124 f. Anm. 1).[3] Dazu können aber auch einige Bemerkungen gerechnet werden, die Hartmann noch in „Wie ist kritische Ontologie überhaupt möglich?" zur Einteilung und kategorialen Analyse der verschiedenen Sphären macht (siehe 103 f.).[4]

Hartmann konzentriert sich in seiner Auseinandersetzung mit der bisherigen Kategorienforschung auf charakteristische Typen von Fehlern, und zwar solche, die die Forschung in der Geschichte der Philosophie tatsächlich auf Abwege geführt haben. Daher hält er es für naheliegend, derartige Fehler nach den (tatsächlichen oder vermeintlichen) Begründern derjenigen Traditionen zu benennen, in denen sie sich eingeschliffen haben. „Ist doch die Autorität der Namen nicht unschuldig an der Stärke der Tradition" (82). Hartmann zählt auch durch die Tradition verfestigte Vorurteile zu den Fehlern. Denn wo sie in die Basis der Kategorienforschung Eingang finden, ist dies für das Projekt einer *kritischen* Ontologie ebenso fatal wie fehlerhafte Annahmen.

---

3 Bei den Stellen handelt es sich um die gegenüber der ersten Auflage neuen und in den folgenden Auflagen beibehaltenden Abschnitte Kap. 3 f-g, 61c-d, 62a-c; Hartmann, Nicolai, *Grundzüge einer Metaphysik der Erkenntnis*, 4. Auflage: Berlin 1949, 31–34, 477–484.
4 In aller Ausführlichkeit wird die Sphärenproblematik dann behandelt in: Hartmann, Nicolai, *Möglichkeit und Wirklichkeit*, Berlin 1938, das heißt in dem zweiten Band von Hartmanns vierbändiger Ontologie.

Insgesamt werden in „Wie ist kritische Ontologie überhaupt möglich?" elf Fehler erörtert.[5] Die ersten drei betreffen das Verhältnis zwischen Prinzip und Concretum. „Concretum" ist der Terminus für das Korrelat eines Prinzips bzw. einer Kategorie. Vor der Identifizierung der Fehler bleibt jede Erläuterung des Terminus mit dem Risiko behaftet, dass der implizierte Korrelatbegriff zu „Concretum" sich als einer der fehlerhaften Prinzipienbegriffe erweist. Außerdem darf nicht aus den Augen verloren werden, dass die Korrelation von Prinzip und Concretum nicht nur im Realen, sondern innerhalb aller Sphären anzutreffen ist. Dessen eingedenk kann unter einem Concretum vorläufig ein in sich komplexes Gebilde verstanden werden, das eine Vielzahl von Momenten umfasst und allein in deren Zusammensein besteht.[6] (1) Der Platonische Fehler setzt Prinzip und Concretum in eine qualitative Homogeneität bzw. in ein Verhältnis der Teilhabe. (2) Mit dem Fehler des Chorismos werden die Prinzipien als abgelöst oder abgesondert von den Concreta gedacht. (3) Der Fehler der Heterogenität besteht darin, Prinzipien auch außerhalb ihrer legitimen Grenzen einen bestimmenden Charakter zuzusprechen. Er ist bei reduktionistischen Konzeptionen aller Art im Spiel. Hartmann nennt Materialismus, Psychologismus, Logizismus, Pantheismus, Idealismus und Personalismus; die Liste ließe sich aber um weitere „Ismen" verlängern.

Die folgenden drei Fehler betreffen solche Aspekte des Wesens der Prinzipien bzw. Kategorien, die sich nicht aus deren Verhältnis zum Concretum ergeben. (4) Der Aristotelische Fehler ist ein doppelter Fehler. Zum einen setzt er das Wesen des Prinzips in die Form oder in ähnliche Strukturen wie das Gesetz. Zum anderen identifiziert er die reine Form mit „dem Begriff (Eidos, Wesen, Essenz)". (5) Der Kantische Fehler setzt dies fort, indem er den Begriff als etwas Subjektives versteht, das heißt die Kategorien im Subjekt verortet. (6) Für den Fehler des Normativismus bzw. Fichteschen Fehler ist das Wesen der Kategorien ein axiologisches.

Es verbleiben fünf weitere Fehler. Sie betreffen die Erkennbarkeit der Kategorien, Identitätsbehauptungen und die Systematik der Prinzipien. (7) Der Cartesische Fehler besteht darin, die Prinzipien für vollständig erkennbar zu halten. (8) Der eleatische Fehler bzw. Fehler der totalen Identität hält Denken und Sein für dasselbe. (9) Der Leibnizische Fehler überträgt das auf die Prinzipienebene, ver-

---

5 Hartmann hat seine Überlegungen zu diesen Fehlern aufgenommen und erweitert in Hartmann, Nicolai, *Der Aufbau der realen Welt*, 3. Auflage: Berlin 1964, 61–156.
6 Das Vorbild dieser Kennzeichnung ist Hartmanns eigene Ausgangsbestimmung in *Der Aufbau der realen Welt. Grundriß der allgemeinen Kategorienlehre*, 3. Auflage: Berlin 1964, 39. Nach der Behandlung der Fehler der traditionellen Kategorienforschung in diesem Werk wendet sich Hartmann dem Begriff des Concretum dort dann erneut zu; siehe ebd., 246 ff.

tritt also die These der Identität der Seinsprinzipien und der Denkprinzipien. (10) Der Plotinische Fehler besteht in der Annahme eines obersten Einheitsprinzips. (11) Mit dem Fehler des Harmoniepostulats wird die Einheit der Prinzipien in ihrem Einklang gesehen.[7]

Hartmanns Interesse an der Identifizierung der genannten Fehler und Vorurteile ist nicht historischer, sondern systematischer Art. Das bedeutet für ihn aber keineswegs, dass der Bezug auf die Philosophiegeschichte in philosophischer Hinsicht irrelevant ist. Denn wer „auf den Ertrag der geschichtlichen Denkerfahrung verzichtet", der steht „trotz allem in der Zeitkindschaft seiner Epoche und fußt auf überkommenen Voraussetzungen, nur freilich nicht mehr auf philosophisch durchdachten".[8] Für Hartmann gehört die „philosophische Erfahrung" daher neben der alltäglichen sowie lebenspraktischen und der wissenschaftlichen Erfahrung zur Ausgangsbasis der Kategorialanalyse.[9] Wer solche Erfahrung für obsolet hält, kommt nicht in die kritische Ontologie hinein. „Mit dem allgemeinen Kehraus der Denktradition kann man den traditionellen Vorurteilen nicht begegnen".[10]

---

[7] Zur Erörterung der elf Fehler siehe neuerdings Peterson, Keith R., „An Introduction to Hartmann's Critical Ontology", in: *Axiomathes* 22, 2012, 291–314; insbes. 301ff. Petersons Aufsatz ist seiner englischen Übersetzung von Hartmanns „Wie ist kritische Ontologie überhaupt möglich?" vorangestellt. Hartmann, Nicolai/ Peterson, Keith R. (Übersetzer), „How Is Critical Ontology Possible? Toward the Foundation of the General Theory of the Categories, Part One", in: *Axiomathes* 22, 2012, 315–354.

[8] Hartmann, Nicolai, *Der Aufbau der realen Welt*, 3. Auflage: Berlin 1964, 66.

[9] Hartmann, Nicolai, „Neue Wege der Ontologie", in: ders. (Hg.), *Systematische Philosophie*, Stuttgart – Berlin 1942, 199–311, hier: 214.

[10] Hartmann, Nicolai, *Der Aufbau der realen Welt*, 3. Auflage: Berlin 1964, 66.

Wie ist kritische Ontologie überhaupt möglich?
Ein Kapitel zur Grundlegung der allgemeinen Kategorienlehre

Die Zumutung einer Ontologie ist dem philosophischen Denken von heute durch die kantische Kritik und ihre Auswirkungen derart verdächtig geworden, daß der bloße Name schon Unbehagen erweckt – jenes Unbehagen, das unwillkürlich mit dem Wiederauftauchen längst überwundener Atavismen verbunden ist. In dieser Gefühlsreaktion aber steckt ein Werturteil. Es fragt sich also zunächst: welches Recht hat das Werturteil?

„Wissenschaft vom Sein als solchem" hat die Ontologie von Aristoteles bis auf Christian Wolff sein wollen. Die Skepsis hat von jeher dagegen die Frage erhoben: wie können wir vom „Sein als solchem" etwas wissen? Die Kritik stellt dieselbe Frage womöglich noch radikaler. Ihr ist das Sein als solches überhaupt anstößig, denn sie ist idealistisch. Sie kann nicht nur das Wissen von einem Ansichseienden nicht dulden, sondern auch nicht das Ansichseiende selbst. In der Tat hat der von der Kritik ausgehende nachkantische Idealismus diese Konsequenz in aller Schroffheit gezogen. Und der Neukantianismus hat sie mit ganzem Nachdruck aufgenommen.

Nichtsdestoweniger muß man ihm die Frage entgegenhalten: gibt es denn eine andere Grundfrage des theoretischen Denkens als die nach dem „Sein als solchem"? Stellen und beantworten nicht die idealistischen Theorien im Grunde eben dieselbe Frage, wenn sie die „Idealität des Seins" zu erweisen suchen? Hier ist kein Zweifel möglich, sie handeln ebensosehr vom Wesen des Seins, sie erklären es nur anders. Die Andersheit aber betrifft die Lösung der Frage allein, nicht die Frage selbst. Auch der äußerste Subjektivismus hält es noch für geboten, wenigstens den „Schein" des Seins zu erklären, soweit er dessen fähig ist. Dasselbe, wiewohl mit umgekehrtem Vorzeichen, gilt von der Skepsis. Auch sie handelt vom Sein als solchem, indem sie sich mühevoll zur ἐποχή hinsichtlich seiner durchringt. Denn gerade dem Sein gilt die ἐποχή in erster Linie. Kurz, ein theoretisches Denken, das nicht im Grunde ontologisch wäre, hat nie bestanden und ist ein Ding der Unmöglichkeit. Es liegt eben im Wesen des Denkens, sich nicht auf nichts, sondern nur auf Seiendes richten zu können. Das war der Sinn der alten eleatischen These.

Es hilft nichts, wenn man, um dieser Konsequenz zu entgehen, die theoretische Grundfrage auf das Erkenntnisproblem allein beschränkt. Es ist eine bare Selbsttäuschung, wenn man auf diese Weise der Seinsfrage zu entgehen meint. Man erreicht gerade das Gegenteil. Es gibt keine Erkenntnisfrage ohne Seinsfrage. Denn es gibt keine Erkenntnis, deren ganzer Sinn nicht darin bestünde, Seinserkenntnis zu sein. Erkenntnis ist eben ein Bezogensein des Bewußtseins auf ein Ansichseiendes. Die Theorie mag zwar hinterher erweisen, daß dieses Ansichseiende gar kein Ansichseiendes sei. Aber das Phänomen der Beziehung selbst ist damit nicht aus der Welt geschafft. Es perenniert, überdauert jede Theorie, die es verleugnet, kehrt zuletzt als Gegenfrage wieder, und zwar als unbehobene und unbehebbare. Vielmehr kann eine solche Theorie sich selbst nur halten, wenn sie es mit dem Problem des Ansichseins von vornherein aufnimmt. Auch was man als nichtig erweisen will, muß man zunächst doch als Problem gelten lassen. Das Problem aber ist nach wie vor das ontologische. Eine Erkenntnistheorie, die das bestreitet, ist gar keine Erkenntnistheorie. Das, wovon sie handelt, ist gar nicht Erkenntnis.

Das Mißverständnis wurzelt indessen noch tiefer. Der Apriorismus hat ihm Vorschub geleistet. Aber der Vorschub selbst ist ein Mißverstehen des Apriorischen. Seit Kant ist es bis zur Ermüdung wiederholt worden, apriorische Erkenntnis sei nur möglich, wenn der Gegenstand der Erkenntnis bloße Erscheinung sei; von einem Ansichseienden könne man wenigstens *a priori* nichts wissen. Hier sei der Gegenstand doch gerade vor seiner Gegebenheit und unabhängig von ihr vorgestellt. Sein Wesen müsse also mit dem der Vorstellung zusammenfallen, und damit sei der Anspruch eines selbständigen Seins erledigt.

Wer so urteilt, der steht gar nicht im Erkenntnisproblem. Er macht sich die Sache freilich damit erstaunlich leicht. Aber er verfehlt die Frage von Grund aus. Vorstellung ist als solche niemals Erkenntnis; sie kann es sein, aber dann ist sie es nicht durch ihr eigenes Wesen, sondern durch das einer ihr heterogenen und transzendenten Beziehung, der Beziehung auf einen von ihr intendierten Gegenstand jenseits der Vorstellung. Die leerlaufende Vorstellung ohne solchen Gegenhalt – sei sie nun Gedanke, Phantasiegebilde oder vermeintliche Seinserkenntnis – ist im weitesten Ausmaße apriorisch. Aber sie ist nicht apriorische Erkenntnis. Es ist ein Irrtum zu glauben, das Problem des Apriorischen sei ein reines Erkenntnisproblem. Apriorischen Charakter haben auch Wünsche, Vorsätze, Vermutungen, Vorurteile. Erkenntniswert gewinnt ein apriorisches Gebilde erst durch eine besondere, mit der bloßen Apriorität keineswegs zusammenfallende Dignität, die von Kant so benannte „objektive Realität" oder „objektive Gültigkeit". Wie sehr der Erweis objektiver Gültigkeit ein Problem für sich ausmacht, lehrt aufs Eindringlichste die *Kritik der reinen Vernunft* durch die Zentralstellung, die sie der „transzendentalen Deduktion" im Erkenntnisproblem gibt. Diese Deduktion enthält eben das, was dem apriorischen Element der Gegenstandsvorstellung den Erkenntniswert gibt. Ihre Aufgabe ist, die „objektive Realität" dessen nachzuweisen, was die apriorische Synthesis unter „reinen Verstandesbegriffen" vom Gegenstande behauptet. Ob ihr das gelingt, ist eine andere Frage. Daran aber ist kein Zweifel, daß sie gerade dem verkappten ontologischen Problem im Apriorismus der Erkenntniskategorien gilt.

Kant hatte von diesem Problemzusammenhang noch ein klares Bewußtsein. Ihm war die Fühlung mit dem ontologischen Grundproblem der Erkenntnis noch nicht abhanden gekommen. Erst im nachkantischen Idealismus ist sie mehr und mehr verloren gegangen. Im Neukantianismus vollendet sich dieser Prozeß. Man glaubt jetzt überhaupt das ganze Erkenntnisproblem als ein bloß logisches Problem verstehen zu dürfen. Das gibt dem Apriorismus als solchem freilich Flügel. Aber er hört auf Erkenntnisapriorismus zu sein. Es ist eben einzig die Schwere des Ontologischen im Erkenntnisproblem, was den Apriorismus in Erdnähe festhalten und vor dem spekulativen Fluge gedanklicher Phantasie bewahren kann.

Gerade das Erkenntnisproblem, und innerhalb seiner wiederum gerade das Problem der apriorischen Erkenntnis ist es, was am dringlichsten einer ontologischen Grundlegung bedarf. Ohne sie schwebt hier alles in der Luft; ohne sie ist Vorstellung nicht von Erkenntnis, Gedanke nicht von Einsicht, Phantasie nicht von Wahrheit, Spekulation nicht von Wissenschaft zu unterscheiden. Es geht also jedenfalls nicht an, sich ins Erkenntnisproblem zu retten, um dem ontologischen Problem zu entgehen.

I. Die allgemeine Problemlage.

Was eigentlich fehlte der alten Ontologie?

Betrachtet man Kant als den Zerstörer ihrer geschichtlichen Existenz, so möchte man glauben, ihr fehlte nichts als die „Kritik", nichts als das Wissen um die Grenzen ihrer Kompetenz. Denn ontologisch fundiert war die alte Kosmologie, Psychologie, Theologie. Aber dann hätten sie von der Kritik nicht derartig vernichtet zu werden brauchen. Die Grundlagen hätten bestehen bleiben müssen, nur eine Einschränkung ihrer Reichweite hätte einsetzen dürfen. War doch der ursprüngliche Sinn der *prima philosophia*, so wie Aristoteles ihn gefaßt, ein durchaus anderer, viel strengerer, und ernsterer, gegen den sich alle jene späteren „dogmatischen" Anhängsel – die allein Kant in der Dialektik der reinen Vernunft verwarf – geradezu als gleichgültiges Beiwerk, um nicht zu sagen als populärphilosophische Auswüchse, ausnehmen.

Aristoteles hatte der „Wissenschaft vom Sein als solchem" ein zwiefaches Fundament gegeben. Die eine Grundthese liegt in der Lehre von Materie und Form (Buch Z der Metaphysik), die andere in der Lehre von Potenz und Aktus (Buch Θ). Die Vereinigung beider liegt in dem Satze, daß die Form reine Energie sei. An diesem Satze hängt auch die These, daß Form und bewegende Ursache identisch seien, und daß letztere wiederum mit der Zweckursache zusammenfalle. Von all diesen Thesen wird von der kantischen Kritik nur die letztere getroffen, und auch die erst in der „Kritik der teleologischen Urteilskraft". Aber mit dem teleologischen Charakter des Weltbildes steht und fällt die Ontologie keineswegs. Sie läßt sich sehr wohl davon ablösen, wie schon allein das Beispiel Spinozas beweist. Was aber die Lehre von der Materie anlangt, so hat diese im Laufe der Jahrhunderte mannigfach geschwankt. Die Materie erscheint bald zum eigentlichen Grundfaktor verdichtet, bald zum Nichtsein verdünnt. Und je nach diesen Schwankungen erscheint die Metaphysik des Seins in mehr dualistischer oder mehr monistischer Form. Einheitlich durch die ganze Reihe der ontologischen Systeme – wenigstens in den Grundzügen – geht nur die Lehre von der Form. An ihr hängt das eigentliche Wesen der alten Ontologie.

Worin aber besteht das Wesen der Lehre von der Form? Etwa in der These des Begriffsrealismus, daß die reinen *formae substantiales* die eigentlichen Träger des absoluten Seins sind, und alle nach ihnen geformten Dinge nur Abbilder? Oder gar darin, daß diese Formen als Ideen einer Weltvernunft, als Gedanken eines göttlichen Verstandes aufgefaßt werden? Beides ist nicht möglich, solche und mannigfaltige andere Auffassungen wechseln ungehemmt, je nach den Vorurteilen der Zeitalter, während die ontologische Einstellung die gleiche bleibt.

Was von Aristoteles bis auf Wolff das Wesen der Form ausmachte, das war ihre logische Struktur. Die Grundüberzeugung darin war, daß es nur ein einziges, identisches Reich der Formen gebe, das logische Reich der reinen Begriffe, und daß dieses zugleich das Reich der Seinsformen sei. Das gab der Logik ein ungeheures Übergewicht in der Metaphysik; und wäre nicht als böses Gewissen das Problem der Materie im Hintergrunde unbewältigt stehen geblieben, es hätte die vollständige Alleinherrschaft der Logik bedeutet. Denn da die Seinsformen als solche ja nicht gegeben sind, auf ihre Erkenntnis aber alles ankommt, so bleibt nur der Weg übrig, sie dem Logischen zu entnehmen. Und hier eröffnet sich nun die verführerische Perspektive, die das Odium der Ontologie verschuldet hat. Denn das Reich der Logik gilt als das des Gedankens selbst; hier braucht das Denken nicht mühevoll den Weg der Erfahrung zu gehen, sondern wo es hingreift, da greift es unmittelbar das Wesen des Seienden. Schon die Aristotelische Apodeiktik war in diesem Sinne ontologisch, wenn ihr auch das Gegengewicht einer vorbereitenden induktiven Methodik nicht fehlte. Das Gegengewicht ging aber mehr und mehr verloren, der Deduktivismus wurde absolut. Die Idee der *philosophia prima* wurde immer durchsichtiger, rationaler und endete im Ideal der reinen Vernunftwissenschaft.

Das Problem, dessen Bearbeitung sich in dieser Weise wandelt, ist im Grunde ein Erkenntnisproblem. Mit ihm ist unlöslich die Geschichte des Apriorismus verknüpft. Liegt das Reale in den ewigen Formen, so ist die Frage der Ontologie die nach ihrer Erfassung. Sind aber Begriff und Seinsform identisch, so ist dieses Erfassen garantiert – durch die Logik; und zwar garantiert als ein rein apriorisches Erfassen, denn die Logik ist eine rein apriorische Wissenschaft. Die Identitätsthese, die diesem Dogma zugrunde liegt, geht bis auf die Platonische Ideenlehre zurück. Platon war es, der als erster behauptete, die „Unverborgenheit des Seienden" sei unmittelbar „in den Logoi" zu fassen. Die „Idee" war ihm der metaphysische Ausdruck der Strukturidentität von Denkprinzip und Seinsprinzip. Für ihn freilich war das Problem damit nicht erledigt; um sich der Idee zu bemächtigen, bedurfte es noch einer besonderen Methode, der „Hypothesis", in der die kritische Rückbeziehung auf die Phänomene keineswegs fehlte. Aber dieses kritische Moment ging im Laufe der Zeit ebenso verloren wie die Induktionsmethodik des Aristoteles. Was übrig blieb, war aber das Dogma der Identität von Seinsform und Logos.

Das Platonische und das Aristotelische Element der Ontologie, der Apriorismus der reinen Seinserkenntnis und die Autonomie des Logischen, gehen eng verbunden durch die Geschichte der Metaphysik. Die Logik ist ja der Prototyp einer rein apriorischen Wissenschaft. Sie ist, einmal unter die obige Identitätsthese gestellt, sehr wohl imstande, dem Vorurteil eines allgemeinen Seinsapriorismus Vorschub zu leisten. Geht nun in diesem Apriorismus das Platonische Intuitionsmoment verloren, bezieht man ihn statt dessen ausschließlich auf Denken und Verstand; so erweist er sich zugleich als universaler Rationalismus. Das allgemeine Schema eines solchen Rationalismus ist ein rein deduktives. Die ersten Prinzipien – man läßt ihrer nur wenige gelten – sind „gewiß", und aus ihnen soll apodeiktisch alles folgen, was im Bereich der Seinserkenntnis liegt. Ein analytisch aufsteigendes Verfahren kann neben diesem einheitlich deduktiven Schema nicht aufkommen. Wo es tatsächlich aufkommt, wie bei Descartes, da ist sein Motiv bereits ein gegen die Ontologie gerichtetes Moment der Kritik. Aber auch hier bleibt neben dem Intuitivismus der obersten Prinzipien die deduktive Gesamtrichtung noch in Kraft. Und selbst Leibniz noch konnte an die alles beherrschende Kraft des Logischen glauben. Ja, dieselbe Grundeinstellung lebt noch in der *Kritik der reinen Vernunft*, in Hegel und dem logizistischen Neukantianismus fort.

Was aber ist eigentlich das Fehlerhafte in dieser Ontologie? Die letzterwähnten geschichtlichen Tatsachen beweisen, daß es keineswegs das eigentlich Ontologische in ihr ist. Ebensowenig ist es die berüchtigte Verwischung der Heterogeneität von Essenz und Existenz, wie sie aus dem „ontologischen Gottesbeweise" bekannt ist. Diese ist in der Scholastik auch keineswegs verallgemeinert worden. Vielmehr war sie nur möglich auf Grund eines allgemeineren Vorurteils. Und dieses ist in der metaphysischen Gesamteinstellung zu suchen, im Prinzip der Methode selbst. Es liegt eben in der vorausgesetzten Identität von logischer Form und Seinsform. Nach dieser Voraussetzung kann es ein Alogisches im Realen nicht geben; die Logik beherrscht die Welt der Dinge durchweg, bis in die Besonderung, Concretion, Individuation hinein. Und zu dieser ersten Identitätsthese tritt eine zweite, die Gleichsetzung von logischer Struktur und reinem Denken, Vernunft *(ratio)*. Auch das ist eine freilich naheliegende, aber doch willkürliche Annahme. In ihr ist die Tatsache verkannt, daß es ein Reich idealer Strukturen und Gesetzlichkeiten gibt, die unabhängig vom Denken bestehen und im Denken selbst als ansichseiende schon vorausgesetzt sind. Solche Gesetze wie der Satz der Identität oder des Widerspruchs, das *dictum de omni et nullo* und die Gesetze der Schlußfiguren sind von dieser Art. Das Denken freilich verhält sich nicht gleichgültig gegen sie, es richtet sich nach ihnen als nach seinen Gesetzen; aber deswegen ist das Wesen dieser Gesetze nicht ursprünglich das von Denkgesetzen. Es ist vielmehr seinerseits gleichgültig gegen das Denken. Diese Gesetze gehören derselben Sphäre an wie mathematische Gesetze, was leicht aus der Tatsache zu ersehen ist, daß die letzteren unter ihnen als obersten Prinzipien stehen. Von mathematischen Gesetzen aber wäre es ein barer Widersinn zu behaupten, sie seien Denkgesetze. Gerade die Gesetzlichkeit des Denkens ist keine mathematische, wohl aber in weitem Umfange die des Realen. Ein Sichrichten des Realen nach mathematischen Gesetzen wäre aber von vornherein unverständlich gemacht, wenn deren Wesen das von Denkgesetzen wäre, – es sei denn, daß man den Sachverhalt auf den Kopf stellen und das Reale selbst ins Denken hineinnehmen wollte. Das aber ist keineswegs die These der traditionellen Ontologie.

Es ist also in Wirklichkeit eine Dreiheit durchaus wesensverschiedener Strukturen, die in der alten Ontologie identisch gesetzt sind: die des Gedankens, die des idealen Seins und die des realen Seins. Gewiß liegt mancherlei Grund vor zu dieser Identifizierung. Die Strukturen des idealen Seins spielen offenbar eine vermittelnde Rolle im Apriorismus der Erkenntnis. Niemand wird leugnen, daß sie tatsächlich wenigstens zum Teil mit denen des Realen und gleichzeitig zum Teil auch mit denen des Denkens zusammenfallen müssen. Apriorische Erkenntnis des Realen wäre eben sonst nicht möglich. Aber das braucht keine durchgehende Identität zu bedeuten. Und es darf sie offenbar nicht bedeuten, denn sonst wäre ein Irrationales im Reich des Realen unmöglich. Und das wiederum wird niemand, der die Problemlage kennt, behaupten wollen, daß alles Reale erkennbar, oder gar *a priori* erkennbar, wäre.

Man muß also die drei Sphären zunächst durchaus als solche unterscheiden. Damit ist über ihr strukturelles Zusammenfallen und dessen Grenzen nichts vorentschieden. Der Fehler der alten Ontologie lag nicht darin, daß sie überhaupt Übereinstimmung der Sphären annahm, sondern darin, daß sie der Übereinstimmung keine Grenzen setzte. Dadurch wird das Sphärenverhältnis prinzipiell verschoben, die Selbständigkeit der Sphären gegeneinander aufgehoben. Identitätsthesen sind immer die bequemsten Lösungen metaphysischer Probleme, denn sie sind die radikalsten Vereinfachungen. Die alte Ontologie war auf einer solchen radikalen Vereinfachung der Problemlage aufgebaut. Das nämlich ist gerade die Frage, ob alle Realstrukturen logisch sind, desgleichen ob alle logischen Strukturen realisiert sind. Ebenso ist es fraglich, ob alle logische Gesetzlichkeit im Denken wiederkehrt, ja überhaupt dem Denken zugänglich ist; desgleichen umgekehrt, ob die Gesetzlichkeiten des Denkens ausschließlich logische sind, ob nicht noch andere Mächte hier führend eingreifen – gibt es doch auch eine Psychologie des Denkens, die weit entfernt ist von logischer Struktur. Es kann im Logisch-Idealen ebensowohl das gnoseologisch Irrationale (Transintelligible) geben, wie im tatsächlichen Denken realer Individuen das Alogische. Zwischen logischer Sphäre und

Denksphäre gibt es also ebensogut die Grenze der Strukturidentität wie zwischen realer und logischer Sphäre.

Nimmt man diese beiden sehr vielsagenden Begrenzungen der Identität zusammen, betrachtet man unter ihrem Gesichtspunkt die Mittelstellung der logischen Sphäre zwischen realer und Gedankensphäre, so ergibt sich für das vermittelte Verhältnis der letzteren beiden erst recht Begrenztheit der Strukturidentität. Auf dieses Verhältnis aber kommt es in entscheidender Weise an für die Grundfrage der Ontologie: was können wir vom realen Sein als solchem wissen? Hier eben hatte sich die alte Ontologie auf den Boden eines absoluten Apriorismus gestellt: das Denken offenbart in seinen Strukturen unmittelbar die des Realen. Dieser Standpunkt ist die Wurzel des Übels, er ist radikal falsch. Das vielmehr ist die größte und schwierigste aller metaphysischen Fragen, ob und wie weit das Denken mit seiner Eigengesetzlichkeit überhaupt das Wesen des Seins treffen kann. Die antike Skepsis hat diese Frage seinerzeit in aller Klarheit aufgerollt und in einleuchtenden „Tropoi" aporetisch gegliedert. Daß man diese Aporetik immer nur als eine solche der Erkenntnis verstand und nicht zugleich als Aporetik des Seins, ist eine der erstaunlichsten Problemverkennungen, die sich der Dogmatismus alter und neuer Zeit hat zuschulden kommen lassen. Das eigentliche Erkenntnisproblem im Apriorismus konnte vielmehr selbst erst wieder erschaut werden, wo das Seinsproblem in ihm erschaut wurde. Das Verdienst dieser Wiedergewinnung des Grundproblems gehört der *Kritik der reinen Vernunft*. Denn hier ist zum erstenmal die Frage nach der objektiven Gültigkeit apriorischer Urteile bewußt und gesondert von der Tatsache der Apriorität als solcher gestellt. Nicht Kants Antwort auf diese Frage ist bedeutsam – denn sie ist standpunktlich bedingt –, sondern eben die Stellung der Frage selbst. Die Bedeutung der „transzendentalen Deduktion" liegt weder darin, daß sie den zwölf Verstandesbegriffen Kompetenz für empirisch reale Gegenstände zuspricht, noch auch darin, daß sie ihnen diese Kompetenz für Dinge an sich abspricht, – sondern einzig darin, daß sie überhaupt durch die Tat die Notwendigkeit erweist, alle solche Kompetenz oder Inkompetenz erst besonders nachzuweisen. So wenig ontologisch die Deduktion von Kant gemeint ist, sie lehrt doch, wie die ontologische Frage kritisch zu stellen ist.

Es ist also eine Ontologie des idealen Seins von der des realen abzuscheiden. Wieweit beide sich wieder vereinigen, läßt sich nicht vorentscheiden, ist vielmehr erst zu untersuchen. Und beide sind zunächst vollständig zu trennen von der Gesetzlichkeit des Gedankens – unbeschadet der Abhängigkeit des letzteren von idealen Strukturen. Nicht um den Unterschied „formaler" und „materialer" Ontologie, wie er neuerdings von phänomenologischer Seite aufgestellt worden ist, handelt es sich hier, denn weder entbehrt das Reale der Formen, noch das Ideale der Materie. Außerdem würde eine solche Unterscheidung von vornherein ein falsches Schichtungsverhältnis vortäuschen – als stünde alles Reale durchweg unter idealen

Formen, womit das alte Vorurteil wieder gestärkt würde. Das alles muß zunächst fraglich bleiben. Die Formen des Realen können sehr wohl auch andere sein, wenn nicht durchweg, so doch zum Teil. Die ideale Sphäre ist jedenfalls an sich weit entfernt davon, die Formensphäre des Realen zu sein. Sie ist, was sie ist, rein an sich. Und was ihre Gebilde für das Reale sein mögen, ist ihr als solcher äußerlich.

Gelingt es eine genaue Bestimmung dieser Sphären, sowie ihres Verhältnisses zueinander zu gewinnen, so ist damit weit mehr geleistet, als sich von der Schlichtheit des Problems vermuten läßt. Auf solch einer Bestimmung erst können die metaphysischen Grundbestimmungen der Erkenntnis, des Ethos, des Bewußtseins, des ästhetischen Gegenstandes wirklich erwogen werden. Inwiefern dies für apriorische Erkenntnis des Realen zutrifft, ist bereits oben angedeutet worden. Für die Ethik aber trifft es insofern zu, als die sittlichen Werte an sich ideale Gebilde sind, das Verhalten des Menschen aber, das unter ihren Maßstab fällt, ein reales ist. Für den ästhetischen Gegenstand aber ist das noch leichter einzusehen, denn er fällt selbst, trotz seiner offenkundigen Einheitlichkeit, zum Teil in die reale, zum Teil in die ideale Sphäre. In beiden Fällen hängt das philosophische Verständnis des Grundsachverhalts am Verhältnis der beiden Seinssphären. Das Grundproblem ist überall ein ontologisches. Diese prinzipielle Problemweite ist der Ontologie wesentlich. Sie zeigt, wie es sich in ihrem Problem in der Tat um eine allgemeine Grunddisziplin handelt, eine echte *philosophia prima*, Prinzipienlehre universaler Art. Der *ratio cognoscendi* nach wird sie freilich niemals jenen anderen spezielleren Disziplinen vorangehen können. Ihr Primat ist kein methodologischer; er ist ein Primat der Sache. Zu diesem Prius muß sich die Methode erst erheben. Sie kann es natürlich nur von jenen Disziplinen aus.

Zugleich aber wird klar, daß sich die Idee einer solchen *philosophia prima* nicht einfach mit der der Ontologie deckt. Denn die ganze Reihe der offenkundig nicht mehr ontologischen Wertprinzipien ist in ihren Gegenstand einbezogen. Sie ist eben nicht Prinzipienlehre des Seins allein, mag dieses nun ideales oder reales Sein bedeuten, sondern universale Prinzipienlehre. Darin gerade ist ihr sachlicher Primat zu suchen. Und der Unterschied, sowie das positive Verhältnis ontologischer und axiologischer Prinzipien ist selbst erst auf ihrem Boden bestimmbar, erst von ihrem Gesichtspunkt aus sichtbar. Will man dennoch für sie den Titel „Kategorienlehre" festhalten – was an sich keine Einschränkung ist, – so darf man unter „Kategorien" nicht mehr bloß Seins- und Erkenntnisprinzipien verstehen, sondern Prinzipien aller und jeder Art. Der Kategorienlehre selbst, als *philosophia prima* verstanden, erwächst also die Aufgabe, nicht nur Ideal- und Realkategorien in ihrem Verhältnis zu bestimmen, nicht nur die Beziehung beider zu den Erkenntniskategorien herauszuarbeiten, sondern auch darüber hinaus den ganzen Komplex aller dieser theoretischen Kategorien richtig und eindeutig in seinem Verhalten zu den axiologischen Kategorien zu untersuchen. Ob ihre Aufgabe damit erschöpft ist, läßt sich nicht vorentscheiden. Es ist einleuchtend, daß jedes weitere Gebiet anders gearteter Prinzipien, sofern es ein solches gibt, in gleicher Weise einzubeziehen ist. Das heißt, die Aufgabe der *philosophia prima* bleibt ein ungeschlossener Kreis, eine πρὸς ἡμᾶς offene Totalität von sich überlagernden Teilaufgaben.

Man kann es von hier aus bereits leicht übersehen, daß der Kategorienlehre im angegebenen Sinne in der Tat Aufgaben von allergrößter Tragweite zufallen. Allein die Frage nach dem Verhältnis ontologischer und axiologischer Prinzipien kann hierüber belehren. Es sind nicht allein die Grundfragen der Ethik, die hieran hängen, die Frage nach dem Wesen moralischer Werte oder der Freiheit. Auch die letzten metaphysischen Grundfragen der Weltanschauung hängen an diesem selben Fragepunkt. Alles teleologische Denken ist axiologisch bedingt, denn das Zwecksein eines Inhaltes wurzelt notwendig in seinem Wertcharakter. Ein teleologisches Weltbild also gibt ohne weiteres den Werten den kategorialen Primat vor den Seinsprinzipien, läßt diese durch jene bedingt sein. Ob ein solches Bedingungsverhältnis aus dem Wesen dieser beiderseitigen Prinzipientypen überhaupt möglich ist, pflegt eine so gerichtete Metaphysik – und nahezu alle bisherige Metaphysik, die den Namen verdient, ist teleologisch gerichtet – nicht zu untersuchen, ja nicht einmal zu fragen. Dasselbe gilt vom Determinationsproblem, vom Pantheismusproblem, von jeder Art Entwicklungsgedanken, jeder Art Antinomik, z. B. derjenigen von Substantialismus und Relationalismus, oder dem von Individualismus und Universalismus. Überall sind es die Verhältnisse der Prinzipien selbst, in denen die Aufschlüsse liegen. Nur von der wirklich universal gehaltenen Kategorienlehre aus ist es möglich, diese Probleme – nicht etwa zu lösen, wohl aber radikal, d. h. in wissenschaftlicher Strenge, in Angriff zu nehmen.

Lassen sich nun, wie wir sahen, die üblichen Bedenken gegen die Ontologie relativ leicht beheben, sobald man die Schneide der Kritik gegen sie selbst richtet, so erwächst dafür umso größer die Schwierigkeit auf anderer Seite. Das Problem der Ontologie hat auf ein allgemeineres, auf das Problem der Kategorien oder Prinzipien überhaupt, hinausgeführt. Und hier kehrt das Problem der Sphären vergrößert wieder; es ist in den Grundlagen aller philosophischen Teildisziplinen schon enthalten, und zwar immer wieder als ein neues, wesenhaft verschobenes, entsprechend den Verschiebungen im Verhältnis der Sphären selbst. Aufschluß aber über dieses Verhältnis kann von Fall zu Fall einzig die Untersuchung der Kategorien geben; sie sind das Strukturelle in den Phänomenen aller Art und – in den Grenzen ihrer Rationalität – das allein philosophisch Faßbare. Wie aber steht es mit der Inangriffnahme des Kategorienproblems als solchen?

Eine entfaltete Kategorienlehre geben, heißt nichts geringeres als die großen Aporien der Weltanschauung alle miteinander aufnehmen und behandeln. Die Kategorialanalyse – die Aufrollung und genaue Untersuchung der Struktur der einzelnen Kategorien und ihres Einlagerungsverhältnisses in das Ganze – kann allein Klärung und Entscheidung in jene Aporien bringen, soweit wenigstens sie überhaupt dem Gedanken zugänglich sind. Auch in diesem Sinne erweist sich Kategorienlehre als echte *philosophia prima*. Aber wie weit ist dieser Weg gangbar? Auch das harrt noch der Untersuchung, und zwar einer Untersuchung, die erst die Kategorialanalyse selbst anbahnen kann. Eine Diskussion der Methode vor der methodischen Arbeit an der Sache selbst ist hier ebenso unmöglich wie bei der Phänomenologie, Aporetik, Analytik oder Dialektik. Und was ist bisher im Problem der Kategorienlehre geschehen? Erstaunlich wenig, wenn man damit das ehrwürdige Alter des Problems vergleicht – schon die altpythagoreische Schule besaß eine Kategorientafel. Es sind in der langen Reihe von Jahrhunderten nicht viele Köpfe, die ernstlich am Kategorienproblem gearbeitet haben, freilich die besten, aber keineswegs alle, deren Probleme es an sich erfordert hätten. Man zählt sie in einem Atem auf: im Altertum Platon, Aristoteles, Plotin, Proklus, in der Neuzeit Descartes, Leibniz, Kant, Hegel; zwischen beiden Gruppen stehen vereinzelte Scholastiker; dazu in neuester Zeit noch E. v. Hartmann und Hermann Cohen[1]. Der bei weitem größte und ausgeführteste Versuch einer Kategorienlehre liegt in Hegels Logik vor; der Inhaltsreichtum dieses ungeheuren Werkes ist bis auf unsere Tage noch kaum geschichtlich entdeckt, geschweige denn fruchtbar gemacht worden. Zugleich aber ist gerade dieses System das am meisten standpunktlich bedingte, und gerade seine Auswertung verlangt ein absolutes Darüberstehen, wie wir heutigen es Hegel gegenüber noch keineswegs haben. Der Panlogismus mit seiner metaphysischen Schwere belastet von vornherein die Hegelsche Logik mit Vorurteilen – und zwar zum Teil denselben, die der alten Ontologie mit Recht zur Last gelegt wurden –, so daß gegen sie eine reine Diesseitsstellung zu gewinnen allein schon eine Lebensarbeit sein dürfte. In verkleinertem Maße gilt ähnliches aber auch von den anderen klassischen Versuchen, zumal den neueren, und am meisten den neuesten, am wenigsten wohl noch von denen der Antike. Es gilt jedem dieser Denker dasjenige abzugewinnen, was in seiner Auffassung des Kategorienproblems das wirklich Geschaute, Unbestreitbare, Übergeschichtliche ist, und alles abzustreifen, was daran Vorurteil, Standpunkt, Systemkonstruktion ist. Platon, Plotin, Descartes, Leibniz stehen in dieser Beziehung vorbildlich da. Aber die Grenzen, bis zu denen sie das Gefüge der Kategorien verfolgt haben, sind eng genug gezogen. Inhaltlich ist schon bei Aristoteles, der weit mehr in metaphysischen Vorurteilen befangen ist, die Ausbeute viel reicher, zumal wenn man zu seinen sogenannten „10 Kategorien"

---

1 Werke wie das von Emil Lask, sowie zahlreiche ähnliche Arbeiten, die wohl das Kategorienproblem im allgemeinen stellen, aber keine Kategorien selbst entwickeln, kann ich nicht dazu rechnen, eben weil sie an die Kategorien selbst nicht heranführen. Dasselbe gilt von vielen Arbeiten früherer Zeiten. Im einzelnen freilich verdanken wir manchem Denker, der dem Problem sonst fernsteht, wichtige Aufschlüsse über die eine oder die andere Kategorie.

noch die beherrschenden Grundprinzipien seiner Metaphysik hinzunimmt. Hegel ist der erste, der im großen Stil ein System der Kategorien entwirft und Gesetze ihres Verhältnisses zueinander entwickelt. Aber das Gesetz des Systems ist der System-idee, nicht dem Wesen der Kategorien selbst entnommen. Die einheitlich deduktive Dialektik tut den Phänomenen Gewalt an. Ein Gegenstück dazu bildet die Cohen-sche Logik mit ihrer Orientierung an der positiven Wissenschaft. Hier werden die einzelnen Kategorien den Erkenntnistatsachen entnommen; der Zusammenhang ergibt sich dann an ihnen selbst, er ist Inhaltszusammenhang. Aber die Mannig-faltigkeit ist eingeschrumpft, der Standpunkt subjektivistisch beschränkt, das Ori-entierungsgebiet selbst scientistisch beschnitten.

Daß die Gesamtaufgabe der Kategorienlehre es vor allem mit einer radikalen Richtigstellung aller dieser Verfehlungen, Grenzverschiebungen und spekulativen Verstiegenheiten aufnehmen muß, dürfte einleuchten. Was für die positive Inan-griffnahme der Kategorialanalyse eigentlich erforderlich ist, kann auf diesem Wege am ehesten klar werden. Auch von der Methode gilt der Satz: *omnis determinatio est negatio*, und umgekehrt. Nimmt man dazu die oben angedeutete Fülle der großen Dispositionsfragen, die alle in der Prinzipienforschung zusammentendieren, sowie die Notwendigkeit, die im Problem selbst liegenden Schichtungsmöglichkeiten – wenigstens als Möglichkeiten – *a priori* zu diskutieren, so ergibt sich als Minimum an Vorbereitung für die Kategorialanalyse die Erörterung dreier Hauptpunkte. Der erste betrifft die erwähnte Aufdeckung der Fehlerquellen aller bisherigen Katego-rienlehre, wobei die Untersuchung an sich rein systematisch (aporetisch) zu ver-fahren und die geschichtlichen Belege nur als Zeugnisse und Illustrationen her-anzuziehen hat. Denn es handelt sich um Fehler, die uns nicht sowohl als solche der Vergangenheit, sondern als die unsrigen von Wichtigkeit sind. Ein zweites Kapitel hätte es mit einer Disposition der Problemsphären selbst zu tun, für welche die Kategorien zu gelten haben; wobei die Voraussetzung ist, daß die Kategorien als solche keiner dieser Sphären ursprünglich anzugehören brauchen, und daß an jeder einzelnen Kategorie das Problem offen bleibt, in welchem Maße und mit welchen inneren Strukturverschiebungen sie für die eine oder andere Sphäre gilt. Drittens aber muß ein Versuch folgen, die obersten Leitgesetze der Kategorienschichtung (die selbst bereits kategoriale Gesetze sein dürften), und mit ihnen zugleich die me-thodologischen Richtlinien ihrer Erforschung herauszuarbeiten.

Diese drei Kapitel sind als Vorstudien zur Kategorienlehre selbst gemeint, wie sie das fundamentale Desiderat einer Philosophie bildet, welche es mit der Schwere der überall im Hintergrunde der Probleme gelagerten metaphysischen Grundfragen im Ernst aufnehmen will. Diese dreifache Aporetik bildet damit das Prolegomenon einer künftigen *philosophia prima*. In ihren Ausgangspunkten ist sie ontologisch orientiert – im Sinne der Tatsache, daß die am nächsten liegenden greifbaren An-sätze fast auf der ganzen Linie im theoretischen Problem zu suchen sind. Der

Tendenz nach aber gehen ihre Perspektiven auf eine universale, alle Problemebenen gleich berücksichtigende Prinzipienlehre.

Von diesen drei Kapiteln soll hier das erste, als das im Sinne der Kritik grundlegendste, gegeben werden.

II. Die traditionellen Fehler

Die Fehler, die sich in der philosophischen Tradition der Kategorienforschung fortgeerbt und angehäuft haben, sind mannigfacher Art. Lange nicht alle sind der besonderen Untersuchung wert. Uns gehen nur diejenigen etwas an, die irgendwie typologisch geworden, sich zu festen Vorurteilen verdichtet haben und für die Philosophie verhängnisvoll geworden sind. Es ist wohl kein Zufall, daß es gerade diejenigen sind, die sich – ob mit Recht oder mit Unrecht – an die Namen der großen Meister geheftet haben, so daß man sich unwillkürlich versucht sieht, sie nach ihnen zu benennen. Ist doch die Autorität der Namen nicht unschuldig an der Stärke der Tradition.

Es ist hier nicht unsere Sache, den gedanklichen Motiven dieser Verirrungen nachzuspüren. Zum Teil sind sie sehr subjektiver Art, zum Teil auch Folgen allgemeinerer systematischer Vorurteile. Manche lassen sich leicht bis auf mythologische Elemente zurückführen, andere wurzeln in der Unzulänglichkeit der positiv-wissenschaftlichen Begriffe, die unbesehen als Vorbild genommen werden. Fast durchweg aber sind diese Motive sehr durchsichtiger Art und stehen in gar keinem Verhältnis zu der Tragweite der systematischen Konsequenzen, die aus ihnen hergeflossen sind. Die Folge dieser Sachlage ist, daß es gar nicht schwer ist, diese Fehler einzusehen und zu berichtigen, wenn man ihr Wesen einmal erfaßt hat, ja daß ein solches Erfassen nahezu ihrer Überwindung gleichkommt. Es hängt an ihnen eben – fast ohne Ausnahme – kein eigenes metaphysisches Gewicht; vielmehr liegt ein solches ausschließlich auf den Inhalten, deren philosophische Verarbeitung sie sind. Wie nach erlangter Einsicht positiv zu verfahren ist, welche berechtigten Erfordernisse die Verfehlungen abzulösen haben, bleibt eine ganz andere Frage. Zunächst freilich liegt ihre Lösung bereits im Einsehen des Fehlers. Aber das ist eine *cura posterior.*

Die Beschäftigung mit den Motiven mag eine geschichtlich reizvolle Aufgabe sein. Systematisch ist sie belanglos. Was vor der Hand zu leisten ist, besteht lediglich in einer Phänomenologie der Vorurteile selbst, sofern durch sie die Auffassung vom Wesen und System der Kategorien beeinflußt ist. Und – soviel läßt sich vorausnehmen – diese Beeinflussung gibt es in weitestem Maße; ja, wir besitzen überhaupt noch keinen Versuch einer Kategorienlehre, der in dieser Beziehung kritisch aufgebaut wäre. Die Macht der traditionellen Vorurteile ist noch durchaus ungebrochen, wenn auch in sehr verschiedenem Maße.

Die folgende Aufzählung beginnt mit den geschichtlich älteren, naiveren Vorurteilen und steigt zu den differenzierteren und theoretisch bedingteren auf.

1. Der Fehler der Homogeneität

Der Erste, der ein universales Prinzipienreich entwarf, Platon, charakterisierte das Verhältnis zwischen Prinzip und Concretum als „Teilhabe". Die Dinge „haben Teil an den Ideen", das sollte heißen: sie sind so beschaffen, wie sie sind, dadurch daß diese ihre Beschaffenheit primär und absolut die eines ansichseienden Urbildes ist, nach welchem die Dinge erst gebildet sind. Der Unterschied zwischen Idee und Ding liegt darin, daß jene vollkommen ist, was diese unvollkommen sind; die Ähnlichkeit aber liegt darin, daß es eine und dieselbe Beschaffenheit ist, die an der Idee vollkommen, am Dinge aber unvollkommen ist. Idee und Ding sind einander also prinzipiell ähnlich. Die Idee des Schönen ist erst recht schön, ist „das Schöne selbst", die Idee des Menschen ist erst recht Mensch, „der Mensch selbst". Die Antike hat diese sonderbare Übereinstimmung als „Gleichnamigkeit" (Homonymie) bezeichnet.

Uns heutigen ist diese Note im Platonismus – wenigstens in solcher Schroffheit – kaum mehr verständlich. In den Platonischen Schriften selbst wirkt sie geradezu verwirrend, wenn wir etwa lesen, die Idee der Größe sei selbst größer als die der Kleinheit, oder die Idee der Herrschaft herrsche selbst, nicht anders als ein menschlicher „Herr", über die der Knechtschaft, diese aber diene jener, wie ein menschlicher Sklave dem menschlichen Herrn. Eine ganze Reihe der Aporien der Methexis im „Parmenides" beruht auf der Amphibolie dieser Gleichnamigkeit.

Aber die metaphysische Schwierigkeit verdichtet sich, wenn man erwägt, daß auf diese Weise eine Dualität zweier Welten ohne eigentlichen qualitativen Unterschied gesetzt wird, also nahezu eine leere Tautologie, eine Verdoppelung der Welt ohne eigentliche Bereicherung des Weltbildes an Inhalt oder Verständlichkeit. Es sei ferne zu behaupten, daß darin der Sinn der Ideenlehre bestehe. Aber die Fassungen der Methexis in den bekanntesten Schriften leisten dennoch dieser Ansicht Vorschub. Die qualitative Homogeneität von Idee und Ding ist aus Platons eigenen Formulierungen eben doch nicht wegzudeuten, auch nicht aus denen der späten Schriften, wo der Gedanke der „Symploke" die Methexis selbst aus der einseitigen Vertikale in die Horizontale umgebogen hat, wo an Stelle der Teilhabe der Dinge an den Ideen die der Ideen untereinander getreten ist. Der Gedanke des „Prinzips" (ἀρχή) ist zwar in seiner Reinheit und universalen Bedeutung erfaßt; denn das Bedingungsein der Idee für die Dinge ist und bleibt durch alle Schriften der springende Punkt. Aber daß eine Bedingung dem Bedingten gar nicht ähnlich zu sein braucht, ist nicht erfaßt; und daß sie ihm notwendig unähnlich sein muß, wenn überhaupt sie etwas erklären soll, das ist erst recht nicht erfaßt. Darauf beruht der Fehler der Homogeneität. Er ist von der Ideenlehre aus durch eine unabsehbare Reihe von Systemen hindurchgegangen, die im übrigen so verschiedenartig sind, wie nur möglich, – bis tief in die Neuzeit hinein. Man darf ihn mit Recht den „Platonischen Fehler" nennen.

Dieser Fehler ist nicht so unschuldig, wie er bei Platon selbst ausschaut, der es nie unternommen hat, alle Konsequenzen systematisch zu ziehen, und der zuletzt gerade die Verdoppelung der Welt wieder aufhebt. Die Prinzipien sollen das Unbegriffene in den Phänomenen erklären; aber wie sollen Prinzipien, die inhaltlich rein nur die Wiederkehr dessen sind, was ohnehin in den Dingen war, diese erklären? In ihnen wird eben das vorausgesetzt, was zu erklären war. Erklärt wird also durch solche Prinzipien gar nichts. Als metaphysische Grundlagen sind sie das reine *idem per idem* (man denke an die spätere Theorie der *qualitates occultae!*); richtiger, sie sind deskriptive Verallgemeinerungen dessen, was in der Mannigfaltigkeit der Dinge mit einer gewissen Regelhaftigkeit, ja Gesetzlichkeit, wiederkehrt. Und in manchen späteren Fassungen, z. B. im scholastischen Begriffsrealismus, sind sie zugleich deren Hypostasierung. Aber sie sind nicht Formulierungen der Gesetzlichkeit selbst, auf Grund deren jene Wiederkehr des Gleichartigen in der Mannigfaltigkeit stattfindet.

Das letztere aber ist im Kategorienproblem erfordert. Es hat bis in die beginnende Neuzeit hinein gedauert, bis sich ein klares philosophisches Bewußtsein dieses Erfordernisses durchringen konnte. Den größten Anteil an der Umwälzung hat die neue Naturwissenschaft, die auf ihrem engeren Gebiet zuerst mit dem Gedanken voranging, daß Prinzipienforschung Gesetzesforschung zu sein hat, und daß Gesetze qualitativ ein wesentlich anderes Gesicht zeigen können als dasjenige, was auf ihnen beruht und durch sie besteht. Sie hat damit die Umbildung des Platonismus auch in der Philosophie nach sich gezogen. Aber dieser Prozeß ist noch nicht abgeschlossen.

Allgemein gesprochen, Kategorien dürfen dem Concretum, das auf ihnen ruht, nicht prinzipiell, d. h. nicht um ihres Prinzipseins willen, ähnlich gesetzt werden. Wie ihre Seinsweise eine andere ist (und das hatte Platon wohl erschaut), so muß auch ihre strukturelle Beschaffenheit eine andere sein. Erst mit Beseitigung des alten Postulats der Homogeneität wird der Weg einer fruchtbaren Kategorienforschung frei. Wie aber positiv das inhaltliche Verhältnis von Prinzip und Concretum ist, kann in jedem Fall erst die Kategorialanalyse selbst ausmachen.

2. Der Fehler des Chorismos

Mit dem Namen Platons verbindet man gewöhnlich noch die Vorstellung eines zweiten Vorurteils, und die Aristotelische Polemik gegen die Ideenlehre hat diesen geschichtlichen Irrtum fast unausrottbar gemacht. Unter dem „Chorismos" verstand man die Ablösung oder Absonderung der Ideen von den Dingen. Platon hatte vom „Ansichsein" (καθ' αὐτό) der Ideen gesprochen, von ihrer allem Werden enthobenen Ewigkeit, und diese ihre Seinsweise mythologisch als ein Sein „im überhimmlischen Ort" versinnbildlicht. Daraus machte man das Dogma einer ontologischen Transzendenz der Ideen[2]. Und so konnte die unheilvolle Frage auftauchen, wie denn nachträglich die Dinge dennoch „teilhaben" sollten an den Ideen.

Diese Frage ist unlösbar, wenn man den Chorismos einmal zugestanden hat. Platon hat ihre Aporetik im „Parmenides" in mustergültiger Weise entwickelt. Eine Idee, die jenseits der Dingwelt stünde, bedarf zu ihrer Verbindung mit den Dingen eines verbindenden Prinzips, also einer zweiten Idee, diese aber zur Verbindung mit der ersten wiederum eines dritten, und so fort *in infinitum*. Seit Aristoteles nannte man dieses Argument den τρίτος ἄνθρωπος. Ideen, die von den Dingen losgelöst sind, können aber nicht Prinzipien der Dinge sein. Ein Gott, der im Besitze solcher Ideen wäre, könnte durch sie die Dinge so wenig erkennen oder beherrschen, als der Mensch, der in die Dingsphäre gebannt ist, die Ideen. Man hat diese unfruchtbare Anschauung mit Unrecht Platon zugeschrieben, niemand hat sie so schroff bekämpft wie er. Aber weil sie in seiner Zeit, und wie es scheint, auch in seiner Schule, wucherte, ist sie geschichtlich an seinem Namen hängen geblieben.

Dieses pseudoplatonische Vorurteil ist trotz seiner früh erkannten Schwäche ein merkwürdig langlebiges gewesen. Man kann Reste von ihm noch in der *Kritik der reinen Vernunft* finden, wo die Kategorien erst einer besonderen Deduktion bedürfen, um ihre „Anwendbarkeit" auf Erfahrungsgegenstände zu erweisen. Auch hier sind sie ursprünglich mit einem gewissen Chorismos gesetzt, die Rolle des überhimmlischen Ortes spielt das „transzendentale Subjekt"; daß die Objektsphäre vom letzteren umspannt wird, ist wenigstens nicht selbstverständlich, nicht im Wesen der Kategorien selbst einsichtig. Kategorien, die von vornherein als Dingprinzipien gedacht wären, würden einer nachträglichen Deduktion offenbar nicht bedürfen[3].

---

[2] Wohlverstanden, einer „ontologischen", nicht der ohnehin selbstverständlichen gnoseologischen Transzendenz. Jenes Dogma meint die Jenseitsstellung der Idee zur Welt, nicht zum Subjekt.

[3] Man kann geschichtlich die Perspektive auch umkehren und rückwärts schauend die großen dialektischen Untersuchungen des Platonischen „Parmenides" als eine Art „transzendentaler Deduktion" der Ideen – freilich ohne die Vorzeichen des Subjektivismus – auffassen. Denn was in ihnen schließlich überbrückt wird, ist eben der Chorismos der Ideen: die Symploke führt auf „das Gegenstück der Idee", das Concretum, hinaus (Kap. 22) [Hartmann bezieht sich hier auf

Was im Kategorienproblem gefordert ist, das ist eine solche Seinsweise der Prinzipien, die von Hause aus der ganzen Reichweite ihres Geltungsgebietes immanent ist. Oder umgekehrt, die Welt der Dinge, für die sie gelten, muß ihrerseits der Sphäre der Prinzipien irgendwie immanent sein, etwa aus ihr hervorgehen, oder von ihr getragen sein. Jede andere Fassung der Prinzipien ist eine Entstellung des Kategoriengedankens. Die letztere dieser beiden Möglichkeiten hatte der späte Platon im Auge, als er mit dem Gedanken Ernst machte, daß in der „Verflechtung" der Ideen alle konkrete Struktur erst entsteht. Ebenso Leibniz in der Konzeption der *scientia generalis*, der gemäß in einer Art Schichtung und kontinuierlichen Komplexion der *simplices* die real-ontologische Deduktion aller Dinge wurzeln sollte.

3. Der Fehler der Heterogeneität

Dem Chorismos verwandt, nur allgemeiner als er, ist der Fehler der Heterogeneität. Auch er betrifft eine falsche Fernstellung zwischen Prinzip und Concretum, aber nicht im Sinne der Transzendenz, sondern der inhaltlichen Ungleichartigkeit, oder des strukturellen Nicht-Zutreffens. Er ist das Gegenstück des Platonischen Fehlers, gleichsam seine Umkehrung, das entgegengesetzte, ebenso verkehrte Extrem.

Diesen Fehler begehen alle einseitig orientierten Theorien, indem sie die Prinzipien einer bestimmten Gruppe von Erscheinungen verallgemeinern und über ihren natürlichen Geltungsbereich hinaus ausdehnen. Ihn begingen die alten Pythagoreer mit dem Satze, die Zahl sei das Prinzip aller Dinge; und dasselbe tut der heutige Mathematizismus in nur wenig veränderter Form (z. B. in Cohens *Logik*[4]). Mathematische Kategorien sind gewiß Seinskategorien, aber nicht die einzigen; schon die Erscheinungen der Natur überhaupt enthalten qualitative und relationale Elemente, die sich in bloße Größenverhältnisse nicht auflösen lassen. Noch mehr gilt das von der Welt des Lebendigen, in der das Quantitative offenkundig eine bloß untergeordnete Rolle spielt. Hier setzt eben die falsche Heterogeneität zwischen Prinzipien und Concretum ein. Sie dokumentiert sich als gänzliche Insuffizienz der Prinzipien gegenüber der wirklichen Problemlage.

Am bekanntesten ist dieser Fehler am sogenannten Materialismus – hier ins Groteske gesteigert. Physikalisch-naturalistische Kategorien sollen zureichen, das geistige Leben, Phänomene des Bewußtseins, des Denkens, Wollens usw. zu erklären. Ebenso ist es in jeder Art Biologismus oder Evolutionismus, wo dieselben Phänomene aus Kategorien des Organischen erklärt werden sollen. Hier überall liegt

---

Platon, Parmenides, 146b-147b. Der Platonische Dialog ist in der Ausgabe Schleiermachers in Kapitel eingeteilt.]
4 [Cohen, Hermann, *Logik der reinen Erkenntnis*, 2. verbesserte Auflage: Berlin 1914.]

die Insuffizienz der Kategorien offenbar darin, daß sie von zu niederer Art sind, an die strukturelle Höhe der konkreten Gebilde nicht heranreichen. Aber nicht immer ist es so. Im Psychologismus z. B. ist es eher umgekehrt, sofern hier aus seelischen Elementen etwa Erkenntnis- oder Denkstrukturen erklärt werden sollen, deren Grundstruktur eine objektiv-gegenständliche ist. Wieder anders liegt es im Logizismus, der allen Phänomenen ohne Unterschied die Formen der logisch-idealen Sphäre aufprägt. Im weiteren Verstande gehören hierher aber auch solche Systeme wie der Pantheismus, welcher der Natur teleologische Prinzipien aufzwingt, der Idealismus aller Art, der den Objekten subjektive Kategorien zuweist, der Personalismus, der alle Sachgebiete nach Analogie personaler Gebilde zu verstehen sucht, und unzählige andere Standpunkte. Alle philosophischen Richtungen, die sich schon durch ihren Namen als „Ismus" ankündigen, begehen im Grunde den gleichen Fehler, wie konträr sie auch im übrigen zueinander stehen mögen. In ihnen allen steckt ein Teil Wahrheit, die Prinzipien, mit denen sie operieren, gelten rechtmäßig für ein kleines Teilgebiet, werden aber zu Unrecht auf das Ganze übertragen. Hegel hatte Recht mit der Behauptung, jedes philosophische System habe seinen rechtmäßigen Ort im Ganzen der Philosophie. Aber dafür hat es Recht auch nur innerhalb der durch die Struktur seiner Prinzipien selbst ihm gezogenen Grenzen. Ein jedes System hat eben sein legitimes Kerngebiet. Über dieses hinaus verlängert ist es illegitime Grenzüberschreitung. Der Fehler der Heterogeneität besteht in solcher Grenzüberschreitung.

Das positive Erfordernis der Kategorienlehre, das sich hieraus ergibt, ist dieses, daß jedes Gebiet von Phänomenen seine eigentümlichen, nur ihm zukommenden Kategorien haben muß, die in keiner Weise auf andere Gebiete übertragbar sind. Sofern sie sich aber wirklich in ein Gebiet anders gearteter, etwa strukturell höherer Phänomene hinein erstrecken, so können sie hier nur eine untergeordnete Rolle spielen, niemals aber das Eigentümliche dieser Phänomene selbst betreffen. Es folgt also aus diesem Postulat nicht, daß gewisse Prinzipien nicht auch als solche übergreifende Bedeutung haben könnten. Aber wie, in welchem Maße und für welche das gilt, ist Aufgabe einer besonderen Untersuchung, bei der die Entscheidung niemals in etwas anderem liegen kann als in der an der Eigentümlichkeit der Phänomene selbst orientierten Kategorialanalyse.

4. Der Fehler der Formalität und der Begrifflichkeit

In der Scheidung von Materie und Form, die der Aristotelischen Metaphysik zugrunde liegt, fällt der Form der Charakter des tätigen, bildenden, bestimmenden Prinzips zu, der Materie aber der des leidenden und passiven. Da nun Prinzip im engeren Sinne nur das Bestimmende ist, nicht aber das Bestimmte, so datiert von hier das bekannte Vorurteil, das Wesen des Prinzips sei überhaupt die Form. Eine

Kategorienlehre, die auf diesem Satze fußt, nimmt von vornherein den Nachteil auf sich, mit der Materie nichts anfangen zu können, sie gleichsam als das an sich Prinzipienlose von ihrem System auszuschließen. Kategorien der Materie als solcher sind ein Unding. Schon bei Aristoteles selbst zeigte diese Konsequenz ihr Doppelgesicht: die allgemeine („erste") Materie ist nicht die der Einzeldinge, in diesen ist die Materie vielmehr spezialisiert, differenziert; aber wie kann sich Materie aus sich selbst heraus differenzieren? Muß sie da nicht Bestimmtheiten, also Prinzipien *sui generis* enthalten? Für Aristoteles waren diese Bestimmtheiten „akzidentelle" (συμβεβηκότα). Aber damit ist das Problem nur verschoben.

Der Grund des Aristotelischen Vorurteils ist ein teleologischer, und zugleich ein logischer. Die reine Form ist dem Zweckprinzip einerseits (der „ersten Entelechie"), dem Begriff (Eidos, Wesen, Essenz) andererseits gleichgesetzt. Und der Begriff ist es, der kategorisch alles Material-Substrathafte ausschließt. Hier also ist die Wurzel derjenigen Einstellung, welche die Ontologie solange Zeit in den Fesseln der Logik gehalten und dadurch sowohl sie als auch die Logik zweideutig gemacht hat. Prinzipien sind Prinzipienbegriffe, die *forma substantialis* ist die *essentia logica*. Diese Auffassung gab freilich eine erstaunlich schlanke Lösung des Apriorismusproblems; aber der Apriorismus selbst war darin über seine natürlichen Grenzen hinaus erweitert.

Das Vorurteil der Formalität und das der Begrifflichkeit der Prinzipien machen somit erst zusammen den Aristotelischen Doppelfehler aus. Beide haben fast schrankenlos in der Scholastik und im neuzeitlichen Rationalismus geherrscht. Interessanter aber ist die Tatsache, daß sich beide, ins Subjektive gewandt, auch bei Kant wiederfinden. Hier steht der Erkenntnismaterie ein System von Erkenntnisformen gegenüber, und die „Synthese", welche die letzteren vollziehen, ist im Grunde dieselbe Bestimmung des an sich Bestimmungslosen wie dort. Gemildert ist die These nur dadurch, daß die Materie auch von vornherein eigentümliche Formen besitzt (Raum und Zeit). Sieht man aber von diesen ab, so liegt auch hier der Nachdruck neben dem Formcharakter auf der Begrifflichkeit. Kategorien sind Begriffe, „reine Verstandesbegriffe"; als etwas anderes weiß Kant sie durchaus nicht zu denken, darin ist er reiner Aristoteliker, nicht schlechter als die Ontologen alter Observanz.

Den größten Triumph aber feiert der Aristotelismus erst in Hegels Logik, wo die Dialektik der Begriffe direkt mit dem Anspruch auftritt, Dialektik des Seins, der Welt, der Natur, des Geistes, d. h. schlechterdings alles in allem zu sein. So vorbildlich dieser große Versuch an sich für die ideale Aufgabe der *philosophia prima* sein mag, er ist doch zugleich die geschichtliche *deductio ad absurdum* der alten doppelten Identitätsthese: Prinzip = Form = Begriff. Gerade die universale Durchführung zeigt in den Konsequenzen schlagend ihre Falschheit. Hegels Kategorien sind weit entfernt bloße Formen zu sein; der dialektische Begriffsapparat aber faßt vollends nicht einmal das Formale in ihnen.

Für eine Kategorienlehre, die ihr Ziel nicht verfehlen will, besteht daher die Forderung unbedingter Klarheit über die beiden Aristotelischen Vorurteile.

Erstens muß der Satz gelten: Kategorien sind etwas prinzipiell anderes als Kategorienbegriffe. Die Begriffe sind hier überhaupt nur Fassungsversuche, etwas durchaus Nachträgliches, Sekundäres; und selbst wenn die Fassung adäquat ist, so ist sie doch nicht das Gefaßte selbst. In der Regel aber ist sie inadäquat. Das beweist schon die Tatsache, daß es eine Geschichte der Kategorienbegriffe gibt, also einen Prozeß, der günstigstenfalls ein fortschreitender Adäquationsprozeß ist, – während die zu erfassende Sache, die Kategorie selbst, jenseits aller Begriffsgeschichte unverrückbar beharrt. Kategorien bestehen an sich und determinieren das ihnen zugehörige Konkrete nach eigener unwandelbarer Gesetzlichkeit, unabhängig von aller begrifflichen Fassung und indifferent gegen sie. Das gilt im selben Maße wie von den Seinskategorien auch von den Erkenntniskategorien, deren Funktion im erkennenden Bewußtsein mit einem Begreifen dieser Funktion nicht das geringste zu tun hat. Vom Begriff sind sie ebenso unabhängig wie Naturgesetze. Ihre Fassung in Begriffe setzt erst mit ihrer Entdeckung in der Erkenntnistheorie ein. Ihre Funktion aber geht offenbar der Entdeckung vorher.

Zweitens aber muß sich die – freilich weit schwierigere – Einsicht durchringen, daß gar kein Grund vorliegt, das Wesen der Kategorien auf die Form oder ihr verwandte Strukturen, wie etwa Gesetz und Relation, zu beschränken. Kategorien, die nichts Substrathaftes enthalten (nichts, was sich nicht in Form, Gesetz, Relation auflösen ließe), werden niemals imstande sein, die Gebilde, deren Prinzipien sie sein sollen, in ihrer ganzen Konkretheit zu fundieren. Denn diese Gebilde eben enthalten Substrate. Man kann grundsätzlich dem leidigen Dualismus von Form und Materie nur entgehen, wenn man die materialen Momente in die Prinzipien mit hineinnimmt. Es gibt hier schlechterdings keinen anderen Weg. Solche Hineinnahme aber ist nichts weniger als paradox. Vielmehr läßt sie sich mit Leichtigkeit aus der Kategorialanalyse selbst phänomenologisch begründen. Es gibt eine ganze Reihe von Kategorien – Raum, Zeit, Substanz, Kausalität sind nur die repräsentativsten, keineswegs die einzigen –, in denen Substratmomente deutlich aufzeigbar sind. Das nachzuweisen ist freilich Sache einer anderen Untersuchung und kann nur an der einzelnen Kategorie selbst geschehen[5]. Für den jetzigen Zweck genügt die Einsicht,

---

5 Genaueres findet sich Logos Bd. V, 1914/15 „Über die Erkennbarkeit des Apriorischen" S. 319 ff., sowie in „Grundzüge einer Metaphysik der Erkenntnis", Berlin 1921, S. 208 ff. [Hartmann, Nicolai, „Ueber die Erkennbarkeit des Apriorischen", in: *Logos. Internationale Zeitschrift für Philosophie der Kultur*, hrsg. v. Richard Kroner und Georg Mehlis, Band V, 1914/1915, Heft 1–3, 290–329; später in: ders: *Kleinere Schriften*, Band III, Berlin 1958, 186–220, hier 211 ff. – Hartmann,

daß im Wesen der Kategorien als solcher die Beschränkung auf formale Elemente jedenfalls nicht liegt, daß sie vielmehr aus rein spekulativen Motiven willkürlich in die Kategorienlehre eingeführt worden ist. Daß mit der Preisgabe dieses Vorurteils eine Fülle künstlicher Aporien hinfällt, die den Weg der Prinzipienlehre zu Unrecht versperrt haben, leuchtet unmittelbar ein. Denn an der scheinbaren Gegensätzlichkeit zwischen der Materie und dem Wesen der Prinzipien haben von jeher die unheilbarsten Mißverständnisse Nahrung gefunden.

5. Der Fehler der Subjektivität

Die Auffassung der Kategorien als im Subjekt wurzelnder Gebilde – die ich gleich vorweg als den Kantischen Fehler bezeichnen möchte – steht mit dem Aristotelischen Doppelfehler geschichtlich in engster Beziehung, ist aber keineswegs einfach seine Folge. Denn als etwas Subjektives hat gerade der Aristotelismus aller Zeiten den „Begriff" (auch sofern er als Erkenntnisprinzip galt) nicht verstanden. Hier dagegen ist die These diese: die Prinzipien gehören dem Subjekt an, das Concretum aber, für das sie gelten, ist das Objekt. Die beiden einander von Natur senkrecht überschneidenden Gegensatzdimensionen „Subjekt – Objekt" und „Prinzip – Concretum" sind hier, wenn auch nicht direkt gleichgesetzt, so doch gleich gerichtet, sind künstlich in Parallelstellung zueinander gerückt. Es ist selbstverständlich, daß diese Disposition nur unter idealistischem Gesichtspunkt zu Recht besteht: da das Concretum von seinen Prinzipien abhängig ist, diese aber im Subjekt liegen sollen, so erscheint hier das Objekt vom Subjekt determiniert. Was zu solcher Annahme verführt, ist die Unabhängigkeit der apriorischen Einsichten vom „gegebenen" Gegenstande, ihr Bestehen im Subjekt vor der Erfahrung. Wie wäre das möglich, wenn nicht die Prinzipien des Objekts im Subjekt lägen?

Das ist in der Tat Kants eigentliches Argument. Daß es nicht stichhaltig ist, beweist schon die Formel seines eigenen „obersten Grundsatzes", die eine ganz andere Deutung des Apriorismusphänomens zuläßt, dennoch aber denselben Tatsachen vollkommen genügt. Hier liegt auch der Grund für die Notwendigkeit der „transzendentalen Deduktion". Was Prinzip und Concretum hier scheidet, gehört, wie oben gezeigt wurde, in das allgemeinere Schema des Chorismos. Dennoch ist es kein einfacher Chorismos; denn nicht zwischen Prinzip und Concretum als solchen besteht das Transzendenzverhältnis, es wird vielmehr erst durch das Verhältnis von Subjekt und Objekt hineingetragen, dem das von Prinzip und Concretum fälschlich

Nicolai, *Grundzüge einer Metaphysik der Erkenntnis*, 1. Auflage: Berlin – Leipzig 1921. Hartmann verweist hier auf den Abschnitt „Das Substratmoment in den Kategorien" (208 ff., in der 4. Auflage: Berlin 1949, 270 ff.).]

angeglichen ist. Und dieses Transzendenzverhältnis soll in der „Deduktion" über-brückt werden, das ist der Sinn des Nachweises der „Anwendbarkeit" reiner Ver-standesbegriffe auf „Gegenstände möglicher Erfahrung". Gnoseologisch ist diese Aporie berechtigt, denn synthetische Urteile *a priori* fällt eben das Subjekt unter seinen eigenen Subjektskategorien; und von diesen ist es in der Tat fraglich, ob sie auch für den Gegenstand Gültigkeit haben. Ontologisch aber ist die Aporie falsch; d. h. man darf sie nicht auf das Kategorienproblem überhaupt beziehen. Denn dieses geht im Problem der apriorischen Erkenntnis nicht entfernt auf. Ins Ontologische gewandt ist es eine künstliche, lediglich durch den idealistischen Standpunkt ge-schaffene Aporie, die mit diesem steht und fällt. Denn es ist ein Vorurteil der Theorie, daß auch der Gegenstand selbst (und nicht bloß die Erkenntnis des Gegenstandes) seine Prinzipien im Subjekt habe. Vielmehr hat der Gegenstand ganz offenkundig seine Prinzipien für sich, vor aller Erkenntnis, und braucht sie nicht erst von an-derswoher zu empfangen. Und gerade so erst wird auch die rechtmäßige gnoseo-logische Aporie im Deduktionsproblem sinnvoll; denn darum allein kann es sich handeln, ob die Erkenntnisprinzipien, unter denen über den Gegenstand *a priori* geurteilt wird, auch die an sich bestehende Seinsbestimmtheit des Gegenstandes treffen, die eben unter anderen Prinzipien, den Seinskategorien, steht.

Kants Idealismus ist ein Idealismus der Prinzipien – nicht der Dinge, denn diese bleiben für ihn „empirisch real" –, ein Idealismus nicht des empirischen, sondern des „transzendentalen" Subjekts, als des Trägers der Prinzipien, und in diesem Sinne mit Recht ein „transzendentaler Idealismus" zu nennen. Er ist ein Lösungs-versuch, nicht eine Problemstellung. Das vergessen diejenigen immer wieder, wel-che die Problemschichten in der *Kritik der reinen Vernunft* nicht auseinanderhalten. Darin freilich ist Kant der Erbe einer viel älteren Tradition, die es ihm nahezu un-möglich macht, sich unter Prinzipien etwas anderes als Subjektives zu denken, Funktionen eines Bewußtseins. Nicht nur die zwölf Kategorien müssen aus diesem Grunde „Verstandesbegriffe" sein, auch Raum und Zeit gelten ihm aus eben dem-selben Grunde als „bloße Anschauungsformen". Von dieser Disposition her hat sich das bis heute unausrottbare Mißverständnis festgesetzt, welches „Prinzip und Ge-genstand" einander gegenüberstellt und als einen ursprünglichen, prinzipiellen Gegensatz ansieht; man bemerkt nicht, daß darin die ganz unstatthafte Vermengung zweier heterogener Gegensatzpaare, „Subjekt – Gegenstand" und „Prinzip – Concretum", steckt. Ein ganzes Knäuel prinzipieller Fehler birgt sich in dieser ter-minologischen Verwirrung. Die Tradition aber, auf der die Verwirrung beruht, führt weit zurück – über den *intellectus infinitus* der Scholastiker – bis auf das Buch Λ der Aristotelischen Metaphysik, wo erstmalig der „Nus" als das gemeinsame Vehikel aller „reinen Energie", d. h. aller Formprinzipien, ausgezeichnet ist. Denn dieser Nus ist reines Denken, hat die Form eines universalen Subjekts. Er ist der eigentliche geschichtliche Ursprungspunkt alles späteren metaphysischen Subjektivismus, während er selbst interessanterweise noch weit diesseits der Aufrollung des ganzen nachmaligen Subjekt-Objekt-Problems steht.

Es bedarf keines Wortes, daß der kantische Fehler im Neukantianismus ins Extrem vergrößert wiederkehrt. Von allen weiteren Auswüchsen des Subjektivismus in neuerer Zeit, vor allem den zahlreichen psychologischen und psychologistischen, darf hier abgesehen werden. Sie zählen nach Tendenz und Methode im Kategorienproblem schlechterdings nicht mit. Sie kennen das Problem nicht, auch dort nicht, wo sie in ihrer Weise von Kategorien sprechen. Ebensowenig gehen uns die pragmatistischen Verunstaltungen des Problems etwas an. Wer z. B. mit Vaihinger die Kategorien für Fiktionen erklärt[6], der hat offenbar keine Ahnung davon, ein wie selbständiges, alles menschlichen „Als-Ob" spottendes Sein der Prinzipien hier in Frage steht.

Was erfordert nun die Idee der *philosophia prima* in dieser Problemrichtung? Das ist jetzt leicht zu sagen. Sie erfordert die Wiederherstellung des natürlichen Verhältnisses zwischen den Gegensatzpaaren „Subjekt – Objekt" und „Prinzip – Concretum", ihre dimensionale Überschneidung oder Senkrechtstellung. Das Bewußtsein und der Gegenstand müssen jedes seine eigenen Kategorien haben, wie sie denn zwei durchaus heterogene Typen des Concretums sind. Wie sich die beiderseitigen Prinzipiensysteme dann zueinander verhalten, das ist eine weitere Frage der Kategorienforschung selbst, die unmöglich vor ihr aus systematisch-spekulativen Rücksichten heraus vorentschieden werden kann. Es ist zwar leicht vorauszusehen, daß sie sich wenigstens teilweise werden decken müssen, aber *a priori* evident bleibt es, daß selbst im Deckungsverhältnis eine und dieselbe Kategorie nicht schlechthin dasselbe als Erkenntniskategorie sein kann wie als Seinskategorie.

Ein jedes Gebiet des Konkreten muß seine eigenen Prinzipien haben: das Bewußtsein – Bewußtseinsprinzipien, die Erkenntnis – Erkenntnisprinzipien, das Sein als solches also jedenfalls seine eigenen Seinsprinzipien; und zwar das reale Sein – Realprinzipien, das ideale – Idealprinzipien. Der Fehler der Subjektivität erweist sich, von hier aus gesehen, als ein Spezialfall des Fehlers der Heterogeneität. Auch er besteht in illegitimer Übertragung spezieller Gebietskategorien auf das Ganze, nämlich der Subjektskategorien auf den realen Gegenstand. Der Unterschied dieser Usurpierung gegen andere ähnliche liegt nur in der größeren Folgenschwere für das Problem der Seinskategorien, sowie in der spekulativen Höhe und der immanenten Kraft der Systeme, die auf ihr fußen.

---

6 Vaihinger, Philosophie des Als-Ob, Kap. 37–40. [Vaihinger, Hans, *Die Philosophie des Als Ob. System der theoretischen, praktischen und religiösen Fiktionen der Menschheit auf Grund eines idealistischen Positivismus. Mit einem Anhang über Kant und Nietzsche*, 7. u. 8. Auflage: Leipzig 1922.]

6. Der Fehler des Normativismus

In unseren Tagen ist die Lehre, daß Kategorien Normen und ihr eigentliches Wesen ein axiologisches sei, durch Rickert und seine Schule vertreten. Nach dieser Auffassung steckt hinter allem Sein ein Sollen; an den Prinzipien tritt dieses als ein „Gelten für etwas" in die Erscheinung. Auf diese Weise wird das ontisch Reale Wertgesichtspunkten untergeordnet, die es seiner Autonomie entkleiden. Daß die Hauptvertreter dieser Theorie Idealisten sind, hat mit der These als solcher nichts zu tun. Die These ist vielmehr im Grunde allen teleologischen Systemen, ohne Unterschied des Idealismus und Realismus, gemeinsam. Die Verquickung mit dem Idealismus dagegen geht auf Fichte zurück (nach ihm möchte ich diesen Fehler den Fichteschen nennen), der den kantischen Primat des Praktischen dahin ausdehnte, alle Seinsgesetzlichkeit als Selbstbestimmung einer absoluten Tätigkeit aufzufassen. Der Sollenscharakter ist damit auf die Prinzipien übertragen. Und wie man seinerzeit Fichte den Vorwurf machte, daß auf diese Weise die Eigengesetzlichkeit der Natur gegenüber dem Sollen verloren gehe, so kann man heute nicht umhin, Rickert und Lask den Vorwurf zu machen, daß damit das ontologische Problem in negativem Sinne vorentschieden ist – nicht freilich zugunsten der Subjektsphäre, wohl aber zugunsten der Wertsphäre.

Dem deontologischen Idealismus freilich ist das eben recht. Aber das Kategorienproblem ist damit von Grund aus verfälscht –, und zwar unabhängig davon, ob der Normativismus metaphysisch recht hat oder nicht. Gerade das steht in Frage und kann erst von der genauen Analyse der interkategorialen Verhältnisse ermittelt werden: ob Seinsprinzipien unter Wertprinzipien stehen, oder etwa umgekehrt diese unter jenen, oder keins von beiden, und wie überhaupt das positive Verhältnis beider Arten von Prinzipien zueinander ist. Auch hier also, in der spekulativen Vorentscheidung zugunsten eines Primats der Werte, liegt eine Usurpierung, eine Grenzüberschreitung, ein „Ismus", kurz eine Abart des Fehlers der Heterogeneität.

Diese Abart nun hat in der Geschichte des philosophischen Denkens eine eigentümliche Bedeutsamkeit erlangt, die sich leicht erschauen läßt, wenn man von den idealistischen Fassungen des Gedankens absieht. Der Fehler ist trotz seiner leichten Aufdeckbarkeit vielleicht der am meisten verbreitete; nur wenige Systeme, und nicht eben die bedeutendsten, haben ihn vermieden. Denn die meisten großen Typen philosophischer Weltanschauung sind im Grunde teleologisch. Ein deutlicher Normativismus liegt schon in der Platonischen Ideenlehre vor: die Ideen sind die Ideale des Seins, und alle Dinge haben die Tendenz ihnen nahezukommen, bleiben aber hinter ihrer Vollkommenheit zurück. Ähnlich ist die Aristotelische Finalität der Naturprozesse auf das Telos der Formen, die Entelechie, bezogen. Und dieser Typus der Teleologie herrscht noch ungebrochen, wiewohl in mannigfach variierter Ausprägung, in der gesamten Scholastik, beim Cusaner, bei Bruno, Leibniz, Schelling, Hegel, Schopenhauer, Lotze, E. v. Hartmann.

Es liegt im Wesen aller Teleologie, axiologisch fundiert zu sein. Die gemeinsame These ist der Primat der Werte, sei es nun numerisch ein einziger Wert oder ein ganzes System von Werten. Zwecktätigkeit ist eben bedingt durch die absolute Geltung gewisser Inhalte, die als Richtpunkte, als die bewegenden Zwecke selbst auftreten. Und das wiederum setzt voraus, daß sie in ihrem Wesen irgendwie die Kraft besitzen, Zwecke zu sein, d. h. einen realen Werdeprozeß inhaltlich zu bestimmen, zu dirigieren und ihm den Sinn eines Verwirklichungsprozesses zu geben. Diese eigentümliche Kraft aber ist es, was den Wertcharakter solcher Inhalte ausmacht. Alles Zwecksein ist notwendig auf ein Wertsein rückbezogen – und zwar unabhängig davon, ob der Wertcharakter dieses Wertseins als solcher erkannt ist oder nicht. Es gibt teleologische Systeme, in denen er durchaus unerkannt bleibt; in der Regel freilich blickt ein wenigstens dunkles Wertbewußtsein doch mit durch.

Es ist eine bekannte Sache, wie dieser Teleologismus mit der Gottesvorstellung, dem Vorsehungsglauben, ja mit dem mythologischen Anthropomorphismus verknüpft ist, wie es die stärksten, ewig menschlichen Gemütsbedürfnisse sind, die sich als die innerlichsten Motive in ihm verbergen. In gewissem Sinne ist ja überhaupt alle Natur- und Weltteleologie (z. B. auch die Geschichtsteleologie) der Form nach Anthropomorphismus. Denn was sie tut, ist eben dieses, dem Weltprozeß – sei es im Ganzen oder im Einzelnen – eben dasselbe Handeln nach Zwecken zuzuschreiben, welches wir als gegebenes Phänomen einzig und allein in der Handlung des Menschen kennen.

Wir haben hier nicht zu entscheiden, ob die teleologischen Weltbilder metaphysisch recht haben oder nicht. Erst die Kategorialanalyse selbst kann zur Lösung dieser Frage etwas beitragen; sie allein kann das innere Verhältnis der Zweckkategorie zu anderen Kategorien sachlich und ohne Voreingenommenheit ermitteln. Hier aber stehen wir erst in der rohesten Vorarbeit zu einer möglichen Kategorialanalyse. Um so wichtiger ist es für diese Vorarbeit, sich darüber klarzuwerden, daß in aller teleologischen Spekulation – wie bestrickend ihre Perspektive auch sein mag – eine Usurpierung liegt, eine Grenzüberschreitung der Zweckkategorie, eine unbegründete, durch kein wirklich gegebenes Phänomen zu rechtfertigende Erweiterung ihrer Kompetenz. Man mag die Frage drehen und wenden, wie man will, mit Gewißheit wissen wir es doch nur vom Menschen, daß er zwecktätig ist, daß für ihn Werte bestimmend sind, die ihm als Normen dienen. Daß auch auf Dinge, oder auf die Welt als Ganzes etwas ähnliches zutreffe, dafür haben wir kein direktes inneres Zeugnis, wie schlagend in manchen Einzelheiten auch die Analogien der Prozessabläufe erscheinen mögen. Ein jeder Schluß aus solcher Analogie auf das Prinzip, den real bestimmenden Zweck, ist und bleibt eine Subreption. Eine tiefe jahrtausendealte, in der Mythologie der Völker verwurzelte Denkgewohnheit hat diese Subreption quasi geheiligt. Nüchtern betrachtet aber ist sie eine Quelle unabsehbarer Problemverfälschungen. Und gerade das ontologische Problem ist am meisten durch sie gefährdet. Sie trägt die Hauptschuld an dem Mißtrauen, mit dem man in der Philosophie bis heute dem Gedanken der Ontologie begegnet. Und nicht mit Unrecht: eine wahre Sündflut von Vorurteilen, von halb popularphilosophischen, wissenschaftlich ganz unqualifizierbaren Vorstellungen verschanzt sich hinter dieser unmerklichen, von aller allzumenschlichen Gemütsneigung und theoretischen Halbheit begünstigten und geflissentlich verdeckten Erschleichung.

Es ist ein Krebsschaden der gesamten Philosophie, der sich im Fehler des Normativismus und des ihm eng verwandten ontologischen Teleologismus (jeglicher Form) verbirgt, – eine von denjenigen Erbsünden der alten Metaphysik, die auch die kantische Kritik nicht entwurzeln konnte, weil sie ihr trotz der *Kritik der Urteilskraft* nicht recht auf die Schliche kam. Eine kritisch fundierte Ontologie muß vor allen Dingen auch in diesem Punkte kritisch verfahren. Ihr muß die Behebung dieses Vorurteils ebenso am Herzen liegen wie die des „ontologischen Gottesbeweises". In der Tat liegt hier ein strenges Analogon zum letzteren vor, und zwar im Positiven wie im Negativen: wie niemand den Gottesbegriff allein deswegen verwerfen wird, weil das „ontologische" Argument nicht schlüssig ist, so wird auch niemand die Möglichkeit der Weltteleologie deswegen fallen lassen, weil die Analogie, auf der sie fußt, unzureichend für ihren Erweis ist. Beweise richtiger Thesen können falsch sein. Aber als philosophisch-spekulative Voraussetzungen sind deswegen doch beide Thesen gleich verkehrt. Das Telos der Welt kann ebensogut wie Gottes Existenz philosophisch weder erwiesen noch widerlegt werden; es darf so wenig wie sie unter die systematischen Grundlagen aufgenommen werden.

Mit anderen Worten, Kategorien sind, an sich betrachtet, in keiner Weise Normen, Zwecke oder gar Werte. Wie aber ihr positives Verhältnis zu den Werten gestaltet ist, ob diese etwa Kategorien *sui generis* sind, und ob sie sich den Seinskategorien nicht doch vielleicht in anderer Weise überordnen, – das alles zu entscheiden ist Sache der *prima philosophia*, der Prinzipienforschung selbst und darf aus eben diesem Grunde in keiner Weise durch Erschleichungen vorweggenommen werden.

7. Der Fehler des Rationalismus

Daß Prinzipien ihrem Wesen nach „rational" seien, ist eine allgemein verbreitete Ansicht. Die beiden Bedeutungen von „rational" (die logische und die gnoseologische) alternieren hierbei fast ohne Unterschied der These. Substituiert man „rational = logisch", so ist die These nahezu die der Begrifflichkeit, die Aristotelische. Anders, wenn man „rational = erkennbar" setzt. Mit dem letzteren Falle allein haben wir es jetzt zu tun.

Daß ein Concretum in mancherlei Hinsicht irrational sein mag, geben viele Theorien zu. Aber von den Prinzipien, auf denen es beruht, geben sie das gleiche nicht zu. Prinzipien gelten als durchweg erkennbar: sie sind ja dem Bewußtsein gegeben, während das Concretum nicht gegeben, oder doch nur annähernd (etwa „confus") gegeben ist. In der Antike finden wir noch die entgegengesetzte These. Platon weiß um die Schwierigkeit der Ideenschau, weiß darum, wie unvollkommen und bloß näherungsweise zutreffend alles ist, was menschliches Denken vom Reich der Ideen erfaßt, und wie es einer besonderen „hypothetischen" Methode bedarf, um sich tastend an dieses Unnahbare heranzuarbeiten. Und an der Idee des Guten versagt alle eigentliche Schau. Plotin hat für die letztere sogar den Terminus „jenseits des Denkbaren" geschaffen, der einen strengen Begriff der Irrationalität des Prinzips ausprägt.

Anders die führenden Denker der Neuzeit, allen voran Descartes. Hier wird alles erkennende Erfassen der Dinge auf einen Apriorismus der Prinzipien basiert, und dieser wiederum soll ein unmittelbares Gegebensein, Erschautsein der Prinzipien bedeuten. Das Vorurteil, das hierin steckt und das sich von den großen Rationalisten her tief eingewurzelt hat, ist ein dreifaches und in seinen drei Grundthesen an den geschichtlichen Ausprägungen selbst am besten faßbar.

Zugrunde liegt dem Cartesischen Fehler das Vorurteil der Einfachheit: die Prinzipien sind *simplices*, sie tauchen in der Analyse als letzte *requisita* auf; das Komplexe aber, das sich aus ihnen zusammensetzt, ist das Concretum. Das ist an sich einleuchtend gedacht, aber es trifft nicht zu. Es gibt hochkomplexe Prinzipien, die selbst schon aus einfacheren kategorialen Elementen zusammengesetzt sind, ohne doch deswegen der für Prinzipien überhaupt charakteristischen Selbständigkeit zu entbehren. Stillschweigend liegt überdies wohl auch die so viel mißbrauchte Devise des *„simplex sigillum veri"* zugrunde, ein Satz, der an und für sich wohl für Erkenntniskategorien sinnvoll sein könnte, tatsächlich freilich auch hier nicht zutrifft, bei Seinskategorien aber vollends deplaciert ist. Die Prinzipienforschung des Descartes und seiner Nachfolger ist eben noch sehr primitiv. Ihm gilt alles Prinzipielle für an sich einfach. Er weiß nicht, daß in Wirklichkeit gerade die letzten kategorialen Elemente etwas sehr Fragwürdiges sind, etwas was in keinem aufweisbaren Prinzip, auch in keiner Gruppe aufweisbarer Prinzipien, jemals direkt faßbar wird. Gerade die komplexeren Kategorien lassen sich annähernd fassen; aber sobald man die Elemente aus der Komplexion herauslöst, werden sie unfaßbar. Was wir dagegen für letzte, eben noch faßbare Elemente halten, sind keine *simplices*.

Zweitens schließt sich hieran das eigentliche Vorurteil der Erkennbarkeit. Die *simplices* sollen zugleich die *maxime notae* oder *per se notae* sein, das „der Erkenntnis nach Frühere" *(cognitione prius)*. Sie sind also in gnoseologischer Beziehung nicht nur das Prius der Erkenntnis, sondern auch das *a priori* Erkannte! Das ist aber das ewig Mißverständliche im Begriff der *idea innata*; denn ein Bewußtsein dieser Ideen ist ja gerade in dem auf ihnen basierten Sachbewußtsein keineswegs enthalten. Überhaupt ist das gnoseologische Verhältnis hier durchaus das umgekehrte. Erkenntnisprinzipien brauchen gar nicht Prinzipienerkenntnis zu sein. Erkannt wird durch Prinzipien ein anderes als sie, nicht sie selbst. Sie sind Erkenntnisbedingungen, aber gar nicht selbst Erkenntnisse; d. h. sie sind wohl erste Grundlagen der Erkenntnis, aber weit entfernt erstes Erkanntes zu sein. Sie bleiben vielmehr gemeinhin ihrerseits durchaus unerkannt. Jedenfalls ist das Erkennen durch sie unabhängig von ihrem Erkannt- oder Unerkanntsein; also auch von ihrem Erkennbar- oder Unerkennbarsein. Es liegt folglich nicht im Wesen der Erkenntnisprinzipien, erkennbar zu sein. Und – so können wir aus breitester geschichtlicher Erfahrung hinzufügen – wo sie wirklich erkannt werden (in der philosophischen Erkenntnistheorie), da ist diese Erkenntnis niemals die erste und unmittelbarste, sondern eher die letzte, die am meisten vermittelte und bedingte zu nennen.

Was von Erkenntnisprinzipien gilt, muß in erhöhtem Maße von Seinsprinzipien gelten, wo nicht einmal ein Schein von Paradoxie dagegen spricht. Nur das Vorurteil der Begrifflichkeit, sowie das der Subjektivität, konnte darüber täuschen. Hat man dagegen einmal begriffen, daß der Gegenstand seine Kategorien für sich hat, unabhängig von Bewußtseinskategorien, und daß alle Begrifflichkeit erst nachträgliche Fassung in Begriffe durch das Subjekt ist, so muß es einleuchten, daß schlechterdings kein Grund vorliegt, die Prinzipien des Gegenstandes für erkennbarer zu halten als den konkreten Gegenstand selbst. Daß sie aber in Wirklichkeit noch um eine beträchtliche Schattierung weniger erkennbar sind, dafür gibt es eine Reihe unwiderleglicher Gründe, deren Entwicklung indessen wiederum der Kategorialanalyse selbst angehört und nicht vor ihr gegeben werden kann[7].

Drittens birgt sich hier aber noch das besondere Vorurteil, daß Prinzipien unmittelbar evident seien. Das wäre mehr als bloße Erkennbarkeit überhaupt; es wäre apriorische Erkennbarkeit, rein auf sich gestellt, ohne die Stütze der Erfahrung. Auch das kündigt sich in den Cartesischen Formulierungen *„per se notae"* und

---

7 Es seien hier wenigstens die Hauptargumente den Titelbegriffen nach angedeutet: 1. die überhaupt faßbaren Kategorien sind komplex, zum Teil von außerordentlich hoher Komplexität, letzte kategoriale Elemente aber sind nicht faßbar; 2. alle irgendwie dimensionalen Kategorien enthalten Unendlichkeitsmomente; 3. die meisten Kategorien enthalten neben Strukturelementen (Form, Gesetz, Relation) auch Substratelemente, die sich in keiner Weise auflösen lassen; 4. auch die Strukturen (Formen, Gesetze, Relationen) als solche sind nicht durchweg rational; 5. irrational bleibt von allen Kategorien das „Warum", der Grund ihres Soseins. In den Hauptzügen finden sich diese Argumente dargelegt in Logos V, „Über die Erkennbarkeit des Apriorischen" S. 313–325, sowie in „Metaphysik der Erkenntnis" Kap. 30. [Hartmann, Nicolai, „Ueber die Erkennbarkeit des Apriorischen", in: *Logos. Internationale Zeitschrift für Philosophie der Kultur*, hrsg. v. Richard Kroner und Georg Mehlis, Band V, 1914/1915, Heft 1–3, 290–329 (auch in: ders., *Kleinere Schriften*, Band III, Berlin 1958, 186–220, hier: 206–217). – Hartmann, Nicolai, *Grundzüge einer Metaphysik der Erkenntnis*, 1. Auflage: Berlin – Leipzig 1921, Kap. 30 „Das Irrationale im Sein der Prinzipien", 197–216 (in der 4. Auflage: Berlin 1949, Kap. 34, 258–278).]

„*cognitione prius*" an. Descartes glaubte, an einen *intuitus purus*, der im unmittelbaren Prinzipienbewußtsein bestehen sollte; und hier liegt eine der geschichtlichen Wurzeln des kantischen Fehlers. Sachlich aber ist es – im allgemeinen wenigstens – gerade umgekehrt. Erkenntnisprinzipien sind, wie wir sahen, wohl das *prius* der Erkenntnis, aber deswegen nicht selbst erkannt, also auch nicht *a priori* erkannt. Sie sind nur das seiende, aber nicht das als seiend erfaßte *prius* der Gegenstandserkenntnis. Soweit sie aber ihrerseits wirklich erkennbar sind, so ist diese Erkennbarkeit doch keine apriorische, unmittelbar anschauende, sondern gerade eine im weitesten Maße vermittelte und durch das *posterius* bedingte. Fragt man, wie werden solche Prinzipien überhaupt erkannt, so ist die einzig mögliche Antwort: vom Concretum aus. Dieses aber ist allemal – wenigstens im Bereich der Realerkenntnis – das *a posteriori* Gegebene. Prinzipien sind die Strukturelemente des Konkreten und können nur als solche, und nur an ihm, erschaut werden – oder genauer, nur von ihm aus analysierend und reflektierend ermittelt werden, wobei immer ein Einschlag des Hypothetischen dem Ermittelten anhaftet. Man hat diese Methode seit dem Altertum die analytische oder hypothetische genannt und sie im klaren Bewußtsein ihrer aufwärts gerichteten Tendenz („Anabasis") der deduktiven Apodeiktik entgegengesetzt.

Das bedeutet nicht einen Empirismus der Prinzipienerkenntnis; denn wenn der analytische Weg bis zu den Kategorien herangeführt hat, so müssen diese freilich wiederum in sich selbst erschaut oder evident gemacht werden. Aber diese Evidenz eben und diese Schau ist eine vermittelte, und zwar charakteristischerweise eine vom *posterius* her vermittelte; also nicht eigentliche Erkenntnis *a posteriori*, aber vielleicht darf man sagen: *ex posteriori*. Das Erkenntnisprius selbst aber wird durch diese Bedingtheit der Kategorienerkenntnis *ex posteriori* nicht im mindesten berührt. Es ist ja nicht diese Erkenntnis selbst, auch nicht ihr Prinzip, sondern ihr Gegenstand, die Kategorie selbst.

Für die Kategorienforschung resultiert aus dem allen folgendes. 1. Kategorien bestehen vollkommen unabhängig vom Grade ihrer Erkennbarkeit. 2. Sie sind tatsächlich nur teilweise erkennbar und die Kategorialanalyse wird, soviel sich erwarten läßt, in allen Richtungen ihres Vordringens auf unverschiebbare Grenzen der Rationalität stoßen. 3. Die Kategorienlehre hat diese Grenzen unbedingt anzuerkennen und, soweit möglich, mit zu bestimmen; aber sie darf sie nicht für Problemgrenzen, noch weniger für Grenzen der Sache selbst, d. h. des kategorialen Seins, halten; es sind zwar unübersteigbare, aber doch nur gnoseologische, nicht ontologische Grenzen. 4. Das System der Kategorien, zu dem sie bestenfalls gelangen kann, muß notwendig ein Ausschnitt bleiben; es kann sich mit dem an sich bestehenden System der seienden Prinzipien, welches sie erstrebt, immer nur näherungsweise decken. 5. Die Erkenntniskategorien sind in dieser Beziehung um nichts besser gestellt als Seinskategorien; Erkenntnistheorie ist um nichts rationaler als Ontologie.

8. Der Fehler der totalen Identität

Die größte Vereinfachung des Weltbildes, die sich denken läßt, ist die Identitätsthese des Parmenides: „Denken und Sein sind ein und dasselbe".[8] Das Kategorienproblem schrumpft damit überraschend zusammen. Gibt es nur ein einziges Gebiet konkreter Gebilde, so kann es auch nur eine Reihe von Prinzipien geben. Die Identitätsphilosophie des deutschen Idealismus hat von diesem Gewaltstreich ausgiebigen Gebrauch gemacht. So geschlossene Systembauten wie das Schellingsche von 1801[9] und das große System Hegels waren eben nur möglich bei solcher Gleichsetzung des „Subjektiven und Objektiven", resp. „des Vernünftigen und des Wirklichen". Daß diese Systeme, im Gegensatz zum Eleatischen, doch im Grunde idealistisch gemeint sind, d. h. daß sie innerhalb der Identität das Gewicht doch auf die Seite des „Subjektiven" resp. der „Vernunft" verlegen, davon können wir hier absehen; das macht hinsichtlich der Identitätsthese keinen Unterschied aus. Das Große in ihnen ist die Einheit der Prinzipienreihe. Diese haben sie mit der Eleatik gemein.

Und doch, gerade das ist ihre Schwäche. Denn hier widerstreiten sie dem gegebenen Phänomen. Es genügt, sich am Erkenntnisphänomen zu orientieren. Erkenntnis kann nur bestehen, wo es ein Gegenüber von Subjekt und Objekt gibt, sie ist eine bestimmte Art Relation zwischen ihnen. Fallen beide in eins zusammen, so sinkt auch die Relation in nichts zusammen. Relation besteht nur zwischen Nichtidentischem. Identität ist Aufhebung der Relation. Alle strenge Identitätsphilosophie hebt das Erkenntnisproblem auf. Kein Wunder, daß Schellings System von 1801 die Erkenntnistheorie schuldig bleibt und daß Hegel das Problem selbst nahezu in sein Gegenteil verkehrt. Man versteht es, daß diese großartigste aller metaphysischen Thesen sich auch im Altertum nicht gehalten hat. Weder Platon noch Plotin, die ihr am nächsten standen, haben es gewagt, sie durchzuführen. Daß dieselbe Aporie wie am Erkenntnisproblem sich dann im Handlungs-, im Willensproblem und anderen mehr wiederholen muß, ist leicht zu sehen. Auch hier überall ist die Gegenüberstellung Bedingung der Relation.

---

8 [Vgl. Parmenides, Fragment B 5, in: Diels, Hermann (Hg.), *Die Fragmente der Vorsokratiker*, Berlin 1903, 121: „Denn das Seiende denken und sein ist dasselbe."]

9 [Schelling, Friedrich Wilhelm Joseph, *Darstellung meines Systems der Philosophie* (1801). In: Historisch-kritische Ausgabe, Bd. I,10, hrsg. von Manfred Durner, Stuttgart-Bad Cannstatt 2009, 107–211 (entspricht in den von Karl Friedrich August Schelling veranstalteten *Sämmtlichen Werken* Bd. I,4, 107–212).]

Die Kategorienforschung darf sich auf diese ungeheure Vereinfachung nicht einlassen. Der „Eleatische Fehler" kann ihr nichts als eine radikale Verfälschung der Probleme bedeuten und zwar mittelbar auch des ontologischen; ist doch die Gegenstandsstellung des Seins der natürliche Ausgangspunkt ontologischen Denkens. Sie muß die Auseinandergespanntheit der beiden Reiche des phänomenal gegebenen Konkreten, Bewußtsein und reale Außenwelt, in vollem Umfange gelten lassen – auf die Gefahr hin, zwei grundverschiedene Reihen von Kategorien zu bekommen.

9. Der Fehler der kategorialen Identität

Die These der kategorialen Identität ist um vieles kritischer und bescheidener als die eleatische. Nicht Sein und Denken, nicht Objekt und Subjekt sind hier gleichgesetzt, sondern nur ihre Prinzipien. Die Zweiheit der Welten – der des Bewußtseins und der des Gegenstandes – wird nicht angetastet, nicht in eins gesetzt. Wohl aber gibt es ein Identisches, das beide verbindet, und zwar wurzelhaft verbindet: ihre beiderseitigen Kategorien.

Am bekanntesten ist dieser Gedanke in der Fassung, die ihm Kant gegeben: Erfahrung und Gegenstand der Erfahrung sind nicht dasselbe, aber sie haben dieselben „Bedingungen der Möglichkeit"; man vergleiche hierzu die bekannte Formel am Schluß des Abschnittes vom obersten Grundsatz aller synthetischen Urteile. Der gnoseologische Grund für diese Identität der Prinzipien ist die Tatsache der apriorischen Erkenntnis. Ein Subjekt kann offenbar um Bestimmtheiten eines ihm heterogenen Objekts nur dann *a priori* wissen, wenn die inneren Prinzipien, auf denen dieses Wissen beruht, mit den Prinzipien des Objekts übereinstimmen. Im Phänomen der apriorischen Erkenntnis liegt also ein außerordentlich wertvoller Ansatzpunkt für die Orientierung der Kategorienforschung: es kann sich offenbar nicht um zwei ganz heterogene Kategoriensysteme handeln, es muß eine gewisse Identität bestehen.

Der höchste metaphysische Nachdruck liegt auf dieser Identitätsthese indessen keineswegs in solchen Systemen wie dem Kantischen, wo der aposteriorischen Erkenntnis ein breiter selbständiger Spielraum zugewiesen ist, sondern dort, wo der Apriorismus absolut gemacht, d. h. wo alle Erkenntnis – auch die scheinbar aposteriorische – auf ihn zurückgeführt wird. Den Typus eines solchen Systems haben wir bei Leibniz. Die einzelne Monade „repräsentiert" das Weltall. Diese ihre „Repräsentation" ist, wo sie die Höhe des Bewußtseins erreicht, Erkenntnis. Die Monade mitsamt dem Inbegriff ihrer Repräsentationen ist eine Welt für sich, ein Kosmos im Kosmos; also keineswegs identisch mit der makrokosmischen Welt aller Monaden, ja mit ihr nicht einmal direkt verbunden („ohne Fenster"). Ihr Repräsentieren ist ein rein inneres Erbauen, ihr Erkennen ein restlos apriorisches. Und was bewirkt die Übereinstimmung, ja überhaupt die Bezogenheit der Repräsentationen auf das reale Repräsentierte? „Prästabilierte Harmonie" ist hier nur ein Schlagwort, das nichts erklärt. Der wirkliche Kern der Theorie ist die Einheit und Ewigkeit der „Ideen" oder „ewigen Wahrheiten". Diese sind ein und dieselben – restlos und bis in die Einzelheit ihrer Komplexion hinein – für die repräsentierten Monaden und die repräsentierenden. Daher die Übereinstimmung, daher der „Gleichschlag der Uhren" und die Konstanz des Verhältnisses von „Leib und Seele".

Gerade am Beispiel Leibnizens sieht man es aber deutlich, daß dieser absolute Apriorismus übers Ziel schießt. Die Identität der Prinzipien reicht zwar für einen solchen aus, aber sie reicht damit weiter, als das Phänomen sie rechtfertigen kann. Der absolute Apriorismus selbst entspricht gar nicht dem Phänomen: apriorische Erkenntnis findet ihre Grenze in der Empirie, für diese aber ist in ihm kein Raum. Deutlicher noch wird der Fehler, wenn man die Betrachtung umkehrt. Gesetzt, es gebe also nur eine Reihe von Prinzipien, gültig für zwei durchaus verschiedene Welten, muß man sich da nicht fragen: wie kommt es eigentlich, daß die beiden Welten noch verschieden sind? Wenn doch alles Prinzipielle in ihnen zusammenfällt, wie können sie da überhaupt noch zwei Welten sein? Müßten sie nicht notwendig ununterscheidbar eine und dieselbe sein – gerade nach der Leibnizischen *lex identitatis indiscernibilium*?

Und selbst wenn man von dieser metaphysischen Aporie absieht, taucht nicht hinter ihr eine noch ganz anders unabweisbare gnoseologische Aporie auf? Sind Erkenntnis- und Seinskategorien restlos identisch, muß da nicht alles Seiende erkennbar sein, und zwar *a priori* erkennbar? Zweifellos ist das auch Leibniz' Meinung. Aber sie widerspricht dem Erkenntnisphänomen, in welchem gerade die Grenzen der Erkennbarkeit – und vollends der apriorischen Erkennbarkeit – eine sehr eigentümliche Rolle spielen. Analysiert man das Erkenntnisphänomen unparteiisch, so kann hierüber gar kein Streit sein, die Grenze der Rationalität ist selbst ein Erkenntnisphänomen. In ihrer Ignorierung liegt eben das Unrecht des absoluten Apriorismus, der Leibnizische Fehler.

Es steckt also offensichtlich immer noch ein prinzipieller Fehler in der auf die Kategorien eingeschränkten Identitätsthese. Der Leibnizische Fehler ist zwar um vieles geringer als der eleatische. Aber es ist hier immer noch zu viel identisch gesetzt. Man muß die Identität weiter einschränken. Die Kategorien des Subjekts und die des Objekts können nur teilweise identisch sein, teilweise aber müssen sie auseinanderfallen. Partiale Identität freilich ist das Minimum an Identität, das erfordert ist. Und zwar, da die partiale Irrationalität des Objekts Bestimmtheiten des letzteren bedeutet, welche das erkennende Subjekt nicht nachbilden kann, so muß offenbar das System der Seinskategorien reicher sein als das der Erkenntniskategorien; mit anderen Worten, es muß Seinskategorien geben, welche nicht zugleich Erkenntniskategorien sind. Es muß also im Kategorienreich selbst eine Grenze der

Identität von Seins- und Erkenntniskategorien geben. Und zwar muß diese Grenze offenbar genau der Rationalitätsgrenze des Gegenstandes entsprechen; d. h. der Gegenstand ist genau so weit *a priori* erkennbar, als seine Kategorien zugleich Erkenntniskategorien sind[10].

Auch dieser Sachverhalt ist – abgesehen von seiner zentralen Bedeutung für die Erkenntnistheorie – von entscheidender Wichtigkeit für die Ontologie. Fünferlei läßt sich als Konsequenz aus ihm entnehmen.

1. Zunächst leuchtet an ihm ein, daß die Kategorien des Seins niemals vom Erkenntnisproblem aus erschöpft werden können. Es ist also ein fundamentaler Irrtum der neuzeitlichen Philosophie, das Kategorienproblem in gnoseologischer Einstellung bewältigen zu wollen. Man kann es vielmehr erst von ontologischem Gesichtspunkt aus übersehen. Dieser Tatsache hat auch Kant nicht Rechnung getragen. Sein Interesse am Kategorienproblem ist ein rein gnoseologisches. Dennoch findet sich gerade bei ihm – im Gegensatz zu Leibniz – ein Bewußtsein der Identitätsgrenze: die Gegenständlichkeit als solche ist nach ihm mit dem „Gegenstande möglicher Erfahrung" nicht erschöpft, es gibt über diesen hinaus den „transzendentalen Gegenstand", der als solcher nicht erkennbar ist, weil die Totalität seiner Bedingungen in den „Bedingungen der Möglichkeit der Erfahrung" nicht aufgeht. Es ist die Lehre vom „Ding an sich" als dem Noumenon, in der Kant über seine eigene Problemdisposition hinauswuchs und einer kritischen Ontologie den Ansatzpunkt im Erkenntnisproblem selbst bereitet hat. Hier wurde seine Kritik gegen sich selbst kritisch. Die Lehre vom Ding an sich ist ihre kritischste Tat.[11]

2. Es ist aber noch ein Ferneres, was die Kategorienlehre an diesem Punkt zu lernen hat. In einer partialen Identität von Seins- und Erkenntniskategorien ist es keineswegs erforderlich, daß die einzelnen Kategorien höherer (komplexerer) Ordnung, die ihrerseits ein ganzes System kategorialer Momente umfassen, ganz diesseits oder ganz jenseits der Identitätsgrenze zu liegen kommen. Es ist vielmehr sehr wohl möglich, daß diese Grenze mitten durch sie hindurchgeht und sie gleichsam in zwei Teile schneidet, von denen nur der eine zugleich den Charakter eines Erkenntnisprinzips hat, der andere aber bloß Seinsprinzip ist. Die partiale Identitätsthese wird hierdurch nicht aufgehoben, sie wird nur primär auf die einfacheren kategorialen Elemente bezogen. Für die apriorische Erkenntnis des Gegenstandes, die ja selbst nur teilweise zurecht besteht, genügt es offenbar, wenn es

---

10 Mit der partialen Irrationalität der Kategorien selbst dagegen hat diese Grenze der Identität nichts zu tun. Die Erkennbarkeit des konkreten Gegenstandes steht in keinerlei Abhängigkeitsverhältnis zur Erkennbarkeit seiner Prinzipien. Der Leibnizische Fehler steht vollständig indifferent zum Cartesischen.

11 [Vgl. dazu Hartmann, „Diesseits von Idealismus und Realismus", *Text 1* im vorliegenden Band, 54.]

überhaupt kategoriale Elemente, die für Subjekt und Objekt identisch sind, im Komplex der höheren Kategorie gibt.

3. Damit aber erwächst der Kategorienforschung eine Aufgabe von größter Tragweite. Die einzelnen Kategorien – wenigstens sicher die höheren – sind als Erkenntniskategorien nicht dasselbe, was sie als Seinskategorien sind. Sie tragen zwar hier wie dort denselben Namen (etwa Raum, Zeit, Substanz, Kausalität), und mit Recht, denn etwas identisch Übergreifendes muß ja eben in ihnen sein; aber ihr kategorialer Gehalt ist in mancherlei Momenten doch ein verschiedener hier und dort. Und in dieser Verschiedenheit liegt wiederum die Grenze apriorischer Erkennbarkeit des Gegenstandes. Die Kategorialanalyse hat daher jede einzelne Kategorie gesondert als ontologische und als gnoseologische Kategorie zu untersuchen und die spezifischen Abweichungen festzustellen.

Man kann das auch so ausdrücken. Jede Kategorie, die überhaupt in den Identitätsbereich fällt, ist gleichzeitig beiden Sphären zugeordnet, der ontisch realen und der gnoseologisch aktualen Sphäre; aber sie überragt diese Spannweite der doppelten Zuordnung nur mit einem Teil ihres Wesens, in einem anderen Teil wird sie von ihr gespalten, auseinandergerissen. Selbstverständlich ist die Spaltung an jeder einzelnen Kategorie inhaltlich wieder eine andere, so daß eine unbegrenzte Mannigfaltigkeit der Abstufungen zwischen den Extremen – der vollen Identität und der vollen Nichtidentität – möglich ist. Hier liegt ein neues, noch gänzlich unbearbeitetes, aber zweifellos aufschlußreiches Forschungsgebiet, mit dessen Erschließung und fruchtbarer Bearbeitung die Aufgabe einer kritischen Ontologie recht eigentlich erst beginnen kann. Denn nicht von allgemeinen Gesichtspunkten aus deduzierend, sondern aus der phänomenologisch-analytischen Detailarbeit an der einzelnen Kategorie heraus kann allein der Überblick gewonnen werden, der hier not tut. Es leuchtet von selbst ein, daß von hier aus auch das Erkenntnisproblem eine Wiedergeburt erfahren muß, die ein tieferes Eindringen in seine inhaltlichen Einzelheiten gestatten dürfte, als die bisherige, mehr im Allgemeinen schwebende Art seiner Bearbeitung es zuließ.

4. Die Konsequenzen führen indessen in anderer Richtung noch weiter. Das Sphärenverhältnis der zweierlei Kategorien, das sich als ein solches der partialen Identität erwies, ist wegweisend für die Behandlung ähnlicher Sphärenverhältnisse überhaupt. In der Tat hat es die Ontologie nicht mit dem Gegenüber von Subjekt und Objekt allein zu tun. Das Seiende selbst zeigt eine andere, gegen jenen Gegensatz gleichgültige Gespaltenheit in reales und ideales Sein, wobei unter letzterem das Sein der logischen Strukturen, der mathematischen Gegenstände, der Wesenheiten aller Art verstanden ist. Es stehen sich also innerhalb des Seins eine reale und eine ideale Sphäre gegenüber, beide durchaus ansichseiend in ihren Gebilden, beide Gegenstände möglicher Erkenntnis (wenigstens in den Grenzen ihrer Rationalität). Auch diese beiden Sphären stehen unter Kategorien, und zwar gleichfalls unter

teilweise identischen. Die Gründe dafür lassen sich unter anderem am Verhältnis von mathematischer und Naturgesetzlichkeit analysieren. Auch hier also gibt es ein Identitätsverhältnis zweier Kategorienreihen, und zwar ein anderes als das zwischen Objekts- und Erkenntniskategorien; und auch dieses ist ein partiales. Da es sich aber auf dieselben Seinskategorien bezieht wie jenes, also auch dieselben komplexen Kategorien umfaßt, so ist leicht vorauszusehen, daß auch hier die Identitätsgrenze vor der Integrität dieser kategorialen Komplexe nicht haltmachen kann, sondern mitten durch sie hindurchgehen und sie zerschneiden muß, wo sie ihren Verlauf überqueren. Wiederum also erweitert und kompliziert sich die Aufgabe der Kategorienlehre um eine Dimension inhaltlicher Mannigfaltigkeit. Die Unterschiedenheit der Sphären bedeutet eben auch hier nichts anderes, als daß ein und dieselbe Kategorie als Idealkategorie nicht schlechthin dasselbe ist wie als Realkategorie. An einer jeden einzelnen also hat die Kategorialanalyse zu untersuchen, in welchen kategorialen Elementen die Abweichung liegt. Und dieses Verfahren ist um so bedeutsamer, als in ihm die einzige Handhabe liegt, den Unterschied und das ontologisch positive Verhältnis der idealen und realen Seinssphäre zu bestimmen. Der Schwerpunkt dieser Untersuchung liegt – da es sich um das Verhältnis zweier Seinsweisen handelt – im Gebiet der Modalitätskategorien, deren Sinn und intermodale Gesetzlichkeit denn auch in der Tat in den beiden Sphären eine außerordentlich verschiedene ist[12].

5. Die Mannigfaltigkeit der Sphären, die unter Kategorien – und zwar unter teilweise identischen – stehen, ist hiermit noch nicht erschöpft. Daß z. B. die Innenwelt des Subjekts in ihren spezifisch subjektiven Phänomenen (nicht den objektiven, wie den Erkenntnisgebilden, die Glieder einer transzendenten Relation sind) wiederum eine Welt für sich bildet, die zwar auch eine real seiende und insofern der realen Sphäre immanente ist, aber innerhalb ihrer doch durch ihre Eigenart eine Sonderstellung einnimmt, läßt sich nicht bestreiten. Neben die reale, ideale und gnoseologisch aktuale tritt also die psychische Sphäre als eine vierte. Und auch in ihr gibt es eine modifizierte Wiederkehr der Kategorien. Sieht man also auch von aller ferneren, immerhin naheliegenden Erweiterung der Sphärenmannigfaltigkeit ab, so ist das mindeste, was die Kategorialanalyse zu leisten hat, dieses: jede einzelne Kategorie unter dem Gesichtspunkt einer Synopsis dieser vier Problemsphären zu betrachten, d. h. ihre spezifische Abwandlung in den einzelnen Sphären sowie das sie alle überragende Identische in ihr herauszuarbeiten.

---

12 Einen ersten Ansatz zu der hier angedeuteten Untersuchung habe ich in Kantstudien XX, 1915, „Logische und ontologische Wirklichkeit" zu geben versucht. [Hartmann, Nicolai, „Logische und ontologische Wirklichkeit", in: *Kant-Studien* 20, 1915, 1–28; auch in: ders., *Kleinere Schriften*, Band III, Berlin 1958, 220–242.]

Das ist freilich eine Aufgabe, die dazu angetan ist, die Kategorialanalyse zu einer ganzen Wissenschaft eigener Art auswachsen zu lassen. Die Perspektive dieser Aufgabe ist es, in deren Verfolgung ich das Wesen und die Idee einer kritischen Ontologie und darüber hinaus die einer echten, legitimen, an der ganzen Mannigfaltigkeit der Phänomene orientierten *philosophia prima* erblicke. Es versteht sich von selbst, daß eine solche Synopsis der Sphären, als Lehre von den Grundgebieten der inhaltlichen Phänomene, ein sich durch die ganze Kategorienforschung hinziehendes und erst mit ihr selbst – also nur in der Idee – abschließbares Kapitel ausmacht.

10. Der Fehler der systematischen Monismus

Die Philosophen, die sich überhaupt mit Prinzipienforschung abgeben, gehen fast ausnahmslos von der Voraussetzung aus, das System der Prinzipien müsse in einem einzigen obersten Prinzip gipfeln, von welchem alle anderen abhängen. Diese Voraussetzung liegt nah genug. Man meint es etwa so: es gibt allgemeinere und speziellere Prinzipien, das Verhältnis zwischen ihnen kann nur das logische der Subsumption sein; es ergibt sich also für das System die Form der „Pyramide" und diese Form erheischt unweigerlich eine oberste „Spitze", eine Art punktueller Einheit, in der alle Fäden der Abhängigkeit zusammenlaufen.

Wir wollen hier ganz davon absehen, daß dieses Bild von der logischen Begriffspyramide hergenommen ist, daß also in ihm ganz unverhüllt der Fehler der Begrifflichkeit (der Aristotelische) steckt. Es ist ja auch nicht so zu verstehen, als ahmten alle geschichtlichen Kategoriensysteme sklavisch das formallogische Umfangs- und Inhaltsverhältnis nach. In Wirklichkeit gibt es hier die mannigfaltigsten Gesichtspunkte anderer Art. In vielen Fällen z. B. ist das treibende Motiv der intendierten Kategorienschichtung ein teleologisches; ein universaler Finalnexus hat ja notwendig die Tendenz zur Einheit des Telos. Aber das Schema des Einheitspostulats ist überall das gleiche und entspringt der gleichen stillschweigenden Annahme, Systemeinheit könne nur bei allseitiger Abhängigkeit der Glieder von einem Zentralpunkt bestehen.

In dieser Annahme wurzelt die Forderung des „obersten Prinzips", des „Unbedingten", des „Absoluten". Platons ἀρχὴ ἀνυπόθετος, des Aristoteles „erster Beweger" sind in diesem Glauben dem Ideenreich, resp. Formenreich, übergeordnet. Der Klassiker des Einheitsgedankens aber wurde Plotin. Er formulierte das oberste Prinzip als „das Eine" schlechthin, das „jenseits" aller Vielheit und Gespaltenheit als solcher ist, also auch „jenseits des Seins und des Denkens". Die geschichtliche Tendenz, die von hier ausging, hat zum Gedanken der *coincidentia oppositorum* geführt, wie sie etwa beim Cusaner das System alles Seienden krönt.

An sich wäre gegen Monismus in diesem Sinne gar nichts einzuwenden. Er ist so wenig widersprechend wie die Weltteleologie oder der kosmologische Gottesbegriff. Aber er ist auch ebensowenig durch Phänomene belegbar. Und das macht ihn fehlerhaft, wenigstens als Vorwegnahme. Sollte die Kategorialanalyse selbst auf ihn hinausführen, das wäre freilich etwas anderes. Aber von solchem Hinausführen ist nirgends, wo wir ihn finden, die Rede; überall wird er einfach vorausgesetzt, sei es *explicite* oder stillschweigend. Cusanus wie Plotin, Aristoteles wie Platon folgen einfach dem methodologisch-systematischen Einheitsbedürfnis, sie hypostasieren ein nacktes Postulat. Plotin ist es, dem das Verdienst der Aufrichtigkeit zukommt, diesen methodologischen Sachverhalt wenigstens klar formuliert zu haben. Nach ihm dürfen wir dieses Vorurteil das Plotinische nennen.

Sieht man von dem systematisch Verführerischen des Einheitspostulats einmal ganz ab, so muß man zugestehen, daß die Annahme eines einzigen obersten Prinzips auch aus anderen Gründen kaum vermeidbar erscheint, solange man an die totale Rationalität der Kategorien glaubt, d. h. solange man im Banne des Cartesischen Fehlers steht. Ein durchgehender Zusammenhang der Kategorien muß ja irgendwie bestehen; warum also nicht ihn grundlegend in Form eines Einheitsprinzips festlegen? Die höchste Einheit muß sich ja dann doch auch aufzeigen lassen. Ein solcher Rationalismus zeigt sich deutlich in Spinozas einer Substanz, in Kants transzendentaler Apperzeption, in Fichtes absolutem Ich. Das Verfahren ist dann wenigstens konsequent, wenn es auch zwei Vorurteile miteinander verbindet. Diese beiden Vorurteile stützen eben einander. Anders ist es schon, wenn man, wie Plotin und der Cusaner, um die Irrationalität der gesuchten Einheit weiß. Mit welchem Recht läßt sich dann überhaupt noch behaupten, daß dasjenige, was über die faßbaren Prinzipien (Plotins Ideen) hinausliegt, wirklich den Charakter einer universalen und dennoch punktuellen Einheit habe? Man kann es in Wahrheit gar nicht wissen. Die Anmaßung solchen Wissens ist vielmehr schon die Aufhebung eben jener Irrationalität, die man zugestanden hat.

Sieht man aber vollends die partiale Irrationalität der Kategorien überhaupt wenigstens prinzipiell ein, so überzeugt man sich leicht, daß es unmöglich ist, ein oberstes Einheitsprinzip, und sei es auch nur dem Begriff nach, vorwegzunehmen. Wüßten wir, daß das Kategoriensystem die Form der logischen Pyramide hat, so müßte es freilich auch ein wenigstens formales Wissen um die Spitze der Pyramide geben. Aber das eben wissen wir keineswegs. Wir kennen aus dem ganzen Prinzipienreich überhaupt nur einen relativ kleinen Ausschnitt und zwar, wie sich leicht einsehen läßt, einen Ausschnitt von mittlerer Höhe der Komplexion. Die komplexesten und differenziertesten Kategorien sind irrational eben wegen ihrer hohen Komplexheit (z. B. schon die Kategorien des Lebendigen); und die einfachsten und elementarsten sind gleichfalls irrational, eben wegen ihrer Einfachheit und Irreduzibilität – alles Begreifen ist eben Begreifen durch anderes, einfacheres. Das

Einfachste also bleibt ewig unbegriffen. Es gibt demnach im Kategorienreich eine untere und eine obere Rationalitätsgrenze; und nur was zwischen diesen beiden liegt, ist wenigstens partial rational. Auch diesen Ausschnitt aber kennen wir lange nicht genügend, um aus ihm ersehen zu können, ob das System nach oben zu konvergiert oder nicht. Wir erkennen vielmehr auch innerhalb der beiden Grenzen immer nur einzelne Gruppen von Kategorien, nicht ein Kontinuum, wie die Hegelsche Logik einen glauben machen könnte; und zwischen den Gruppen klaffen Lücken, deren inhaltliche Erfüllung wir nicht erraten können. Gesetzt aber schließlich auch, wir könnten aus der Gesamtstruktur des erkennbaren Ausschnittes eine Konvergenz nach oben zu ersehen, so würde diese Einsicht doch noch nicht genügen, die Fortsetzung der Konvergenz jenseits der oberen Rationalitätsgrenze bis in eine absolut erste Einheit zu erschließen. Die diesseits der Grenze konvergierenden Linien könnten jenseits auch wieder divergieren. Denn das Gesetz ihrer Provenienz wäre ja doch nicht mit erkannt.

So liegt in der Tat keine Möglichkeit vor, aus der Gesamtstruktur des partial erkennbaren Ausschnittes das Vorhandensein oder Nichtvorhandensein eines absoluten Einheitsprinzips zu divinieren. Die Möglichkeit muß offen bleiben, daß das System keine „Spitze" hat, daß es nach oben zu wieder divergiert oder doch in eine Pluralität oberster kategorialer Elemente ausläuft. Tatsache ist, daß die letzte, nach oben zu noch eben erschaubare Schicht eine breite Mehrheit durchaus selbständiger kategorialer Elemente zeigt, deren Anzahl und genauere Abgrenzung allerdings schwer angebbar ist. Daß über diese Schicht hinaus noch etwas weiteres ist, läßt sich allerdings mit großer Wahrscheinlichkeit aus gewissen Anzeichen entnehmen, z. B. daraus, daß diese Kategorien keineswegs durchweg den Charakter letzter Elemente tragen, sondern bereits die Fugen einer Struktur zeigen, die wir nur nicht aufzulösen vermögen. Was aber jenes Weitere ist, ob ein ferneres Elementarsystem oder ein Singular, ist durchaus nicht zu ersehen. Ersichtlich ist nur, daß innerhalb der letzten faßbaren Schicht alle Glieder wechselseitig durcheinander bedingt sind, so daß in gewissem Sinne jedes das oberste Prinzip und wiederum jedes von allen anderen abhängig ist.

Diese Sachlage hat als erster Platon in seiner späten Periode (*Parmenides*, *Sophistes*) aufgedeckt und als „Verflechtung" der Ideen bezeichnet. Ihm also gehört in diesen Schriften zugleich die erstmalige kritische Überwindung des kategorialen „Monismus" an – und zwar im Gegensatz zu seiner eigenen früheren Lehre von der „Idee des Guten" (Republik VI.).[13] Das Oberste im Ideenreich ist hier ganz ausgesprochenermaßen kein „Eines", sondern eine „Gemeinschaft" (κοινωνία), ein allseitiges Miteinander und Durcheinander der Prinzipien – also das System als sol-

---

13 [Platon, *Politeia*, Buch VI., 504 a ff.]

ches, der Zusammenhang koordinierter Elemente. Wendet man hiergegen ein, dann sei doch der Zusammenhang selbst eben das höhere Einheitsprinzip dieser Gemeinschaft, so trifft man die Sache nicht. Vielmehr steht das Prinzip des Zusammenhanges mitten inne in der Zahl der zusammenhängenden Elemente.

Wer, wie die meisten Heutigen, dem Kategorienproblem überhaupt fernsteht und den Systemcharakter als den allen Kategorien selbst immer schon immanenten nicht kennt, wird an dieser Stelle unfehlbar einen anderen, von altersher beliebten Einwand machen: ist denn ein Pluralismus oberster Prinzipien überhaupt denkbar? Muß nicht, da sie doch notwendig ein System ausmachen, die höhere, verbindende Einheit vorhanden sein? Darauf ist zu antworten: Die Einheit des Zusammenhanges muß freilich da sein, aber sie braucht nicht die punktuelle Einheit eines einzigen oder gar übergeordneten Prinzips zu sein. Sie kann auch einfach die implizite in den Elementen allein, und in nichts anderem, bestehende Systemeinheit sein. Man kann sich das am besten an der Analogie konkreterer Probleme klarmachen. Ältere kosmische Theorien nahmen einen materiell existierenden Zentralkörper des Weltalls an, zuerst die Erde, dann das Zentralfeuer (Pythagoreer), dann die Sonne (Copernicus), den Sirius (Kant), bis schließlich genauere Untersuchungen zeigten, daß es gar keinen Zentralkörper gibt, daß das kosmische System auch ohne einen solchen besteht. Ähnlich die biologischen Theorien: man suchte das einheitliche Prinzip des Lebens im Organismus – im Blut, im Herzen, in der Leber, im Gehirn, in der Seele als Vitalprinzip, um schließlich nach allen Irrwegen einzusehen, daß es eine solche Einheit gar nicht gibt, daß es vielmehr nur das System der Organe (welches ein System von Systemen ist) und in ihm wiederum das System der Prozesse, Funktionen, Zusammenhänge, Abhängigkeiten usw. gibt. Hier wie im Kosmischen ist die Einheit gerade das kategorial Sekundäre. Und die Forderung einer primären, in einem Zentralpunkt faßbaren Einheit ist ein rein subjektives Postulat, ein rationalistischer Atavismus menschlichen Denkens.

In der Überschau des Kategoriensystems sind wir freilich noch nicht so weit, eine Entscheidung solcher Art fällen zu können. Das Vorhandensein eines obersten Einheitsprinzips ist mit den obigen Erwägungen nicht widerlegt. Widerlegt ist nur die Berechtigung, in der Kategorienlehre von der Annahme eines solchen Prinzips auszugehen. Solcher Ausgang ist Subreption. Erst die Kategorialanalyse selbst könnte bestenfalls entscheiden, ob die Annahme zu Recht besteht oder nicht; man darf sie also nicht vorwegnehmen. Tatsächlich aber entscheidet auch die Kategorialanalyse – wenigstens im heutigen Stadium der Forschung – die Frage nicht. Man muß also, will man mit kritischer Sauberkeit verfahren, die Frage grundsätzlich offen lassen und sich mit der Pluralität der letzten faßbaren Elemente bescheiden. –

Auch diese Richtigstellung hat eine nicht zu verachtende systematische Tragweite. Gälte sie nur für die Seinskategorien, so könnte ihre Bedeutung vielleicht gering erscheinen – was liegt schließlich großes an der obersten Einheit des Seins!

Aber die Reichweite der *philosophia prima* greift vom Theoretischen ins Praktische und Ästhetische über, von der Ontologie auf die Axiologie. Und hier hängt ein viel aktuelleres Interesse an der Einheitsfrage. Im Ethischen z. B. müßte eine ursprüngliche Pluralität oberster Werte die Spaltung des sittlichen Willens bedeuten. Die Idee des „Guten" hat daher von jeher dem Einheitspostulat im Wertreich das Wort geredet. Aber es ist bis heute nicht gelungen, diese Idee inhaltlich eindeutig zu bestimmen; anderen Zeiten schwebt immer wieder anderes als das „Gute" vor. Dringt man aber mit streng analysierender Methode auf das, was hier noch eben faßbar ist, so erweist sich, daß hinter diesem scheinbaren Relativismus des „Guten" etwas ganz anderes steckt, nämlich ein höchst komplexes, nichts weniger als punktuell einheitliches Gebilde. Das „Gute" ist ein ganzes System von Wertelementen und eben deswegen wird es immer nur bruchstückweise erschaut. Die Enge des Wertbewußtseins läßt es nicht anders zu.

Dann aber ist auch auf ethischem Gebiet das Einheitspostulat ein irrtümliches Dogma. Eine Pluralität von Elementen steht zuoberst – wenigstens so weit wir sehen können. Denn auch das Wertreich hat seine obere und untere Rationalitätsgrenze. Über die obere Grenze hinaus „kann" freilich hier wie dort noch ein Einheitsprinzip liegen. Aber dann müßte das System nach oben zu konvergieren. Und ob das der Fall ist, läßt sich im Wertreich noch viel weniger erkennen als im Kategorienreich des Seins und der Erkenntnis. Der rationale Ausschnitt des Ganzen ist hier noch enger bemessen, die beiden Grenzen liegen dichter aneinander und auch innerhalb ihrer sind die Lücken des Unerkennbaren größer. Möglich allerdings wäre es, daß dieses ungünstigere Verhältnis an der Neuheit der Wertforschung liegt.

Daß es auf ästhetischem Gebiet ähnlich, ja wahrscheinlich noch ungünstiger steht, läßt sich von hier aus immerhin erwarten. Mancherlei Gründe ließen sich dafür auch direkt angeben. Doch liegt auf diesem Gebiet noch zu wenig eigentliche Wertanalyse vor, um sich ein bestimmtes Urteil bilden zu können.

11. Der Fehler des Harmoniepostulats

Nächst dem späten Platon darf Hegel als derjenige gelten, der von allen Denkern am meisten Ernst gemacht hat mit der Ablehnung der punktuellen obersten Einheit. Wer in der „Vernunft" oder in der „Idee" bei ihm eine solche erblickt, der verkennt den Charakter seiner Dialektik von Grund aus. Die übergeordneten Einheiten, die in der Dialektik auftauchen, sind vielmehr allemal die höheren Synthesen, also die komplexeren, mehr systemartigen Gebilde, niemals aber die einfacheren. Alle durchlaufenen Stufen sind „aufgehoben" in ihnen, und stets ist „die Wahrheit" einzig „das Ganze". Bei Platon wie bei Hegel ist es die dialektische Methode, die diesen großen Gedanken reifen läßt, ihn gleichsam der trägen Denkgewohnheit eines faulen, rein formalen Monismus abringt. Dialektik ist der natürliche Feind des

Plotinischen Fehlers. Aber Hegel wie Platon sind dafür gerade in diesem Punkte am schlechtesten verstanden worden.

Indessen die kritische Errungenschaft nach der einen Seite scheint erkauft zu sein um eine andere ebenso dogmatische Tendenz, eine Tendenz, die freilich nicht dem dialektischen Denken allein eignet, wohl aber in ihm reiner als sonstwo zum Durchbruch kommt – und zwar wohl eben deswegen, weil hier andere Fehler überwunden sind. Es ist die Tendenz zum Ausgleich, zur Zusammenstimmung, zur allseitigen Harmonie.

Auch hierin steckt eine Abart der Einheitsforderung: wenn es schon keine aufzeigbare punktuelle Einheit gibt, so muß doch Einheit in dem Sinne bestehen, daß alle Prinzipien untereinander im Einklang stehen; d. h. es dürfen keine Diskrepanzen, keine Widersprüche bestehen. Oder vielmehr, sofern Widersprüche auftauchen, müssen sie sich bei Einbeziehung in größere Zusammenhänge doch wieder aufheben. Das kategoriale Sein muß gediegen, ohne Bruch sein, ein ἓν συνεχές im eleatischen Sinne.

Daß die Welt auf Gegensätzen aufgebaut ist, daß ihre allgemeinsten Kategorien Polaritäten sind, gehört zum ältesten Gemeingut der Philosophie. Aber ebenso alt ist das Bestreben, die Gegensätzlichkeit durch Einheitlichkeit zu überwinden. Heraklit ging hierin allen voran mit der These der „verborgenen Harmonie", in die sich alles auflöse; in ihr koexistieren alle Gegensätze ohne Abbruch und Aufhebung, sie halten sich die Wage, gleichen sich aus. Dieser Heraklitismus beherrscht die späteren Systeme der Antike ausnahmslos, auch dort, wo sich gewichtigere Dualitäten auftun wie die von Gut und Böse. Die Theodizee der Stoa hielt auch hier an der Harmonik des Logos fest. Nicht wesentlich anders hält es noch die Leibnizsche Theodizee: die Welt ist die vollkommenste, die Rechtfertigung des Bösen ist gewährleistet, weil die Harmonie – auch in diesem Sinne – in den Prinzipien prästabiliert ist.

Daß in solchem summarischen Verfahren eine Vereinfachung und Rationalisierung liegt, haben alle diejenigen Denker wohl bemerkt, die hinter der bloßen Antithetik der Gegensätze die innere kategoriale Antinomik erschauten. Seit Zenon dem Eleaten ist das Vorhandensein der Antinomien in der Welt eine bekannte Tatsache. Damit aber kehrt sich das Problem um: gegeben ist zunächst gar nicht die Einstimmigkeit, sondern der Widerstreit, die Koexistenz des Widersprechenden. Diese Einsicht ist für das systematische Denken ein hartes Stück, sie widerspricht seinem Grundgesetz, dem Satz des Widerspruchs. Denn dieser erklärt das Widersprechende für unmöglich.

Es hat lange gedauert, bis der unbequeme Gedanke der Antinomik sich gegen das so viel einfachere Harmoniepostulat wenigstens zu einiger Anerkennung durchringen konnte. Die antike Dialektik war diesem Ansinnen nicht gewachsen. Platons Antinomien im „Parmenides" stehen vereinsamt da in weitem Umkreise und blieben unbearbeitet; Aristoteles kehrte sie mit dem *principium contradictionis* aus, Plotin hatte das ἕν als *ultima ratio*, die Scholastik glaubte an Güte und Weisheit des höchsten Wesens, der Cusaner löste alle Rätsel mit der *coincidentia oppositorum*. Erst die *Kritik der reinen Vernunft* nahm das Antinomienproblem wieder ernst. Nach Kant handelt es sich um „Antinomien der reinen Vernunft" selber: die Vernunft liegt hier mit sich selbst im Widerstreit, denn sowohl These als Antithese sind aus ihr selbst heraus notwendig. Diese Einsicht war ein geschichtliches Verdienst. Die Lösungen aber, die er in Vorschlag brachte, stehen nicht auf gleicher Höhe, sie sind standpunktlich bedingt, sind rein idealistische Lösungen.

Hier drängt sich nun von selbst die Frage auf: ist es denn notwendig, daß alle Antinomien sich lösen? Könnte nicht gerade in der ablehnenden Haltung des Zenon gegen alle Lösung ein Stück Wahrheit liegen? Freilich ging Zenon auch zu weit, er verwarf Raum, Vielheit und Bewegung, weil sie antinomisch sind. Auch Kant verwarf These und Antithese der „mathematischen Antinomien", die „dynamischen" entschied er zugunsten der Thesis. Sollte nicht zwischen solchen Extremen, die beide gleich mißlich sind, ein Mittelweg möglich sein? Kann nicht die Antinomie als solche zu Recht bestehen, ohne sich aufzulösen, ohne aber auch die Sache, der sie anhaftet –, sei es nun extensive Unendlichkeit oder Teilbarkeit der Welt –, dadurch aufzuheben? Welches Recht haben wir, die Sache selbst zugleich mit ihrer Begreiflichkeit aufzugeben? Mit anderen Worten, wie wäre es, wenn die Antinomie als solche gerade real wäre, gerade das innere Wesen der Sache ausmachte und alle Lösungsversuche an ihr nicht nur ein unmögliches, sondern auch ein verkehrtes, prinzipiell irregeleitetes Unternehmen wären?

Der Idealismus freilich kann diese Möglichkeit nicht sehen und nicht zugeben. Die „Vernunft" als Prinzip widersetzt sich ihr; ihr Gesetz ist der Satz des Widerspruchs, über den kommt sie nicht hinweg. Die Ontologie aber ist an diesen Gesichtspunkt nicht gebunden. Und da Antinomien rein ontologische Aporien sind, so ist man berechtigt, für das Seiende als solches, um dessen Gesetzesstruktur es sich allein handelt, eine andere Gesetzlichkeit als möglich zuzulassen als die der Vernunft – d. h. den Satz des Widerspruchs aufzuheben.

Diesen Schritt nun hat die Hegelsche Dialektik tatsächlich gemacht. Hier ist der Widerspruch als seiend anerkannt und seine Aufhebung (der „Satz des Widerspruchs") ist aufgehoben. Ja, Hegel verallgemeinert und übertreibt diese These sogleich: alles ist in gewissem Sinne auch das Gegenteil seiner selbst. Diese Überspannung ergibt eine Art gleichförmiges Schema der Dialektik, aber dem Kategorienproblem tut sie Gewalt an. Dennoch liegt hier in der Tat eine Möglichkeit, dem Antinomienproblem gerecht zu werden. Die Dialektik hat darin ihre Spezialität, überall das verborgene Antinomische aufzuspüren und hat es wirklich in unzähligen Fällen aufgespürt. Das gilt auch schon für die antike Dialektik; für die Hegelsche freilich in sehr erhöhtem Maße. Aber die eigentlichen Früchte dieses ihres Vorzuges konnte sie nicht ernten. Ihr eigenes Wesen stand ihr im Wege.

Die Hegelsehe Dialektik ist eben nicht Antithetik allein, sondern auch Synthetik. Jeder sich auftuenden Diskrepanz ist in ihr die Wiedervereinigung, jeder Antinomie die Lösung von vornherein sicher. Hegels Denken steht ganz und gar unter dem Harmoniepostulat. Er läßt den Widerspruch im Seienden nur gelten, um ihn um so vollständiger – nicht zu vernichten, wohl aber zu überwinden. Seine ganze Dialektik ist eine große Kette von Lösungen aufgedeckter Widersprüche. Dieser ständige Triumph der Vernunft über den Widerspruch ist es, was einen mit Recht stutzig macht an der Methode. Der Ernst der Antinomien kommt auf diesem Wege jedenfalls nicht zu seinem Recht. Freilich lassen sich leicht zu jeder klaffenden Antithetik spekulativ Synthesen konstruieren; aber konstruierte Synthesen sind keine Lösungen. Und selbst wo sie nicht konstruiert sind, sondern sich auch am Phänomen nachweisen lassen, da sind sie deswegen immer noch keine Lösung; sondern die Antithetik, die man zu überwinden glaubte, kontinuiert sich in Wahrheit in die „Synthese" hinein, lebt in ihr ungebrochen fort und erweist damit die Synthese als bloß scheinbare Einheit.

So wenigstens ist es bei Hegel überall, wo er es mit echten, unaufhebbaren Antinomien zu tun hat. Und das gilt immerhin von einer großen Mehrzahl der entwickelten Thesen und Antithesen. Sein Verfahren bricht dem Sinn der Antinomie die Spitze ab. Und das ist das eigentlich Lehrreiche an Hegel für die Kategorienlehre – freilich das im negativen Sinne Lehrreiche, der Hegelsche Fehler. In der Tat ist kein Philosoph der Überwindung des Harmoniepostulats so nahe gewesen wie Hegel. Und gleichwohl hat keiner von eben diesem Postulat so schrankenlosen, so systematischen Gebrauch gemacht wie er.

Es gilt, sich an diesem Punkte eines klarzumachen. Es genügt nicht, daß man den traditionellen Anspruch, alle Antinomien müßten lösbar sein, als falsch verwirft und einräumt, es könne auch unlösbare geben. Nein: was sich lösen läßt, das war vielmehr von vornherein gar keine echte Antinomie; da war der Widerspruch gar kein bodenständiger. Ein Widerspruch, der sich beheben läßt, ist eben in Wahrheit gar nicht vorhanden. Er war von vornherein ein eingebildeter, wenn auch vielleicht eine subjektiv notwendige Einbildung. Eine echte Antinomie ist noch nie gelöst worden. Es ist das ewig Große an Zenon, daß er in diesem entscheidenden Punkte keinem Kompromiß zugänglich war. Seine Antinomien sind in der Hauptsache noch heute ungelöst – gewiß nicht zufälligerweise! Dasselbe gilt von den Kantischen Antinomien, ungeachtet der von Kant gebrachten „Lösungen" – mit Ausnahme etwa der Freiheitsantinomie, aber die ist dann eben keine echte Antinomie.

Alle echten Antinomien sind notwendig unlösbar. Das macht sie keineswegs sinnlos. Im Gegenteil, so allein sind Antinomien sinnvoll. Eine lösbare Antinomie ist ein hölzernes Eisen. Die Verkennung dieses in sich evidenten Sachverhalts ist die

Wurzel des Hegelschen Fehlers. Es ist ein auf nichts gegründetes rationalistisches Vorurteil, daß nur solche Problemgehalte zu Recht bestehen, die sich mit der Vernunft lösen lassen. Es gibt allenthalben unlösbare Fragen – auch nicht-antinomischer Natur –, die doch zu Recht bestehen, ja schlechterdings unabweisbar sind. Alle echten metaphysischen Fragen sind von dieser Art. Warum sollte es gerade mit einer besonderen Art von Fragen, den Antinomien, anders bestellt sein? Im Gegenteil: die Antinomie als solche bedeutet gerade eine derartige Problemlage *sui generis*, in der die Unlösbarkeit schon an der Problemform selbst sichtbar ist – nämlich in der Antithetik, im offenkundigen und doch unvermeidlichen Widerspruch. Einer solchen Problemlage gegenüber können alle sogenannten „Lösungen" nur Scheinlösungen oder gar vollständige Problemverkennungen sein. Sie haben alle nur standpunktlich bedingte Geltung, d. h. sie haben philosophisch gar keine Geltung. Sie sind Versuche der Vereinheitlichung oder Harmonisierung des Diskrepanten, ohne die Vororientierung, ob das Diskrepante denn überhaupt der Harmonie bedarf und fähig ist. Das menschliche Verstehen, die *ratio*, hat die Form der Einheitlichkeit und Einstimmigkeit; daher seine Tendenz, alles Diskrepante einstimmig zu machen, es unter den Satz des Widerspruchs zu zwingen, es koste was es wolle. Das ist eine rein subjektive Teleologie der *ratio* und im Grunde ein Spezialfall desselben Rationalismus, dem wir im Cartesischen Fehler begegnet sind: an den klein-menschlichen Zwecken des Begreifenwollens wird das Große, Makrokosmische, an sich gegen alle *ratio* Gleichgültige gemessen! Was Wunder, wenn die Rechnung nicht stimmt! Der Hegelsche Fehler ist ein erstaunliches *testimonium paupertatis* der Vernunft, gerade auf der Höhe ihres siegesgewissen Selbstbewußtseins. Hier liegt einer der Hauptpunkte, in denen man die traditionellen Methoden philosophischen Vorgehens umstellen muß, um auf den Weg einer wirklich kritischen Ontologie und über sie hinaus einer kritischen *philosophia prima* zu gelangen. Denn darin hat Hegel recht gesehen, daß die Antinomik nicht die Sonderform einiger weniger kosmologischer Fragen ist, sondern ein allgemeines Charakteristikum der großen prinzipiellen Grundfragen.

Wie eigentlich das Wesen der ontologischen Antinomien aussieht, ist hiermit natürlich nicht im mindesten entschieden. Im Gegenteil, die gewonnene positive Einsicht ist zunächst inhaltlich negativ, eine bloß kritische Einsicht, nämlich die, daß wir eine bestimmte Annahme über das Wesen der Antinomie nicht vorausschicken dürfen. Denn die Unlösbarkeit selbst kann durchaus verschiedenes bedeuten. Es scheint nun mit einer gewissen Apriorität einzuleuchten, daß hier zwei Grundfälle möglich sind, die ich übrigens nur unverbindlich anfüge und nicht als strenge Alternative aufgefaßt wissen möchte. Denn zu einer vollständigen Disjunktion der Möglichkeiten scheint mir die Bearbeitung des Problems nicht reif zu sein.

Die eine Möglichkeit ist die, daß der Widerstreit lediglich in der Vernunft liegt, im Denken, oder in der Gesetzlichkeit menschlichen Erkennens, nicht aber im Sein, d. h. nicht in den Prinzipien als solchen, um deren Erfassung und Formulierung es sich handelt. Im Sein wäre dann überhaupt kein Widerstreit, das Sein wäre in sich einfach, harmonisch. Daß aber es der *ratio* widersprechend erscheint, liegt an den Prinzipien der *ratio*. Diese reichen eben nicht zu, um alle Seinsbestimmtheiten zu fassen. Nicht alle Seinskategorien sind ja zugleich Erkenntniskategorien. Der Zwiespalt würde dann lediglich dadurch entstehen, daß unzutreffende Kategorien angewandt werden. Die Antinomien wären also in diesem Falle überhaupt keine ontologischen, sondern reine Erkenntnisphänomene und zwar Grenzphänomene der Erkenntnis – so wie Kant sie verstand: nicht Antinomien des Seins, sondern der Vernunft. Ihre Unlösbarkeit aber läge bloß daran, daß die Vernunft aus ihren Grenzen nicht heraus kann, daß sie nur unter ihren eigenen Gesetzen, aber nicht unter denen des Seins als solchen denken kann. Kurz, die Antinomien sind dann einfach ein Spezialfall der Irrationalität – sei es nun des Concretums oder der Kategorien selbst, je nachdem worauf sich der Widerstreit bezieht. An beiden ist Irrationalität kein Ausnahmefall.

Die andere Möglichkeit ist die, daß der Widerstreit im Sein selbst liegt. Dann ist die Antinomie wirklich eine ontologische, der Widerspruch ist real, das Seiende selbst ist disharmonisch, der Konflikt ist seine Seinsform. In diesem Falle muß man annehmen, daß der Satz des Widerspruchs im ontisch Realen tatsächlich nicht gilt oder doch nur bedingt gilt. Das Erkenntnisphänomen der Antinomie aber hat dann einen ganz anderen Sinn als im ersten Falle. Die *ratio* nämlich steht unter dem Gesetz des Widerspruchs, sie muß also notwendig die Begreiflichkeit des an sich Widersprechenden verweigern. Sie kann wohl einsehen, daß ein realer Widerspruch da ist, aber sie kann ihn nicht akzeptieren, nicht anerkennen, zugeben, kann nicht an ihn glauben, weil ihr Wesen sich seinem Vorhandensein widersetzt. Sie kann also gerade dasjenige, was real ist, nicht gelten lassen[14]. Sie ist so eingerichtet, daß sie eben nach dem unentwegt suchen und fahnden muß, was es real nicht gibt und

---

14 Der Sachverhalt, der in diesem Falle besteht, ist die Umkehrung des Dichterwortes:
Leicht beieinander wohnen die Gedanken,
Doch hart im Raume stoßen sich die Sachen.
[Schiller, Friedrich, *Wallensteins Tod. Ein Trauerspiel in fünf Aufzügen* (= *Sämtliche Werke in zehn Bänden*, Berliner Ausgabe, hrsg. v. Hans-Günther Thalheim et al., Berlin 2005, Bd. 4), Zweiter Aufzug, Zweiter Auftritt.] Was die Verse sagen, ist deswegen nicht falsch; real ist vieles unmöglich, was der Gedanke mühelos konstruiert. Aber es ist ein Irrtum zu glauben, die umgekehrte Schranke bestehe nicht; der Gedanke ist auch seinerseits nicht imstande, alles synthetisch zusammenzubringen, dessen Synthese im Seienden besteht. Die Antinomien zeigen, daß im Wirklichen das Widersprechende unbeschadet koexistiert; der Gedanke aber ist dafür zu eng, in seinen Dimensionen stößt sich das Widersprechende gegenseitig aus.

dessen es im Realen nicht bedarf. Und das Erstaunliche hierbei, was an die Idee des Cartesischen *deus malignus* erinnert, ist dieses: sie ist durch kein Mißlingen von der Vergeblichkeit ihres Tuns zu überzeugen, ist unbelehrbar, ist verurteilt ewig zu suchen, was es nicht gibt – weil es ihre subjektive Eigengesetzlichkeit so verlangt und diese zu ändern nicht in ihrer Macht steht. Sie muß zwar – wie diese Überlegung selbst beweist – prinzipiell wohl imstande sein, auch diesen Sachverhalt zu durchschauen; aber das heißt nicht, daß damit der Fluch unfruchtbaren Ringens ein für allemal von ihr genommen wäre. Vielmehr muß auch das philosophische Denken, wo es diese Unfruchtbarkeit einsieht, in seiner Kategorienforschung von Fall zu Fall mit dem immer neuen Vorurteil kämpfen und sich die kritische Haltung des Verzichts auf Lösung und Harmonie schwer abringen.

Welche der beiden Möglichkeiten die zutreffende ist und ob es noch eine dritte gibt, haben wir hier nicht zu entscheiden. Vielleicht ist von der detailierten Kategorialanalyse einzelner Antinomien ein weiterer Aufschluß zu erwarten. Vielleicht auch bestehen beide Fälle in verschiedenen Antinomien nebeneinander, so daß wir zweierlei Typen der Antinomie zu unterscheiden hätten. Ja schließlich könnten in einer komplexen Antithetik auch beide Fälle kombiniert, gleichsam hintereinandergeschichtet, bestehen. Sicher aber darf nicht vor der Kategorialanalyse in dem einen oder dem anderen Sinne entschieden werden. Und soviel jedenfalls leuchtet ein, in beiden diskutierten Fällen ist aus dem Wesen der Antinomie selbst ersichtlich, daß sie unlösbar sein muß.

Das Anwendungsgebiet dieser Einsicht ist ein unabsehbares. Das Vorurteil gegen die verschiedenen Arten des Dualismus – denn aller Dualismus beruht auf einem antinomischen Prinzipienverhältnis – ist damit überwunden. Es seien hier zum Schluß nur zwei Beispiele als Beleg für die Bedeutung dieses Satzes gebracht.

Nicht jeder Dualismus ist so unschuldig wie der vielumstrittene von Form und Materie, der von Gut und Böse oder gar der von Ding an sich und Erscheinung. Von diesen dreien ist der letztere keine echte Antinomie, der zweite wenigstens bestreitbar (alle Theodizeen bestreiten ihn grundsätzlich) und nur der erste ist unbedingt waschecht. Nicht auf solchen geschichtlichen Streitfragen liegt das Gewicht der Prinzipienlehre. Wohl aber auf dem Verhältnis von Seinskategorien und Werten oder ontologischen und axiologischen Prinzipien. In diesem Verhältnis steckt in der Tat ein das Ganze im Großen beherrschender Widerstreit. Denn beide Arten von Prinzipien erheben den Anspruch, eine und dieselbe Welt zu determinieren. Dabei aber setzen die beiden Arten der Determination zum Teil Entgegengesetztes. Die reale, unter ontischen Kategorien stehende Welt entspricht nur teilweise den Forderungen, die von den Werten ausgehen. Nichtsdestoweniger bestehen diese Forderungen zu Recht und werden durch ihr Unerfülltsein nicht im mindesten beeinträchtigt. Auf dieser Diskrepanz beruht u. a. das ganze Phänomen des sittlichen Lebens. Die Inkongruenz von Sein und Sollen ist seine Voraussetzung. Die Metaphysik aller Zeiten hat das Unbefriedigende dieser offenen Dualität empfunden und nach Einheitslösungen gesucht. Und nach beiden Seiten hat man den Ausgleich gesucht: der Naturalismus in der Überordnung der ontischen, der Teleologismus in der der axiologischen Prinzipien. Beide aber zerstören von Grund aus die Problemlage des ethischen Phänomens. Der Naturalismus zerstört sie, weil er keinen Raum für freie Zwecktätigkeit läßt, der Teleologismus aber, weil er alles Geschehen in der Welt zur Zwecktätigkeit macht und auf diese Weise über den Kopf des Menschen hinweg schlechterdings alles, also auch das Verhalten des Menschen, aus Werten heraus als notwendig setzt. Jedes Überordnungsverhältnis ist hier prinzipiell verkehrt und verfehlt das Problem. Die sittlichen Phänomene fordern unweigerlich gerade das unvereinigte, selbständige Nebeneinanderbestehen und den Widerstreit von zweierlei wesensverschiedenen Arten der Determination in einer Welt.

Noch plastischer ist das Recht der unbehobenen Antinomik innerhalb des Wertreiches selbst zu sehen. Unter den sittlichen Phänomenen gibt es das des moralischen Konfliktes. Gemeint ist mit diesem Konflikt nicht der Widerspruch von moralischer und antimoralischer Triebfeder (etwa Kantisch: Pflicht und Neigung), sondern der zwischen zwei moralischen Triebfedern, zwischen Pflicht und Pflicht oder prinzipiell ausgedrückt zwischen Wert und Wert. Das ist der echte sittliche Konflikt – etwa der zwischen Recht und Liebe –, aus dem kein Ausgang ist ohne Schuld auf der einen oder auf der anderen Seite. Kann man dieses Phänomen wegdeuten, dann freilich fällt die Antinomik der Werte hin. Aber man kann es nicht. Hinter dem sittlichen Konflikt steht ein tieferes Sein des Widerstreites in den Prinzipien selbst, der reine, ideale Wertkonflikt. Er ist eine Spezialform der kategorialen Antinomie und ist prinzipiell ebenso unlösbar wie alle echten Antinomien. Sonst gäbe es im Leben nichts, was der Mensch von Fall zu Fall mit eigener Verantwortung zu entscheiden hätte.

3 Kategoriale Gesetze

Einleitung

Hartmanns Aufsatz „Kategoriale Gesetze" (1926) hat wie schon der zwei Jahre zuvor erschienene Aufsatz „Wie ist kritische Ontologie überhaupt möglich?" den Untertitel: „Ein Kapitel zur Grundlegung der allgemeinen Kategorienlehre". Er greift eine Aufgabe auf, die der frühere Aufsatz so formuliert hatte: Es gilt, „die obersten Leitgesetze der Kategorienschichtung" und „zugleich die methodologischen Richtlinien ihrer Erforschung herauszuarbeiten" (*Text 2* im vorliegenden Band, 81). Orientiert man sich an dieser Formulierung, so leistet „Kategoriale Gesetze" in bestimmter Hinsicht mehr, in anderer Hinsicht weniger als dies. Denn zum einen bilden die Gesetze der Kategorienschichtung bzw. Schichtungsgesetze nur eine von vier Gruppen der im Aufsatz untersuchten kategorialen Gesetze. Zum anderen widmet Hartmann den „methodologischen Richtlinien" der Erforschung der Gesetze entgegen seiner Ankündigung keine besondere Aufmerksamkeit. Es entspricht diesen beiden Gesichtspunkten, dass er in „Kategoriale Gesetze" die Formulierung der Aufgabenstellung modifiziert: Thema sei „die Herausarbeitung der elementaren Gesetze, die das Kategorienreich überhaupt beherrschen" (124 f. Anm. 1).[1]

Kategoriale Gesetze sind nicht nur Gesetze, die Kategorien betreffen, sondern haben selbst kategorialen Charakter. Im dritten Band *Der Aufbau der realen Welt* (1940) seiner vierbändigen Ontologie behandelt Hartmann sie im Rahmen der Lehre von den Fundamentalkategorien. Die Fundamentalkategorien machen die Grundzüge der realen Welt insgesamt aus und sind daher der Gegenstand der allgemeinen Kategorienlehre. Hartmann teilt sie in drei Gruppen ein: die Modalkategorien, die elementaren Gegensatzkategorien und die kategorialen Gesetze.[2] Den Modalitäten war der zweite Band der Ontologie *Möglichkeit und Wirklichkeit* (1938) gewidmet.[3] Die Gegensatzkategorien werden ausführlich in *Der Aufbau der realen Welt* behandelt.[4] Sie spielen aber auch in „Kategoriale Gesetze" schon eine Rolle. Hartmann nennt dort als Beispiele „Einheit und

---

1 Auf methodische Fragen, die mit den kategorialen Gesetzen zusammenhängen, ist Hartmann erst später eingegangen; siehe dazu Hartmann, Nicolai, *Der Aufbau der realen Welt. Grundriß der allgemeinen Kategorienlehre*, 3. Auflage: Berlin 1964, 522–559.
2 Siehe Hartmann, Nicolai, *Der Aufbau der realen Welt. Grundriß der allgemeinen Kategorienlehre*, 3. Auflage: Berlin 1964, 184–189, insbes. 187 f.
3 Hartmann, Nicolai, *Möglichkeit und Wirklichkeit*, Berlin 1938.
4 Hartmann, Nicolai, Der Aufbau der realen Welt. Grundriß der allgemeinen Kategorienlehre, 3. Auflage: Berlin 1964, 200 ff.

Mannigfaltigkeit, Polarität und Dimension, Kontinuum und Diskretum, Prinzip und Konkretum, Sein und Nichtsein" (133). Der fundamentale Status der kategorialen Gegensatzpaare oder „Seinsgegensätze" besteht darin, dass sie die unterste erkennbare Kategorienschicht bilden und alle darüber liegenden Schichten durchlaufen, das heißt in je verschiedener Ausprägung in jeder einzelnen Schicht vorkommen.

Der Titel des Aufsatzes „Kategoriale Gesetze" bezeichnet die dritte Gruppe der Fundamentalkategorien. Sie bildet das Herzstück der allgemeinen Kategorienlehre. Die kategorialen Gesetze sind die Gesetze des Aufbaus der realen Welt.[5] Hartmanns ontologische Grundthese ist, dass diese Welt eine geschichtete ist. Er unterscheidet vier Schichten des realen Seins: (a) das anorganische, (b) das organische, (c) das seelische und (d) das geistige Sein. Die Differenz zwischen seelischem und geistigem Sein ist vielleicht nicht selbstverständlich. Sie ist Hartmann zufolge auch erst zu Beginn des 20. Jahrhunderts herausgearbeitet worden, und zwar durch die „Kritik des Psychologismus". Dabei wurde deutlich, dass sich die Zusammenhänge des geistigen Lebens nicht mit psychologischen Mitteln erklären lassen. Das geistige Sein hat eine facettenreiche Eigengesetzlichkeit, die sich in den verschiedenen „Geisteswissenschaften" widerspiegelt.[6] Ebenso bedeutsam wie der Unterschied zwischen dem seelischen und dem geistigen Sein ist, dass beide der realen Welt eingegliedert sind. Die alte Ontologie hat dies insbesondere für das geistige Sein geleugnet und sich damit eine Reihe von charakteristischen Problemen eingehandelt, vor allem das Körper-Geist-Problem der cartesianischen Zweisubstanzenlehre. Realität darf Hartmann zufolge jedoch nicht mit Materialität verwechselt werden; ihre Grundzüge sind vielmehr Zeitlichkeit und Individualität.[7]

Den vier Hauptschichten entspricht die Gruppierung der Wissenschaften, deren Gegenstandsbereiche in der realen Welt liegen. Hartmann nennt (a) Wissenschaften der anorganischen Natur, (b) die biologischen Wissenschaften, (c) die Psychologie und (d) die Geisteswissenschaften (mit ihren Feldern Ge-

---

5 Siehe die ausführliche Untersuchung der kategorialen Gesetze in Hartmann, Nicolai, *Der Aufbau der realen Welt. Grundriß der allgemeinen Kategorienlehre*, 3. Auflage: Berlin 1964, 375 – 522. (Morgenstern zufolge bildet Hartmanns Lehre der kategorialen Gesetze „den systematischen Höhepunkt seiner Ontologie überhaupt". Morgenstern, Martin, *Nicolai Hartmann. Grundlinien einer wissenschaftlich orientierten Philosophie*, Tübingen-Basel 1992, 15.)

6 Hartmann hat dem geistigen Sein (anders als dem seelischen Sein) eine eigene Monographie gewidmet. Hartmann, Nicolai, *Das Problem des geistigen Seins* (1933), 2. Auflage: Berlin 1949. Er unterscheidet dort mit dem personalen, dem objektiven und dem objektivierten Geist drei Grundgestalten des geistigen Seins.

7 Vgl. Hartmann, Nicolai, „Neue Wege der Ontologie", in: ders. (Hg.), *Systematische Philosophie*, Stuttgart – Berlin 1942, 199 – 311, hier: 217 f.

schichte, Sprache, Literatur, Kunst, Recht etc.).[8] Aus Hartmanns Sicht ist der Schichtenbau der Welt der „Seinsgrund" für diese Einteilung der Wissenschaften, aber umgekehrt diese Einteilung ein „Erkenntnisgrund" des Schichtenbaus. Daran wird der hypothetische Einschlag der Ontologie deutlich: Allem Anschein nach lässt sich die Biologie nicht auf die Physik reduzieren; sollte dies aber eines Tages doch gelingen, so wäre dies ein starker Anhaltspunkt für eine Revision des entsprechenden Schichtenunterschieds.

Von welcher Art sind die Unterschiede zwischen den Seinsschichten? Sie decken sich nicht mit Unterschieden zwischen realen Dingen, sondern sind kategoriale Unterschiede. Menschliche Personen etwa sind nicht Summierungen von Entitäten verschiedener Schichten. Sie *sind* vielmehr geistige und zugleich auch seelische, organische und materielle Entitäten. Ein und dasselbe Ding kann also verschiedenen Seinsschichten angehören.[9] Die Schichten werden durch ihre jeweiligen Grundbestimmungen bzw. Kategorien individuiert; mehr noch: Sie sind Kategorienschichten. In diesem Sinn ist die Theorie der Seinsschichten Teil der Kategorienlehre und sind ihre Grundzüge kategoriale Gesetze. Hartmann unterteilt die kategorialen Gesetze in vier Gruppen, wobei jede Gruppe wiederum vier Gesetze umfasst.

Geltungsgesetze. Die erste Gruppe bestimmt den Status und die Geltungsweise der Kategorien. Kategorien sind Prinzipien. Ihr Sein ist nichts als Prinzip-Sein. Sie korrelieren dem ihnen zugehörigen Konkretum,[10] und zwar so, dass sie einige seiner Züge ausnahmslos determinieren. Große Bedeutung misst Hartmann dem „Gesetz der Schichtenzugehörigkeit" bei: Jede Seinsschicht des Konkretums wird nur durch die ihr entsprechende Kategorienschicht determiniert. Das impliziert etwa, dass die organische Schicht des Menschen nicht durch die Schicht der geistigen Kategorien determiniert ist. Doch wird damit nicht das Phänomen der mentalen Verursachung geleugnet? Nein, das genannte Gesetz betrifft allein die kategoriale Ebene. Das organische Sein lässt sich nicht mit den Kategorien des geistigen Seins begreifen. Allgemein gesagt, ist es also die ganze Reihe der typischen kategorialen Übergriffe, die Hartmann ablehnt, und zwar

---

8 Vgl. ebd., 234.

9 Daher muss mit Hartmann von der Ordnung der Seins*schichten* eine Ordnung der *Stufen* von Seinsgebilden unterschieden werden. Letztere ergibt sich dadurch aus ersterer, dass Gebilde zur Stufe *k* gehören, wenn sich in ihnen *k* Schichten überlagern. Siehe die näheren Hinweise dazu bei Wunsch, Matthias, „Zur Standardkritik an Max Schelers Anthropologie und ihren Grenzen. Ein Plädoyer für Nicolai Hartmanns Kategorienlehre". XXII. Deutscher Kongress für Philosophie, 11.–15. 09. 2011, München 2011. Online im Internet: URL: http://epub.ub.uni-muenchen.de/12502/ (Stand: 20. 09. 2013), S. 5.

10 Zum Begriff des Konkretums siehe bereits oben, 69, sowie weiter unten in „Kategoriale Gesetze" selbst, 132 Anm. 5.

sowohl die Übergriffe nach oben wie den Mechanismus, Biologismus, Psychologismus etc. als auch die Übergriffe nach unten wie den Teleologismus, Anthropomorphismus etc. An dieser Stelle tritt der für Hartmanns Ontologie charakteristische antireduktionistische Grundzug hervor.

Kohärenzgesetze. Die kategorialen Gesetze der zweiten Gruppe regeln die Binnenverhältnisse innerhalb von Kategorienschichten. Grundlegend ist hier das „Gesetz der Komplexion". Es besagt, dass die Kategorien einer Schicht eine „Determinationseinheit" bilden, das Konkretum also nur gemeinsam determinieren. Daraus ergibt sich, dass sie eine unlösbare Einheit bilden und das Ganze einer Kategorienschicht den Primat gegenüber den einzelnen Kategorien hat. Das holistische Moment der Kohärenzgesetze zeigt sich auch darin, dass die einzelnen Kategorien einer Schicht unselbständig sind. Hartmanns positive Fassung dieser Unselbständigkeit ist das „Gesetz der Implikation", dem zufolge jede Kategorie einer Schicht ihr „Eigenwesen" auch „außer sich", in den anderen Kategorien der Schicht hat und diese „impliziert" (141).

Schichtungsgesetze. Mit der Diskussion der dritten Gesetzesgruppe verlagert Hartmann den Fokus von den horizontalen auf die vertikalen Kategorienverhältnisse. Die Schichtungsgesetze betreffen strukturelle Aspekte der Ordnung der Kategorienschichten. Sie bestehen *einerseits* darin, dass Kategorien niederer Schichten auf den höheren Schichten wiederkehren[11] und sich dabei, beeinflusst durch die Struktur der höheren Kategorien, abwandeln. Auf diese Weise sind die Schichten aneinander gebunden. Gleichwohl sind sie auch voneinander abgehoben. Denn die Schichtungsgesetze besagen *andererseits*, dass höhere Kate-

---

11 An diesem Punkt zeigt sich eine wichtige Differenz zwischen der früheren und der späteren Auffassung Hartmanns. Während das „Gesetz der Wiederkehr" in „Kategoriale Gesetze" unbeschränkt gilt – *jede* Kategorie kehrt auf allen darüber liegenden Schichten wieder (150,157) –, sieht Hartmann später die Möglichkeit eines Abbruchs der Wiederkehr von Kategorien vor. Sein Paradebeispiel ist der Abbruch der Realkategorie des Raums beim Übergang vom organischen zum seelischen Sein. In systematischer Hinsicht ist es wichtig zu sehen, dass die für Hartmanns Schichtenlehre bedeutsame Unterscheidung zwischen zwei Arten der Schichtenüberlagerung, und zwar zwischen Überformung und Überbauung erst möglich wird, wenn die Wiederkehr begrenzt sein kann. Denn: „,Überformung' einer niederen Seinsschicht durch die höhere liegt vor, wenn der ganze Kategorienbestand der niederen in dem der höheren wiederkehrt [...]. ,Überbauung' dagegen haben wir, wenn ein Teil der niederen Kategorien nicht in den Bestand der höheren eingeht". Siehe dazu Hartmann, Nicolai, *Der Aufbau der realen Welt. Grundriß der allgemeinen Kategorienlehre*, 3. Auflage: Berlin 1964, 437–444; Zitat: 444. Da Hartmann in „Kategoriale Gesetze" noch mit der durchgehenden Wiederkehr aller Kategorien rechnet, ist dort alle Überlagerung (im Sinne der späteren Terminologie) als „Überformung" zu kennzeichnen. Im Vorwort von *Der Aufbau der realen Welt* hat Hartmann genau auf diese Weise den „Hauptpunkt des Unterschiedes" zu seiner Auffassung in „Kategoriale Gesetze" beschrieben (ebd., VII).

gorien zwar strukturell aus wiederkehrenden Elementen zusammengesetzt sind, aber nicht darin aufgehen, sondern durch ein „spezifisches Novum" charakterisiert sind (150).

Abhängigkeitsgesetze. Die Gesetze der letzten Gruppe der kategorialen Gesetze betreffen die Bedingungs- und Abhängigkeitsverhältnisse im Schichtungsverhältnis (160). Im Mittelpunkt steht dabei das von Hartmann so genannte „kategoriale Grundgesetz". Es besagt, dass die höheren Kategorien immer eine Reihe niederer voraussetzen, ohne umgekehrt in diesen vorausgesetzt zu sein. Hartmann bezeichnet die niederen Kategorien daher im Verhältnis zu den höheren als die „stärkeren". Darüber hinaus sind sie gegenüber den höheren Kategorien auch in dem Sinne selbständig, dass sie sich nicht darin erschöpfen, Grundlage der höheren zu sein, und auch nicht auf diese hin angelegt sind. Das kategoriale Grundgesetz und die einseitige Abhängigkeit der höheren von den niederen Kategorien ist bei Hartmann allerdings zwei einschränkenden Bedingungen unterworfen: Erstens sind die niederen Kategorien für die höheren nur Materie, das heißt die Bildung der höheren Kategorien ist nur durch die Bestimmtheit und Eigenart dieser Materie beschränkt (Gesetz der Materie). Zweitens sind die höheren Kategorien gegenüber den in sie eingehenden niederen Kategorien eine „neuartige, inhaltlich überlegene Formung" (Gesetz der Freiheit). Die höheren Kategorien bleiben auf diese Weise von den niederen, ihnen gegenüber selbständigen, Kategorien abhängig, aber sie sind in dieser Abhängigkeit ebenfalls selbständig.

Dieser Gedanke der „Selbständigkeit in der Abhängigkeit"[12] bildet zusammen mit den oben schon genannten Gesetzen der Schichtenzugehörigkeit und des Novums die kategoriale Basis von Hartmanns nicht-reduktiver Ontologie.[13] – Hartmanns Aufsatz ist auf übersichtliche Weise in sechs Abschnitte gegliedert. Nach einem „Blick auf die Problemlage" (1) steht der „Gedanke der kategorialen Gesetze" im Mittelpunkt (2). Die restlichen Abschnitte sind dann den verschiedenen Gruppen von kategorialen Gesetzen gewidmet, das heißt den „Gel-

---

12 Siehe dazu auch Hartmann, Nicolai, „Neue Wege der Ontologie", in: ders. (Hg.), *Systematische Philosophie*, Stuttgart – Berlin 1942, 231, 263 u. 271.

13 Eine mit Hartmann in einigen Grundzügen vergleichbare Position entwickelt in Auseinandersetzung mit der aktuellen Diskussion Baker, Lynne R.,"Non-reductive Materialism", in: *The Oxford Handbook of Philosophy of Mind*, hrsg. v. Brian McLaughlin, Ansgar Beckermann u. Sven Walter, Oxford 2009, 109–127. Vgl. mit ausdrücklichem Bezug auf Hartmann auch Dahlstrom, Daniel, „Zur Aktualität der Ontologie Nicolai Hartmanns", in: Hartung, Gerald/ Wunsch, Matthias/ Strube, Claudius (Hgg.), *Von der Systemphilosophie zur systematischen Philosophie – Nicolai Hartmann*, Berlin-New York 2012, 349–366.

tungsgesetzen" (3), „Kohärenzgesetzen" (4), „Schichtungsgesetzen" (5) und „Abhängigkeitsgesetzen" (6).

Kategoriale Gesetze.
Ein Kapitel zur Grundlegung der allgemeinen Kategorienlehre

1. Ein Blick auf die Problemlage

Was Kategorienlehre eigentlich sei, darüber bestehen so viel verschiedene Ansichten, als philosophische Lehrmeinungen und Arten des Vorgehens, zumeist nicht einmal ausgesprochener Weise. Den meisten Heutigen ist sie weder ein Gegenstand des Bemühens noch ein der Vertiefung würdiges Problem. Es ist nicht ohne Schuld der Lebenden, sowie der letztvorangegangenen Generationen dahin gekommen, daß uns das Wort „Kategorie" heute nach Formalismus und äußerlicher, schlechter Klassifikation klingt, nach willkürlicher Systematik und gelehrter Pedanterie.

Wie der Kategoriengedanke zum Schubfächersystem herabsinken konnte, das ist – schon rein für sich genommen – ein lehrreiches Kapitel der Problemgeschichte. Die *ignava ratio* ist als getreuliche Begleiterin allen und jeden Epigonentums stets am Werk, und auch der originäre Gedanke großer Meister verfällt bei ihr der Verknöcherung; das lebendig Geschaute verschwindet hinter der müßigen Bequemlichkeit eines erlernten Verfahrens, über dessen Schematismus man zuletzt selbst die Mannigfaltigkeit der Erscheinungen aus den Augen verliert, deren Meisterung ursprünglich gerade der Sinn der Schau war.

Indessen über den Irrtümern und Versäumnissen ganzer Zeitalter stirbt das lebendig Geschaute nicht aus. Das Suchen nach den Grundlagen und Prinzipien, nach den bestimmenden und formenden Mächten der Welt, ist immer vorhanden; wie denn die Welt, die diesen Mächten untersteht, immer da ist und im Grunde immer die gleiche ist. Die Problemgehalte perennieren. Wer die Fühlung mit ihnen nicht verliert, sieht die alten Rätsel in neuer Form immer wiederkehren und findet sich selbst immer wieder auf die Notwendigkeit hingewiesen, Grundlagen zu ermitteln. Aus ihnen heraus allein kann er hoffen zu verstehen, zu lösen, zu bewältigen. Denn – und das ist der stille Glaube aller suchenden Unrast – das Wesen jener Grundlagen, Prinzipien oder Kategorien ist nicht darin erschöpft, daß sie Grundlagen des Verstehens sind; es liegt vielmehr darin, daß sie Grundlagen eben desjenigen Seienden sind, dessen Rätselhaftigkeit das Verstehenwollen herausfordert. Und nur deswegen kann er hoffen, in ihnen auch Grundlagen des Verstehens zu finden.

So kommt es, daß die Kategorien, deren Name zunächst nichts als „Prädikamente" besagt, sehr früh ins Zentrum der philosophischen Forschung rücken. Keineswegs bewußt, in gesondert getriebener Disziplin, um so mehr aber faktisch als Grundgegenstand aller Sonderdisziplinen. Derer, die Kategorienlehre um ihrer selbst willen getrieben haben, sind wenige, in alter wie in neuer Zeit. Derer aber, die tatsächlich auf ihren Teilgebieten nach Kategorien geforscht, sind nahezu ebenso viele, als die Geschichte ernstlich auf Grundlagen bedachte Köpfe zählt. Und was überhaupt an geleisteter Kategorienforschung vorliegt, ist nicht von jenen wenigen, sondern von diesen vielen geleistet.

In unserer Zeit ist die Kategorienforschung in Einzelfragen so lebendig wie nur jemals früher. Der ungelöste Streit um die Relativität von Raum und Zeit, der heute das Grenzgebiet von theoretischer Physik und Philosophie beherrscht, ist letzten Endes ein reines Kategorienproblem. Die alte Grundfrage der Biologie nach Vitalismus und Mechanismus ist es um nichts weniger. Und die Bemühungen der Heutigen um die Grundlagen einer geschichtsphilosophischen Weltansicht – auf allen Gebieten ökonomischen, sozialen, rechtlichen, staatlichen, ja jeder Art geistigen Seins – sind wiederum im Grunde Bemühungen um die kategorialen Fundamente alles dessen, was diese Seinsgebiete aufweisen. Nicht anders steht es mit der Neugründung der Ethik in unseren Tagen. Die Einheit des „Guten" ist in eine Mannigfaltigkeit von Werten auseinandergegangen. Die Seinsweise dieser Werte aber, an denen die Kantische Forderung der Absolutheit und Apriorität uneingeschränkt wiederkehrt, ist eine noch wenig ergründete und führt in allen Punkten auf Prinzipienfragen zurück. Und schließlich die heute wieder auflebende Ontologie als allgemeine Lehre vom Seienden überhaupt, geht auf der ganzen Linie in Kategorienfragen auf. Sie ist in den gegenwärtigen ersten Schritten ihres Wiedererstehens dasselbe, was sie von Aristoteles ab bis in die unmittelbar vorkantische Zeit hinein gewesen: Forschung nach den ersten Prinzipien überhaupt, die der Sache nach verstandene Grundlegung von allem, die echte *philosophia prima*.

So steht, ungeachtet fortdauernder Verkennung, die philosophische Arbeit der Jetztzeit bereits mitten drin in der Kategorialanalyse, wenn sie sich ihres Tuns auch kaum bewußt ist. Aber daraus folgt nicht, daß es eine als solche erkannte und gegründete Kategorienlehre gäbe. Vielmehr die wenigen, welche bewußt Kategorien herausgearbeitet und zusammengestellt haben, gehen deduktiv von Systemgesichtspunkten aus, die sie hinterher durch Spezialarbeit zu begründen suchen, statt umgekehrt aus der Kategorialanalyse heraus sich erst den Blick auf die Zusammenhänge erschließen zu lassen, in denen ein begründetes Systembild allein bestehen könnte. Überall ist der freie Ausblick verbaut durch das Ausgehen vom vorgefaßten Standpunkt. Es fehlt die solide Arbeit von unten auf. Gerade die größten Kategorienlehrer aller Zeiten – wie Proklus im Altertum und Hegel im 19. Jahrhundert – kann man von diesem Vorwurf nicht freisprechen, unbeschadet der vielerlei grundlegenden Einsicht, die wir ihnen verdanken.[1]

---

1 In meiner Schrift „Wie ist kritische Ontotogie überhaupt möglich" (Festschrift für Paul Natorp,

Die Wiederkehr der Metaphysik in unseren Tagen, die heute so viele Köpfe beschäftigt, ist – wie die zahlreich erscheinenden Welträtsel-Lösungen handgreiflich beweisen – verurteilt wertloser Dilettantismus zu bleiben, solange nicht ein planmäßiges Vorgehen, das an den Grundlagen ansetzt und auf spekulative Konstruktion grundsätzlich verzichtet, sich herausbildet. Hier mangelt es noch gänzlich an gebahnten Wegen. Alle Bahnbrechung aber hängt an der Einsicht, daß die Grundfragen metaphysischen Denkens nicht die nach Gott und der Seele, sondern die nach dem Sinn des „Seienden als solchen" sind. Diese Einsicht, wenn sie sich durchsetzte, würde nichts geringeres bedeuten als die radikale Umorientierung des metaphysischen Interesses auf schlichte Kategorialanalyse. Das wäre eine Wendung der Dinge, mit der eben dieses machtvoll erwachte Interesse, das heute noch planlos schweift oder die Vergangenheit nach weltanschaulicher Befriedigung absucht, allererst auf fruchtbare Forschung hingelenkt werden könnte.

An der Einheitlichkeit der Aufgabe, die hier erwächst, darf man sich nicht irremachen lassen durch die Tatsache, daß der Begriff „Kategorie" von Alters her in zwei Bedeutungen auftritt, und daß die Forschung nach Kategorien einmal die nach Prädikamenten, das andere Mal aber die nach Seinsgesetzen oder Prinzipien ist Man meint etwa die erstere bei Aristoteles, die letztere bei Platon zu finden und ist geneigt, beide als grundverschiedene Forschungsweisen anzusehen. Man vergißt darüber, wie leicht sich beide in Plotins Büchern περὶ τῶν γενῶν τοῦ ὄντος in eine einzige Betrachtung und eine einheitliche Perspektive gefügt haben. Ja, man verkennt, daß auch die μέγιστα γένη des Platonischen „Sophistes" ihr logisches Gewand nicht verleugnen, sowie daß die „10 Kategorien" des Aristoteles weit entfernt sind, bloße Prädikabilien zu sein. Diese wie jene sind vielmehr in erster Linie ontologisch gemeint, als allgemeine Grundzüge des Seienden; und deswegen allein gelten sie als Prädizierbares. Es gibt hier noch garnicht die Trennung von Begriff und Sache, Urteil und Sachverhalt, – wenn auch der Un-

---

Berlin 1924) S. 135ff. habe ich versucht diese Sachlage näher zu charakterisieren [*Text 2* im vorliegenden Band; die Passage, auf die Hartmann verweist, findet sich hier, 80]. Der Zusammenhang jener Arbeit mit der gegenwärtigen ist ein so enger, daß eigentlich nur beide zusammen ein geschlossenes Bild geben. Es wurde dort gezeigt, wie es drei grundlegende allgemeine Aufgaben sind, die aller spezielleren Kategorialanalyse voraufgehen müssen: 1. die Aufdeckung der traditionellen Fehler, 2. die Disposition der Seinssphären und 3. die Herausarbeitung der elementaren Gesetze, die das Kategorienreich überhaupt beherrschen. Von diesen Aufgaben wurde die erste in jener Schrift behandelt. Zur zweiten finden sich wenigstens die wichtigsten Hinweise in meiner „Metaphysik der Erkenntnis" [2] S. 30ff. und S. 461–470. [Hartmann, Nicolai, *Grundzüge einer Metaphysik der Erkenntnis*, 2. Auflage: Berlin – Leipzig 1925; in der 4. Auflage: Berlin 1949, 31ff. u. 477–484.] Die dritte ist der Gegenstand der gegenwärtigen Untersuchungen.

terschied wohlbekannt ist. Das gerade ist das Fruchtbare der antiken Einstellung. Denn weder die Identischsetzung noch auch die Losreißung des Logischen und Ontologischen voneinander ist haltbar, und beide haben sich, wo und wie man sie auch vornahm, selbst *ad absurdum* geführt.

Vollends spottet des Ernstes der Problemlage, die im 19. Jahrhundert aufkommende Ansicht, Kategorien seien reine Sache des Denkens, Formen der Auffassung, oder gar der Vorstellung. Mit Unrecht berief man sich hierfür auf Kant – gerade für Kant waren sie „zugleich" Formen des Gegenstandes –, der Irrtum aber wuchs mit dem Platzgreifen des Subjektivismus; und über dem einmal mißverstandenen „subjektiven Ursprung" vergaß man immer mehr den Sinn der „objektiven Realität". Was Wunder, wenn sich zuletzt die Kategorien in „reines Methodendenken", oder gar in das „kleinste Kraftmaß" eines reichlich „ökonomisch" gewordenen Denkens verflüchtigten, – oder auch in bloße „Fiktionen" eines gar nicht mehr erkennenden und verstehenden, sondern nur noch einen bequemen *modus vivendi* suchenden Verstandes!

Daß Theorien der letzteren Art nicht nur das Kategorienproblem, sondern auch das Erkenntnisproblem verfehlen, bedarf keines Wortes. Kant aber, der es seinerzeit keineswegs verfehlte, hat dennoch vom Kategorienproblem abgelenkt – und zwar eben durch die einzigartige Strenge, mit der er die Arbeit des theoretischen Denkens auf das Erkenntnisproblem konzentrierte. Denn das gerade ist höchst fraglich, ob man überhaupt vom Erkenntnisproblem als solchem aus den richtigen Zugang zum Kategorienproblem gewinnen kann. Man kommt von hier aus bestenfalls zu Erkenntniskategorien; und in dieser Isolierung ist man immer geneigt, sie für bloße Auffassungsweisen, für Vorstellungs-, Denk- oder Anschauungsformen zu nehmen. Daß sie im Grunde Gegenstandsformen sind und in jeder sachgemäßen Fassung nichts als den Gegenstand von Denken, Anschauung, Vorstellung oder Auffassung betreffen, übersieht man auf diese Weise immer wieder.

Freilich muß es auch Erkenntniskategorien geben, die als solche nur Auffassungsformen sind. Aber mit diesen allein kann man charakteristischer Weise nicht einmal dem Erkenntnisproblem selbst gerecht werden. Denn Erkenntnis hat einen Gegenstand und dieser ist immer ein Ansichseiender. Besteht sie nun im Erfassen eines Seienden, so ist jede Auffassungsform, die von den Formen des Seienden abweicht, ebensogut eine Instanz des Nichterfassens und der Täuschung. Worauf also es bei den Erkenntniskategorien ankommt, ist ihr Verhältnis zu den Seinskategorien. Für einen Einblick in das Verhältnis aber müßte man die letzteren kennen. Es genügt also nicht zu unterscheiden zwischen Erkenntnis- und Seinskategorien; auf die inhaltlich positive Beziehung kommt es an. Und in dieser liegt das Schwergewicht ganz und gar bei den Seinskategorien.

Es ist eine verführerische, immer wieder auftretende Lehre, daß es nur eine einzige, in sich einheitliche Kategoriensphäre gebe. In den standpunktlich bedingten Systemen bildet sie überall die stillschweigende Voraussetzung. Der Idealist läßt nur Bewußtseinsprinzipien, der Realist nur Seinsprinzipien zu. Solche Vereinfachung entspricht nicht der gegebenen Mehrheit der Sphären des Konkreten. Die Welt der Dinge und die der Dingerkenntnis sind vielmehr zunächst durchaus verschiedene Welten – wenigstens dem Phänomen nach. Man muß sie also zunächst auch durchaus jede für sich gelten lassen. Das gleiche gilt von anderen Sphären, z. B. der des idealen Seins, die offenbar unabhängig von aller Realität, aber auch unabhängig von allem Erfaßtwerden und Erfaßbarsein besteht. Jede dieser Sphären hat zunächst durchaus ihre eigenen Kategorien – unbeschadet der Möglichkeit, daß die Kategorien der einen mit denen der anderen teilweise oder ganz koinzidieren könnten. Denn selbst in der Koinzidenz wäre die einzelne Kategorie „als" Kategorie der einen Sphäre doch nicht dasselbe wie als Kategorie der anderen. Sonst wäre es ja ein Ding der Unmöglichkeit, daß die Sphären des Konkreten selbst voneinander verschieden sind. Dieses Verschiedensein aber ist als Phänomen leicht konstatierbar.

Nicht so leicht ist es, sich des anderen Vorurteils zu erwehren, daß die Kategoriensphäre die ideale Sphäre sei. Man meint etwa, Kategorien seien doch Wesenheiten und die ideale Sphäre sei doch die Sphäre der Wesenheiten. Dem leistet die uralte Tradition des Platonismus Vorschub, nach der die „Ideen" einerseits offenkundig ideales Ansichsein sind, andererseits aber ausdrücklich Prinzipien des Konkreten sein sollen. Das scheint sich ja so gut zu reimen: Die reale Dingwelt bildet das Konkretum, die Welt des Idealen aber enthält dessen Prinzipien[2]. Indessen stecken zwei Fehler darin, zwei Widersprüche gegen aufweisbare Phänomene.

Erstens nämlich hat die ideale Seinssphäre ganz offenbar ihre eigenen Kategorien (wie das geometrische Sein seine Axiome), die nicht zusammenfallen mit den komplexen Gebilden der Sphäre. Die letzteren bilden ein eigenes ideales Konkretum (z. B. deutlich die Figuren der Geometrie mitsamt ihren anschaulich einsichtigen Eigenschaften). Der ganze Gegensatz „Prinzip-Konkretum" kehrt

---

2 Erst recht desorientierend dürfte in diesem Punkt Hegels Lehre vom „Wesen" (2. Bd. der *Logik*) gewirkt haben, in der beide Bedeutungen der Idee gewahrt sind. Es ist verwunderlich zu sehen, wie Hegel, der im Erschauen von Strukturzusammenhängen Unerreichte, vor allem Erfassen von Abhängigkeiten radikal versagt; vielleicht eben deswegen, weil die Hegelsche Dialektik selbst Abhängigkeiten ihres Fortschreitens mitbringt, und diese sich ihm ungewollt vor die seienden Abhängigkeiten schieben. So wäre ein Unsichtbarwerden der letzteren in der Dialektik sehr wohl aus deren Wesen zu verstehen. Denn Dialektik bedeutete ihm ja nicht eine sekundäre Form des Vorgehens, die man auch ändern könnte, sondern unmittelbar die Form der Sache.

innerhalb der idealen Sphäre wieder. Soll es nun gelten, daß die Gebilde der idealen Sphäre lauter Wesenheiten und Wesensverhältnisse sind, so kann man jedenfalls nicht behaupten, daß Wesenheiten Kategorien sind; und erst recht nicht, daß Kategorien Wesenheiten sind. Denn wenn auch die Kategorien der idealen Sphäre Wesenheitscharakter haben, so liegt doch das nicht in ihrem Kategoriencharakter, sondern im Gebietscharakter der Sphäre ihres Konkretums. Auch brauchen deswegen nicht die Kategorien anderer Seinsgebiete Wesenheitscharakter zu tragen. Der Charakter des Eidos als solchen und der des Kategorienseins als solchen haben – aller geschichtlichen Vermengung zum Trotz – nichts miteinander zu tun.

Zweitens aber hat das reale Sein, und vollends das erkennende Bewußtsein, noch andere Kategorien als solche der idealen Sphäre. Das geht schon deutlich aus der Individualität der konkreten Gebilde (Dinge, Geschehnisse) sowie aus der Eigentümlichkeit ihrer Seinsweise, des eigentlichen „Realseins" hervor. Beides hat nicht nur seinesgleichen nicht in der idealen Sphäre, sondern ist auch aus deren Grundlagen heraus in keiner Weise zu verstehen. Man kann in den Kategorien der Dinglichkeit, des prozessualen Ablaufs oder der geschichtlichen Situation gewiß eine lange Reihe kategorialer Elemente aufzeigen, die offenkundig ideale Struktur (Wesensstruktur, Wesensgesetzlichkeit) zeigen. Aber diese Kategorien sind komplexen Baues und gehen in den Strukturelementen, die sie enthalten, keineswegs auf. Ihr Eigentümliches, ihr Gesamtcharakter, ist etwas aller Idealität und aller bloßen Wesensgesetzlichkeit von Grund aus Fremdes und Heterogenes. Gerade die Zusammenspannung mit den Elementen des idealen Seins versagt hier vollkommen.

Sie versagt nicht nur in solchen Realkategorien wie Substanz und Kausalität, deren alogischer Charakter ohne weiteres in die Augen springt, sondern erst recht an denen des höher strukturierten Realen, z. B. des geschichtlichen Seins. Denn auch dieses ist – ungeachtet der breiten Rolle des Idealen in ihm als einem geistigen Sein – doch in vollem Sinne reales Sein. Die Geschichte[3] ist eben die Gesamtform der Realität des Geistes. In ihr hat er sein Entstehen und Vergehen, seine Entfaltung, seine jeweiligen relativ stabilen Stadien und Erscheinungsformen. Und diese Realität des geschichtlichen Geistes ist eine nicht weniger gewichtige und allem bloß idealen Sein geistiger Inhalte heterogene, als die des an sich geistlosen Naturseins es ist. Wer diesen grundlegenden Realitätscharakter des geschichtlich-geistigen Seins verkennt, dessen Bemühen um ein philosophisches Erfassen der Geistesgeschichte ist ebenso verfehlt wie etwa das eines Naturphi-

---

3 Unter „Geschichte" ist hier immer das reale geschichtliche Geschehen verstanden; nicht die Geschichtsforschung also oder Geschichtswissenschaft (Historie), sondern ihr Gegenstand.

losophen, der die Naturprozesse nach idealen Wesensgesetzlichkeiten allein absuchen wollte.

Hier liegt ein wesentlicher Grund des Mißlingens aller geschichtsphilosophischen Bestrebungen, von heute wie von ehedem. Was am geschichtlichen Sein in die Augen fällt und relativ faßbar ist, das sind eben Strukturen und Strukturzusammenhänge. Diesen soll ihre Bedeutung nicht abgesprochen werden. Aber ein Erfassen des geschichtlich geistigen Seins ist mit dem Erfassen dieser seiner Strukturen – als schwebten sie wie der Geist Gottes über den Wassern – nicht getan. Die Strukturen haben ihre Seinshintergründe, ihre Seinstiefe, die in ihnen selbst nur dunkel anklingt und niemals aus ihnen allein aufgerollt werden kann. Die Schwere des Geistig-Realen in ihnen, die Dynamik der geschichtlich bewegenden Mächte, die aller Strukturanalyse spottende Gesetzlichkeit des geschichtlichen Aktuellwerdens idealer Gebilde und ihres Zurücksinkens ins Inaktuelle – die nichts mit Entstehen und Vergehen der Gebilde zu tun hat und, von ihren Strukturzusammenhängen her gesehen, sich wie vollendete Gesetzlosigkeit und Kontingenz ausnimmt – sind deutliche Hinweise auf ein tief komplexes, ontologisch vielschichtiges Gestaffeltsein der kategorialen Elemente im geschichtlichen Sein, ein greifbarer Beweis für die Notwendigkeit solider Arbeit von unten auf, auch auf geschichtsphilosophischem Gebiet.

Ob es eine Möglichkeit gibt, dieser im Gebiet der Geistesgeschichte sich unabsehbar komplizierenden Sachlage Herr zu werden, braucht hier nicht untersucht zu werden. Zum Pessimismus haben gerade wir, die wir im Anfang der Problemaufrollung stehen, keineswegs Grund. Soviel aber läßt sich ersehen und soll aus den folgenden Untersuchungen über kategoriale Schichtung und Abhängigkeit noch mehr prinzipielle Klarheit gewinnen: auch das geschichtliche Sein hat seine eigenen Realkategorien, und diese können niemals aus den Wesensstrukturen geistiger Gebilde allein verstanden werden. Denn sie haben unabhängig von deren unbestreitbarer Eigengesetzlichkeit noch eine andere ontologische Verwurzelung in der Schichtungstiefe der kategorialen Elemente des Realen überhaupt.

So dürfte auch für dieses heute aktuellste Gebiet philosophischer Forschung die eigentliche Wegweisung von künftiger Kategorialanalyse zu erwarten sein.

Es gilt also unter allen Umständen die Sphären des Konkreten auseinanderzuhalten, ohne ihren Zusammenhang zu verlieren. Dabei kommt es darauf an, der Gegensatzdimension von Prinzip und Konkretum bei jeder einzelnen wiederum Spielraum zu lassen. Jede von ihnen hat ihre eigene Kategoriensphäre, die sich mit anderen ebensowenig vermengen läßt als jene miteinander. Es unterscheiden sich also hier gleich in der Problemdisposition zwei Dimensionen der Gegenüberstellung. So kommt es, daß die Mannigfaltigkeit des Konkreten an seinen Kate-

gorien wiederkehrt, ja wohl in ihnen erst ihre maßgebenden Unterscheidungs-
punkte findet.

Daß sich hieraus eine allgemeine methodologische Wegweisung der Kategorienforschung ergibt, dürfte unmittelbar einleuchten. Denn direkt gegeben ist
auf allen Gebieten nur das Konkrete. Die Kategorien sind gesucht. Da aber das
Konkrete durch die Kategorien determiniert ist, so muß es sie in seiner Struktur in
sich tragen. Die Analyse dieser Struktur muß auf die kategorialen Grundgebiete
hinführen. Dieses Vorgehen ist von alters her wohlbekannt und als „Analysis"
immer gepflegt worden.

Im übrigen haben wir es hier nicht mit der Methode zu tun. Vor dem Eintritt in
die Sache läßt sich überhaupt keine Methode entwickeln. Methodologie vor der
methodischen Arbeit bleibt notwendig ein abstraktes Surrogat. Es wird sich zeigen, daß in der Aufrollung der kategorialen Gesetze, in der unsere gegenwärtige
Aufgabe besteht, sich ungesucht mancherlei methodische Wegweisung findet.
Denn was nicht in sich selbst erschaubar ist, kann an den Zusammenhängen
erschaubar werden, in denen es steht. Insofern ist der mittelbar methodologische
Charakter der nachstehenden Untersuchungen nicht von der Hand zu weisen und
darf als Eigenwert gelten, wenn schon als ein untergeordneter.

Nur eine Bemerkung zur Methode dürfte hier im voraus zu machen sein, weil
man sonst Mißverständnissen Raum gibt. Sie betrifft das Verhältnis von Rationalität und Apriorität. Über den Einschlag des Irrationalen in den Kategorien aller
Sphären kann schon bei oberflächlicher Betrachtung kein Zweifel sein[4]. Andererseits ist jede Einsicht in kategoriale Strukturen und Zusammenhänge notwendig apriorische Einsicht. Sie kann keine andere sein, eben weil sie Prinzipi-
eneinsicht, d. h. selbst prinzipielle Einsicht ist, und das Prinzipielle niemals und
nirgends im Einzelfall als solchem liegt, also auch aus ihm als solchem nicht
gewonnen sein kann. Sie kann deswegen sehr wohl an ihm als Repräsentanten
eines Allgemeinen gewonnen sein; aber dann eben ist sie nicht an ihm als solchem
gewonnen, sondern er ist schon unter Gesichtspunkten gesehen, die nicht in ihm
liegen.

Wie nun reimt sich Apriorität mit Irrationalität? *A priori* kann immer nur eine
„Einsicht" sein. Irrational aber ist etwas, sofern es keine Einsicht von ihm gibt.

---

4 Den generellen Nachweis hierzu enthält „Metaphysik der Erkenntnis" [2], Kap. 34, sowie auch
die frühere Schrift „Über die Erkennbarkeit des Apriorischen" Logos V.1915. [Hartmann, Nicolai,
Grundzüge einer Metaphysik der Erkenntnis, 2. Auflage: Berlin – Leipzig 1925, Kap. 34 „Das
Irrationale im Sein der Prinzipien", 249–268 (in der 4. Auflage: Berlin 1949, 258–278). Ders.,
„Ueber die Erkennbarkeit des Apriorischen", in: *Logos. Internationale Zeitschrift für Philosophie
der Kultur*, hrsg. v. Richard Kroner und Georg Mehlis, Band V, 1914/1915, Heft 1–3, 290–329;
später in: ders: *Kleinere Schriften*, Band III, Berlin 1958, 186–220.]

Hier scheint der Sache ein Widerspruch anzuhaften, der auch im Fortschreiten der Analyse bestehen bleibt.

Der Widerspruch aber löst sich in Schein auf, wenn man folgendes bedenkt. Die Apriorität der kategorialen Einsicht besagt garnicht, daß „alles" am Wesen einer Kategorie sich der Einsicht darbiete. Sie besagt nur, daß dieses Wesen, soweit überhaupt es einsichtig wird, *a priori* einsichtig wird (und nicht etwa *a posteriori*). Wie weit am Wesen der Kategorien die Einsichtigkeit reiche, darüber ist nichts vorentschieden. Folglich ist auch einem irrationalen Einschlag durchaus keine Grenze vorgezogen.

Und andererseits die „Irrationalität" einer Kategorie besagt garnicht, daß sie total irrational sei, daß alles an ihrem Wesen unerkennbar sei. Wäre das gemeint, so wäre damit zugleich jede Kategorialanalyse abgeschnitten (und keineswegs bloß die apriorische). In Wahrheit besagt die Irrationalität hier, wie überall, etwas ganz anderes: nämlich nur, daß die Kategorien nicht total rational sind, daß sie einen „Einschlag" des Unerkennbaren haben, und daß dieser Einschlag an ihnen, ähnlich wie am Konkretum (und nicht ohne Beziehung zu diesem), eine Grenze möglicher Einsicht bildet. Diese Grenze ist hier, da es sich bei Kategorien nur um apriorische Einsicht handelt, natürlich eine Grenze eben dieser apriorischen Einsicht.

Es liegt nicht im Wesen apriorischer Erkenntnis Totalerkenntnis zu sein. Also bleibt an Kategorien, welche *a priori* einsichtig werden, sehr wohl Spielraum für Unerkennbares. Nur soweit an ihnen die Erkennbarkeit überhaupt reicht, kann es sich um Apriorität handeln.

2. Der Gedanke der kategorialen Gesetze

Die kategorialen Gesetze, mit denen wir es hier zu tun haben, unterliegen demselben Verhältnis. Daß sie selbst Kategoriencharakter haben, bedarf keines Wortes, und insofern steht man bei ihnen bereits mitten in der Kategorialanalyse. Auch diese Gesetze werden als solche – soweit sie überhaupt erschaubar sind, und das ist nicht durchweg der Fall – *a priori* erschaut, unbeschadet der Tatsache, daß sie sich überall nur an Spezialfällen, d. h. am einsichtigen Verhältnis einzelner Kategorien, aufzeigen lassen. Dieses Aufzeigen an Spezialfällen ist aber auch hier überall nur die Hälfte der Arbeit; die andere Hälfte liegt in der Art, wie sie, einmal erfaßt, unmittelbar in strenger Allgemeinheit einleuchten. In diesem Einleuchten liegt die Apriorität. Der Geltungsumfang überragt offensichtlich nicht nur eine Gruppe konkreter Fälle, sondern auch den Geltungsumfang derjenigen Kategorien, an denen diese Gesetze erschaubar sind.

Daß das Kategorienreich eine mehrdimensionale Mannigfaltigkeit ist, daß es weder eine lineare, noch eine kyklische, noch sonst eine vereinfachte Anordnung zuläßt, ist schließlich eine alte Einsicht. Wie das Konkrete[5] eine Überlagerung von Seinsschichten bildet, die einander überbauen, resp. tragen, so auch die Kategorien. Auf gleicher Seins- und Komplexionshöhe gibt es immer eine breite Koordination inhaltlich verschiedener und oft genug entgegengesetzter Kategorien, die erst miteinander das Charakteristikum der Seinsschicht ausmachen. Das entspricht der Mannigfaltigkeit des Konkreten innerhalb der Seinsschicht. Gibt es also ein Sich-Überlagern der Seinsschichten in der Welt, so muß es erst recht ein Sich-Überlagern der Kategorienschichten geben. Und damit treten deutlich zwei heterogene Arten kategorialer Verschiedenheit in Gegensatz zueinander: 1) der Unterschied höherer und niederer Kategorien, und 2) der inhaltliche Unterschied zwischen Kategorien gleicher Höhe. Schematisch kann man, da sich das räumliche Bild ohnehin immer aufdrängt, auch von „vertikalem" und „horizontalem" Abstand der Kategorien gegeneinander sprechen; wobei aber im Auge zu behalten ist, daß der erstere wohl eine einzige eindeutige Höhendimension ausmacht, der letztere aber möglicherweise wiederum in sich mehrdimensional ist. Denn die Breite der zu einem Höhenniveau gehörigen Schicht kann sehr wohl eine Mannigfaltigkeit höherer Ordnung bilden. Und an manchen Schichten (den höheren) läßt sich das auch tatsächlich nachweisen.

Was es mit dem Höher- und Niedrigersein der Kategorien auf sich hat, zeigt sich am besten am Sinn der Seinshöhe des Konkretums, resp. seiner Schichten. Man kann hier an Allbekanntes anknüpfen, wie es schon der naivsten Seinserfassung geläufig ist. Daß ein Lebewesen ein Gebilde höherer Ordnung ist als ein Ding, daß der Lebensprozeß ein Vorgang (Geschehen) höheren Ranges ist als räumliche Bewegung eines Materiellen oder mechanischer Stoß, ist unmittelbar einsichtig. Es ist der Schichtenunterschied des Organisch-Lebendigen gegen das Leblose[6]. Ontologisch aber heißt das nichts anderes, als daß jenes unter anderen Gesetzen steht als dieses, und zwar unter „höheren", d. h. unter komplexeren – wie denn seine Geformtheit selbst eine unvergleichlich komplexere ist, Organismus.

---

5 Es ist vielleicht nicht überflüssig darauf hinzuweisen, daß hier unter dem „Konkretum" niemals ein „konkret Angeschautes" oder „Anschauliches", noch ein sonst irgendwie subjektiv oder intentional Bedingtes verstanden ist, sondern ausschließlich das ontologisch Konkrete als solches (z. B. Dinge, Geschehnisse, Lebewesen usw.) und zwar als Ansichseiendes.

6 Wohlverstanden, nicht gegen das „Tote". Sterben kann nur das Lebendige. Die anorganische Natur kennt den Tod nicht, sondern nur die organische. Die gröblichsten metaphysischen Fehler schleichen sich ein mit der terminologisch falschen Verwendung des Wortes „tot". Panvitalistische Phantasien erschleichen auch heute noch ihr trübes Recht mit Hilfe seiner Äquivokation („gestorben" – „leblos").

Blickt man vom Organismus aus abwärts, so steht zunächst unterhalb seiner die anorganische Natur, deren Gesetze wir weit besser kennen als die der organischen. Aber es sind andere Gesetze, und die Lebendigkeit ist aus ihnen heraus nicht zu verstehen. Das Anorganische seinerseits aber beruht schon auf einem noch allgemeineren und einfacheren Gefüge von Strukturen und Gesetzlichkeiten, dem mathematischen Sein der Mengen, Größen und Figuren, das kein materielles und reales mehr ist. Auch dieses hat seine eigenen Kategorien. Aber auch sie sind nicht die letzten und elementarsten. Es gibt unterhalb ihrer Schicht noch eine weitere, für die sich kein eigenes Konkretum mehr aufweisen läßt, die aber nichtsdestoweniger die Grundlage aller höheren Schichten bildet, also gewissermaßen in ihnen allen ihr Konkretum hat. Die Kategorien dieser Schicht sind kaum weniger bekannt als die des Mathematischen und des Anorganischen; sie sind nur weit allgemeiner und schwer diesseits aller Spezialisierung festzuhalten. Solche Gegensätze wie Einheit und Mannigfaltigkeit, Polarität und Dimension, Kontinuum und Diskretum, Prinzip und Konkretum, Sein und Nichtsein gehören hierher. Da es sich, wie die Beispiele zeigen, in der Hauptsache um Gegensatzpaare handelt, so soll diese Kategorienschicht in der Folge kurz die der Seinsgegensätze genannt werden, während die übrigen Schichten sich zwanglos und eindeutig nach ihrem Konkretum benennen lassen. Ob sie die an sich letzten sind, können wir nicht entscheiden; denn unterhalb ihrer hört alle Erkennbarkeit auf. Es läßt sich zeigen, wie gewisse Anzeichen an ihnen darauf hinweisen, daß sie nicht die an sich letzten sind. Aber das ist eine Sorge speziellerer Kategorialanalyse. Für die gegenwärtige Untersuchung macht das keinen Unterschied aus.

Die Seinsschicht des organischen Lebens ist eine mittlere. Wie sich unterhalb ihrer elementarere Schichten abstufen, so oberhalb ihrer die höheren. Als die nächsthöhere darf die Schicht des Bewußtseins, oder des seelischen Seins gelten. Sie ist der des Organischen durchaus heterogen und keineswegs aus ihr heraus zu verstehen. Sie ist ein unräumliches Sein, das nur noch die Zeitlichkeit seiner Prozesse mit dem Sein der organischen und anorganischen Natur teilt, im übrigen aber von einer Mannigfaltigkeit anderer Art und anderer Dimensionen ist. Akte und Aktzusammenhänge, sowie das Kommen und Gehen von inhaltlichen Gebilden, machen diese Mannigfaltigkeit aus. Und ihre Formen, Prinzipien und Gesetzlichkeiten sind offenbar andere als die der organischen Lebensprozesse – aus ihnen so wenig zu verstehen, wie diese aus jenen. Die Heterogeneität physischen und psychischen Seins tritt an dieser Grenzscheide zutage. Daß im Leben des Menschen als eines zugleich psychischen und physischen Wesens beide eng verbunden und bis in die Einzelprozesse herein unlösbar verknüpft erscheinen, ändert an dieser Heterogeneität nichts. Es sind eben heterogene Schichten, einer und derselben Welt, ja ein und desselben psychophysischen Wesens in ihr; und die Grenzscheide der Schichten bedeutet nichts weniger als ein Getrenntsein, oder auch nur ein reales Ablösbarsein.

Seelisches Sein aber ist seinerseits lange nicht das höchste Sein. Es ist eine der fundamentalsten Einsichten jüngster Zeit – im Gegensatz zum allgemeinen Psychologismus, wie er im Ausgang des 19. Jahrhunderts nahezu herrschend geworden war, – daß das eigentlich geistige Leben in allen seinen Zweigen und Verästelungen anderen Gesetzen folgt als das Psychische, und daß alle Bemühung, es psychologisch zu verstehen, einen und denselben fundamentalen Irrtum beging: den Irrtum der Schichtenverfehlung. Hier konnte freilich auf alte Vorgänger zurückgegriffen werden; aber diese konnten auf keine selbständige Psychologie hinblicken. Die Psychologie als Wissenschaft ist jung, und auch heute noch ist sie bei den ersten Schritten. So konnte denn eine bewußte Abhebung von ihr erst im Gegensatz zu ihr gelingen. Dieses Gelingen verdanken wir der Kritik des Psychologismus, wie die beiden letzten Jahrzehnte sie gebracht haben. Freilich ist auch die Kritik wieder zu weit gegangen, sie hat oft genug die Seinsschicht der seelischen Akte verkannt. Aber auch diese Verirrung scheint heute nahezu überwunden zu sein.

Und so ist es denn eine offen vor aller Augen liegende Tatsache, daß sich über dem Sein des Bewußtseins eine weitere Reihe von Stufen geistigen Seins erhebt, deren jede wiederum ihre Eigengesetzlichkeit und eigene Kompetenz hat. Am leichtesten faßbar wurde das am Reich des Gedankens (im Gegensatz zum Reich der Denkakte), als dessen eigentümliche Struktur sich die von Alters her bekannte und gepflegte Gesetzlichkeit der Logik erwies – ein ganzes, gegliedertes, der Analyse bis ins Einzelne zugängliches Gefüge von Strukturzusammenhängen und -abhängigkeiten, die mit dem zeitlichen Kommen und Gehen der Gedanken nichts zu schaffen haben; wie sie denn auch dieses in seiner besonderen Artung durchaus unangetastet lassen.

Weiter aber zeigte sich, wie auch die Erkenntnis wiederum ein eigenes Reich ausmacht und eigenen Gesetzen folgt; wie denn ihr eigentümliches Transzendenzverhältnis zum Gegenstande, ihr Wahrheitsanspruch, ihr Problemgehalt und ihre Fortschrittlichkeit anderen Prinzipien unterworfen sind als denen der zeitlich-psychischen Akte, über denen sie sich erheben. Daß die Erkenntnistheorie in unseren Tagen wieder auf eigenen Füßen zu stehen beginnt, ist tief charakteristisch für das Fortschreiten der grundsätzlichen Sachklärung im Verhältnis der Seinschichten. Wie denn der Gedanke, daß es eigene Erkenntniskategorien gibt, an deren Verhältnis zu den Kategorien des Erkenntnisgegenstandes Wesen und Reichweite der apriorischen Erkenntnis hängt, der Grundgedanke in der Verfolgung des Erkenntnisproblems geworden ist.

Ähnlich nun steht es mit allen weiteren und höheren Schichten des geistigen Seins: mit dem Wertbewußtsein, mit dem Ethos, mit dem Rechts- und Staatsleben, mit Religion und Kunst, ja schließlich mit der zeitlich realen Entfaltung aller dieser Seinsarten, der „Geschichte". Überall stoßen wir wieder auf neue und eigenartige Gesetzlichkeit, auf eigene, in keiner der anderen Schichten vorgebildete Kategorien. Gerade das Reich der Werte, dessen höhere Regionen diesen Einzelgebieten geistigen Seins zugeordnet sind, kann darüber in eindeutigster Weise belehren. Den Schichten der ontologischen Prinzipien gliedern sich hier weitere Schichten axiologischer Prinzipien an, und auch diese zeigen auf jeder Stufe ein anderes Gesicht. An dem wohlbekannten, obgleich schwer zu bestimmenden Unterschiede ethischer und ästhetischer Werte ist das ohne weiteres zu sehen – auch vor aller Analyse der beiderseitigen Eigentümlichkeiten. Und so kann man hier ohne jeden Zwang von „Wertkategorien" sprechen, als von den kategorialen Eigentümlichkeiten der verschiedenen Wertgebiete und -klassen.

Wie hoch hinauf sich auf diese Weise das Kategorienreich erstreckt, welches seine oberste Stufe sei, das läßt sich freilich aus dieser Perspektive heraus nicht entscheiden. Ist doch selbst die Höhenfolge der Domänen des geistigen Seins durchaus keine einfach angebbare. Es ist möglich, daß die Stufenfolge auch nach oben zu, ähnlich wie nach unten zu ins Irrationale verläuft. Dann wäre die Folge, daß nur ein mittlerer Stufenausschnitt dem Erfassen zugänglich bliebe. Aber das ändert an dem Gesamtbilde nichts. Dieses ist und bleibt eindeutig in seinem Schichtenaufbau, unabhängig von Erkennbarkeit und Unerkennbarkeit der extremen Glieder.

3. Die Geltungsgesetze

Man braucht diese Reihe nur aufmerksam entlang zu sehen, um zu verstehen, daß man in ihr bereits kategoriale Gesetzlichkeit vor Augen hat. Ja, es ist ein ganzes Gefüge von Gesetzen, die darin stecken und die herauszuarbeiten noch eine besondere Aufgabe ist. Denn weder mit der Schichtung als solcher ist es getan, noch auch mit der Gruppierung innerhalb der Schichten. Es kommt auf die besondere Art der Schichtung an, auf den Sinn des Höher- und Niedrigerseins der Kategorien, sowie auf den Modus ihrer Koexistenz innerhalb der Schichten. Es sei hier, um mit dem Nächstliegenden zu beginnen, der Anfang beim letzteren gemacht.

Was sich zunächst aufdrängt, das ist die feste Zuordnung, die zwischen Seinsschicht und Kategorienschicht besteht. So selbstverständlich dieselbe erscheint, wenn man auf die Schichtenfolge hinblickt, so leicht verstößt der philosophische Gedanke dagegen, solange er nicht auf sie hinblickt. Es ist aber leicht zu sehen, daß auch diese Zugehörigkeit auf ein noch elementareres Verhältnis zurückweist, welches im Prinzipiensein als solchem schon enthalten ist, nämlich auf das von Prinzip und Konkretum überhaupt. Das letztere kann man als die spezifische „Geltung" der Kategorien bezeichnen. Und die vier Gesetze, welche hier wurzeln, bilden eine erste Gruppe kategorialer Gesetzlichkeit. Sie lassen sich unter dem Namen der Geltungsgesetze zusammenfassen und folgendermaßen formulieren.

I. *Das Gesetz des Prinzips.* Das Prinzip-Sein einer Kategorie besteht darin, daß sie für bestimmte Züge des ihr zugehörigen Konkretums „gilt", d. h. das Konkretum in diesen bestimmten Zügen determiniert. Die Kategorie hat kein anderes Sein neben diesem Prinzip-Sein.

II. *Das Gesetz der Schichtengeltung.* Die Determination des Konkretums, die von einer Kategorie ausgeht, ist in den Grenzen ihrer Geltung eine unverbrüchliche. Es gibt von ihr keine Ausnahme, und keine Macht außer oder neben ihr kann sie aufheben.

III. *Das Gesetz der Schichtenzugehörigkeit.* Jede Kategorienschicht ist zunächst und unmittelbar determinierend nur für die ihr zugehörige Schicht des Konkretums; außerhalb ihrer kann ihre Geltung, wenn überhaupt, so nur modifiziert bestehen.

IV. *Das Gesetz der Schichtendetermination.* Die zugehörige Schicht des Konkretums ist durch ihre Kategorienschicht nicht nur durchgehend und unverbrüchlich, sondern auch restlos determiniert. Die Gruppe von Kategorien also, die einer ganzen Stufenordnung des Seienden zugehört, enthält für diese auch die in jeder Hinsicht zureichende Determinationsfülle und läßt in ihr für Undeterminiertes keinen Raum.

Das erste dieser Gesetze drückt nichts als das Wesen des Prinzipiencharakters selbst in den Kategorien aus. Trotz seiner scheinbaren Selbstverständlichkeit ist es doch ein Gesetz, an dem das Sein der Prinzipien erst von anderem Sein unterscheidbar wird. Und in den Anfängen der Philosophie hat es erst einmal der ursprünglichen Klarlegung des Begriffs „Prinzip" (ἀρχή) bedurft, ehe man das zugrundeliegende Verhältnis durchschaute. Aristoteles schreibt die Einführung des Terminus Anaximander zu; aber die wirkliche Klärung des Begriffs dürfte kaum weit vor Platon zu suchen sein. Es ist die an sich einfache, aber fundamentale Einsicht, daß ein Prinzip als solches kein einfaches Fürsichsein hat (kein χωριστόν ist), sondern ein solches, auf dem ein anderes beruht, resp. von dem anderes abhängt; ein Gebilde also, dessen Seinsweise in einem Sein für ein anderes besteht, in einem Zugrundeliegen oder Bedingungsein für anderes. So war die Platonische Idee verstanden, so das εἶδος des Aristoteles, so noch die Universalien der Scholastik und die *simplices* der Descartes-Leibnizischen Zeit, – nicht unvermengt freilich mit anderweitigem Nebensinn, wohl aber dem ursprünglichen Grundgedanken nach.

Man führe nicht dagegen an, die Platonischen Ideen seien doch gerade „an sich" und nicht für anderes. Dieses „Ansichsein" sollte nur das Unabhängigsein ausdrücken im Gegensatz zu den Dingen, die da abhängig sind vom Prinzip. Das Prinzip aber ist ja, eben indem es Prinzip der Dinge ist, gerade das Unabhängige. Dieses Verhältnis ändert sich auch nicht mit der Verschiedenheit seiner metaphysischen Ausdeutungen; für sein Bestehen ist es gleichgültig, ob das Prinzip „im" Konkretum oder jenseits seiner besteht, ob also das Konkretum es „enthält" oder nur über ein Transzendenzverhältnis hinweg „an ihm teil hat". Schon Platon erklärte solche Unterschiede grundsätzlich für indifferent. Bedingungsein und Bedingtsein als solches bleibt in jedem Falle das gleiche.

Das zweite Gesetz spricht von der Unverbrüchlichkeit kategorialer Geltung. Auch dieses ist eine auf spezielleren Gebieten wohlbekannte Tatsache. Daß Naturgesetze nur insofern echte Gesetze sind, als sie durchgehend herrschen und keine Ausnahme zulassen, weiß der Naturforscher so gut wie der Logiker. Was Ausnahmen zuläßt, ist eben vielmehr bloße Regel, nicht Gesetz. Ja, methodologisch ist es so, daß selbst eine einzige Ausnahme genügt, um zu erweisen, daß dasjenige, was man für ein Gesetz hielt, jedenfalls kein Gesetz ist. Die objektive Allgemeingültigkeit, d. h. die Geltungskraft für jeden realen Fall, ist die Begleiterscheinung aller echten Gesetzlichkeit.

Das gilt natürlich erst recht von Gesetzen höherer und allgemeinerer Art. Es ist schlechterdings in der Art und Weise, wie Kategorien das Konkretum determinieren, eingeschlossen. Und insofern liegt hier der Ursprung eines gewissen Determinismus der Welt – nicht des vielumstrittenen Kausal- oder Finaldeterminismus (die sind von anderer Art und spielen in anderer Dimension, innerhalb des Konkreten) – wohl aber eines allgemeinen, im Wesen des Prinzipienseins überhaupt liegenden Determinismus der Kategorien.

Sehr plastisch wird der Sinn dieses Grundgesetzes, wenn man Kategorien mit Werten vergleicht. Von diesen nämlich gilt es nicht. Werte determinieren durchaus nicht jedes Konkretum, das dem Gebiet nach unter sie fällt. Es gibt vielmehr in allem Realen auch das Wertwidrige. Aber es läßt sich kein Reales aufzeigen, in dem es ein Kategorienwidriges gäbe.

Von allergrößter Wichtigkeit ist das dritte Geltungsgesetz, das der Schichtenzugehörigkeit. In der Geschichte der Philosophie ist so viel gegen seinen einfachen, in sich selbst einsichtigen Sinn verstoßen worden, daß seine Klarstellung einen besonderen praktisch-aktuellen Wert gewinnt. Zugleich wird sein Sinn an eben diesen Verfehlungen klar. Wer z. B. organisches Sein und Lebendigkeit aus mechanischen Kräften und Kausalzusammenhängen erklären will, verstößt gegen dieses Gesetz. Er überträgt Kategorien der leblosen Natur auf das Eigentümliche eines ganz anders gearteten Seins, und zwar eines weit höheren. Dasselbe tut, wer das Bewußtsein aus physiologischen Prozessen heraus verstehen will, oder auch das Ethos des Menschen aus psychologischer Gesetzlichkeit. Vollends grotesk wird die Zumutung, wenn gar mehrere Seinsstufen übersprungen werden, wie beim extremen Materialismus, der auch das Sein des Geistes und seinen geschichtlichen Wandel aus Prinzipien des materiellen Seins „erklären" zu können meint.

Auch die umgekehrte Richtung der gleichen Verirrung gibt es allenthalben: wenn z. B. alles physikalisch Körperhafte nach Art des Organismus verstanden wird, oder gar nach der Analogie zwecktätig handelnden Bewußtseins. Denkt man an Schellingsche oder auch nur Aristotelische Naturphilosophie, so leuchtet die Größe der Verführung, die in der illegitimen „Anwendung" gerade der höheren Kategorien auf niederes Sein liegt, ohne weiteres ein. Der Teleologismus und der verkappte Anthropomorphismus der Naturanschauung ist um nichts reinlicher als der alles Geistige herabziehende Psychologismus, Biologismus und Materialismus. Sind die letzteren Entwürdigung, so sind die ersteren philosophische Hochstapelei. In beiden – und vielleicht in den meisten „Ismen" – liegt die gleiche prinzipielle Weltverkennung. Denn jede Grenzüberschreitung in der Anwendung einer Kategorie ist eben Verletzung der Schichtenzugehörigkeit.

Nicht in gleicher Weise läßt sich das vierte Gesetz einsichtig machen. Wenigstens nicht unmittelbar. Denn an sich wäre es wohl auch denkbar, daß die Kategorien einer Seinsschicht diese nicht total determinierten, sondern mancherlei Unbestimmtheiten offen ließen. Das brauchte weder dem Gesetz des Prinzips noch dem der Schichtengeltung zu widersprechen. Die Kategorien einer Schicht können sehr wohl unbeschränkt herrschen in ihr und sie dennoch nicht restlos bestimmen. Ein solches Verhältnis hat manchen indeterministischen Theorien vorgeschwebt; und immer knüpfte sich daran die Hoffnung, auf diese Weise Spielraum für Selbstbestimmung und Willensfreiheit des Menschen zu gewinnen; ein eitles Beginnen, wenn man erwägt, daß selbst freier Wille weit entfernt ist, unbestimmter Wille zu sein[7].

Erweisen läßt sich das Gesetz der Schichtendetermination erst aus der Analyse der Modalkategorien. Aber dieser Erweis gehört einer spezielleren Untersuchung an. Statt dessen kann hier nur ein allgemeiner Hinweis auf die Sachlage innerhalb der Schichten gegeben werden. Es ist eine alte Einsicht, daß alles Seiende als solches seine spezifische Bestimmtheit hat; ja die Alten zeigen deutlich die Tendenz, das Seiende überhaupt dem „Bestimmten" ($\pi\epsilon\pi\epsilon\rho\alpha\sigma\mu\acute{\epsilon}\nu o\nu$) gleichzusetzen. In gewissem Sinne wird man das gelten lassen dürfen, denn von allen Seinsmodi zeigt nur die Möglichkeit offene Alternativen, denen der Ausschlag nach einer Seite fehlt. Aber auch das trifft nur auf die logische (ideale)

---

7 Vgl. hierzu des Verf. *Ethik* (Berlin 1926), Kap. 67 f u. 69c. [Hartmann, Nicolai, *Ethik*, 3. Auflage: Berlin 1949, 645–647 u. 657–659.]

Möglichkeit zu, die in Widerspruchslosigkeit aufgeht, nicht auf die ontisch reale, die in der totalen Reihe der Bedingungen besteht und stets inhaltlich mit Notwendigkeit zusammengeht. Denn real möglich ist erst dasjenige, dessen Bedingungen alle bis zur letzten real beisammen sind; schon das Fehlen einer einzigen macht es „unmöglich".

Man erwäge nun so: ist Bestimmtheit allem Seienden eigen, und ist die Form aller Bestimmtheit kategoriale Determination, so folgt, daß alles Seiende einer bestimmten Stufe oder Schicht bis in seine letzten Besonderungen hinein – denn auch diese sind ontisch reale Bestimmtheiten – durch die ihm zugehörigen Kategorien determiniert ist. Behält man hierbei im Auge, daß das Wesen der Kategorien ja durchaus kein Sein neben dem realen Sein des Konkretums ist, sondern ganz und gar darin aufgeht, „für" dieses zu sein, nämlich seine durchgehende Bestimmtheit, strukturelle Geformtheit und relationale Gebundenheit zu sein, so nimmt sich das nahezu wie eine Selbstverständlichkeit aus. Denn was nicht Bestimmtheit hätte, das hätte auch keinen Seinscharakter. Die Typen der Bestimmtheit sind aber die Kategorien der Schicht. Paradoxien bleiben daran nur insoweit haften, als man einen korrumpierten oder eingeengten Kategorienbegriff substituiert, wie das freilich auch in unserer Zeit gang und gäbe ist, – z. B. einen solchen, der in bloßer Gesetzlichkeit aufgeht. Ein solcher würde freilich alle Individuation und alles Substrathafte im Konkretum unbestimmt lassen. Daß ein solcher Kategorienbegriff aber auch aus anderen Gründen nicht zureicht und immer nur die Hälfte des kategorialen Seins erfaßt, ist an der Analyse gewisser Kategorien unschwer zu erweisen und darf wohl als erwiesen gelten[8]. Im Grunde ist es das alte Vorurteil zugunsten der Begrifflichkeit, das da meint, Kategorien müßten in Gesetzescharakter, Form, Relation oder Funktion aufgehen; denn eben Begriffe können nur solche Elemente aufnehmen. Kategorien aber sind nicht Begriffe; wie sie denn konstant verharren im Wechsel ihrer geschichtlichen Begriffsfassungen. Nimmt man aber die Substratmomente des Seienden und sein *principium individuationis* – worin dieses auch bestehen mag – trotz aller Begriffswidrigkeit in den Bestand kategorialer Determination auf, so bleibt gar kein Grund, irgendwelche Seinsbestimmtheiten, und seien es noch so individuelle und ephemere, auf etwas anderes als kategoriale Determination zu beziehen. Dann

---

8 Das Nähere hierzu in dem oben angeführten „Ontologie"-Artikel (Natorp-Festschrift), S. 144 ff., sowie *Metaphysik der Erkenntnis* [2], Kap. 34 g, das Substratmoment in den Kategorien. [Hartmann, Nicolai, „Wie ist kritische Ontologie überhaupt möglich? Ein Kapitel zur Grundlegung der allgemeinen Kategorienlehre", in: *Festschrift für Paul Natorp. Zum siebzigsten Geburtstage von Schülern und Freunden gewidmet*, Berlin – Leipzig 1924, 124–177 (*Text 2* im vorliegenden Band; die Passage, auf die Hartmann verweist, findet sich hier, 87). Ders., *Grundzüge einer Metaphysik der Erkenntnis*, 2. Auflage: Berlin – Leipzig 1925, 260–263 (4. Auflage: Berlin 1949, 270–272).]

aber schließt der Kreis der Schichtendetermination wieder, und die kategoriale Bestimmtheit in ihr ist eine lückenlose.

4. Die Kohärenzgesetze

Der Gruppe der Geltungsgesetze schließt sich als zweite eine Gesetzesgruppe der kategorialen Kohärenz an, welche das Verhältnis der Kategorien einer und derselben Schicht untereinander – also lediglich in ihrer „horizontalen" Mannigfaltigkeit – betrifft. Diese Gesetze, wiederum eine Vierergruppe mit unlöslicher Zusammengehörigkeit, zeigen ein wesentlich anderes Gesicht. Sie sind Gesetze des inhaltlichen Zusammenhanges, können also in keinem Falle aus dem bloßen Wesen des Prinzipienseins folgen, sondern immer nur an inhaltlichen Verhältnissen selbst einsichtig werden. Ihre Nachweisbarkeit ist indessen durch mancherlei an sie gewandte Arbeit alter und neuer Zeit erleichtert, sofern man sich auf diese als auf Bekanntes beziehen darf. Wer das geschichtliche Gut – und es handelt sich im Wesentlichen um die Arbeit der wenigen dialektischen Köpfe der Geschichte – nicht übersieht, oder nicht verarbeitet hat, dem ist in diesem Punkt nicht leicht zu helfen. Man kann sich die Zugänge zu den Kohärenzgesetzen nicht willkürlich wählen; man muß ihnen folgen, wie sie sich darbieten. Indessen sollen sie im Folgenden nach Möglichkeit in sich selbst betrachtet werden.

Es sei auch hier gestattet, die Gesetze selbst in übersichtlicher Formulierung vorwegzunehmen, um bei ihrer Diskussion gleich das Ganze vor Augen zu haben.

V. *Das Gesetz der Komplexion.* Die Kategorien einer Schicht determinieren das Konkretum nicht isoliert, jede für sich, sondern nur gemeinsam, in Komplexion. Sie bilden zusammen eine Determinationseinheit, in der die einzelnen Elemente wohl mannigfach dominieren oder zurücktreten, nicht aber für sich determinieren können.

VI. *Das Gesetz der Schichteneinheit.* Die Kategorien einer Schicht bilden, auch in sich betrachtet, eine unlösbare Einheit. Ihre Kohärenz ist eine innere, ursprüngliche, nicht erst in der Determination des Konkretums auftretende. Es gibt keine isolierten Kategorien. Und isoliert die Betrachtung sie *in abstracto,* so ist sie immer schon in Gefahr, ihr Wesen zu verkennen. An sich besteht die einzelne nur zurecht, sofern die übrigen Glieder der Schicht zurechtbestehen.

VII. *Das Gesetz der Schichtenganzheit.* Die Einheit einer Kategorienschicht ist nicht als die Summe ihrer Elemente zu verstehen. Sondern umgekehrt, die Struktur und Determinationsweise der einzelnen Kategorien ist schon bedingt durch das Ganze der Schicht. Die Schichtenganzheit ist die Wechselbedingtheit ihrer Glieder und hat insofern das Prius ihnen gegenüber. Die

Glieder aber haben ihr gegenüber keine Selbständigkeit. Sie stehen und fallen mit ihr.

VIII. *Das Gesetz der Implikation.* An jeder einzelnen Kategorie zeigt sich dieses darin, daß ihre Struktur die anderen Kategorien gleicher Schicht impliziert. Sie enthält dieselben als Voraussetzungen nicht weniger in sich, als diese sie. So ergibt sich das paradoxe Verhältnis: jede Kategorie hat ihr Eigenwesen ebensowohl außer sich – nämlich in den anderen – als in sich; die Kohärenz der Schicht aber ist ebensowohl an jedem Element – nämlich an der einzelnen Kategorie – als auch am Ganzen total vertreten.

Diese Kohärenzgesetze drücken offenbar alle ein und dasselbe Grundverhältnis aus. Sie zeigen es nur von verschiedener Seite. Denn das Grundverhältnis selbst läßt sich nicht eigentlich aufdecken; die Kohärenz als solche bleibt mit einer gewissen Irrationalität behaftet. Deswegen ist es nicht möglich sie in einem einzigen Gesetz zusammenzufassen.

Das Gesetz der Komplexion ergibt sich aus der Tatsache, daß ein jedes Konkretum ein in seinen Bestimmungsstücken Mannigfaltiges ist. Da nun alle Bestimmtheit von den Kategorien ausgeht, die einzelne Kategorie aber nur ein einzelnes Bestimmungsstück liefert, so ist es klar, daß in der Determination eines Konkretums niemals eine einzelne Kategorie das Ganze leisten kann, sondern nur eine Mannigfaltigkeit von Kategorien. Alle kategoriale Determination ist also komplexe Determination.

Deswegen brauchten es freilich noch nicht gerade alle Kategorien der Schicht zu sein, die in jeder komplexen Determination eines Konkretums beteiligt sind. Überlegt man aber genauer, was solche Determination eigentlich bedeutet, so überzeugt man sich bald auch davon. Gesetzt, realer Raum, reale Zeit, Substanz, Kausalnexus und eine Reihe weiterer wären die Kategorien des körperhaft-physischen Seins; ist es da denkbar, daß irgendein Körper in irgendeinem seiner Zustände raumlos oder zeitlos wäre, während andererseits seine Materialität und kausale Bedingtheit zurecht bestünde? Oder etwa daß in bestimmter Lage und Bewegtheit kein Substrat an Materie oder Kraft in ihm wäre? Oder auch daß eines seiner Lage- und Bewegungsstadien ohne Ursache bestünde und ohne weitere Auswirkung verschwände? Sofern jene Kategorien als die der Schicht zurechtbestehen, ist das ein Ding der Unmöglichkeit. Ob sie – wenigstens so, wie wir sie heute sehen – zurechtbestehen, mag immerhin fraglich sein. Nicht darauf kommt es an; unsere Kategorienkenntnis hat Grenzen. Aber wenn überhaupt sie Kategorien der Schicht sind, so müssen sie notwendig Stück für Stück in jedem körperhaft Seienden, und sei es auch das nichtigste, vollzählig vertreten sein. Und dasselbe gilt aus gleichem Grunde für alle weiteren Kategorien der Schicht. Der Determinationszusammenhang ist in jedem Spezialfall Komplexion derselben

Elemente. Das ändert sich erst mit dem Eintritt in eine andere Seinsschicht, aufwärts wie abwärts. Dann aber gilt sofort von den Kategorien der anderen Schicht das Gleiche. Man entgeht dem Komplexionsgesetz auch auf diese Weise nicht.

Um Mißverständnissen vorzubeugen, sei hierzu in Paranthese gleich eines bemerkt. Bestünden Kategorien aus nichts als Gesetzlichkeit, Form und Relation, so bliebe es freilich unverständlich, wie in solcher Kohärenz totale Determination eines Konkretums zustande kommen sollte (nach IV). Man müßte ihr erst ein Substrat supponieren, wie die alten Theorien taten. Und damit stünde man vor dem traditionellen ontologischen Dualismus von Form und Materie, in dem der Materie die Individuation zufiele. Ganz anders aber stellt sich die Sachlage dar, wenn man eben diese determinierende (also in Wahrheit doch offenkundig kategoriale) Funktion der „Materie" in die Kategorien mit hineinnimmt, also sie dorthin nimmt, wo sie ihrem Wesen nach hingehört. Gerade die genannten Kategorien zeigen einen deutlichen Einschlag von Substratcharakter – Raum und Zeit in ihrer Dimensionalität, der Kausalnexus im Reihencharakter, die Substanz vollends schon dem Namen nach. Und gibt es noch weitere Substratcharaktere derselben Seinsschicht, so gehören sie eben in dieselbe Kategorienschicht mit jenen. Dann ist es prinzipiell sehr wohl verständlich, wie die Schichtenkohärenz ausreicht, reales Sein zu determinieren.

Betrachtet man nun das Komplexionsgesetz für sich, so will es einem, einmal erfaßt, höchst einfach und selbstverständlich erscheinen. Nimmt man aber die drei folgenden Gesetze hinzu, so zeigen sich erst seine Hintergründe. Es erweist sich, daß zwischen ihm und diesen ein Folgezusammenhang besteht, der die letzteren nahezu als seine Korrolarien erscheinen läßt. Das stimmt zwar nur teilweise, insonderheit beim Implikationsgesetz, ist aber doch von einiger Bedeutung, da erst auf diese Weise das Grundgesetz (das der Komplexion) ins rechte Licht gerückt wird.

Das Gesetz der Schichteneinheit wenigstens läßt sich aus ihm herleiten. Wäre das Sein der Kategorien Fürsichsein (χωριστόν) – wie man es den Platonischen Ideen angedichtet hat[9] – so ließe sich freilich denken, daß ihre Kohärenz lediglich in der Determination des Konkretums liege, nicht in ihnen selbst. Nun aber besagt das erste Geltungsgesetz, daß Kategorien keine andere Seinsweise neben dem Prinzip-Sein „für" das Konkretum haben. Also kann in ihnen nichts „für sich" sein, was in der Determination nicht wäre. Ist nun die Determination komplex, eine ganze Kategorienschicht in sich einbeziehend, so kann die Kohärenz der Schicht in ihr keine sekundäre sein; sie muß notwendig eine im Wesen der Kategorien

---

9 A.a.O. S. 140 f. [*Text 2* im vorliegenden Band, 85.]

selbst liegende sein, nämlich eben in der ihnen eigentümlichen Seinsweise, ihrem Prinzipien-Sein. Es gibt keine isolierten Kategorien, weil es keine isolierte kategoriale Determination gibt, – weil also ein raumzeitliches Reales (etwa ein Geschehen) immer zugleich substrathaft, ein Substrathaftes immer zugleich kausal bedingt, ein kausal Bedingtes aber seinerseits immer raumzeitlich und substrathaft ist.

Ähnlich steht es mit dem Gesetz der Schichtenganzheit, das zwar etwas anderes meint als das der Schichteneinheit, dennoch aber den Charakter einer Kehrseite nicht verleugnet. Es kommt hier nur erschwerend hinzu, daß wir die Totalität der einzelnen Kategorienschichten nicht kennen. In manchen Schichten kennen wir sogar nur einige wenige Elemente, wahrscheinlich nicht einmal die zentralen; in anderen läßt sich eine größere Reihe erkennen, aber auf abschließende Glieder können wir nirgends den Finger legen, und mancherlei Lücken lassen sich aufzeigen – weitere mögen vorhanden sein, ohne daß wir sie spüren. Das Erstere ist offenbar der Fall bei den Kategorien des Organischen, des Seelenlebens, des ästhetischen Seins, des geschichtlichen Geschehens; das Letztere wohl in allen übrigen Schichten, selbst in der des mathematischen Seins, die immerhin noch als die zugänglichste (rationalste) gelten darf.

Dennoch ist das Gesetz der Schichtenganzheit hierdurch kaum gefährdet. Es betrifft ja garnicht die Ganzheit der Kategorienerkenntnis, sondern nur die des kategorialen Seins innerhalb der Schichten. Diese kann sehr wohl ohne jene bestehen, wie denn überhaupt das Sein nicht durch Grenzen der Erkennbarkeit eingeschränkt ist, sondern gerade ein Ansichbestehen unabhängig vom Erkennbarsein bedeutet. Man kann sich also nicht wundern, daß auch die Kohärenz der Kategorien in ihrer Ganzheit die Grenzen der Kategorienerkenntnis ungehemmt überschreitet.

Das Positive dieses Gesetzes aber läßt sich zur Einsicht bringen, wenn man erwägt, daß jedes Glied der Schicht, unabhängig von Erkannt- und Nichterkanntsein eben doch den gleichen Kategoriencharakter hat. Zu diesem aber gehört nach dem zweiten Geltungsgesetz die Unverbrüchlichkeit der Determination, resp. die Ausnahmslosigkeit der Geltung für den ganzen Umfang der zugehörigen Seinschicht. Am deutlichsten faßbar ist das, wo es sich um Gesetzlichkeit im Sein der Kategorien handelt; denn diese bedeutet unmittelbar objektive Allgemeinheit der Geltung. Es wäre aber verkehrt zu meinen, diese Allgemeinheit käme nicht auch anderen Elementen zu, etwa den Substratelementen. Nur die Faßbarkeit der Allgemeinheit ist an Gesetzen eine größere als an Substraten. Auf die Faßbarkeit aber kommt es hier nicht an, sie ist nur eine Erkennbarkeitsfrage, keine Seinsfrage. Sie kann die Allgemeinheit kategorialer Geltung nicht einschränken.

Substituiert man nun das Gesetz der Schichtengeltung in das der Schichteneinheit (also II in VI), so wird das Gesetz der Schichtenganzheit durchaus einsichtig – ohne freilich direkt zu folgen. Denn die Priorität des Ganzen einer Schicht ergibt sich daraus noch nicht; das läßt sich erst rückblickend vom Implikationsgesetz aus zeigen. Wohl aber ergibt sich, daß in jeder Determination eines Konkretums die Totalität der Kategorien einer Schicht beteiligt ist. Ja, der Gedanke der Wechselbedingtheit liegt hier so nah, daß er fast greifbar wird. Wie nämlich sollte die Einzelkategorie oder eine Kategoriengruppe innerhalb der Schicht für sich bestehen, wenn doch die Seinsweise der Kategorien in ihrer Determination des Konkretums liegt, und diese nur eine gemeinsame, aus der Kohärenz der ganzen Schicht heraus mögliche ist? Besteht die Wechselbedingtheit in der Determination, so muß sie erst recht in der kategorialen Struktur selbst bestehen. Dann aber haben die einzelnen Glieder der Schicht oder deren Gruppen in der Tat keine Selbständigkeit gegenüber der Schichtenganzheit, sondern sind von ihr getragen, stehen und fallen mit ihr. Wie sehr man also auch einzelne Kategorien für sich betrachten möge, wie sehr es gelingen mag sie *in abstracto* zu isolieren – ja, wie sehr das immer für menschliche Kategorienerkenntnis notwendig sein mag –, man reißt sie dadurch ontologisch nicht aus der Kohärenz der Schichtenganzheit heraus; so wenig als man Naturgesetze aus dem Naturgefüge herausreißt, wenn man sie theoretisch in sich diskutiert. Kategorien haben eben kein Fürsichsein, weder dem Konkretum noch ihrer eigenen Systemgebundenheit gegenüber. Die Abstraktion ist und bleibt dem gegenüber nur Betrachtungsweise, Methode. Ontologisch behält sie Unrecht. In Wahrheit aber prätendiert sie garnicht auf ontologische Geltung. Soweit wirklich Kategorienerkenntnis durch den Kompromiß der Abstraktion bedingt ist, so bleibt sie eben bedingte Erkenntnis – eine Erkenntnis, der ihre eigenen Voraussetzungen im Wege stehen. Und bliebe dieses das letzte Wort, so sähe sich die Kategorialanalyse von vornherein in einer antinomisch zugespitzten Notlage.

Daß dem in Wahrheit nicht so ist, liegt an der anderen Tatsache, daß es sehr wohl auch Erkenntnis und Analyse kategorialer Zusammenhänge, ja ganzer Schichtenkomplexe gibt, und daß es bestimmte Formen konspektiven Erfassens gibt, die hier einsetzen. Aber auch das hat seine besondere Seinsgrundlage in der Art kategorialer Kohärenz. Und von dieser gerade handelt das letzte der Kohärenzgesetze, das Gesetz der Implikation.

Es ist eine alte Einsicht, daß Kategorien einander fordern, nach sich ziehen, implizieren, und daß selbst die Gegebenheit, zu der philosophische Schau sich Kategorien bringen kann, immer komplexe Gegebenheit einer in sich kohärenten kategorialen Mannigfaltigkeit ist. Als erster dürfte Platon dieses eingesehen haben. Im „Sophistes", wo er am Beispiel von fünf μέγιστα γένη die Theorie dieser Kohärenz entwickelt – an Sein, Nichtsein (Verschiedenheit), Identität, Bewegung,

Stillstand (die letzteren unzeitlich verstanden) – läuft alles auf den Satz hinaus, daß dieselben miteinander „verflochten" sind, oder „Gemeinschaft" haben (κοινωνία, συμπλοκή). Im „Parmenides" ist dasselbe an einer größeren Reihe von Ideen in breiter Dialektik nachgewiesen. Hier sind direkt parallele Untersuchungen zusammengestellt, in denen die zugrundegelegte Idee (das ἕν) das eine Mal „für sich", das andere Mal in allseitiger Beziehung betrachtet wird. Die eine Reihe der Untersuchungen führt denn auch zur Selbstaufhebung des ἕν, die andere zeigt es in der mannigfaltigsten Verflochtenheit – genau so, wie es in der komplexen Determination des Konkretums immer dasteht.

Dieser Gedanke ist seit Platon nicht mehr ausgestorben. Er findet sich als „dialektischer" Einschlag bei einer ganzen Reihe späterer Denker. Am stärksten ausgeprägt zeigt ihn die Hegelsche Logik, zumal in ihrem ersten Teil. Doch treten hier mancherlei andere gedankliche Motive hinzu, wie etwa das der aufsteigenden Reihe ununterbrochen sich ablösender Kategorien, oder das der dialektischen „Bewegung", die teleologisch auf ein oberstes Glied zuläuft. Ebenso irreführend ist die äußere Schematik von These, Antithese und Synthese, welche in Wahrheit die weit mannigfaltigeren Verhältnisse nur verdeckt. Diese Hegelschen Lieblingsgedanken mögen nun zurecht bestehen oder nicht, jedenfalls betreffen sie nicht das Grundverhältnis, um das es sich im Implikationsgesetz handelt. Dieses ist ein einfacheres und allgemeineres. Es schließt die besonderen Typen dialektischer Verschlungenheit nicht aus – weder der Hegelschen noch sonst einer –, aber es besteht nicht darin. Man muß sich daher, um sein Wesen zu erfassen, weit diesseits aller eigentlichen Dialektik zurückbegeben und mit unbefangenem Blick die inhaltlichen Verhältnisse anschauen, wie sie in einer Kategorienschicht walten.

Da nun die Schwierigkeit der Übersicht einer solchen Mannigfaltigkeit von Verhältnissen mit der kategorialen Höhe und Komplexheit rapide zunimmt, so empfiehlt es sich als Beispiel eine Gruppe der elementarsten Kategorien herauszugreifen. Man betrachte daraufhin die folgenden: Polarität (Gegensatz), Dimension, Einheit, Mannigfaltigkeit, Kontinuität, Diskretion, Substrat, Relation, Fürsichsein, System. Es sind zehn elementare, kaum weiter analysierbare Kategorien, je zwei und zwei stehen in Gegensatz, und zwar so, daß sie einander implizieren. Zwischen je zwei Gegensätzen spannt sich eine Dimension möglicher Übergangsstufen, und jede Dimension ihrerseits weist in zwei Richtungen auf entgegengesetzte Extreme. Jede Mannigfaltigkeit besteht aus Einheiten und ist wiederum selbst Einheit, jede Einheit aber umschließt Mannigfaltiges und ist selbst Glied möglicher Mannigfaltigkeit. Jedes Kontinuum ist Substrat möglicher Diskretion, und jedes Diskretum besteht an einem discernierten Kontinuum. Jedes Substrat ist mögliches *relatum* (Glied möglicher Relation), und jede Relation besteht notwendig zwischen substrathaften *relata*. Alles Fürsichsein (Abgeschlossenes) ist notwendig innere Systembindung und selbst wiederum Glied höheren Systemzusammenhanges, jedes System aber ist Gefüge fürsichseiender Glieder und selbst ein mehr oder weniger geschlossenes Fürsichsein.

Soweit betrifft die Implikation nur die Gegensatzpaare in sich. Aber es ist leicht, deren Bindungen untereinander nachzuweisen. An einigen tritt sie augenfällig hervor, bei anderen bedarf es genaueren Zusehens. Von ersterer Art ist die gegenseitige Implikation von Dimension und Kontinuum, die offenbar nie ohne einander bestehen können, ohne jedoch dasselbe zu besagen; denn ein Kontinuum kann auch mehrdimensional sein (ein System von Dimensionen), Dimensionalität aber ist ebensosehr dem Diskretum wie dem Kontinuum eigen. Ähnlich ist es mit Polarität und Relation oder auch Polarität und Diskretion; ferner mit Mannigfaltigkeit und Diskretion, oder Mannigfaltigkeit und Relation. Ebenso sichtlich implizieren sich Relation und System, oder auch System und Kontinuum.

Scheinbar schwieriger ist es bei Einheit, Substrat, Fürsichsein. Aber man braucht nur die obige Gegensatzimplikation in die letztgenannten Verhältnisse zu substituieren, so sieht man auch ihre allseitige Einbezogenheit in die Kohärenz der Gruppe. Indessen läßt sich das auch direkt sehen. Typen der Einheit sind schließlich alle genannten Kategorien; Substrate sind in allen vorausgesetzt, sofern sie Relationscharakter haben (am deutlichsten sichtbar in Kontinuum und Dimension); und Fürsichsein hat, manigfach abgestuft (relativiert), jede Relation, jedes Substrat, jede Einheit, ja jede Mannigfaltigkeit usw.

Das Gesamtbild der Gruppe aber ist wiederum das einer streng in sich gebundenen Systemeinheit, getragen von einer Mannigfaltigkeit der Glieder und ihrer Relationen, wobei der Einzelkategorie in ihrer unverwischbaren Sonderstellung durchaus ein Rest von Fürsichsein verbleibt. Man kann an diesem Gesamtbilde alle Einzelzüge der Glieder wiederfinden, und zwar rein inhaltlich, an seiner Struktur. Das Ganze wirkt schließlich wiederum wie eine komplexe, aber einheitliche Kategorie. Dabei ist es unmöglich eine der in ihm enthaltenen Kategorien als alleinherrschende, etwa als fundamentalste, herauszuheben. Ebensowenig ist es möglich, allen zusammen eine einzelne überzuordnen. Es gibt eben keine punktuelle Einheit der Gruppe. Es gibt in ihr nur die Systemeinheit, in der jedes Glied in seiner Weise das oberste ist, und jedes wiederum mannigfach abhängig. Das aber heißt: diese Kategorien stehen in strenger Wechselbedingtheit. Das Prius ist ihre Gemeinschaft, das Ganze der Gruppe. Und das eben ist es, was Platon mit der συμπλοκή meinte: die einzelne Kategorie ist bedingt durch die Gemeinschaft aller.

Das ist ein strenger Beweis des Implikationsgesetzes, wenn auch nur ein analytischer aus der Struktur einer einzigen Gruppe, nicht einmal einer ganzen Schicht. Für diese Gruppe wenigstens trifft das Gesetz zu. Und es ist nicht zuviel gesagt, wenn man hierauf die paradoxe Wendung bezieht, daß jede Kategorie ihr

Eigenwesen ebensowohl außer sich – in den anderen – als in sich hat, die Kohärenz der Gruppe aber ebensowohl an ihrem Ganzen als auch an jedem ihrer Elemente besteht. Denn jede Kategorie enthält hier tatsächlich die anderen als Voraussetzungen oder Elemente ihrer selbst in sich. Das Ganze also kehrt verschoben an jedem Element wieder. Und das eben ist der Sinn kategorialer Implikation.

Es ist selbstverständlich, daß das Implikationsgesetz hiermit nicht generell erwiesen ist. Ein genereller Erweis wäre möglich, wenn man in gleicher Weise sämtliche Kategoriengruppen und Schichten ableuchten könnte. In einer durchgeführten Kategorienlehre, wie wir sie heute jedenfalls nicht besitzen, könnte man dem immerhin erheblich näher kommen und wohl auch Gründe finden, warum die Verallgemeinerung stichhaltig ist. Im heutigen Forschungsstadium läßt sich auch das nicht machen. Man kann nur zeigen, daß in anderen Kategorienschichten, soweit wir sie kennen, immerhin ähnliches gilt. Genau dasselbe dürfen wir nicht erwarten, wenigstens nicht in beträchtlich höheren Schichten. Denn es liegt auf der Hand, daß in diesen neue Schichtengesetzlichkeit neben der Implikation auftreten kann. Die letztere würde dadurch natürlich – wie es beim Ineinandergreifen heterogener Gesetzlichkeit notwendig und immer geschieht – modifiziert und schließlich vielleicht bis zur Unkenntlichkeit überdeckt werden. Sie brauchte deswegen keineswegs auszusetzen. Ihre Erhaltung inmitten speziellerer Gesetzlichkeit würde ihr vielmehr den Charakter der Grundlage bewahren. Und darauf allein käme es an.

Es liegt z. B. auf der Hand, daß die Gegensätzlichkeit zweier Kategorien – und zwar gerade gleicher Schicht – sich auch bis zum Widerstreit zuspitzen kann. Schon Platon warf die Frage auf, welche Ideen „einander nicht aufnehmen". Ihm schwebte das noch im Gegensatz zur κοινωνία vor, gleichsam als ihre Begrenzung. So im „Sophistes". Dennoch hat er im „Parmenides" mit der Tat das Gegenteil erwiesen, nämlich daß auch noch die widerstreitenden Gegenglieder einander aufnehmen, voraussetzen, ja als Bestimmungsstücke an sich haben. Sehr bekannt ist das aus der eigenartigen Dialektik von Sein und Nichtsein, wie sie das merkwürdige 24. Kapitel des letztgenannten Dialogs bringt. Die späteren Dialektiker freilich sind viel weiter gegangen. Bei Hegel vollends ist es geradezu der Grundzug im Aufbau des Kategorienreichs, daß von Schritt zu Schritt Widerstreit auftritt, um dann in einem „höheren" Gebilde wieder zur Synthese zu führen. Diese Zuspitzung liegt nicht im Wesen der Sache, sie ist bei Hegel deutlich eine Folge der teleologischen Systemkonstruktion, die es mitbringt, daß Spannungen auftreten, deren Lösung zu etwas „Höherem" hinauftreibt. Was vollends die Hegelschen Synthesen selbst anlangt, so ist der konstruktive Charakter in ihnen gar nicht zu verkennen. Aber nicht darauf kommt es hier an. Die hohe Kunst der Dialektik ist ein gewagtes Spiel für den endlichen Verstand; er verliert in ihr den reellen Boden unter den Füßen. Was man aber bei aller Entgleisung immer noch aus ihr lernen kann, ist etwas ganz Einfaches: nämlich daß das Auftreten des Widerstreites die Kohärenz der kategorialen Strukturen nicht im mindesten unterbricht, daß er vielmehr gemeinhin nur eine Spezialform der Gegensatzimplikation ist.

Darüber hinaus läßt sich für den Erweis des Implikationsgesetzes nur noch die eine oder die andere Kategoriengruppe heranziehen. Daß solche kategoriale Züge wie Materie, Bewegung, Kraft, Energie, Kausalnexus unlöslich zusammengehören, ist auch dem Physiker wohlbekannt. Bewegung, die nicht Bewegung eines Materiellen wäre, in der kein Kräfteverhältnis dynamisch zugrunde läge, keine Energie sich erhielte, keine Kausalfolge abliefe, wäre eben nicht reale Bewegung. Ebenso unmöglich ist ein Materielles, das unbewegt wäre; es kann bestenfalls relativ auf ein anderes Materielles in Ruhe sein, das aber hebt seine Bewegtheit gegen alles übrige nicht auf. Ebensowenig kann es Masse ohne ein Kraftverhältnis geben, schon die Undurchdringlichkeit ist Kraft. Und erst recht ist alles an ihr vom Kausalverhältnis getragen.

Aber man kann, wenn man die Implikation auf die Kohärenz in der Determination des Konkretums rückbezieht, und diese als Anzeichen jener gelten läßt – was nach dem oben Gesagten wohl berechtigt ist – noch einen Schritt weitergehen und auch in solchen Kategorienschichten, die uns bislang undurchschaubar sind, die durchgehende Wechselbedingtheit gleichsam vorweg erschauen. In dieser Lage befinden wir uns bei den Kategorien des Organischen. Daß die morphologischen Strukturen des Organismus ihre sehr bestimmten Baugesetze haben, ist niemals bezweifelt worden. Ebenso aber müssen auch die mannigfachen Prozesse, die zusammen den Lebensprozeß ausmachen – sei es nun den individuellen oder den der Art – ihre ebenso bestimmten Prozeßgesetze haben, gewisse Funktionsgeformtheiten, in denen die Gewähr der ewigen Wiederkehr der Formen und der Erhaltung des Lebens liegt. Das sind für den menschlichen Blick immerhin zwei verschiedene Kategorienkomplexe, innerhalb deren der Zusammenhalt wohl unmittelbar einleuchtet, die aber gegeneinander schon eine gewisse Selbständigkeit zu haben scheinen. Dennoch kann dem im letzten Grunde nicht so sein. Denn wie am konkreten Organismus die Form immer nur im Prozeßstadium, der Prozeß aber nur im Geformten vorkommt, so dürfte auch hier ein tiefinneres Kohärenzverhältnis der beiden Kategoriengruppen vorliegen, das diesen Phänomenzusammenhang erst als einen kategorial determinierten verstehen ließe. Die Form dieses Verhältnisses aber ist offenbar keine andere als die einer zwischen morphologischen und physiologischen Grundgesetzen waltenden Implikation. Man spürt gerade hier eine solche an der überzeugenden Einheitlichkeit und Geschlossenheit des organischen Doppelsystems – des Systems der Formen und des Systems der Funktionen – unmittelbar hindurch, ohne daß die Elemente deswegen durchschaubar würden. Hier haben wir ein Beispiel, an dem es deutlich wird, daß die Implikation sich auch über die Grenzen der Erkennbarkeit des Implizierten selbst hinaus sehr eindringlich fühlbar machen kann. Organische Prozesse sind eben morphogenetische Prozesse, und organische Formen sind prozeßgetragene Formen.

Ein Gleiches ließe sich im Gebiet der Bewußtseinskategorien aufzeigen, die wir kaum mehr kennen als die der Lebendigkeit. Auch hier sind die konkreten Gebilde erstaunlich komplexe Gestalt- und Folgephänomene; und auch hier gibt es eine sehr unmittelbare Gewißheit der Ganzheitszusammenhänge in aller unübersehbaren Mannigfaltigkeit.

Freilich nicht auf allen Gebieten kategorialer Verflechtung liegt der Einheits- und Ganzheitshinweis so spürbar nah. Denkt man z. B. an das geschichtliche Sein, in dem so viele Seinsschichten mitsamt ihren kategorialen Formen sich überlagern, so verschwimmt alles im Undurchsichtigen. Hier aber treten noch besondere Faktoren hinzu, die nicht der Schichtenkohärenz angehören, sondern der Schichtenüberlagerung als solcher. Das sind kategoriale Beziehungen anderer Art, anderer Dimension. Von ihnen läßt sich natürlich in Wahrheit nirgends absehen. Ihnen ist die Betrachtung in den beiden folgenden Gesetzesgruppen zugewandt.

5. Die Schichtungsgesetze

Die Geschichte der Philosophie lehrt, daß es nicht ungefährlich ist, dem Kohärenzverhältnis der Kategorien allein nachzugehen. Seine Beziehungen sind von erstaunlicher Verschlungenheit, subtiler Tiefe und Mannigfaltigkeit. Taucht man schauend in sie hinab, so ziehen sie einen mit hinein und blenden den Blick für jede andere Schau. Mit der Hegelschen Dialektik geht es heute noch manchem so, und nicht den Schlechtesten. Und so ist das eigenartige Odium, das die Dialektik erfährt, nicht unbegründet. Man vergißt dabei aber zumeist, daß es die eigene Haltlosigkeit ist, die zwischen geschauter Kohärenz und dialektischer Gedankenkonstruktion schließlich nicht mehr zu unterscheiden weiß, und daß es an sich sehr wohl möglich ist hier Halt zu gewinnen, sobald man sich nach anderweitigen kategorialen Verhältnissen umsieht. Denn so ist es nicht, wie der Dialektiker immer zu meinen geneigt ist, daß es über dem Geltungsverhältnis, welches die Kategorien mit ihrem Konkretum verknüpft, nur noch das Implikationsverhältnis gäbe, das sie untereinander verknüpft. Sie sind vielmehr untereinander noch in ganz anderer Weise verbunden – gemäß dem Schichtungsverhältnis ihrer kategorialen Höhe.

Diese Art der Verbundenheit ist weit einfacher und der Analyse zugänglicher als die dialektische. Und da sie sich mit ihr überschneidet – denn sie liegt in der „Vertikale", während jene die „horizontale" Bindung der Schichten ausmacht – so ist es sehr wohl möglich, an ihren Querschnitten die Implikationsverhältnisse sichtbar zu machen resp. zu kontrollieren, wo sie dem dialektischen Denken entgleiten. Hier also liegt der Halt, dessen es bedarf.

Die Analyse des Schichtungsverhältnisses ist die denkbar einfachste. Ihr Gesamtbild ist charakterisiert durch die Überlagerung der Geformtheiten des Konkreten einerseits, durch das Ineinanderstecken der Kategorien andererseits. Im Grunde sind beides die Kehrseiten eines und desselben Verhältnisses. Und dieses Verhältnis läßt sich wiederum in vier kategoriale Gesetze auseinanderlegen, die – ähnlich wie die Kohärenzgesetze – erst zusammen eine in sich einheitliche, wiewohl komplexe Gesetzlichkeit ausmachen, getrennt aber nicht nur Einseitigkeiten, sondern auch erhebliche sachliche Schiefheiten zeigen.

IX. *Das Gesetz der Wiederkehr.* Ein kategoriales Element, das einmal in einer Schicht aufgetaucht ist, verschwindet weiter aufwärts in der Folge der Schichten nicht, sondern taucht wieder und wieder auf. Es erhält sich über die Schicht hinaus, aber nur auf das Höhere zu. Die niederen Kategorien also, oder deren Elemente, kehren fortlaufend in gewissen höheren Kategorien als deren Teilmomente wieder. Sie können dabei in den Vordergrund oder Hintergrund der höheren Gebilde treten und dementsprechend in ihnen sichtbar sein oder „verschwinden". Aber auch im Zurücktreten bleiben sie durchgehende Elemente und sind in der Analyse aufzeigbar. Die untergeordnete Rolle, die sie meist in den höheren Kategorien spielen, ändert hieran nichts. Jedes einzelne kategoriale Element bildet den Ausgangspunkt einer die höheren Schichten schneidenden einheitlichen Linie kategorialer Bestimmtheit.

X. *Das Gesetz der Abwandlung.* Die kategorialen Elemente bleiben bei ihrer Wiederkehr in der Struktur höherer Kategorien von dieser nicht unbeeinflußt. Sie wandeln sich mannigfaltig ab, je nach der Besonderung und Stellung, die ihnen in der höheren Elementarkomplexion und Schichtenkohärenz zufällt. Was sich an ihnen erhält, ist nur ein elementarer Grundzug; an diesem als solchem bleibt die Abwandlung etwas Akzidentelles.

XI. *Das Gesetz des Novums.* Jede höhere Kategorie ist strukturell aus einer Mannigfaltigkeit wiederkehrender niederer Elemente zusammengesetzt. Aber sie geht in deren Summe nicht auf, sondern zeigt allemal – schon in der neuen Struktur der Komplexion selbst – ein spezifisches Novum, welches weder in den Elementen noch in ihrer Schichtung enthalten ist und sich auch nicht in sie auflösen läßt. Dieses jedesmalige Novum ist es, was in der Wiederkehr der Elemente deren Hervor- und Zurücktreten, sowie ihre Abwandlung bestimmt.

XII. *Das Gesetz der Schichtendistanz.* Die Überbauung der niederen Kategorien durch höhere schreitet nicht in schlichter Kontinuität fort, sondern in

Schichten, die gegeneinander durch deutliche Distanzen abgehoben sind. Dabei zeigt jede höhere Schicht den niederen gegenüber ein gemeinsames Novum. Es zeigt sich hier, daß jede Kategorienschicht im Gesamtverhältnis selbst die Rolle einer einheitlichen, wenn auch hochkomplexen Kategorie spielt. Sie enthält die abgewandelte Schichtenkohärenz der niederen und taucht selbst mit der ihrigen abgewandelt in der höheren Schicht auf.

Diese Gesetze ergeben ein so einheitliches und unmittelbar einleuchtendes Gesamtbild, daß man auf ihren besonderen Erweis billig verzichten kann. Von Wichtigkeit ist hier nur zweierlei: 1. sich das Gesamtbild so konkret wie möglich zur Anschauung zu bringen, und 2. die Eigentümlichkeit des durchgehenden Verhältnisses an einigen repräsentativen Beispielen zu belegen.

Was das erstere anlangt, so sieht man sich hier unwillkürlich an das aus der Logik wohlbekannte Subsumptionsverhältnis erinnert. Das ist kein Zufall, denn das Subsumptionsverhältnis der Begriffe beruht eben darauf, daß es ein kategoriales Schichtungsverhältnis des Seienden gibt. Die Gesetzlichkeit der Begriffsschichtung, wie sie zuerst Aristoteles entwickelt hat, ist deswegen das getreue Gegenbild des ontologischen Grundverhältnisses – wenigstens in ihrer formalen Außenstruktur, – weil der Gedanke, dessen Vehikel der Begriff ist, jene selben Seinsverhältnisse repräsentiert, deren Determination in den Kategorien liegt. Als geschichtlicher Beleg hierfür ist das Zeugnis des Aristoteles von größtem Wert; er gerade sah überhaupt nicht zwei verschiedene Verhältnisse, sondern nur eins, das ihm zugleich als das logische und ontologische galt; wie denn der ὁρισμός und die Schichtung der διαφοραί direkt das Wesen des εἶδος ausmachen sollten, welches die Form der Dinge bildet.

Freilich ist das Subsumptionsverhältnis nur ein sehr vereinfachtes und abgeschwächtes Bild des kategorialen Schichtungsverhältnisses – wie es ja auch am sekundären Gebilde, dem Begriff, ansetzt. Nur das Schematische, Formale kehrt in ihm wieder. Denn die Gesetze der logischen Schichtung sind keine ursprünglich logischen Gesetze. Sie sind Übertragungen von der Seinsgesetzlichkeit her. Das ist wohlverständlich, wenn man im Auge behält, daß der Gedanke, dessen Struktur sie bilden, sonst unmöglich Gedanke eines Seienden sein und Erkenntniswert haben könnte. Und so ist es begreiflich, wie sich jahrhundertelang der Glaube halten konnte, daß eben diese logische Gesetzlichkeit zugleich die Seinsgesetzlichkeit ausmache, – ein Glaube, wie er der älteren Ontologie durchweg zugrunde lag. Erst mit dem Fall dieses Dogmas ist der Weg für Kategorialanalyse frei geworden. Und es ist kein Zufall, wenn schon die allerersten und allgemeinsten Analysen zu der Einsicht führen, daß hinter dem alten Subsumptionsverhältnis ein weit reicheres und komplexeres, wenn schon nicht weniger einheitliches Grundverhältnis steht – wie es die obigen vier Schichtungsgesetze ausdrücken.

Ein Punkt, der hierbei zunächst als Unstimmigkeit auffällt, ist die Umkehrung des Richtungssinnes von „Hoch" und „Niedrig" im Bilde der Vertikale. Das traditionelle Subsumptionsverhältnis läßt die allgemeineren und einfacheren Begriffe als die „höheren", die spezielleren als die „unter"-geordneten gelten. So entsprach es dem alten Bilde des „Abhängens". Dieses Bild wird unzutreffend, wenn man den anderen Sinn des „Höherseins" – wie er sich im inhaltlichen Kategorienverhältnis ganz unvermeidlich aufdrängt – substituiert, mit welchem die höhere Struktur oder höhere Komplexion gemeint ist, die Einheit höherer Ordnung, sofern sie Einheit differenzierterer Mannigfaltigkeit ist. Man mag im übrigen die Umkehrung des Bildes gutheißen oder nicht, die Sache wird davon nicht betroffen. Ein Bild kann ersetzt werden, und irgendwo hat es immer die Grenze seines Zutreffens. Solange aber keine ernstlicheren Gründe dagegensprechen als die einer formalistischen Tradition, ist es um der Eindeutigkeit willen jedenfalls zulässig, mit dem „Niederen" durchweg das Einfachere, Elementarere, Fundamentalere zu bezeichnen, mit dem „Höheren" aber das Komplexere, inhaltlich Reichere und dem Sein nach Vollere.

Von den vier Schichtungsgesetzen nun bilden sichtlich die ersten drei eine engere Einheit, während das vierte mehr abseits steht, und von ihnen aus wohl auch fehlen könnte. In Wahrheit kennen wir die Schichtendistanz auch keineswegs aus dem Kategorienverhältnis selbst her, sondern aus der Überlagerung der Seinsschichten des Konkreten. Die letztere dürfte allerdings als beweisend für das Distanzgesetz gelten, wenn sie ihrerseits eindeutig wäre und nicht vielmehr die Möglichkeit kontinuierlicher Übergänge wenigstens prinzipiell offen ließe. Im Gegensatz zu den drei ersten haben wir also im Distanzgesetz ein bloß deskriptiv aufgelesenes Verhältnis, das wir nicht erweisen können, das aber, solange wir keine Schichtenübergänge kennen, wohl eine gewisse Unvermeidlichkeit hat. Sehr wohl denkbar wäre auch, daß es begrenzte Geltung hätte, z. B. für den Abstand zwischen mathematischem und physisch materiellem Sein, oder für den des Organischen und des Seelischen. Denn an diesen Punkten ist die Heterogeneität der Sphären augenfällig gegeben, während sie bei anderen Stufenabständen wohl angefochten werden kann. Im Übrigen ist auch an den augenfälligsten Brechungspunkten der stetige Übergang oft genug behauptet worden (z. B. von Leibniz). Schließlich kommt es auch so sehr darauf nicht an. Denn selbst wenn in einem irrationalen Hintergrunde die Einheit eines einzigen Kontinuums vorliegen sollte, so bliebe doch in den uns gegebenen Seinssphären und deren Kategorien die Schichtendistanz ungehoben bestehen. Auch als sekundäres Kategorienphänomen bliebe sie ja dieselbe Gesetzlichkeit. Das ist unaufhebbar gewährleistet durch die Kohärenz innerhalb einer Kategorienschicht und durch das sichtliche Versagen derselben, sobald die Grenzen der Schicht überschritten sind.

Wiederkehr und Abwandlung der niederen Kategorien in den höheren (IX und X) machen zusammen die eigentliche Bindung der Schichten aneinander aus. Das Novum der höheren dagegen (XI) läßt sie nicht ineinanderfließen. An den Kategorien einer Schicht zusammengenommen, macht es den inhaltlichen Sinn der Schichtendistanz aus (XII). Man darf sich diese Gesetze, zumal das erste, nicht einseitig zugespitzt denken. Die Wiederkehr der niederen Elemente besagt weder, daß alle Elemente einer niederen Schicht in der höheren, oder gar in allen höheren, gleich stark durchschlagen. Sie besagt auch nicht, daß jede niedere Kategorie in jeder Kategorie der höheren Schicht wiederauftaucht. Und sie besagt erst recht nicht, daß die Kombinatorik wiederkehrender Elemente genüge, um höhere kategoriale Struktur zu ergeben. Das letztere findet seine Grenze schon in der Abwandlung des wiederkehrenden Einzelelements, vollends aber im Gesetz des Novums. Der Kombinatorikgedanke, so klassisch er auch durch Leibniz geworden sein mag, ist auf die Kategorienschichtung bezogen ein Irrweg, eine Verkennung der kategorialen Sachlage (Leibnizisch gesprochen, des Verstandes Gottes), und letzten Endes Weltverkennung. Gewiß gibt es die immer neuen Kombinationen wiederkehrender Elemente; aber sie sind weder eine Funktion der Elemente selbst noch ihrer Selektion – etwa unter einem Prinzip der Kompossibilität, oder gar der Konvenienz, – sondern ganz offensichtlich eine Funktion der höheren kategorialen Struktur, die als solche ein ihnen gegenüber Selbständiges und gleich Ursprüngliches ist, nicht ein Produkt, sondern neu hinzutretende Einheit aus einem Guß. Das ist der Grund, warum es nie gelingen kann, höhere Seinsgebilde aus den Gesetzen niederer heraus zu „erklären" (etwa Organismen aus Gesetzen der Mechanik und Chemie).

Wie sehr in Wahrheit der alte Lieblingsgedanke mathematisierender Metaphysik – der Kombinatorikgedanke – hier Abbruch erleidet und auf ein sehr bescheidenes Geltungsmaß zurückgebracht wird, dafür ist gerade der Umstand bezeichnend, daß die Wiederkehr eines Elements immer nur eine oder einige wenige Kategorien der höheren Schicht betrifft. Von den niedersten und elementarsten, aus denen oben eine Gruppe herangezogen wurde, wird freilich die Wiederkehr in allgemeinerem Sinne gelten dürfen: sie gerade dürften in der Tat an jeder höheren Kategorie wiederkehren, nämlich weil sie die notwendigen Grundbestimmungen möglicher kategorialer Struktur überhaupt sind. Aber das läßt sich durchaus nicht von den übrigen sagen, wie sogleich noch an Beispielen zu zeigen sein wird. Die ersten Kategorien sind eben die Urelemente; daher eignen sie sich, das Schichtungsverhältnis erst einmal im Prinzip zu zeigen. Jede nur irgend komplexere kategoriale Struktur dagegen kehrt immer nur an spezifisch gearteten höheren Strukturen wieder: niedere Einheitstypen nur an höheren Einheitstypen, niedere Kontinuitäten nur an höheren Kontinuitäten, niedere Gliederung nur in höherer Gliederung.

So kommt es, daß das Gesamtbild der Wiederkehr einer ganzen Gruppe von Kategorien, wenn man sie durch mehrere, einander überlagernde Schichten hin verfolgt, sich als ein Bündel divergierender Linien darstellt, welche die Schichten durchschneiden. Jede einzelne Linie fortlaufender Wiederkehr eines Elements ist etwas in sich Einheitliches; ihre Form ist der Strahl, der von einem Ursprung ausgehend, sich in immer weitere Höhe verliert, aber in jeder Höhenlage nur einen Punkt trifft.

Mit ihr bewegt sich die Abwandlung fort, von Schicht zu Schicht durch die Eigenart der immer neuen Kohärenz, des Schichten-Novums, mitbestimmt. Und in ihrem Fortschreiten wird der ursprüngliche Charakter des Elements immer unkenntlicher, immer mehr verdeckt von den sich darüberlagernden höheren Strukturen. So geben Wiederkehr und Abwandlung gemeinsam den Typus eines Elementarzusammenhanges, eines Ineinandergeschobenseins der Kategorien, welcher die Kohärenz der Schichten nicht nur durchschneidet, sondern auch wesentlich mitbestimmt und ergänzt. Denn da jedes sich abwandelnde Element die Kohärenz seiner Ursprungsschicht an sich hat, so überträgt es dieselbe in seiner Wiederkehr auf die Elemente der höheren Schicht und macht sie selbst zum Element von deren neuartiger und komplexerer Schichtenkohärenz. Hier greifen die beiden Typen kategorialer Gesetzlichkeit ineinander; ja, sie greifen gleichsam durch einander hindurch und stellen so erst die mehrdimensional-komplexe Zusammenhangsgesetzlichkeit des Kategorienreiches her. Man sieht zugleich, wie das Senkrecht-Aufeinanderstehen der beiden Grunddimensionen kategorialer Bindung kein bloßes Bild ist, sondern ein Überschneidungsverhältnis zum Ausdruck bringt, in dem auch die Implikation koordinierter Elemente mit wiederkehrt und sich abwandelt, die Wiederkehr und Abwandlung der Elemente selbst aber wiederum zur Trägerin von Implikationszusammenhängen wird.

Als Beispiele für Wiederkehr und Abwandlung drängen sich, wie gesagt, die elementarsten Kategorien vor allen auf. Daß es z. B. in jeder Kategorienschicht abgewandelte Typen der Einheit und Mannigfaltigkeit gibt – von der mathematischen Eins und ihrer quantitativen Vielheit bis hinauf zur Person und ihrer inneren Aktmannigfaltigkeit, ja noch weiter in die Stufen des geistigen Seins hinauf, – ist eine Selbstverständlichkeit Und erst recht selbstverständlich ist hier das specifische Novum jeder Stufe. Ähnlich ist es mit Polarität und Dimension, Substrat und Relation, sowie mit vielen Kategorien, die erst in höheren Schichten einsetzen.

Interessanter aber und weniger in die Augen fallend ist die Abwandlung der Kontinuität und der sie von Schritt zu Schritt begleitenden Diskretion. Auf der Höhe des mathematischen Seins haben wir das sehr specifisch abgewandelte Kontinuum der Zahlenreihe und seine Diskretion im bestimmten Zahlenverhältnis. Eine Stufe weiter haben wir die wiederum wesenhaft anderen Kontinuen der

Raumdimensionen und des Zeitflusses, in denen das Verhältnis der Stellen oder Punkte ein eigenartiges Diskretum bildet. Die Abwandlung in beiden zugleich ergibt das weitere Kontinuum der Bewegung und unter Einbeziehung der Materie das des physischen Geschehens mit seiner nicht weniger stetigen und mannigfach diszernierten Transformation der Energie. Der lineare Determinationstypus des Geschehens aber ist die Kausalreihe, in der wieder ein neuartiges Kontinuum liegt, das eines geordneten, eindeutig in der Zeit fortlaufenden Abhängigkeitszusammenhanges in der Richtung vom Früheren zum Späteren. Im Reich des Organischen haben wir dagegen einen vollkommen anderen Typus des prozessualen Kontinuums – im Lebensprozeß, der immer Entfaltung, Entwicklung, formbestimmtes Geschehen, morphogenetischer Prozeß ist. Daher die charakteristische Begrenztheit dieser Kontinuen, eine besondere Art der Diskretion. Und zwar zeigt sich hier das gleiche Bild im Kleinen wie im Großen, am individuellen Leben, wie am phylogenetischen Gesamtprozeß; und beim letzteren haben wir in der relativen Konstanz der Arten, Gattungen, Ordnungen aufs neue ein ganzes System von Diskretionen, wie sie das niedere Sein nicht kennt. Weiter aufwärts aber gibt es noch eine reiche Fülle weiterer Kontinuen – im Bewußtsein, in der Person, im Ethos, im Denken, im Erkenntnisprogreß, im ästhetischen Gegenstande (z. B. im Tonwerk, im Drama). Das merkwürdigste und vielleicht komplexeste Kontinuum aber liegt im geschichtlichen Geschehen vor, einem, wie es scheint, selbst wiederum mehrschichtigen Gebilde, dessen eigentliche Struktur – denn die Zeitlichkeit der Folge ist an ihm nur ein wiederkehrendes Element – wir noch kaum kennen.

Die Mannigfaltigkeit, die man auch nur bei flüchtigstem Ableuchten einer einzigen Abwandlungslinie durchläuft, ist erstaunlich groß. Die genauere Analyse dürfte noch weit mehr entdecken. Aber wie erst potenziert erscheint einem diese Mannigfaltigkeit, wenn man inne wird, daß in Wirklichkeit unter den vielen divergenten Abwandlungslinien keine der anderen gleicht, daß eine jede ihre eigene Struktur hat, eigene Sondergesetzlichkeit zeigt, die sich auf keine andere übertragen läßt! Der Grund dafür liegt im sehr verschiedenen Vor- und Zurücktreten der Elemente bei ihrer Wiederkehr, in dem sehr verschieden abwandelnden Einfluß der Schichtenkohärenz auf verschiedene Elemente, sowie in der nicht weniger verschiedenen Art des hinzutretenden Novums.

Es sei zum Belege dessen die Abwandlung der Systemkategorie kurz angedeutet, die gegen die des Kontinuums strukturell deutlich kontrastiert. Die niederen Seinsschichten zeigen nur blasse Systemcharaktere, in denen der Zusammenhalt ein lockerer ist. Zahlensysteme sind etwas überaus Fließendes. Anders ist es schon im Raum als Stellensystem und als Dimensionssystem; aber als mathematisches ist dieses System unbegrenzt, n-dimensional, und deshalb kein geschlossenes; auch die Innenbeziehungen bleiben in einer gewissen Relativität schweben. Von ganz anderer Bestimmtheit ist dagegen schon das vierdimensionale Raum-Zeitsystem, in dem das reale Geschehen gelagert ist. Hier ist Eindeutigkeit und Einzigkeit, sowohl des Ganzen als auch jedes realen Gliedes in ihm. Loser wieder finden wir fast die ganze Reihe der Bewegungs- und Kraftsysteme, vom einfachen Reaktionsverhältnis bis hinauf zum Planetensystem und zur kosmischen Spirale, oder auch hinab zum Elektronensystem im sogenannten „Atom". In allen diesen Systemtypen, auch den höchsten, fehlt die feste innere Gebundenheit zwischen Glied und Ganzem. Die Glieder sind und bleiben herauslösbar, ersetzbar, ja in weitestem Maße abänderbar bei fortbestehendem System. Das nun kehrt sich mit einem Schlage um in der Seinsschicht des Organischen. Die kategoriale Form des Organismus ist ein Systemtypus von absoluter Geschlossenheit, an dem jede Herauslösung von Gliedern (Organen) Störung des Ganzen, oder auch direkt seine Zerstörung (und Zerstörung der übrigen Glieder) bedeutet. Daher das schroffe Hervortreten des Fürsichseins am Organismus, während die Glieder fast ganz ohne Fürsichsein dastehen. Eine noch tiefere innere Bindung aber findet man, wenn man vom morphologischen System der Formen zum physiologischen System der Funktionen (Prozesse) vordringt. Die geheimnisvolle Einheit der letzteren ist eben das, was wir Lebendigkeit nennen – ein kategoriales Novum von so überragender Höhe, daß hier selbst das methodologische Sich-Herantasten von der Kombinatorik der Elemente aus sehr fühlbare Grenzen zeigt. – Man sieht nun leicht, daß sich weiter oberhalb noch eine größere Reihe von Systemtypen erhebt. Auch das Seelenleben zeigt strengeren Systemcharakter, wie denn jedes Bewußtsein ein absolutes Fürsichsein ist, und wie jeder konkrete Bewußtseinsinhalt wiederum eigenen Systemcharakter zeigt, eine Strukturgebundenheit, welcher erst die allerneueste Gestaltpsychologie auf die Spur zu kommen beginnt[10]. Systemgebundenheit in einem noch ganz anderen Sinne zeigt die Personalität im unübersehbaren Wechsel ihrer transzendenten Akte. System im eminenten Sinne ist die Gemeinschaft der Personen, und zwar in jeder Abstufung, bis zu Volk, Staat, Menschheit hinauf. Und erst recht System ist der ästhetische Gegenstand, sowohl der naturgewachsene als auch der künstlerisch geschaffene. Und hier vielleicht erreicht die Gebundenheit zur Einheit und das Fürsichsein des Ganzen die äußerste Zuspitzung.

Es ist wohl nicht zuviel gesagt, daß in solchen Perspektiven die Schichtungsgesetze direkt anschaubar werden. Insonderheit ist es das Moment des Novums, das in jeder Abwandlung sich von Stufe zu Stufe sehr plastisch ausprägt;

---

10 Dieser Systemcharakter ist der Grund, warum die ältere, von „Elementen" ausgehende Psychologie trotz mancherlei fruchtbarer Einzelheiten ihren Gegenstand in der Hauptsache verfehlen mußte.

desgleichen das abwechselnde Hervor- und Zurücktreten des Einzelelements und die darin spürbare Distanz der Schichten. Die letztere tritt an manchen Punkten direkt als Heterogeneität auf, indem das regionale Novum der höheren Schicht die Eigentümlichkeit der niederen geradezu verdeckt und so den Schein erweckt, als schwebte die ganze Schicht in der Luft, ohne das Fundament der niederen. Dieser Schein hat zu den größten geschichtlichen Irrtümern in der Metaphysik geführt. Er ist aber nicht anders zu heben als durch die Perspektive der Wiederkehr und Abwandlung.

Je weiter aufwärts im Schichtenreich der Ursprung einer Kategorie liegt, um so begrenzter wird freilich ihre Wiederkehr. Und zwar nicht nur in dem Sinn, daß sie ja nur noch aufwärts in Frage kommt, sondern auch in dem Grade ihres Zurücktretens gegen das Novum der höheren. Ihre Durchschlagskraft ist gleichsam geringer. Sie wird stärker abgewandelt, und es sind oft nur gewisse Züge an ihr, die wiederkehren. Ganz freilich verschwindet die Wiederkehr nirgends – es sei denn bei den höchsten, die keine Schicht mehr über sich haben, in der sie wiederkehren könnten. Aber je höher ihrer Ursprungsschicht nach eine Kategorie ist, um so mehr löst sich die strukturelle Komplexion der Elemente in ihr bei der Einbeziehung in höhere Struktur auf; um so mehr also verschwindet ihr Eigentümliches in der Abwandlung.

Es läßt sich das sehr anschaulich zeigen, wenn man einige Stufen aus der – freilich schon recht komplexen – Abwandlung der Allheit herausgreift. Die Allheit ist eine quantitative Kategorie; sie ist in ihrer Ursprungsschicht, der mathematischen, wohl am plastischsten in der Reihensumme, zumal in der unendlichen, also prägnant im Integral, faßbar. Ihr Wesen geht in dem der Summe durchaus nicht auf: sie ist eine Geschlossenheit eigener Art, gegen welche Anzahl und Größe der Glieder zurücktritt. In den Schichten des physischen Geschehens, des Organischen, des Bewußtseins usw. tritt sie vielfach auf (z. B. als Allheit der Kausalfaktoren in der Verursachung, als Allheit der Teilfunktionen im Organismus usw.), doch ist sie hier überall verdeckt durch die weit stärker dominierenden Systemzusammenhänge, die als solche reicher und mannigfaltiger, aber keine quantitativen sind. Mit großer Selbständigkeit dagegen tritt sie wieder weit oberhalb, in der Schicht des ethischen Seins auf. Die Gemeinschaft personaler Individuen, die an sich immer nur Vielheit bedeutet, zeigt eine quantitative Abstufung, die ihr höchstes und abschließendes Glied in einer idealen Allheit der Personen findet. Es liegt nun im Wesen der inneren Struktur einer Gemeinschaft, daß ihre Bindung in sich eine rechtliche ist. Recht aber ist der Idee nach nur, was auch der Einzelne von sich aus (gleichsam als Gesetzgeber) als Recht anerkennt Darin liegt die Notwendigkeit für die empirische Gemeinschaft – z. B. für den geschichtlich realen Staat mit seinem geltenden Recht, der Idee nach Allheit zu sein. Jedes positiv geltende Gesetz, ja jede einzelne Rechtsprechung gemäß dem Gesetz, schwebt sonst in der Gefahr, bloß Ausdruck des Wollens oder Interesses einer Mehrheit zu sein, etwa einer herrschenden Klasse oder einer Partei. Hier liegt in der Idee der Allheit ein Prinzip, welches *implicite* ein Kriterium des bestehenden Rechtes bildet – und, sofern dieses eine Lebensform der empirischen Gemeinschaft ist, ein Kriterium eben dieser empirischen Gemeinschaft selbst[11].

Diese Form der Wiederkehr, bei der eine Kategorie schichtenweise nahezu „verschwindet", um dann plötzlich in einer höheren Ebene mit aller Kraft, wiewohl in neuem Sinne, wieder hervorzutreten, ist häufiger, als man dem Schema nach meinen sollte; ja, sie ist vielleicht im Kategorienreich die am breitesten vorherrschende. Man vergißt eben über der Einfachheit der Schichtung selbst nur zu leicht das von Fall zu Fall unberechenbare Gewicht des Novums, zumal des regionalen einer ganzen Schicht, sowie die Überschneidung der durchgehenden Linien mit der immer wieder neuartigen Kohärenz der Schichten. Das Dominieren und Verschwinden bildet überhaupt einen noch wenig geklärten Punkt in der Schichtungsgesetzlichkeit. Möglich, daß hier noch weitere, speziellere Gesetze walten. Aber mit solchen Erklärungen, wie Hegel sie im Prinzip der „Aufhebung" gab, ist hier nicht gedient. Damit wird dieselbe Sache nur noch einmal anders gesagt, ohne im mindesten aufgehellt zu werden.

Berechtigt ist indessen die Frage, ob denn die Wiederkehr auch wirklich von höheren Kategorien gilt. Man kann nämlich in diesem Punkt sehr bequem gegenargumentieren, wenn man sich an folgende sehr bekannte Tatsachen hält. Die Räumlichkeit erstreckt sich offenbar nicht auf seelisches Sein, auf personales und geistiges Sein noch viel weniger. Von der Kausalität läßt sich sagen, daß sie jedenfalls nicht die Form des Nexus ist, die in der Welt des Gedankens, der Gesinnungen, der Werturteile, oder des ästhetischen Schauens herrscht. Also hätten wir an Raum und Kausalität Ausnahmen, welche ein Loch in die Schichtungsgesetzlichkeit reißen.

Es wäre nun freilich denkbar, daß hier nur scheinbare Ausnahmen vorliegen, die auf dem Hineinspielen einer spezielleren Gesetzlichkeit beruhten. Doch dürfte die Sache hier wohl anders zusammenhängen. Es sind extreme Spezialfälle ebendesselben „Verschwindens" und scheinbarer Lückenhaftigkeit der Wiederkehr, von der wir soeben Beispiele hatten.

Bewußtsein nämlich, und vollends geistiges Sein in allen seinen Schichten, läßt sich wohl *in abstracto* so betrachten, als schwebte es ohne Seinsfundament in der Luft. Solche Betrachtung ist in der Philosophie, ebenso wie in den Geistes-

---

11 Der Gedanke ist der Hauptsache nach Hermann Cohens Logik entnommen (II. Kap. 3), die überhaupt reich ist an Beispielen kategorialer Abwandlung; was zum Beleg um so wertvoller ist, als der Gedanke der kategorialen Gesetze dort durchaus nicht als solcher erfaßt ist. [Cohen, Hermann, *Logik der reinen Erkenntnis*, 2. verbesserte Auflage: Berlin 1914.]

wissenschaften, sehr verbreitet. In jener hat sie zum Idealismus und Psychologismus, in diesen zum registrierenden und „Motive" klitternden Historismus geführt. Beides ist weit entfernt von ontologischem Erfassen, vom Verstehen der spezifischen Seinsweise des Geistes. Ontologisch gibt es eben das schwebende Bewußtsein und den schwebenden Geist nicht – wenigstens nicht, sofern es sich um reales Bewußtsein und geschichtlich realen Geist handelt. Reales Bewußtsein kennen wir nur als getragen von einem lebendigen Organismus, genau so sehr wie wir diesen nur getragen von breiten physischen Seinszusammenhängen kennen. Und jedes Gerede von einem „Bewußtsein überhaupt" ist dem gegenüber ein Vorbeireden am Sein des Bewußtseins. Das mag bequem sein, wenn man darauf aus ist die Welt künstlich zu vereinfachen, um sie übersehen zu können. Philosophisch ist solche Übersicht vielmehr das Übersehen des Bewußtseins selbst.

Und das Gleiche gilt vom Geist. Man möge ihn noch so sehr als den „objektiven Geist", den überpersönlichen und überindividuellen, verstehen, er besteht dennoch nur als geschichtlich realer Geist, der sein Entstehen und Vergehen, seine Entwicklung, Blüte und Niedergang in ebenderselben realen Zeit hat, in der auch die übrigen Prozesse alle verlaufen – mag auch seine Ideenwelt ebenso zeitlos als unräumlich und unkausal sein. Als dieser reale objektive Geist aber ist er nichtsdestoweniger getragen von ungeistigem Sein, nämlich von der ganzen Schichtung des niederen Seins. Er ist real nur, wo es reale Menschen gibt, deren geistiges Leben er ausmacht. Damit ist er auf das reale Bewußtsein rückbezogen, dessen wiederum reale organisch-lebendige Träger ihrerseits das physische Sein voraussetzen; und so weiter abwärts bis zu den Urelementen. Das Schichtungssystem besteht also restlos zu Recht. Und daß Räumlichkeit oder Kausalnexus nicht Strukturformen des Bewußtseins oder des geistigen Seins als solche sind, beweist nicht, daß diese bestehen könnten ohne sie. Raum und Kausalnexus sind hier nur zu sehr untergeordneten Bedingungen der höheren Realität herabgesetzt. Sie sind tatsächlich in ihr „verschwunden", hoch überbaut von Strukturen sehr anderer Art. Aber zieht man sie dem höheren Gebilde unter den Füßen weg, so fällt mit ihnen zugleich auch dieses selbst.

Man wird gut tun, diese Perspektive streng zu scheiden von all den bekannten landläufigen Weltvereinfachungen naturalistischer oder materialistischer Art. Alle jene Theorien, die Bewußtsein oder geistiges Sein auf materielles, oder auch nur auf organisches Sein zurückführen, verfolgen in Wirklichkeit etwas ganz anderes: sie wollen es „aus" dem niederen Sein heraus „erklären", es als seine Sonderfunktion verstehen. Damit haben die Schichtungsgesetze nichts gemein. Sie führen nichts zurück und „erklären" auch nichts. Sie formulieren nur die besondere Art und Weise, wie die kategorialen Strukturen höherer Seinweise auf die der niederen rückbezogen sind. Das Charakteristische in diesem Rückbezogensein aber ist gerade, daß die Struktur höheren Seins niemals und nirgends in der Struktur niederen Seins aufgeht. Das Gesetz des Novums ist es, das hier aller materialistischen, biologistischen, ja selbst psychologistischen Verkennung geistigen Seins die absolute Grenze vorzieht.

Das Eigenartige der Kategorienschichtung nämlich, das alle vereinfachten Schemata ausschließt, ist dieses, daß in ihr die Elementarbedingtheit von unten auf koexistiert mit der ungeschwächten Selbständigkeit der höheren Schicht – und nicht nur koexistiert, sondern so und nur so bestehen kann, ruhend auf einem kategorialen Gefüge, dessen Mannigfaltigkeit seine Einheitlichkeit nicht überschreitet, und dessen Einheitlichkeit seine Mannigfaltigkeit nicht vergewaltigt.

Übrigens gehören die letzten Erwägungen bereits in den Zusammenhang weiterer Gesetze, die vom Schichtungsverhältnis kaum zu trennen sind und sich in ihm bereits überall aufdrängen, dabei aber doch etwas anderes als sie besagen.

6. Die Abhängigkeitsgesetze

Daß in einem Schichtungsverhältnis auch ein Bedingungs- und Abhängigkeitsverhältnis stecke, ist an sich nicht selbstverständlich. Anders aber ist es, wenn die Schichtung die besondere Form der Wiederkehr und Abwandlung hat. Und vollends eindeutig und notwendig wird ein Bedingungsverhältnis involviert, wenn die Linien der Wiederkehr und Abwandlung eindeutige Richtung haben, die sich nicht umkehren läßt. Kehren nur die niederen Kategorien in den höheren wieder, nicht aber diese in jenen, so besteht, da Elemente notwendig bedingend sind für das Komplexum, in das sie eingehen, auch notwendig Abhängigkeit der höheren Kategorien von den niederen.

Daß überhaupt es Abhängigkeit unter den Kategorien gibt, ist schon aus den Kohärenzgesetzen zu ersehen. Kohärenz ist wechselseitige Abhängigkeit. Aber eben in der Wechselseitigkeit ist der Abhängigkeit die Spitze abgebrochen. Das Gleichgewicht des Bedingten und Bedingenden bleibt bestehen. Für eigentliche Abhängigkeit dagegen ist das Übergewicht des Bedingenden charakteristisch. Das gerade fehlt in der Kohärenz. Es setzt aber wieder ein in der Vertikale der Schichtung, sofern die Wiederkehr der Elemente eine irreversible, nur aufwärts gerichtete ist.

Es sei hierbei darauf hingewiesen, daß der strenge Sinn des räumlichen Bildes, welches dem Begriff „Abhängigkeit" zugrunde liegt, sich im Folgenden nicht aufrecht erhalten läßt. Der Begriff wurde seinerzeit unter dem Eindruck des Subsumptionsverhältnisses geprägt, in welchem nicht das Komplexere, sondern das Einfachere das „Höhere" hieß (vgl. oben). In diesem Gesamtbilde hatte das „Abhängen" noch seinen getreuen Wortsinn. Das ändert sich, wenn man hinter dem Subsumptionsverhältnis die kategorial-ontologische Schichtung wiederentdeckt, und der Sinn des Höherseins eine inhaltliche, nicht dem Bilde entnommene Bedeutung gewinnt. Die adäquatere Ausdrucksweise für das Bedingungsverhältnis der Kategorien wäre – wenigstens im Hinblick auf das einmal eingeführte Bild – die des „Beruhens" oder des „Gegründetseins auf" den Elementen, und die letzteren hätten dann als „Grundlagen" oder „Fundamente" zu gelten[12]. Doch fehlt dieser Begriffssprache eine bestimmte Nuance, die im „Abhängigsein" deutlich durchklingt: nämlich die, daß das Gegründete an seine Grundlage fest gebunden ist und sie nicht beliebig gegen eine andere vertauschen kann. An dieser Nuance aber hängt der Charakter des fortlaufenden Nexus, wie er das Schichtungsverhältnis von den Elementen auf bis zu den höchsten Komplexionstypen begleitet.

Die Gesetze selbst seien auch hier wiederum vorausgeschickt, obgleich in ihnen mancherlei enthalten ist, was besonderer Begründung bedarf. Das Grundgesetz freilich dürfte, wenn man es im Zusammenhang der Schichtungsgesetze sieht, wohl auch in sich selbst einsichtig sein. An ihm aber hängt die Gesamtstruktur des Verhältnisses.

XIII. *Das kategoriale Grundgesetz (oder das Gesetz der Stärke).* Die höheren Kategorien setzen immer eine Reihe niederer schon voraus, sind aber ihrerseits in diesen nicht vorausgesetzt. Die höhere Kategorie ist also allemal die bedingtere, abhängigere und in diesem Sinne schwächere. Die niedere Kategorie dagegen ist allemal die unbedingtere, elementarere, fundamentalere und in diesem Sinne stärkere. Kategoriale Abhängigkeit waltet nur von der niederen zur höheren, nicht umgekehrt. Stärke und Höhe stehen im Kategorienreich im indirekten Verhältnis zu einander. Die Inversion dieses Verhältnisses ist wohl *in abstracto* leicht denkbar, aber weder am Wesen der Kategorie noch des Konkretums aufzeigbar.

XIV. *Das Gesetz der Schichtenselbständigkeit* Die niedere Kategorienschicht ist zwar Grundlage der höheren, aber ihr kategoriales Sein geht in diesem ihrem Grundlage-Sein nicht auf. Sie ist auch ohne Hinzutreten der höheren eine

---

12 Schon die Alten rangen mit dieser Schwierigkeit. Bei Platon liegt im Begriff ὑπόθεσις das Bild des Aufbaus von unten auf, in der Idee des Guten aber als eines obersten Prinzips, zu dem es einen Aufstieg, und von dem es einen Abstieg gäbe, das Bild des Abhängens zugrunde. Aristoteles läßt im Buch Λ „Himmel und Natur" an einem Prinzip „hängen", welches das höchste im Sinne des inhaltsreichsten und vollkommensten ist (*Methaph.* 1072 b14), seine Analytik aber zeigt, daß zuoberst die inhaltsleersten *genera* stehen. Für Plotin vollends ist das „Abhängen" (wörtlich „Aufgehängtsein" ἐξηρτῆσθαι, ἀπηρτῆσθαι) terminologisch fest geworden; aber der Widerspruch zum Bilde der Hypostasis bleibt durch alle Schriften hin unbehoben. Bei ihm wie bei seinen Vorbildern Platon und Aristoteles ist das eigentliche Motiv der Verwirrung die versteckte Teleologie der Formen. Sie macht es, daß das „Oberste" zugleich erste „Grundlage" sein muß. Diesem zweischneidigen Motiv wird im Text noch besonders zu begegnen sein.

selbständig determinierende Prinzipienschicht, und zwar (nach IV) eine total determinierende; d. h. sie ist auch als Ganzes nur von unten her bedingt, nicht von oben. Das bedeutet am Konkretum, daß die niedere Seinsschicht, so oft eine höhere sie überbaut niemals ganz in deren höhere Formung eingeht. Sie hat in sich keine Bestimmung zum höheren Sein.

XV. *Das Gesetz der Materie.* Jede niedere Kategorie ist für die höhere, in der sie als Element wiederkehrt, nur Materie. Sofern nun die niedere Kategorie die stärkere ist, so geht gleichwohl die Abhängigkeit der höheren von ihr nur so weit, als Bestimmtheit und Eigenart der Materie die höhere Formung einschränkt. Diese kann die Elemente, die sie übernimmt, nicht umformen, sondern nur überformen.

XVI. *Das Gesetz der Freiheit.* Jede höhere Kategorie ist der niederen gegenüber, die als Element in sie eingeht, durchaus neuartige, inhaltlich überlegene Formung. Für solche ist innerhalb der niederen Schicht kein Spielraum, denn deren Kategorien bilden schon die totale Determination der Schicht; und da sie die stärkeren sind, so kann die höhere gegen sie nicht aufkommen. Oberhalb ihrer aber hat die höhere Kategorie unbegrenzten Spielraum; denn hier sind jene stärkeren Kategorien nur Materie. Als solche verhalten sie sich indifferent gegen die besondere Struktur ihrer Überformung. Das aber heißt, daß die höhere Kategorie, ungeachtet ihrer Abhängigkeit von der niederen, ihr gegenüber frei ist.

Daß das erste dieser Gesetze das Grundgesetz bildet, die anderen drei aber auch als seine Korrolarien gelten dürfen, sieht man leicht, wenn man auf das einheitliche Gesamtverhältnis hinblickt. Die Abhängigkeit der höheren Kategorien von den niederen folgt offenbar getreulich dem Schichtungsverhältnis; und wie dort die Wiederkehr von Schritt zu Schritt gefolgt ist von Abwandlung, Novum und Schichtendistanz, und dadurch sehr erheblich eingeschränkt wird (zumal durch das Novum), so folgt auch der kategorialen Abhängigkeit von Schritt zu Schritt die Schichtenselbständigkeit, die Materialität des Stärkeren und die Freiheit des Höheren. Und an den letzteren beiden ist wiederum die einschränkende Rolle deutlich zu sehen, die sie dem Gesetz der Stärke gegenüber spielen. Es ist eben im Grunde eine einzige, aber in sich komplexe Gesetzlichkeit, mit der wir es zu tun haben. Daß hierbei das Interessante, ja auf den ersten Blick vielleicht Befremdende in dem Widerspiel von Stärke und Freiheit liegt, bedarf keines Wortes. Freiheit und Abhängigkeit derselben höheren Kategorien denselben niederen gegenüber besagt eben, formal genommen, das Gegenteil. Daß dieser Widerspruch ein scheinbarer ist, daß gerade so erst – nämlich miteinander – beide Gesetze zu ihrem Recht kommen, wird sich freilich erst erweisen müssen.

Da das kategoriale Grundgesetz die Abhängigkeitsform der Kategorien zum Ausdruck bringt so kommt es bei seinem Erweise – sowie dem der drei andern Gesetze – nicht so sehr darauf an seine Allgemeingültigkeit darzutun, als auf die genauere Klärung seines Sinnes. Von seiner Geltung läßt sich ohnehin zum voraus sagen: es gilt überall da, wo es Wiederkehr und Abwandlung gibt. Und diese Gebundenheit an die Schichtung gibt ihm von vorn herein eine feste Umgrenzung: es kommt bei ihm durchaus keine andere Abhängigkeit neben der in der Schichtung enthaltenen in Frage.

Man kann auch hier an das Subsumptionsverhältnis anknüpfen. Die bekannte indirekte Proportionalität von Umfang und Inhalt bildet das Analogon (die Außenseite) des Verhältnisses von Stärke und Höhe. Die elementarere Kategorie hat eben die weitere Geltungssphäre, die komplexere die engere. Die Stärke besteht zwar nicht in der Umfangsweite, wohl aber hat sie diese zur Folge. Denn die niedere Kategorie „gilt" (abgewandelt) auch im Bereich der höheren. Diese kann die niedere nicht aufheben oder abändern, sie kann sie nur überbauen, und alle Abwandlung ist nur Funktion solchen Überbauens.

Man könnte also wohl sagen, daß zwischen niederen und höheren Kategorien das Verhältnis des Prinzips zum Konkretum wiederkehrt, wie die ersten beiden Geltungsgesetze es aussprechen, – eine Wiederkehr, die sich sonderbar genug ausnimmt, da in ihr zwischen den Prinzipienschichten sich wiederholen soll, was dem Gegenverhältnis von Prinzip und Konkretum eigentümlich ist. Das läßt erwarten, daß etwas in dieser Analogie nicht stimmen dürfte, obgleich nicht zu verkennen ist, daß die Höhendimension, in welcher Prinzipien dem Konkretum gegenüberstehen (ihre Grundlage sind), sich sehr wohl als dieselbe verstehen läßt, in welcher die niedere Grundlage der höheren ist. Hier wie dort handelt es sich um Determination und Abhängigkeit; ja, es ist vielleicht nicht von der Hand zu weisen, daß die Determination des Konkretums nur die Fortsetzung der Richtung ist, in der die schichtenweise fortlaufende Determination der Kategorien liegt.

Einem ontologischen Rationalismus, der darauf aus wäre, die kategorialen Verhältnisse nach Möglichkeit zu vereinfachen, könnte diese Analogie wohl passen. Aber hier gerade zeigt es sich, wie gefährlich Vereinfachungen sind. Erstens determinieren Prinzipien ihr Konkretum total, sie lassen keinen Raum für Bestimmtheit, die nicht aus ihnen stammte. Die elementaren Kategorien aber lassen in ihrer Wiederkehr sehr viel Spielraum für höhere Form, die in ihnen nicht enthalten ist (für das Novum der höheren). Sie determinieren wohl im Sinn von Prinzipien, aber sie determinieren nur gewisse allgemeine Züge, die an das Spezifische des höheren Gebildes nicht heranreichen. Sie determinieren eben nur im Sinne der Materie, oder der *condicio sine qua non*. Solche Determination ist zwar unverbrüchlich, aber sie ist weit entfernt durchgehende Determination zu sein.

Und zweitens gehen die Kategorien der niederen Schicht in ihrem Prinzip-Sein für die höheren nicht auf (XIV). Zum Wesen der Kategorien als Prinzipien aber gehört es, daß sie darin aufgehen. Als solche haben sie kein Fürsichsein neben ihrem Prinzip-Sein, wie das erste Geltungsgesetz besagt (I). Den höheren Kategorien gegenüber aber haben die niederen gerade ein solches Fürsichsein. Das eben besagt ihre Schichtenselbständigkeit.

Es bleibt also jedenfalls mißverständlich, wenn man hierauf das Prinzipienverhältnis anwendet. Man sollte nicht sagen: die niedere Kategorie ist Prinzip der höheren, sondern: sie ist Materie der höheren. So entspricht es dem dritten Abhängigkeitsgesetz, welches die Durchschlagskraft der stärkeren Kategorie in der höheren auf ihre ihr zukommenden Grenzen zurückführt. „Materie" determiniert eben auch; über ihr ist nicht alles Beliebige möglich, sondern nur, was sie – die selbst spezifisch geartete – zu überformen vermag.

Mit dem Gesagten dürfte zugleich klar sein, was es eigentlich mit der „Stärke" auf sich hat, die hier der kategorialen „Höhe" mit einem Sonderanspruch entgegentritt. Sie besagt durchaus nichts als eine bestimmte Art des Überlegenseins, welche dem Überlegensein des Höheren die Wage hält. Besteht dieses in der Seins- und Strukturfülle, so jenes in der Selbständigkeit und Bestimmungskraft. Die Determination, die von den niederen Kategorien ausgeht, ist eben eine unbedingtere und absolutere. Die der Höheren kann niemals gegen sie gehen, und im Falle des Widerstreites, wie ihn manche Theorien meinen annehmen zu müssen, würde sie ohne weiteres der niederen weichen müssen. Das Gesetz der Schichtenselbständigkeit, das solchen Theorien entgegentritt, zeigt diese Kehrseite des Grundgesetzes im Hinblick auf das Verhältnis der ganzen Schichten.

Hätte nämlich die niedere Schicht anstatt der Bedingtheit von unten her, oder auch nur neben ihr, die Bedingtheit von oben her in sich, so müßte auch die niedere Seinsschicht des Konkretums (d. h. der realen Welt) die Bestimmung in sich haben, zur Seinsweise der höheren Schicht aufzusteigen. Es müßte z. B. in allem physischen Sein die Tendenz liegen, zum Organisch-Lebendigen zu werden, in allem Lebendigen aber die Tendenz, zum Bewußtsein zu werden, und weiter zum geistigen Sein u. s .f.; man würde also mit solch einer These etwas behaupten, was den konstatierbaren Phäomenen durchaus zuwiderliefe. Denn offenbar wird nur der allergeringste Bruchteil des physischen Seins in organisches Sein umgeformt (im Assimilationsprozeß der Organismen); und ebenso sind es nur gewisse Spitzenformen des organischen Seins, an denen Bewußtsein auftritt. In beiden Fällen ist das Auftreten des höheren Seins gebunden an eine kategoriale Formung, die wir dem niederen als seine „Bestimmung" zuzuschreiben garkeinen Grund haben. Ebensowenig läßt sich behaupten, daß alles Bewußtsein zum geistigen Sein durchdringe – etwa zu eigentlicher Erkenntnis, zu Personalität und ethisch bewertbaren Akten, zu bewusster Organisation des Gemeinwesens u. s w.; denn das primitive Bewußtsein, wie es die längste Zeit im prähistorischen Dasein des Menschengeschlechts vorhanden gewesen sein mag – ganz zu geschweigen vom Bewußtsein höherer Tiere – ist ein durchaus ungeistiges, in den Zwang der vitalen Mächte total eingespanntes. Und wenn es hier auch unmöglich sein mag, den Grenzstrich zu ziehen, so ist doch umso mehr das Erwachen des Geistes im geschichtlichen Wandel des Bewußtseins charakterisiert durch das Einsetzen eines ganzen Gefüges höherer Determination, wie es eben das spezifisch geistige Sein auszeichnet, keineswegs aber durch Entfaltung dessen, was etwa verkappt schon im primitiven Bewußtsein gelegen haben mag.

Und soweit man hier, ohne metaphysischen Vorurteilen Raum zu geben, von einer fortschreitenden „Höherbildung" sprechen kann, so ist diese doch jedenfalls niemals als eigentliche „Entwicklung" zu verstehen – was ein Eingewickeltsein des Höheren im Niederen voraussetzt (so schon deutlich in der ἐξάπλωσις und ἐξέλξις der Neuplatoniker) – sondern durchaus als ein Einsetzen neuer und neuer Überformung, oder höchstens als ein Hineinwachsen des niederen Seins in höhere Formung. Alle Gleichnisse versagen hier vollständig. „Präformation" und „Epigenesis" sind roh zurechtgemachte Einseitigkeiten, in denen die Hauptsache, das Grundverhältnis (in den Geltungsgesetzen) vollkommen übersehen ist. Kein anderweitiges Verhältnis läßt sich dem Überbauungsverhältnis der Seinsschichten vergleichen. Läge hier „Entwicklung" vor, so müßte auch alles niedere Sein die teleologische Bestimmung zum höheren haben und müßte total in dieses aufgehen; was den Tatsachen widerspricht. Ignoriert man aber die Tatsachen, konstruiert man in der Theorie solche Entwicklung, so langt man bei einem Weltbilde an, welches die Inversion des kategorialen Grundgesetzes zum Gesetz macht und damit buchstäblich das unterste zuoberst kehrt.

Es sind sehr berühmte philosophische Systeme, gegen welche sich diese Kritik richtet. Der alte Hylozoismus ist hier nur ein harmloses Vorspiel. Aristoteles dagegen neigt schon stark zu einer allgemeinen Teleologie der höheren Form, wie denn das höchste Glied, der νοῦς, ihm dasjenige ist, zu dem alles emporstrebt. Bewußter durchgebildet ist das noch in Plotins Lehre von der ἐπιστροφή aller Dinge. Ganz offenkundig aber zeigt Leibniz diese Anschauung, indem er lebendige und leblose Natur nach Analogie des seelischen Seins versteht. Denn seine Monade ist seelisches Sein. Das ergibt zwar ein imponierendes Kontinuum der Seinsformen; aber es ist gewonnen um den Preis des schlichten Respekts vor den Phänomenen des Seins in ihrer Differenzierung. Am bekanntesten ist diese Inversion wohl aus Schelling, der die Natur als erstarrtes Leben verstand und an den Ursprungspunkt der Welt die „unbewußte Intelligenz" setzte, um dann wiederum den Werdegang der letzteren zum Bewußtsein, und schließlich bis zum sich selbst durchdringenden und wiedererkennenden Selbstbewußtsein als den einheitlichen Sinn des Weltgefüges herauszubekommen. Dieser Gedankenromantik hat

Hegel die Krone aufgesetzt – mit dem Anspruch, von unten auf, Schicht für Schicht ja Kategorie für Kategorie, zu zeigen, wie das niedere Gebilde das höhere schon voraussetze, in ihm seine Bestimmung und Vollendung (seine „Wahrheit") finde. Hier ist die „Dialektik" nicht Verfolgung der Schichtenimplikation, sondern die von unten auf angestellte Rekonstruktion einer von oben her durchgehend determinierenden Teleologie der Formen.

Es liegt auf der Hand, daß in diesen Theorien die Selbständigkeit der niederen Schichten verkannt ist. Die höheren Kategorien sind hier zu den stärkeren gemacht. Die Richtung der Abhängigkeit ist verkehrt. Das kategoriale Grundgesetz ist also nicht nur aufgehoben, sondern auch invertiert (umgekehrt); sein Gegenteil ist zum Gesetz erhoben. Man erkennt solche Inversion leicht daran, daß auch das Gesetz der Schichtenselbständigkeit aufgehoben ist.

Wie haltlos in sich selbst die genannten Theorien sind, ist genugsam bekannt und öfter gerügt worden, als nötig gewesen wäre. Aber ein ganz anderes ist es, die Wurzel des Fehlers aufzudecken. Man hat sie bald im Einheitsfanatismus, bald in der Dialektik, bald in der sehr durchsichtigen Teleologie der Formen, bald im Idealismus gesucht. Mit alledem ist aber nur Beiwerk und Einkleidung der Sache getroffen – all das gibt es auch sonst. Das Wesen der Sache liegt tiefer, der Fehler ist ein ontologischer, ein Prinzipienfehler. Er besteht in der radikalen Verfehlung und Verkehrung (Inversion) desjenigen Grundgesetzes, welches die Rangordnung und Abhängigkeitsfolge eben jener Seinsformen beherrscht, um deren einheitliche Zusammenschau diese Theorien bemüht sind.

Die Teleologie der Formen, der Idealismus, die aufsteigende Dialektik „führen" nicht etwa erst zur Inversion des kategorialen Grundgesetzes; sie beruhen vielmehr selbst schon auf ihr, ohne es freilich zu ahnen. Im Idealismus z. B. ist schon Bewußtsein, resp. geistiges Sein, dem dinglichen und organischen Sein vorgeordnet, und diese Vorordnung ist der Sinn alles „transzendentalen" Argumentierens. In der Formenteleologie aber und in der Hegelschen „Dialektik" ist grundsätzlich die Abhängigkeit des niederen Seins vom höheren proklamiert und in aller Selbstverständlichkeit zum Prinzip erhoben. Und diese Selbstverständlichkeit bleibt unangefochten, solange man in der beliebten Denkform gefangen bleibt, die überall fragt, „wozu" etwas da ist, „worin" es seine Bestimmung hat (seine innere Destination), – eine Frageweise, die auf den uralten Anthropomorphismus mythologischen Denkens zurückgeht und trotz der Durchsichtigkeit ihres Ursprungs bis in die großen, vielbewunderten „Systeme" der Metaphysik hinein undurchschaut geblieben ist.

Es ist kein Zufall, daß es keinem Kritiker Hegels – auch nach dem geschichtlichen Sturz des Hegelschen Systems – gelungen ist, ihn von innen heraus zu widerlegen. Man kann das eben nicht, wenn man sich in das Geflecht seiner Dialektik erst einmal hineinbegeben und ihre stillschweigende Voraussetzung, ohne es zu merken, hingenommen hat. Hinterher nämlich stimmt dann alles erstaunlich in sich selbst. Der Zauber Hegels ist bis heute ungebrochen, und wer heute noch sich erst einmal in seiner Dialektik fängt, der ist auch hoffnungslos in ihr gefangen und begraben. Auch der gewaltige Zauber, den die Aristotelische – freilich viel loser gewobene – Teleologie der Formen auf die Jahrhunderte abendländischer Philosophie ausgeübt hat, darf immer noch kaum als gebrochen gelten. Der Geist der Neuzeit konnte sich im instinktiven Gefühl eines neu geschauten und erlebten Weltzusammenhanges wohl gegen ihn auflehnen, aber nicht ihn entwurzeln. Hier wie dort bedarf es dazu einer anderen Art des Durchschauens, nämlich eines solchen, das bis auf die uneingestandenen kategorialen Voraussetzungen durchstößt.

Es bedarf zur Aufdeckung solcher traditionsgeheiligter und in die ganze Art unseres Schauens und Denkens beherrschend eingelagerter Lieblingsirrtümer eines viel radikaleren Vorgehens. Nur eine nüchterne, schlichte Kategorialanalyse kann solche Arbeit leisten – eine Analyse, die sich rein vom Gehalt der Probleme führen läßt und mit keinerlei blanken Resultaten vorwegnehmend liebäugelt. Hier ist der Scheideweg der Metaphysik. Entweder man geht spekulativ konstruierend vor und verzichtet auf Haltbarkeit und saubere Arbeit zugunsten eines mehr oder weniger erwünschten Weltbildes; oder man geht analysierend von unten auf vor und verzichtet auf den Zauber billig erkaufter „Weltanschauung" zugunsten wissenschaftlicher Haltbarkeit und Strenge.

Die ungeheure Bedeutung des kategorialen Grundgesetzes und seine beherrschende Stellung lassen sich vielleicht nirgends eindringlicher zum Bewußtsein bringen als an dieser Wegscheide menschlich-philosophischen Denkens. Eine wurzelhafte Kritik der metaphysischen Spekulation kann niemals in rein „kritischer" Arbeit allein bestehen – darum konnte auch die Kritik der reinen Vernunft, so oft sie versucht und wieder versucht wurde (nicht nur bei Kant und seinen Epigonen ist das geschehen), ihr niemals recht auf die Schliche kommen. Sie kann nur in positiver, ontologischer Herausarbeitung der Seinsgrundlagen und der an ihnen sichtbar werdenden, alles durchziehenden Grundgesetzlichkeit bestehen. Das ist es, was die kategorialen Gesetze ins Zentrum der philosophischen Krise rückt, deren Zeugen wir sind.

Was nämlich das kategoriale Grundgesetz diesen spekulativen Irrtümern gegenüber besagt, ist etwas ganz Einfaches und an den Seinsschichten des Konkreten selbst Sichtbares. Es ist dieses, daß geistiges Sein Bewußtsein voraussetzt und sich nur über ihm erhebt, während Bewußtsein durchaus nicht auf geistiges Sein angelegt ist und auch ohne sein Bestehen Realität hat; daß Bewußtsein dafür an organisches Leben gebunden ist und nur auftreten kann, wo ein solches als sein Träger vorhanden ist, während organisches Sein als solches keineswegs an Bewußtsein gebunden ist noch etwa die Bestimmung zum Bewußtsein in sich hat; daß ferner ebenso organisches Leben nur auf Grund physisch-materiellen Seins möglich ist, dieses aber im weitesten Ausmaße ohne organisches Leben bestehen kann. Es sind damit nur die mittleren Stufen herausgegriffen, die Seinsschichten gehen aufwärts wie abwärts weiter. Und aufwärts wie abwärts gilt fortlaufend die gleiche eindeutige, nicht umkehrbare Schichtenabhängigkeit. Auf das Kategorienverhältnis übertragen bedeutet das eben, daß jede niedere Kategorienschicht unterhalb der höheren absolute Selbständigkeit hat, jede höhere aber oberhalb der niederen insoweit von dieser abhängig bleibt, als deren Elemente in ihr wiederkehren. –

Dennoch liegt hierin nur die Hälfte der Wahrheit, die eine Seite des Grundverhältnisses. Und wollte man damit allein die Schichtung der Seinsformen ableuchten, man sähe sie trotz allem in einem schiefen Licht. Die andere Seite aber liegt in dem Doppelgesetz der Materie und der Freiheit (XV und XVI).

Es sind zwei heterogene Arten der Selbständigkeit, die in der Überlagerung der Seinsschichten auftreten. Vom kategorialen Grundgesetz aus, welches die durchgehenden Verbindungsfäden der Schichten heraushebt, kann man nur die eine sehen: die Selbständigkeit der niederen Schicht gegenüber der höheren. Aber es gibt auch eine Selbständigkeit der höheren Schicht gegenüber der niederen, und diese ist nicht weniger grundlegend für das ganze Überbauungsverhältnis. Die Abhängigkeit der höheren ist zwar eine durchgehende, aber sie ist doch zugleich, von der Seinsfülle der höheren Schicht aus gesehen, eine inhaltlich begrenzte, an gewisse immerhin dünne Fäden gebundene. Und eben die Seinsfülle der höheren Schicht beruht nicht auf ihr.

In der Geschichte der Philosophie walten – unter dem Druck des Einheitspostulats – zwei Typen der Systembildung vor. Der eine Typus ist der oben geschilderte, der von der höchsten Seinsform aus abwärts schauend die niederen verstehen will. Der andere will umgekehrt von der niedersten aus aufwärts schauend die höheren verstehen. Die antike Atomistik zeigt diesen Typus; schroffer als sie noch der neuzeitliche Materialismus, Energetismus, ja in gewissen Grenzen auch der Biologismus. Beide Typen haben Unrecht, und zwar beide verführt durch dasselbe Einheitspostulat. Der erstere verstößt gegen das kategoriale Grundgesetz, indem er die höheren Kategorien zu den stärkeren macht; der letztere gegen das Gesetz der Freiheit, indem er die niederen Kategorien als zureichende Determinanten der höheren Seinsschichten gelten läßt und diese dadurch um Eigenart und Selbständigkeit ihrer Seinsfülle bringt. Materie und physisches Geschehen sind so wenig imstande auch nur den Organismus, geschweige denn Bewußtsein und geistiges Sein herzugeben, als diese imstande sind die Grundlagen jener abzugeben. Die mechanistische Deutung der Lebenserscheinungen ist ebenso verkehrt wie die psychovitalistische und die teleologische. Beide führen das organische Sein auf Kategorien zurück, die nicht ihm als solchem eigentümlich sind und deswegen seine Eigenart vergewaltigen, die eine von unten, die andere von oben her. Das ist zwar entschuldbar, wenn man erwägt, wie tief im Irrationalen versteckt die eigentlichen Gesetzlichkeiten des Lebensprozesses liegen, und wie groß die Verführung ist, von den benachbarten um vieles rationaleren Seinsschichten aus in das Geheimnis der Lebendigkeit hineinzuleuchten. Vage Analogien und Ähnlichkeiten verstärken diesen Anreiz noch um vieles. Dennoch verkennen beide Tendenzen grundsätzlich die kategoriale Selbständigkeit des Organischen. Es besteht eben – wenn man von den uns unbekannten Extremen der Stufenfolge absieht – an jeder Seinsschicht doppelseitige Autonomie. An jeder einzelnen halten sich das Gesetz der Stärke und das der Freiheit die Waage.

Das Freiheitsproblem ist in der Philosophie immer ein aktueller Interessenpunkt gewesen. Aber immer war es nur eine bestimmte Art Freiheit, die man im Auge hatte, die Willensfreiheit. Das hat im Wesen der ethischen Probleme seine guten Gründe. Hier kann der Mensch nicht vorbei, ohne das Problem zu stellen. Dennoch ist Willensfreiheit ein Spezialfall – zwar ein spezifischer, und doch ein solcher, dem auch das ontologisch Generelle die Grundstruktur gibt. Darum hat gerade die Ethik das allergrößte Interesse an der Klarstellung des kategorialen Abhängigkeitsverhältnisses.

An sich aber ist es nicht weniger bedeutsam, daß auch der Organismus eine sehr bestimmt geartete Freiheit hat der leblosen Natur gegenüber, obgleich er im weitesten Maße von ihr abhängig ist; desgleichen daß das Bewußtsein frei ist dem Organismus gegenüber, an den es doch unlöslich gebunden ist und dessen Zustände sich doch mannigfach in ihm spiegeln. Und so die Reihe weiter aufwärts. Ja, es läßt sich *a priori* voraussehen, daß es auch eine Freiheit der Person in ihren Entschlüssen, Handlungen und Gesinnungen nur geben kann, wenn es überhaupt Selbständigkeit eines ontologisch höheren Gebildes der niederen Determination gegenüber gibt. Deswegen ist der Erweis der vielumstrittenen Willensfreiheit ganz und gar abhängig vom ontologischen Verständnis des kategorialen Abhängigkeitsverhältnisses. Und da es an solchem Verständnis gerade bei den eifrigsten Freiheitsverfechtern durchaus fehlt, so ist es wohl zu verstehen, wie sie sich verführen lassen konnten, ihr Weltbild spekulativ zum Behufe der Freiheit zurechtzustutzen. Und ebenso kann man es verstehen, wie besonnenere Köpfe, das falsche Spiel durchschauend, sich aus intellektueller Ehrlichkeit veranlaßt sahen, die Freiheit fallen zu lassen.

Hier steht also womöglich noch mehr auf dem Spiele als beim kategorialen Grundgesetz. Indessen muß das konkreter am inhaltlichen Verhältnis der einschlägigen Kategorien gezeigt werden.

Was die Freiheitstheorien alle zu überwinden trachten, das ist der allgemeine Determinismus. In diesem – sowie in seinem Gegenstück, dem Indeterminismus, den man mit allen Mitteln an seine Stelle zu setzen sucht, – handelt es sich bekanntlich nicht um die kategoriale Determination des Konkretums; denn diese ist ein gemeinsamer Zug alles Seienden, und ein Aussetzen ihres Waltens würde sofort Unbestimmtheit bedeuten, d. h. den Mangel des Seins. So aber ist auch der Indeterminismus nicht gemeint. Es gibt vielmehr in jeder Seinsschicht einen besonderen *modus dependendi*, einen Nexus fortlaufender Abhängigkeit, der das Konkrete in sich selbst verbindet, so daß alles Einzelsein durch anderes Einzelsein determiniert ist. Und dementsprechend gibt es in jeder Kategorienschicht ein Prinzip desjenigen Nexus, der diese Verbindung des zugehörigen Konkreten in sich ausmacht. So gibt es eine spezifisch mathematische Folge im rein quantitativen Sein, eine Kausalfolge im physischen Sein – dergemäß das zeitlich frühere Prozeßstadium durchgehend das zeitlich spätere determiniert –; nicht weniger aber dürfte es eine spezifisch organische Folge im Lebensprozeß und eine psychische Folge im seelischen Geschehen geben, beide freilich uns strukturell nicht bekannt, oder doch umstritten, nichts destoweniger aber offensichtlich vorhanden und jedenfalls nicht mit physischer Kausalität zusammenfallend. Weiter oberhalb im Sein der Person haben wir dann den wohlbekannten Finalnexus, in welchem rückläufig der Prozeß durch ein vorgestecktes Ziel determiniert ist. Die Frage ist: wie ist es möglich, daß die Person – etwa in ihrem Willensentschluß – eine selbständige („freie“) Entscheidung treffe, wenn doch ihr ganzes geschichtetes Sein von unten auf determiniert ist?

Diese Frage ist offenbar unlösbar, solange man den ontologischen Sinn solchen Determiniertseins nicht durchschaut. Mit einem Indeterminismus – auch einem partialen – kann man sich hier nicht helfen; er verstößt gegen das kategoriale Grundgesetz. Der Kausalnexus waltet als elementare Determinationsform wiederkehrend auch in den höher strukturierten Typen des Nexus im Organischen, im Psychischen und im Personalen, soweit nur immer es zeitliche Folge gibt; und auch Entschlüsse und Gesinnungen fallen als reale noch in die Zeitfolge. Er ist als niederer Nexus notwendig der stärkere. Wie also kann der Wille, wenn er doch alle diese Determination schon in sich hat noch frei sein?

Dennoch ist das nicht schwer zu verstehen, wenn man das kategoriale Abhängigkeitsverhältnis der Determinationstypen selbst ins Auge faßt. Der Kausalnexus ist im organischen Prozeß wohl enthalten und sicherlich nirgends durchbrochen, aber er genügt der höheren Bestimmung nicht, die dieser hat (etwa als morphogenetischer Prozeß); es treten hier anderweitige Determinanten mitbestimmend hinzu, welche ihn überformen. Er wird zum untergeordneten Strukturelement eines Nexus, in dem ein Formganzes die Direktive gibt. Wir kennen zwar die neuen Determinanten nicht, und ebensowenig können wir positiv die Struktur des höheren Nexus angeben, der die mannigfachen Kausalketten hier in die überlegene Einheit des formbildenden Prozesses zusammenfaßt und verschweißt (mit Unrecht hat man sie in den vitalistischen Theorien immer wieder dem Finalnexus gleichgesetzt). Aber für ihr Vorhandensein bürgt uns die überall greifbare Tatsache eben dieses formbildenden Prozesses.

Daraus geht hervor: der Kausalnexus muß so beschaffen sein, daß er sich überformen läßt, – wenn es nur überhaupt Determinanten überkausaler Art gibt, die sich über ihn legen können. Er ist also imstande fremde Determinanten in sich aufzunehmen, ohne seine Eigenstruktur zu verlieren. Letzteres findet sich denn auch in der Kategorialanalyse des Kausalnexus genau bestätigt. Dieser Nexus ist die einseitige Determination des Späteren durch das Frühere; was im früheren Stadium des Geschehens an Determinanten (Teilursachen) enthalten ist, wirkt sich unaufhaltsam im späteren Stadium aus. Diese Unaufhaltsamkeit – und nur sie – ist die Form des kausalen Determinismus, die man zu Unrecht im Freiheitsproblem so sehr gefürchtet hat. Sie ist in Wahrheit der Freiheit eines höher gearteten Gebildes – sei es nun der Organismus, das Bewußtsein oder die Person mit ihrem Anspruch auf Selbstbestimmung – vollkommen ungefährlich. Denn sie besagt nur, daß Determinanten, die einmal im Gesamtnexus enthalten sind, nicht wieder verschwinden oder aufgehoben werden können, sie besagt aber keineswegs, daß die Gesamtwirkung nicht geändert werden könnte. Sich ändern muß sie vielmehr – gerade nach dem Kausalgesetz, – sobald neue Determinanten in den Nexus eintreten. Und gegen das Eintreten solcher (wenn es sie gibt) ist in der Struktur des Kausalnexus durchaus kein Hemmnis vorhanden. Er bewahrt getreulich alle Determinationsfäden, die einmal in ihm enthalten sind; aber er ist gleichgültig gegen ihre Herkunft. Er führt gleichsam in seinem breiten Strom den Fremdkörper mit, genau so wie er auch seine Produkte als Ursachenmomente weiterer Wirkungen mitführt. Das ist es, was den Kausalnexus lenkbar macht; er widersetzt sich nicht dem Eingriff außerkausaler Determinanten. Er ist als niedere Form der linearen Determination zwar die stärkere, die durch keine Macht der Welt aufgehoben oder unterbrochen werden kann – genau so wenig wie etwa der Zeitfluß aufgehalten oder rückläufig gemacht werden kann –, aber er ist durch höhere Determination unbegrenzt überbaubar oder überformbar. Denn er ist – wie die Zeit – absolut indifferent gegen sie. Das eben drückt sich in seiner kategorialen Struktur darin aus, daß er „blind" ist, ohne Zielrichtung, ohne vorausbestimmte „Endstadien", auf die er hinauslaufen müßte, – wie es denn überhaupt Anfang und Ende in ihm nicht gibt, – gleichgültig also gerade gegen den Ausfall eben derjenigen zeitlich späteren Prozeßstadien, deren Determination er ausmacht.

Es ist ein ganz einfaches Bruchstück der Kategorialanalyse – und nicht einmal ein sonderlich schwieriges, – welches das alte antinomisch zugespitzte Problem von Kausaldeterminismus und Freiheit grundsätzlich löst, und zwar noch weit diesseits der eigentlich ethischen Freiheitsfrage. Die letztere aber, soweit es sich in ihr um Freiheit gegenüber dem Kausalgefüge der Welt handelt, ist darin durchaus mit entschieden.[13] Denn haben schon die morphogenetischen Prozesse des Organischen auf diese Weise zwanglos ihre Autonomie über dem allgemeinen Kausalnexus, trotzdem dieser sich ungehemmt durch sie hindurch erstreckt, – wievielmehr wird das vom seelischen Sein, und nun gar vom ethisch personalen Sein zu gelten haben! Wir haben es hier offenbar mit einer Schichtung der Determinationstypen (d. h. der Typen des Nexus) zu tun, entsprechend der Schichtung der Seinstypen und ihrer Kategorien überhaupt. Dabei ist (nach dem Gesetz der Stärke) immer die niedere Determination in der höheren mit determinierend, diese aber (nach dem Gesetz der Freiheit) durch das Plus an Determination, das sie dem Gesamtnexus einfügt, über der niederen autonom. Und so ergiebt sich an der Schichtung der Determinationstypen zugleich eine Schichtung der Autonomien, indem jede niedere Determination die höhere nur als ihr Element mitbestimmt (als „Materie" oder als *condicio sine qua non*), nicht aber die Eigenart der höheren als solche bestimmt. Die höhere Determination ist eben nirgends Aufhebung der niederen, sondern durchaus nur Überformung. Und diese hat von Schicht zu Schicht unbegrenzten Spielraum über der niederen, und damit Autonomie ihr gegenüber, sofern die niedere in ihr unangetastet bleibt.

In dieser Schichtung der Autonomien ist die Willensfreiheit tatsächlich nur Spezialfall. Sie ist die Autonomie der Person über dem Determinismus des seelischen Seins und seiner Abläufe, wie dieser selbst Autonomie des Seelischen über dem Determinismus des Organischen, und letzterer wiederum Autonomie des Organischen über dem Kausaldeterminismus des mechanisch-physischen Seins ist. Das hindert die sehr besondere Artung jeder dieser Autonomien, also auch der Willensfreiheit, keineswegs. Der methaphysische Determinismus und Indeterminismus im traditionellen Sinne verstoßen beide gegen die kategorialen Abhängigkeitsgesetze: jener gegen das Gesetz der Freiheit, indem er die niedere Determination zur Totaldetermination höherer Seinsschichten macht – z. B. seelisches und personales Sein ausschließlich kausal determiniert sein läßt; dieser gegen das kategoriale Grundgesetz, indem er die niederen und stärkeren Determinationsketten zugunsten der höheren und schwächeren Determinanten durchbricht. Ersteres ist Vergewaltigung des höheren Seins und widerspricht dem ontologischen Sinn der Determination selbst; letzteres aber ist nicht nur ontologisch verkehrt, nämlich Inversion der Schichtenabhängigkeit, sondern auch für die Wahrung höherer Autonomie vollkommen überflüssig. Höhere

---

13 Freilich nur insoweit. Und das ist nicht das ganze ethische Freiheitsproblem. Es gibt noch weitere Antinomien der Freiheit. Zum Näheren darüber vgl. die Angaben der Schlußanmerkung.

Determination ist eben ohnehin – über der niederen, und auf ihr beruhend – unbeschränkt autonom. Sie fällt mit ihrer Überformung in eine andere Ebene des Seienden.

An dem Spezialfall der Willensfreiheit nun – als dem bekanntesten – kann man die besondere Art der Überformung des Kausalnexus und seine ungebrochene Erhaltung in ihr noch ein Stück weiter verfolgen. Die Determinationsform des Willens und der ihm verwandten ethischen Akte – z. B. des Sich-Einsetzens „für" etwas, oder der Tendenz, der Neigung „zu" etwas, ja selbst des Gesinntseins „gegen" jemand – ist die finale (Teleologie). Im einfachsten Falle sagt man, der Wille entscheide sich „für" etwas, entschließe sich „zu" etwas. Dieses „Für" und „Zu" hat schon die Form des vorgesetzten Zweckes. Und darum hat auch alle reale, vom Willen ausgehende Determination, d. h. die Handlung, die Form des Finalnexus. Wohlverstanden, nicht um Wert und Unwert des Zweckes handelt es sich jetzt – das spielt eine Rolle nur inbezug auf den Unterschied von Gut und Böse, nicht inbezug auf den von frei und unfrei. Denn ein unfreier Wille ist überhaupt weder gut noch böse. Und das wiederum entspricht der Tatsache, daß die eigentliche Fähigkeit der Teleologie (Zwecktätigkeit) im Menschen an sich indifferent gegen Gut und Böse dasteht, d. h. indifferent gegen Wert und Unwert ihres Zweckes.

Wie aber ist die kategoriale Struktur dieses Finalnexus? Das ideale, noch zukünftige Endstadium wird zuerst mit Überspringung des realen Zeitflusses vorgesetzt, von ihm aus werden rückläufig (dem Zeitfluß entgegen) die Mittel bestimmt bis zurück zum ersten, das am gegenwärtig Gegebenen anknüpft und in der Macht des Handelnden steht; dann aber setzt von diesem aus erst die Realisation des Zweckes ein, und zwar durch dieselbe Reihe der Mittel, nur umgekehrt und rechtläufig in der Zeit. Dieses dritte Glied des Finalnexus aber, die Realisation oder die eigentliche Handlung, ist wiederum ein rein kausaler Ablauf. In ihm funktioniert die Reihe der vom vorgesetzten Zweck aus seligierten Mittel als Reihe der Ursachen, und als letzte Wirkung steht der real gewordene Zweck da.

Diese klar zutage liegende Wiederkehr des Kausalnexus im dritten Gliede des Finalnexus ist überaus lehrreich für die Freiheitsfrage, und nicht weniger für das Verständnis der kategorialen Abhängigkeit: die niedere Form des Nexus ist also nicht nur kein Hemmnis der höheren, keine Schranke ihrer Autonomie – in diesem Falle der Setzung von Zwecken und der Rückdetermination der Mittel – sondern sie ist geradezu die Basis, auf der diese erst möglich wird. Gibt es nämlich keinen durchgehenden Kausalnexus des niederen Seins, so ist es gar nicht möglich von einem vorgesetzten Zweck aus Mittel zu seligeren; denn herrscht keine feste Zuordnung zwischen bestimmter Ursache und bestimmter Wirkung, so ist es unmöglich vorauszusehen, ob ein gewähltes Mittel überhaupt geeignet ist, die gewünschte Wirkung hervorzurufen, d. h. ob es überhaupt als Mittel in Frage kommt. Gewiß bleibt menschliche Voraussicht hierin immer sehr beschränkt, aber diese Schranken sind subjektiv, es sind Schranken menschlicher Zwecktätigkeit. Soweit aber letztere reicht, ist die Seligierbarkeit der Mittel immer schon im Entschluß mit erwogen – man „entschließt" sich eben garnicht zu etwas, wozu es nicht überhaupt ergreifbare Mittel gibt; – der Selektionswert der Mittel aber ist nichts anderes als ihre den Zweck kausal bewirkende Kraft. In einer nicht kausal determinierten Welt ist also gerade Teleologie ein Ding der Unmöglichkeit, also auch der Wille und alle ihm verwandten ethischen Akte. Die höhere Determination ist eben durchaus bedingt durch die niedere – aber nur im Sinne der Materie, deren Überformung sie ist. Sie ist also gerade in dieser ihrer Bedingtheit durch die niedere dennoch über ihr autonom. Und diese ihre Autonomie ist in der Struktur ihres Nexus ebenso konkret greifbar wie jene Bedingtheit. Sie liegt eben in der dem Kausalnexus gänzlich fremden und hoch überlegenen Rückdetermination der Mittel aus dem vorgesetzten Zweck.

So bestätigt sich in aller Buchstäblichkeit das Komplementärverhältnis zwischen dem Gesetz der Stärke und dem der Freiheit – in dem aktuellsten und am schwersten gefährdeten Problempunkte der Metaphysik, dem Problem der Willensfreiheit. Das alte Problem löst sich in unerwarteter Durchsichtigkeit durch bloße Anwendung der kategorialen Abhängigkeitsgesetze.

Nur auf einen Punkt sei abschließend noch hingewiesen. Man könnte nun meinen, der Freiheit am besten zu dienen, wenn man den Finalnexus, der sich als Form der Willensdetermination erwiesen, rückwärts auf die niederen Seinsformen überträgt. Es liegt ja so nah zu glauben, daß auf diese Weise ohne weiteres der Mensch seiner Entschlüsse Herr wäre. Die Welt erscheint dann von unten auf teleologisch determiniert, auch scheinbar mechanische Prozesse sind dann im Grunde zweckläufig. Die meisten spekulativen Systeme, die es mit der Verfechtung der Willensfreiheit aufgenommen, haben diesem Gedanken Raum gegeben. Es sind fast lauter teleologische Weltbilder.

Die ungeheure Täuschung, die hierin liegt, ist und bleibt undurchschaubar, solange man die kategorialen Gesetze nicht erfaßt hat und nicht sieht, daß Freiheit nur möglich ist in einer Schichtung von Determinationen. Freiheit ist, ontologisch verstanden, die kategoriale Form der Selbständigkeit einer höheren Determination über der niederen. Gibt es keine niedere, so gibt es auch keine höhere. Ist die Welt von unten auf schon teleologisch determiniert, ist also die höhere Determinationsform zur stärkeren und alleinherrschenden gemacht, so ist kein Spielraum mehr für menschliche Teleologie. Die Prozesse des makrokosmischen Geschehens sind dann schon an Endstadien gebunden, die als vorbestimmte in ihnen walten. Und da ihre Macht eine dem Menschen unvergleichlich überlegene ist, so kann kein Entschluß und kein Wille mehr gegen sie aufkommen, denn sie sind nicht lenkbar wie Kausalprozesse, sie sind verhaftet in ihren Zwecken.

Freiheit ist nur möglich in einer wenigstens zweischichtigen Welt. In einer mehrschichtigen tritt sie von Schicht zu Schicht als Begleiterscheinung des kategorialen Novums am höheren Determinationstypus auf. In einer einschichtigen Welt mit einer einzigen Determinationsform ist sie ein Ding der Unmöglichkeit. In diesem Punkt ging Kant instinktiv den richtigen Weg, indem er die „Freiheit im positiven Verstande" als Determination höherer Ordnung („Freiheit unter dem Gesetz") verstand. Daß er die höhere Schicht als „intelligible" Welt von der bloß „erscheinenden" unterschied, ist sein idealistisches Vorurteil. Daß er sie überhaupt unterschied von einer inferioren Welt und in ihr die autonome Determination des Willens inmitten der sonst durchgehend kausal determinierten Prozesse erblickte, das ist es, was ihm das alte, an hergebrachten Vorurteilen und Denkfehlern krankende Freiheitsproblem zuerst lösbar machte.

Die beiden traditionellen Formen des metaphysischen Einheitsdeterminismus – oder determinativen Monismus – begehen beide denselben Fehler: eben die widerrechtliche Vereinfachung der Welt, die Verwischung der ontologischen Schichtendistanz. Sie begehen ihn nur in entgegengesetzter Richtung. Der monistische Kausaldeterminismus mechanisiert Leben, Bewußtsein und geistiges Sein; der monistische Finaldeterminismus teleologisiert den Naturprozeß. Beide verwischen eben damit das Vorrecht und die determinative Überlegenheit des Menschen. Sie reihen ihn als Glied ein in einen Gesamtnexus, der durch ihn hindurch und über ihn hinweg waltet wie über jedes andere Gebilde auch. Jener invertiert das Gesetz der Freiheit, dieser das kategoriale Grundgesetz. Als einzige Zuflucht bleibt dann der Indeterminismus übrig. Aber er ist und bleibt ein Kompromiß; und wer ihn gelten läßt, vergißt, daß er in Wahrheit damit die Gesetzlichkeit des Nexus überhaupt illusorisch macht, also auch Naturgesetzlichkeit.

Stellt man das natürliche, in der Schichtenordnung des Seins greifbare Überbauungsverhältnis der Determinationstypen wieder her, so fallen alle diese Schwierigkeiten mit einem Schlage weg. Sie erweisen sich als künstliche Aporien, als Konsequenzen einer von vorn herein willkürlich konstruierten Einheit, die es im Realen garnicht gibt und deswegen auch im Kategorienreich nicht geben kann. An Einheitlichkeit fehlt es in der Welt auch ohnedem nicht. Im Schichtungs- und Abhängigkeitsverhältnis gerade ist sie leicht zu erkennen. Dieses Verhältnis selbst ist im Grunde ein groß angelegter Einheitstypus. Man darf die Einheit nur nicht suchen, wo sie nicht ist. Und konstruiert man sie in systembefangener Verblendung, so verbaut man sich ahnungslos die Perspektive ins Sein und verfehlt unrettbar nicht nur die sich darbietende „Lösung" der ewigen Grundprobleme, sondern in Wahrheit auch diese selbst.[14]

---

14 Die im letzten Abschnitt gebrachten Belege aus dem Gebiet des Freiheitsproblems finden sich breiter ausgeführt in meiner *Ethik* (Berlin 1926), Kap. 20, 21, 68 – 71 und 83; weitere Beispiele zur Illustration der Abhängigkeitsgesetze bringen auch Kap. 25 und 63. [Hartmann, Nicolai, *Ethik*, Berlin – Leipzig 1926 (= 3. Auflage: Berlin 1949).] Die Zusammenhänge mit den ethischen Grundfragen kommen dort im Ganzen der Problemaufrollung besser zur Geltung. Dagegen fehlt dort die ontologische Diskussion der kategorialen Gesetzesstrukturen selbst. Diese wird erst sichtbar, wenn man die vier Typen der Gesetzlichkeit (Geltung, Kohärenz, Schichtung, Abhängigkeit) im Zusammenhang überschaut. In diesem Sinne dürfte das hier Gesagte die notwendige Ergänzung zu den einschlägigen Ausführungen der *Ethik* bilden.

4 Zum Problem der Realitätsgegebenheit

Einleitung

Vom 28. bis 29. Mai 1931 tagt die Kant-Gesellschaft in Halle an der Saale. Der Festredner war Nicolai Hartmann, der Titel seines Vortrags lautete „Zum Problem der Realitätsgegebenheit". Im Heft 32 der Reihe „Philosophische Vorträge" der Kant-Gesellschaft wurden der Vortrag, die Diskussion und das Schlusswort des Referenten von den Herausgebern der Schriftenreihe, Paul Menzer und Arthur Liebert, publiziert.

Es handelt sich bei dieser Publikation um ein herausragendes Dokument zur Philosophiegeschichte, aber auch zur Zeitgeschichte der frühen 30er Jahre des zurückliegenden Jahrhunderts. Unter den Diskutanten waren Personen versammelt, die wenige Jahre später verfolgt, mit Berufsverbot belegt und in die Emigration getrieben wurden. Unter ihnen seien hier genannt: die Philosophen Helmuth Plessner, Arthur Liebert, Paul Hofmann, Helmut Kuhn und der Soziologe Julius Kraft. Sie diskutierten mit Vertretern der deutschen Philosophie, mit denen wenige Jahre später kein (öffentlich-akademisches) Gespräch mehr möglich war. Zu ihnen gehören Max Dessoir, Moritz Geiger, Heinz Heimsoeth und Theodor Litt. Die Zusammensetzung dieser Diskussionsrunde ist herausragend und das Thema des Vortrags berührt eine philosophische Grundlagenproblematik.

Der Anfang der Debatte über das Problem der Realitätsgegebenheit liegt in den 1870er Jahren, als Friedrich Adolf Trendelenburg und Kuno Fischer über ihre Kant-Lektüren in einen Streit gerieten und ersterer für eine realistische Theorie der Erfahrung plädiert.[1] Trendelenburg sieht im Gegensatz zu seinem Kontrahenten Kuno Fischer in Kants Darlegung der Transzendentalität des Raumes eine Beweislücke, welche der Annahme einer Realität der Raumanschauung „als auch für die Dinge außer uns geltend" zumindest nicht entgegensteht. Hier geht es um eine entscheidende Weichenstellung innerhalb der „Erkenntnistheorie" als einer, in diesen Jahren entstehenden philosophischen Denkrichtung.[2]

Eduard Zeller hat den Kern dieser ersten Phase einer langanhaltenden Debatte vorbildlich in seiner programmatischen Rede „Ueber Bedeutung und Aufgabe der Erkenntnistheorie" (1877) heraus präpariert. Zeller geht auf Kant zurück und in kritischer Absicht über ihn hinaus. Kant erscheint ihm als Wegweiser, um das Verhältnis der Philosophie zu den Wissenschaften neu zu bestimmen. „Kant's

---

1 Vgl. Köhnke, Klaus Christian, *Entstehung und Aufstieg des Neukantianismus. Die deutsche Universitätsphilosophie zwischen Idealismus und Positivismus*, Frankfurt/M. 1993, 257–272.
2 Vgl. Köhnke, Klaus Christian, „Über den Ursprung des Wortes Erkenntnistheorie – und dessen vermeintliche Synonyme", in: *Archiv für Begriffsgeschichte*, Bd. 25, 1981, 185–210.

unsterbliches Verdienst" ist es, in der Erkenntnistheorie den Weg von den Tatsachen der Außenwelt auf einen allgemeinsten Grund zurückzugehen. Allerdings ist Kant bei dem Versuch, die Grenzen menschlicher Erkenntnis festzuschreiben, seiner Ansicht nach gescheitert. Den ganzen Bereich der Außenwelt als Welt der so genannten „Dinge an sich" prinzipiell für unerkennbar zu halten, widerspricht nach Zellers Auffassung unserem gesunden Menschenverstand. Insbesondere Kants Überlegungen zur Raumvorstellung als transzendentaler Anschauungsform ohne Realitätsgehalt führen uns, wie auch Wilhelm Dilthey betont, in die falsche Richtung.[3]

Zeller macht deutlich, dass Kants wissenschaftliche Leistung, „seine Theorie des Erkennens", die Möglichkeit eines Neuanfangs in der Philosophie markiert. Auf Kant und seine Untersuchungen muss jeder zurückgehen, der die Grundlagen der heutigen Philosophie verbessern und die Fragen Kants in seinem kritischen Geist neu stellen will.[4] Zeller fasst seinen Standpunkt des „Kriticismus" folgendermaßen zusammen: „Wir können nicht erwarten, eine Erkenntniss des Wirklichen anders, als von der Erfahrung aus, zu gewinnen; wir werden aber ebensowenig vergessen, dass in der Erfahrung selbst schon apriorische Bestandtheile enthalten sind, durch deren Ausscheidung wir erst das objektiv Gegebene rein erhalten, und dass die allgemeinen Gesetze und die verborgenen Gründe der Dinge überhaupt nicht durch die Erfahrung als solche, sondern durch's Denken erkannt werden".[5]

In seiner Abhandlung *Ueber die Gründe unseres Glaubens an die Realität der Aussenwelt* (1884) hat Zeller diese Argumentation pointiert dargestellt und seinen erkenntnistheoretischen Kritizismus zu einem kritischen Realismus erweitert. Sein Argument gegen die Beweisführung der transzendentalen Ästhetik Kants ist anthropologisch motiviert: „Nichts liegt dem Menschen von Hause aus ferner als der Zweifel an der Wirklichkeit der Dinge".[6]

Das ist, in groben Zügen skizziert, die Position eines ontologischen, gleichwohl kritischen Realismus. Philosophiegeschichtlich gerahmt wird diese Be-

---

3 Vgl. auch Dilthey, Wilhelm, *Beiträge zur Lösung der Frage vom Ursprung unseres Glaubens an die Realität der Außenwelt und seinem Recht* (1890), in: *Gesammelte Schriften*, Bd. 5, 2. Auflage: Stuttgart-Göttingen 1957, S. 90 – 138.
4 Zeller, Eduard, „Ueber Bedeutung und Aufgabe der Erkenntnistheorie", in: *Vorträge und Abhandlungen, Zweite Sammlung*, Leipzig 1877, 479 – 526; hier: 490.
5 Zeller, Eduard, „Ueber Bedeutung und Aufgabe der Erkenntnistheorie", 495. Vgl. Hartung, Gerald, „Zum Verhältnis von Philosophie und Wissenschaften bei Eduard Zeller". in: ders. (Hg.), *Eduard Zeller. Philosophie- und Wissenschaftsgeschichte im 19. Jahrhundert*, Berlin 2010, 153–175.
6 Zeller, Eduard, „Ueber die Gründe unseres Glaubens an die Realität der Aussenwelt", in: *Vorträge und Abhandlungen, Dritte Sammlung*, Leipzig 1884, 225–285; hier: 225.

hauptung durch Brentanos Rückgriff auf den „Realismus des Aristoteles"[7], durch Eduard Zellers Profilierung eines „gesunden Realismus"[8] und späterhin Nicolai Hartmanns Grundlegung einer kritischen Ontologie als eines „natürlichen Realismus".[9] Hartmanns Vortrag auf der Tagung der Kant-Gesellschaft im Jahr 1931 bietet eine Vertiefung der skizzierten Realismus-Debatte und eine Verdichtung der Kritik an seiner Neuen Ontologie. Indem er die erkenntnistheoretische Isolation der Erkenntnisphänomene zurücknimmt und diese in den sogenannten „Lebenszusammenhang" (189) zurückstellt, vermischt er die Bereiche des Erlebens und Erkennens. Der Ausgangspunkt ist für Hartmann Max Schelers „voluntativer Realismus" (196), den er zu einem ontologischen Realismus erweitert. Wir haben es, so Hartmann, in der Erkenntnis niemals mit „bloßen" Erkenntnisgegenständen zu tun, diese sind immer in emotionalen Akten gegeben. Ein Erkennen von Welt ist vom Erleben nicht abzukoppeln; die Welt zu erleben, das heißt vor allem, Widerstand zu erfahren, „Geschehnisse" zu erleiden, mit „Widerfahrnissen" (190 – 192) umzugehen.

Hartmann führt eine Dreiteilung der „Realobjekte" unseres Wollens und Handelns ein: die Sache, die Person, die Situation, die in jedem Lebenszusammenhang die Koordinaten unseres Weltbezugs ausmachen. Im Hintergrund steht der Gedanke, dass wir uns unsere Realität nicht aussuchen können, sondern, wie Hartmann es in seiner expressionistischen Sprache formuliert, deren „Schicksalhaftigkeit" bewältigen müssen. Was in der oben skizzierten Realismus-Debatte in den Grenzen einer erkenntnistheoretischen Problematik eingefasst ist, wird von Hartmann auf die theoretischen wie auch praktischen Hinsichten der Existenzbewältigung ausgeweitet. In diesem Sinne spricht er auch von der „Härte des Realen", die sich in der Realitätsgebundenheit unseres Erlebens, Erleidens und Erkennens von Welt zeigt.

Die anschließende Debatte kreist um zwei Fragekomplexe. Zum einen wird diskutiert, ob der Hartmannsche Realismus die transzendentalphilosophische Frage nach der „Realität" der Anschauungsform des Raumes einer Beantwortung näher bringt. Die Antworten fallen nicht eindeutig aus, obwohl allgemein unbe-

---

7 Brentano, Franz, *Von der Mannigfachen Bedeutung des Seienden nach Aristoteles*, Freiburg/ Brsg., 75.
8 Vgl. Zeller, Eduard, „Geschichte der deutschen Philosophie seit Leibniz", in: Historische Commission bei der Königl. Academie der Wissenschaften (Hg.), *Geschichte der Wissenschaften in Deutschland, Neuere Zeit*, Dreizehnter Band, *Geschichte der deutschen Philosophie*, München 1873, 917.
9 Vgl. Hartmann, Nicolai, *Grundzüge einer Metaphysik der Erkenntnis*, Berlin 1921, 94–97; 4. Auflage: Berlin 1949: 133–136. Vgl. Schneider, Norbert, *Erkenntnistheorie im 20. Jahrhundert. Klassische Positionen*, Stuttgart 1998, 75–86.

stritten ist, dass eine Abkehr vom Idealismus auf der Tagesordnung steht. Den Höhepunkt der Diskussion bildet die Kontroverse mit Moritz Geiger, Helmuth Plessner und Helmuth Kuhn, die bestreiten, dass emotionale Akte einen unproblematischen Realitätszugang bieten, und dagegen hervorheben, dass „Realitätsverlust" (222) oder „Realitätstäuschung" (209, 251) der Preis des Hartmannschen Realismus sein können. Zum anderen begegnet Hartmann dem Vorwurf des „Anti-Intellektualismus" – aufgrund einer angeblichen Leugnung des Kantischen Erkenntnisproblems – und des „Passivismus" (206). Der zweite Vorwurf trifft schwer, denn er unterstellt, dass wir im Sinne Hartmanns realitätsnah leben, wenn wir passivisch hinnehmen und erleiden, und nicht aktivisch aneignen und erkennen.

In seinem Schlusswort weist Hartmann insbesondere den Verdacht des „Passivismus" weit von sich (253) und macht noch einmal deutlich, um was es in seiner Neuen Ontologie geht: eine umfassende Haltung zur Welt, die realistisch ist. Diese basiert auf einer programmatisch durchgeführten Aufhebung der Grenzen zwischen theoretischen und praktischen Fragen, mit der Konsequenz, dass jede erkenntnistheoretische Position daraufhin befragt werden muss, mit welcher „Stellungnahme" sie einhergeht. Erkennen der Welt und ein „neues Ethos" bedingen sich – der Philosoph muss, um „in Wahrheit philosophieren zu können" (264), eine Haltung einnehmen.

In der neueren Forschung zum philosophischen Realismus spielt jedoch weder Hartmanns kritischer Realismus noch dessen Vorgeschichte eine besondere Rolle.[10] Dieses Rezeptionsdesiderat wird zu beheben sein, macht sich doch die postanalytische Philosophie gegenwärtig auf den Weg, den philosophischen Realismus (wieder) zu beleben.[11] Für das von Hartmann geforderte Ethos der Philosophie muss dann allerdings eine andere, zeitgemäße Sprache gefunden werden.

---

10 Vgl. zu neueren Realismus-Debatte: Willaschek, Markus (Hg.), *Realismus*, Paderborn u. a. 2000 und Halbig, Christoph/ Suhm, Christian (Hg.), *Was ist wirklich? Neuere Beiträge zu Realismusdebatten in der Philosophie*, Frankfurt/M.-Lancaster 2004.
11 Schaber, Peter, *Moralischer Realismus*, München 1997. McDowell, John, „Ästhetischer Wert, Objektivität und das Gefüge der Welt", in: ders. (Hg.), *Wert und Wirklichkeit. Aufsätze zur Moralphilosophie*, Frankfurt/M. 2009, 179–203.

Zum Problem der Realitätsgegebenheit

**Vortrag, gehalten am 28. Mai 1931
auf der Generalversammlung der Kant-Gesellschaft zu Halle**

Vorwort[1]

Hiermit übergeben wir die Verhandlungen der Generalversammlung (Allgemeine Mitgliederversammlung) der Kant-Gesellschaft, die in der Pfingstwoche des Jahres 1931 vom 28. bis 29. Mai tagte, der Öffentlichkeit. Zunächst machen wir dadurch den Vortrag Nicolai Hartmanns „Zum Problem der Realitätsgegebenheit" unseren Mitgliedern und Lesern zugänglich. Wir veröffentlichen ferner im Anschluß an diesen Vortrag die Diskussion mit 23 Beiträgen, wie sie sich bei der Tagung selbst dem Referat angeschlossen hat. Auf diesen zweiten Teil und auf die enge Zusammengehörigkeit beider Teile der vorliegenden Veröffentlichung möchten wir mit einigen Worten hinweisen.

Die schriftliche Fixierung der Diskussionsbeiträge stammt (mit Ausnahme der Beiträge von Sauer-Hamburg und Yamaguchi-Tokio) von den Rednern selbst. So ist das Gesprochene möglichst getreu, wenn nicht überall dem Wortlaut, so doch dem Sinne nach, festgehalten. Natürlich konnte das ganze Leben der wirklichen Aussprache auf diesen Seiten nicht aufgefangen werden. Hinzu kommt, daß wir die Redner bitten mußten, den Wortlaut ihrer Beiträge bei der schriftlichen Niederlegung zu kürzen. Ferner wurden die beiden Erwiderungen des Hauptredners, am Ende des ersten Verhandlungstages (nach der Diskussions-Bemerkung von Sauer-Hamburg) und am Schluß der Tagung, durch ein zusammenfassendes Schlußwort ersetzt.

Trotz diesen Einschränkungen glauben wir, daß das Dargebotene dem Leser mehr bedeuten wird, als eine Sammlung kritischer Bemerkungen, die jeweils den philosophischen Standpunkt des Diskussionsredners gegenüber den Darlegungen des Vortrags zum Ausdruck bringen, und die man allenfalls auch mittels einer Umfrage hätte zusammentragen können. Wir hoffen, daß der Buchstabe, der das Einzelne festhält, auch etwas von dem Geist des Ganzen übermittelt, und daß sich noch in der literarischen Form des Buches bewahrt, was unsere Tagung werden sollte und wirklich geworden ist: *ein philosophisches Gespräch*.

Dieses Gespräch hat *„Die Wendung der Philosophie der Gegenwart zur Ontologie und zum Realismus"* zum Inhalt.

---

1 [Vorwort der Herausgeber der Publikationsreihe „Philosophische Vorträge" der Kant-Gesellschaft, Paul Menzer und Arthur Liebert.]

Es ist nicht der Sinn unserer Veröffentlichung, diese „Wendung" als ein äußeres Geschehen festzustellen und zu beschreiben. Sie will den Vollzug der Wendung selbst in ihrer Gegenwärtigkeit vor Augen stellen. Damit verzichtet sie auf die Eindeutigkeit, die der Historiker einer abgeschlossenen geistigen Bewegung zu finden bemüht wäre. Es fehlt nicht an der strengen Einheit, die den Vortrag und die Diskussionsreden zu einem Ganzen verbindet. Aber die Zusammenstimmung dieses Ganzen ist herakliteischer Art: παλίντονοσ ἁρμονία.[2]

Berlin, Sommer 1931
Die Herausgeber

[1. Der Vortrag]

I

„Die Wendung der Philosophie der Gegenwart zur Ontologie und zum Realismus", die uns als Thema auf dieser Tagung beschäftigt, ist eine Bewegung, die heute von vielerlei Ausgangspunkten herkommend auf vielerlei Geleisen im Gange ist. Man hat es über ihren Fortschritten schon fast vergessen, daß sie an einer Voraussetzung hängt, die man bewußt oder unbewußt gemacht hat, die aber weder philosophisch selbstverständlich noch allerseits zugestanden ist. Diese Voraussetzung betrifft die Gegebenheit des Realen. Alles ontologische Vorgehen hängt an seiner Gegebenheitsbasis. Wie aber steht es mit dieser Basis? Ist nicht gerade sie von altersher bezweifelt worden? Seit den Anfängen der antiken Skepsis bis zu den Ausläufern des Idealismus in unseren Tagen will die Verneinung nicht verstummen. Und sie betrifft das Fundament aller ontologischen Überlegung.

Praktisch zweifelt zwar niemand an der Realität der Welt, in der er lebt. Aber damit ist der theoretischen Verneinung der Boden nicht entzogen. Und solange es noch Skepsis, Subjektivismus, Idealismus, Relativismus – ja selbst Pragmatismus – gibt, kann die Diskussion über diesen Ausgangspunkt nicht als geschlossen gelten. Darum ist heute noch, wie vor Zeiten, die Frage nach der Gegebenheit des Realen die Schwelle, über welche alle Wege führen, die einer Wendung der Philosophie zu Ontologie und Realismus dienen wollen.

Handelte es sich hierbei ausschließlich um Realität der Dinge, so wäre das Gewicht der Frage nur ein einseitiges. Davon aber kann keine Rede sein. Die Dinge sind nicht allein Gegenstände der Wahrnehmung und Erkenntnis, sie sind auch

---

2 [dt.: gegenstrebige Fügung. Vgl. Heraklit, Fragment 51, in: Diels, Hermann, *Die Fragmente der Vorsokratiker*, Berlin 1903, 74.]

Gegenstände menschlichen Begehrens, Handelns, Leidens; sie erscheinen einbezogen in alle Lebenssituationen, um sie geht Kampf und Streit, an ihnen haftet Anspruch und Anrecht. Sie stehen mitten drin in der allgemeinen Sphäre des Wirklichen, in der die Lebensschicksale, die menschlichen Verhältnisse und Konflikte, das geschichtliche Geschehen sich abspielen. Handelt es sich also um Realität der Dinge, so handelt es sich damit auch um Realität ebendieser menschlichen Verhältnisse, Konflikte, Schicksale, ja um Realität des geschichtlichen Geschehens. Und darin wurzelt das Gewicht der Frage: sie betrifft zugleich und in gleicher Schwere das dingliche *und* das menschliche Sein, die Wirklichkeit der materiellen *und* die der geistigen Welt.

Der Realitätsbegriff, der hier zugrunde gelegt wird, ist also von vornherein ein erweiterter – gegenüber allen bloß dinglich orientierten Fassungen. Er ist aber zugleich auch der natürliche Realitätsbegriff, der die „reale Welt" gar nicht anders kennt als in ihrer Einheitlichkeit, d.h. als diejenige, die das Heterogene stets verbunden und verflochten enthält: lebendige und leblose Mächte, geistige und dingliche Geschehnisse. Es ist hiernach dieselbe Seinsweise, welche Materie und Geist umfaßt, kenntlich an der gleichen Zeitlichkeit und Individualität. Auch geistiges Sein entsteht und vergeht in der Zeit, ist einmalig und im strengen Sinne unwiederbringlich, wenn es einmal vergangen ist. Nur die Räumlichkeit scheidet das Dingliche von ihm. Aber das eben ist ein Vorurteil, nur räumlich Ausgedehntes und der räumlichen Wahrnehmung Zugängliches für real zu halten.

Der Gesamtaspekt dieses Realitätsbegriffs hängt ganz und gar an der Einheit der Realzeit. Dem stehen heute gewisse Theorien entgegen, die von einer Pluralität der Zeiten sprechen. Sie gehen vom Unterschied des geschichtlichen und des Naturgeschehens aus und schreiben diesen Unterschied der Zeit zu. Damit heben sie nicht nur die Einheit der wirklichen Welt auf – in der wir leben und sterben –, sondern auch das Grundphänomen der Gleichzeitigkeit, das sich ohne Unterschied auf natürliches und geschichtliches, dingliches und seelisches Geschehen erstreckt. Und gerade die Geschichtswissenschaft macht den ausgiebigsten Gebrauch von dieser Gleichzeitigkeit; sie ist es, die ihre Zeiteinteilung und Zeitrechnung vom Naturgeschehen (Tagen, Jahren, Jahrhunderten) hernimmt. Sie setzt also in aller Ausdrücklichkeit die durchgehende Parallelität *alles* Geschehens, des physischen und des menschlich-geschichtlichen, in *einer* Zeit voraus. Es ist eine falsche Kategorialanalyse der Zeit, die dieses Einheitsphänomen ignoriert.

Wie es „eine" Zeitlichkeit ist, die Natur und Geschichte umfaßt, so ist es auch „eine" Realität, die Natur und Geist umfaßt. Und um die Einheit dieser Realität geht es im Problem der Realitätsgegebenheit. Der Ausgang aller ontologischen Überlegung steht und fällt mit der Tragkraft derjenigen Gegebenheiten, die uns das Wissen um Realität vermitteln.

Dazu kommt ein Zweites. Nicht nur die ontologische, sondern auch die erkenntnistheoretische Überlegung wurzelt in dieser Gegebenheitsbasis. Wenn das, was wir für die reale Welt halten, nicht real ist (nicht an sich besteht), so ist auch das, was wir Erkenntnis nennen, nicht Erkenntnis. Dann ist es von bloßem Denken, Vorstellen, ja von Phantasie und Traum nicht zu unterscheiden. Nicht umsonst hat die Skepsis von alters her das Traumargument gegen Erkenntnis und Wissenschaft in die Waagschale geworfen.

Dieser enge Zusammenhang von Erkenntnis und Sein besteht freilich nur, wenn man unter „Erkenntnis" das Erfassen von etwas versteht, das unabhängig vom Erkennen so ist, wie es ist. Dem steht die Auffassung der logisch-idealistischen Theorien gegenüber, welche Erkenntnis gleich „Urteil" setzt und sie als eine bloße „Sinneinheit" versteht. Dabei bleibt es gleichgültig, ob etwas Seiendes der Sinneinheit entspricht oder nicht. Ähnlich ist es, wenn man das bloße Setzen oder Auffassen von „etwas als etwas" für Erkenntnis ausgibt, wie das inkonsequenterweise bei den Vertretern der Phänomenologie üblich geworden ist. Man vergißt damit die Hauptsache, die Beziehung auf das Seiende, dem die Erkenntnis gilt; ja man hat schon in der Problemstellung das Erkenntnisphänomen verfehlt. So ergibt sich die paradoxe Sachlage, daß gerade diejenigen Theorien, die am meisten von Erkenntnis sprechen, das eigentliche Erkenntnisproblem gar nicht kennen.

Die unbefangene Analyse des Erkenntnisphänomens führt auf etwas ganz anderes. Nicht um das Verhältnis von Subjekt und Prädikat handelt es sich, auch nicht um das von Bewußtsein und intentionalem Gegenstand; beide stehen noch diesseits von wahr und unwahr, das letztere ist überdies allen Bewußtseinsakten gemeinsam, von ihm aus gesehen, unterscheidet sich Erkenntnis weder von Irrtum noch von Phantasie und Traum. Dieser Unterschied aber betrifft gerade das Wesen der Erkenntnis. Erkennen kann man nicht Beliebiges, wie man sich Beliebiges denken oder vorstellen kann. Erkennen kann man nur, was „ist"; und das heißt: was auch unabhängig vom Erkennen besteht, also was „an sich" ist. Das ganze Verhältnis „Subjekt – Objekt" ist gegen das logische – ja selbst gegen das intentionale – in eine andere Dimension gerückt. Es ist ein transzendentes Verhältnis, nämlich ein das Bewußtsein transzendierendes: eine Relation, welche das Bewußtsein mit etwas von ihm Unabhängigem verbindet. In diesem Verhältnis allein gibt es das für Erkenntnis jeder Art charakteristische Treffen und Verfehlen des Gegenstandes, das wir Wahrheit und Irrtum nennen.[3]

---

3 Der genauere Erweis dieser Sachlage kann hier nicht geführt werden. Es sei daher auf die einschlägigen Untersuchungen in meiner „Metaphysik der Erkenntnis" hingewiesen (2. Aufl. Berlin 1925) [*Grundzüge einer Metaphysik der Erkenntnis*, 2. ergänzte Auflage: Berlin und Leipzig 1925.]

Erst mit dieser Einsicht beginnt das eigentliche Erkenntnisproblem. Es ist kein logisches Problem, auch kein Bewußtseinsproblem. Erkenntnis ist ein transzendenter Akt, d. i. ein solcher, der nicht innerhalb des Bewußtseins allein spielt, sondern das Bewußtsein „überschreitet" und es mit etwas verbindet, das unabhängig von ihm besteht. Dieses Überschreiten entspricht dem strengen Wortsinn von „transcendere": nicht eigentlich der Gegenstand ist transzendent, sondern der Akt; der Gegenstand vielmehr steht schon von vornherein in Jenseitsstellung zum erkennenden Bewußtsein, nicht er braucht es zu überschreiten. Wohl aber muß der Akt es überschreiten, sofern er gegenstandserfassender Akt sein soll.

Hier ist der Unterschied gegen bloßes Denken, Vorstellen, Phantasieren greifbar. Er liegt in der Akttranszendenz, in der Bindung an ein reales Gegenglied. Die Konsequenz zeigt sich sogleich am Gegenstandsbegriff. Der Denk- und Vorstellungsgegenstand geht in seinem Gegenstandsein auf, er ist als das Gegenstehende und gleichsam der Gegenhalt des Aktes definierbar. Deswegen genügt für ihn die intentionale Gegenständlichkeit. Für den Erkenntnisgegenstand genügt sie nicht. Ist Erkenntnis ein transzendenter Akt, ist sie echtes Erfassen von etwas, was auch vor aller Erkenntnis und unabhängig von ihr an sich besteht (eines Realen also), so ist notwendig ihr Gegenstand durch ebendiese seine Unabhängigkeit von ihr charakterisiert. Das aber heißt: er hat ein übergegenständliches Sein. Es ist in unserer Zeit unter dem Druck der idealistischen Theorien üblich geworden, Sein gleich Gegenstand zu setzen. Das zieht die Folgerung nach sich, daß es ein anderes Sein als das Gegenstandsein gar nicht gebe. Und diese Folgerung wird unbemerkt und unbesehen in alle weiteren Überlegungen hineingenommen. Das ist der Grundfehler. Für ein Seiendes ist es vielmehr offenbar ganz gleichgültig, ob und wie weit es zum Gegenstande der Erkenntnis wird. Es besteht so, wie es ist, an sich; und wenn es der fortschreitenden Erkenntnis gelingt, es ganz oder teilweise zu ihrem Objekt zu machen – es sich zu „objizieren" –, so ändert das nichts an ihm. Kurz gesagt: das Seiende ist gleichgültig gegen die Objektion, gleichgültig also dagegen, ob und wie weit es zum Gegenstand der Erkenntnis gemacht wird. Das und nichts anderes bedeutet die Übergegenständlichkeit des Erkenntnisgegenstandes – oder richtiger gesagt, desjenigen Seienden, das zum Gegenstand der Erkenntnis gemacht werden kann. Auch wo es zum Gegenstand gemacht wird, bleibt ebendieses Gegenstandsein ihm als einem Seienden durchaus äußerlich. Es geht auch dann in seinem Gegenstandsein nicht auf. Wesentlich ist der Unterschied nur für die Erkenntnis. Sie ist es, die sich erweitert mit jeder neuen Objektion von Seiendem. Die Erweiterung ist ihr Fortschreiten, das neue Erfassen von bisher Unerfaßtem.

So wenigstens sieht das Erkenntnisverhältnis aus, wie es sich selbst versteht, vor aller Interpretation durch metaphysische Theorien. Stets ist in ihm von Hause aus der Gegenstand als ein von ihm unabhängiger gemeint; niemals ist es naiverweise – sei es im Alltag, sei es in der Wissenschaft – von der Einbildung begleitet, seinen Gegenstand erst zu schaffen oder auch nur zu bestimmen. Die Erkenntnis weiß stets darum, daß sie nur vorhandene und immer schon bestehende Bestimmtheiten aufnehmen, erfassen, verstehen lernen kann. Das aber bedeutet: sie meint ihren Gegenstand jederzeit als ansichseienden. Und nicht darauf kommt es hierbei an, ob der Gegenstand ein innerer oder äußerer, ein geistiger oder dinglicher ist, sondern lediglich auf sein vom Erkenntnisakt unabhängiges Bestehen.

II

So erhebt die Erkenntnistheorie denselben Anspruch wie die Ontologie. Ja, sie steht, soweit sie ihr eigenes Grundproblem wirklich erfaßt, von Hause aus auf dem Boden ebenderselben Ontologie, zu der sich in der Philosophie der Gegenwart die Rückwendung vollzieht. Die Frage ist nur: kann die Erkenntnistheorie diesen ihren Anspruch aus ihrem Phänomenbereich heraus rechtfertigen?

Die erkenntnistheoretischen Realisten haben das von jeher bejaht. Sie suchten den Erweis der Realität der Welt aus dem Erkenntnisverhältnis selbst zu erbringen. Daß ihnen das nicht restlos gelungen ist, beweist die Tatsache, daß immer wieder skeptische und idealistische Theorien dagegen aufgestanden sind. In unentwegter Abwandlung stößt man hier auf die alten Argumente: der Realist bewege sich im Zirkel, er setze ebendas voraus, was er erweisen wolle. Gegeben seien uns unter allen Umständen doch nur unsere Vorstellungen; aus ihrem geschlossenen Kreis können wir bei aller Erweiterung niemals heraus. Wie also dürften wir von einem Ansichsein reden, das unabhängig von der Vorstellung bestünde?

In prinzipiellerer Form läßt sich das so aussprechen: Alle Gegebenheit hat die Form der „Erscheinung", unmittelbar gegeben sind nur Phänomene. Einem Phänomen aber ist es grundsätzlich nicht anzusehen, ob es Scheinphänomen oder Realphänomen ist, – ob also es etwas gibt, das in ihm zur „Erscheinung" kommt, oder ob es leerer „Schein" ist. Könnte man einem Phänomen das ansehen, so gäbe es keinen Streit um Wirklichkeit und Unwirklichkeit. Aber es gibt diesen Streit allenthalben. Man muß also wohl annehmen, daß der erkenntnistheoretische Realist gleich beim ersten Schritt mehr behauptet, als das Phänomen hergibt, auf dem er fußt; und zwar nicht, weil das Erkenntnisphänomen nicht die Voraussetzung der Realität (der Gegenstände) enthielte, sondern gerade weil es sie enthält. Es setzt ebendieselbe Realität der Welt schon voraus, die man aus ihm erweisen will. Ein Phänomen kann immer nur „Erscheinung" der Realität verbürgen, nicht die Realität selbst.

Die Position der Skepsis, die so argumentiert, ist indessen selber recht schwach. Sie setzt sich auf der ganzen Linie in Gegensatz zur natürlichen Weltansicht, zur durchgehenden praktischen Überzeugtheit von der Realität der Welt; damit fällt ihr die Beweislast zu. Eine Widerlegung des „Beweises" der Gegenthese ist noch kein Beweis der eigenen These; der Realist konnte ja falsch argumentieren für eine vollkommen wahre Sache. Die Sache ist also mit dem Argument nicht entkräftet. Folglich, die Skepsis muß ihre eigene These vielmehr erweisen.

Will sie aber im Ernst erweisen, daß die Welt, in der wir leben, nicht real ist, so muß sie zeigen, wie der uns alle lebenslänglich gefangen haltende „Schein" der Realität entsteht. Denn den Schein kann sie nicht in Abrede stellen. Die Skepsis ist dem immer ausgewichen. Wohl aber hat der Idealismus die Aufgabe in Angriff genommen, die Entstehung des Scheines zu erklären. Fichte und Schelling nahmen hierzu eine „unbewußte Produktion" im Ich an, deren Produkt allein ins Bewußtsein fällt. Die Reihe der Voraussetzungen freilich für eine solche ist unabsehbar und von metaphysisch bedenklicher Art.

Der Verfechter von Realitätsgegebenheit kann sich nun bei dieser Schwäche der skeptisch-idealistischen Position beruhigen, ihr die Beweislast überlassen und im übrigen unbekümmert seinen Weg gehen. Faktisch ist es so ja auch zumeist geschehen. Nur verzichtet man damit auf Auseinandersetzung und Verständigung, läßt den Streit um die Ausgangsbasis unausgetragen liegen; ja man läßt den Gegner im Glauben, daß ihm Unrecht geschehe, daß er die Beweislast gar nicht trage. Denn eben darum geht der Streit, wer sie trägt. Außerdem ist die Sachlage ja nicht so, daß die Ausgangsstellung des Realisten ihm selbst ganz durchsichtig wäre. Es gibt hier sehr wohl etwas, wovon er erst in ausdrücklicher Analyse Rechenschaft ablegen sollte – nicht weil er seine Position überschätzte, sondern vielmehr – wie sich noch zeigen wird –, weil er sie unterschätzt. Die Realitätsgegebenheit, auf der er fußt, ist weit stärker, als er selbst durchschaut; sie ist tiefer verwurzelt, als der Erkenntnistheoretiker von seinem bloß theoretischen Phänomenbereich aus sie anzusetzen gewohnt ist. Will man aber dem Skeptiker die Beweislast zuschieben, so muß man auch den Phänomenkomplex aufweisen, zu dem er sich in Widerspruch setzt. Erst dann ist das Zuschieben berechtigt und überzeugend. Dafür aber genügt das Erkenntnisphänomen allein nicht.

Die Transzendenz des Erkenntnisaktes nämlich ist zwar aus seinem eigenen Phänomen sehr wohl zu „erkennen", aber nicht unbedingt zu „erweisen": wohl zu erkennen, sofern man unbefangen an das Phänomen herangeht; nicht zu erweisen, sofern man einer Voreinstellung begegnet, die das Phänomen von vornherein subjektivistisch verkürzt sieht. Die Verkürzung eben verhindert die Vollständigkeit der Analyse.

Die Realitätsgegebenheit im Erkenntnisbereich ist eine breite, aber einseitige. Der apriorische Einschlag der Erkenntnis kommt für sie nicht in Frage; er, für sich genommen, gibt nur das Allgemeine, nicht den Einzelfall, dem es gelten mag. Realität aber ist nur das Sein des Einzelfalles. Nur die aposteriorischen Elemente der Erkenntnis sind es, welche den Einzelfall zur Gegebenheit bringen. Diese wiederum unterliegen von jeher dem Mißtrauen der Skepsis. Ging doch schon der primitive Subjektivismus in den Anfängen der Erkenntnistheorie von der Täuschbarkeit der Wahrnehmung aus.

Weit stärkere Argumente für die Realität des Erkenntnisgegenstandes liegen an den Grenzen der Erkenntnis. Denn es ist die Eigentümlichkeit des erkennenden Bewußtseins, um diese Grenzen wissen zu können, ja sich seiner selbst gerade dort, wo es sein Ende findet, bewußt zu werden. Daß es ein Fragen nach dem gibt, was man nicht weiß, wobei nichtsdestoweniger dieses Nicht-Gewußte von anderem Nicht-Gewußtem sehr deutlich unterschieden wird, daß also es ein Problembewußtsein gibt, in dem der Gegenstand der Frage zum voraus in gewisser Bestimmtheit erfaßt ist, das zeugt von einem Zusammenhang des Erkannten mit dem Unerkannten, der offenbar im Sein der Sache selbst liegt. Hier zeigt sich das Sein des Gegenstandes in seinem Bestehen vor dem Erkanntsein, also in greifbarer Unabhängigkeit von ihm. Das Problembewußtsein weiß um ihn als um ein Transobjektives. Und das Gewicht dieser Transobjektivität steigert sich noch, wenn man das Phänomen des Erkenntnisprogresses hinzunimmt, in welchem das Problem zur Lösung fortschreitet. Wie sollte an einem Gegenstande die Erkenntnis „fortschreiten" können, wenn ebendas, worauf der Fortschritt hinausführt, nicht vorhanden wäre? Eindringen in eine Sache kann es nur geben, wo es die Sache gibt, in die eingedrungen wird.

Dennoch ist auch in diesen Phänomenbereichen die Sachlage nicht so, daß sie keiner idealistischen Deutung zugänglich wäre. Der Neukantianismus hat es zuwege gebracht, den Erkenntnisprogreß selbst als einen bloß logischen Prozeß aufzufassen, in welchem der „Gegenstand" erst nach und nach „entsteht". Blickt man einseitig bloß auf den „Begriff" der Sache hin, die erkannt werden soll, so zeigt dieser im Fortschreiten freilich ein Anwachsen. Jede neue Einsicht fügt ihm ein Merkmal ein; und so ist er in der Tat etwas, was im Fortschreiten der Erkenntnis erst entsteht. Das Problembewußtsein läßt sich dann einfach als der Zusammenhang mit den jeweilig noch fehlenden Bestimmungen des Begriffs verstehen. Freilich ist hierbei der Begriff der Sache mit der Sache selbst verwechselt, die zu erkennen steht. Man sagt, der Gegenstand entstehe, meint aber nur, daß der Begriff des Gegenstandes entstehe. Zwischen dem Begriff einer Sache aber und der Sache selbst vermag ein logischer Idealismus keinen Unterschied zu sehen.

Der Fehler ist: man hat aus dem Erkenntnisverhältnis die Transzendenz gestrichen; man versteht es nicht mehr als Erfassen von etwas, sondern nur als „Urteil" oder „Sinneinheit". Man hat das Verhältnis zum Seienden (dem eigentlichen Gegenstande) ausgeschaltet und damit das Erkenntnisproblem von Grund aus verkannt. Dieser Fehler ist leicht nachweisbar, wenn man einmal das eigentliche Kernphänomen der Erkenntnis erfaßt hat. Dazu aber bedarf es des Einblickes in ebendasselbe Transzendenzverhältnis, in welchem die Realitätsgegebenheit wurzelt. Und dieser Einblick ist von der Basis des logischen Begriffsverhältnisses aus nicht zu gewinnen.

Wie also weist man dem Idealisten nach, daß schon im Erkenntnisakt die Beziehung auf ein Reales vorliegt? Dafür genügt es offenbar nicht, das Erkenntnisphänomen in seiner fast schon traditionell gewordenen Isolierung zu analysieren. Man muß es vielmehr im vollen Zusammenhang der Lebensphänomene sehen. Jene Isolierung ist ein Produkt der übertriebenen Erwartungen, die man seit Kant mit der Erkenntnis-„Kritik" verbunden hat; sie ging bereits von der stillschweigenden Voraussetzung aus, daß die primären Gegebenheiten alle im Felde der Erkenntnis lägen. Gerade das hat sich als irrig erwiesen. In Wahrheit gibt es ein isoliertes Erkenntnisverhältnis kaum jemals; und wenn schon, so immer nur auf Grund nachträglichen Absehens von aller übrigen Beziehung zum Gegenstande. Das ganze „Subjekt-Objekt"-Verhältnis ist ein ontisch sekundäres. Es ist immer schon eingebettet in eine Fülle anderer, primärer Verhältnisse zum selben Gegenstande (zu Dingen, Personen, Geschehnissen, Lebenslagen). Denn eben die „Gegenstände" sind in erster Linie nicht etwas, was wir erkennen, sondern etwas, was uns praktisch „angeht", mit dem wir uns im Leben „stellen" und „auseinandersetzen" müssen, womit wir „fertig werden" müssen, was wir benutzen, überwinden oder ertragen müssen. Das Erkennen hinkt gemeinhin erst weit hinterher. So können z. B. Personen freilich auch Erkenntnisgegenstände werden; dazu aber ist immer schon eine gewisse Distanz, Objektivität, ein unbeteiligtes Gegenüberstehen und Eindringen erforderlich. Das gerade ist im Leben ein relativ seltener Fall, eine Einstellung, die jedenfalls erst im Absehen von der jeweiligen Aktualität gewonnen werden kann. Zunächst aber sind Personen, so wie sie uns im Leben begegnen, weit entfernt, unsere Erkenntnisgegenstände zu sein; sie begegnen uns vielmehr als Mächte, als Faktoren der Lebenslagen, in die wir geraten und in denen wir uns durchfinden müssen; als Mächte also treten sie uns gegenüber, mit denen wir rechnen, auskommen, paktieren oder kämpfen müssen. Und wenn man sie schon Gegenstände nennen will, so sind sie jedenfalls zunächst Gegenstände der Stellungnahme, der Sympathie oder Antipathie, des Liebens und Hassens.

So ist es mit allem, was der Sphäre des Menschenlebens angehört, mit Lebenslagen, Geschehnissen, mit Sach- und Dingverhältnissen aller Art. Sie sind einbezogen in einen Lebenszusammenhang, in dem sie uns irgendwie angehen oder betreffen. Es stellt alles Anforderungen an uns – sei es äußerlich an unser Tun, oder innerlich an unser Bewerten und Stellungnehmen. Und die Anforderungen wollen bewältigt sein.

III

In diesem Verhältnis eröffnet sich nun eine andere, primäre, sehr drastische Realitätsgegebenheit, die noch weit diesseits des Erkenntnisverhältnisses steht und eine ganz andere Unabweisbarkeit zeigt als das Zeugnis der Wahrnehmung und des Erkenntnisprogresses. Mit ihr aber rücken andere Akte ins Zentrum des Interesses: Akte, mit denen wir als Beteiligte im Leben stehen, in denen also alles dasjenige uns gegeben ist, was uns betrifft und angeht, womit wir uns stellen, auseinandersetzen und irgendwie fertig werden müssen. Diese Akte teilen mit dem Erkenntnisakt die Transzendenz, unterscheiden sich aber von ihm durch ihren emotionalen Charakter. Transzendent sind sie, insofern sie erst recht am ontisch selbständigen Gegengliede hängen; emotional sind sie, insofern der Gefühlston in ihnen wesentlicher und eigentlicher Träger des Realitätszeugnisses ist.

Natürlich gehören nicht alle emotionalen Akte hierher. Nicht jeder Gefühlston ist Anzeiger von Realität. Gerade die reinen Gefühlsakte, diejenigen mit vorwiegendem Stimmungscharakter, sind keineswegs transzendent. Es gibt aber einige Aktgruppen, in deren Gefühlston sich unmittelbar das Gewicht von Realverhältnissen ausdrückt. Mit diesen allein haben wir es hier zu tun.

Die erste Gruppe dieser Art bilden die Akte des Erfahrens, Erlebens und Erleidens sowie die verwandten des Ertragens und Erliegens. Sie haben dieses Gemeinsame, daß in ihnen dem Subjekt etwas „widerfährt". Es sind ausgesprochen rezeptive Akte – mit Ausnahme vielleicht des Ertragens, in dem schon die Note des Widerstandes eine Rolle spielt. Aber diese Rezeptivität ist nicht Rezeptionsform von Objekten, sondern von „Widerfahrnissen".

Bei diesen Akten steht das Subjekt nicht im Modus des Erfassens oder Betrachtens, sondern im Modus des „Betroffenseins". Es ist von den Widerfahrnissen in Mitleidenschaft gezogen und so in einem sehr buchstäblichen Sinne „betroffen". Dieses Betroffensein aber ist ein durchaus reales und wird als reales miterfahren. Und weil es jederzeit Betroffensein „von etwas" ist, so steht hinter ihm unmittelbar das Widerfahrnis selbst, von dem das Subjekt betroffen ist, als dasjenige Reale da, das in dem Akte „erfahren" wird. Es ist dasjenige, was dem Subjekt „zustößt", sich ihm aufdrängt, von dem es bedrängt ist. In diesem Zustoßen, Sichaufdrängen, Bedrängen zeigt das Widerfahrnis ein Realitätsgewicht, dessen das Subjekt sich gar nicht erwehren kann. Dieses Reale also ist in einer Weise „gegeben", der gegenüber skeptische und idealistische Realitätsbestreitung verstummen muß.

Das „Erfahren", von dem hier die Rede ist, darf nicht mit Empirie im wissenschaftlichen und erkenntnistheoretischen Sinne verwechselt werden; es hat mit Wahrnehmen, Beobachten, Experimentieren nichts gemein. Es gibt ein Erfahren anderer Art, elementarer als jenes und tiefer im Leben verwurzelt, menschlicher und fundamentaler zugleich, dem Sprachgebrauch geläufiger als das des empirischen Erkennens. Das ist das Erfahren als Aktkorrelat des Widerfahrnisses. Erfahren in diesem Sinne ist es, wenn ich von anderen Menschen Unrecht erfahre, wenn ich Anerkennung oder Mißbilligung, gutes Zutrauen oder Mißtrauen, Achtung oder Mißachtung erfahre. In diesem Sinne erfahre ich überhaupt das Tun der anderen an mir, ja schon ihr passives Verhalten, ihre Zurückhaltung, ihre eben durchblickende Gesinnung; nicht weniger aber auch die Folgen meiner eigenen Taten, meinen Erfolg und Mißerfolg. Das Leben, das ich „führe" besteht so in einem einzigen großen, nie abreißenden Erfahrung-Machen – wenn schon gewiß nicht darin allein–,und der „Erfahrene" ist der, welcher viel „durchgemacht", das Leben kennengelernt hat – nicht als Zuschauer, sondern als Darinstehender und sich in ihm Durchfindender.

Das gleiche gilt vom „Erleben". Es gibt ein betrachtendes Erleben, so das ästhetische Erleben, oder selbst das der Neugier. Aber es gibt auch ein sehr anderes Erleben, bei dem man vom Erlebten betroffen, beeindruckt, bedrückt oder beflügelt ist. Dieses Erleben ist das primäre, das uns im Leben selbst keinen Augenblick verläßt. Es ist dadurch charakterisiert, daß es seine „Erlebnisse" sich weder sucht noch wählt, sich aber auch von ihnen nicht abwenden kann (wie das betrachtende Erleben), sondern sie, wenn sie einmal da sind, „durchleben" muß. Darin berührt es sich eng mit dem „Durchmachen" des Erfahrens; es ist überhaupt gegen dieses nicht streng abgrenzbar. Der Unterschied ist nur der einer Nuance; im Erleben dürfte die Ichbetontheit, im Erfahren die Objektivität des Widerfahrnisses mehr dominieren. Aber Widerfahrnis wie Erlebnis haben dieses gemeinsam, daß sie uns zustoßen, sich aufdrängen und in jedem Falle ausgekostet werden.

Am fühlbarsten ist das Zustoßen im „Erleiden". Wenn ich einen physischen Schlag oder Stoß erhalte, so bin ich unmittelbar und über alle Argumente drastisch belehrt über die Realität des Schlagenden oder Stoßenden. Es ist nicht so, wie gewisse Theorien meinen, daß es erst eines Kausalschlusses auf die Ursache des Schmerzzustandes bedürfte, um zu einer Vorstellung des Stoßenden zu kommen. Diese Vorstellung vielmehr, oder richtiger die Gewißheit der Realität des Stoßenden ist im Erleiden ebenso unmittelbar wie der Schmerz gegeben. Und darum ist sie auf keine Weise wegzudisputieren. Die Reflexion auf das Kausalverhältnis ist dagegen ganz sekundär. Sie kann fehlen oder einsetzen, sie ändert nichts mehr an der vorweg empfangenen Realitätsgewißheit.

Das physische Erleiden ist nur ein Grenzfall. Das Leben ist ein ständiges Ringen und Kämpfen mit Mächten jeder Art, mit Anforderungen, Pflichten, Hindernissen, Schwierigkeiten, Verwicklungen. Immer gilt es, der Sachlage Herr zu werden; und was immer an Rückschlägen, Widerständen, Mißlingen uns trifft, muß erlitten und ertragen werden. Alles Besiegtwerden und Unterliegen ist ein Erleiden, genau so sehr wie auch das Emporgerissen- oder Getragenwerden von fremder Kraft. Die Kraft, was immer sie sein mag, wird im Erleiden unmittelbar erfahren. Man bekommt sie zu fühlen. Dieses Zu-Fühlen-Bekommen ist nichts als ein besonderer Modus des Betroffenseins. Insofern ist das Erleiden nur ein Spezialfall des sich mannigfaltig abstufenden Erfahrens. Wie man Situationen, Geschehnisse, Spannungen und Lösungen erlebend erfährt, indem man selbst darinsteht und beteiligt ist, so auch das, was einen schicksalhaft trifft und was man zu tragen hat. Nur die Grade des Beteiligtseins und Darinstehens sind verschieden. Im Maße des Darinstehens aber ist man vom Widerfahrnis betroffen. Und im Maße des Betroffenseins ist die Realität des Widerfahrnisses – der Geschehnisse, Situationen, Schicksalsschläge – eine unmittelbar „schlagend" gegebene.

Diese Art von Realitätsgegebenheit ist nicht nur eine andere als die Erkenntnis, sondern besteht im Leben auch unabhängig von ihr. Das Betroffensein wartet nicht ab, bis das Widerfahrnis als solches erkannt ist. Es ist unvermittelt da. Freilich kann ihm der erkennende Einblick in die Sachlage folgen. Aber er braucht nicht zu folgen. Was es eigentlich „war", was mir geschah oder zustieß, kann mir verborgen bleiben. Ob ich Charakter und Wesen des besonderen Widerfahrnisses verkenne oder durchschaue, spielt hier gar keine Rolle. Es bleibt deswegen doch erfahrenes Widerfahrnis, und ich bleibe der von ihm realiter Betroffene. Und dieses realiter Betroffensein läßt sich von keiner Überlegung wegdisputieren. Die Erkenntnis des Widerfahrnisses aber, wo sie wirklich einsetzt, folgt allemal erst nach. Und dann ist ihr durch das vorausgehende Betroffensein die Realität ihres Gegenstandes bereits vorweg gegeben. Sie ist ihr mit einer Nachdrücklichkeit und Unumstößlichkeit gegeben, wie die Erkenntnis ihrerseits sie aus ihren Gegebenheitsquellen nicht entfernt aufbringen kann.

Dieses Verhältnis ist es, das wir meinen, wenn wir die Geschehnisse, Widerfahrnisse, Schicksale unseres Lebens als unaufhaltsam empfinden, als etwas, was „uns geschieht", wo wir hindurchmüssen. Ob in dem Strom der Geschehnisse das eigene Tun mitbeteiligt ist oder nicht, macht hierbei keinen Unterschied. Wohl hat das Betroffensein noch eine eigene Nuance, wenn man die Folgen des eigenen Tuns zu fühlen bekommt. Aber das Grundmoment, daß überhaupt man davon getroffen ist, ist dasselbe wie bei allem, was man erfahren oder erleiden muß. Das Subjekt kann durch seine Voraussicht vielleicht im einzelnen ausweichen, aber es kann den Strom der Folgen als solchen so wenig aufhalten wie nur je ein von ihm unabhängiges Geschehen. Diese Unaufhaltsamkeit der Geschehnisse empfindet der Mensch als ihre Schicksalhaftigkeit – ein Empfinden, das man rein aus seiner Struktur heraus, ohne Mythos und ohne anthropomorphe Weltordnungsidee verstehen muß. Schicksalhaft erscheint dem Menschen der Strom des realen Geschehens, sofern er sein eigenes, ungesuchtes, ungewolltes, im allgemeinen auch unverschuldetes Ausgeliefertsein an ihn empfindet. Was wir in diesem Strome andauernd erfahren, ist nichts anderes als die allgemeine „Härte des

Realen"[4], der wir nichts abhandeln können. Und das empfundene Ausgeliefertsein an sie ist das unentwegt von Schritt zu Schritt uns im Leben begleitende nackte Zeugnis der Realität des Geschehens in uns selber.

Die Härte als solche wechselt auch nicht mit dem Inhalt des Erfahrenen. Sie ist in den Nichtigkeiten des Alltags, die wir vielleicht als ärgerlich empfinden, dieselbe wie in den großen geschichtlichen Völkerschicksalen; sie ist auch dieselbe in der Sphäre der Dinglichkeit wie in der seelischen Hintergründigkeit. Ich erfahre die Gesinnungen der Menschen gegen mich genau so unabweisbar, wie der Gefangene die Mauer, der Lastträger die Traglast empfindet. Und beides ist unabhängig vom Erkennen des Empfundenen. Es ist auch dieselbe Härte, derselbe Druck, dasselbe Ausgeliefertsein, was man der geschichtlichen Weltlage, den bestehenden sozialen Verhältnissen, den öffentlichen Zuständen jeder Art gegenüber empfindet. Man ist eingefangen in den Verhältnissen, wie sie sind; man kann sie als Übermacht oder als Bleigewicht empfinden, oder auch als tragende Macht, auf der man fußt, von der man sich vielleicht gar hochtragen läßt. Das ist nur ein Unterschied des Wertvorzeichens. Ontologisch, im Sinne der erfahrenen Realität, ist es dieselbe Härte des Realen, die wir ertragen oder aber auswerten müssen.

Erst über der Basis dieses allgemeinmenschlichen Grundphänomens erheben sich die besonderen Schicksalsideen der mythischen, religiösen oder philosophischen Weltanschauung. Sie sind keineswegs bloß Ausschmückungen des Phänomens. Sie sind vielmehr Ausdruck eines ewigen Rechtens und Haderns des Menschen mit der Übermacht des Weltlaufes und der Härte des Realen. Wie denn der Gedanke immer wiederkehrt, daß im Zuge der Geschehnisse selbst ein Sinn, eine Rechtfertigung, eine Lenkung höherer Ordnung enthalten sei. Der Mythos ist kenntlich als Paramythion. Wer aber Trost sucht, der dokumentiert damit eben die Härte dessen, wofür er sich trösten will.

IV

Der Mensch lebt nicht in der Gegenwart allein. Er sieht dem Kommenden entgegen, ja er vermag es in gewissen Grenzen vorauszusehen. Er ist nicht ohne „Vorsehung"; und wie beschränkt oder trügerisch diese sein mag, sie stellt ihn mit

---

4 [Vgl. Hartmann, Nicolai, Der Aufbau der realen Welt. Grundriß der allgemeinen Kategorienlehre, 3. Auflage: Berlin 1964, 253: „Es ist durchaus wesentlich für den gesamten Aufbau der realen Welt, daß die Realgesetze der Möglichkeit und der Notwendigkeit sowie ihre Verbindung im Realgesetz der Wirklichkeit, bis in die höchsten Stufen des geistigen Seins hinein sich erhalten. Denn auf Grund dieser Identität erhält sich auch die ‚Härte des Realen' sowie die Einheit des Determinationszusammenhanges in der vielschichtigen Mannigfaltigkeit der Welt."]

seinem Weltbewußtsein und Realitätsbewußtsein doch auf eine wesentlich verbreiterte Basis. Denn eben dieses, daß er das Kommende kommen sieht, gibt ihm die ständig sich anpassende Bereitschaft, die vorgreifende Empfangsstellung, sie sei nun Furcht, Abwehr oder Zuversicht.

Denn darin unterscheidet sie sich nicht vom Gegenwartsbewußtsein: sie ist sowenig wie dieses ein bloßes Erkenntnisverhältnis. Die Erkenntnis des Künftigen gerade ist am meisten eingeschränkt, viel mehr als das emotionale Vorgreifen. Wir leben dauernd in dem Bewußtsein, daß der Strom des Geschehens unaufhaltsam auf uns „zukommt", daß dieses „Zukünftige" ständig in die Gegenwart einrückt und uns im Maße seines Einrückens treffen muß. Dieses Bewußtsein ist durchaus unabhängig von unserem Erkennen oder Nichterkennen des Kommenden, wir sind seiner auch gerade als des Unerkannten gewiß, rechnen mit ihm als dem Unberechenbaren, Unvermuteten, Überraschenden. Und diese Rechnung ist es, die immer stimmt. Denn es ist immer neues Geschehen im Anzuge.

Das Rechnen mit dem Kommenden als einem Unaufhaltsamen hat also von vornherein einen ganz bestimmten Gewißheitscharakter an sich, der sehr verschieden ist von dem des Gegenwartsbewußtseins. Er ist echte Realitätsgewißheit, nur eine solche, die der Gegebenheit des Realen voraufgeht. Er prägt sich in einer Reihe von Akttypen aus, die ebenso emotional und ebenso transzendent sind wie das Erfahren und Erleben, nur eben daß sie dem Erfahren und Erleben selbst vorgreifen. Sie nehmen das Betroffensein vorweg. Sie zeigen das Subjekt in einer anderen, eigenartigen Rezeptivstellung: im Modus des Vorbetroffenseins.

Von dieser Art sind die Akte des Erwartens, des Vorgefühls, der Bereitschaft, des Gefaßtseins; nicht weniger aber auch die stärker gefühlsbetonten der Befürchtung und Besorgnis, oder die der Hoffnung, der Aussicht auf etwas, des Hinlebens auf Ersehntes sowie des einfachen Sichfreuens auf etwas.

Einige von diesen Akten haben etwas ausgesprochen Illusionäres. Das Vorgefühl ist ohne angebbare Grenze gegen das Gaukelspiel der Phantasie; Furcht und Hoffnung täuschen und narren den Menschen, auch den sonst reell eingestellten; Vorfreude und Besorgnis zeigen die Neigung zur Übertreibung. Ja, selbst die nüchterne Erwartung vergrößert noch leicht das unmittelbar Bevorstehende. In alledem darf man natürlich keine Realitätsgegebenheit sehen. Und dennoch gibt es auch hier eine solche. Denn in allen diesen Abarten der emotional-antizipierenden Akte ist eines gewiß: dieses, daß überhaupt etwas kommt, daß stets etwas im Anzuge ist. Und in diesem Punkte ist das vorempfundene Betroffensein ein durchaus reelles, ein echtes Vorbetroffensein vom unaufhaltsamen Strom des realen Geschehens. Die Akte erweisen sich darin als wirklich transzendente Akte. Ja ihre Transzendenz geht noch weiter als die des Erlebens und Erfahrens, sie transzendiert auch die Grenze des Gegenwärtigen und Gegebenen.

Der Mensch lebt wesentlich im Vorbetroffensein vom Künftigen. Gerade das Anrückende hat ein ungeheures Realitätsübergewicht; das Gegenwärtige ist dagegen immer schon halb abgetan. Der dunkle Schoß der Zukunft hält den Blick dauernd gebannt, gerade er erscheint als die unerschöpfliche Quelle von Geschick und Mißgeschick, und immer ist das, was aus seiner Richtung herangezogen kommt, das uns Betreffende, uns Zustoßende, uns Überfallende und Überkommende. Dem entspricht das habituelle Eingestelltsein des Subjekts auf das Anrückende als solches. In diesem generellen Sinne sind jene Akte alle keineswegs illusionär. Sie bekommen dauernd Recht im Strom der Ereignisse, wie sehr immer sie im besonderen der Täuschung unterliegen. Das Vorbetroffensein ist ebenso wirkliches Betroffensein vom anrückenden Realen, wie das Erleben und Erleiden vom gegenwärtigen.

Die Konsequenz erfordert es, auch die Neugier in diesem Zusammenhang zu berücksichtigen, wennschon ihre leichtfertige Aktform einen wie das Satyrspiel anmutet, das sich an den Ernst schicksalhaften Geschehens heftet. Die Neugier rechnet nicht mit etwas Bestimmtem, das kommen muß; sie greift nicht mit der Einbildung dem Gang der Geschehnisse vor, sie lebt nur im Gerichtetsein auf das Kommende überhaupt. Sie ist daher kein eigentliches Erwarten, und dennoch ist gerade die zuwartende Einstellung in ihr das Wesentliche: sie will sich überraschen lassen. Sie lebt nicht in der Voraussicht, viel eher im Verzicht auf sie; sie ist ein Hinleben auf das Unvorhergesehene als solches, ein habituelles Schnüffeln in der Zukunft, ohne sie inhaltlich vorwegzunehmen. Aber eben damit, so paradox es klingen mag, ist sie durchaus reell. Denn dessen, daß überhaupt immer etwas kommt, ist sie unbeirrbar gewiß. Alle Ungewißheit im Vorblick betrifft das Sosein des Kommenden, hier aber ist nicht das Sosein, sondern nur das Kommen selbst vorweggenommen. Im „Warten auf das Unerwartete" gerade erreicht das Vorbetroffensein die der menschlichen Vorsehung adäquateste Einstellung. –

Der Mensch lebt nicht allein im Erwarten des Künftigen, sei es nun im Gefaßtsein auf Gewichtiges oder im spielerischen Sensationsbedürfnis. Er lebt auch im aktiven Vorgriff in die Zukunft. Sein Begehren, Wollen, Tun, Handeln, ja im Keime schon seine innere Stellungnahme und Gesinnung gegen den Mitmenschen, ist ein Vorgreifen in das Künftige. Das ist ein Wesensgesetz dieser Akte. Der Initiative steht weder die Vergangenheit offen noch auch die eigentliche Gegenwart. Beide haben ihre vollständige Geformtheit schon an sich, und keine Macht der Welt vermag sie zu ändern. Das einmal Geschehene kann der Mensch nicht mehr beeinflussen. Wohl aber in gewissen Grenzen das noch Ungeschehene. Der Initiative steht nur die Zukunft offen.

Die genannten Akte nun, sowie alle ihnen verwandten, machen eine eigene, dritte Gruppe der emotional-transzendenten Akte aus. Sie sind prospektiv wie die der vorigen Gruppe, aber von ihnen durch den Charakter der Aktivität oder

Spontaneität unterschieden. Sie sind also nicht rezeptiv wie die der beiden ersten Gruppen, daher kann es bei ihnen kein direktes Betroffensein des Subjekts geben. Es sind teleologische Akte; sie gehen auf ein Realobjekt wie jene, nur daß sie dieses erst durch ihren Vorgriff zur Realität bringen. In allem Wollen und Handeln tritt der Zweck doppelt auf: zunächst bloß in der Intention, vom Subjekt gesetzt, sodann erst als realisierter. Der Akt selbst aber ist von Hause aus über den intendierten (vorgefaßten) Zweck hinweg auf die Realisation gerichtet. Er ist also schon im Ansatz transzendenter Akt.

Man sollte meinen, daß Akte von solcher Struktur kein wesentliches Realitätszeugnis enthalten, und zwar eben weil sie nicht rezeptiv sind, weil in ihnen nicht der Agierende selbst betroffen ist, sondern etwas anderes außer sich zum Betroffenen macht. Dennoch lassen sich hier drei Momente aufzeigen, in denen auch dem Wollenden und Handelnden Reales zur emotionalen Gegebenheit kommt.

Das erste dieser Momente ist der Widerstand des Realen gegen die Aktivität. Alles Tun des Menschen stößt vor in einen Realzusammenhang, der stets schon seine feste Bestimmtheit hat. An dieser Bestimmtheit findet es seine „Mittel" zur Verwirklichung der Zwecke, die es sich gesetzt, aber auch die Grenzen seines Könnens, d. h. des jeweilig ihm Möglichen. Nicht alles läßt sich realisieren; und in Wahrheit seligiert gar nicht erst der Erfolg das Gelingen und Mißlingen, schon im Wollen selbst vielmehr sind die Mittel in den Grenzen des Übersehbaren einkalkuliert, die Zwecke auf Erreichbarkeit hin vorseligiert. Wo das Realisieren eine lange Kette von Aktionen umfaßt, da spielt es sich in einem ständigen Ringen mit der Chance ab: es ist ein dauerndes Ansetzen, Versuchen, Mißlingen, Zulernen, Wiederansetzen – ein Vorwärtskommen, in dem jeder Schritt erkämpft, jeder Erfolg dem Widerstande abgerungen ist. So kennen wir es auf allen Gebieten der „Arbeit". Für Arbeit jeder Art ist keineswegs nur die Leistung charakteristisch, sondern auch der eigentümliche Modus der Erfahrung, der in ihrem Prozeß liegt: das Subjekt erfährt stets erst in ihrem Verlaufe sowohl sie selbst als auch die Sache, an der es arbeitet. Die Sache aber erschließt sich ihm in dem Widerstande, den sie leistet. Das Subjekt erfährt die Eigenart der Sache in diesem Widerstande; es bekommt darin das Gewicht ihrer Bestimmtheit (Gesetzlichkeit) zu fühlen. Das andauernde, alles Tun begleitende Widerstandserlebnis ist eine charakteristische Grundform der Realitätsgegebenheit. Hier wird durchaus dieselbe „Härte des Realen" erfahren, wie auch im rezeptiven Erleben und Erleiden. Der Unterschied liegt nur im voraufgehenden Einsatz von Aktivität und Spontaneität, als deren Beschränkung die Realresistenz empfunden wird.

Der Gedanke, daß Realität im erlebten Widerstand gegen das Wollen erfahren wird, ist in jüngster Zeit sehr eindrucksvoll von Scheler vertreten und zu einer Art „voluntativem Realismus" ausgebildet worden; er geht weiter auf Maine de Biran und Bouterwek zurück. Er ist bei Scheler wohl nur zu sehr isoliert worden von den übrigen, ebenso selbständigen Formen emotionaler Gegebenheit; Widerstand-Erfahren ist nur eine Art des Erfahrens. Überdies ist es nicht auf die Dingsphäre beschränkt. Gerade Widerstände höherer Ordnung werden durchaus in gleicher Weise „voluntativ" erfahren. Man bekämpft jemand und erfährt seine Gegenwehr; man vergreift sich an fremdem Eigentum und erfährt den Widerstand der bestehenden Rechtsordnung; man will jemand überzeugen und erfährt die Opposition des selbsttätigen Denkens. Das ist durchaus dieselbe Art, Widerstand zu erfahren, als wenn man den Stein wälzt und seine Schwere erfährt. Nur die Sphären des Realen sind verschieden.

Für das Wollen und Handeln bilden indessen die Sachen, mit denen es schaltet, nur ein „erstes" Realobjekt, und zwar ein mehr äußerliches. Die Aktivität dieser Akte macht gemeinhin bei Sachen nicht halt, sie geht weiter auf Personen. Handeln im engeren Sinne ist stets ein solches an Personen und gegen sie. Andere Personen also sind das „zweite" und eigentliche Realobjekt der Handlung, des Wollens, ja selbst schon der Gesinnung. Sie sind die in diesen Akten unmittelbar Betroffenen.

Darin wurzelt das zweite Moment der Realitätsgegebenheit bei diesen Akten. Auf den ersten Blick freilich sieht man das nicht. Nicht der Handelnde, sondern der Behandelte erfährt ja hier etwas; er ist der Betroffene, verhält sich aber auch nur rezeptiv. Wie also sollte der Handelnde in seinem Handeln selbst von Seiten der fremden Person, an der er handelt, betroffen sein? Denn nicht um deren Widerstand oder Gegenschachzug handelt es sich; beides gehört vielmehr in das Widerstandserlebnis.

Es gibt aber noch eine ganz andere Art, wie der Handelnde die fremde Person als Realobjekt „erfährt". Gerade daß die fremde Person betroffen ist, wirft auf ihn selbst Licht und Schatten zurück. Er erfährt in seiner Handlung, daß Handlung und Wille selbst von der betroffenen Person zurückstrahlen – auf die eigene Person, ja daß sie die Macht haben, diese sehr eindeutig und sehr empfindlich zu „treffen", zu „zeichnen" oder abzustempeln. Es sind zwar nur Wert- und Unwertmomente, die den Inhalt der Abstempelung ausmachen; aber es sind nicht die Werte in ihrer Allgemeinheit und Idealität, sondern gerade in ihrem Auftreten an der menschlichen Person, wie sie in Wirklichkeit „ist". Darum haben sie in der Welt des Ethos ein Realitätsgewicht, das sich gelegentlich ins Ungeheure steigern und jede sonstige Härte des Realen überbieten kann. Diese Sachlage ist nicht von einer bestimmten Auffassung ethischen Wertvollseins abhängig; es handelt sich hier vielmehr um ein Elementarphänomen, das aller Auffassung schon zugrunde liegt. Das Phänomen ist einfach dieses: Handlung und Wille selbst „erfahren" ihre Wertprägung durch das, was sie anrichten. Das Anrichten aber hat sein Gewicht im Betroffensein von Personen. Dieses Gewicht fällt zurück auf den Handelnden, als denjenigen, der es so gewollt hat. Es belastet ihn, betrifft ihn zurück, „zeichnet" ihn (Schuld und Verdienst). Dem Zurückfallen des Angerichteten auf ihn kann er in keiner Weise entgehen. Das Zurückfallen aber besteht nicht bloß in der Meinung, weder in seiner eigenen noch in der der anderen, sondern an sich. Es ist ein echtes reales „Rückbetroffensein" – nicht anders als das direkte Betroffensein im Strom der Geschehnisse auch. Und dem entspricht die Art, wie es erlebt und empfunden wird. Empfunden nämlich wird es gerade als ein vom Empfinden Unabhängiges, als ein schicksalhaft über uns Hereinbrechendes, Unaufhaltsames und in seiner Art Unerbittliches, ja wo es in schwerer Schuld besteht, als ein zuinnerst Bedrängendes, Bedrückendes, Erdrückendes. Das aber heißt: dasjenige, wovon wir im Wollen und Handeln rückbetroffen sind, wird im Rückbetroffensein selbst als ein eminent Reales erfahren.

Man darf dieses Verhältnis freilich nicht dahin mißverstehen, als käme es nur auf die drastischen „Folgen der Taten" an, die man im Zurückfallen erfährt; auch nicht so, als zählte hier nur das faktisch „Angerichtete" mit. Das Rückbetroffensein greift viel tiefer in die Ansätze der Initiative hinein; schon ein bloß keimhaftes Wollen, schon die innere Haltung, ja die Gesinnung gegen die fremde Person zeigt einem moralisch geschärften Empfinden genau dasselbe Behaftetsein der eigenen Person mit Wert und Unwert dessen, was man der fremden zugedacht. Nicht der Erfolg entscheidet über das Rückbetroffensein – er hängt noch an anderen Faktoren als dem Willen –, sondern die Intention, wie sie schon in der inneren Haltung einsetzt. Und das kann anders nicht sein; denn schon in der Intention ist es auf die fremde Person und ihr Betroffenwerden abgesehen. Von diesem aber strahlt das eigene Betroffensein zurück.

Es erweist sich hier, daß das Seinsgewicht von Personen für Personen ein aktuelleres und unmittelbarer empfindbares ist als das von Sachen. Von bloßen Sachverhältnissen aus, resp. von unserem Tun an ihnen, soweit keine Personen mitbetroffen sind, gibt es kein gewichtiges Rückbetroffensein der eigenen Person. Und dem entspricht die Tatsache, daß keine skeptische und idealistische Theorie den Personen in gleicher Weise Realität abzusprechen wagt, wie den Dingen. Nur darf man das nicht mißverstehen, den Unterschied nicht hypostasieren: Personen haben nicht etwa eine höhere Realität als Dinge, sie haben nur für uns die gewichtigere Realitäts-Gegebenheit. Und der Grund dafür liegt in der unvergleichlich reicheren emotionalen Verbundenheit zwischen Person und Person. Es ist die ungeheure Inhaltsfülle und Gewichtigkeit der emotional-transzendenten Akte, in denen diese Verbundenheit sich auslebt. Zu Sachen und Sachverhältnissen gibt es von uns keine Verbundenheit von gleicher Tiefe und Innerlichkeit. Darum hat die Skepsis ein scheinbar leichtes Spiel, wenn sie das von ihr bestrittene Transzendenzverhältnis auf die Dinge allein abdrängt. Der Fehler darin ist aber eben dieser:

sie tut, als gäbe es eine Welt von Dingen, die nicht zugleich Welt der Personen und ihres Schaltens mit Dingen wäre.

Neben der Sache und der Person tritt als drittes Realobjekt des Wollens und Handelns die „Situation" auf, in der und an der es agiert. Alle menschliche Initiative ist situationsbedingt und zugleich wiederum situationsgestaltend. Sie ist hervorgerufen durch jeweilige Lebenslage und stößt selber formend in sie hinein. In diesem Verhältnis aber zeigt sich ein drittes Moment der Realitätsgegebenheit.

Das Verhältnis selbst ist wiederum ein ganz eigenes. Der Mensch kann sich die Situation nicht nach seinem Belieben wählen; er kann, wo er sie kommen sieht, wohl in gewissen Grenzen ausweichen oder vorbauen, aber im allgemeinen sieht er ihren besonderen Ausfall nicht voraus. Die Situation kommt ungerufen, ungewollt, sie überfällt den Menschen, er „gerät" in sie. Ist sie aber einmal über ihn gekommen, so kann er nicht mehr ausweichen, es gibt da kein „Seitwärts" oder „Rückwärts" für ihn – er müßte denn das bereits Geschehene ungeschehen machen können, was ontisch unmöglich ist. Er muß also hindurch, muß „vorwärts". Das aber bedeutet, er muß handeln, muß entscheiden, was immer durch die Artung der gewordenen Situation ihm zu entscheiden zufällt. Darin hat er keine Freiheit, ob er handeln und entscheiden will oder nicht. Und er handelt immer, handelt in jedem Falle so oder so, wie auch er sich verhalten mag. Er handelt in Wahrheit auch dann, wenn er unentschieden und ängstlich das tätige Eingreifen vermeidet; Handeln ist ja nicht das sichtbare Tun allein, auch Unterlassen ist ein Handeln, und was es anrichtet, ist von derselben Folgenschwere wie der tätige Eingriff; die Mitbeteiligten der Situation sind vom Unterlassen ebenso betroffen, die eigene Person ebenso rückbetroffen.

Zum Handeln also zwingt die Situation den Menschen, aber „wie" er handeln soll, schreibt sie ihm nicht vor. Darin läßt sie ihm Freiheit. So kommt die eigentümliche ontische Sachlage heraus: die Situation, in die ich gerate, ist für mich zugleich Unfreiheit und Freiheit, Zwang und Spielraum. Sie ist der Zwang zum Entscheiden überhaupt, aber Freiheit darin, wie ich entscheide. Hält man diese beiden Momente in ihr zusammen, so ergibt sich paradoxerweise: sie ist der „Zwang zur Freiheit"; der Mensch ist durch die Situation, in der er steht, zur freien Entscheidung genötigt. Das eben heißt es, daß er nicht „zurück" kann, nicht „seitwärts" ausweichen kann aus der einmal gewordenen Situation, sondern nur durch sie „hindurch" kann. Darin aber, „wie" er hindurch gelangt, hat er Spielraum. Gäbe es ein bloßes Treibenlassen in einer Situation, ohne daß man „anders könnte", so bestünde wohl Zwang, aber nicht Zwang zur freien Entscheidung. So aber sind die menschlichen Situationen nicht: sie nötigen weder zur Untätigkeit noch zu bestimmtem Tun, wohl aber zur Entscheidung zwischen dem einen und dem anderen. Damit eben nötigen sie zur Freiheit.

Der Mensch „erfährt" somit die Situation, in die er gerät, als eminent reale Macht, als eine solche, die ihn nicht nur äußerlich, sondern zuinnerst, im Wesenskern der Person, betrifft. Nicht anders als so kann man den eigenartigen Realzwang zur Freiheit verstehen, der von ihr ausgeht. Was der Mensch in ihr erfährt, ist mehr als ein „Widerfahrnis"; es ist das unaufhaltsame Hineingedrängtwerden in Verantwortung und Schuld – das letztere nämlich, sofern die Situation einen Wertkonflikt enthält.

Man kann es als allgemeines Gesetz der „Situation" aussprechen: sie scheint unwägbar, denn sie ist vergänglich, fließend, ephemer, aber sie ist schicksalhaft. Wer in ihr steht, ist unweigerlich in seinem Wesen betroffen von ihr – und zwar in dem Punkte seines Wesens, in dem das Betroffensein am schwersten wiegt. Denn was er unter dem Zwang zur Freiheit anrichtet, fällt auf ihn zurück. Das ganze Menschenleben aber ist von einer einzigen ununterbrochenen Kette von Situationen in Atem gehalten. Jede einzelne fordert den Menschen unabweisbar heraus zur Tat. Der Tat aber folgt das Rückbetroffensein. Der Mensch steht so in einem dauernden Belastetsein durch die Kette der Situationen. Er erfährt darin ein Gewicht des Realen, dem selbst das der Widerfahrnisse kaum die Waage hält.

V

Es ist zu fragen: was folgt aus diesen Ergebnissen der Aktanalyse, was für ein Schluß läßt sich ziehen? Das Erkenntnisphänomen konte den eigenen Bedarf an Realitätsgewißheit nicht decken, und darum auch nicht den der Ontologie. Man mußte sich nach einer stärkeren Gegebenheit umsehen. Diese zeigte sich in den emotional-transzendenten Akten. Im Betroffensein, Vorbetroffensein, Rückbetroffensein, im Widerstandserlebnis und im Gezwungensein zu Handlung und Entscheidung ist ein solcher stärkerer Gegebenheitsmodus des Realen aufgewiesen. Es fragt sich also nur noch, ob daraus etwas für die Erkenntnisgegebenheit des Realen folgt, d. h. ob jene stärkere Gegebenheit ihr zugute kommt, sie etwa stützt oder trägt. Denn an sich denkbar wäre es auch, daß sie ganz „windschief" zu ihr stände, sich mit ihr gar nicht träfe.

Diese Frage ist offenbar eine inhaltliche. Und darum läßt sie sich leicht entscheiden. Wenn es zweierlei Realität und zwei verschiedene reale Welten gäbe – eine solche der Wahrnehmungsgegebenheit und eine solche der emotional-transzendenten Gegebenheit – so wäre das Verhältnis in der Tat ein windschiefes, und es ließe sich hier überhaupt kein Schluß weiter ziehen. Dann aber dürften Wahrnehmung und Erlebnis nicht inhaltlich ineinander übergreifen, und was sie geben, dürfte nicht zueinander passen. Es müßte unmöglich sein, Erfahrenes und Erlittenes auch zu erkennen. Eine solche Unmöglichkeit besteht keineswegs. Wahrnehmung ist stets eingeflochten in den Erlebniszusammenhang; Erfahrenes und Erlittenes geht im Leben ohne angebbare Grenze in Erkanntes über. Es gibt eben nur *eine* Realität, nämlich die der einen realen Welt, in der wir leben und sterben, in der wir handeln, hoffen, fürchten, leiden, erfahren, ertragen – *und* erkennen. Sie ist es, von deren Zusammenhängen wir so vielfach betroffen, bedrängt, bewegt, gezwungen sind; sie aber ist es auch, deren Zusammenhänge Objekt möglicher Erkenntnis sind. Und wenn auch die Ausschnitte der Welt als erlebter und als erkannter keineswegs zusammenfallen, so decken sie sich doch jederzeit in genügender Breite, um die Identität der Welt, aus der sie herausgeschnitten sind, überwältigend fühlen zu lassen. Es sind dieselben Personen, die wir wahrnehmen oder beurteilen, und an denen wir handeln, resp. von denen wir Behandlung erfahren. Es sind dieselben Dinge, die wir einerseits sehen und tasten, mit denen wir andererseits im Handeln schalten, oder deren Widerstand wir erfahren. Es sind dieselben Geschehnisse, Ereignisse, dieselben Folgen unserer Taten, an denen wir zu leiden und zu tragen haben, die wir aber zugleich auch begreifen lernen können. Und es sind dieselben Situationen, die unsere Entscheidungen herausfordern, die wir nicht weniger auch durchschauen, ja von höherer Warte überschauen können.

Ist es nun, im ganzen gesehen, dieselbe reale Welt hier wie dort, so überträgt sich offenbar das Gewicht der emotionalen Realitätsgegebenheit auf die Erkenntnisgegenstände. Emotionales Erfahren und objektives Erkennen sind und bleiben zwar grundsätzlich verschieden, aber die Gegenstände des Erfahrens sind deswegen doch zugleich Gegenstände möglicher Erkenntnis. Hat man dieses Verhältnis durchschaut, so kann man den wahrgenommenen Sachzusammenhängen die Realität nicht mehr bestreiten. Denn es ist dieselbe Realität, von der wir auch im Lebenszusammenhang mannigfaltig betroffen sind.

Dieser Schluß ist nicht eine Kombination, die erst der Philosoph nachträglich vollziehen müßte. Er ist nur die logische Rekonstruktion eines unser ganzes Leben beherrschenden und deswegen unbemerkt bleibenden Folgeverhältnisses, kraft dessen jederzeit das Gewicht erlebter Realität sich auf das Wahrgenommene, und von ihm weiter auf den Gegenstand jeweiliger Erkenntnis überträgt. Denn von vornherein steht alle Wahrnehmung und alles Erkennen fest eingefügt in denselben Lebenszusammenhang da, in dem wir Gewicht und Härte des Realen erfahren. Sie kommt außer ihm gar nicht vor. Es sind erst die philosophischen Theorien, welche die Erkenntnis nachträglich in der Abstraktion aus diesem Zusammenhang herausreißen, sie künstlich zum Zweck theoretischer Betrachtung isolieren; diesen Theorien passiert es dann, daß sie im Fortschreiten ihrer Betrachtung die vollzogene Abstraktion vergessen und das Erkenntnisverhältnis nun für ein auf sich selbst gestelltes, in der Luft schwebendes nehmen. Erst über diesem Fundamentalirrtum, sofern er stillschweigend zur Grundlage gemacht wird, erheben sich die Argumente der Skepsis und des Idealismus. Sie alle stehen und fallen mit ihm.

Umgekehrt läßt sich von hier aus deutlich einsehen, warum im Leben durchweg und vor aller Reflexion die Wahrnehmung als vollgültiges Realitätszeugnis hingenommen wird, trotzdem das Wissen um ihre Relativität und Täuschbarkeit schon in ein sehr naives Verhältnis zum Gegenstande hineinspielt. Die Wahrnehmung eben ist stets eingebettet in den breiten Zusammenhang des Erlebens und Erfahrens. Es steht hinter ihr jederzeit schon das Gewicht der emotional-transzendenten Akte und des Betroffenseins.

An diesem Gewicht hat sie ihren Rückhalt, an ihm findet sie im Zweifelsfalle immer wieder, und vor aller expliziten Überlegung, ihre Bewährung.

Und ähnlich wie mit der Wahrnehmung steht es mit aller Erkenntnis. Im Leben tritt die Erkenntnis gemeinhin nur als die nachträgliche – oder auch laufend mitfolgende – Erhebung des emotional Erfahrenen und Erlebten in die Objektivität auf. So ist die Menschenkenntnis vom Handeln, Leiden, Durchmachen getragen, die Voraussicht des Kommenden von Erwartung, Furcht, Gefaßtsein; ja selbst der Wissensdrang und der philosophische Urhabitus des Staunens ist der Neugier eng verwandt und von ihr nicht scharf zu scheiden. Daß es darüber hinaus eine Sphäre der objektiven Einstellung, des Urteils und der entspannten Betrachtung gibt, braucht deswegen keineswegs bestritten zu werden. Wir kennen diese Sphäre als die der reinen Wissenschaft. Aber gerade zu ihr muß man sich erst in besonderer Selbstzucht erheben. Und auch sie bleibt mit ihrem Anspruch der Realgültigkeit auf denselben Lebenszusammenhang rückfundiert. –

Man kann dieses Resultat auch noch in anderer Form durchsichtig machen. Alle Gegebenheit tritt in Form von Phänomenen auf. Dasselbe gilt auch von Realitätsgegebenheit. Hier aber erweist sich der Phänomencharakter als zweischneidig. Phänomene können auch Scheinphänomene sein; sie können selbst schon auf Täuschung beruhen. Sie sind dann leerer „Schein", zeugen also nicht von etwas Realem. Wenn aber Realität nur in Form von Phänomenen gegeben sein kann, so muß es doch auch Realphänomene geben. Es fragt sich also dann: wie unterscheiden sich Realphänomene von Scheinphänomenen? Woran sind Realphänomene als solche zu erkennen? Die Frage kommt dieser gleich: wie ist Erscheinung von Schein zu unterscheiden? Woran können wir es sehen, ob ein Seiendes in ihr „erscheint" oder nicht? Auf Zusammenhänge und Übereinstimmungen kann man sich hier nicht berufen. Sie führen alle wieder auf andere Phänomene zurück. Man muß einen ersten Ansatzpunkt gewinnen. Und der kann nur im Phänomencharakter gesucht werden.

Es gibt nur eine Möglichkeit, den Ansatzpunkt zu gewinnen: nämlich dann, wenn im Phänomen selbst sich ein Moment herausstellt, in welchem es über sich hinausweist, wenn also das Phänomen so beschaffen ist, daß es seinen eigenen

Phänomencharakter „transzendiert". Man kann dieses im Unterschied zu anderer Transzendenz (etwa zur Akttranszendenz) als „Phänomentranszendenz" bezeichnen. Hier also führt der besondere Erscheinungsgehalt gebieterisch und unvermeidlich auf etwas hinaus, das selbst nicht Erscheinung ist, auf ein Unphänomenales oder Überphänomenales.

In den Phänomenen der bloßen Bewußtseinsakte (wie Meinen, Denken, Vorstellen, Phantasieren) ist das nicht der Fall, wenigstens nicht in bezug auf den Gegenstand. Wohl aber zeigt sich so etwas an den Phänomenen transzendenter Akte, und eben daher wissen wir um ihre Akttranszendenz. So weist schon deutlich der Erkenntnisakt – und zwar in der bloßen Analyse seines Phänomens – auf ein Seinsverhältnis hinaus. Es bleibt dabei höchstens ungewiß, ob überhaupt es Erkenntnis in diesem Sinne gibt. Insofern bleibt hier der Skepsis noch ein schmaler Boden formeller Berechtigung.

Das ändert sich in den emotional-transzendenten Akten. Hier ist die Akttranszendenz in Form des Betroffenseins mitgegeben. Sie erscheint unabweisbar mit im Phänomen dieser Akte. Das Phänomen treibt unaufhaltsam über sich hinaus, es zeigt die charakteristische Phänomentranszendenz. Das Reale erscheint hier in der Form der Aufdringlichkeit, Härte, Belastung, ja des Zwanges. In dieser Form kann es nicht skeptisch abgelehnt werden. Niemand kann zweifeln, daß es Erfahren, Erleiden, Bedrängt- und Belastetsein gibt. Die Phänomentranszendenz ist offenbar eine echte.

Übersieht man die ganze Mannigfaltigkeit der transzendenten Akte (der emotionalen und nicht-emotionalen), so stufen sie sich in diesem Punkte eindeutig ab. Ganz untenan stehen die apriorischen Elemente des Erkenntnisaktes; ihr Phänomen zeigt keine Phänomentranszendenz, wie denn die „objektive Gültigkeit" in ihnen erst erwiesen werden muß. Ganz obenan dürften die emotional-rezeptiven Akte stehen (Erfahren, Erleiden ...), und ihnen zunächst vielleicht die höheren aktiven Akte, die ein Rückbetroffensein der eigenen Person zeigen. In ihnen ist die Phänomentranszendenz eine schlagende. Zwischen diese Extreme ordnen sich zwanglos alle übrigen transzendenten Akte. Diese Stufenfolge der Phänomentranszendenz ist natürlich keine solche der Akttranszendenz. Letztere läßt kein Mehr und Weniger zu, nur ihre Gegebenheit im Aktphänomen ist verschieden. Denn diese Verschiedenheit ist identisch mit der Abstufung im Gewicht der Realitätsgegebenheit. Und umgekehrt, im Maße dieses Gewichtes steigt und fällt die Phänomentranszendenz. Das läßt sich so ausdrücken: das Gewicht der Realitätsgegebenheit in einem Akte ist um so größer, je unablösbarer am Aktphänomen selbst die Realität des Aktes mit der Realität des Gegenstandes verknüpft ist. In den emotional-transzendenten Akten ist das in solchem Maße der Fall, daß die Ablösung nur noch in der Abstraktion – unter Preisgabe des Phänomens – gelingt. Beim Erfahren oder Erleiden wird es sinnlos, das „Widerfahrnis" als ein bloß aktgetragenes, mit dem Akte stehendes und fallendes (also Irreales) zu verstehen; man versteht dann vielmehr den Akt gar nicht, hat sein Phänomen nicht erfaßt, hat spielerisch den Ernst des Menschenlebens verkannt.

Der Skepsis bleibt demgegenüber nur eine formale Möglichkeit des Argumentierens. Sie kann freilich immer wieder geltend machen, auch Widerfahrnisse, Widerstände, Schicksale seien nur selbstgeschaffene Mächte. Aber solche stereotype Argumentation wird immer wesenloser, je stärker die Phänomentranszendenz der Akte wird. Sie wird immer mehr in die leere Abstraktion gedrängt. Und so erledigt sie sich, indem sie gegenstandslos wird.

Erst mit diesem Resultat ist der Boden für [die] realontologische Untersuchung gesichert. Sie darf sich ruhig dem Detail einer Kategorialanalyse des Real-Wirklichen hingeben, ohne die Besorgnis, sich dabei von der Gegebenheit zu entfernen. Untersuchung als solche muß natürlich die Form der Erkenntnis haben, und zwar der streng wissenschaftlichen Erkenntnis. Damit muß sie sich freilich von den emotionalen Grundformen der Realitätsgegebenheit weit entfernen, sie muß aus der Aktualität und dem Betroffensein zurücktreten und die notwendige Distanz kontemplativer Einstellung gewinnen. Das bedeutet aber keineswegs, daß sie den Zusammenhang mit dem Leben und der Drastik des Betroffenseins preiszugeben brauchte. Die natürliche Verwurzelung, aus der sie herkommt, kann und muß ihr in aller Distanz zum jeweiligen Erleben gerade dauernd präsent bleiben. Die Spannweite der philosophischen Überschau, die dazu erforderlich ist, dürfte die erste Bedingung ihres Gelingens sein. Dieses Erfordernis ist kein anderes als das der Lebensnähe, das wir aus den wertvollsten Tendenzen heutiger Philosophie genugsam kennen. Es spricht in Kürze dasselbe aus, was in expliziter Gestalt die Wendung der Philosophie zur Ontologie und zum Realismus als ihr Ziel vor Augen hat. Die Analyse der emotional-transzendenten Akte betrifft insofern das Kernstück dieser Wendung, als sie dem lebendigen Gefühl solcher Verwurzelung den Nachweis seiner Berechtigung hinzufügt. Es ist kein müßiges Spiel, die Quellen einer Gewißheit aufzudecken, die wir ohnehin haben. Rechenschaft über erste Gewißheit ist in der Philosophie Grundlage alles weiteren Fortschreitens.

Es gilt, als Grundverhältnis dieses festzuhalten: die weit ausschauende philosophische Erkenntnis hat, gerade sofern sie sich zur strengen Form einer logisch gefügten Theorie erheben muß, dennoch den festen Boden einer Realitätsgewißheit unter sich, der dem Erkennen vorausliegt und in ihm schon vorgegeben ist.

Die Perspektive, die sich von hier aus ergibt, ist eine dem heutigen Denken – trotz aller „Wendung" – noch ungewohnte und immer wieder erstaunliche: die Einstellung der Ontologie ist keine sekundäre, erst von der Philosophie vollzogene, sie ist kein Produkt der Abstraktion oder auch nur der Theorie; sie ist vielmehr in der Einstellung der natürlichen und der wissenschaftlichen Erkenntnis – ja vor ihr schon in der des Erlebens und Erfahrens, des Fürchtens und Hoffens, des Wollens und Handelns – enthalten und vorgeformt. Es ist im Aufstieg zu ihr nirgends ein Bruch; sie ist von alledem, was ihr vorausgeht, die geradlinige Fortsetzung.

Von den Denkgepflogenheiten der neuzeitlichen Jahrhunderte her ist man gewohnt, in diesem Aufstieg eine Reihe von Umstellungen zu erblicken. Schon die wissenschaftliche Einstellung zur Welt scheint vielerlei zu negieren, was die naive hinnimmt; die philosophische vollends wird als radikale Umdeutung oder Umwälzung des Weltbildes – z. B. als „kopernikanische Wendung" – verstanden. Die idealistischen Theorien des 19. Jahrhunderts mit ihren Wendungen ins Logische und ins Psychologische haben diese Auffassung noch erheblich bestärkt; Psychologie und Logik sind eben Betrachtungsweisen, die wirklich einer Umstellung bedürfen. Das ist der Grund, warum ihr Einfluß auf die Realphilosophie ein desorientierender werden mußte.

Über all das gilt es umzulernen und den Boden einer schlichteren Grundeinstellung wiederzugewinnen. Die naive und die wissenschaftliche Einstellung haben bei aller inhaltlichen Verschiedenheit doch dieses gemeinsam, daß sie die Welt, die den Inbegriff ihrer Gegenstände ausmacht, durchaus für real nehmen. Sie stehen darin beide gleich fest auf der Basis des Erfahrens und Erlebens. Auch Naturwissenschaft und Geisteswissenschaft unterscheiden sich darin nicht. Denselben Realitätsmodus wie das geschichtliche Geschehen zeigt auch das Naturgeschehen; nur die Seinsschichten und die kategorialen Geformtheiten sind grundverschieden. Und selbst der historische oder soziologische Relativismus (Historismus, Pragmatismus) setzt immer noch unverändert die Realität der Geschichte selbst, resp. die der Gesellschaftsformen, voraus. Es sind in der Tat erst die philosophischen Theorien, die davon abgewichen sind, sowohl in ihrem eigenen Tun als auch in ihrer Auffassung vom Tun der Wissenschaften. Ihrer unkritischen Haltung, die sich hinter einer breit aufgebauschten Scheinkritik der Gegebenheiten zu verstecken wußte, ist die ganze Desorientierung zu verdanken.

Im Gegensatz zu alledem ist die ontologische Einstellung die geradlinige Fortführung der natürlichen und wissenschaftlichen; sie schließt sich ohne Bruch an diese an, ja sie ist im Grunde identisch mit ihr. Die Ontologie, deren Erneuerung wir Heutigen in ihren Anfängen erleben, steht so von vornherein im Zeichen der Umkehr und der Rückkehr zu den Grundphänomenen. Sie steht dem Leben in seiner Fülle wieder nah, wie die Psychologie, die Logik und die Erkenntnistheorie es ihrem Wesen nach nicht vermögen. Man hat diese drei, eine um die andere, zur philosophischen Grundwissenschaft gemacht. Man hat nichts erreicht als den Schiffbruch der Theorie. Denn nicht eine von ihnen, sondern die Lehre vom „Seienden als solchem" ist die natürliche *philosophia prima*.

[2.] Die Diskussion

Max Dessoir, Berlin[5]

Aus den Darlegungen des Herrn Professor Hartmann, denen auch ich mit leb-
haftester Anteilnahme gefolgt bin, möchte ich einige Punkte herausheben, in
denen ich mich der Ansicht des Redners nicht anschließen kann. Hinter allem,
was Herr Hartmann gesagt hat, steht eine Auffassung des Menschen, die mich
befremdet. Der Mensch gilt ihm als ein welt-bedrücktes Wesen; er wird „betroffen",
„vorbetroffen", „rückbetroffen"; er muß mit Personen wie mit Mächten paktieren,
er erfährt das Mißtrauen eines andern, er ist auf etwas gefaßt und überhaupt einer
Schicksalhaftigkeit ausgeliefert. Das, meine Herren, ist nicht Realismus, sondern
Passivismus. In Wahrheit ist der Mensch doch auch ein welthaltiges und welt-
schaffendes Wesen. Er begegnet nicht einem überlegenen Schicksal, sondern ist
selber Schicksal. Mir scheint, als ob dieser uns dargebotene Anblick des Menschen
nur *eine* Seite seiner Natur zeigen kann. Ebensowenig überzeugend war mir die
daraus gezogene Folgerung. Herr Hartmann meint, daß solche Situationen, an die
wir bei der soeben kurz wiederholten Schilderung denken müssen, den Menschen
zum Handeln zwingen und dadurch ein Wirklichkeits-gegebenes beweisen. Aber
zwingt mich nicht auch ein Baum, der im Wege steht, um ihn herumzugehen? Das
tue ich ohne jede Erregung, ohne jeden emotional geladenen Akt, und dennoch
habe ich den stärksten Eindruck eines Fremd-wirklichen. Es liegt also wohl daran,
daß ein Mensch, ein Tier, die mir im Wege stehen, anders wirken. Zu ihnen allerdings muß ich Stellung nehmen, offenbar aus besonderen Gründen, die nicht
aufgezeigt wurden.

Ich komme nun zu einem zweiten Punkte. Nach Hartmann handelt es sich um
die Realität derselben Welt im Gegenstand der emotional-transzendenten Akte
und im Erkenntnisakt; denn ich erfahre ja z. B. das Mißtrauen des andern in
Vorgängen, die ich höre und sehe. Hiergegen möchte ich einwenden, daß die
beiden Sphären zwar miteinander verbunden, aber nicht identisch sind, so wenig,
wie Tonhöhe und Tonstärke dasselbe sind, obwohl die eine nicht ohne die andere
auftreten kann. Es gibt viele Wirklichkeiten, beispielsweise innerhalb der
Räumlichkeit: einen mathematisch-physikalischen Raum, dann einen architektonischen Kunstraum, der meine Seele weiten oder beengen kann, der von innen
anders erlebt wird als von außen, und einen Raum der konkreten Situation, in dem
ich jetzt als Person lebe. Solche Verschiedenheiten sind, scheint mir, nicht ge-

---

5 [Max Dessoir: 08. 02. 1867–19. 07. 1947, Psychologe; 1931: Professur an der Berliner Universität.]

nügend beachtet worden. Nur durch eine quaternio terminorum ist der Schluß von der emotionalen Reaktionswelt auf die theoretische Welt möglich.

Drittens: die Realität, in der es ein Schicksal gibt, kann nicht die naturwissenschaftliche Wirklichkeit verbürgen. Ich sehe keinen entscheidenden Grund dafür, daß die eine Wirklichkeit einen gewichtigeren Gegebenheitsmodus als die andere besitzen soll. Anscheinend glaubt der Herr Vortragende an einen Vorzug der inneren Erfahrung. Aber wie stellt er sich dann zu den pathologischen Erscheinungen, in denen sicherste persönliche Gewißheit für ein Sein vorliegt, das von niemand sonst anerkannt wird? Wie hier emotional gefärbte Akte zu einer falschen Gegebenheit führen, so müßte andererseits das Fortfallen jener Akte auch den Glauben an die Welt der Wahrnehmung und der Erkenntnis erschüttern, und dies ist gewiß nicht der Fall, auch nie der Fall gewesen, selbst nicht bei dem Stoiker. Vor allen Dingen jedoch: gerade dasjenige Erlebnis, auf das die Schilderung Hartmanns am ehesten zutrifft, nämlich das religiöse Urphänomen einer Überwältigung durch eine unsichtbare Macht, beweist doch nicht die Zugehörigkeit Gottes zu unserer Erfahrungswelt. Ich glaube daher nicht, daß sich die theoretische Welt auf der Reaktionswelt aufbaut, sondern sie ist ein Urdatum, das Gewisseste, für das nach einer causa sufficiens zu suchen ein aussichtsloses Unterfangen darstellt.

Ich möchte nicht schließen, ohne diesen notwendigerweise kritischen Bemerkungen hinzuzufügen, was der Vortrag mir, wie gewiß vielen unter Ihnen, gegeben hat. Ich bin dankbar für die Feinheit der Analysen und dafür, daß an die Stelle eines dünnen Intellektualismus etwas Lebendiges gesetzt wurde. Wenn Herr Professor Hartmann den theoretischen Problemkreis überschritten und sich eng ans Leben gehalten hat, so ist er in die Tiefe gestoßen, freilich ohne eine Grundebene zu erreichen. Aber Vertiefung und Lebendigkeit sind Vorzüge echten Philosophierens, und an echtem Philosophieren haben wir soeben teilgenommen.

Moritz Geiger, Göttingen[6]

Die Überzeugung von der Wichtigkeit des Problems der Realität ist die einzige gemeinsame Überzeugung aller Anwesenden: Schon bei der Frage, worin dies Problem besteht, scheiden sich die Geister in zwei Heerlager. Für die einen ist Realität eine Gegebenheit, und das wesentliche Problem lautet für sie: wie läßt sich der Anspruch, den die Realitätsgegebenheit erhebt – eine vorhandene Realität zu präsentieren – sichern? Für das andere Heerlager stammt Realität aus der

---

6 [Moritz Geiger: 26. 06. 1880 – 09. 09. 1937, Philosoph; 1931: Professur an der Göttinger Universität.]

Spontaneität der Vernunft: sie ist Setzung im Denken oder denkökonomische Konstruktion oder Fiktion oder dergleichen – jedenfalls keine Gegebenheit. Für diese Anschauung lautet das Problem: mit welchem Recht wird eine solche Realitätssetzung vorgenommen? Was bedeutet es überhaupt, daß über ein bloß Gegebenes hinaus Realität gesetzt wird?

Ich stimme Herrn Hartmann bei, daß Realität eine Gegebenheit ist, und werde demgemäß vom Boden dieser Anschauung aus diskutieren. Ich kann jedoch den prinzipiellen Unterschied nicht anerkennen, den Herr Hartmann zwischen den Erkenntnisakten und den emotional-transzendenten Akten in bezug auf die Sicherung der Realität macht. Mir scheint, daß Herr Hartmann den beiden Aktarten gegenüber eine jeweils verschiedene Methode einschlägt. Den Erkenntnisakten gegenüber versucht er eine Methode, die ich als die *Nachweismethode* bezeichnen möchte. Herr Hartmann fragt: wie läßt sich die Berechtigung des Anspruchs der Erkenntnisakte auf Transzendenz nachweisen? Allein, wenn man diese Methode anwendet, so kann ein Nachweis prinzipiell nicht gelingen. Geht man davon aus, es sei zunächst fraglich, ob der Anspruch berechtigt ist, so muß man das zu Prüfende zunächst in der Schwebe lassen, und man muß sich nach Gewichten umsehen, die sich zugunsten des Anspruchs in die Waagschale werfen lassen. Im vorliegenden Falle der Prüfung des Anspruchs der Realitätsgegebenheit muß man daher so tun, als ob zunächst die Realitätsgegebenheit eine bloße *subjektsumschlossene* Gegebenheit sei, als ob die Tatsache, daß meine Umgebung mir als real gegeben ist, zunächst nur eine *subjektive* Überzeugung von ihrer Realität begründe. Man ist daher genötigt, nach Momenten zu suchen, die imstande sind, diese subjektive Überzeugung in objektive Berechtigung zu verfestigen. Es ist jedoch ausgeschlossen, daß sich solche Momente finden lassen. Denn zur Verfestigung der subjektiven Überzeugung in objektive Gewißheit stehen wiederum auch nur andere Realitätsgegebenheiten – etwa emotional-transzendente – zur Verfügung. Allein auch diese anderen Momente dürften bei der Nachweismethode zunächst nur als subjektive Überzeugungen begründend angesehen werden. Was der einen Realitätsgegebenheit recht ist, ist der andern billig. Die Gegebenheit der emotional-transzendenten Akte mag „stärkeres" Realitätsgewicht haben als die der Erkenntnisakte – vom Standpunkt der Nachweismethode aus bedeutet stärkere Gegebenheit nur stärkere subjektive Überzeugung. Durch die Häufung subjektiver Überzeugungen läßt sich jedoch niemals objektive Sicherheit gewinnen: die Kluft zwischen der stärksten subjektiven Überzeugung und der objektiven Sicherheit ist unüberbrückbar; man kann sich nicht am Schopfe bloß überzeugungsmäßig aufgefaßter Gegebenheiten aus dem Sumpfe der Subjektivität herausziehen.

Allein das Problem der Sicherung der Realität liegt nicht in einem Nachweis der Berechtigung des Realitätsanspruchs, sondern in der Widerlegung der Angriffe auf diesen Realitätsanspruch. Herr Hartmann selbst hat in der Tat bei den emotional-transzendenten Akten diese andere Methode – *die Widerlegungsmethode* – eingeschlagen. Er glaubt, der Betroffenheit, der Angst, der Neugier, den Gesinnungen usw. die in ihnen gesetzten Realitäten, obwohl er weiß, daß es auch hier Täuschungen gibt. Das ist auch die Methode, die wir im gewöhnlichen Leben wie in der Wissenschaft immer wieder anzuwenden pflegen. Den Anspruch des gesehenen Hauses auf Realität halten wir nicht etwa zunächst in der Schwebe, sondern wir glauben der Realitätsgegebenheit; wenn uns im Bewußtsein als Motiv unserer guten Tat die Nächstenliebe gegeben ist, so glauben wir dieser Gegebenheit. Erst hinterher kommt der Zweifel; erst hinterher fragen wir uns, ob wir uns vielleicht getäuscht haben. Wie wir alles als das hinnehmen, als was es sich gibt (Husserl), so auch die Realität.

Wie kommen wir jedoch zu diesem Zweifel? Wir wissen, daß in anderen Fällen, in denen die Realitätsgegebenheit ebenso aussieht wie im jetzt gerade vorliegenden Fall, die Gegebenheit sich als Täuschung, Halluzination, Traum herausstellte, und so müssen wir die Möglichkeit offen lassen, daß auch die jetzt vorliegende Realitätsgegebenheit Täuschung, Halluzination, Traum ist. Zwei verschiedene Schlüsse pflegen aus dem Vorhandensein von Täuschung usw. gezogen zu werden, von denen der eine berechtigt, der andere unberechtigt ist. Der berechtigte lautet: weil vielerlei Täuschung ist, was sich unmittelbar als real darstellt, so mag auch im vorliegenden Falle einer Realitätsgegebenheit Täuschung vorliegen. Dagegen ist der Schluß falsch: weil vielerlei Täuschung (Traum, Halluzination) ist, mag *alles* Täuschung (Traum, Halluzination) sein. Denn es kann jegliches als real Gegebenes (die gesehene Scheibe des Mondes) nur als Täuschung erwiesen werden, indem man eine andere, besser beglaubigte Realität (den Mond als riesigen Himmelskörper) an dessen Stelle setzt. Soll eine Realität sich als Täuschung erweisen, so bedarf es des Widerstandes einer Realität, die fester ist als sie. *Realität kann nur durch Realität widerlegt werden.* Deshalb kann zwar beliebig vieles Einzelne Täuschung, Traum, Halluzination sein, niemals aber die Realität als Ganzes: die Verallgemeinerung von vielen Realitätstäuschungen dahin, daß alles Täuschung sei, ist falsch, weil sie die Voraussetzung aufhebt, unter der allein etwas als Täuschung erwiesen werden kann. Jener Vergleich Kants von der Taube, die glaubt, im luftleeren Raum besser fliegen zu können, und übersieht, daß der Widerstand der Luft allein ihren Flug ermöglicht, trifft auch hier zu.

Nach der Widerlegungsmethode fällt also demjenigen, der eine Realitätsgegebenheit als Täuschung ansieht, die Beweislast zu, nicht demjenigen, der sie behauptet. Allein der Zweifelnde kann diese Beweislast nicht tragen, wenn er behauptet, daß alles Täuschung, Traum, Halluzination sei. – Es geht beim Versuch der Prüfung der Berechtigung des Anspruchs der Realitätsgegebenheit wie bei vielen Problemen, die die Wissenschaft lange beschäftigt haben (Beweis des Parallelenaxioms, Quadratur des Kreises, Perpetuum mobile). Wenn der Beweis nicht gelingt, so gelingt doch das Umgekehrte: der Nachweis, daß der Beweis nicht gelingen *kann*. So auch hier: es läßt sich zeigen, daß die Nachweismethode nicht zum Ziele führen kann, weil sie prinzipiell in der Subjektivität beschlossen bleibt. Es läßt sich zeigen, daß ebensowenig die Realität als Ganzes widerlegt werden kann. Wir müssen vielmehr der Realitätsgegebenheit in jedem einzelnen Falle so lange vertrauen, bis dieser einzelne Fall widerlegt ist. Dies ist auch der Weg, den Herr Hartmann bei den transzendent-emotionalen Akten einschlägt während er an die Erkenntnisakte mit der viel weiter gehenden Forderung des Nachweises ihrer Transzendenz herangetreten war.

Heinz Heimsoeth, Königsberg[7]

1. Die Wendung der Gegenwartsphilosophie zum erkenntnistheoretischen Realismus und zur Wiederaufnahme ontologischer Fragestellungen ist eine unvermeidliche Konsequenz ihrer geschichtlichen Lage. Die idealistischen Theorien und Denkweisen der vergangenen Generationen stammen, in allen ihren Richtungen und Schattierungen, ab von den klassischen Systemen des neuzeitlichen Idealismus von Berkeley bis Hegel. In allen diesen Systemen aber stehen die realitätauflösenden Argumente der Skepsis, des Satzes des Bewußtseins, der Dingansichkritik usw. im *Dienste einer positiven Realitätssetzung*. Das Sein der „Außenwelt" wird erkenntnistheoretisch relativiert, um anderes, von der materiellen Außenwelt und ihren Kategorien gewöhnlich überdecktes, vergewaltigtes Sein für den philosophischen Blick sichtbar und vordringlich zu machen: spirituale, immaterielle Realität – die nicht „Bewußtsein" ist, sondern Ansichsein, von dem und auf dessen Basis das Bewußtsein selber lebt. Der erkenntnistheoretische „Idealismus" und die „Kritik" am „Sein" (im gewöhnlichen Verstande), am „Realen" (der Körperwelt), an der Bewußtseins-Transzendenz der Dinge steht im Dienste einer Ontologie des Geistigen. Das gilt für Kant genau so wie für Berkeley oder Fichte! Der Realitätsakzent verlagert sich. „Bewußtsein", das „Ideelle" im strengen Sinne der Erkenntnistheorie ist dabei immer nur Ausgang und Vermittlung.

2. Diese spirituale Realität ist den „idealistischen" Systemen vor allem gegeben in „emotional-transzendenten" Akten (um hier den Terminus des Vortrags aufzunehmen); die Erkenntnisbeziehungen zu ihr ruhen selbst auf vor- und

---

7 [Heinz Heimsoeth: 12. 08. 1886–10. 09. 1975, Philosoph; 1931: Professur an der Königsberger Universität, im selben Jahr Wechsel an die Kölner Universität.]

überintellektuellen Lebenszusammenhängen und Daseinsgegebenheiten (eindringlich betont z. B. bei Kant und Fichte!). Aber: das Schwergewicht dieser Realität wird (gemäß den religiösen und religionsmetaphysischen Traditionen) gesucht im Wirklichkeits-Transzendenten, „Übersinnlichen", Meta-Physischen. Und: die besonderen Erlebnis- und Erkenntnisweisen, in denen mir mein Ich oder meine „Seele" (als innere Realität), die geistige Mitwelt (die anderen „Seelen"), der geistige Lebenszusammenhang (die „intelligible Welt") und deren absoluter Realitätsgrund gegeben sind oder sein sollen, werden nicht, oder nur sehr sporadisch, in ihrer Eigenart beschrieben, sowie nach ihrer spezifischen Fähigkeit, Realität wirklich auszuweisen, untersucht. Beides hängt eng zusammen; in beiden Richtungen stellt uns die heutige weltanschauliche und wissenschaftliche Situation vor neue Aufgaben.

3. Der „Idealismus" der letzten Generationen ließ mit der Welttranszendenz jener metaphysischen Systeme auch die positive Realitätstendenz fallen; die realitätauflösenden Argumente aber behielt er bei und dogmatisierte sie, indem er zugleich die Erkenntnis von Wirklichkeit und Leben abtrennte und Erkenntnistheorie zur einzig „voraussetzungslosen" Wissenschaft statuierte. Alles Reale wird zurückbezogen auf ein „Bewußtsein überhaupt", ein „Denken" (oder auf „Empfindungen" usw.) von völlig ungeklärtem Seinscharakter! Kants Umdrehung der Ontologie in „transzendentale Logik" wird beibehalten, während doch die Realitätsvoraussetzungen dieses Ansatzes verlassen und vergessen waren, – sie wird damit dogmatisiert und zum notwendigen Standpunkt einer erkenntnistheoretischen Besinnung gestempelt. Der neue Standpunkt aber (in welcher Schattierung immer) leidet an unüberwindlichen Schwierigkeiten schon innerhalb der bloß erkenntnistheoretischen Betrachtungen; – notwendige Folge der Verselbständigung und Isolierung jener Argumente.

4. Dieser ganze Standpunkt blieb nur möglich, solange die Philosophie von den Fragen der Realität, der „sinnlichen" so gut wie aller „übersinnlichen", desinteressiert sich abwandte. (Philosophie als Erkenntnistheorie, Logik, Wissenschaftslehre usw.) Die *bloße Wiederzuwendung zu inhaltlichen Problemen* der Naturphilosophie und Geschichtsphilosophie, der Philosophie vom Menschen oder von der Gesellschaft (anstatt bloßer methodologischer Fragestellungen an die den Wirklichkeitsbereichen zugeordneten Einzelwissenschaften), wie sie die gegenwärtige philosophische Situation vor allem kennzeichnet, entwertet jene „erkenntnistheoretischen" Argumentationen und bringt ihre Undurchführbarkeit ans Licht. Die Aufgabe neuer kritischer Erforschung aller Realitätsgegebenheiten und Realitätszeugnisse steht vor uns. Hier hat der Vortragende eingesetzt.

5. Zweierlei wird dafür erforderlich. Einmal: wie auch die Realitäten abgegrenzt und gegeneinander abgewogen werden mögen – im Kern muß uns zunächst unsere diesseitige endliche Wirklichkeit, die Welt der natürlichen und ge-

schichtlichen Erfahrung stehen. Mit Fichte und Hegel beginnt die Absicht der Philosophie, auch die „geistige" Realität nicht primär als das „Übersinnliche" eines Gottesreichs, sondern als zeitliche, menschlich-gesellschaftlich-geschichtliche Wirklichkeit zu fassen. In dieser Absicht hat *Dilthey* das Realitätsproblem im neuen Sinne aufgerollt, indem er die emotionale Realitätsgegebenheit der menschlichen Mitwelt ohne meta-physische Hintergründe zu erforschen und zugleich mit den Realitätsausweisen der Ding-Erfahrung zusammenzubringen suchte. In diese Richtung führen die „realistischen" und ontologischen Aufgaben der Gegenwart – gerade auch in der Fassung von N. Hartmann –. Die zweite Forderung ist die nach Realitätsaufweisen und -ausweisungen mit möglichster Abstreifung von vornherein bestimmter weltanschaulicher Tendenzen! Die „Ontologie"-Ansätze der jüngeren Phänomenologie (besonders M. Heideggers!) erscheinen mir, im Ansatz selbst und in jedem Schritte der Durchführung, zu sehr gebunden an bestimmte, weltanschauliche (zuletzt religiöse) Daseinshaltungen. Im Gegensatz dazu sind die Analysen des Vortragenden (dies gegen Einwände Dessoirs!) wirkliche Deskriptionen von Grundakten menschlicher Realitätserfahrungen, die unter allen Umständen unser Leben tragen und bestimmen. Daß der Mensch selbst hierbei in eine „passivistische" (Dessoir) Beleuchtung kommt, liegt an der Aufgabe: nur die Realität verbürgenden Akte aus der Gesamtheit des Erlebens herauszuheben. Gerade in der weltanschaulichen Unvoreingenommenheit der vorgetragenen Analysen sehe ich eins ihrer besonderen Verdienste.

Julius Stenzel, Kiel[8]

Der Vortrag hat das *Ziel* der Wendung mit großer Eindringlichkeit bezeichnet, ließ aber die Ausgangsstellung, die durch Kant inaugurierte kritische Transzendentalphilosophie und damit die *Wendung* selbst als einen geschichtlichen Vorgang zurücktreten. Wenn hieran einige Bemerkungen angeknüpft werden, so geschieht dies deshalb, weil hierbei zugleich zwei systematische Schwierigkeiten zur Sprache kommen und vielleicht durch die Beantwortung einiger ergänzender Fragen aufgehellt werden können.

Nicht klar erschien mir einmal das Verhältnis der hier bezeichneten Ontologie und des auf ihrem Boden möglichen, sichtlich sehr weitgefaßten Erkenntnisbegriffes (Erkenntnis ohne Urteile!) zur Philosophie als Wissenschaft und zur Wissenschaft überhaupt, ferner wurde innerhalb dieser Wendung der Subjektsbegriff nicht deutlich; und doch ist es klar, daß nur von einem ganz bestimmten Sub-

---

8 [Julius Stenzel: 09. 02. 1883–26. 11. 1935, Philologe und Philosoph; 1931: Professur an der Kieler Universität.]

jektsbegriff aus überhaupt sinnvoll die Frage nach der Wirklichkeit oder Nicht-wirklichkeit des Bewußtseinsgegenstandes gestellt werden kann, während ein anderer den Zweifel an ihrer Realität von vornherein ausschließt. Für Kant und die an ihm orientierte Philosophie fällt die Frage nach der Wirklichkeit der Welt weithin zusammen mit der nach ihrer wissenschaftlichen Erkennbarkeit, und deshalb ist das den Zusammenhang der Erscheinungen – zunächst der Natur – transzendental apperzipierende Bewußtsein die Quelle des Kategoriensystems und der Realitätsgewißheit. Wenn auch Kant und noch mehr seine Nachfolger stets den gesamten Kulturbereich mit ihren Begriffen umspannen wollten, so erfolgt doch die eigentliche wissenschaftliche Durchdringung der außerhalb der Grenzen naturwissenschaftlicher Begriffsbildung liegenden Gebiete erst im Laufe des 19. Jahrhunderts, also *nach* den großen idealistischen Systemen, und ursprünglich sogar in einem undankbaren Gegensatz zu ihnen.

Nun ist es das Los der Philosophie, erst ganz allmählich bei einer Ausweitung ihres Gegenstandsbereiches die den neuen Gebieten spezifisch zugeordneten Begriffe zu finden, zunächst aber mit dem alten, auf den andern Gebieten be-währten Begriffsapparat weiter zu arbeiten (vgl. den Marburger Kritizismus). Mir scheint nun die neue Wendung der Philosophie ganz wesentlich eine Hinwendung zur geschichtlich-menschlichen Wirklichkeit zu sein und damit eine Anpassung ihres Begriffsapparates an die „Kritik der historischen Vernunft", um Diltheys Formel aufzugreifen; erinnerte doch nicht zufällig auch in dem heutigen Vortrage vieles an Dilthey: „Vom Ursprung des Glaubens an die Realität der Außenwelt und seinem Recht". Von hier aus fällt auf die beiden Probleme der Wissenschaftsnähe oder -ferne und des Bewußtseinssubjektes sofort einiges Licht. Denn wenn die Philosophie auch in ihrem Ringen um die „Geschichtlichkeit" alles Seienden sich nun bei den geschichtlichen Wissenschaften Rates holte wie einst Kant bei Ma-thematik und Naturwissenschaft, so würde ihr – vielleicht zu ihrem Glück – keine so einfache Antwort werden. Denn der geschichtliche Gegenstand ist so eng mit den allgemeineren Verhaltungs- und Seinsweisen des Menschen überhaupt ver-webt, der wissenschaftliche Begriffsapparat der Historie – in allen ihren Teilge-bieten einschließlich der Philologien – so verwickelt und mehr in der rational nicht bewußten Tätigkeit des Forschers und Darstellers als in irgendeiner Me-thodologie bisher aufgehoben, daß die Philosophie zwar gewisse Aufgaben und Termini von der geschichtlichen Wissenschaft erhält, wie Verstehen, Hermeneutik, Sinndeutung, aber deren Analyse durchaus als ihre eigene Aufgabe betrachten darf; sie fragt nicht: wie ist Geschichte, Philologie usw. „möglich", weil sie im konkreten, leiblich und geistig in Zeit und Raum existierenden Menschen ihren eigenen Gegenstand sehen will und darf.

Damit ist aber bereits die zweite Frage berührt; welche Wandlung des Sub-jektsbegriffes ist in jener Wendung zum Realismus und zur Ontologie involviert?

Eben jener *Gegenstand* der geschichtlichen Betrachtung wird nämlich zugleich auch ihr Subjekt, und dieses Verhältnis greift naturgemäß auch auf die Philosophie über: nicht mehr steht dem reinen oder sonstwie definierten Bewußtsein ein von ihm wesensmäßig verschiedener methodisch bestimmter oder gar „erzeugter" und darum auch von ihm bezweifelbarer Gegenstand gegenüber, sondern unter dem allumfassenden geschichtlich-kulturellen Aspekt kann kein Subjekt vor den anderen einen *Seins*vorrang, höchstens einen *Wert*vorrang, beanspruchen. Vielmehr erfährt auch das philosophierende Subjekt sich selbst erst in allen denjenigen Beziehungen des Widerstandes, der Förderung oder Hemmung, die die phänomenologischen Analysen des Vortrags eindrucksvoll ausführten. Es schien, als ob hier neue Begriffe von Spontaneität und Rezeptivität, Freiheit und Schicksal, Leiden und Tun gesucht würden, von denen aus sich die neuen Wirklichkeits- und Wirkensbereiche kategorial bestimmen lassen. Wie nötig aber eine ausdrückliche Klärung des philosophischen Subjektsbegriffes auch hier auf dem Boden der Phänomenologie ist, zeigt die neueste Wendung der Phänomenologie Husserls, die im Begriff der „transzendental gereinigten Subjektivität" das Problem der „Klammer" und der „Reduktion" aufs schärfste zuspitzt und Descartes' Zweifelssituation wieder aufgreift. Herr Heimsoeth hat bereits auf die Beziehungen des Vortrags zu der Fundamentalontologie Heideggers hingewiesen. Daß im Grunde etwas anderes intendiert ist, ist jedem Hörer deutlich geworden. Der entscheidende Unterschied schien mir in diesem Vortrag die Abwehr jeder religiösen Gesamtorientierung des neuen Realismus und die ausdrückliche Hinwendung zu der kategorialen Analyse und Beschreibung der verschiedenen emotionalen Verhaltungsweisen. Demnach tritt bei diesem Realismus dem von Kierkegaard herrührenden Einschlag der Fundamentalontologie, der Metaphysik des Todes, ganz im Sinne Husserls, ein ausführliches deskriptives wissenschaftliches Arbeitsprogramm gegenüber, inhaltlich freilich von den eben erwähnten transzendentalen Motiven Husserls (siehe besonders Nachwort zur englischen Ausgabe der „Ideen") gänzlich verschieden und vielleicht sogar vom Gegensatz zu ihnen mitbestimmt. Nun gewinnt aber Heidegger von seinem religiös metaphysischen Ansatz her die Möglichkeit, wenigstens grundsätzlich in allen menschlichen Verhaltungsweisen echtes, eigentliches Verhalten vom Gegenteil zu unterscheiden. Gerade wenn die Realitätsgewißheit auf emotional-transzendente Akte in der Sphäre der unmittelbar erfahrenen Gesinnung des andern, den Rückwirkungen meiner Gesinnung andern gegenüber auf mich selbst begründet werden soll oder diese Akte auch nur eine bevorzugte Stellung bei der Realitätsgewißheit erhalten, so muß die für jede Aktphänomenologie einschneidende Frage gestellt werden, wie sich echte Realitätsgewißheit von *vermeintlicher* unterscheidet, die doch z. B. bei den Akten des Vorbetroffenseins jederzeit möglich ist. Deshalb sprach ja der Vortrag von *echten* und unechten Erlebnissen dieser Art und mußte es tun. Wie kann den hier möglichen ganz neuen Gefahren eines Psychologismus bzw. Subjektivismus begegnet, wie Doxa und Aletheia unterschieden werden? Ist dies möglich, ohne die geschichtliche Linie weiterzuführen, die seit Descartes, Kant (einzig möglicher Beweisgrund) das metaphysische Realitätsproblem wenigstens an die *Grenze* des Religiösen heranführt? Oder was tritt an die Stelle der religiös orientierten Scheidung der eigentlichen und uneigentlichen Realitätsgewißheit im Bereich des Emotionalen, wenn diesem der Primat der praktischen Vernunft neu überantwortet wird? Was ist für das heutige Bewußtsein die Idee des Guten, das ἐπέκεινα τῆς οὐσίας?

Emil Utitz, Halle[9]

Vor vier Jahren durfte ich an dieser Stätte den Kongreß für Ästhetik und allgemeine Kunstwissenschaft mit einem Vortrage über den neuen Realismus beschließen. Um so freudiger kann ich heute die Ausführungen unseres Hauptredners begrüßen. Es liegt mir fern, in eine kritische Auseinandersetzung einzutreten; ich will vielmehr – wenn auch nur sehr skizzenhaft – zu zeigen versuchen, wie sich die gleiche Wendung auf einem ganz anderen Gebiete vollzogen hat, bzw. vollzieht: nämlich auf dem Gebiete der Kunst; wohlgemerkt: der Kunst; nicht etwa der Wissenschaft von der Kunst.

Der künstlerische Realismus des 19. Jahrhunderts zielte auf die Wirklichkeit des Sinnlichen. Eine andere erkannte er nicht an. Als objektiver Naturalismus buchstabierte er gleichsam die optische Erscheinung, überzeugt von der Unerschöpflichkeit sinnlicher Welt. Als Impressionismus trachtete er den augenblicklichen Gesamteindruck zu erfassen. Nur diese Kurzschrift gab ihm Wirklichkeit, alles andere dünkte ihm als ihre erstarrende Vereisung, als Verfälschung ihres Wesens, das er in Bewegung, Geschehen, Veränderung erblickte.

Gegen diese ganzen Voraussetzungen wandte sich der Expressionismus: sinnliche „Wirklichkeit" ist nur Schein, nur Oberfläche, nur Haut; nicht Kern, nicht das Eigentliche und Entscheidende. Nach der einen Richtung hin sucht er die Wirklichkeit im anschaulichen Gesetz, das den sinnlichen Gestaltwandel erst möglich macht. Und da das strengste Gesetz das mathematische ist, landet diese Strömung notwendig beim Kubismus. Die zweite aber verankert sich im Inneren, in Leidenschaft und Gefühl, Ekstase und Rausch. Von hier aus empfängt die Erscheinung ihre Prägung. Das Wahrnehmbare wird für den Expressionismus zum Gleichnis, dessen Sinn in „tieferen" Schichten ruht. Sie beglaubigen den Vorstoß zur wahren Wirklichkeit.

---

9 [Emil Utitz: 27. 05. 1883 – 02. 11. 1956, Philosoph; 1931: Professur an der Hallenser Universität.]

Allein: Impressionismus und Expressionismus werden in gleicher Weise dem neuen Realismus bedenklich: steht vor mir ein hölzerner Würfel; so deckt sich seine Wirklichkeit weder mit seiner Erscheinung, mag sie in allen Einzelheiten wiedergegeben sein oder in ihrem augenblicklichen Eindruck, noch auch mit der Gesetzlichkeit des Würfelhaften oder der Ausdruckskraft herrschender Regelmäßigkeit. Der Sinn für das Tatsächliche erwacht wieder, doch dieses Tatsächliche hat ein anderes Antlitz als das Faktum eines naturwissenschaftlichen Lebensgefühls. Es ist seltsam geheimnisvoll in seiner unverrückbaren Leiblichkeit, rational und irrational zugleich. Es „ist", und diese unscheinbare Banalität des „Seins", des echten, in sich gründenden Seins, sie wird zum Zeichen der Zeit. Man erfülle sich einmal mit der Bewußtheit um dieses „Sein", mit einer Bewußtheit, die noch nicht philosophisch durchwebt ist, dichterisch erhöht oder sonstwie umgedeutet; und man greift an die Wurzel dieser nachexpressionistischen Wirklichkeit.

In breiter Front erfolgt daher ein Zurückfluten zum alten Naturalismus, ermattet von den Höhenflügen des Expressionismus, enttäuscht und ungläubig. So mangelt diesem Naturalismus durchaus Schwung und Kraft des Früheren; er wirkt als ein Sich-fallen-lassen. Hier schweigen Wagemut und neues Wollen.

Allein dort regen sie sich, wo Anschluß gesucht wird an die glorreiche Überlieferung abendländischer Klassik. Seinsstufen und Wertstufen stimmen miteinander überein. Vollendetes Sein erstrahlt im Lichte vollendeten Wertes und damit in dem der Schönheit. Um echte Seinsvollendung, um so geläuterte und gereinigte, ringt die Kunst. Wenn Goethe in Italien – um ein von Wölfflin geliebtes Beispiel hier zu erwähnen – einen Seestern und einen antiken Tempel mit den gleichen Worten begrüßt: „So ganz, so seiend!" spricht sich darin dieses Lebensgefühl aus. Wir finden es in den Werken eines Maillol oder – um einen uns sehr nahen Fall heranzuziehen – in den Arbeiten unseres Mitgliedes Gottfried Graf von der Stuttgarter Kunstakademie.

Aber diese harmonisch-beglückende Wirklichkeit erscheint denen untragbar, die hart und schwer betroffen sind von den ganzen brennenden Konflikten des Seins. Das Sinnliche in seiner wuchtenden Dämonie hat sich viel zu tief eingekerbt, als daß seine Problematik leicht genommen werden könnte. Die beseligende Erlösung jenes rein klassischen Seins dünkt gleich einem Traum vom verlorenen Paradies. Man sieht das Erdgebundene, Bodenständige, Stoffschwere, allein nicht bloß in seiner Erscheinung, vielmehr in seiner Vollwirklichkeit, das „Wunderbare" in ihm, nicht hinter ihm oder über ihm. Wenn Herr Hartmann das Stärkersein der niederen Kategorien so eindringlich betont, hier trifft es in vollem Maße zu. Und damit ergibt sich die ungeheure Problematik dieser Kunst mit all ihren Spannungen und Härten, mit ihrer materiellen Verwurzelung und ihrem Loten nach dem Geistigen, mit ihrem grob stofflichen Ansatz und ihrem Griff nach dem Unendlichen. Suchen wir nach Zeugen in der Vergangenheit, tauchen die erhabenen Welten Bambergs und Naumburgs auf; und aus der Gegenwart grüßen uns unter anderem die Werke Barlachs oder die von Gerhard Marcks, den wir in Halle zu besitzen so stolz sind, sowie zahlreiche Bauten unserer Zeit.

Ich habe nun diese mehr als flüchtigen Linien (vgl. mein Buch: „Die Überwindung des Expressionismus" 1927[10]) nicht etwa darum gezogen, um zu zeigen, daß die gleichlaufenden Bewegungen in Philosophie und Kunst nur Ausdruck unserer gegenwärtigen Lebensbewegtheit sind, Momente innerhalb ihrer grandiosen Physiognomik. Ein solcher Relativismus liegt mir durchaus fern. Wohl aber bin ich davon überzeugt, daß nur von einer bestimmten historischen Situation aus, nur von einer bestimmten kulturell-personalen Lage her jene ganz sachhaltigen und objektiven Probleme überhaupt schaubar und faßbar werden, daß nur von diesem Zeitlichen und Bedingten der Absprung ins Zeitlose und Unbedingte in dem hier charakterisierten Sinne möglich wird. Zur Aufdeckung und Aufweisung jenes Standortes scheint die Kunst mit in erster Linie berufen. Und damit darf ich mit nochmaligem Danke an den Vortragenden schließen.

Narziß Ach, Göttingen[11] [12]

Das Erfassen der Wirklichkeit, das Transzendieren, das wir in und durch das Wahrnehmen erleben, ist nur durch eine besondere Anlage unserer wahrnehmenden Organe möglich und bildet einen Sonderfall des Kompensationsprinzips der Identität, das für das Zustandekommen der Wahrnehmung, die wir erleben, stets mindestens zwei Einwirkungen erfordert. Die körperliche Grundlage hierfür liegt in der Zweiheit des Aufbaues unseres gesamten Nervensystems.

Theodor Litt, Leipzig[13]

Die Erwartung, daß diese Diskussion sich zu einer Gigantomachie des Idealismus und des Realismus ausgestalten werde, ist durch den bisherigen Verlauf nicht erfüllt worden; denn die idealistische Seite ist einstweilen – von einer Respektsverbeugung vor dem Geiste Kants abgesehen – stumm geblieben. Und doch

---

10 [Utitz, Emil, *Die Überwindung des Expressionismus. Charakterologische Studien zur Kultur der Gegenwart*, Stuttgart 1927.]

11 [Narziß Ach: 29. 10. 1871–25. 07. 1946, Psychologe.]

12 Die folgenden Zeilen deuten nur an, was den Inhalt eines ausführlichen und gehaltreichen Referats von etwa 20 Minuten Dauer bildete. Anm. d. Herausgeber [Paul Menzer und Arthur Liebert].

13 [Theodor Litt: 27. 12. 1880–16. 07. 1962, Philosoph und Pädagoge; 1931: Professur an der Kieler Universität.]

will es mir scheinen, daß gewisse Ausführungen von Herrn Hartmann eine Gegenrede aus dem Geiste Kants herausfordern. Es sieht bei ihm wie auch bei anderen Ontologen so aus, als ob die „Gnoseologie" in die „Ontologie" aufgehen solle: die Erkenntnisrelation ist ein „Seinsverhältnis" neben anderen, unter anderen, ja sie ist sogar „ontisch sekundär", sie trägt die in ihr enthaltene Realitätsgewißheit von anderen, nicht erkennenden Akten zu Lehen. Darin liegt unfraglich eine *Entwertung* des erkennenden Verhaltens, und entsprechend büßt auch die „Erkenntnistheorie" an Selbständigkeit und Bedeutung ein. Dem möchte ich nun die These entgegenstellen, daß durch die Ausführungen von Herrn Hartmann die erkenntnistheoretische Problematik nur an eine andere Stelle verlagert, nicht aber zugunsten der Ontologie abgeschwächt oder mediatisiert wird. Denn mit unvermindertem Schwergewicht erhebt sich gegenüber seinen Darlegungen die Frage, wie es denn um die Geltung, den Wahrheitsgehalt, die logische Tragweite *derjenigen* Aussagen bestellt sei, in denen er, der ontologische Denker, das Wesen der „emotional-transzendenten Akte", ihre Einfügung in das Ganze des menschlichen Wesens und des Seins überhaupt, ihre Bedeutung für die Erfassung der Realität zu bestimmen sucht. Soll sich etwa jene Entwertung, der das Erkennen verfällt, auch auf diese *seine eigenen* „Erkenntnisse" erstrecken? Oder muß nicht vielmehr ihre Geltung durch die gründlichste erkenntnistheoretische Reflexion gegen jeden Zweifel solcher Art gesichert werden? Liegt nicht im Sinn dieser seiner Aussagen der Anspruch auf eine Geltung, die von allen Einschränkungen und Zurückführungen jener Art nichts weiß? Denn dies könnte doch nicht ernstlich versucht werden, die Gewißheit bezüglich des Wesens der „emotional-transzendenten" Akte abermals auf – emotional-transzendente Akte zu gründen. Es scheint mir also, daß die Auflösung der „Gnoseologie" in die „Ontologie", an denjenigen Erkenntnisakten ihre Grenze findet, in denen die Notwendigkeit dieser Auflösung behauptet wird. Wenn auch *diese* Akte nichts weiter sind als „ontisch sekundäre" Geschehnisse wie andere auch, was wird aus dem Wahrheitsanspruch, mit dem ihr Inhalt auftritt!

Daraus scheint sich zu ergeben, daß Kants „kritische" Fragestellung durch die ontologische Wendung nichts an grundsätzlicher Bedeutung eingebüßt hat. Die Erkenntnisleistung des Ontologen selber fordert eine „Rechenschaftsablage", und diese kann nicht durchgeführt werden, ohne daß die Auflösung der Gnoseologie in die Ontologie am entscheidenden Punkte fraglich würde.

Diese Rechenschaftsablage aber müßte an der zu prüfenden Erkenntnisleistung vor allem *eine* Eigenschaft sicherstellen, der Herr Hartmann gleichfalls keine sonderliche Wichtigkeit beizumessen schien. Sein ontologisch fundierter Erkenntnisbegriff macht keinen grundsätzlichen Unterschied zwischen der logisch vollkommenen Form der Erkenntnis, wie sie in den Begriffen, Urteilen und Urteilskomplexen der *Wissenschaft* vorliegt, und den schlichten Formen der Ge-

genstandserfassung, die die menschliche Alltagserfahrung begründen. Wenn aber die Erkenntnisleistung des Ontologen in Frage steht, dann gewinnt dieser Unterschied erheblichste Bedeutung. Denn *seine* Lehre, die jene Unterscheidung für nebensächlich erklärt, kann nur dann Zustimmung fordern, wenn sie sich selbst in der Form der strengsten Begrifflichkeit auf- und ausbaut, mithin von den naiven Formen der Alltagserfahrung aufs deutlichste scheidet. Auch insofern liegt hier ein „Erkenntnis"begriff vor, der kraft des ihm innewohnenden Geltungsanspruchs jede Auflösung in anderweitige „Seinsverhältnisse" (von denen die vorwissenschaftlichen Erkenntnisformen einen Teil bilden) abweist.

Bis zu diesem Punkte könnten meine Ausführungen, mit ihrem Zurückgreifen auf die Prinzipien der Transzendentalphilosophie, „reaktionär" klingen. Auf der anderen Seite aber will es mir scheinen, als ob Herr Hartmann noch allzusehr in überlieferten Vorstellungen befangen bliebe, die sehr viel radikaler abgeschüttelt werden müßten. Wenn er die Realitätsgewißheit nicht mehr auf *erkennende*, sondern auf *emotionale* Akte zurückführt, so scheint damit jene Denkart überwunden, die das, zunächst isoliert gedachte, Subjekt sich auf Grund bestimmter Operationen des erkennenden Verstandes in eine „außerhalb" seiner liegende Wirklichkeit vortasten läßt; überwunden scheint zugleich die darin liegende Prävalenz der „innern" Erfahrung vor der „Außenwelt"-erfahrung. Aber diese Überwindung bleibt auf halbem Wege stehen. Denn einmal bleibt die „innere" Welt, in der doch die emotionalen Akte ihre Stätte haben, auch hier die unangezweifelte *Voraussetzung* des Gedankengangs: auch hier wird nur gefragt, wie das Subjekt von diesem Innen her den Zugang zu dem „außerhalb" seiner Liegenden finden könne. Zweitens aber behauptet sich die Annahme einer ursprünglichen Abgeschlossenheit des Subjekterlebens, bleibt es bei der Auffassung, daß das Ich wie früher seine Denkakte, so jetzt seine emotionalen Akte zunächst einmal als reines *Innen*geschehen „für sich" erlebe und *dann erst* von innen her zu einem „außerhalb" des Subjekts Liegenden „übersteige". Wenn es in dem Vortrage hieß, daß „der Akt den Phänomencharakter *überschreitet*", so liegt darin ausgesprochen, daß das „Phänomen" zunächst einmal „innerhalb" des Subjekts liegt und erst nachträglich in der Richtung auf ein Jenseitiges transzendiert wird, womöglich in der Form eines „*Schlusses* (!) auf die Realität der emotional-transzendenten Gegebenheit". Ich halte diese Darstellung für phänomenologisch falsch; sie entspringt nicht der unbefangenen Analyse des Erlebnisses, zumal des emotionalen Welterlebnisses, sondern einer Konstruktion, die in den Befund hineinträgt, was er angeblich enthalten „muß". Im Erlebnis *findet* sich der Mensch schon recht eigentlich „in der Welt"; er hat es nicht nötig, von ihm aus erst zur Welt „überzusteigen". In der begrifflichen Analyse gerade dieser Weltsituation des konkreten Menschen hat die Ontologie eine ihrer wesentlichsten Aufgaben.

Daß die Ontologie, wenn sie das Subjekt zunächst in den Bannkreis seiner Einzelexistenz, ja sogar seiner *Momentan*existenz eingeschlossen glaubt, wesentliche Grundmotive des Seins verfehlt, möchte ich andeutungsweise an der Behandlung dreier Grundprobleme zeigen: der Mitmensch, die Zeit, die Geschichte:

1. Der Mitmensch hat nicht seine Wirklichkeit „für sich", unabhängig von mir, so daß ich zu ihm „hinübersteigen" müßte, um seiner kundig zu werden. Er ist das, was er ist, nur vermöge seiner ursprünglichen lebendigen Verbundenheit mit einem weiteren Daseinskreise, der auch mich umschließt. Daß ich mich ihm mit bestimmten Akten unmittelbar zuwende, wird überhaupt nur möglich auf Grund dieser bereits bestehenden Verbundenheit; in diesen Akten hebt sie sich nur zu höherer Bewußtheit empor und gewinnt sie an Klarheit und Gliederung. Das menschliche Füreinander weiß nichts von monadischer Abgeschlossenheit des Seins.

2. Ich bin nicht in die Punktualität meines *Jetzt* so eingeschlossen, daß ich, um Vergangenheit oder Zukunft in den Blick zu bekommen, erst die Schranken dieses Jetzt „übersteigen" müßte. In jeder erlebten Gegenwart ist ein Vorher und ein Nachher schon ursprünglich mit zugegen.

3. Die Geschichte ist nicht ein unabhängig von mir bestehendes Wirkliches, von dem ich, so wie es ohne Beziehung auf mich war und ist, durch „Transzendieren" meines Ichbezirks Kenntnis erlangte: die Geschichte ist ein Ganzes von lebendiger Bewegung, das von Anbeginn an auch in mir pulsiert; durch sie bin ich, was ich bin; ohne mich wäre sie nicht genau das, was sie ist; und mein Blick auf sie ist nur ein bewußtes Innewerden der schon vorher bestehenden lebendigen Einheit.

Diese Andeutungen mögen zeigen, wie ich mir die Antworten einer Ontologie vorstelle, die, die gnoseologische Rechtfertigung ihrer selbst in ihrer ganzen Schwere anerkennend, die Wesensstruktur des konkreten Seins in allgemeinen Begriffen ausspricht. Sie zeigt, daß die „Realität" nicht ein von meinem Ichbezirk aus zu Erfragendes ist, vielmehr mein konkretes Sein und sein angebliches „Außerhalb" in ursprünglicher Einheit umschließt.

Helmuth Plessner, Köln[14]

Herr Litt sieht bei Hartmann noch eine gewisse Zurückhaltung in der Beurteilung der Realitätsgewißheit der emotionalen Akte. Er betont an diesem Punkte radi-

---

14 [Helmuth Plessner: 04. 09. 1892–12. 06. 1985, Philosoph; 1931: ao. Professur an der Kölner Universität.]

kaler als Hartmann die unvergleichliche Realitäts*verbundenheit*, in der die betroffene und erschütterte *Person* durch sie das Verwobensein mit einer Welt wirklicher Gewalten durchlebt; will demgegenüber aber die transzendierende Kraft der theoretischen Akte problematischer genommen wissen, um jene prinzipiell nie zu tilgende Möglichkeit völliger Vereinsamung des erkennenden *Subjekts* in den Blick zu bekommen, die den ewigen Anlaß zur erkenntnistheoretischen Prüfung ihrer Trag- und Durchbruchskraft bildet. In der Tat scheint es uns notwendig, in dieser Richtung bis ans Ende zu gehen. Denn es ist fraglich, ob es sich bei den emotional-transzendenten Akten der konkreten Person überhaupt noch um „Akte" handelt, die in irgendeiner Hinsicht dem Erkenntnisakt des Subjekts verwandt sind. Es besteht die Gefahr, daß das aus der Husserl-Schelerschen Phänomenologie übernommene Aktschema über seinen allenfalls legitimen Anwendungsbereich hinaus für Funktionen gebraucht wird, die bei völliger Realität ihrer selbst, ihrer Träger und Angriffspunkte doch nicht eigentlich transzendieren, weil sie in keiner Sphäre spielen, der (wie etwa dem Bewußtsein des erkennenden Subjekts) von sich aus wenigstens die Möglichkeit immanenter Selbstvereinsamung zugehört. Zum Wesen des Aktes gehört Intentionalität, meinende Gerichtetheit auf etwas. Diese eigenartige Abgehobenheit vom Etwas, in der das Meinen spielt, fehlt gerade den emotionalen Betroffenheiten. Ihre unvergleichliche Durchlässigkeit für die realen Gewalten spricht gegen ihre Aktnatur. Nur Akten gegenüber hat jedoch die Frage nach ihrer Eignung zur Transzendenz einen Sinn, welche den Überschritt über eine Kluft zwischen ihrer Sphäre und einer anderen Sphäre bedeutet. Diese Kluft ist bei den echten Akten angezeigt in dem meinenden Bezogensein auf ..., bzw. in der (gerade auch von Hartmann betonten) Möglichkeit des immanenten Abgeklammertseins gegen die Realsphäre. Bei den emotionalen Betroffenheiten fehlt diese primäre Kluft bzw. die Möglichkeit ihres Gebanntseins in eine subjektive Binnensphäre. Also können sie auch nicht als transzendierende Funktionen angesehen werden. Damit entfällt aber die Möglichkeit, die Realitätsgewißheit der emotionalen Betroffenheiten auf die Erkenntnisakte zu übertragen und durch Berufung auf deren „Transzendenz" ihre Transzendenz zu sichern. Realitätsverwobenheit und -durchdrungenheit ist weder ein Zeugnis für noch gegen Realtranszendenz des Erkenntnisaktes, dessen Sinn es ist, sie zu verlangen oder zu beanspruchen, d. h. haben zu können *oder auch nicht* zu können, und darin jene primäre Distanz von der Wirklichkeit zu bezeugen, die nötig ist, um sie zu über-brücken, d. h. zu transzendieren.

Trotzdem scheint es uns verfehlt, über diesem Einwand (genau wie über dem allgemeinen Einwand gegen die Hartmannsche Argumentation: was dem emotionalen Akt recht ist, muß dem erkennenden Akt billig sein) das Positive an der These zu übersehen. Das steckt in dem Versuch, die traditionelle Basierung der Erkenntnis auf ein primär weltloses und abstraktes Subjekt, ein pures Zentrum transzendentalen Bewußtseins zu überwinden und statt dessen die konkrete Person in den Ansatz auch der Erkenntnisproblematik zu bringen. Mit dieser anthropologischen Wendung wird das Subjekt des Bewußtseins zum Derivat und seine Einbettung in durchgreifenden Seinsbeziehungen von Person zu Person und Welt sichtbar. Hartmann hat sie schon in seiner Metaphysik der Erkenntnis vollzogen, Schelers Verdienst beruht hier in dem Hinweis auf den Erkenntnissinn der emotionalen Funktionen, ihr seinsaufschließendes, seinsentdeckendes Wesen. Ist aber einmal an Stelle des Subjekts und Bewußtseins die konkrete Person (mit Haut und Haaren, nicht nur als Existenz im Sinne Heideggers) Ausgangs- und Blickpunkt der philosophischen Fragestellung geworden, dann hat eine entsprechend erweiterte Transzendenzproblematik nur unter der Bedingung einen Sinn, daß auch für die emotionalen Funktionen gilt, was für die vorstellenden (anschauenden, wahrnehmenden, denkenden) Akte gilt: die Möglichkeit eines Selbstverfangenseins in sich. Bilden sie nicht in ähnlicher Weise wie das kontemplative Bewußtsein eine (freilich durchstoßbare) Binnensphäre, dann haben sie nichts, was sie transzendieren können. Hartmann hat den Nachweis dafür nicht gebracht, setzt es vielmehr, indem er gewisse emotionale Funktionen als Akte anspricht, voraus. Litt dagegen leugnet entschieden eine solche Binnenverfangenheit – wie auch Heidegger – und stellt damit die Möglichkeit ihrer Auswertung im Sinne der Transzendenzproblematik in Abrede. Wir möchten (freilich ohne Übernahme des Aktschemas, das uns den Tatbestand zu nivellieren scheint) an diesem Punkte gerade Hartmann recht geben, wie wir selbst dann für die gesamte menschliche Position die beständige Möglichkeit der Selbstverfangenheit, d. h. des Realitätsverlustes, als eine zu ihrem Wesen gehörige reale Gefahr behaupten.

H. W. van der Vaart Smit, Zwijndrecht (Holland)[15]

Mit einiger Verwunderung habe ich gehört, wie Herr Prof. Dessoir Prof. Hartmanns Realismus Passivismus nennt, als sei der Mensch nur Beute eines Schicksals, während er doch auch selber Schicksal ist. Ist das richtig, daß der Realismus Prof. Hartmanns Passivismus ist? Wenn ja, dann kommen wir mit dieser Wendung zur Ontologie bei einem trostlosen Naturalismus an, und dann ist diese neue Strömung ein Rückfall.

Aber ist der Vorwurf berechtigt? Ich glaube nicht. Es ist unmöglich, daß eine nur passivistische, naturalistische Strömung hier überhaupt zahlreichen Diskussionsrednern in diesem Jahrhundert etwas zu sagen geben kann.

---

15 [Hendrik Willem van der Vaart Smit: 20. 01. 1888 – 09. 04. 1985, Theologe; 1931: Pastor.]

Schon darum bin ich geneigt zu meinen, daß Herr Prof. Hartmann keinen Passivismus vertritt, wie stark er auch betont hat, daß das Subjekt im Modus des Betroffenseins steht. Um so weniger kann ich dem Vorwurf zustimmen, weil es nach Prof. Hartmann „Akte" sind, emotionale Akte, welche das Bewußtsein transzendieren und auf Reales führen. Wenn es „Akte" sind, die „transzendieren" und auf Reales „führen", steckt in diesen Ausdrücken, wenn sie wirklich etwas sagen, ebensoviel Aktivismus als in der angeblichen Wucht des Realen Passivismus steckt. Ich glaube den Theorien des Herrn Prof. Hartmann ebensoviel Aktivismus als Passivismus zuschreiben zu müssen. Aber damit stoße ich auf verschiedene Probleme. Wie ist es zu verstehen – ich greife einen typischen Ausdruck heraus –, wenn der Herr Hauptreferent sagt: Ich kann nur etwas erfahren, wenn mir etwas widerfährt? Bedeutet dies, daß jedes Erlebnis auf Wirkliches führt? Die spiritistischen Erlebnisse sind jedenfalls Erlebnisse. Wird dadurch bewiesen, daß Wirkliches in diesen Erlebnissen uns widerfährt? Das lehne ich ab. Die „Erfahrung" ist nicht der „Beweis". Haben wir hier einen naiven Realismus vor uns, der vernachlässigt, was Kant uns gelehrt hat: wie und in welchem Maße das Subjekt produktiv ist? Natürlich nicht; der Name des Herrn Prof. Hartmann verbürgt uns, daß er dies nicht vernachlässigt hat. Aber dann ist der Ausdruck nicht richtig: „Ich kann nur etwas erfahren, wenn mir etwas widerfährt." Nehmen wir die religiöse „Erfahrung". Das Seiende in der Religion kann man nur, wenn es Seiendes gibt, mit *einem* Namen bezeichnen – mit dem Namen Gott. Gibt es real Seiendes in der Religion, so ist der Name des Realen ohne Zweifel und immer Gott. Wird das Sein Gottes durch die Tatsache bewiesen, daß unsere emotionalen Akten auf dieses Reale führen? Und kann man nur etwas Religiöses erfahren, wenn uns etwas Seiendes in der Religion widerfährt? Wird aus der religiösen Erfahrung das Sein Gottes bewiesen? Diese Frage wird man nicht ohne weiteres bejahen. Auch im emotionalen Akt ist die Realitätsgegebenheit eine bestreitbare ebensowohl als im Erkenntnisakt. Die Probleme sind nur verschoben – verschoben vom Erkenntnisakt zum emotionalen Akt – und sind hier dieselben. – Und sie müssen dieselben sein. Sind sie hier nicht dieselben, so hat man tatsächlich Passivismus und Naturalismus und naiven Realismus. – Aber es sind dieselben Probleme, müssen dieselben sein, eben weil der emotionale Akt im Grunde mit dem Erkenntnisakt sehr viel Ähnlichkeit hat und haben muß. Und man darf nicht zulassen, daß die Probleme vom schaffenden Subjekt dadurch entgleiten, daß man das im Erkenntnisakt schaffende Subjekt mit dem im emotionalen Akt schaffenden Subjekt vertauscht, um so weniger als Herr Prof. Hartmann die Anstellung der ontologischen Überlegung die „Grundlage" aller Erkenntnis nennt, die *philosophia prima*.

Gewiß, ich schenke dieser These gern meinen Beifall; die Anstellung der ontologischen Überlegung ist die *philosophia prima*, die Grundlage aller Erkenntnis. Es muß eine Grundlage der Erkenntnis geben. Etwas muß zuerst sein, muß Grundlage sein; und ich bin geneigt in der Gegebenheit vom Objekt-Subjekt-Verhältnis diese Grundlage zu suchen. Aber dann komme ich doch wieder mit einer anderen Stellung des Herrn Prof. Hartmann in Konflikt. Der Herr Hauptreferent begründet die ontologische Überlegung als die Grundlage aller Erkenntnis im emotional-transzendenten Akt. Aber wie kann er dann die emotional-transzendenten Akte an einer anderen Stelle eine „besondere Gruppe" unserer Akte nennen? Wie kann, logisch geredet, eine „besondere Gruppe" unserer Akte zugleich die „Grundlage" aller Akte sein, und die *philosophia prima* als Ergebnis herbeiführen? Hier liegt eine Unebenheit vor, die nicht zufällig ist; sie deckt auf, daß es sich hier um eine Verschiebung der Probleme handelt, nicht um eine Lösung.

Ich möchte eine Analogie heranziehen. In der Theologie – die immerhin nicht so wertlos ist, daß man ihr nicht ein Beispiel entnehmen könnte – hat man Jahrhunderte hindurch gerungen mit der Frage, welcher zuerst, welcher Grundlage und *philosophia prima* sei, der Vater, der Sohn oder der Hl. Geist. Im Lauf der Jahrhunderte hat man gleichfalls die Probleme oft verschoben; wenn sich die Probleme unlösbar bei der Lehre des Vaters zeigten, versuchte man es mit der Lehre des Sohnes und danach mit der des Hl. Geistes. – Und der Schluß war – nicht zufällig –, daß man sich entschloß, die Grundlage, die *philosophia prima*, nicht in einem der Drei zu suchen, sondern im Wesen der Drei, in der Einheitlichkeit, welche mit keinem der Drei identisch, dennoch in jedem enthalten und allen Dreien gemeinsam sei.

Diese Geschichte vom schaffenden Objekt wiederholt sich in der Philosophie beim schaffenden Subjekt, freilich vorläufig noch nicht mit denselben Schlußfolgerungen. Aber auch in der Lehre vom schaffenden Subjekt ist es unmöglich, entweder den Erkenntnisakt oder den emotional-transzendenten Akt den grundlegenden, welcher die *philosophia prima* ergibt, zu nennen.

Es gibt eine *philosophia prima*. Ich lehne aber ab, sie in den emotional-transzendenten Akten des Subjekts zu begründen. Vielmehr ziehe ich bei weitem die Lösung Kants in seiner Kritik der praktischen Vernunft mit der Theorie der Postulate vor. Ich hoffe, daß eine neue Epoche der Philosophie kommt, in der man den Dualismus der beiden großen Kritiken Kants überwindet, besser als er selber es in seiner dritten großen Kritik erreichte, und die Wesenseinheitlichkeit unseres Denkens, Wollens und Fühlens entdeckt. Aber sicher ist, daß jetzt diese neue Epoche noch nicht da ist – und daß sich die Größe des großen Königsberger Gelehrten Immanuel Kant darin zeigt, daß wir, mehr als ein Jahrhundert nach ihm, noch immer beschäftigt sind mit der Ausarbeitung und Abwägung der Gedanken, die er gegeben hat.

Arthur Liebert, Berlin[16]

Der von Hegel mit so glücklicher Einsicht hervorgehobene Parallelismus zwischen dem allgemeinen Geist einer bestimmten Zeit und ihrer Philosophie erweist sich als gültig auch für die Gegenwart. Dem gesteigerten und emotional vertieften Realitätsbedürfnis, das wir heute aller Orten erwachen sehen, entspricht die Wendung zu einer von vielen und sehr beachtlichen Seiten geforderten und vertretenen Realitätsphilosophie. Die ungewöhnlich bedeutsamen, sehr oft geradezu aufwühlenden Ausführungen unseres Herrn Hauptreferenten ließen die Motive, den Sinn und die wesentlichen Richtungen einer solchen Realitätsphilosophie in überzeugender Eindringlichkeit hervortreten. Dabei war es ebenso bemerkenswert wie begreiflich, daß jene Ausführungen zum Teil direkt und indirekt eine gewisse, mannigfach durchklingende Ablehnung des traditionellen Idealismus in sich schlossen. Zeigt doch die Gegenwart überhaupt die Entstehung einer ganzen Reihe von Abweisungen und Widerlegungsversuchen der idealistischen Philosophie. Diese Bemühungen müßten einmal ihren Voraussetzungen und ihrem Rechte nach mittels einer umfassenden und vorurteilslosen Betrachtung aufgedeckt werden. Was dem Idealismus allgemein und grundsätzlich zum Vorwurf gemacht wird – ob mit hinlänglichem Grund und Recht, mag im Augenblick dahingestellt bleiben –, das sind sein angebliches Versagen hinsichtlich einer vollen und adäquaten Erfassung der Gesamtwirklichkeit und die ihm zugeschriebene Übervergeistigung und Aushöhlung der Stellung des Menschen in dieser Wirklichkeit. Als habe er diese Erfassung zu einem rein begrifflich-konstruktiven Verhältnis verengt und jene Stellung des Menschen zu einer vorherrschend spirituell-ideellen Beziehung vereinfacht und damit in gewissem Sinne auch entleert. Im Gegensatz oder in Ergänzung dazu strebt die realistische Geisteshaltung danach, wie Nicolai Hartmanns glänzender Vortrag bewies, die ungeheure Schwere des Verhältnisses zwischen dem erkennenden Bewußtsein einerseits und der Realität andererseits in der Stärke eines schicksalsvollen „Betroffenseins" des Menschen durch die Realität zu verankern. In geistiger Beziehung sei, so hörten wir, dieses Betroffensein durch eine bestimmte Form und Gruppe „emotionaler Akte" bedingt, die das Bewußtsein „transzendieren". Nur diese „emotional-transzendenten Akte" gewähren und verbürgen nach den Darlegungen des Herrn Referenten die Beziehung zum „Realen", das als solches von der traditionell idealistischen Geisteshaltung nicht erreicht werde. Jene emotional-transzendenten Akte hingegen seien es, die den Boden für eine realontologische Erkenntnis bereiten und den Aufbau einer entsprechenden Realontologie sichern. – Den Betrachtungen und

---

16 [Arthur Liebert: 10. 11. 1878 – 05. 11. 1946, Philosoph; 1931: ao. Professur an der Berliner Universität.]

Nachweisen unseres Hauptredners kommt nun aus mehreren Gründen eine ganz besondere Bedeutung zu. Sie tragen erstens, und das sage ich im Sinne der Eingangsbemerkungen meines Diskussionsbeitrages, den Zug einer hohen Aktualität und unmittelbaren Zeitgemäßheit. Ferner geben sie anfeuernden Anlaß zu einer ernstesten Prüfung des Geltungsbereiches des Idealismus bezüglich seiner Kraft, einen zwingenden Realitätsbeweis erbringen zu können: sie drängen auf diese Weise geradezu zu einer kritischen Auseinandersetzung mit dem Idealismus. Von besonderer Bedeutung scheinen mir Nicolai Hartmanns Ausführungen aber deshalb zu sein, weil durch sie wieder einmal das philosophische Zentralproblem der *Realität* in den Mittelpunkt der Überlegungen gestellt und die ausschlaggebende Wichtigkeit dieses Problems als einer Ur- und Hauptfrage der Philosophie aufgedeckt worden ist. Nicht zuletzt müssen wir ihm auch dafür nachdrücklich Dank zollen, daß er durch die Betonung der „Transzendenz" der emotionalen Akte auf die aller Erkenntnis immanente *Dialektik* aufmerksam gemacht hat. Denn ohne Zweifel steckt in dem Realitätszeugnis eine solche Dialektik; wird in ihm doch mittels der emotionalen Akte die Zone der bloß logischen Geltung der Erkenntnis „überschritten". Die eindringliche Hervorhebung und Beleuchtung des dialektischen Momentes der Transzendenz beruht auf einem tiefen und fruchtbaren Einblick in die Zuständigkeit und in die Struktur der philosophischen Erkenntnis. Müssen wir aber darum, so möchte ich fragen, die „idealistischen" Voraussetzungen zugunsten der „realistischen" Auffassung radikal aufgeben? Und können wir sie überhaupt aufgeben, wenn wir die apriorischen Grundlagen nicht aufgeben wollen, auf denen jede mögliche Erkenntnis gründet, also auch oder gerade die Erkenntnis der Realität? Eine Ontologie, die die theoretische Wahrheit ihrer Urteile vorherrschend emotionalen Akten anvertraut, gerät in die Gefahr der Preisgabe der Sicherung ihrer Bedingungen. Ich bestreite keinen Augenblick den erkenntniskonstituierenden Mitwert der emotionalen Akte. Nur überkommt mich ein Bedenken, ob sie unter *erkenntnistheoretischem*, also *erkenntnisbegründendem* Gesichtspunkt ausreichen für die postulative Notwendigkeit eines philosophisch einwandfreien Realitätszeugnisses. Es scheint mir die ewige, die unaufhebbare Dialektik der Philosophie zu sein, daß sie in alle Aussagen über Reales einen unverwischbaren idealistischen, konstruktiven, spekulativen und normativen Einschlag einfügt, und daß sie das Reale nirgends sicherer und einwandfreier erfaßt als da, wo gerade dieser idealistisch-konstruktive und aprioristisch-normativistische Faktor die auf das Reale gerichtete Erkenntnis entscheidend bestimmt. Aus diesem Grunde gehören *Idealismus und Realismus* unabtrennbar zusammen, stehen sie zueinander in dem *Verhältnis dialektischer Korrelation*. Die angestrebte Wendung zum Realismus und zur Ontologie, deren guten Sinn und deren Berechtigung ich in keiner Weise verkenne, kann nur dann gelingen, wenn sie den Idealismus als den diese Wendung mitbedingenden Faktor beibehält und ihn mit zu Worte kommen läßt. Ich glaube, mit dieser Ansicht mich von der Grundmeinung des Herrn Vortragenden nicht allzu weit zu entfernen, wenn nicht sogar in Übereinstimmung mit ihr zu sein. Veranlassung zu dieser Ansicht geben mir seine großen Abhandlungen „Diesseits von Idealismus und Realismus" im Kant-Festheft der „Kant-Studien" (1924)[17] und „Wie ist kritische Ontologie überhaupt möglich?" in der Festschrift für Paul Natorp (1924)[18]. Versteht man die Philosophie überhaupt aus dem Gesamtsinn ihrer Idee heraus, so versteht man, daß sie sich weder auf den idealistischen noch auf den realistischen Standpunkt beschränkt: Sie ist Ideal-Realismus oder Real-Idealismus in Einem. Wie denn auch die konstruktiv-idealistische Philosophie Deutschlands trotz des ihr nachgesagten extrem idealistischen Charakters sowohl Idealismus als auch Realismus ist (vgl. Schellings Ideal-Realismus). Und damit hängt ganz eng ein zweiter dialektischer Zug der Philosophie zusammen, der meines Erachtens bei der Vertretung des realistischen Poles nicht ausreichend gewahrt wird: So stark und so berechtigt auch das philosophische Verlangen nach Erfassung der Realität sein mag, so sehr der Philosoph auch dem Leben gegenüber aufgeschlossen sein und an ihm teilnehmend sich erweisen soll, so kommt die ewige tragische Paradoxie seiner Einstellung zum Leben doch gerade darin zum Ausdruck, daß er, wie es der platonische Sokrates fordert, den Schritt über das Leben hinaus tun, daß er stündlich zum „Sterben" bereit sein muß. Der echt philosophischen Geisteshaltung ist diese dialektische Transzendenz dem Leben und der Realität gegenüber, ist ein idealistischer Normativismus eigentümlich und notwendig. Von manchen realistischen Bewegungen der Gegenwart wird unter dem Motto „Los vom Idealismus" die Preisgabe dieses idealistischen Normativismus verlangt. Mir scheint in diesem Verlangen eine Preisgabe oder eine Einschränkung desjenigen Universalismus zum Ausdruck zu kommen, der der spezifisch philosophischen Einstellung angemessen ist. Der Philosoph steht eigentlich nie ganz *im* Leben, und er steht nie ganz *jenseits* des Lebens: sein Schicksal ist durch den eigentümlichen Sinn seiner Wissenschaft bedingt, die gleichfalls *sowohl* im Leben als *auch* jenseits desselben steht. In dieser unverkennbaren Dialektik seiner Geisteshaltung und Verfassung bekundet sich die dem Philosophen charakteristische Autonomie seines Wesens und seiner Stellung. In dieser Dialektik und Autonomie sind Idealismus und Realismus „aufgehoben", in ihr sind sie, die selber nur vorläufige und partielle Standpunkte und Auffassungsweisen bedeuten, vereint. Die Wendung dagegen bloß zum Realismus ist die Wendung bloß zu Aristoteles; die Wendung bloß zum Idealismus bedeutet die Wendung bloß zu Berkeley oder zu

---

17 [Vgl. *Text 1* in diesem Band.]
18 [Vgl. *Text 2* in diesem Band.]

228 — Nicolai Hartmann

irgendeinem übersteigerten und einseitigen Spiritualismus, der aber mit dem universell zu verstehenden philosophischen Idealismus nicht identisch ist. Fast alle Angriffe, die gegen den Idealismus gerichtet sind, treffen diesen gar nicht, sondern lediglich den Spiritualismus, dessen Verhältnis zum Realitätsproblem und dessen Deutung und Behandlung dieses Problems völlig anderer Natur sind, als das beim Idealismus der Fall ist. Die soeben kurz angedeutete *dialektische Synthesis* hingegen wird von jenen „Idealisten" klassisch vertreten, die zugleich und eben darum die klassischen „Realisten" sind, von Platon und von Kant. In ihrem Geiste philosophieren, heißt, sowohl die Wendung zum Idealismus als auch die Wendung zum Realismus in der Dialektik eines umfassendsten synthetischen Aktes bejahen und vollziehen.

Julius Kraft, Frankfurt a. M.[19]

Die Wendung zur Metaphysik ist mit ihrer Wiederanerkennung einer systematischen Naturphilosophie, Ethik, und Religionsphilosophie sicher eine radikale Wendung; sie ist es jedoch mit dem zur Diskussion stehenden Teilgebiet einer Metaphysik der Erkenntnis ebenso sicher nicht, sondern dort vielmehr nur eine Fassadenveränderung der alten Fundamente des nur scheinbar verlassenen erkenntnistheoretischen Gebäudes. Die Metaphysik oder Ontologie der Erkenntnis besitzt zwar vor ihrer Vorgängerin, der Erkenntnistheorie, den unbezweifelbaren Vorzug, daß sie das, was jene in ihren beiden Hauptformen: der transzendentalistischen und der psychologistischen verhüllt, offen ausspricht: nämlich ihren metaphysischen Charakter. Das Problem eines Beweises der Gültigkeit der Erkenntnis überhaupt läßt sich ohne weiteres auf das andere Problem des Gegebenseins von Wirklichem überhaupt transformieren, wodurch der metaphysische Charakter auch des ersteren erwiesen ist. Diese Klärung nimmt aber der Erkenntnisontologie keineswegs die Schwierigkeiten ab, denen die Erkenntnistheorie überhaupt unterliegt: die vernichtende Schwierigkeit des regressus ad infinitum. Diese Schwierigkeit, deren unabweisliche Konsequenz die von *Nelson* systematisch entwickelte, prinzipiell bereits von *Kant* erkannte, wenn auch von ihm nicht ausgewertete Unmöglichkeit der Erkenntnistheorie ist, schließt daher die *Unmöglichkeit* der Erkenntnisontologie ein. Aus dieser Sackgasse führt auch für die von *Hartmann* vertretene emotionale Ontologie kein Ausweg. Denn für das, was Hartmann in Weiterführung von Gedanken *Diltheys* und *Schelers* emotionaltranszendente Akte nennt, gelten keineswegs jene auszeichnenden Vorzüge, die

---

19 [Julius Kraft: 23. 10. 1898 – 29. 12. 1960, Soziologe; 1931: Privatdozentur an der Frankfurter Universität.]

Hartmann ihnen beilegt. Auch die emotionalen Akte, die übrigens dem vermeintlich „szientistisch" befangenen *Kant*, als Verfasser der Kritiken der praktischen Vernunft und der Urteilskraft, sehr wohl bekannt waren, zeigen keine Aufhebung des Transzendenzverhältnisses zwischen ihnen selbst und ihren Gegenständen. Sie beziehen sich dazu nur auf einen Ausschnitt der Realität, auf deren Wertqualitäten, und es ist daher unerfindlich, wie sie zu Kriterien der auch von *Hartmann* in seiner grundlegenden These von der „Realität *derselben* Welt im Gegenstand der emotional-transzendenten Akte und im Erkenntnisakt" *vorausgesetzten* Gültigkeit theoretischer Erkenntnis werden sollen. Dazu kann der erkenntnistheoretische Zweifel, wenn man ihn überhaupt zuläßt, gegenüber den emotionalen Akten natürlich nicht aufgehalten werden. Hier ist er, wie die Bestreitung der Möglichkeit objektiver ethischer, ästhetischer und religiöser Urteile bis auf den heutigen Tag zeigt, psychologisch sogar noch viel nachhaltiger als auf empirischem Gebiet. Das nicht weniger als das neukantische „Erzeugen" unmögliche, jedenfalls bei den emotionalen Akten behauptete, Zusammenfallenlassen von Erkenntnis und Gegenstand und der mit der Einführung dieser Akte verbundene Irrationalismus bringen *Hartmann* in außerordentliche Nähe zu dem Hegelianismus und zu dem diesem nahestehenden metaphysischen Antiintellektualismus, der heute anstatt mit der Erkenntnis aus der Angst und aus der Klassenlage heraus philosophiert. *Hartmanns* Ontologie der Erkenntnis ist also keineswegs eine kritische Ontologie, die von der Kantischen Kritik nicht betroffen wird, sondern vielmehr eine dogmatische, sich an bestimmte historische Vorbilder anlehnende Metaphysik, für die der tiefe Gedanke des transzendentalen Idealismus nicht existiert, und die sich charakteristischerweise schließlich auf das „Wunder eines penetrativen Schauens" zurückziehen muß.

Für die wissenschaftliche Philosophie kann die Forderung der Stunde *nicht* lauten: Wendung zu Ontologie und Realismus, sondern Erfüllung der von ihren erkenntnistheoretischen Mängeln und ihren sich daran anschließenden, ontologischen Umdeutungen befreiten Postulate des Kritizismus. Wie seine methodischen Maximen in der mathematischen Axiomatik ihre Fruchtbarkeit erneut bewiesen haben, so sind sie auch in der Philosophie der einzige Weg, der zu Grundlagen führt, die so weit gesichert sind, wie dies für menschliche Wissenschaft überhaupt möglich ist. Auch die Philosophie kann sich, wenn sie auf dem Wege der kritischen Methode weiterschreitet, das Wort *Hilberts* zu eigen machen: „Wir müssen wissen, wir werden wissen."[20]

---

20 [Vgl. Hilbert, David, „Naturerkennen und Logik", in: *Gesammelte Abhandlungen*, Bd. 3, Berlin 1935, 378–387; hier 387.]

Paul Hofmann, Berlin[21]

Den Hartmannschen Ausführungen liegt eine unausgesprochene Voraussetzung zugrunde: Es sei die Aufgabe der Philosophie, Seiendes zu erkennen (ebenso wie es die der Sachwissenschaften ist); Erkenntnis von Seiendem oder über Seiendes müsse aber letzlich stets von Seiendem selbst hergenommen werden. Meiner Auffassung nach geht die erste und ursprüngliche Forschungsaufgabe der Philosophie nicht auf „Sein", sondern auf *„Sinn"*. Sinn aber bedeutet gerade das Gegenteil und den Gegenpol des Seienden: dasjenige, *in* dem und *durch* das Seiendes (Gegenständliches) *erlebt* wird. Das Wort „Sein" selbst bezeichnet einen Sinn, und aus der Bestimmung dieses Sinnes werden mittelbar („transzendental") Aussagen über das Seiende als über die „möglichen Gegenstände" dieses Sinns gemacht; und sogar in strenger Allgemeinheit über „alle" (möglichen) seienden Gegenstände – eine Allgemeinheit, die grundsätzlich nur durch die sinnerforschende philosophische Methode zu erreichen ist, während jede sachwissenschaftliche Methode, die an die „Sachen selber" (die wir erlebend zu „haben" vermeinen) anknüpft, dem Besonderen verhaftet bleibt. Aber dieser Sinn: „Sein" ist eben selbst nicht mehr als „Seiendes" zu verstehen.

Nun zu der besonderen Problemstellung und der Methode der Untersuchung. Daß ich überhaupt Seiendes erlebe, ist ebenso unmittelbar gewiß wie, daß ich „bin": das Ich-sagen und Es-sagen sind untrennbar eins. Bezüglich *dieser* Gewißheit bedarf es keiner Beweise; nur das Was und Wie des erlebten Seienden unterliegt der Frage. Faßt man Hartmanns Untersuchung als Versuch zur Beantwortung dieser Frage, so geht sie darauf, wie wir Gewißheit über „besonderes" Seiendes erlangen. Und zwar meint Hartmann: wir erlangen sie nicht durch erkennende, sondern durch „emotional-transzendente" Akte. In letzteren findet er sozusagen einen „zweiten Weg" zur Gewißheit über Seiendes, dem die angeblichen Mängel des erkennenden Weges nicht anhaften. Das heißt doch aber gerade: auch die emotionalen Akte sind erkennend, nämlich Seiendes erkennend. Dies darf man m. E. allerdings behaupten, und zwar deshalb, weil erkennende und emotionale „Akte" nicht zweierlei „Ereignisse" sind, sondern Momente „abstrakter" Art an den Erlebnissen bezeichnen. Ebendarum enthalten dann aber auch emotionale Erlebnisse spezifisch erkennende Momente. Hier handelt es sich nun um die im emotionalen Erleben miterlebte „immanente Deutung" der Erlebnisse selbst als Tun oder als Leiden (letzteres nennt Hartmann „Betroffensein"). In dieser Deutung liegt als *gewiß* die Beziehung (des Ich) auf „Seiendes überhaupt" – über das „Was oder Wie" dieses Seienden gibt sie uns nicht im mindesten

---

21 [Paul Hofmann: 26. 11. 1880 – 07. 03. 1947, Philosoph; 1931: ao. Professor an der Berliner Universität.]

größere Gewißheit als die spezifisch (d. h. überwiegend oder vornehmlich) „erkennenden" Akte. Hartmanns Untersuchungen beschreiben demnach „Gelegenheiten", bei denen wir des Seienden besonders eindringlich gewiß zu sein meinen; sie zeigen aber keinen „zweiten Weg" zu Gewißheiten über Seiendes (hinsichtlich seines Was und Wie), geschweige denn zum „Beweise" derselben.

Heinrich Sauer, Hamburg[22]
wirft die Frage der Realitätsgegebenheit des Gegenstands der Physik auf, die Frage, wie z. B. die Realität der Atome zu beurteilen sei und ob ihnen die gleiche Realität zukommt wie den sinnlich gegebenen Dingen überhaupt.

Leo Polak, Groningen[23]
Soweit die bemessene Frist es erlaubt, möchte ich ausführen, weshalb mir in dem übrigens mit feiner Kunst blendend ausgearbeiteten Hartmannschen Vortrag keine neue Realitätsgewißheit erreicht und das eigentliche Realitätsproblem mehr verkannt als gelöst scheint.

Das Problem heißt hier das der „*Realitätsgegebenheit*". Der Vorsatz des Vortrags ist: nicht praktisch, sondern theoretisch (gegen Skepsis, Idealismus etc.), „sich der Gegebenheit des Realen zu versichern". Welches Realen also?

Offenbar handelt es sich im ganzen Vortrag bei jener Realität, deren man sich „versichern" will, nirgends um das etwaige überzeitliche, zeitlos-ewige Ansich der Realität, sondern bloß um die Welt in Zeit und Raum, „die Welt worin wir leben und sterben", die Welt der Handlungen und Gesinnungen, des Schaffens und Erleidens, der menschlichen Gemeinschaft und Geschichte, des „Schicksals" und der „Situation" – also um diese unsere gemeinsame Welt des zeitlichen Seins und Geschehens.

Es gibt nun für jeden ein Stück dieser „Realität", dessen „Gegebenheit" Herr Hartmann sich vernünftigerweise, theoretisch so wenig wie praktisch, „versichern" wollen konnte, weil es nicht nur niemals von irgend wem abgeleugnet worden ist, sondern auch in der ganzen Rede vorausgesetzt wurde – nach der richtigen Bemerkung Dessoirs – nämlich die sog. *Innenwelt* des eigenen Bewußtseins, des Erlebens. Das einzige „Problem" bleibt also dasjenige der „Gegebenheit" (oder Nichtgegebenheit) der *Außenwelt*, das alte *erkenntnistheoretische*

22 [Heinrich Sauer: 17. 10. 1891–1952, Philosoph; 1931: Privatdozentur an der Universität Hamburg.]
23 [Leo Polak: 06. 09. 1880–09. 12. 1941, Philosoph; 1931: Professur an der Groninger Universität.]

Außenweltsproblem, d. h. also hier zunächst das Problem der *Natur* oder objektiven *Raumwelt* und des *anderen Ich*, der anderen (unräumlichen) *Subjekte*.

Ich möchte nun zeigen, daß dieses Problem in dem Vortrag nicht nur keine neue Lösung, sondern vielmehr eine neue Verkennung gefunden haben dürfte.

Es gilt hier, wie wir sahen, die „erkenntnistheoretische Legitimation" der einen, gemeinschaftlichen, also transindividuellen, transsubjektiven, will sagen objektiven Realität. Und diese ist m. E. von Hartmann, entgegen Litt's Versicherung, mit nichten geleistet worden.

Der Anfang hätte ja wohl die „Widerlegung des Solipsismus" sein müssen. Erstens aber existiert dieser nicht und hat er nie existiert; dieser „Idealismus" konnte demnach nicht gemeint sein mit jenem noch zu widerlegenden, weil existierenden „Skeptizismus, Idealismus, Nominalismus etc."; zweitens ist dieser Solipsismus für die erkenntnistheoretische Frage nach Realismus oder Idealismus, nämlich in Sachen der Natur, irrelevant; drittens wäre nicht einmal diese Widerlegung gelungen: für den (nichtexistierenden) Solipsisten blieben alle Hartmannschen sog. „transzendenten Akte, Situationen etc." einfach individuelle Traum-akte, Traum-situationen etc. Auch Kants sog. „Widerlegung des Idealismus", daß nämlich Raumsinn, resp. Raumwelt Vorbedingung wäre für Innenwelterfahrung, was höchstens gelten könnte für „Erfahrung" in objektivem statt individuellem Sinn, hat Hartmann sich wohl mit Recht nicht zu eigen gemacht – und schließlich gesteht er ja selber, daß der Solipsismus „formal Recht behält", daß seine Überwindung noch einer (leider nicht legitimierten) Voraussetzung bedürfe, nämlich „daß es nur Eine Realität gibt, soviel wir wissen", daß unser eigenes Bewußtsein nicht vereinzelt, als einzige isolierte Sonderexistenz dasteht.

Der tatsächliche, ernst zu nehmende, erkenntniskritisch zu lösende Kampf zwischen Idealismus und Realismus gilt aber hauptsächlich der Frage, *ob zu der einen konkreten Realität auch die eine objektive Natur, die Raumwelt, der naturwissenschaftliche Kosmos gehöre* – was bekanntlich vom *Dualismus* zwischen Natur und Geist, wie vom *Materialismus* bejaht, vom *psychischen* (spiritualistischen, „idealistischen") *Monismus* verneint wird. Der kritische Kampf gilt also der *Realität* oder *Seinsweise* der Natur, und gegen den „transzendentalen Idealismus" der Natur, den ich mit Berkeley (dem richtig verstandenen), mit Kant, mit Heymans vertrete, hat die ganze Hartmannsche Ausführung auch nicht ein einziges Argument beigetragen.

Hartmanns „Realitätsgegebenheit" meint, wie wir zeigten, zweifelsohne Außenwelts-gegebenheit, Gegebenheit transindividueller Realität. Wie ist es nun um diese „Gegebenheit" bestellt?

„Gegeben" ist in der Realitätsdiskussion schon seit Kant leider ein laxes, zweideutiges, nein vieldeutiges Wort, das schon die schlimmsten Schäden und Verwirrungen gestiftet hat. Wir müssen es, erkenntniskritisch, im strengsten Sinne nehmen und bestimmen. Im laxen Sinne nennt man nämlich erstens das transzendente Ding-an-sich „gegeben", sei es als immanentes Raumding, sei es in der individuellen Wahrnehmung; zweitens das immanent-objektive, transsubjektive Raumding selber, „gegeben" in der Wahrnehmung; strenger Sprachgebrauch nennt „gegeben" *bloß den individuellen Wahrnehmungsinhalt*, mit Bezug auf sei es immanente Raumwelt, sei es transzendente Wirklichkeit-an-sich. Und gegeben in diesem strengen, erkenntnistheoretischen Sinn will einfach sagen *unmittelbar gewußt, gekannt*. Andere reden hier von *„unmittelbar gegeben"* und nennen alles erstere „mittelbar gegeben", was also für uns eben nicht-gegeben heißen müßte und besagen will. Das Gegebene in unserem Sinne nun, das unmittelbar Gewußte, die reine (individuelle) Erfahrung, ist für jedes Subjekt notwendig Ausgangspunkt und Grundlage alles abgeleiteten, vermittelten, erschlossenen Wissens, also aller und jeder Wirklichkeitslehre, Ontologie, Metaphysik, und solcherart „gegeben" sind uns von (d. h. betreffs) aller und jeder Realität prinzipiell immer bloß rein individuelle (subjektive) Bewußtseinserscheinungen, Bewußtseinsbesonderheiten, Bewußtseinsmodifikationen, m.a.W. *Erlebnisse* irgendwelcher Art, Empfindungen, Wahrnehmungen, Gefühle, Vorstellungen, Gedanken, was man will.

Alles Wissen um andere als diese individuelle, innerweltliche Realität ist *sinnlich vermittelt*, aus individuellen Sinnesdaten *abgeleitet*. Wie und mit welchem Rechte? Das ist unser Außenweltproblem. Denn einem Wesen, das ohne Sinne geboren würde, müßte notwendig die Existenz einer „Außenwelt" verschlossen bleiben, es wäre eine erkenntnistheoretisch „fensterlose Monade" – und weil eben alle Sinne nur individuelle „Modifikationen der Sinnlichkeit" (Kant) liefern können und prinzipiell niemals Außenwelt als solche (Berkeley, Kant), *bleibt* jedes Subjekt auch mit allen Sinnen insofern und ohne andere als sinnliche Daten wesensgemäß (nicht metaphysisch, sondern erkenntnistheoretisch) „fensterlose Monade".

Wie und mit welchem Rechte schließen wir nun alle aus individuell-psychischen Daten auf eine transindividuelle, also vom eigenen Sein und Bewußtsein unabhängig existierende Realität, d. h. eine Außenwelt? Dies das kritische Außenweltsproblem, das für den „gesunden Menschenverstand", will sagen für die unphilosophische Menge, überhaupt nicht existiert. Sie lacht von jeher über Mühe und Not der Philosophen und deren „Notbehelfe". Sie „schaut" und „erlebt" ja genau so unmittelbar Außenwelt, wie sie Räumlichkeit und gar Tiefendimension „sieht", und versteht nicht einmal, was die Psychologie will und meint, wenn diese aus Operationen an Blindgeborene schließt, daß der Gesichtssinn ursprünglich nicht-räumliche, nur an Hand des ursprünglichen Raumsinnes räumlich, als „Lokalzeichen" zu deutende Daten liefert.

Nichtsdestoweniger steht dies unser Problem am Anfang aller wissenschaftlichen Ontologie. Und es erhebt sich nun für uns die Frage, was Hartmanns sog. *„transzendente Akte"* zur Lösung des Problems leisten.

Was sind „transzendente Akte"? Der Terminus ist wieder etwas zweideutig. Transzendent soll hier im engsten Anschluß an die Etymologie einfach besagen: das individuelle Bewußtsein überschreitend.

Gibt es nun solche „transzendenten Akte"?

Selbstverständlich, wenn damit gemeint ist: Akte, in denen das Subjekt *für sein Bewußtsein*, seiner Meinung oder Intention nach, sich selbst, sein eigenes Sein und Bewußtsein überschreitet – transzendente Akte in diesem Sinne sind nicht nur Liebe und Haß, sondern κατ' ἐξοχήν *der Glaube* (an die Außenwelt) und vollends *der Traum!*

Soll es aber heißen: Akte, in denen jemals die Außenwelt zur Innenwelt würde, in das individuelle Bewußtsein hineinragte, oder dieses in die Außenwelt hinausragte, Außenwelt unmittelbar erreichte, innehätte als (unmittelbar) Gegebenes – *so gibt es überhaupt keine transzendenten Akte.* Es gibt nämlich keine Außenweltsgegebenheit, nicht nur nicht in den sinnlichen, sondern genau so wenig in irgend welchen „emotionalen" oder sonstigen reinen Daten. Schon deshalb, weil es nun einmal *keine Außenweltserkenntnis* gibt, sei es der Natur, der Dingwelt, oder anderer Subjekte, *ohne Vermittelung der Sinne.* Und diese „geben", wie wir ja schon sahen, niemals mehr als rein individuelle Bewußtseinsmodifikationen – und lehren oder sagen über Außenwelt überhaupt nichts: in den Sinnen ist weder Wahrheit noch Trug (Täuschung), sondern immer nur im Verstande, im Urteil über sinnlich Gegebenes (Kant).

Außenwelt muß von *denkendem Deuten* oder deutendem Denken, das Sinnesdaten als Zeichen faßt und verstehen lernt, (hinzu)*gesetzt*, erschlossen werden – Außenwelt wird weder je unmittelbar „gehabt", noch „erlebt". Schon das Urteil, die Überzeugung „es gibt eine Außenwelt" überschreitet alle individuelle Erfahrungsmöglichkeit – und andere haben wir leider als Individuen nicht. Es ist als Existenzial-urteil *synthetisch* und als Außenwelts-urteil *apriorisch*, d. h. tatsächlich erfahrungüberschreitend, nicht nach dem Kriterium der Apodiktizität oder der absoluten Allgemeinheit, sondern nach demjenigen des betreffenden Gebietes. Für kritische Erkenntnistheorie und Metaphysik wird dieses wie jedes andere synthetische Urteil *a priori* zum Problem. Und für dies kritische Problem der Außenwelt bleibt ewig blind, wer nicht zu jener eben erörterten tieferen Einsicht gelangt, daß wir zwar nicht in Leibnizens ontologischem, aber unbedingt in unserem gnoseologischen Sinne „fensterlose Monaden" sind und bleiben, in die fensterlose „Kammer" des eigenen individuellen Bewußtseins eingeschlossen ωσπερ εν' πολιορχια (mit den alten Kyrenaikern zu reden, was Kollege Litt gestern den „Burgfrieden" oder „Bannkreis" nannte) und auf die eigenen individuellen παθη (im weitesten Sinne des Wortes) angewiesen als einzige „Daten" betreffs aller außerbewußten Realität. Diese Selbstimmanenz alles individuellen Bewußtseins gehört zu dessen Wesensbestimmungen, ist *„Wesensgesetz"*, wie dies Hartmann selbst einmal in seiner „Metaphysik der Erkenntnis" bemerkt hat, und setzt als solches weder eine bestimmte Theorie oder Weltanschauung voraus, noch könnte es von irgend welcher Theorie angegriffen werden. Wer, wie die Herren gestern, behauptet, diese „Kammer" sei ein überwundener Standpunkt, dem fehlt anscheinend das hier erforderte Problembewußtsein, die Verwunderung als die Vorbedingung zu eventueller Problemlösung. Tatsächlich fehlt dies Problembewußtsein heute manchen Soziologen und Phänomenologen; was jedermann glaubt, gilt als beglaubigt – einerseits der dogmatisch-verdoppelnde Natur-realismus, anderseits der genau so dogmatisch-verdoppelnde Logik-realismus (ich denke an Pfänder mit seinem realontologischen „Abspreizen" als metaphysisches Gegenstück zur logischen Verneinung), ohne jedes Verständnis auch nur für den Sinn des formalen Idealismus hier wie dort. Wie sollten wir auch selbst Raum und Zeit und das Logische in die Welt „hineinlegen", wo doch für jeden „wesensgemäß" die „gegebene" Welt räumlich, zeitlich und logisch ist! So „überwindet" die Neuzeit einen Kant!

Ähnlich wie gegen die „transzendenten Akte" müssen wir uns jetzt gegen die von Hartmann behaupteten *„Realphänomene"* wenden: *Es gibt keine Realphänomene* in dem Sinn, daß ein Phänomen je „sich selbst transzendieren" könnte. – Transzendieren im erkenntnistheoretischen Sinn kann wieder bloß das *Denken*, und das meint im Grunde auch Hartmann, wenn er sagt, daß das Phänomen „auf ein Überphänomenales *hinführt"* (oder: reich sei an „Hinweisen auf" das Überphänomenale, etwas anderes jedenfalls als Erweise oder Begründungen). Wen hinführt? Doch wohl das denkende, erkennende Subjekt. Das Gegebene liefert ihm selbstverständlich die *Veranlassung* zum Transzendieren, aber auch nicht eine Spur des (immer schon vorausgesetzten) logischen Grundes, der logischen Berechtigung.

Hier geht wieder das tiefe Begründungsproblem an, dessen Lösung – ich kann hier nur andeuten – ohne unbewußt und instinktiv geübte apriorische *Kausalfunktion* so unmöglich sein dürfte wie alles Denken und Schließen ohne unbewußt und instinktiv geübte apriorische *logische Funktion*.

Auch den Terminus „Realitätszeugnis" müssen wir ähnlich beanstanden. Denn Zeugnis will hier bloß besagen „Zeichen" für Anderes, für Nichtgegebenes; das Phänomen selber, das zu deutende Zeichen, ist und bleibt individuell-subjektiv.

Welche „skeptische" oder „idealistische" Überlegungen sollten nun vor solchen Zeichen, Hinweisen etc. „wesenlos" werden? Wenn es solipsistische, wie wir vorhin sahen, nicht gibt, vielleicht jene betreffs der *„Idealität"*, resp. Nicht-Realität *der Natur?* Mit nichten! Der Idealismus weder eines Berkeley noch eines Kant oder Fechner oder Schopenhauer oder Heymans wird von diesem ganzen Hartmannschen Gedankengang berührt, geschweige denn widerlegt – und so bleibt für mich wie für Heymans und Kant die ganze Raumwelt, statt Teil der konkreten Wirklichkeit zu sein (wie die Subjekte), bloß ideelles, vom vorausgesetzten ideellen, nicht-existierenden wahrnehmenden Bewußtsein überhaupt (Berkeley sagt „all minds whatsoever", Heymans spricht von einem „idealen Beobachter"[24]) abhängiges Ganzes möglicher Wahrnehmungsinhalte, also bloß ideelles „Phänomen" der an sich, d. h. hier unabhängig von jenem ideellen Subjekt oder von möglicher Wahrnehmung, nicht-materiellen, weil nicht-sinnlichen, nicht-räumlichen Realität, deren Teil wir selber als Subjekte sind.

Selbstverständlich ist und bleibt für diesen unseren echten (transzendentalen) Idealismus die objektive Raumwelt um nichts weniger (aber auch um nichts mehr) „real" als etwa das objektive Reich der Töne – und selbstverständlich gibt es von beiden objektive Erkenntnis, Wissenschaft und Wahn.

Oder meint Hartmann vielleicht mit jenen jetzt „wesenlos" gewordenen skeptischen oder idealistischen Überlegungen solche betreffs *der Realität der anderen Iche oder der psychischen und geistigen Welt überhaupt?* Dann wüßte ich wieder nicht, wo ein solcher Skeptizismus oder Idealismus existieren sollte, wenn er je existiert hat. Mir ist wenigstens keine Philosophie bekannt, gegen welche die „Realität" von Hartmanns geschichtlicher Welt „gesichert" zu werden brauchte, denn die Zeitkritik eines Kant und Heymans mit ihrer Verankerung jener zeitlichen Realität im überzeitlichen An-sich glaubt wohl Hartmann selber nicht mit seinen Realitätszeugnissen irgendwie berührt zu haben.

Mir sind demnach, trotz allem Suchen, jene jetzt wesenlos gewordenen idealistischen Überlegungen unauffindbar geblieben, und so scheint mir dies Hartmannsche Resultat selber ziemlich – wesenlos. Der überwundene Idealismus existiert nicht und der existierende Idealismus ist nicht überwunden.

Ich war nach Kenntnisnahme der Thesen[25] sehr gespannt auf jene „sich selbst transzendierenden" Phänomene, die sog. „Realphänomene", wie auf diejenigen „transzendenten Akte", in denen „im Akt selbst" das individuelle Bewußtsein

---

24 [Diese Bemerkungen enthalten vage Bezugnahmen auf folgende Autoren und Texte: Berkeley, George, 12. 03. 1685 – 14. 01. 1753; Theologe; Three Dialogues between Hylas and Philonous. Heymans, Gerardus, 17. 04. 1857 – 18. 02. 1930, Philosoph und Psychologe, Professur an der Universität Groningen; Gesammelte kleine Schriften zur Philosophie und Psychologie. Teil 1– 3. Haag 1927.]
25 Es handelt sich um Thesen, die den Diskussionsrednern vor Beginn der Tagung zugestellt worden waren und die schlagwortartig den Inhalt des Vortrages von N. Hartmann kennzeichneten. Anm. der Herausgeber [Paul Menzer und Arthur Liebert].

„überschritten werden" sollte. Die „Realitätsgegebenheit" wird zwar schon in den Thesen selbst auf „Realitätszeugnis" (d. h. also auf Realitätszeichen) abgeschwächt, auf ein „Hinüberführen auf ein Überphänomenales" – aber es wurde doch eine transzendente „Realitätsgewißheit" in Aussicht gestellt, sicherer als die im „Erkenntnisakt" zu gewinnende; und selbige hätten wir besonders den „emotional-transzendenten Akten" zu verdanken.

Nach dem Vortrag muß ich nun leider einem Gefühl der prinzipiellen Enttäuschung Ausdruck verleihen, da sich nach den gegebenen Beispielen herausgestellt hat, daß es sich um nichts anderes handelt als um jene Erlebnisse des Hasses und der Liebe, die uns „mit anderen verbinden", um Gefühle des Ertragens und Erleidens, des Unterliegens und Besiegtwerdens, worin „dem Subjekt etwas widerfährt", ganz besonders in dem Gefühle des *„Betroffenseins* von Etwas", das einem „zustößt", trifft wie ein „Schlag", der „schlagend" die fremde „Kraft" oder „Realität" – beweisen soll, in dem wenigstens die Außenwelt geradezu „sich aufdrängt", wie auch in dem Gefühl des „von fremder Kraft Emporgehobenwerdens" angeblich sogar fremde „Kraft direkt erfahren wird".

Ich fühlte mich in die Zeit vor Hume und seiner Kritik der Kausalität zurückversetzt: daß Kraft als solche, ein kausaler Begriff, nie und nimmer „erfahren" wird, außer im laxen, unkritischen Sinne des Wortes, wußten wir seit Hume – ein Gegenargument gegen seine scharfsinnige, fein empirisch analytische Kritik habe ich in dem Vortrag leider vermißt.

Und sehen wir nun genauer zu und analysieren wir Hartmanns „Zeugnisse" für Außenwelt, so finden wir tatsächlich, daß deren Zeugnis-, d. h. Zeichenwert für Außenwelt auf einer verschwiegenen, verkannten, ja geradezu abgeleugneten *Voraussetzung* beruht, und zwar auf derjenigen des *Bedingtseins*, d. h. *Verursachtseins* des Gegebenen, Erlebten, Erlittenen – das an sich individuell-subjektiv ist und bleibt.

Also schließlich genau dieselbe unbewußte Voraussetzung, die für alle Welt von jeher gerade die *Sinnesempfindung*, die *Wahrnehmung*, zum „Zeugnis" und Zeichen für transindividuelles Reales gemacht hat. So entstand der „Gegen-stand" aus dem „Wider-stand" gegen Willensbetätigung und Bewegungssetzung.

Es handelt sich also immer und überall und ausschließlich um denkende, nicht nur unbewußt logisch, sondern genau so unbewußt *kausal denkende Deutung* des individuell Gegebenen, Erlebten.

Und wenn demgegenüber Kollege Hartmann meint, „von kausalem Erschließen ist gar keine Rede" und Kollege Litt ergänzt: „kein Mensch denkt daran" – so antworten wir: erheblich ist nicht, wovon die Rede ist, oder woran man denkt, sondern erheblich ist bloß, worum es sich tatsächlich handelt. Und bei der ganzen Hartmannschen Ausführung nun handelt es sich durchgängig und prinzipiell immer nur um Deutung von individuell Erlebtem als *ursächliches Bestimmtwerden* von oder durch (nichtgegebene, transindividuelle) Außenwelt, um *„Betroffensein von Etwas"*, „nicht durch Etwas", sagte bezeichnenderweise Hartmann, denn das würde zu sehr – erinnern an die Kausalität, die man anscheinend los werden möchte! Als wäre jenes „von" weniger kausal denn dieses „durch"! Eher umgekehrt. Und wir Holländer haben mit vielen Sprachen für dies eine Verhältnis nur das eine nämliche Wort (door, par, by, etc.).

Sogar die Termini der „Zeugnisse" sind durchwegs geradezu *kausale* Begriffe: „von fremder *Kraft* emporgehoben" – „das *Müssen"*, „der *Zwang"*, *„Mächte*, die *Druck ausüben"*, die „Situation", mit ihrem „Zwang zu Schuld und Verdienst", mit ihrer *„Erregung"* von „Erwartung", Furcht und Hoffnung, die sog. „antizipierenden Akte", das *„Erwartenmüssen"*, das *„Erleiden"*, die *„Passivität"* der πάθη, die Mißachtung, der Betrug, die Anerkennung, in denen man sich nämlich von Anderem und Anderen *beeinflußt, abhängig* erfährt, wenn wir das Wort „erfahren" hier einmal im laxen Sinne gebrauchen dürfen.

Die *Abhängigkeit*, also das *Bestimmtwerden* ist hier überall die Quintessenz, und ich schlage ein Gedankenexperiment zum Beweise vor: Ginge alles für jedes Individuum glatt nach eigenem Willen und logisch aus eigner innerer Gesetzlichkeit hervor, also ganz nach seiner Selbstbestimmung, so frage ich: bliebe von allen Hartmannschen „Zeugnissen" auch nur ein einziges übrig? – Nun aber, da wir uns im Gegenteil bedrängt, affiziert, gehemmt, gezwungen und bezwungen, von Anderem und Anderen bestimmt, „betroffen" fühlen – nun muß ein Nicht-Ich, eine Außenwelt existieren ... !

Somit bestätigt die ganze Hartmannsche Ausführung nur, was uns ohnehin schon seit Hume und Kant klar war, daß nämlich das Einzige, was je Subjekte zur Annahme und zur Erkenntnis einer Außenwelt geführt hat und führen kann, die *Kausalfunktion* ist. Ihr ward im Vortrag ein Fest gegeben, nur daß man sie versehentlich nicht einlud. – Und wir können nun die erkenntnistheoretische Essenz des Vortrags in Einen Satz zusammenfassen: *Individuell-subjektives Affiziertsein „zeugt" von transindividueller wenn nicht sogar ansichseiender Realität.* Ein Satz, der kritisch denselben Gehalt hat wie dieser bekannte andere: Die Erscheinung beweist das Ding-an-sich.

Die ganze *petitio principii*, die Vorwegnahme der kausalen Voraussetzung, die Verkennung des eigentlich und allein Problematischen, liegt hier in dem Begriffe des Affiziertseins (Betroffenseins), wie dort in dem der Erscheinung. Und so wird zur Selbstverständlichkeit für die „natürliche Einstellung" und den „gesunden Menschenverstand", was für die Erkenntniskritik zu den tiefsten und ungelösten Problemen aller und jeder Wirklichkeitslehre gehört.

Ich sehe denn auch nicht, zu welcher realistischen „Rückkehr" man sich durch die Hartmannsche Ausführung veranlaßt sehen sollte. Vom „Modus des Betroffenseins" hat sich weder die Menge, noch kritische Philosophie je entfernt;

nur daß letztere darin das Kausalproblem nie verkannt, wenn auch bislang, infolge methodologischer Zerspaltung und Eigenbrötelei, leider erst teilweise gelöst hat.

Unser Gesamtergebnis wäre somit folgendes: Das jedem geläufige, von niemandem geleugnete Transzendieren des individuellen Bewußtseins, also das Vorschreiten zu transindividueller, „realontologischer Erkenntnis" ist psychologisch und grundsätzlich nur „möglich" auf Grund einer (unbewußt wirkenden) apriorischen Voraussetzung, d. i. der Kausalfunktion, dem Schlüssel nicht nur zu jeglicher Erfahrungswissenschaft, zur Zukunft wie zur Vergangenheit (weil zur Induktion), sondern auch zu jeglicher wissenschaftlichen Metaphysik. Ohne diesen Schlüssel wären und blieben wir als „fensterlose Monaden" auf Innenwelt eingeschränkt – und nur ein Münchhausen könnte glauben oder versuchen, sich am eignen, „gegebenen" Schopf zur Außenwelt zu erheben.

Ohne die jeder Willkür enthobenen Tiefen der unbewußt funktionierenden apriorischen, logischen und kausalen Geistesgesetzlichkeiten wäre weder naive noch kritische Realontologie möglich, wenn auch weder der Phänomenologe noch der Soziologe als solcher von dergleichen unerfahrbaren Gesetzlichkeiten, von demjenigen, was eben zu den Voraussetzungen aller Erfahrungswissenschaft gehört und was „wir selbst in die Dinge hineinlegen" je etwas spüren oder „schauen" wird. Wenn er deshalb als nicht existierend, nicht wirkend betrachtet, was er nicht sieht, so können wir ihm hier nur noch unser kopernikanisches „*eppure*" zurufen und auf diese bestverkannten, exponiertesten Unerfahrbarkeiten das alte Wort anwenden:

Denn was kein Verstand des Verständigen sieht,
das übet in Einfalt ein kindlich Gemüt.[26]

Abschließend wäre zu sagen: „Philosophia prima", nicht mehr im aristotelisch-dogmatischen, sondern im kantisch-kritischen Sinn, ist und bleibt uns die Erkenntnistheorie, resp. Erkenntniskritik, Vorbedingung zu jeder Metaphysik, die als *Wissenschaft wird auftreten können* – und auch Kollege Hartmann und alle heutigen Realontologen sind von ihrem Geschäft der „Legitimation" des Transzendierens „feierlich und gesetzmäßig so lange suspendiert, bis sie die Frage: *Wie sind synthetische Erkenntnisse a priori möglich?* genugtuend werden beantwortet haben".

---

26 [Schiller, Friedrich, „Die Worte des Glaubens", Vierte Strophe, in: *Sämtliche Werke in zehn Bänden. Berliner Ausgabe*, Bd. 1, Gedichte, 437: „Und die Tugend, sie ist kein leerer Schall,/ Der Mensch kann sie üben im Leben,/ Und sollt er auch straucheln überall,/ Er kann nach der göttlichen streben,/ Und was kein Verstand der Verständigen sieht,/ Das übet in Einfalt ein kindlich Gemüt."]

Willy Moog, Braunschweig[27]

Der Wert der Ausführungen von Herrn Hartmann scheint mir vor allem in der von ihm vorgenommenen phänomenologischen Analyse zu liegen, aber es fragt sich, ob damit eine endgültige Entscheidung gegen jede Art von Idealismus gewonnen werden kann. Die phänomenologische Unterscheidung der Akte kann bedeutsam sein auch unabhängig davon, ob sich daraus Argumente für den Realismus ableiten lassen. Hartmann weist für das Problem der Realitätsgegebenheit den emotional-transzendenten Akten eine besondere Stellung an und trennt sie von den Erkenntnisakten, nimmt eine Übertragung der Realitätsgewißheit von der ersten Art auf die zweite an. Phänomenologisch wäre aber vielleicht gerade von der Verflechtung dieser beiden Aktarten auszugehen. Tut man das aber, dann wird man für die Realitätsgegebenheit auch die logisch-theoretischen Momente unmittelbar mit in Betracht ziehen.

Eine phänomenologische Analyse der Akte kann sich nun ebensowohl in einen Idealismus wie in einen Realismus einbauen lassen. Durch Hartmanns Argumentationen werden wohl manche Formen des Idealismus, wie der subjektive Idealismus, getroffen, aber man kann wohl zweifeln, ob damit auch ein kritischer Idealismus, der die Realitätsgegebenheit anerkennt, ad absurdum geführt ist. Und ebenso kann damit nicht der dialektische Standpunkt Hegels, nach dem der wahre Idealismus zugleich der wahre Realismus ist, erledigt sein. Auch nach Hartmanns Analyse bleibt zum mindesten in einer tieferen Schicht das Problem des Idealismus und des Realismus bestehen, es bleibt die alte Streitfrage, ob das Sein als ὄντως ὄν im Sinne des platonischen Idealismus oder als οὐσία im Sinne des aristotelischen Realismus zu verstehen ist.

Fritz-Joachim von Rintelen, München[28]

Die Äußerung *Heimsoeths*, daß die gegenwärtige Wendung zum Realismus aus dem Problem der Generationen zu verstehen sei, möchte ich erneut aufgreifen. Auch mir war es als einem der Jüngeren stets selbstverständlich gewesen, daß die Philosophie die primäre Aufgabe hat, eine *reale Wirklichkeit* zu erklären, das *hic et nunc* in seinen Situationen. Jedoch bietet sich hier gleich eine praktische Antinomie in aller Erkenntnis: *Je unwesentlicher* ein Erkenntnisinhalt für die lebendige Wirklichkeit zu sein scheint, um so eindeutiger läßt er sich *rational* begründen, je *entscheidender* etwas für das Leben ist, um so geringer wird der Grad der theo-

---

27 [Willy Moog: 22. 01. 1888 – 24. 10. 1935, Philosoph und Pädagoge; 1931: Professur an der Braunschweiger Universität.]
28 [Fritz-Joachim von Rintelen: 16. 05. 1898 – 23. 02. 1979, Philosoph; 1931: ao. Professur an der Münchner Universität.]

retischen Erweisbarkeit. Deshalb können wir nicht nur sagen, der Wert einer Philosophie liege in dem Grad ihrer Erweisbarkeit, sondern müssen auch den Grad ihrer *sinnhaften Deutung* und Erfassung der Wirklichkeit beachten. Es ist nicht nur auf die Wahrheit als Sicherheit der *Erkenntnis*, sondern auch auf die Erkenntnis der *Wahrheit* zu achten. – Ich möchte nun nicht das Für und Wider im Realismusproblem erneut durchsprechen, sondern mich der beschränkten Zeit wegen einfach auf den Boden des Realismus stellen, der jedoch kein unkritischer sein soll, sondern von der Einsicht ausgeht, daß jeder Erkenntnisinhalt in weitem Maße von den Bedingungen des erkennenden Subjektes abhängig ist.

Hartmann hat nun von den *emotional-transzendenten Akten* gesprochen, welche besonders die Eigenschaft aufweisen würden, von einem außerhalb des Empfindungsaktes liegenden Etwas, eben einem *Realen*, hervorgerufen zu werden. Hartmann hat aber auch in seiner Ethik die Ansicht vertreten, daß emotionale Akte vornehmlich im *Werterfassen* vorliegen, wodurch eine In-sich-gegebenheit des Wertes erkannt werde. Wäre nun der Gedanke nicht berechtigt, möchte ich fragen, auch von emotional-transzendierenden Akten zu sprechen, die nicht nur *pessimistisch* die Folge eines Betroffenseins durch Leiden und Sorge sind, sondern die, *optimistisch* empfunden, durch ein *Gutsein*, durch die Realität eines Werthaften hervorgerufen werden. Letztere Akte müßten wir dann desgleichen anerkennen und kämen zur Annahme von Realwerten. Das ist um so verständlicher, als in jedem Werthaften wie in jedem Sollen ja die Tendenz auf Realisierung steckt. Dadurch ist nicht aufgehoben, daß wir eine begriffliche Sphäre *ideal geltender Wertideen* uns zur rein geistigen Gegenständlichkeit erheben können. Der *Wert* wäre dann ein *real gewordener qualitativer Sinngehalt, der das Ziel eines Strebens ist oder werden kann.* Gerade in dieser Wertrealisierung liegt auch dann das von *Dessoir* geforderte Moment der „schöpferischen Freiheit".

Zwei Gesichtspunkte aber bestimmen mich besonders, zur Betonung eines *Wertrealismus* zu kommen: erstens die *Wertsteigerung*, zweitens die *Wertindividualität*. Der *Seinsbegriff* geht gewissermaßen auf das horizontal Flächenhafte der Allgemeinbegrifflichkeit aus (z. B. Anwendbarkeit des Begriffes Buche, falls die allgemein begrifflichen Eigentümlichkeiten in einem Individuum vorliegen). Der *Wertbegriff* hat darüber hinaus eine vertikale Tiefendimension. Seine allgemeine Wertqualität soll in der Wirklichkeit nach den verschiedensten *Steigerungsgraden* in Hinblick auf eine *ideale Erfüllung* realisiert werden, was für den Seinsbegriff nicht von Bedeutung ist. Eine unbegrenzte Möglichkeit solcher Vollkommenheitsgrade bietet sich besonders in der *Wertindividualität* (z. B. ein hochwertiges, resp. ein unbedeutendes Kunstwerk; auch Wertunterschiede der allgemeinen Wertqualitäten wie Vitalwerte – geistige, religiöse Werte sind aufzuzeigen). Da aber ein Wertbegriff auf diese verschiedenartigen Steigerungsgrade und einmaligen individuellen Verwirklichungen, die nur in der Realität vorliegen können, wesentlich eingestellt ist, müssen wir für die Werte die Sphäre der Idealität als rein begrifflicher Geltungen überschreiten. *Newman* deutete einen ähnlichen Gedanken mit den bekannten Worten an: „Es gibt keinen Aspekt, tief genug, um den Inhalt einer realen Idee zu erschöpfen."

Nach der dargelegten Grundeinstellung findet alsdann der von *Hofmann* geforderte *Sinngedanke* in der historischen Einmaligkeit durch eine möglichst vielseitige und stufenweise Ausprägung wie Realisierung der verschiedenen Wertideen seine Verwirklichung. *Utitz* hat mit Recht diese Anerkennung einer Stufenordnung des Werthaften als typischen Ausdruck abendländischen Kulturgeistes angesprochen. Um aber in der lebendigen Individualität nicht mit *Troeltsch* den Weg zum *relativistischen Historismus* gehen zu müssen, ist es nötig, den entscheidenden Übergang von *Plato* zu *Aristoteles*, von der selbständigen Idee zur immanenten Form zu vollziehen, d. h. in unserem Zusammenhang: Primär sind in der *raum-zeitlichen Realität* die eine Ordnung und das Bonum bedingenden, als ideale Begrifflichkeit faßbaren materialen *Wertformen* aufzuzeigen (vgl. *Lieberts* Idealrealismus). Ihr inhaltliches Bonum kann in der Realität als ein *esse in actu* in verschiedenen *Vollkommenheitsgraden* entfaltet sein. Damit ist unser Hauptgewicht entsprechend der eingangs festgestellten Empfindungsweise der heutigen Generation und der von *Hartmann* geforderten Verbindung von Philosophie und Leben auf die Realität zu legen, die aber nicht nur als ein Betroffensein von dem Leiden, sondern auch als ein Gefördertsein von dem Werthaften uns entgegentritt und die Möglichkeit für eine reale Werte frei schaffende Tat bietet, um dadurch zur Sinndeutung des geschichtlichen Seins wie des hic et nunc zu kommen.

René Kremer, Löwen (Belgien)[29]

Die Ausführungen, welche hier folgen, gehen aus vom Standpunkt der vergleichenden Kritik der gegenwärtigen Philosophie.

1. Die Wendung zum Realismus, wie sie in Professor Hartmanns Ausführungen hervortritt, ist parallel mit derjenigen, welche sich auch in anderen Ländern geltend macht. Ganz ausgesprochen realistisch sind die Hauptströmungen der amerikanischen und englischen Philosophie, mit den Neurealisten und kritischen Realisten R. B. Perry, W. P. Montague, F. J. E. Woodbridge, J. B. Pratt, G. Santayana u. a. im ersteren Lande, und im letzteren etwa mit G. E. Moore, S. Alexander, dem Mathematiker B. Russell und besonders dessen früherem Kollegen und Mitarbeiter A. N. Whitehead u. a. Auch in Frankreich und anderswo könnte man Ansätze zum

---

29 [René Kremer: 1887–1934, Philosoph; 1931: Professur an der Université catholique de Louvain.]

Realismus aufzählen, nicht nur in der Wiederbelebung des Thomismus, sondern auch bei Maurice Blondel und einigermaßen bei Bergson.

Daß solch ein Parallelismus besteht, spricht m. E. stark für den Wert des Realismus. Wenn wir im Wechsel der philosophischen Anschauungen nicht bloß Mode oder zufällige Produkte der zeitweiligen Kultur sehen wollen, sondern auch Ergebnisse der Selbstkritik, dann müssen wir annehmen, daß diese Rückkehr zu einer älteren Anschauung zeigt, daß der Idealismus in all seinen Formen einem Wesensbedürfnis des Verstandes nicht gerecht wird.

2. Aber dieser Vergleich mit anderen Bewegungen könnte für den ontologischen Realismus auch eine Warnung bedeuten. Um sich bewähren zu können und fruchtbar zu wirken, darf der Realismus das Erkenntnisproblem nicht einfach ausschalten. Die amerikanische Bewegung scheint eben wegen der allzu einfachen Beschreibung des Erkennens als rein passive Stellung des erkennenden Subjektes gegenüber dem Objekt gescheitert zu sein und ist in oberflächlichen Naturalismus und sogar Materialismus übergegangen. Unter den Engländern bleibt auch z. B. Alexander schließlich bei einer empiristischen Metaphysik stehen, und Russell hat sich einer Humeschen Anschauung zugewandt, welche von der natürlichen Einstellung so weit wie möglich abweicht. Der tiefere Grund dafür ist eben, daß diese Philosophen der Erkenntniskritik keine genügende Aufmerksamkeit geschenkt haben und zu sehr bei einem Beweis aus dem sogenannten gesunden Menschenverstand stehen bleiben.

Daß eine Philosophie mit der natürlichen Einstellung übereinstimmt, ist zwar keineswegs ein Fehler; es ist im Gegenteil eher zu erwarten, daß der Philosoph, welcher doch nur der raffiniert und systematisch denkende Mensch ist, durch seine Reflexion die spontane Anschauung des wirklich lebenden Menschen feststellt und weiter erklärt.

3. Doch dazu genügt es nicht, die Erkenntnisakte noch so fein zu beschreiben. Man muß eine förmliche Erkenntnistheorie und -kritik ausbauen. Professor Hartmann sagte etwa: „Solange es Skepsis, Idealismus, Nominalismus usw. gibt, bleibt es eine Aufgabe der Ontologie, sich vor allem weiteren der Gegebenheit zu versichern." Die kritische Frage ist aber nicht nur okkasionell; daß und wie z. B. Kant sie schärfer formuliert hat, soll berücksichtigt werden, denn diese Formulierung – im Gegensatz zu ihrer Lösung – besitzt dauernden Wert. Die Frage ist, wie die Gegebenheit zur Erkenntnis steht, was Erkenntnis überhaupt ist, in welchem Sinne Subjekt und Objekt zusammentreten. Dies setzt auch eine kritische Prüfung und Anwendung der Prinzipien und die Lösung der klassischen Antinomien der Erkenntnis voraus.

4. Es scheint mir auch, daß die Begriffe Wirklichkeit, Realität, Sein, Wesen, Gegenstand, Welt usw. weit mehr geklärt werden müssen. So mündet die Erkenntniskritik notwendigerweise in eine kritische Metaphysik.

5. Ich möchte noch hervorheben, wie es schon von einem andern Diskussionsredner getan wurde, daß in den emotionalen Akten ein Erkenntnismoment vorhanden ist. Wie sehr man auch die Wirklichkeit des Lebens betont, so muß man doch nicht vergessen, daß es menschliches Leben ist, d. h. durchdrungen von Erkenntnissen, Begriffen oder auch Intuition.

Als Anhänger eines „älteren" Realismus möchte ich wünschen, die neue Ontologie möge die Aufgabe der wirklich kritischen Begründung der Erkenntnis nicht als etwas Sekundäres, Zeitweiliges ansehen, sondern als etwas ganz Wesentliches und philosophisch Unentbehrliches.

Carl Siegel, Graz[30]

Lassen Sie mich an ein in der Diskussion gefallenes Wort (Herrn Lieberts), der Durst nach Wirklichkeit sei für die Philosophie der Gegenwart kennzeichnend, anknüpfen und sagen: Gewiß, ein solcher Durst ist heute im höchsten Grade vorhanden, aber ich glaube nicht, daß er gerade für unsere Zeit und ihre Philosophie spezifisch ist. Alle großen idealistischen Philosophen hatten diesen Durst: ein Heraklit, Platon, ebenso wie Kant, Fichte, Hegel oder auch Malebranche und Berkeley. Nur war dem einen die Wirklichkeit die Vernunft im Sinne des Gesetzes, dem andern die Idee, die Ichheit, Gott. Wie anders hätten sie auch sonst die empirische Wirklichkeit bestreiten oder leugnen können; ist doch, wie die Herren Heimsoeth und Geiger betont haben, die Verdrängung der einen Realität nur durch die andere möglich. Allein der springende Punkt scheint mir anderswo zu liegen, und zwar an folgenden zwei Stellen mit den Fragen: Erstens, wie packe ich die Realität, oder besser, worin soll sie begründet zu finden sein?, im Subjekt, Objekt oder in etwas über beiden Stehendem? Und zweitens: umfaßt die irgendwie zu begründende Realität die empirische Wirklichkeit oder schließt sie sie geradezu aus?

Was Frage 1 betrifft, so scheidet die zweite Möglichkeit wohl für jeden aus, der durch den Kritizismus hindurchgegangen ist. Die dritte Möglichkeit, für die einst Schelling eingetreten ist, scheinen die Herren Litt und Pleßner z. B. ins Auge gefaßt zu haben. Und wählt man die erste Möglichkeit (Begründung im Subjekt), so kann man noch immer das Subjekt mehr nach der aktiven oder mehr nach der passiven Seite im Auge haben. Das erste gilt z. B. für Descartes; das zweite wohl für den Vortragenden, Herrn Hartmann, dem man mit Unrecht geradezu Passivismus vorgeworfen hat. Vielmehr könnte seine Position in diesem Sinne an die von Alois

---

30 [Carl Siegel: 19. 08. 1872–14. 02. 1943, Philosoph und Mathematiker; 1931: Professur an der Grazer Universität.]

Riehl erinnern, der in seinem „Philosophischen Kritizismus" dem cartesischen „*cogito, ergo sum*" gegenüber die Formel geprägt hat: „*sentio, ergo sum et est*".[31]

Was Frage 2 angeht, so wollen wir uns vor Augen halten, daß unter „empirischer Realität" seit Kant die durch eigentliche (theoretische) Erkenntnis zu gewinnende oder zu erarbeitende Wirklichkeit zu verstehen ist. Einer eventuell anderen Realität kann man sich durch die praktische Vernunft (Kant), durch Intuition, Einfühlung (Schopenhauer und viele andere) oder durch emotional-transzendente Akte (N. Hartmann) in unmittelbarer Weise versichern. Nach Herrn Hartmanns Behauptung handelt es sich nun um Identität dieser und jener Realität, um „dieselbe Welt". Allein, wie schon Herr Dessoir in sehr bedeutsamer Weise betonte, fehlt für jene Behauptung eine nähere Begründung, und auch was Herr Hartmann darauf entgegnete, konnte nicht befriedigen. Historisch mag daran erinnert werden, daß dieses Problem der „Dieselbigkeit" schon der spätere Platon entdeckt hat; um die Dieselbigkeit zu sichern, sah er sich zur Umformung seiner ursprünglichen („klassischen") Ideenlehre geführt. In der neueren Philosophie war es Kant, der, namentlich in seiner Kritik der Urteilskraft, das Problem betonte und seine Lösung anbahnte, bis Fichte und Hegel es in kühner Hypothetik zu lösen unternahmen. Wer aber kein Freund solch kühn metaphysischer Lösungsversuche ist, vielmehr auf dem Standpunkte bescheidener Analyse stehen bleiben will, der mag auch noch heute auf Kant verwiesen sein – auf den Kant vom Jahre 1790.

Toju Yamaguchi, Tokio[32]

fordert einen philosophischen Standpunkt oberhalb von Idealismus und Realismus. Außerdem legt er gegen die Beeinträchtigung der rein theoretischen Haltung der Philosophie durch ethische, ästhetische oder religiöse Motive Verwahrung ein und fordert eine „philosophische Philosophie".

Heinrich Springmeyer, Berlin[33]

Einem Generalbedenken der Diskussion gegenüber versuche ich mir allererst den Weg zum Verständnis des Vorgetragenen frei zu machen. Man machte von meh-

---

31 [Riehl, Alois, *Der philosophische Kritizismus und seine Bedeutung für die positive Wissenschaft. Geschichte und System*, Bd. 2, Leipzig 1879, 129.]

32 [Toju Yamaguchi: 1900 – 1989, Philosoph; 1931: Doktorand; ab 1932: Mitarbeiter, später Professor an der Komazawa Universität Tokyo. Die Herausgeber danken Herrn Prof. Dr. Tadashi Ogawa für diese Auskunft.]

33 [Heinrich Springmeyer: 27. 05. 1898 – 27. 06. 1971; 1931: Assistent von Nicolai Hartmann an der Berliner Universität.]

reren Seiten her eine „ewige erkenntnistheoretische Frage" geltend, die man im Vortrag vermißte – und fragte zweifelnd, ob wir denn „überhaupt schon in die philosophische Fragestellung eingetreten" sind, wenn wir „so einfach Ontologie treiben". Durch all dies ging der Verdacht eines immer noch irgendwo *naiven* Realismus.

Professor Geiger wies im voraus solche Einwände zurück; man dürfe nicht fragen: „wie kann ich nachweisen, daß meine subjektive Überzeugung von der Realität recht hat?", sondern: „wie kann man widerlegen, daß die aufgewiesenen Akte transzendente Akte sind?" – Das mag richtig sein, aber es ist ein Knoten zerhauen, den es vielmehr zu lösen gilt. Aller sogenannte „kritische Idealismus" nämlich glaubt sich in einer kritischen Selbstbesinnung der Erkenntnis zu der zurückgewiesenen Fragestellung *gezwungen*. Dieser Überlegung gilt es nachzugehen. Würde sie recht behalten, so könnte man nicht wie Professor Geiger die Fragestellung umkehren, ohne schon unkritisch-dogmatisch zu sein.

Es läßt sich noch einsehen, daß sie *nicht* recht behält. Der Idealismus ist *selber* dort, wo er höchst kritisch zu sein scheint, dogmatisch. Nicht darum erst, weil er, wie Professor Heimsoeth bemerkte, immer selber am Ende eine neue Realität setzt. Sondern sofern er, um überhaupt am Anfang in die kritische Fragestellung hineinzukommen, verborgene metaphysische Voraussetzungen macht. Die Selbstbesinnung der Erkenntnis bei Kant z. B. bricht gleich am Anfang ab, weil eine handgreifliche Voraussetzung über das „Verhältnis" von Ding an sich und erkennendem Subjekt ihr verbietet, weiterzugehen. Kant *weiß schon* ganz Bestimmtes darüber, und so kommt es erst zu seiner kritischen Fragestellung. Und so ist es überall. Ich erinnere daran, wie heute Prof. Polak Thesen wie: „im strengen Sinne ist bloß die Wahrnehmung selbst gegeben" und seine Leugnung transzendenter Akte mit der verräterischen Behauptung vertrat: „es *kann* nicht anders sein." Darin steckt wie immer ein geheimes Besserwissen über Subjekt („Monade"!) und Erkennen, durch das die weitere Besinnung abgeschnitten wird.

Macht man also auch nur die scheinbar kritische *Fragestellung* mit, so verfällt man schon einem verborgenen, sonst wohl vermeidbaren Dogma. Der typische sogenannte „kritische Realismus" macht sie mit, weshalb man auch seine Versuche vom transzendentalen Idealismus aus mit einem gewissen Wohlwollen gelten läßt. Man hat im Grunde nichts von ihm zu fürchten. Er beraubt sich ja aller Kraft, nicht weil er echt kritisch ist und überhaupt die Schwierigkeiten der „Transzendenz" auf sich nimmt, sondern weil er mit seiner bestimmten, scheinbar kritischen Ausgangsargumentation in Wahrheit unkritisch ist. Wir kommen zum Schluß: diesem *scheinbar* „kritischen" Ausgangspunkt gegenüber ist der von Prof. Hartmann vorgetragene Realismus allerdings „*naiv*". Aber sofern das nichts anderes bedeutet, als daß hier eine verborgene dogmatische Voraussetzung, die aller weiteren Besinnung die Freiheit nimmt, *nicht mitgemacht wird*, erweist sich der Hartmannsche Realismus gerade in dieser „Naivität" als heute unerhört kritisch.

Kurt Huber, München[34]

Die vielfach gewundene Diskussion dieser Tage scheint mir auch die von Herrn Prof. Hartmann nicht ausdrücklich hervorgehobenen Voraussetzungen seines emotionalen Realismus nach und nach schärfer herausgearbeitet zu haben. Ich darf diese Voraussetzungen, wie sie sich mir darstellen, kurz in vielleicht etwas schematischer Form nochmals skizzieren.

Am Ausgangspunkt auch des Hartmannschen emotionalen Realismus steht der Descartessche Satz des Cogito sum, und zwar ganz in der engen, prägnanten Fassung, die Descartes ihm gibt, als eine Konstatierung des auf sich reflektierenden *Einzel-Ich*, das sich in seiner realen Existenz unmittelbar *erlebt*. Diesem ersten Erlebnis von Realität baut sich in den von Hartmann so feinsinnig analysierten Phänomenen des Betroffenseins – wenn ich recht sehe – eine zweite Gruppe reicher Erlebnisse von Realität über, die man ihrem erkenntnistheoretischen Gehalt nach wohl auf die analoge Formel bringen könnte: „Ich bin betroffen von diesem und jenem, es existiert etwas, das mich betrifft." Nach Hartmann kommt diesem Satz offenbar dieselbe unmittelbare, in keiner Weise zerlegbare oder zurückführbare *Erlebnisevidenz* zu wie dem Cogito-sum-Satz. Das Charakteristische seiner Fassung sehe ich in zwei Momenten: In der Auffassung dieses Grunderlebnisses als eines spezifisch *emotionalen Aktes*, eben des Betroffenseins, und in der erkenntnistheoretischen Ausdehnung seiner Evidenz von der Relation des Betroffenseins auf deren zweites Relat, ein mich „Treffendes", das mir im Erlebnis *unmittelbar* gegeben sein soll.

Was den zweiten Punkt betrifft, hat sich Hartmann ausdrücklich in seinem Vortrag dagegen gewandt, das Betroffenwerden einfach als Kausalrelation zu interpretieren. Ich kann dem mit anderen Diskussionsrednern nicht beistimmen und bin der Meinung, daß in das Erlebnis des Betroffenseins – gleich welcher Art – die Kausalrelation unaufhebbar mit eingeht, und zwar als *unbewiesene Voraussetzung*. Sie ist nicht die einzige, aber die allgemeinste, sofern sie alle Modi des Betroffenseins umfaßt. Analysiert man jedoch die einzelnen Modi des einfachen, schlichten Betroffenseins, des Vorbetroffenseins und Rückbetroffenseins, wie es Hartmann getan, so zeigen sich da und dort weitere, rein intellektuelle Voraussetzungen als fundierende Momente des Betroffenseins. So, um ein Beispiel zu nennen, in den

34 [Kurt Huber: 24. 10. 1893–13. 07. 1943, Psychologe und Musikwissenschaftler; 1931: ao. Professur an der Münchner Universität.]

Modi des Vorbetroffenseins teils die Voraussetzung einer gewissen Regelmäßigkeit des Weltgeschehens, teils umgekehrt die Voraussetzung seiner unwiederholbaren Einmaligkeit. Ohne erstere Voraussetzung ist keine Erwartung denkbar, die letztere ist – wie Hartmann selbst hervorhob – ein Kernmoment des Vorbetroffenseins in der Neugierde. Ähnlich ließen sich wohl in den übrigen Modi des Betroffenseins intellektuelle Voraussetzungen aufzeigen, welche deren jeweilige Qualität wesentlich bestimmen und für die Gewinnung von Realerkenntnis ungleich wichtiger sind als das bloße Zwangserlebnis des „Ertragen-Müssens", das allem Betroffensein eignet. Sie, und nicht das Betroffensein, vermitteln eine *gegenständliche Erkenntnis* der Realität, die uns trifft, ausgehend von einer schon kategorial geordneten Wahrnehmung. Aus dem emotionalen Akt des Betroffenseins allein wäre nicht zu entnehmen, ob das uns Treffende Ding ist oder Mensch, Handlung oder Gemeinschaft, noch ob es überhaupt real ist. Besteht doch auch eingebildeten „Realitäten" gegenüber das Erlebnis des Betroffenseins als solches oft in aller Stärke. *Unzweifelhaft gegeben* sind so in dem reinen Akt des emotionalen Betroffenseins nicht die Realitäten selbst, sondern die diese Realitäten vermeinenden Bewußtseinsinhalte. – Der methodische Rückgang auf die emotionale Transzendenz des Betroffenseins genügt daher für sich allein wohl nicht zur wissenschaftlichen Begründung eines Realismus und einer realistischen Ontologie.

Man würde Hartmanns Begründungsversuch wohl überhaupt mißverstehen, zöge man nicht den letztlich ethisch-praktischen Charakter seines Grundansatzes dauernd in Rechnung. Hartmanns Theorie ist der philosophische Ausdruck einer neuen Einstellung zum Leben, geboren aus der Not und Schicksalhaftigkeit des heutigen Menschen. Dies zeigt sich handgreiflich in ihrer Gegenüberstellung zu anderen Formen des Realismus von gestern und heute: Zum „hypothetischen" Realismus der naturwissenschaftlichen Richtung, der in der Bewährung seiner Voraussagen optimistisch die Rechtfertigung der Realitätsannahme erblickt; zum logisch-phänomenologischen Realismus, etwa heutiger Neuscholastik, der aus dem Sinngehalt wahrnehmenden Schauens die Realität des Geschauten mit Evidenz ableitet (Geyser[35]) und die Wertordnung alles Realen in einem „summum bonum" gipfeln läßt, ebenso aber auch zum praktischen, aktivistischen Realismus mit seiner vertrauenden, gleichfalls ethisch fundierten willensmäßigen „Setzung" der Realitätsthesen (K. Groos u. a.[36]). Hartmanns an Geschichte und Geisteswissenschaften orientierter Realismus ist von ganz anderer Grundstimmung getragen, schicksalhaft und fast tragisch dem ungebrochenen Leben mit seiner Härte verhaftet: Es ist der Realismus der Ohrfeige, den uns die Realität täglich und stündlich gibt, auf daß wir

---

35 [Gerhard Joseph Anton Maria Geyser: 16. 03. 1869 – 11. 04. 1948; Philosoph.]
36 [Karl Groos: 10. 12. 1861 – 27. 03. 1946, Philosoph und Psychologe.]

nicht über unseren kühnen Gedankenbauten in luftige Höhen ihrer als des Fundaments unseres Seins vergäßen, zugleich aber auch der Realismus der entschlossenen, dem Leben aufgeschlossenen Hinnahme des Seins, wie es ist. In dieser praktisch-ethischen Hinnahme des Seins sehe ich den tiefsten und fruchtbarsten Gedanken des Hartmannschen Vortrags. Aus dem Zwang zur Tat, zum aktiven Eingriff in die Realität, zur Freiheit erwächst uns an der erlebten Realität die Aufgabe sittlichen Tuns aus der Kraft der eigenen Person wie aus der Sicht auf eine ideale Welt der Werte.

Alois Wenzl, München[37]

Die emotional-transzendenten Akte haben im Prinzip vor den Wahrnehmungsakten als Zeugnis für die Realität nichts voraus. Sie zeigen nur besonders drastisch, daß eine Philosophie auf nicht realistischer Basis ohne Bruch zwischen Leben und Denken nicht wohl möglich ist. Andererseits kann der Realismus zu seiner Begründung die Bezugnahme auf jene Regelmäßigkeiten und Zusammenhänge, die ohne Zwang nicht als produziert und konstruiert angesprochen werden können, nicht entbehren. Stellt man sich aber auf den Boden des Realismus, so sind zwei Konsequenzen unausweichlich:

1. Die Realwissenschaften sind darauf angewiesen, das in den Phänomenen ihnen zufallende Material zu verarbeiten. Mit der durch diese Verarbeitung vorgenommenen Begriffs-, Hypothesen- und Theorienbildung kommt nun die mehrfach besprochene aktive Komponente in sie. Nur im konkreten Fall läßt sich jeweils das eigenartige Ineinandergreifen und wechselseitige Bedingtsein aktiver und passiver Faktoren, apriorischer und aposteriorischer Momente aufzeigen. Wesentlich realistischen Charakter behalten die einzelwissenschaftlichen Theorien solange und so weit, wie diese Aktivität erfolgt in der Einstellung auf Orientierung an den Hinweisen, die in den phänomenalen Gegebenheiten selbst, und zwar zum Teil auch in sehr „aufdringlicher" Art, enthalten sind.

2. Indem die Phänomene auf ein Überphänomenales hinweisen, auf etwas, was „wirklicher" ist als sie, tritt für die wissenschaftliche Verarbeitung die Notwendigkeit der Bildung von Begriffen metaphänomenaler Gegenstände auf. Es ist die Überzeugung der Realwissenschaften, daß in ihren metaphänomenalen Ansätzen nicht nur soviel an Realerkenntnis steckt, als durch sie an phänomenalen Gegebenheiten gedeckt wird, sondern daß das mit Takt aufgestellte und in der Regel erst nachträglich methodisch zu rechtfertigende metaphänomenale Beziehungsgefüge

---

37 [Alois Wenzl: 25. 01. 1887–20. 07. 1967, Philosoph; 1931: Privatdozent an der Münchner Universität.]

mehr und tiefere Realerkenntnis verbürgt als die nur transzendierenden Phänomene und ihre Beziehungen selbst.

In der Überprüfung nun dieses Schrittes über die Phänomene hinaus und des Gehaltes metaphänomenaler Ansätze auf ihre Realerkenntnis hin und in der Angabe von Anweisungen, wie man denn vom Phänomen zum Überphänomenalen, Wirklichen kommt, und von Kriterien für die Kontrolle liegt eine der wichtigsten Aufgaben realistischer Philosophie und Ontologie; denn der Realismus muß sich bewußt sein, daß er bei der phänomenologischen Analyse nicht stehen bleiben kann, daß er zum kritischen Realismus fortschreiten muß und konsequent in Metaphysik mündet.

Helmut Kuhn, Berlin[38]

Die folgenden Bemerkungen beschäftigen sich mit den für die Ausführungen N. Hartmanns zentralen Begriffen des „Realitätszeugnisses" und des „Gewichts" dieser Zeugnisse. Wodurch, frage ich, sind diese Zeugnisse herausgefordert? Kann überhaupt – und wie kann Realität fraglich werden? Für N. Hartmann trat diese Frage zurück. Er erledigte sie mit dem Hinweis: daß es so etwas wie eine idealistische und skeptische Bezweiflung der Realität gäbe. Die unumgängliche Wichtigkeit dieser Frage möchte ich demgegenüber in dem Satz aussprechen: *Die Front jeder Realitätsbezeugung ist orientiert (ausdrücklich oder insgeheim) an einer entsprechenden Form der Realitätsbezweiflung.* Dies scheint mir auch für die Darlegungen N. Hartmanns zuzutreffen. Einige Hindeutungen auf diesen Zusammenhang mögen zugleich als Ansätze einer kritischen Weiterführung gelten.

Ich möchte drei Formen der Realitätsbezweiflung unterscheiden: 1. das pseudologische Argument, 2. das korrelativistische Argument, 3. das Argument aus der Sinnhaftigkeit.

Die pseudologische Realitätsbezweiflung stützt sich auf die bekannten Täuschungsmöglichkeiten, deren Theorie die antike Skepsis vorbildlich entwickelt hat. Es ist dies das philosophisch belangloseste Argument. Denn, wie Moritz Geiger treffend zeigte (vgl. S.37)[39], ist eine Illusion nur denkbar auf dem Boden einer vorausgesetzten Realität. Nun scheint mir Hartmanns Begriff der „Schwere" eines Realitätszeugnisses wesentlich an diesem philosophisch belanglosesten „pseudologischen Argument" orientiert zu sein. Zwar können auch emotional-transzendente Akte, denen der Subjektsmodus des „Betroffenseins" entspricht, über Realität

---

38 [Helmut Kuhn: 22. 03. 1899 – 02. 10. 1991, Philosoph; 1931: Privatdozentur an der Berliner Universität.]
39 [In diesem Band: S. 209.]

täuschen (Zwangsvorstellungen); zwar darf der Modus des Betroffenseins nicht ohne weiteres und überall als Zeugnis für eine transzendente Realität im Sinne dieses Arguments angeführt werden (so kann uns z. B. auch Trauer „überkommen", ein Gedanke kann uns „überfallen"). Aber darin haben wir Hartmann beizupflichten: in der Sphäre praktischen Verhaltens, in der die emotional-transzendenten Akte ihren Ort haben, findet die Realitätstäuschung ihre sofortige Selbstkorrektur. Die Illusion über die Realität löst sich in der Desillusionierung durch den Umgang auf. Die Realitätsbezweiflung wird hier wesenlos. Hingegen vermag sich die Illusion in der relativ isolierten Sphäre der Erkenntnis zu erhalten und der Realitätsbezweiflung zur Unterlage dienen.

Im Hinblick auf diesen Sachverhalt, aber auch nur in dieser Beschränkung, scheint mir die von Hartmann entworfene Staffelung der Realitätszeugnisse nach ihrem Gewicht zurecht zu bestehen. Wenn nun seine Beweisführung diesen Sachverhalt über seine Tragfähigkeit hinaus belastet, so ist das nur durch Mitwirken anderer Motive zu erklären. Dem alltäglichen Phänomen der Desillusionierung, in welchem die Realität beim Umgang mit ihr aller Bezweiflung gegenüber sich selbst bezeugt, scheint eine andersartige Desillusionierung ein ihm an sich nicht zukommendes Gewicht zu leihen. Diese gegen den Menschen andrängende, ihn „betreffende" Wirklichkeit muß sich offenbar im Zerbrechen einer idealistischen Illusion bezeugen, um in dieser Gestalt auftreten zu können.

Diese tieferen Motive blieben im Hintergrund. Daß aber im Vordergrund der Argumentation die angeführten Realitätszeugnisse und ihre Gewichtsabmessung tatsächlich an dieser einen pseudologischen oder illusionistischen Form der Realitätsbezweiflung orientiert sind, zeigt sich aufs klarste, wenn wir sie den beiden anderen Argumenten gegenüberstellen und bemerken, wie sie hier ihre Kraft verlieren.

Das korrelativistische Argument bezweifelt die Ablösbarkeit der Realität aus der Subjekt-Objekt-Relation. Es behauptet, die Realität sei durch sich selbst, wenn nicht objectum, so doch obiciendum. Der Sinn dieser Behauptung ändert sich je nach der Bestimmung des „Subjekts": ob hier das konkrete Einzel-Ich, ein anthropologisches Subjekt oder ein transzendentales Subjekt zu verstehen ist. Allgemein läßt sich nun der Satz aufstellen: je konkreter der Subjektbegriff gefaßt ist, desto näher liegt die Möglichkeit der Leugnung einer (korrelativ nicht gebundenen) Realität. Diesem Satz gegenüber erscheint Hartmanns Staffelung der Realitätszeugnisse als ein Paradoxon. Denn gerade die emotional-transzendenten Akte fordern einen sehr konkreten Subjektsbegriff, und gerade die in diesen Akten gegebene Realität ist am schwersten aus der Für-Beziehung zu lösen, ist am engsten mit der Beschaffenheit und Zuständlichkeit des Erlebenden verflochten. – Auf diesen Einwand mag man erwidern, daß er die qualitative Beschaffenheit der Realität, nicht ihr Sein überhaupt trifft. Doch scheint es bedenklich, dies beides nicht nur reinlich zu trennen, sondern in eine so gegensätzliche Stellung zu bringen, daß dort, wo die Realität sich am entschiedensten bezeugt, am wenigsten über ihre objektive Beschaffenheit auszusagen ist. Das Festhalten dieser Gegensätzlichkeit scheint nur noch eine „negative Ontologie" zuzulassen.

Das dritte Argument (wir nannten es das „Argument aus der Sinnhaftigkeit") enthält die tiefsten Motive idealistischer Realitätsbezweiflung, genauer Realitätskritik. Es geht davon aus, daß Realität als eine irgendwie geordnete gegeben ist. Da nun die ordnung- und sinnstiftende Funktion des Subjekts durch Werktätigkeit, Sprache usw. bezeugt ist, wird die sinnhafte Ordnung auch der Realität einem (wie immer bestimmten) Subjekt zugeschrieben. Hieraus kann sich dann gemäß den Differenzen des Geordnetseins eine Lehre von den Graden der Realität entwickeln. – Solange wir den Sinn dieses Argumentes weniger in Realitätskritik als in Realitätsbezweiflung sehen, stimmen die Überlegungen Hartmanns aufs beste mit ihm überein. Denn in der Tat wird die Realität in ihrer (nach Hartmann) stärksten Bezeugung am wenigsten von diesem Argument getroffen. Nur wird damit gleichzeitig das Aufbauprinzip nicht nur der idealistischen, sondern aller Metaphysik in Frage gestellt. Auch hier wieder scheint nur die Möglichkeit einer „negativen Ontologie" übrigzubleiben.

Aus diesen Gedanken folgt nichts weniger als die Forderung einer idealistischen Position. Gefordert wird vielmehr, daß die Beibringung von Realitätszeugnissen sich mit kritischer Bewußtheit an den möglichen Formen der Bezweiflung orientiere, d. h. aber, daß sie zugleich Kritik des Realitätsbegriffes sei. Sonst bleibt schließlich dunkel, sowohl was da bezeugt werden soll, wie auch, warum es der Zeugnisse bedarf. Eine solche Kritik wird Kritik des Wesens der Subjektivität, wenn man will, eine anthropologische Grundlegung sein müssen. Dies war es, was als Forderung an verschiedenen Stellen aus Hartmanns Gedankengang hervorleuchtete. Denn was bedeutet z. B. der Begriff eines „Modus des Betroffenseins" anderes als eine philosophische Anthropologie in nuce? Hier scheint in der Tat ein Weg in den Bereich der *philosophia prima* zu führen.

[3.] Schlusswort des Referenten[40]

Herr Litt hat in unserer Diskussion die Gigantomachie von Idealismus und Realismus vermißt. Das Vermißte hat sich indessen noch eingestellt, der Idealismus hat seine Vertreter gefunden. Die Herren Polak, van der Vaart Smit, Hofmann, Liebert,

---

40 Dieses Schlußwort konnte sich auf der Tagung selbst wegen Begrenztheit der Zeit nur in Andeutungen bewegen. Es ist für die Drucklegung bedeutend erweitert worden. Die Hauptlinien aber sind festgehalten.

Sauer, Moog, Kraft, Kuhn haben idealistisch argumentiert. Eindeutig auf den Boden des Realismus haben sich nur die Herren Geiger, Kremer, von Rintelen, Springmeyer und allenfalls noch Herr Wenzl gestellt. Bei den übrigen höre ich eine deutliche Stellungnahme nicht heraus. Natürlich meine ich auch nicht, daß es darauf allein ankäme. Es ist mir im Gegenteil eine erfreuliche Erfahrung, daß hier im ganzen weit mehr über Phänomene und Argumente als über Standpunkte und Ismen disputiert worden ist. Es sind denn auch weit weniger Mißverständnisse untergelaufen, als ich bei der Art und Begrenzung meines Themas befürchten mußte. Nur in zwei Punkten glaube ich wirklich nicht recht verstanden worden zu sein; der eine betrifft den mir nachgesagten Anti-Intellektualismus, der andere den mehrfach gerügten „Passivismus". Beide sind nicht zentral gestellt, und zum Teil mag der Anstoß in meiner Darstellungsform gelegen haben. Als sachlicher Mittelpunkt der Diskussion hat sich zu meiner Freude immer mehr das Problem der emotional-transzendenten Akte herausgestellt; und die wichtigsten Einwände, die mir gemacht worden sind, gehen gegen das Gewicht der Realitätsgegebenheit in diesen Akten. Daneben tritt als zweiter Angriffspunkt der von mir gezogene „Schluß", der das Gewicht dieser Gegebenheit auf den Erkenntnisakt überträgt.

Es ist selbstverständlich, daß ich hier nicht auf alles eingehen kann, was einer Antwort wert wäre. Ich muß zusammenfassen und auswählen – wobei ich für objektive Gerechtigkeit der Auswahl nicht einstehen kann. Ich beginne mit den standpunktlichen Dingen.

Die schwierigsten Gegner sind für den Realisten die realistischen. Herr Geiger hat meine Bemühungen um Realitätsgegebenheiten für glatterdings überflüssig erklärt. Für die Realität bedürfe es keiner „Nachweismethode"; es genüge, dem Skeptiker die Beweislast zu überlassen. So habe ich es vor zehn Jahren in der „Metaphysik der Erkenntnis" auch als *ultima ratio* gelten lassen.[41] Und vom Erkenntnisphänomen aus ist es anders nicht möglich. Es könnte wohl auch formal genügen, aber – wie Herr Springmeyer gesagt hat – „es ist ein Knoten zerhauen, den es vielmehr zu lösen gilt". Und vor allem, es führt zu keiner Verständigung. Man muß auch schon die Gründe der eigenen Position aufdecken, und zwar die positiven, die in aufweisbaren Phänomenen liegen. Bloße „Widerlegungsmethoden", sie mögen so exakt sein wie sie wollen, überzeugen niemanden. Nur das Positive hat Kraft einzuleuchten. Herr Geiger kennt diese goldene Regel besser als irgendeiner und hat sie getreulich befolgt, als er seiner Zeit den Nachweis für die psychische Realität führte. Es geht ja auch nicht an, dem Gegner Beweislast zuzuschieben, wenn man

---

41 [Vgl. Hartmann, Nicolai, *Grundzüge einer Metaphysik der Erkenntnis*, Berlin und Leipzig 1921. 4. Teil. V. Abschnitt, Kapitel 53–55, 363–389; entspricht in der 4. Auflage: Berlin 1949, Kapitel 58–60, 444–471.]

nicht zeigen kann, warum man es tut. Und wie könnte man das anders zeigen als an den einschlägigen Phänomenen? Ich glaube keineswegs, daß man dabei in die Lage kommt, „so zu tun, als ob zunächst die Realitätsgegebenheit eine bloße subjekt-umschlossene Gegebenheit wäre". Es bedarf der Fiktion nicht; gerade die transzendenten Akte zeigen eindeutig das Gegenteil, und darin eben besteht ihre Transzendenz. Das Transzendieren der Akte ist ja kein nachträgliches – etwa einem vorgegebenen immanenten Bewußtseinsinhalt erst folgendes –, es ist vielmehr die ursprünglich gegebene Verbundenheit des Subjekts mit seiner Welt, in der es steht. Nur in diesem Sinne habe ich von Akttranszendenz gesprochen. Was ich meine, ist aber dieses: es ist zu wenig, solche Verbundenheit einfach zu behaupten. Man muß und kann ihre Struktur aufweisen. Und dazu ist es erforderlich, die einzelnen Aktfäden im Geflecht zu verfolgen.

Daß ich hierbei die emotionalen Komponenten bevorzugt habe, liegt nicht an einer Unterschätzung des Erkenntnisproblems, sondern an einer Rangordnung der Phänomene, die nicht von uns gemacht und nicht für uns verschiebbar ist. Hier weiche ich weit von Herrn Geiger ab, der mit Husserl an der Gleichwertigkeit aller Phänomene festhält. Das mag für Bewußtseinsfragen angehen, soweit sie nicht über intentionale Gegenständlichkeit hinausgehen. Für Erkenntnis- und Seinsfragen geht es nicht an. Das Realitätsgewicht in den Aktphänomenen stuft sich ebenso mannigfaltig ab wie ihr objektiver Gehalt, nur im umgekehrten Verhältnis. Die transzendenzstärksten Akte sind nicht die objektivsten. Die Erkenntnisakte sind zwar die gegenständlich bestimmtesten und reichsten, aber als Realitätszeugnis die schwächsten. Darum mußten sie hier zurückstehen. Und darum geht es nicht an, mit Herrn Geiger zu sagen: „was der einen Realitätsgegebenheit recht ist, ist der anderen billig".

Auch Herr Kremer, als „Anhänger eines älteren Realismus", erhebt einen ähnlichen Vorwurf. Er beanstandet geradezu die Ausschaltung des Erkenntnisproblems. Hier scheint mir eine Verwechslung mit Heidegger vorzuliegen. Ich habe vielmehr bei einer Vorfrage der Erkenntnistheorie gestanden, die ihr den Boden bereiten sollte. Auch liegt es mir fern, das Erkenntnisproblem „bloß occasionell" zu verstehen. Das Problem bildet gewiß eine dauernde und notwendige Aufgabe, aber das hindert nicht, daß es die Front gegen jeweilig bestehenden Skeptizismus und Idealismus richten muß.

Wie Herr Kremer ein Fortschreiten zur kritischen Erkenntnistheorie vermißt, so Herr Wenzl ein solches zur kritischen Metaphysik und Herr v. Rintelen ein solches zum Wertrealismus. Es ließen sich wohl noch mehr standpunktliche Wünsche daranhängen. Dem allem gegenüber darf ich erinnern, daß ich hier nur eine eng begrenzte Voruntersuchung gebracht habe, ohne die m.E. in allen diesen Richtungen nicht vorwärts zu kommen ist. Ob sich daraus Konsequenzen in metaphysischer Richtung ergeben, ist von hier aus nicht zu sehen. Und wenn man solche vorsehen wollte, so beginge man den Fehler, Vorurteile in die Phänomenanalyse hineinzutragen. Das Erfordernis methodischer Vorsicht, das sich hieraus ergibt, hat Herr Heimsoeth unübertrefflich klargestellt. Vor metaphysischen Wünschen in der Ausgangsstellung möchte ich überhaupt warnen. Philosophische Untersuchung hat ihr eigenes Tempo; wer es willkürlich beschleunigt – sei es in spekulativer Ungeduld oder in unbewußter Voreingenommenheit –, wird aus dem Gleis geworfen. Insonderheit möchte ich gegen den beliebten Wertrealismus mit teleologischem Denkschema zur Vorsicht mahnen. Er ist das weltanschaulich Bequemste, das sich denken läßt, gefährdet aber das Verständnis der eigentlichen Grundprobleme – der ethischen wie der theoretischen – auf der ganzen Linie. –

Unter den Idealisten unternimmt es Herr Kuhn, mir eine falsche Frontrichtung nachzuweisen. Von den drei Formen der Realitätsbezweiflung, die er anführt, hätte ich nur die erste, das „pseudologische Argument" berücksichtigt, und das gerade sei „das philosophisch belangloseste". Hier bin ich anderer Ansicht. Das „korrelativistische" und das „Argument aus der Sinnhaftigkeit" sind zwar spekulativ viel tiefsinniger, aber sie stehen beide auf schwachen Beinen. Herr Kuhn hat m. E. Tiefsinn mit Stichhaltigkeit verwechselt. Der vielberufenen Subjekt-Objekt-Relation, die sich freilich im Erkenntnisphänomen aufzeigen läßt, steht schon ebenda, im Phänomen selbst, ein anderes gegenüber, das sich ebenso leicht aufzeigen läßt: das Bewußtsein der Unabhängigkeit des Objekts vom Subjekt. Das ergibt eine Antinomie, und wie sie zu lösen ist, gehört in die Metaphysik der Erkenntnis. Wie man sie aber auch löst, wegdeuten läßt sich das Gegenphänomen nicht, und für ein „korrelativistisches Argument" zur Idealität des Objekts ergibt sich keine Basis. Noch schlimmer steht es mit der „Sinnhaftigkeit". Es ist ein alter Irrtum, bestehende „Ordnung" in der Welt mit „Sinn" gleichzusetzen, wenigstens wenn man unter Sinn mehr als Gesetzlichkeit versteht. Versteht man aber nicht mehr darunter, so springt auch kein idealistisches Argument heraus. Gesetze können in der Welt auch „an sich" bestehen, und das Rätsel, wie der Mensch um sie wissen kann, ist dann eine bloße Erkenntnisfrage. Wirklicher „Sinn" dagegen, der mehr als „Ordnung" ist, verträgt sich mit Realität der Welt genau so gut wie mit Idealität. Mit solchen „tiefen" Argumenten hat man leichtes Spiel, wenn man sich sauber an die Phänomene hält. Gewichtig dagegen bleibt gerade das „oberflächliche" Argument der Skepsis. Und mit diesem macht es sich Herr Kuhn, wie mir scheint, viel zu leicht, wenn er es zu einem bloß „pseudologischen" degradiert. Es ist kein vornehmes Argument, das sei zugestanden, aber ein gewichtiges und ein noch unbewältigtes.

Den sprechenden Beweis dafür hat Herr Polak geliefert. Nach ihm ist alles Wissen um Realität „sinnlich vermittelt", ja es ist „erschlossen" aus Sinnesdaten, und zwar kausal erschlossen. Damit stellt er sich so dicht neben die Solipsisten, dem er die Existenz bestreitet, daß er vielmehr dessen Existenz mitten unter uns nahezu *ad oculos* demonstriert. Herr Polak meint im Ernst, wir seien bis auf die

Sinne „gnoseologisch fensterlose Monaden", und nur das setzende Denken griffe darüber hinaus. Deswegen sei weder von Phänomenen noch von Akten irgend etwas zu erwarten, was von Realität zeugen könnte; über das Sinneszeugnis hinaus sei alles „Deutung". Das ist wenigstens ein klarer Standpunkt. Ich vermute, daß noch heute gar nicht wenige ihn teilen. Herr Polak behauptet zwar: „mir ist keine Philosophie bekannt, gegen welche die Realität von Hartmanns geschichtlicher Welt gesichert zu werden brauchte." Er hat mich aber des Nachweises überhoben, daß eine Philosophie dieser Art existiert. Es ist die seinige. Gerade so eine meine ich. Daß er aber auf dieser Basis Kant auslegen will, scheint mir nun doch eine Überheblichkeit. Daß er dann auch dem Phänomen der transzendenten Akte keine Bedeutung abgewinnt, kann nicht wundernehmen. Er geht auf das Phänomen selbst ja auch nicht ein, legt dem Gesagten eine sehr gewagte kausalistische Deutung unter, für deren Recht er sich nur auf Heymans beruft. Herr Polak versteht das Betroffensein als ein mechanisches Gestoßenwerden. Einen anderen Typus des Abhängigseins scheint er nicht zu kennen. Trägt man eine so primitiv mechanistische Voraussetzung an emotionale Aktphänomene heran, so kann man freilich nicht hoffen, ihnen ihre Wesensstrukturen abzugewinnen. Aber freilich hat man dann leicht erklären: „es gibt keine Realphänomene". Das Merkwürdige ist nur, daß Herr Polak schließlich doch gerade die Hauptsache einräumt – fast möchte ich glauben, ohne zu bemerken, daß er es tut. Er sagt: „Ginge alles für jedes Individuum glatt nach eigenem Willen und logisch aus eigener innerer Gesetzlichkeit hervor ..., so frage ich: bliebe von allen Hartmannschen Zeugnissen auch nur ein einziges übrig?" Ich antworte: gewiß nicht. Es geht aber niemandem alles glatt. So wird denn wohl etwas übrigbleiben.

„Ich kann nur etwas erfahren, wenn mir etwas widerfährt", an diesem Satze nimmt Herr van der Vaart Smit Anstoß. Er meint, das verstoße gegen die Kantische Spontaneität des Subjekts. Ich kann das nicht finden. Spontan wäre doch nur das Apriorische in der Erkenntnis; nach Kant aber gibt es ein Wissen um Realität nur aus Erfahrung, nicht *a priori*. Und was die „religiöse Erfahrung" anlangt, so meine ich zwar nicht, daß man aus ihr die Realität Gottes direkt „beweisen" könnte, wohl aber daß in ihr die Realität Gottes unmittelbar gegeben sein könnte. Auch das freilich nur, wenn es religiöse Erfahrung im Sinne wirklichen Erfaßtseins von höherer Gewalt gibt; keineswegs aber wenn es sich bloß um theologisches Interessiertsein für Gott handelt. Herr Dessoir hat es gerügt, daß ich diese Art Erfahrung aus dem Spiel gelassen habe. Ich tat es deshalb, weil sie weder allgemein noch unbestritten ist, und überdies nicht die Realität der Ding- und Menschenwelt betrifft. Sonst aber würde ich sagen: das, was Herr Dessoir das „religiöse Urphänomen" genannt hat, würde – genügend verbürgt – allerdings „die Zugehörigkeit Gottes zu unserer Erfahrungswelt" erweisen. Die letztere freilich müßte dann entsprechend dem Begriff der „religiösen Erfahrung" erweitert verstanden werden.

Für einen höheren Idealismus, einen solchen des „Sinnes", ist Herr Hofmann eingetreten. Dagegen wäre nichts zu sagen, wenn er nicht so weit ginge, die ganze Seinsfrage in eine Sinnfrage aufzulösen. Wohl gibt es „Aussagen über das Seiende als über mögliche Gegenstände". Aber der „Sinn" von Realität ist gerade die Unabhängigkeit von der Aussage, und Sein geht nicht in Gegenstandsein auf.

Herr Moog meint, der wahre Idealismus erkenne Realitätsgegebenheit an, er sei also von meiner Kritik nicht getroffen. Ein solcher wahrer Idealismus müßte dann aber auch die Konsequenz ziehen, diese „anerkannte" Realität der Welt – und zwar der empirischen – als an sich seiende gelten zu lassen. Ich zweifle, ob Herr Moog einen solchen Idealismus noch wahren Idealismus nennen würde. Es ist gefährlich, sich auf „tiefere Schichten" zu berufen, wenn man nicht bereit ist, die Folgerung daraus für die Oberfläche zu ziehen.

Herr Kraft lehnt nach Nelsonscher Art die Erkenntnistheorie in Bausch und Bogen ab. So muß er denn natürlich auch die transzendenten Akte ablehnen. Er irrt sich aber, wenn er meint, ich hätte an diesen Akten eine „Aufhebung des Transzendenzverhältnisses zwischen ihnen selbst und ihrem Gegenstande" aufzeigen wollen. Das Gegenteil glaube ich dargetan zu haben, nämlich gerade die Transzendenz der Akte selbst: es sind Akte, die nicht im Bewußtsein allein spielen, sondern das Bewußtsein mit etwas von ihm Unabhängigem verbinden. Und dieses Unabhängige sind keineswegs, wie Herr Kraft meint, die Wertqualitäten.

Sofern der Idealismus sich auf die These der Autonomie des geistigen Seins zurückzieht – und diese These dürfte sein innerstes Motiv sein –, ist er unangreifbar und ein notwendiger Bestandteil aller tieferen Weltanschauung. Darin möchte ich Herrn Liebert recht geben. Daß man „Idealismus" so verstehen kann, dafür gibt es große Beispiele. Bedenken aber habe ich gegen die Rücklenkung auf Schellings „Idealrealismus". Der gerade geht viel weiter; das allein Reale ist hier der Geist, alles übrige nur seine Erscheinungsform. Herrn Liebert schwebt eine Synthese von Idealismus und Realismus vor. Es ist, so will mir scheinen, kein Zufall, daß die Synthese nie gelungen ist. Der Mensch müßte dazu eine „Position" jenseits von Idealismus und Realismus gewinnen. Was ein Ding der Unmöglichkeit ist. Zu Unrecht beruft sich Herr Liebert hier auf meinen Kant-Artikel von 1924[42]: man kann in der Problemaufrollung vieler Grundfragen sich wohl „diesseits" von Idealismus und Realismus halten, d. h. diesseits der Entscheidung zwischen ihnen, aber man kann nicht jenseits von ihnen zu stehen kommen. Anders ist es mit Materie und Geist. Ihr Gegensatz ist nicht Widerspruch, wie der der standpunktlichen Haltungen; sie lassen sich leicht in einer Weltanschauung vereinigen. Dazu hat man, auch bei voller Autonomie beider, eine Jenseitsstellung so wenig nötig wie eine dialektische Syn-

---

42 [Vgl. *Text 1* in diesem Band.]

these. Beide vielmehr sind von derselben Realität umschlossen. Und wer sich das klar macht, steht auf dem Boden des Realismus.

Ohne eigene idealistische Tendenz hat Herr Heimsoeth eine Rechtfertigung des älteren Idealismus versucht. Die großen Idealisten haben alle nur eine bestimmte Realität zugunsten einer anderen aufgehoben. Die andere ist dann eine höhere, sei es nun die des geistigen Seins oder eine überhaupt welttranszendente. Das soll nicht bestritten werden. Fraglich bleibt mir nur, 1. ob es denn nötig ist, das Ansichsein der Dinge zu bestreiten, um das des Geistes oder Gottes zu erweisen, und 2. ob es angängig ist. Für das erste sehe ich keinen Grund, Realität hat Raum für Geist und Materie, Welt und Gott. Für das zweite sehe ich angesichts der transzendenten Akte keine Möglichkeit. Wer da sagt „Geist oder Materie", der hat in einer Welt wie der unsrigen schon verspielt. Die wirkliche Welt ist offensichtlich beides. Das war immer der Grundfehler: man glaubte sich „entscheiden" zu müssen für das eine oder das andere. Der Philosoph hat gar nichts zu entscheiden. Er hat hinzunehmen und zu begreifen.

Herr Stenzel wiederum suchte – offenbar verführt durch den Terminus „Ontologie" – auf eine Auseinandersetzung mit Heidegger hinzudrängen. Das liegt nun hier sehr weit ab. Ich kann mich da auf Herrn Heimsoeth berufen, der den Gegensatz sehr genau getroffen hat (in seinem Punkt 5): Ontologie-Ansätze von „bestimmten weltanschaulichen Tendenzen" aus sind etwas ganz anderes als eine Lehre vom Sein „der natürlichen und geschichtlichen Erfahrung". Nur ein Sein der letzteren Art habe ich im Auge gehabt. Im übrigen scheint mir gerade Heidegger dem deutschen Idealismus bedenklich nahe zu stehen. Auch er entwertet die natürliche Realität zugunsten einer höheren. Wie denn die Welt ihm nur die „je meinige" ist. Den Ansatz zu einer „Fundamentalontologie" finde ich hier überhaupt nicht. –

In der Kritik meiner Analyse der emotional-transzendenten Akte ist Herr Plessner am weitesten gegangen. Es sind nach ihm überhaupt keine Akte. Ich könnte darauf einfach erwidern, daß mir an dem von Herrn Plessner hineingetragenen „Aktschema" – es ist das Husserlsche, nicht das meinige – nichts liegt. In der Tat, ob man Erwarten, Hoffen, Fürchten, Ertragen, Wollen, Gesinntsein, Handeln noch „Akte" nennen will oder nicht, das ändert nichts an dem, was auch Herr Plessner an ihnen als „ihre unvergleichliche Durchlässigkeit für die realen Gewalten" rühmt. Und nur auf diese kommt es an. Freilich will Herr Plessner sie nicht als „Transzendenz" gelten lassen. Zur Transzendenz gehöre „die Möglichkeit immanenten Abgekammertseins" des Subjekts sowie die „Kluft" zwischen ihm und dem Objekt. Hier wird der Einwand ernst.

Um es kurz zu sagen: gerade umgekehrt, das Fehlen der Kluft und des Abgekammertseins ist nichts anderes als die von mir geschilderte Transzendenz dieser Akte. Von einem nachträglichen Durchbrechen der Subjektsgrenze habe ich überhaupt nicht gesprochen, weder bei den transzendenten Akten noch sonstwo. Die beliebte Vorstellungsweise, als wäre das Subjekt zuerst einmal in sich gefangen und müßte dann erst ausbrechen, um ein Realitätsbewußtsein zu gewinnen – eine Ansicht, die mir heute von mehr als einer Seite nachgesagt wurde –, ist die meinige nicht. Es gibt kein wirkliches Bewußtsein, das nicht von vornherein aufgeschlossen im Zuge der Realgeschehnisse drinstände. Aber das Drinstehen, sofern es ein erlebendes und bewußtes ist, hat seine sehr besonderen Strukturen. Die Mannigfaltigkeit dieser Strukturen ist es, die ich in den emotional-transzendenten Akten einzufangen und zu beschreiben versucht habe. Das Bewußtsein der Verbundenheit mit der übrigen realen Welt (denn auch das Subjekt ist real) habe ich das „Realitätszeugnis" oder die „Realitätsgegebenheit" in diesen Akten genannt. Hält man dieses fest, so ist der Gegensatz der Meinungen klar. Herr Plessner sagt: wo keine Kluft ist, da ist auch keine Transzendenz; ich sage: wo Transzendenz ist, da gibt es keine Kluft. Dieser Gegensatz läßt sich nicht überbrücken.

Das letztere richtet sich teilweise auch gegen Herrn Litt, sofern er in meinen Aktanalysen die „Annahme einer ursprünglichen Abgeschlossenheit" vermutet und die emotionalen Akte als solche versteht, die das Subjekt „zunächst einmal als reines Innengeschehen für sich erlebt". Da bleibt dann freilich für die Transzendenz kaum etwas anderes übrig als die Form eines „Schlusses auf die Realität". Mit Recht erklärt Herr Litt diese Darstellung „für phänomenologisch falsch". Der Irrtum ist nur, daß er sie für die meinige hält. Auf Herrn Polaks Ausführungen würde sie wohl zutreffen. Natürlich ist es so, daß ein Mensch sich im Erleben schon „in der Welt findet". Die emotional-transzendenten Akte aber sind nichts als die Modi dieses Sich-Findens. Denn auf die Modi kommt es an. Es will wenig besagen, das Sich-Finden summarisch zu behaupten. Man muß es in die Mannigfaltigkeit seiner Wesensstrukturen hinein verfolgen. Nur so kann der Ontologie gedient sein. Nur so nämlich gelangt man an aufweisbare Phänomene. In den Phänomenen liegt der Grund, warum sich eine Verbundenheit des Menschen mit seinem weiteren Daseinskreise „vor" dem Erleben, Erfahren, Wollen usw. in keiner Weise aufzeigen läßt. Wie es kein Subjekt vor oder neben seinen Akten gibt, so auch keinen Lebenszusammenhang des Subjekts vor oder neben der Mannigfaltigkeit der Akte, in denen sein Leben und Erleben besteht.

Als Dritter hat Herr Huber in ähnlichem Sinne argumentiert. Er macht aus dem Betroffensein ein Analogon zum Cartesischen Cogito: „Ich bin betroffen von diesem oder jenem, es existiert etwas, was mich betrifft." Das wäre richtig, wenn sich nachweisen ließe, daß die Realitätsgewißheit im Betroffensein auf einen nachfolgenden Schlußakt wartete und vor ihm gar nicht zustande käme. Ich weiß nicht, wie Herr Huber das nachzuweisen gedenkt. Gegeben ist ja niemals das nackte Betroffensein (das kommt gar nicht vor), gegeben ist stets ein Betroffensein von etwas, das eben damit sich als Reales aufdrängt. Daß hier „intellektuelle Voraussetzungen" in das Erleben hineinspielten, kann ich nicht finden, seien sie nun kausal oder sonstwie beschaffen. Freilich im Gefolge des Erlebens setzen sie ein, und dann wandeln sie das Erlebnis in Erkenntnis. Aber gerade die Gegebenheit des Seinsmodus ist vor der gegenständlichen Erkenntnis da. Und der Erkenntnis würde alle Gegenständlichkeit nichts nützen, wenn ihr die Realität als solche (der Seinsmodus des Erkannten) nicht vorgegeben wäre.

Anders faßt Herr Hofmann das Verhältnis zur Erkenntnis: es müßten in den emotional-transzendenten Akten auch „spezifisch erkennende Momente" enthalten sein. Das wird man zugeben dürfen, wenn man den Erkenntnisbegriff entsprechend weit faßt. Sicherlich aber nicht, wenn man die „erkennenden Momente" als „miterlebte immanente Deutung" versteht. Deutung als solche wird ja jedenfalls in diesen Akten nicht „erlebt", wie ihre Struktur beweist. Aber die bloße Einführung des Deutungsbegriffs zeigt, daß Herr Hofmann Erkenntnis in einem viel zu engen Sinne versteht, um damit den Erlebnisakten gerecht zu werden.

Den umgekehrten Fehler will Herr Kraft mir nachweisen. Er meint, ich ließe bei den emotionalen Akten einfach Erkenntnis und Gegenstand „zusammenfallen". Er übersieht, daß nicht ich, sondern Herr Hofmann von Erkenntnismomenten in diesen Akten gesprochen hat. Außerdem will mir scheinen, daß er die Transzendenz der Akte als ein Immanentwerden ihres Gegenstandes versteht. In dem Falle hätte das „Zusammenfallen-Lassen" immerhin einen Sinn. Nicht aber, wenn man den Gegenstand in seiner Subjektsunabhängigkeit bestehen läßt. An letzterer habe ich nicht gerührt.

An eine Seite des Problems, die ich mit Bedacht aus dem Spiel gelassen, hält sich Herr v. Rintelen. Emotionale Akte sind es, in denen sich uns Werte erschließen. Wenn nun emotionale Akte andererseits auch Realität erschließen, so erschließen sie also die Wertrealität. Die Prämissen stimmen, aber der Schluß ist logisch falsch. Er erinnert lebhaft an den Sophismus: „Dieser Hund ist deiner, dieser Hund ist Vater, dieser Hund ist dein Vater." Erstens sind es andere emotionale Akte, die das Wertbewußtsein tragen, andere[,] die Realitätszeugnis sind. Und zweitens könnte ja auch ein und derselbe Akt zweierlei Verschiedenes erschließen. Herr v. Rintelen hat, wie mir scheint, eine zu geringe Meinung von der Mannigfaltigkeit und Strukturfülle emotionaler Akte. Für Realitätsgegebenheit muß man sich an die rezeptiven Momente in ihnen halten", für die Wertgegebenheit an die reaktiven und stellungnehmenden. Beide können wohl gelegentlich in einem Akte enthalten sein, aber sie fallen auch dann nicht zusammen. –

Gegen die Folgerung, die ich aus der emotionalen Realitätsgegebenheit für die theoretische gezogen habe, wendete sich schon ganz zu Anfang Herr Dessoir. Ihm sind darin die Herren Kraft und Siegel gefolgt. Es soll nicht stimmen, daß es sich in beiden Aktgruppen, der erlebenden und der erfassenden, um eine und dieselbe reale Welt handelt. Da möchte ich aber doch fragen, wo in aller Welt die Herren denn noch eine zweite Realität hernehmen wollen! Sie müßten schon geradezu eine zweite Welt aus dem Boden stampfen. Und was wäre selbst damit gewonnen? Was läge denn an der Gewißheit einer aus dem Boden gestampften Welt? Ich meine, darüber war doch von vornherein kein Streit, daß sich das ganze Realitätsproblem nur um die eine Welt dreht, in der wir eben leben. Nur die Gegebenheitsweisen sind verschieden – in Struktur und Gewißheit –, und nur von dieser Verschiedenheit habe ich gehandelt.

Herr Siegel verschiebt nun das Problem. Er hält mir den Kantischen Gegensatz von intelligibler und empirischer Welt entgegen und meint, die emotional-transzendenten Akte seien auf die erstere, der Erkenntnisakt auf die letztere bezogen. In der gleichen Richtung geht auch der Hinweis auf den Platonischen Unterschied von Ideenwelt und Dingwelt. Es sei nicht bestritten, daß sich intelligible Welten dieser Art annehmen lassen. Aber meines Wissens hat weder Platon noch Kant ihre „Realität" behauptet. Behauptet wurde immer nur eine andere und höhere Seinsweise. Man denke an das οντος ον, das man doch gewiß nicht mit „Realität" wird übersetzen wollen. Demgegenüber muß ich nochmals feststellen, daß ich von keiner Realität mutmaßlich höherer Ordnung gehandelt habe, sondern ausschließlich von der der Erfahrungswelt, welche – soweit überhaupt gegeben – nicht anders als in ihrer Einzahl und Einzigkeit gegeben ist. Damit entfällt alle Unterstellung von überempirischer Realität, und der gezogene Schluß bleibt in Kraft. Auch sei daran erinnert, daß ich mich bei den emotional-transzendenten Akten nirgends auf andere Gegenstände des Erlebens bezogen habe als auf Ereignisse, Geschehnisse, Schicksale, Personen und Situationen. Alledem wird man die eindeutige Zugehörigkeit zur empirischen Welt nicht absprechen wollen.

Ernstlicher geht Herr Dessoir zu Werk, indem er sich auf den Sphärenunterschied geistiger und materieller Wirklichkeit bezieht. „Die Realität, in der es ein Schicksal gibt, kann nicht naturwissenschaftliche Wirklichkeit verbürgen." Die beiden Sphären sind „zwar miteinander verbunden", aber „nicht identisch". Das letztere wird niemand bestreiten. Ich habe auch nicht gesagt, daß Schicksale dasselbe seien wie mechanische Vorgänge. Daraus folgt aber nicht, daß ihre Realität, streng als Seinsmodus verstanden, eine verschiedene wäre; und vollends nicht, daß sie in zwei verschiedenen realen Welten spielten. Vielmehr, die eine wirkliche Welt ist mannigfaltig, in ihr hat das Heterogenste nebeneinander Platz. Und es ist – glücklicherweise für unser Problem – gemeinhin derartig miteinander verwoben, daß das Dasein des einen von dem des anderen gar nicht abtrennbar ist. Im praktischen Leben ist es immer so. Das Fallen eines Steines kann einem Menschen ein Schicksal sein. Das heißt natürlich nicht, daß das Fallen nach dem Galileischen Gesetz identisch wäre mit dem frühzeitigen Tode des Menschen. Wohl aber heißt es, daß dieses gesetzliche Fallen demselben realen Gesamtvorgang angehört wie das Schicksal, das den Menschen trifft. Die Gegebenheit des letzteren also kann die des Gesamtvorganges sehr wohl verbürgen – gesetzt daß diese anderweitig bestreitbar wäre. Dagegen beweist auch die Berufung auf Tonstärke und Tonhöhe nichts; beide gehören ja demselben Tone an. Anders ist es mit dem mathematischen und architektonischen Raum, denn weder der eine noch der andere prätendiert darauf, unmittelbar realer Raum zu sein. Hier trifft das Beispiel nicht zu. Besser ist es, sich an die Gegebenheit von Personen zu halten. Ob ich einen Menschen „sehe" oder von ihm „Mißtrauen erfahre", ist zwar etwas sehr Verschiedenes. Aber der Mensch selbst ist derselbe, wie immer er mir gegeben ist. Das Betroffensein kann also sehr wohl seine Realität verbürgen – auch für das Sehen; nicht zwar in nachträglicher Reflexion oder gar einem erst zu ziehenden Schluß, wohl aber von vornherein durch das Drinstehen des Sehenden in einer Welt, von der er jederzeit mannigfaltig betroffen ist.

Daß dem auch die pathologischen Erscheinungen keinen Eintrag tun, sollte eigentlich klar sein. Den Unterschied normaler und pathologischer Gegebenheit macht ja nicht erst der Philosoph, sondern schon ein sehr naives Realitätsbewußtsein. Auch der Idealist macht ihn, obschon gerade für ihn hier eine Schwierigkeit entsteht. Die ontologische Überlegung kann ihn auf sich beruhen lassen. Hinter alledem aber scheint mir eine Verwechslung von Realität und Realitätsgegebenheit zu stecken; und diese mag wohl weiter auf eine korrelativistische Auffassung des Verhältnisses von Akt und Gegenstand zurückgehen.[43] Meinen Ausführungen dagegen liegt die Feststellung zugrunde, daß Sein – und vollends Realität – nicht in Gegenstandsein aufgeht, sondern indifferent zum Gegenstehen oder Nichtgegenstehen dasteht. Man kann das bestreiten, aber nur auf Grund idealistisch-metaphysischer Voraussetzungen. Läßt man die Voraussetzungen fallen, so können sich offenbar beliebig heterogene Gegebenheiten zwanglos auf ein und dasselbe Reale beziehen, wie inhaltsverschieden dieses sich auch in ihnen darbieten mag. Die Verschiedenheiten betreffen das Sosein allein, und um das handelt es sich hier nicht. Der Seinsmodus an ihnen aber ist derselbe. –

Nicht erwartet hatte ich den Vorwurf des Anti-Intellektualismus und Irrationalismus. Wenn man die Realitätsgewißheit emotional unterbaut, so bedeutet das doch keine Entwertung der Erkenntnis, geschweige denn eine Suspendierung kantisch-kritischer Fragestellung. Dennoch hat Herr Litt diesen Vorwurf erhoben, und andere sind ihm darin gefolgt. Dazu möchte ich nur bemerken, daß es mir

---

43 In seiner Rede, mit der er die Diskussion eröffnete, sagte Herr Dessoir wörtlich: „Hartmann würde sagen, die Welt ist mein transzendenter Akt". In der Drucklegung ist der Satz – wohl mit Absicht – fortgelassen worden. Ich will den Redner auch nicht darauf festnageln. Immerhin, der Satz ist verräterisch, gerade durch die Analogie zu Schopenhauers Satz „Die Welt ist meine Vorstellung". Die Welt nämlich kann weder meine Vorstellung noch mein Akt sein, weil sie vielmehr überhaupt nicht „mein" ist, sondern unabhängig von mir besteht. Und diese Unabhängigkeit ist ihre Realität.

fernliegt, die erkenntnistheoretische Problematik auch nur „an eine andere Stelle zu verlagern". Sie bleibt durchaus an ihrem Kantischen Platz. Objektive Sachbestände wird in Schärfe immer nur die Erkenntnis fassen, und nur Wissenschaft wird sie herausarbeiten können. Man darf nur die große Überlegenheit der Erkenntnis nicht dahin verstehen, als erlaubte sie, das Erkenntnisphänomen ganz aus dem Lebenszusammenhang herauszureißen. Erkenntnis schwebt nicht in der Luft. Sie verbindet uns mit derselben Umwelt, mit der auch die Erlebnisfülle uns verbindet. Und in manchen Punkten bleibt sie abhängig von ihr. So in der Gegebenheit des Seinsmodus, des Realseins ihrer Gegenstände. Das sollte auch die kritischste Einstellung nicht verkennen. Eine Untersuchung aber, die nur diesen einen Punkt betrifft, hat es deswegen doch nicht nötig, sich zugleich auch noch für die hundertmal erwiesene und von niemand bestrittene Objektivität und inhaltliche Überlegenheit der wissenschaftlichen Erkenntnis einzusetzen.

Noch weniger war ich auf den Vorwurf des „Passivismus" gefaßt, den Herr Dessoir erhoben hat. Herr v. Rintelen hat sogar von „Pessimismus" gesprochen. Verschuldet haben das die wiederkehrenden Ausdrücke „Betroffensein, Bedrängtsein, Gezwungensein" und einige ähnliche. In diesem Punkte nun haben mich bereits Herr Heimsoeth, Herr van der Vaart Smit und besonders eindrucksvoll Herr Huber verteidigt. Ich habe nur eines hinzuzufügen. Als vor sechs Jahren meine „Ethik"[44] erschien, machte man mir allerseits den Vorwurf des Aktivismus. Es steht dort aber kein Satz, der sich nicht mit dem heute Gebrachten vertrüge. Der Unterschied liegt nur im behandelten Gegenstande. Man läßt sich einfach von der Begrenztheit des jeweiligen Phänomenausschnittes blenden: spreche ich von spontanen Akten, weil das Thema es vorschreibt, so heiße ich Aktivist; analysiere ich rezeptive Akte, weil das Problem es erfordert, so heiße ich Passivist. Wer das so hört, ohne die Zusammenhänge zu kennen, muß doch den Eindruck des leichtfertigsten Opportunismus gewinnen. Einen solchen nun hat mir Herr Dessoir gewiß nicht nachsagen wollen. Die Moral von der Geschichte ist: man lasse der natürlichen Begrenzung der Problemgebiete ihr Recht und hüte sich vor Verallgemeinerungen. Ein jeder von uns möchte doch bei scharf umrissener jeweiliger Untersuchungsbahn davor sicher sein, daß ihm die Umrissenheit als solche, die er sich als Beschränkung auferlegen muß, als weltanschauliche Befangenheit ausgelegt werde.

Noch gegen eines muß ich mich hier verwahren. Herr Utitz zeigte an der Parallele der Kunst, wie es die Bewegung zum Realismus auch außerhalb der Philosophie gibt. Dieser Hinweis ist von Wert für das Verständnis einer breiteren geschichtlichen Strömung. Je mehr solcher Parallelen man zusammenstellt, um so eindeutiger dürfte sich das Gesamtbild herausstellen. Ich würde es aber für irre-

---

44 [Hartmann, Nicolai, *Ethik*, 1. Auflage: Berlin-Leipzig 1926; 3. Auflage: Berlin 1949.]

führend ansehen, das Realitätsproblem selbst als bloßen Exponenten einer Zeitströmung anzusehen. Es ist ein sehr altes Grundproblem der Philosophie, das sich periodenweise immer wieder in den Vordergrund drängt. Und streng genommen muß ja alle und jede Philosophie es mit ihm aufnehmen. Aus diesem Grunde meine ich, daß es sich hier überhaupt nicht um eine weltanschauliche oder sonst eine geschichtlich ephemere Bewegung handelt, sondern um eine jederzeit bestehende Aufgabe, vor die als solche nicht die Kunst – auch nicht das Ethos, die positive Wissenschaft oder die Religion –, sondern einzig die Philosophie gestellt ist. Erst das gibt dem Problem sein Gewicht. Aus dieser Auffassung ist die Untersuchung hervorgewachsen, die ich vorgelegt habe. Nicht einer „Bewegung" wollte sie dienen, sondern einem zeitlosen Erfordernis. Das konjunkturbeflissene Laufen mit jeweiliger Vorzugs- und Modeströmung – von der man wissen kann, daß sie in einem Jahrzehnt oder zweien erledigt sein wird –, liegt echter Denkarbeit jederzeit fern.

Zum Schluß eine allgemeine Bemerkung. Es gibt heute nicht wenige, die von Sein, Realität, Ontologie sprechen. Nicht alle, die es tun, stehen wirklich im Seins- und Realitätsproblem. Daß auch nicht alles, was sich kritisch nennt, kritisch ist, hat Herr Springmeyer einleuchtend gezeigt. Das liegt nicht nur an der Mitläuferschaft mit der Zeitströmung, die es natürlich unter uns wie zu jeder Zeit gibt; es liegt auch an der Dehnbarkeit der Begriffe und an der Schwierigkeit, bis auf die Grundphänomene vorzustoßen. Im Realitätsproblem vorwärtskommen, ohne sich an den primären Gegebenheiten des Realen zu orientieren, halte ich für ein Ding der Unmöglichkeit. Die Orientierungsarbeit aber steht in der Hauptsache noch aus. Wie unerprobt ihre Wege sind, beweisen schlagend die Verhandlungen dieser Tagung. Das Unterfangen, die menschliche, geistige und geschichtliche Realität in eine Linie mit der Dingrealität zu bringen, ist auf Widerstand gestoßen, obgleich niemand von uns es im eigenen Leben anders kennt. Was uns fehlt, ist immer noch die Lebensnähe, die eigene Verwurzelung in der Fülle des Realen selbst. Zu lange hat das Denken sich eingebildet, fliegen zu können. Es genügt heute nicht, zurück zu den Phänomenen zu gehen, wie Husserl es forderte. Zurück an die Erde müssen wir, zurück ins Leben. Freilich, nicht eine neue „Lebensphilosophie" brauchen wir, sie wäre doch wieder nur ein Philosophieren „über" das Leben. Was wir brauchen, ist eine Philosophie, die „aus" dem Leben kommt – statt aus der Studierstube – und seine Fülle noch an sich hat. Sie, und nicht ein standpunktlich zurechtgemachter Realismus, wäre die rechte Realphilosophie.

Herr Liebert hat an das Wort Platons erinnert, der Philosoph müsse sterben lernen, um in Wahrheit philosophieren zu können. So entsprach es weltflüchtiger Sehnsucht nach dem überhimmlischen Ort. Das Umgekehrte verlangt von uns das neue Ethos der Philosophie: leben lernen muß der Philosoph, um in Wahrheit philosophieren zu können.

5 Neue Ontologie in Deutschland

Einleitung

Die Abhandlung „Neue Ontologie in Deutschland" ist zuerst einmal eine Bestandsaufnahme Hartmanns zur Lage der Philosophie als einer Wissenschaft unter anderen im 19. und 20. Jahrhundert. Der Ausgangspunkt ist die Zerstörung der Metaphysik und die damit einhergehende Entwurzelung der Logik, die sich fortan als Grundlagenwissenschaft der Wissenschaften und „Wissenschaftslehre" oder als Erkenntnistheorie und Theorie der Wissenschaften behaupten muss. In der Bestimmung als Erkenntnistheorie (so im Neukantianismus) ist sie nach Hartmann kraftlos und unfähig, den destruktiven Tendenzen in Geschichtswissenschaft (Historismus) und Soziologie (Relativismus) wirksam entgegenzutreten. Auch Phänomenologie, Lebensphilosophie und Pragmatismus als philosophische Denkrichtungen im frühen 20. Jahrhundert können diese Entwicklung nicht aufhalten, sondern beschleunigen sie teilweise noch. In dieser Situation erklärt sich die Anthropologie zur Grundwissenschaft, die das Problem der Relativität allen Wissens von der Wurzel anfassen will. Die Vertreter dieser Denkrichtung verkennen aber, so Hartmann, dass der Mensch in Relation zu einer Welt steht, in der er existiert. Grundlegender als eine Anthropologie ist daher eine Ontologie, die nach dem „Sein des Seienden" fragt.

Die Neue Ontologie unterscheidet sich von der klassischen Ontologie dadurch, dass sie die Relation von Mensch und Welt und die Binnenstruktur von Seiendem insgesamt nicht als gegeben ansieht. Tatsächlich macht sie ernst mit der strikten Differenzierung von Erkenntnisgrund und Seinsgrund (Kant) und der Dynamisierung dieser Differenz (Hegel). Aber sie baut auf die Hypothese, dass es eine Einheit dieser Differenz gibt, was von einer natürlichen Weltansicht und in der Arbeit der Realwissenschaften (Physik, Biologie, Soziologie u. a.) bestätigt wird.[1] Die Realwissenschaften analysieren die Gebilde des Seienden von den Atomen bis zu den großen kosmischen Ordnungen. Die Gebilde weisen unterschiedliche Vollkommenheitsgrade auf, was sich in der Dauer ihres Bestehens dokumentiert. Der Mensch gehört innerhalb dieser Ordnung zu den weniger vollkommenen Gebilden, obwohl er die höchste Stufe des Seienden ausmacht. Das hängt damit zusammen, dass der Mensch ein organisches Gebilde ist, dass in sich und über sich hinaus die Seinsschichten des psychischen-seelischen (Bewusstsein, Identität) und des geistigen Seins (Geschichte, Gesellschaft, Kultur)

---

1 Vgl. Hartmann, Nicolai, „Neue Wege der Ontologie", in: ders. (Hg.), *Systematische Philosophie*, Stuttgart-Berlin 1942, 199–311.

entwickelt hat. Vom Menschen zu sprechen, heißt daher nach Hartmann immer auch, die Spannung zwischen den kategorialen Bestimmungen des „Zustandes" und des „Prozesses" in den Blick zu nehmen.

Die Aufgabe der Neuen Ontologie ist es, die Verhältnisse der Seinsschichten zu analysieren: inwieweit sie sich durchdringen, sich bedingen und voraussetzen oder voneinander absetzen. Ein große Frage harrt seit Descartes' Zeiten der Beantwortung: Wie verhalten sich Materie und Geist, Körper und Bewusstsein – oder auch: Gehirn und Geist – zueinander? Hartmann erkennt an dieser Stelle den tiefsten Einschnitt in der Schichtenordnung der Welt. Während die Erforschung der Entstehung des Lebens aus dem Leblosen (Übergang der ersten zur zweiten Schicht) und der Komplexion des Psychisch-Seelischen zum Geistigen (Übergang der dritten zur vierten Schicht) immer präziser in der Analyse wird, scheint zwischen den Bereichen des Materiellen (*res extensa*) und des Immateriellen (*res cogitans*) eine rätselhafte Kluft und ein noch rätselhafterer Zusammenhang zu bestehen.[2] Die Lage ist nach Hartmanns Auffassung prekär: Einerseits wird von den Wissenschaften selbst ein Ignoramus, gar ein Ignorabimus ausgerufen[3], andererseits gibt es an den Grenzen von Wissenschaft und Weltanschauung etliche Versuche, dieses Rätsel zu lösen, die von atemberaubender Primitivität sind.[4] Die Neue Ontologie steht daher vor der Aufgabe, die großen Erkenntnisfragen auf der Höhe realwissenschaftlicher Forschung und philosophischer Reflexion zu halten.

Ein zentraler Aspekt der Philosophie Hartmanns liegt in der Unterscheidung von Kategorien, die sich durch alle Seinschichten hindurch in ihrer – durchaus unterschiedlichen – Wirkungsweise nachweisen lassen (z. B. die Kategorie der „Zeit"), von denjenigen Kategorien, die an niedere Schichten gebunden sind (z. B. die Kategorie des „Raumes", die nicht auf die *res cogitans* anwendbar ist) und denjenigen Kategorien höherer Schichten, die wir erst dort auch antreffen (z. B. die Kategorie des „Zweckes"). Die Neue Ontologie erforscht ein Problem, das sich in der klassischen Ontologie aristotelischer Prägung nicht gestellt hat: das Abbrechen der Wirksamkeit kategorialer Bestimmungen und das Entstehen neuer Bestimmungen. Hartmanns Überlegungen zum „Kategorialen Novum" sind in-

---

2 Vgl. Hartmann, Nicolai, *Der Aufbau der realen Welt. Grundriß der allgemeinen Kategorienlehre.* 3. Teil, IV. Abschnitt. Kapitel 55: *Schichtung und Abhängigkeit*, 3. Auflage: Berlin 1964, 465–480. Und zur kritischen Perspektive auf Hartmanns Neue Ontologie Breil, Reinhold, *Kritik und System. Die Grundproblematik der Ontologie Nicolai Hartmanns in transzendentalphilosophischer Sicht*, Würzburg 1996.
3 Vgl. Du Bois-Reymond, Emil, *Über die Grenzen des Naturerkennens – Die sieben Welträthsel – Zwei Vorträge*. Leipzig 1882, 36 ff. Seiner Ansicht nach wird es für immer unmöglich sein, geistige Vorgänge aus der „Mechanik der Hirnatome" abzuleiten. Aus diesem Grund reiht Du Bois-Reymond die Entstehung des Bewusstseins unter die sieben Welträtsel ein.
4 Vgl. *Text 8* in diesem Band, der mit dieser Diagnose einsetzt.

struktiv und anschlussfähig an aktuelle Debatten zur „Emergenz" und „Supervenienz".[5]

Für die Annahme, dass die Kategorie des „Zweckes" nur in Bezug auf das seelisch-psychische und geistige Sein Anwendung finden kann, bricht Hartmann mit der Naturphilosophie aristotelischer Prägung und der Geschichtsphilosophie Hegelscher Provenienz. In der Naturphilosophie sieht Hartmann das systematische Scharnier zwischen der naturwissenschaftlichen Forschung und seinen ontologischen Reflexionen. Am Beispiel der Kategorie des Zweckes soll dieser Zusammenhang erläutert werden. Hartmann erklärt sich der fundamentalen Einsicht Immanuel Kants verpflichtet, dass die Analyse der Zweckmäßigkeit organischer (und über Kant hinausgehend: psychisch-seelischer und geistiger) Lebensprozesse nicht an die Bedingung geknüpft ist, dass es einen leitenden Zweck gibt.[6] Erst diese Einsicht eröffnet einen Weg, auf dem die Naturphilosophie voranschreiten kann. Weder spekulative Gewaltlösungen, die ein System der Naturzwecke setzen, noch die Preisgabe des Problems in der Form einer radikalen Leugnung des Zweckgedankens führen weiter. Hartmann vermerkt allerdings, dass dieser Gedanke Kants sich noch nicht durchgesetzt hat. Daher bedarf es einer „neue[n] Kritik der Urteilskraft, radikaler als die Kantische"[7], um mit dem teleologischen Denken grundsätzlich aufzuräumen.

Hartmann benennt die verschiedenen Motivationsquellen dieser Denkform – das naive und wissenschaftliche Bewusstsein, die verschiedenen metaphysischen Richtungen sowie populäre, weltanschauliche Meinungen – und zeigt im Detail, wie in den verschiedenen Diskursen ein klares Kausalitätsmuster durch den Gedanken der Finalitätkausalität allen Geschehens verdrängt wird. Weil dieser Verdrängungsvorgang in einer allzumenschlichen Einstellung wurzelt, widersetzt er sich der nüchternen philosophischen Analyse. Es ist also unmöglich, gegen das teleologische Denken wie gegen einen bloßen wissenschaftlichen Irrtum vorzugehen. Selbst die prägnanteste Irrtumsanalyse wird die allzumenschliche Tendenz zur teleologischen Denkform nicht aufheben können, deren Funktion es ist, „die bedrückend empfundene Unerträglichkeit des Sinnlosen" zu kaschieren. Der Mensch „sträubt sich einfach dagegen, daß es [das Naturgeschehen] gar keinen Sinn haben könnte; er will es mit dem Glauben zwingen, daß da ein Sinn sei, will

---

5 Vgl. Johansson, Ingvar, „Hartmann's Nonreductive Materialism, Superimposition, and Supervenience", in: *Axiomathes* 12, 2002, 195–215. Vgl. auch in diesem Band: Einleitung der Herausgeber.
6 Hartmann, Nicolai, *Philosophie der Natur. Abriß der speziellen Kategorienlehre*, 2. unveränderte Auflage: Berlin 1980, 9.
7 Hartmann, Nicolai, *Teleologisches Denken*, Berlin 1951, 11.

der Härte des Realen als des gegen ihn absolut Gleichgültigen nicht ins Gesicht sehen."[8]

Hier stehen wir an einem entscheidenden Punkt, das Verhältnis von Naturphilosophie und Ethik betreffend. Hartmann fordert die Anerkenntnis, dass die Zweckkategorie ein Novum der höheren Schichten ist. Das bedeutet im Umkehrschluss, dass die Schichten des Anorganischen und Organischen einer teleologischen Betrachtung entzogen sind. Es handelt sich seiner Ansicht nach um einen „ungeheuren Fehler [der] philosophische[n] Teleologie [...], als sie diese Kategorie [...] auf die Natur und die ganze Welt übertrug."[9] Dieser Fehler hat zwei Auswirkungen: Zum einen mühen wir uns, die sinn-indifferente Natur als sinnvoll zu verstehen – und erleben sie doch in Krankheit und Tod als sinnwidrig; zum anderen verpassen wir den Gedanken, dass die Stellung des Menschen in der Natur gerade dadurch ausgezeichnet ist, dass für sein Selbstverständnis andere kategoriale Bestimmungen gelten als für die übrigen Naturgegenstände. Für die Ethik sind diese Überlegungen folgenreich, denn wir stehen vor der Alternative, entweder eine „Teleologie der Natur und des Seienden überhaupt, oder [eine] Teleologie des Menschen" zu vertreten.[10] Die alternativen Optionen sind jedoch bei Hartmann nicht gleichgewichtig. Ist einmal die allgemeine Naturteleologie als Fehler entlarvt, bleibt nur die Möglichkeit einer Teleologie des Menschen, die mit der „Härte des Realen", der Sinnindifferenz und Unvertrautheit der anorganischen und organischen Bedingungen menschlicher Existenz rechnet.

Hartmann steht in diesem Punkt anderen naturphilosophischen Ansätzen im 20. Jahrhundert, die mit einer Naturethik einhergehen, beispielsweise der Philosophie von Hans Jonas, radikal entgegen.[11] Insbesondere der Neo-Aristotelismus erweist sich als prominenteste Gegenposition. Robert Spaemann hat ein Plädoyer für die Naturteleologie verfasst, das wie eine direkte Antwort auf Hartmann gelesen werden kann: „Teleologisch verstehen heißt ja, sich in der Welt schon auskennen. [...] Die Frage nach dem Status der Teleologie ist die Frage danach, ob wir uns selbst verstehen wollen, genauer gesagt, die Frage danach, ob wir uns

---

8 Ebd., 14–15.
9 Ebd., 81.
10 Hartmann, Nicolai, *Ethik*, 2. Auflage: Berlin-Leipzig 1935, 185. Vgl. zur zeitgenössischen Einordnung Litt, Theodor, *Ethik der Neuzeit* (Sonderausgabe aus dem Handbuch der Philosophie), München-Berlin 1926, 181–184.
11 Vgl. Hartung, Gerald, *Organismus und Umwelt. Hans Jonas' Ansatz zu einer Theorie der menschlichen Umwelt*, in: Hartung, G./ Hofmeister, G./ Köchy, K./ Schmidt, J. C. (Hgg.), *Naturphilosophie als Grundlage der Naturethik. Zur Aktualität von Hans Jonas*, Freiburg/Brsg. 2013, 75–99.

überhaupt als so etwas wie ein ‚Selbst' verstehen wollen."[12] An dieser Stelle ist ein fundamentaler Gegensatz von alter und neuer Ontologie benannt, der sowohl für die Naturphilosophie und -ethik wie auch für die Anthropologie noch zu entwickeln ist.

---

12 Spaemann, Robert/ Löw, Reinhard, *Die Frage Wozu? Geschichte und Wiederentdeckung des teleologischen Denkens*, 2. Auflage: München 1985, 289–290. Vgl. Spaemann, Robert, „Naturteleologie und Handlung", in: ders., *Philosophische Essays*, Stuttgart 1994, 41–59.

Neue Ontologie in Deutschland

I.

Immer wieder haben die Systematiker der Philosophie nach einer Grundlage gesucht, nach einer philosophischen Grundwissenschaft, die alles weitere müßte tragen können. In irgendeinem Punkte müssen doch alle Teile der Philosophie zusammenhängen, von einer Basis müssen sie alle ausgehen, so meinte man; oder auch, zu einem Ziele müßten sie alle hinführen. Das erschien umso wichtiger, als es ja stets um das System ging, auf das man hinstrebte. Ein System ist unter allen Umständen ein Wagnis; was man nötig hatte, war darum stets die Sicherung der Ausgangsstellung und, wenn irgend möglich, auch die Sicherstellung des Fortschreitens von ihr aus.

Frühzeitig sah man die Schwäche der Systeme am Beispiel der Vorgänger, ihr Zusammenstürzen unter dem Ansturm der Kritik. Was lag näher, als die Instanz der Kritik selbst in die Hand zu nehmen? Man brauchte also ein kritisches Werkzeug des Denkens, man suchte es folgerichtig in der Aufdeckung von Fehlerquellen und in der Bahnung gangbarer Wege. Tatsächlich zeigt schon die griechische Philosophie auf ihrer Höhe solche Bemühung um ein Fundament. Und die Bemühung bewährt sich sogleich, die Philosophie beginnt den Charakter einer Wissenschaft anzunehmen.

Viele Jahrhunderte später wird noch ein zweites Motiv wirksam: die Unlösbarkeit der letzten Grundprobleme auf fast allen Gebieten philosophischer Forschung. Es sind dieses die metaphysischen Probleme, die Fragen nach Materie und Geist, Mensch und Welt, Sinn und Wert. Keine Philosophie kann sich ihnen entziehen; es ist nicht menschliche Fragelust allein, was auf sie hinführt, es ist etwas unaufhebbar Schicksalhaftes in ihnen, das der Mensch nicht abweisen kann. Aber auch keine Philosophie kann sie bewältigen, und versucht sie es, so schießt sie immer wieder übers Ziel; und dann wiederum hat die Kritik leichtes Spiel.

Worauf also es ankommt, ist auch aus diesem Grunde die Instanz der Kritik: es muß ein Mittel geben, das Menschenmögliche vom Unmöglichen zu unterscheiden, die Ziele richtig und dem menschlichen Können angemessen zu stecken, dem unverfrorenen Rätselraten eine Grenze zu setzen.

Das ist der Grund, warum man die Ausgangsbasis nicht dort suchte, wo ein naiveres Denken die Lösung aller Rätsel erwartet: in der Metaphysik. Wohl bleibt es Aufgabe, zu einer Metaphysik zu gelangen, die man sich nach wie vor als Inbegriff aller Problemlösungen denkt. Aber ausgehen läßt sich nicht von ihr. Ein weiter Weg führt zu ihr hin, und je mehr man auf die Ausgänge zurückgreift, um so weiter wird er. In immer größerer Distanz zur Metaphysik sucht man die philosophische Grunddisziplin. So kommt es zu einer Reihe von Versuchen, die historisch wie systematisch eine Art Stufenleiter der Ausgangsebenen darstellen.

Zuerst versuchte man es mit der Logik. Von Aristoteles bis zu den Neukantianern wiederholt sich die Bemühung, sie zur Grundwissenschaft auszubauen. Philosophie bewegt sich in Urteilen und Schlüssen; ihre Begriffsbildung ist schon deren Resultat. Gelingt es also, die Denkzusammenhänge von Fehlern zu reinigen, so müssen sie folgerichtig werden. In der Scholastik und im Rationalismus konnte man hieran die kühnsten Hoffnungen knüpfen, weil man in den Begriffen unmittelbar das Wesen des Seienden zu fassen meinte. Noch Hegels Dialektik gründet sich auf diese Voraussetzung. Nur eines bedachte man nicht: daß Richtigkeit der Folgerung allein noch nicht die Wahrheit des Gefolgerten verbürgt, daß dazu vielmehr auch die Wahrheit der Prämissen feststehen muß, die logischen Zusammenhänge als solche aber niemals und in keiner Weise für die Wahrheit der Prämissen aufkommen können.

Man mußte also weiter zurückgehen auf die erste gebende Instanz der Voraussetzungen. Diese liegt offenbar nicht bei den Mitteln des Denkens, sondern bei denen des Erkennens. Das Denken kann sich vom Seienden beliebig entfernen, es kann bei voller Folgerichtigkeit dem Irrealen träumend nachgehen. Erkennen aber läßt sich nur, was „ist". Erkenntnis ist das Erfassen des Seienden.

So rückte die Erkenntnistheorie an die Stelle der Logik. Schon in der Platonischen Philosophie spielt sie die Rolle der alles tragenden Vorbereitung. In der Neuzeit bei Descartes und Kant wird sie vollends zur Grundwissenschaft. Was ist gewiß, woran kann man nicht zweifeln, woran wird das Wahre vom Unwahren unterscheidbar? Diese Fragen bestimmen die Einstellung der „Kritik". Denn nicht alles, was dem Denken als Erkenntnis gilt, ist Erkenntnis; es kann auch Irrtum sein. Woran aber wird es kenntlich, ob ein Gedanke Wahrheit oder Irrtum ist?

In der Tat hat es die Erkenntnistheorie in dieser Frage zu gewissen Resultaten gebracht, die für den Bedarf mancher Wissenschaften genügen. Sie konnte zwar keine allgemeinen Kriterien aufweisen, wohl aber viele traditionelle Irrtumsquellen aufdecken und unschädlich machen. Nur für die Philosophie reichte das nicht zu. Hier wird die Frage des Erfassens radikal: es geht nicht mehr darum allein, ob bestimmte Gegenstände zutreffend erfaßt werden, sondern ob überhaupt etwas Seiendes erfaßt wird, und ob das vermeintliche Erfassen überhaupt ein Erfassen ist. Die Skepsis hat das schon in alter Zeit verneint, und idealistische Theorien neueren Datums haben daraus die bedenklichsten Folgen gezogen.

Das ist der Grund, warum mit bloßer Erkenntnistheorie auch nicht weiter fortzukommen ist. Tatsächlich meinen wir ja auch mit dem Erkennen ein Verhältnis des Bewußtseinsinhalts zum Seienden. Dieses Verhältnis ist aber ebensosehr vom Seienden her bestimmt, wie vom Bewußtsein; und zwar nicht nur vom Gegenstande des Erkennens her, sondern von dem ganzen Seinsverhältnis des erkennenden Subjekts zur Welt, als zum Inbegriff möglicher Erkenntnisgegenstände. Dieses Verhältnis spielt ganz in einer seienden Welt und ist nur eines von vielen Verhältnissen, in denen das Subjekt als Glied dieser Welt zur übrigen Welt steht.

Es bedarf also einer Aufrollung der einschlägigen Seinsproblematik, um dem Erkenntnisverhältnis auf den Grund zu gehen. Es bedarf der Ontotogie. –

Die Konsequenzen dieser Sachlage sind erst spät gezogen worden. Zunächst ging die Entwicklung andere Wege. Da die Erkenntnisquellen solche des Bewußtseins sind, lag es nah, das Gewicht auf die Bewußtseinsphänomene zu verlegen. Die Stelle der philosophischen Grundwissenschaft schien nun die Psychologie einnehmen zu sollen.

Der Gedanke darin ist einfach: Erkenntnis hat einen Werdegang, der sich in den einschlägigen Bewußtseinsakten – Wahrnehmen, Erinnern, Vorstellen, Vergleichen u.s.f. – verfolgen läßt. Man muß also diese Akte analysieren, um an den Ursprung aller Gegebenheit und Einsicht zu gelangen. Hier scheinen direkte Zugänge offenzustehen; ist doch hier das erkennende Bewußtsein unmittelbar bei sich selbst und braucht nicht erst aus sich herauszutreten, um seinen Gegenstand zu fassen. Es ist sein eigener Gegenstand.

Dennoch ist die Rechnung falsch. Da ist die Verschiedenheit der erkennenden Subjekte, die das Allgemeine und Prinzipielle verdeckt. Denn je nach dem Subjekt erscheint auch die Welt verschieden. Ferner, erfaßt werden auf diese Weise nicht mehr Gegenstände, sondern eben nur Akte; und die Akte haben ein anderes Gesetz. Mit der Entstehungsweise des Bewußtseinsinhalts, wie genau sie auch erfaßt sein mag, ist nichts über Wahrheit und Unwahrheit in ihnen entschieden; Irrtümer und Einsichten sind vielmehr der Genese nach gar nicht zu unterscheiden.

Und schließlich, selbst die Akte werden nur indirekt erfaßt, durch Umlenkung der natürlichen Erkenntnisrichtung (derjenigen auf den Gegenstand) gegen sich selbst, auf den Erkenntnisakt. Bei dieser Umlenkung aber steht das Bewußtsein sich selbst im Wege, es stört seine Akte, indem es sie zu Gegenständen macht. So entstehen die bekannten Aporien der Psychologie, die der Selbstbeobachtung und dem Experiment mit der Versuchsperson anhaften.

Im Beginn unseres Jahrhunderts versuchte die Phänomenologenschule, diesen Unzulänglichkeiten zu begegnen, indem sie dem Psychologismus bewußt entgegentrat. „Phänomenologie" – das sollte eine neue philosophische Grundwissenschaft sein; in ihr wurde von allem Experimentieren nach naturwissenschaftlichem Muster abgesehen, und an die Stelle direkter Beobachtung wurde die neue Methode der Wesensanalyse gerückt. Die Grundüberzeugung dabei ist, daß es gewisse generelle Wesenstypen der seelischen Akte gibt, die sich vom einzelnen Beispiel aus durch „Einklammerung" des Zufälligen und direktes Erschauen des vor die Klammer Gehobenen herausarbeiten lassen.

Damit wurde die Erforschung seelischer Vorgänge in der Tat auf eine neue Basis gestellt. Aber eine allgemeine philosophische Grunddisziplin ergab sich nicht; es gelang nicht, diese Methode auf außerbewußte Gegenstände zu übertragen. Es ist zwar wahr, daß alles Gegebene, auch das der Außenwelt, die Form von Phänomenen hat. Aber Phänomene sind deswegen noch nicht die Gegenstände selbst, sondern bloß ihre Erscheinungsweise. Ein wirkliches Fundament wäre erst gewonnen, wenn die Phänomenanalyse ein Kriterium der Unterscheidung zwischen Realphänomen und Scheinphänomen ergeben hätte. Das wäre einem Maßstab von wahr und unwahr gleichgekommen. Davon war aber die Phänomenologie natürlich weit entfernt.

Zu diesen vier Hauptversuchen, eine Grundwissenschaft zu schaffen, sind nun weitere beachtenswerte Anläufe gekommen, die alle den gemeinsamen Charakter tragen, daß sie die Ausgangsebene auf eine viel breitere Basis zu stellen suchen: es soll das ganze Menschenleben in der Fülle seiner wechselreichen Verhältnisse mit hineingezogen werden und von ihm aus sollen Gegebenheit und Wahrheit diskutierbar werden.

Der Mensch ist verschieden je nach der Gemeinschaftsform, in der er lebt; verschieden auch in seinem Erkennen und seinem Weltbilde. Die Gemeinschaftsform wiederum ist durch eine Fülle jeweiliger Zustände bedingt, die alle zusammen die einmalige geschichtliche Situation ausmachen. Je nachdem nun, ob man das Gewicht auf das Strukturelle dieser Situation oder auf ihre geschichtlichen Gründe legt, kommt man auf Soziologie oder Geschichtswissenschaft als Grunddisziplin aller philosophischen Überlegung heraus. Darum gibt es einen Soziologismus und einen Historismus in der Philosophie unserer Tage. Der letztere hat sich schnell zum Relativismus ausgewachsen; er ist dadurch zur Erneuerung einer Skepsis geworden, die man längst überwunden geglaubt hatte.

Verwandt diesen beiden Richtungen sind die Lebensphilosophie und der Pragmatismus. In beiden ist der geschichtlich soziologische Aspekt schon die Voraussetzung, und beide teilen die Neigung zum Relativismus. Während aber die deutsche Lebensphilosophie auf der Geistesgeschichte fußt und aus der Strukturanalyse des jeweiligen geistigen Lebens Konsequenzen zieht, geht der amerikanische Pragmatismus von den praktischen Belangen des Menschenlebens aus und erblickt im Verhältnis von Erkenntnis und Irrtum nur noch ein Spiegelbild des Lebensförderlichen und Lebensschädlichen. Von diesem Gesichtspunkt aus hat jedes Volk zu jeder Zeit „seine Wahrheit", die mit ihm steht und fällt. Es gibt dann keine eigentliche Wahrheit und Unwahrheit mehr, die unabhängig von Zeitumständen und menschlicher Art im Zutreffen oder Nichtzutreffen des Gedankens auf seinen Gegenstand bestünde. Philosophie ist keine Erkenntnis und vollends keine Wissenschaft mehr, sondern nur noch entweder Ausdruck einer „Lebensform" oder ein Modus des Zurechtkommens mit den jeweilig aktuellen Aufgaben einer Menschengruppe.

Streift man nun diese Extreme ab, deren Hinfälligkeit ja nicht schwer zu durchschauen ist, so zeigen sich zugleich die Mängel in den Voraussetzungen. Alle diese Richtungen nehmen den Menschen nur von bestimmten Seiten: von der praktischen, von der sozialen, von der geschichtlichen Seite, oder von der des Geisteslebens. Das Bild muß also einseitig ausfallen; und die Konsequenzen, die man für die philosophische Erkenntnis zieht, müssen ebenso einseitig ausfallen.

Freilich hat es seine Richtigkeit damit, daß man Chancen und Bedingungen der Erkenntnis beim „Menschen" sucht. Aber dann muß man den Menschen auch allseitig verstehen, d. h. man muß zuvor ihn selbst in der Ganzheit seines Wesens verstehen. Damit gerät man in eine neue Richtung, und zur Grundwissenschaft wird jetzt die Anthropologie.

Der Mensch und seine Lebensform sind nicht nur nach Zeiten und Lebensbedingungen verschieden, sondern auch der Abstammung und Anlage nach. Auch das Geistesleben formt sich in mancherlei Abhängigkeit von der rassischen Zusammensetzung heraus, und zwar ebensosehr am Einzelnen wie an einem Volkskörper. Hat doch jedes besondere Stammesleben auch seine besonderen Richtungen der Aktivität, seine Vorstellungen vom Glück, vom Recht, vom Guten, seine Ideale, sein Weltbild. Die Anthropologie freilich darf nicht einseitig hierbei allein stehen. Wohl aber muß sie die biologischen Bedingungen menschlicher Artung mit den autonomen Kräften des Geisteslebens zusammenschauen und so das Ganze des Menschenwesens zu gewinnen suchen.

Und dennoch kann sie das letzte Wort nicht haben. Denn wie will sie den Menschen in seiner Ganzheit fassen, wenn sie ihn nicht im Zusammenhange der Welt faßt, in der er nun einmal lebt, an die er angepaßt ist und mit deren Mächten er unausgesetzt ringt? Der Mensch steht nicht auf sich selbst, sondern auf einem breiten Gefüge von Seinszusammenhängen, die weit entfernt sind, die seinigen zu sein, und auch ohne ihn bestehen. Diese Zusammenhänge machen die „Welt" aus, deren Teil er ist. So wird man von der Anthropologie auf die allgemeine Seinslehre, die Ontotogie, zurückgeworfen.

Dasselbe läßt sich auch von der Soziologie, der Lebensphilosophie, vorn Pragmatismus und von der Geschichtsphilosophie aus zeigen. Wie will man den Geschichtsprozeß oder die Sozialformen des Lebens verstehen ohne den Weltzusammenhang, der beide trägt? Wie könnte man den geistigen Typus oder die praktische Relevanz seines Verhaltens durchdringen, ohne die Verhältnisse zu ermitteln, auf die alles Verhalten, Tun, Handeln, Wollen und Wünschen, Hoffen und Fürchten bezogen ist?

Darum hat in unserer Zeit das Suchen nach einer philosophischen Grundwissenschaft auf dieselbe Disziplin hinausgeführt, die schon einst bei Aristoteles die Rolle der *prima philosophia* gespielt hat: die, Lehre vom „Seienden als Seiendem".

II.

Hier liegt der Grund, warum heute die systematische Philosophie in Deutschland auf eine neue Ontologie hinsteuert. Nicht als wäre diese schon da, sie ist aber im Werden begriffen. Und daß sie von sehr verschiedenen Seiten aus und mit sehr verschiedenen Mitteln in Angriff genommen wird – so daß es dem Zeitgenossen nicht leicht gemacht ist, sich in der Vielfachheit der Ansätze mit ihrer scheinbaren Gegensätzlichkeit zurechtzufinden, – bestätigt im Grunde nur die Allgemeinheit und Notwendigkeit ihrer Tendenz.

Zunächst ringt sie noch mit einer Fülle von Schwierigkeiten. Diese bestehen nicht allein in den mannigfachen Vorurteilen gegen sie, in den Reminiszenzen antiker und scholastischer Irrwege; sie bestehen auch in echten inneren Aporien, zumal solchen von erkenntnistheoretischer Art. Es sei hier nur die eine grundsätzliche Aporie herangezogen, die ihre methodologische Stellung als Grundwissenschaft betrifft: braucht man zur Ontologie nicht schon eine ausgebildete Erkenntniskritik? Es handelt sich ja nicht mehr um die alte kritiklose Ontologie, die ohne eine Basis empirischer Forschung aus allgemeinen Grundsätzen apriorische Folgerungen zog. Es geht ja gerade um Auswertung einer breiten Fülle wissenschaftlicher Einsichten, die auf den verschiedensten Erkenntnisgebieten gewonnen sind. Die erstrebte Ontologie wird also von vorn herein abhängig von diesen Forschungsresultaten; sie setzt somit deren durchgebildete Erkenntnismethodik schon voraus. Wie aber kann eine so abhängige Disziplin den Anspruch erheben, Grundwissenschaft zu sein?

Dagegen ist vorerst zu sagen, daß dieselbe Aporie auch die meisten der anderen Versuche trifft, die eine einzelne Disziplin zur Grundwissenschaft machen wollten. Auch die Anthropologie, Soziologie und Geschichtsphilosophie setzen ein breites Wissen auf empirischer Grundlage mitsamt dessen erkenntnismethodischen Grundlagen voraus. Ja, in einem weiteren Sinne gilt das auch von denjenigen Versuchen, die am ehesten ohne Voraussetzungen auf sich selbst zu stehen scheinen könnten. Die Logik und die Erkenntnistheorie setzen offenbar das Faktum alles wissenschaftlichen Vorgehens in weitestem Maße voraus; sie orientieren sich nicht nur an ihm, sie handeln vielmehr direkt von ihm (wennschon nicht von ihm allein), und daß überhaupt sie Gesetzlichkeiten herausarbeiten können, verdanken sie wesentlich diesem reichen Material. Und von der Psychologie und Phänomenologie darf Ähnliches gelten, soweit sie überhaupt zu grundsätzlichen Fragen fortschreiten und nicht in der uferlosen Mannigfaltigkeit des Materials stecken bleiben, mit dem sie es aufnehmen. Tatsächlich reichen beide ja auch keineswegs zu, der Philosophie den Weg zu bereiten.

Damit freilich ist die Schwierigkeit nicht behoben, sondern nur als dieselbe wiedererkannt, die auch allen früheren Versuchen anhaftete. Ist es nun so, daß man hiernach den Gedanken an eine philosophische Grunddisziplin aufgeben müßte? Es könnte wohl so scheinen. Aber würde damit nicht auch die Einheit der Philosophie überhaupt zusammenbrechen? Irgendein Fundament muß es doch geben, auf das alle Zweige philosophischen Vordringens bezogen bleiben, und zwar um so mehr als die Verzweigung fortschreitet.

Hier ist der Punkt, an dem man sich allererst darauf besinnen muß, was denn eigentlich von einer philosophischen Grundwissenschaft zu verlangen ist, und was nicht. Tatsächlich ist diese Frage niemals eindeutig geklärt worden; es heften sich vielmehr die divergentesten Erwartungen und Hoffnungen an jene Versuche, und zwar ohne daß sie auch nur sauber voneinander unterschieden wären.

Sieht man von geringeren Unterschieden ab, so läuft alles Suchen nach einer philosophischen Grundwissenschaft auf drei durchaus verschiedene Frage-richtungen hinaus. Man fragt erstens: wo liegen die ersten Gegebenheiten, auf die man sich als gewisse Ausgangspunkte verlassen kann? Das ist die metho-dische Frage nach den Erkenntnisvoraussetzungen der Forschung. Man fragt aber zweitens auch: wie kommen wir in der Mannigfaltigkeit des Gegebenen zur Einheit der Überschau? Diese Frageweise ist auf Zusammenschluß und Ganzheit alles dessen gerichtet, was in der Besonderung der Forschungsrichtungen weit auseinanderklafft. Es ist letzten Endes die sehr weitausschauende und an-spruchsvolle Frage nach dem System der Philosophie. Und man fragt drittens: welches sind die ersten objektiven Grundlagen des ganzen Gegenstandsberei-ches philosophischer Forschung? Diese Frage geht nicht auf Fundamente des Wissens, sondern auf die der Sache und ganzer Sachgebiete, letzten Endes also auf die Grundlagen der Welt, des Lebens, des Menschen u.s.f.

Die zweite und dritte Frage gehören, obgleich sie auf sehr Verschiedenes gerichtet sind, doch eng zusammen. Denn es ist klar, daß die Einheit eines Weltbildes in Abhängigkeit steht von den ontischen Grundlagen der Mannig-faltigkeit, die zusammengeschaut werden soll. Die erste Frage dagegen steht beiden als eine ganz anders geartete gegenüber. Sie betrifft das „für uns Erste", das im Erkenntnisgange Vorausgesetzte, während jene beiden auf das „an sich

Erste" gehen, das im Fortschreiten der Forschung weit eher als Letztes heraus-
springt. Zwischen beiden Arten der Fragestellung klafft der ganze Gegensatz
der *ratio cognoscendi* und *ratio essendi*.

Dieser Gegensatz ist seit Aristoteles wohlbekannt, und über ihn wäre kein
Wort weiter zu verlieren, wenn nicht im Suchen nach der philosophischen
Grundwissenschaft immer wieder die eine mit der anderen verwechselt worden
wäre. Daß man in der Logik oder Erkenntnistheorie – zuletzt auch noch in der
Phänomenologie – ontische Grundlagen der Metaphysik suchen konnte, war
eine Folge dieser Verwechselung; und ebenso war es eine Folge von ihr, daß man
in der Soziologie, Geschichtsphilosophie und Anthropologie methodisch erste
Grundlagen aller Philosophie suchen konnte. Jene hätten wohl auf das methodisch Erste, diese wohl auf das ontisch Erste hinausführen können, aber doch
niemals umgekehrt.

Die Wahrheit ist eben, daß man beide Ansprüche nicht in einer und derselben Fragestellung verfolgen, beiden nicht in einer und derselben Grunddisziplin gerecht werden kann. Man muß also entweder dem einen oder dem anderen nachgehen; oder, wenn es einem schon um beide zu tun ist, sie doch
sauber auseinanderhalten und jedem in der ihm eigentümlichen Problemrichtung nachgehen.

Hierzu aber kommt ein Zweites. Es ist ein utopisches Ansinnen an die
Philosophie, daß sie dem Erkenntnisgange nach mit einer einzigen Disziplin
beginnen solle, die ihrerseits von allem anderen unabhängig wäre. Es gibt wohl
vorbereitende Fragebereiche; zu diesen zählen ohne Zweifel die der Erkenntnistheorie und der Phänomenologie. Aber weder sind sie isoliert behandelbar,
ohne daß anderes vorausgesetzt würde, noch reichen sie inhaltlich zur
Grundlegung aus. In Wahrheit fängt die Philosophie immer gleichzeitig von
vielen Seiten an, wenn auch die einzelnen Denker die Breite ihrer Ausgangsbasis
nicht durchschauen. Das ganze Wissen ihrer Zeit steht ihnen eben doch zur
Verfügung, und stets fordert es seinen Spielraum in ihren Ausgangsüberlegun-
gen. Keine Philosophie fängt mit sich selbst an, sie setzt stets die Arbeit der
speziellen positiven Wissenschaften voraus, auch dort, wo diese selbst noch in
den Anfängen stehen.

Aber auch die philosophischen Disziplinen selbst stehen untereinander in
Wechselbeziehung und Wechselbedingung. Metaphysische, erkenntnistheoretische, ethische, geschichtsphilosophische Überlegungen greifen organisch
ineinander; trennen kann man sie nur zu didaktischen Zwecken, und auch das
nur in engen Grenzen. Und soweit die Problemreife ihrer Grundfragen zurück-
reicht, kann man diesen Zusammenhang auch in der Gedankenarbeit der großen
Denker überall wiederfinden.

Die Ontologie nimmt unter den aufgezählten Versuchen einer philosophischen Grundwissenschaft insofern eine ganz neue Stellung ein, als sie den utopischen Anspruch eines methodisch absoluten Vorranges grundsätzlich fallen läßt. Wohl gibt es in allen philosophischen Disziplinen Fragen, die ihrer Hilfe bedürfen, und insofern ist sie auch die methodische Voraussetzung für deren Vorwärtskommen. Aber sie beansprucht nicht, ihnen vorauszugehen und ihnen Wege vorzuzeichnen. Sie setzt sie vielmehr ihrerseits voraus, zieht aus ihnen allen ihre Konsequenzen und ist dem Lehrgange nach noch am ehesten *philosophia ultima*. Das hindert sie nicht, von den ersten Seinsgrundlagen zu handeln und in diesem Sinne *philosophia prima* zu sein.

Ihre Stellung beruht also gerade auf jener Wechselbedingtheit aller philosophischen Forschungszweige, welche den methodischen Primat einer einzelnen von ihnen verbietet. Auf diese Weise löst sie die oben entwickelte Aporie, ohne doch die Frage nach der Ausgangsstellung der Philosophie abzuweisen. Sie nimmt die Ausgangsstellung nur nicht für sich allein in Anspruch. Allerdings aber bedeutet das eine Gewichtsverlegung von der ersten auf die dritte Frage: das Hauptanliegen der Grundwissenschaft ist von der *ratio cognoscendi* auf die *ratio essendi* verschoben. Alles hängt nun am Problem der Seinsgrundlagen. Denn auch die Frage nach Einheit und Überschau des Ganzen läßt sich am ehesten von den ersten Seinsgrundlagen aus, niemals aber von der Lagerung des Gegebenen aus in Angriff nehmen.

Diese Umorientierung ist schon allein ein Resultat, das Beachtung verdient. Mit ihr tritt man von der reflektierten Einstellung wieder zurück zur natürlichen. Die Richtung auf den Gegenstand ist nun einmal die natürliche Einstellung der Erkenntnis. Die Psychologie, die Logik, die Erkenntnistheorie lenken sie künstlich vom Gegenstande ab, biegen sie gegen sich selbst zurück – auf das Subjekt und seine Akte, auf das Denken (Begriff und Urteil), auf das Erkenntnisverhältnis und seine Bedingungen. Damit lenken sie vom Seienden ab auf das Gegebensein. Das ist zwar für ihre besonderen Untersuchungen notwendig; aber diese Einstellung gerät in die Gefahr, das Seiende nun über der Mannigfaltigkeit des Gegebenseins aus den Augen zu verlieren. Das geht so weit, daß in den Anfängen der neuen Ontologie noch überall die Gegebenheitsweisen irrtümlich für Seinsweisen gehalten worden sind.

Vieles, was dieser reflektierten Einstellung angehört, ist bis heute noch unüberwunden. Immer noch kann man jener Gleichsetzung des Wahrnehmbaren mit dem „Wirklichen" begegnen, die einst im Neukantianismus geherrscht hat. Und für diejenigen, die in dieser Denk- schulung aufgewachsen sind, bedarf es eines gewaltsamen Losreißens von den eingefahrenen Wegen, um auch nur einzusehen, daß es sehr viel Wirkliches gibt, das nicht wahrnehmbar ist. Die Naturwissenschaft hat das zwar immer gewußt, aber die Erkenntnistheorie hielt ihr entgegen, ihre Atome, Energien und Abläufe seien bloße Hypothesen, die sich vom Wirklichen in demselben Maße entfernten, als sie sich vom Wahrnehmbaren entfernten. Daß die Hypothese als solche (als gedankliche Setzung) nicht identisch ist mit dem Seinsverhältnis, das sie zu fassen sucht, entging dieser Art von Kritik vollständig: sie konnte die Seinsbezogenheit des Gedankens nicht mehr sehen, weil sie den Gegenhalt aller Erkenntnis, das Seiende, überhaupt aus den Augen verloren hatte.

Es muß gesagt werden, daß im Positivismus der letzten Jahrzehnte die reflektierte Einstellung auch auf die positiven Wissenschaften selbst übergegriffen hat. In dem Bedürfnis, so kritisch als möglich vorzugehen, sprach man in diesen Kreisen überhaupt nicht mehr von Gesetzen der Natur, sondern nur noch von Gesetzen der Naturwissenschaft. Und da es sich hier doch um reine Gesetzeswissenschaften handelte, so trieb man damit auf einen Leerlauf der Wissenschaft hinaus, der ebenso unsinnig wie gefährlich ist. Eine Wissenschaft, die sich derart in ihre Begriffe und Formeln zurückzieht, wird gegenstandslos.

Es bedarf schon solcher extremen Beispiele, um zu ermessen, was es mit der radikalen Umstellung auf sich hat, die sich im Aufkommen der neuen Ontologie und im Wiedergewinnen der natürlichen Einstellung vollzieht. Diese natürliche Einstellung besagt, daß gerade das Reich der äußeren Gegenstände das am unmittelbarsten gegebene ist, während die innere Gegebenheit der Akte, des Denkens und des Erkenntnisverhältnisses erst eine vermittelte, in der Rückwendung von jenem aus gewonnen ist. Die reflektierte Einstellung eben setzt die natürliche voraus. Die Einstellung der Ontologie aber ist die direkte und geradlinige Fortsetzung der natürlichen.

Man kann das auch noch von einer anderen Seite zeigen. In den Geisteswissenschaften hat die reflektierte Einstellung zum Relativismus geführt. Fragt man aber, worauf denn das Wahrsein einer Einsicht relativ sein soll, so bekommt man zur Antwort: auf die jeweiligen Lebensverhältnisse, auf praktische Erfordernisse und sozialen Lebenszuschnitt, letzten Endes also wohl stets auf das geschichtlich Gewordene. Man meint, daß man damit nichts voraussetzte, was der Relativität enthoben sei. Man hat aber vielmehr den realen Gang der Geschichte als einen ihr enthobenen vorausgesetzt, und zwar unabhängig davon, ob und wie weit man ihn durchschaut und inhaltlich erfaßt.

Anders kann es ja auch im Relativismus nicht zugehen: dasjenige, „worauf" alles relativ sein soll, kann nicht wiederum derselben Relativität unterliegen. Sonst hebt sich die Relativität des Relativen auf. Die Realität der geschichtlichen Welt, in der alle Einsicht und alle Geltung relativ sein soll, ist der Relativität enthoben.

In Wahrheit liegt also auch hier eine ontologische These zugrunde. Sie betrifft das geschichtliche Sein. Und gerade diese These ist die alles tragende

Voraussetzung. Es fehlt nur das Wissen um sie. Man nimmt sie stillschweigend hin, indem man sie aus der natürlichen Einstellung unbewußt übernimmt, ohne dabei zu ahnen, daß eine solche Übernahme den Konsequenzen des Relativismus widerspricht.

Das ist das Schicksal aller überkritischen Reflektiertheit: sie kennt ihre eigenen Voraussetzungen nicht, bekümmert sich auch nicht um sie; sie wendet die Schneide der Kritik gegen das Gegebene, nicht aber gegen ihr eigenes gewagtes Tun. Mit dieser Kritiklosigkeit wird sie selbst unkritisch. Wo sie nicht weiter kann und ohnmächtig zusammenbricht, kommen die ontologischen Voraussetzungen zum Vorschein, auf denen sie stand, die sie aber verkannte.

Die Ontologie dagegen setzt bei eben diesen Voraussetzungen ein. Sie lenkt bewußt die Fragestellung auf sie zurück, indem sie sie von der unfruchtbar gewordenen Kritik des Gegebenen losreißt. Sie bildet sich nicht ein, daß diese Voraussetzungen auch als solche gegeben wären, sie unternimmt es vielmehr, sie allererst aufzusuchen und klarzustellen. Das aber bedeutet, daß an ihnen der Zusammenhang mit dem Gegebenen erst noch hergestellt werden muß. Das hat keine grundsätzlichen Schwierigkeiten, es entspricht vielmehr dem Verfahren der meisten positiven Wissenschaften, die ja dauernd in der Lage sind, Voraussetzungen und Annahmen zu überprüfen.

Hiernach wird es begreiflich, warum die Frage nach der Ausgangsebene in der Philosophie nicht zu einer einheitlichen Grunddisziplin führen kann, wohl aber die Frage nach den Seinsgrundlagen. Ausgehen eben kann man schließlich von jeder Phänomenebene, jeder Gegebenheitsgruppe, wenn es nur echte Phänomene sind und wirklich Gegebenes, – was freilich meist erst an entfernten Konsequenzen, selten schon in den Anfängen selbst unterscheidbar wird. Was gegeben ist und was nicht, richtet sich ja nicht nach der Beschaffenheit des Seienden allein, das erkannt werden soll, sondern erst recht nach der Einrichtung des menschlichen Erkenntnisapparates, der nur ein selektives Organ der Rezeptivität für bestimmte Seiten des Gegenstandes hat. Überall ist das Erkennen zunächst der „Oberfläche" des Seienden zugewandt; das Reich der Wahrnehmung ist prototypisch für dieses Verhältnis.

Will man also eine Wissenschaft vom Gegebenen zur Grundwissenschaft machen, so muß man vielmehr an einer Vielzahl heterogener und selbst methodisch weit auseinanderliegender Phänomengebiete einsetzen. Und man bekommt anstelle eines einheitlichen Ausganges ein buntes Gemenge zusammenhangsloser Einzelheiten. Verwechselt man nun dazu noch das „für uns Frühere" mit dem „an sich Früheren", so ist man in Gefahr, dieses Gemenge für die Seinsgrundlage zu halten, und die Welt, deren Aufbau und Einheit man suchte, scheint sich in ein Chaos aufzulösen.

Im Relativismus unserer Zeit ist diese Auflösung bereits weit vorgeschritten. Im Kritizismus, Logizismus und Psychologismus hätte sie vielleicht noch verborgen bleiben können. Man muß daher dem skeptisch auflösenden Zuge im Relativismus sogar noch Dank wissen, daß er die Sachlage in den reflektierten Ausgangseinstellungen bis auf ihre innere Paradoxie hinausgetrieben und dadurch allererst durchsichtig gemacht hat. Denn so erst ist Spielraum geworden für die neue Ontologie.

III.

Ein einheitliches Fundament der Philosophie läßt sich im Ernst wohl überhaupt nur in Richtung auf Seinsgrundlagen suchen.

Darauf kommt es in der Philosophie an: die verschiedenen Phänomenebenen, von denen man ausgehen kann, so in ein Ganzes einzuordnen, daß sie dem natürlichen Verhältnis der zugehörigen Seinsebenen entsprechen. Diese Anordnung ist in allen Stücken eine andere als die der Gegebenheiten. Man darf sie die „ontische" nennen. Sie zu finden ist ein Hauptanliegen der Ontologie. Die Wahrnehmung verbindet das Heterogenste, weil sie gleichgültig gegen den Kern der Dinge ist; dasselbe gilt mit gewissen Einschränkungen auch noch vom Erleben. Ja, die unverbundene Buntheit ist hier gerade wesentlich, obgleich beide, die Wahrnehmung wie das Erleben, keineswegs deutungsfrei sind. Die im Seinszusammenhang waltende Ordnung muß ihnen doch stets erst unter anderen Gesichtspunkten abgewonnen werden.

Im übrigen steht die ontische Anordnung gerade der natürlichen Weltansicht näher, als man hiernach meinen sollte. Natürliche Weltansicht ist weit entfernt in Wahrnehmung oder im Erleben aufzugehen; sie hat mit beiden nichts als die Überzeugung gemeinsam, daß die wahrgenommenen Gegenstände und die erlebten Geschehnisse real sind. Diese Überzeugung ist allerdings grundlegend. Aber die natürliche Weltansicht behauptet keineswegs, daß Gegenstände und Geschehnisse auch schlechterdings so beschaffen sind, wie sie der Wahrnehmung und dem Erleben erscheinen. Sie hält wohl die Realitätsthese der gebenden Akte aufrecht, nicht aber ihre Adäquatheitsthese.

Dadurch kommt in ihre Grundhaltung jenes charakteristisch ontologische Moment hinein, das man als Hindrängen auf den Kern der Dinge bezeichnen kann, eine Tendenz, die ganz offenkundig vom Phänomen auf das Sein, von der Erscheinungsweise auf das in ihr „Erscheinende" hinzielt.

Auf diese Weise ist die natürliche Weltansicht von Hause aus ontologisch. Und das ist der Grund, warum sie – wie sich schon oben zeigte – geradlinig und ohne einen Umbruch in die philosophische Ontologie übergehen kann. Auf dem

Wege dieses Überganges liegt übrigens auch die Einstellung der positiven Wissenschaften. Es stellt sich auf diese Weise ein einziger, großer Zusammenhang durch die Einheit der Richtung her: von der natürlichen Weltansicht über das Gros der Wissenschaften bis in die philosophische Weltanschauung hinein. Was aus dieser Linie herausfällt, ist überhaupt nur die Skepsis, der Subjektivismus und der Idealismus. Diese Theorien stehen wie eine Art Sündenfall der Philosophie da, von dem sie sich erst in den Anfängen der neuen Ontologie zu erheben beginnt.

Kommt es nun hierbei darauf an, die Anordnung der Phänomenreihen so zu treffen, daß sie der Seinsordnung der Gegenstände entspricht, so geht es offenbar darum, den Aufriß vom Bau der realen Welt zu finden. Es ist ein Irrtum, daß der Weltbau, im Großen gesehen, etwas sonderlich Verborgenes und Rätselhaftes wäre. Er ist dem mitten in ihm stehenden Menschen keineswegs entrückt; er hat für unseren Blick nur den Nachteil, daß wir ihn „aus der Mitte" sehen, ihn also nicht ohne weiteres in der Einheit eines Überblicks fassen können. Aber das ist eine Schwierigkeit, die sich überwinden läßt. Man darf nur die Verbundenheit des Gegebenen in den Phänomenreihen nicht schon als solche für die Seinsordnung der Welt halten; man muß diese im Gegensatz zu ihr suchen, und zwar in der Weise, wie schon die natürliche Weltansicht mit der ihr eigenen „objektiven Orientierung" den Ansatz dazu macht.

Diese objektive Orientierung ist nämlich schon eine beträchtliche Leistung auf dem Wege des Menschen, sich in der Welt zurechtzufinden. Sie ist es nur zunächst noch in engen Grenzen. Und die Grenzen sind durch das praktische Bedürfnis, durch die Anforderungen des Lebens selbst gezogen. Mit dieser Orientierung erhebt sich der Mensch über das Tier. Dem tierischen Bewußtsein bleiben alle Dinge auf das Triebleben bezogen (auf den Hunger, die Selbstverteidigung, den Geschlechtstrieb); es orientiert den Umkreis der Welt, den es erfaßt, auf sich und gibt sich selbst dadurch die Zentralstellung in ihr. Darum bleibt sein Blick eng beschränkt. Denn in der wirklichen Welt kommt ihm solche Zentralstellung natürlich nicht zu. Die zentralistische Orientierung ist fehlerhaft. Das menschliche Bewußtsein hebt mit der Aufhebung des Fehlers an: es orientiert nicht die Welt auf sich, sondern sich auf die Welt. Und damit beginnt es, sich „in der Welt" zu orientieren. Sich selbst weist es damit die ihm im Realverhältnis zukommende exzentrische Stellung zu.

Die objektive Orientierung ist von Hause aus die Zuwendung zu den Seinsverhältnissen als solchen. Sie ist deswegen nicht weniger eine praktische und dem eigenen Leben dienliche. Sie versteht nur das eigene Leben als ein vielfach bedingtes und abhängiges, von einer ganzen Weltordnung getragenes. Eben dieses Verständnis aber gibt ihr die Überlegenheit: mit dem Begreifen der

Abhängigkeit beginnt die Selbständigkeit des aktiv in der Welt sich einrichtenden Wesens.

Von einem Aufriß der realen Welt ist die natürliche Einstellung des Menschen freilich noch weit entfernt. Wohl aber setzen die Realwissenschaften und die philosophischen Theorien das begonnene Werk der „Orientierung in der Welt" fort, und zwar weit über den praktischen Bedarf hinaus. In Richtung dieser Fortsetzung liegen die einander ablösenden, die reale Welt immer weiter erfassenden Weltbilder.

Ginge nun diese Entwicklung stetig, ohne Rückfälle und Rückschritte vorwärts, so wäre die Aufgabe der Ontologie heute eine einfache. Im wirklichen Gang der Geistesgeschichte drängt sich aber die reflektierte Einstellung dazwischen, und gerade in der Philosophie spielt sie eine breite Rolle. Es wurde schon gezeigt, wie sie aus dem an sich gesunden Verlangen nach Kritik und Sicherung der Einsicht selbst entspringt, dann aber sich verselbständigt und die natürliche Einstellung verdrängt. So kommt es, daß sie ihrerseits Weltbilder entwirft; und diese stellen nun in der Tat einen Rückfall in die untermenschliche, zentralistische Weltorientierung dar.

Man verkennt das nur zu leicht, wenn man die hochtrabenden metaphysischen Ideen der reflektierten Weltbilder vor Augen hat. Sie rücken das Subjekt, das „Ich", den Geist, die Freiheit, oder am liebsten ganz allgemein die „Vernunft" ins Zentrum der Welt. Sie stehen damit in der Tat bei den höchsten Gegenständen, die es gibt, aber den Aufriß der realen Welt als eines Ganzen, in dem allein Subjekt, Geist und Vernunft auftreten, verfehlen sie von Grund aus. Was dem tierischen Bewußtsein auf seiner Stufe dienlich ist und an ihm zu Recht besteht, wird der Philosophie zum Verhängnis: sie philosophiert an der realen Welt vorbei.

Darum gilt es heute, die natürliche Einstellung mit ihrer objektiven Weltorientierung in der Philosophie erst wiederzugewinnen. Und darum gibt es zur Zeit einen geistigen Kampf um die Ontologie, die fast alle Forschungsgebiete der Philosophie erfaßt hat. In diesem Kampfe geht es darum, ihr allererst den Boden zu bereiten.

Diese Sachlage darf man sich nicht zu einfach vorstellen. Es gibt noch viele andere Untugenden des philosophischen Denkens, gleichsam ihre Erbfehler; denn viele Jahrhunderte lang haben sie in der Metaphysik vorgeherrscht. Am verhängnisvollsten unter ihnen ist der Hang, so schnell wie möglich zur Einheit der Welt zu gelangen. Es ist nicht zu vermeiden, daß man dabei nach ungeeigneten Mitteln greift und so erst recht die wirkliche Einheit der Welt verfehlt.

Die meisten der metaphysischen Weltbilder haben diesen Fehler gemacht: sie haben nach einem Grundprinzip (oder Weltgrunde) gesucht, von dem *a priori* feststand, daß es „eines" sein mußte. Und da die Welt aus Gebilden sehr verschiedener Seinshöhe besteht, so lag es nahe, das Grundprinzip entweder auf der niedersten oder auf der höchsten Stufe zu suchen, grob gesagt also entweder bei der Materie oder beim Geiste. Die erstere Richtung ist als Materialismus wohlbekannt, obgleich es noch mancherlei Parallelformen gibt; die letztere lebt in allen Theismen und Pantheismen, in allem Idealismus und aller Vernunftmetaphysik.

Man übertrug also entweder das Prinzip der niedersten Seinsstufe auf alle höheren oder das der höchsten auf alle niederen. Damit vereinfachte sich das Weltbild aufs äußerste. Aber verstehen läßt sich die Mannigfaltigkeit und Eigenart der Seinsstufen auf diese Weise nicht. Das Konstruieren „von oben" hat sich als ebenso unhaltbar erwiesen wie das Konstruieren „von unten". Man konnte vom Geiste aus so wenig den Organismus und den Kosmos verstehen, wie von der Materie aus das Seelen- und Geistesleben: die Übertragung der Kategorien und Gesetze von einer Seinsebene auf die andere erwies sich als Grenzüberschreitung. Das Übertragen verlor seine objektive Gültigkeit.

Mit konstruktiven Willkürlichkeiten solcher Art muß die Ontologie brechen. Extreme Thesen jeder Art liegen ihr fern; insonderheit aber muß sie sich vor allem vorschnellen Haschen nach Resultaten hüten, und wenn diese noch so verführerisch sein sollten.

Dessen freilich kann sie gewiß sein, daß überhaupt die Welt Einheit hat und ein System ist. Worin aber die Einheit besteht, wie das System beschaffen ist, kann sie nicht vorwegnehmen; danach muß sie erst suchen. Hier gilt es, alle vereinfachten oder von einem Spezialgebiet hergenommenen Schemata abzuweisen. So wäre es falsch, die Einheit der Welt etwa nach Art eines Zentrums oder eines Ursprungs vorzustellen; auch um die Einheit einer Summe oder einer Ganzheit kann es sich nicht handeln. Wohl aber ist es sinnvoll, die Einheit der Welt als die Form ihres inneren Zusammenhanges d. h. als ihr System oder Gefüge zu suchen. Denn das Gefüge ist es, was sich vor ihr in allen Phänomenreihen bekundet.

Nimmt man dieses als eine erste inhaltliche These, so ist damit nicht wenig gesagt. Mit dem Gefügecharakter ist Ordnung, Regel und durchgehende Bezogenheit gesetzt. Das ist es, was schon die Alten „Kosmos" nannten, im Gegensatz zum „Chaos"; ihnen schwebt dabei die Welt in der Schönheit ihrer Formung vor. Das Wertvorzeichen eines lebensfreudigen Optimismus darin muß die Ontologie freilich fallen lassen. Aber das Strukturelle dieses Weltgedankens nimmt sie ohne Abstrich auf.

Wie aber das Weltgefüge näher beschaffen ist, davon hatte die alte Ontologie noch wenig Ahnung. Sie suchte das Ganze der Welt in einigen wenigen Gegensätzen zu fassen, in Form und Materie, Potenz und Aktus, Idee und Ding (*essentia* und *ens*).

Diese Kategorien sind zu einfach und überdies zu sehr verallgemeinert. Die „Form" ist statisch, sie kann den Prozeß nicht fassen, die reale Welt aber ist durch und durch im Werden. Die „Materie" ist der Seinsart der Dinge entnommen, sie trifft auf seelisches und geistiges Leben nicht zu, und selbst im Reich des Organischen ist sie nur ein untergeordnetes Moment. Da ist der Platonische Gegensatz von Idee und Ding schon universaler; aber er zerreißt die Welt in zeitloses Sein und prozeßhafte Erscheinung, und das erstere ist nicht real, die letztere des Seinscharakters beraubt (oder doch im Seinsgewicht herabgesetzt). Potenz und Aktus umfassen zwar den Prozeß, aber der Prozeß erscheint in dieser Fassung als zweckbestimmtes Geschehen, und das paßt nicht auf die Abläufe der physischen Vorgänge. Das Schema ist vom menschlichen Tun hergenommen, dessen Tendenz es ist, dem Geschehen Zwecke vorzuschreiben. Aber wie klein ist, gemessen am Ganzen der Welt, die Einflußsphäre menschlicher Zwecksetzung; wie überwältigend gleichgültig gegen sie laufen die Prozesse im Kosmos ab! Und daß diese ihrerseits wiederum von den Zwecken eines kosmischen Intellekts geleitet würden, dafür fehlen vollständig die Anzeichen in den Phänomenen. Ein frommer Glaube aus den Zeiten mythischen Denkens konnte solche Phantasien begünstigen. Der nüchternen Überlegung weichen sie widerstandslos, sobald sie einmal eingesetzt hat. Sucht man mit solchen Mitteln die Stufenordnung des Seienden zu erfassen, so kann das Gesamtbild der realen Stufenfolge nicht entsprechen. Man trägt, ohne es zu bemerken, Gesichtspunkte der Abstufung hinein, die den Stempel menschlicher Maßstäbe an der Stirn tragen. Das Weltbild wird anthropomorph. Am weitesten ist hierin die Universalienmetaphysik gegangen. Sie ist die Umformung des alten Ideengedankens. Das Allgemeine in seiner Idealität galt als das Vollkommene, das Reich des Realen in seiner Individuation als das Unvollkommene. Diese Stufenordnung führt zur Entwertung der realen Welt, zur Verkennung des wirklichen Lebens und seiner Lebenssphäre.

Gerade hier aber liegt die Entscheidung über den Einheitstypus der Welt. Denn die Welt ist in der Tat ein Stufenreich, und ihre Einheit ist die einer Stufenordnung. Das haben die Denker der alten Ontologie sehr wohl gesehen: man wußte, daß es sich um die in der Einheit zusammengefaßte Mannigfaltigkeit handelte; man verkannte auch nicht, daß die Mannigfaltigkeit der Gebilde, aus denen die Welt besteht, eine Rangordnung bildet. Mit dieser Einsicht wäre wohl etwas anzufangen gewesen, wenn man nicht voreilig die Art der Rangordnung unter anthropomorphen Gesichtspunkten entworfen und gleichsam der Welt vorgeschrieben hätte. So aber vereinfachte man das Gesamtbild nicht nur von vornherein, sondern verfälschte es auch. Man konstruierte unbedenklich, wo man den Phänomenen behutsam ihr Geheimnis hätte ablauschen sollen.

Überhaupt ist zu sagen, daß mit dem bloßen Gedanken der Stufenordnung doch nur ein allererster Anfang gemacht ist. Alles kommt nun darauf an, wie man ihn versteht. Wenn man nämlich auch dichter an den Phänomenen bleibt als der scholastische Universalienrealismus, so verfällt man doch leicht in den Fehler, der Seinsabstufung eine Wertabstufung unterzuschieben. Es liegt doch gar zu nah, so zu argumentieren: der Organismus ist vollkommener als die leblosen Dinge, die Seele vollkommener als der Organismus, der Geist vollkommener als das seelische Aktgefüge. Damit scheint etwas Wesentliches im Aufbau der Welt erfaßt zu sein.

Aber dann ist dieses Wesentliche doch zum mindesten sehr falsch ausgedrückt, wahrscheinlich aber auch schief erfaßt. Ist es denn wahr, daß der Geist vollkommener ist als die Gebilde der Natur? Diese befolgen ihre Gesetze unverbrüchlich; im Reich der physischen Prozesse gibt es kein Mißraten und Mißlingen, im organischen Leben aber wenigstens nicht so leicht. Der Mensch allein mit seinem planenden und zwecksetzenden Bewußtsein, mit seiner Freiheit und Aktivität ist dem Mißraten und Verfehlen auf der ganzen Linie ausgesetzt. Bei ihm gerade gibt es wertwidriges Verhalten und Schuld. Will man also überhaupt im Zusammenhang der Seinsstufen von Vollkommenheit sprechen, so ist er das weniger vollkommene Wesen – im Vergleich mit dem Tier, der Pflanze und vollends mit den dynamischen Gefügen der unbelebten Natur.

Aber auch wenn man von solchen Vergleichen absieht, die Wahrheit dürfte doch wohl sein, daß jede Seinsstufe ihre eigene Art Vollkommenheit hat, und daß diese auf jeder Höhenlage in der Verwirklichung des Eigentümlichen besteht, das die betreffende Seinsstufe ausmacht. Ein Planetensystem macht man nicht dadurch vollkommener, daß man ihm ein Zentralnervensystem zuschreibt, ein schönes Tier nicht dadurch, daß man ihm sittliche Konflikte und Entscheidungen andichtet. Mit solchen Phantasien verunstaltet man die Welt und raubt ihr noch die Vollkommenheit, die sie wirklich hat.

Die Vollendung des höheren Gebildes ist eine andere als die des niederen. Und alle Erfahrung spricht dafür, daß die niederen Gebilde es leichter zu ihr bringen als die höheren. In diesem Sinne sind gerade sie, und nicht die höheren, im Durchschnitt gesehen, die vollkommeneren Gebilde. Der Mensch aber, der mit gutem Recht sich selbst als höchste Stufe des Seienden auffaßt, ist das am wenigsten vollkommene Gebilde.

Was aber das Einleuchtende jener Stufenfolge angeht, die man irrtümlich für eine solche der Vollkommenheit ausgegeben hatte, so liegt es vielmehr in der Höhenlage der Seinsstufen selbst, in einer Rangordnung der Strukturhöhe. Und so reimt es sich sehr wohl damit, daß jede Seinsstufe ihre eigene Vollkommenheit hat. Die höheren Wesen sind eben diejenigen, zu deren Vollendung mehr erforderlich ist; und eben darum sind sie diejenigen, die schwerer zur Vollendung gelangen.

Allerdings hängt es damit auch zusammen, daß die Vollendung des Höheren in eine höhere Wertklasse fällt. Darum gibt es sittliche Werte nur am geistigen Menschenwesen, nicht aber am Organismus, dessen Vollkommenheit sich in Vitalwerten erschöpft. Nur darf man die Rangordnung dieser Wertklassen nicht mit der Abstufung der Vollkommenheit der Gebilde gleichsetzen, die vielmehr in jeder Wertklasse eine eigene ist. Auch geht sie die ontische Stufenordnung zunächst gar nichts an. Diese hängt ausschließlich an der Strukturhöhe.

Eine ähnliche Verschiebung des Problems nimmt man vor, wenn man die Stufenordnung von vornherein als Entwicklung versteht. Diese Auffassung ist ebenfalls alt und weit verbreitet. Sie entspringt dem Bedürfnis, die Welt zugleich auch im Zuge ihrer Entstehung einheitlich zu begreifen; erscheint doch alle Mannigfaltigkeit ganz von selbst in sich zur Einheit gebunden, wenn sie aus einem Quell herfließt. Das Problem freilich macht man dadurch nicht leichter, sondern nur schwerer: das Rätselraten um die Weltentstehung liegt weit ab vom Gegebenen, während die Stufen des Seienden sich ohne Schwierigkeiten an den Phänomenen ablesen lassen.

Meist ist aber der Entwicklungsgedanke noch weiter gegangen – vielleicht verführt durch sein eigenes Schlagwort, das dem strengen Wortsinne nach die „Auswickelung eines Eingewickelten" bedeutet. Die Vorstellung, die hier zugrundeliegt, ist die, daß schon im Anfangsstadium dasjenige angelegt und latent enthalten ist, was am Ende als Resultat herauskommt. Angewandt auf eine Stufenreihe würde es bedeuten, daß in der niedersten Stufe bereits die höheren präformiert sind, auch wenn sie an ihr nicht in Erscheinung treten. Das involviert eine allgemeine Teleologie der Formen, in der stets das Niedere die „Bestimmung" zum Höheren in sich trägt. Seine Dynamik müßte also die einer Tendenz zum höheren Gebilde sein.

Auch hier dürfte das Einheitspostulat der Vater des Gedankens sein, daneben freilich wohl auch das Bedürfnis, die ganze Welt von der höchsten Stufe aus bestimmt denken zu können. Natürlich aber schwebt eine solche Gedankenkonstruktion in der Luft. Die Phänomene bestätigen sie nicht, und *a priori* gibt es keinen Grund für sie. Wichtiger aber als alle Kritik ist hier die Tatsache, daß ein Entwicklungsschema dem Stufengange als solchem weder etwas abhandelt noch hinzufügt. Es belehrt also über die Stufenordnung als solche überhaupt nicht, sondern setzt sie voraus, um ihr dann eine genetische Deutung zu geben. Damit wird das Problem der Seinsstufen nur zu Unrecht metaphysisch belastet, ohne seinerseits etwas zu gewinnen.

Mit solchen Problemverschiebungen kommt man in der Ontologie nicht vom Fleck. In der Tat dürfte ja auch das ontologische Denken eben deswegen seit anderthalb Jahrhunderten ins Stocken geraten sein, weil es die metaphysische Problemlast, die man ihm aufgebürdet hatte, nicht tragen konnte. Man muß damit beginnen, die Last abzuwerfen.

IV.

Näher an die natürliche Seinsordnung kommt man heran, wenn man schlicht die als wesensverschieden auffallenden Klassen der Gebilde nebeneinanderstellt und sie in eine Rangordnung zu bringen sucht. Man denkt dabei zunächst unwillkürlich an die Stufenfolge: Pflanze, Tier, Mensch. Unterhalb der Pflanze reiht sich die leblose Sache (das Ding im weiten Sinne) an, wobei man freilich nicht die vom Menschen geformten Dinge des täglichen Gebrauchs, sondern die natürlichen Formationen im Auge haben muß. Oberhalb des Menschen, als der Einzelperson, reihen sich die Kollektivgebilde Volk und Staat an, und über sie hinaus liegt eine Form des größeren Zusammenhanges, die wir meist als „Geschichte" zusammenfassen. In dieser letzteren Begriffsbildung ist freilich der Charakter des Gebildes fast verlorengegangen, der Aspekt des Prozesses überwiegt. Und da der Prozeß den anderen Stufen ebenso wesentlich ist, so erscheint die Gewichtsverlegung auf ihn an der obersten Stufe als Metabasis.

Auch sonst erscheint diese Reihe nicht ganz homogen. Formen der Lebensgemeinschaft gibt es auch im pflanzlichen und tierischen Leben; diese gehören so eng zum Begriff „Volk", daß sie mit ihm zusammen in eine zweite Stufenreihe gehören dürften. Volk, Staat und Geschichte wiederum verstehen wir als wesentlich dem Menschenleben eigentümliche Formationen und unterscheiden sie deswegen von den natürlichen; andererseits aber haben auch die Arten des Lebendigen ihre Geschichte, ihre Stammesgeschichte, und diese ist ontologisch nicht weniger wesentlich als die Menschengeschichte. Ja auch die Erde als Weltkörper hat ihre Geschichte, und ebenso haben die größeren kosmischen Systeme die ihrige.

So ist die Reihe keine homogene. Aber sie bildet wenigstens eine natürliche Stufenfolge, in der jedes Glied eine ganze Phänomengruppe vertritt, die als solche feststeht und in keiner Weise anfechtbar ist. Sie ist denn auch, wenigstens in ihren ersten vier Gliedern, oft genug zugrunde gelegt worden. Dennoch kann man nicht sagen, daß sie sich eigentlich in der Philosophie durchgesetzt hätte, und jedenfalls ist auf ihrer Grundlage kaum weitergebaut worden. Etwas also muß doch in ihr auch nicht stimmen. Wo aber liegt der Fehler?

An der Ungleichartigkeit der Stufen kann es nicht liegen. Gibt es doch keinerlei Gewähr dafür, daß die Stufenabstände gleich sein müßten. Aber sind es überhaupt, klar gesehen, Stufen? Im Verhältnis von Pflanze und Tier ist das nicht

so unbedingt einleuchtend. Beide bilden vielmehr selbst je ein ganzes Stufenreich, und die niederen Stufen beider zeigen eine unverkennbare Parallelität.
Außerdem sind beide vom leblosen Dinge viel radikaler abgehoben als voneinander; und ebenso radikal sind sie nach oben zu vom Menschen abgehoben,
wenn man ihn als das geistige, vernünftige, sich objektiv in der Welt orientie-
rende Wesen versteht. Aber auch hier beginnen nicht alle neuen Wesenszüge erst
mit ihm: seelisches Leben und Bewußtsein ist in gewissen Grenzen auch den
höheren Tieren eigen. In dieser Hinsicht fällt das Einsetzen der höheren Stufe
noch durchaus in das Tierreich. Warum setzt man den Grenzstrich gerade zwischen Tier und Mensch, statt dorthin, wo das Novum des Bewußtseins auftaucht,
das doch unbestreitbar eine neue Seinsart herauführt? Die gezogenen Grenzen
also treffen in dieser Stufenfolge nicht durchweg die Wesensunterschiede, die
man treffen wollte. Dazu kommt ein Zweites. In dieser Reihenordnung umfassen
offenbar die höheren Stufen eine ganze Reihe der niederen, aber nicht durchgehend, sondern mit Ausnahmen. Im Tier z. B. ist die Pflanze nicht enthalten,
wohl aber die Dinglichkeit mit ihren Attributen. Im Menschen dagegen ist sowohl das tierische Leben als auch die Dinglichkeit enthalten, obgleich beides
nicht das spezifisch menschliche Wesen ausmacht, sondern nur einem Dritten,
ganz anders Gearteten, als Grundlage dient, dem geistigen, personal-sittlichen
und freien Wesen. Und wenn man erwägt, daß es ein Bewußtsein auch unterhalb
des entfalteten Menschenwesens gibt, so zeigt sich, daß in die genannten
Schichten des Menschen noch eine vierte Stufe zwischengeordnet ist, die des
Seelenlebens, die auch im geistlosen Bewußtsein der höheren Tiere besteht und
im Menschen keineswegs verschwindet.

Das Gleiche läßt sich an den Formen der Gemeinschaft, ja sogar an der
Geschichte zeigen. Ein Volk hat sein Bestehen in der Vielzahl der Individuen, von
denen jedes auch tierischer Organismus und deswegen auch räumlich-materi-
elles Ding ist. Sein Fortleben über die begrenzte Dauer der Individuen hinaus ist
ein Stammesleben wie das der anderen Tierarten auch, wobei die seelische
Artung sich nicht anders als die leibliche forterbt. Als geistige Einheit ist also das
Volk bereits von diesen in ihm enthaltenen Schichten getragen, wie sehr auch
durch gemeinsame Sprache, Sitte, Wissen und Kunst sich eine weit höhere
Geisteswelt darüber erhebt. Und sieht man das ganze Leben des Volkes in seiner
zeitlichen Entfaltung entlang, so zeigt auch die Reihe seiner Leistungen und
Schicksale das Bild der gleichen Schichtung. Auch die Geschichte ist keine in
sich einfache, sondern eine ebenso geschichtete Seinsform.

Den Stufengang der Seinsgebilde gibt es also in der Welt sehr wohl. Aber es
ist ontologisch mit ihm nicht viel anzufangen, weil dasjenige, worauf es eigentlich ankam, nicht mit ihm zusammenfällt. Die Wesenszüge der durchgehenden Seinsarten oder Seinsschichten sind nicht auf je eine dieser Stufen

beschränkt, sondern kehren weiter aufwärts wieder. Man muß offenbar vielmehr fragen, was tritt auf der höheren Stufe neu hinzu? Was macht das Höhersein der höheren Stufe aus? Wenn man so fragt, so richtet man den Blick nicht auf die Gebilde als solche, sondern auf die Seinsebene, in denen sie sich bewegen. Denn offenbar tauchen mit der Höhe der Gebilde immer neue Seinsebenen mit neuen Formen und Wesenszügen auf, in welche die Gebilde hineinragen. So taucht an Pflanze und Tier die Lebendigkeit und die aktive Selbstwiederbildung auf, an den höheren Formen des Tierischen das Seelenleben, am Menschen die geistige Welt. Damit verschiebt sich die ontologische Fragestellung von jenen „Stufen" der Seinsgebilde auf diese Seinsebenen oder „Seinsschichten" selbst.

Auf den ersten Blick mag die Verschiebung geringfügig erscheinen. Besteht doch sogar ein offenkundiger Zusammenhang zwischen den Stufen und den Schichten. Und wenn es hier nur um eine bequeme Einteilung zum Zweck der Überschau ginge, so ließe sich darüber streiten, welche Klassifikation vorzuziehen sei. Es geht aber vielmehr um den Ausbau der realen Welt, und dieser ist nicht identisch mit der Mannigfaltigkeit und Rangordnung der die Welt ausmachenden Klassen und Formen des Seienden. Diese Formen sind eben, je höher hinauf, um so mehr selbst schon geschichtete Wesen. Sie gleichen darin der Welt, in der sie stehen, die Schichtung des Ganzen wiederholt sich an ihnen im Maße ihrer Seinshöhe. Will man also dem Weltbau auf den Grund gehen, so hilft es nichts, sich an die komplexen Formen zu halten; man muß vielmehr durchstoßen bis auf die Wesenszüge der in ihnen auftretenden und teilweise durch sie hindurchgehenden, sie also zugleich unterscheidenden und verbindenden Seinsschichten.

Die Schichten verhalten sich anders als die Formen der Gebilde. Sie bilden weder ein paralleles Nebeneinander wie die Gattungen des Pflanzen- und Tierreiches, noch stecken sie ineinander wie das physisch Körperhafte im Tier, das Tier im Menschen, der Mensch im Volksleben, die Völker im geschichtlichen Werdegange der Menschheit. Sie gehen nicht ineinander über, sondern überlagern sich nach einem festen Ordnungsprinzip, ebensowohl im Kleinen wie im Großen, in den Aufbauformen der höheren Gebilde wie im Ganzen der Welt. Sie zeigen hierbei ein sehr eigentümliches Verhältnis der Abhängigkeit und zugleich der relativen Selbständigkeit gegeneinander. Sie zeigen von Schicht zu Schicht andere Grundwesenszüge (Kategorien); doch fehlt es ihnen auch nicht an gemeinsamen Zügen (Fundamentalkategorien). Darum wird mit dem methodischen Übergang der Untersuchung von den Formen zu den Schichten der Ausbau der Welt in ganz anderer Weise durchdringbar. Denn die Wesenszüge der Schichten lassen sich in enger Anlehnung an die Phänomene herausarbeiten und zu einer gewissen Übersicht bringen. Und erst auf Grund ihres Verhältnisses – wie es durch den Aufbau der höheren Seinsformen mit hindurchgeht – läßt sich das ontische Verhältnis in der Stufenfolge der Gebilde näher bestimmen. Denn das Verhältnis der Gebilde ist weitgehend bedingt durch ihren inneren Schichtenbau.

So weit handelt es sich noch gar nicht einmal um neue Einsichten; gefehlt hat es immer nur an der sauberen Herausarbeitung und am Ziehen der Konsequenzen. An sich aber lag schon in dem alten Gegensatz von „Natur und Geist" (oder auch Materie und Geist) ein Ansatz zum Schichtungsgedanken. Das sind nicht Gebilde, nicht Formen, sondern ganze Seinsgebiete von radikaler Heterogeneität, mit sehr verschiedenen Wesenszügen. Nur ist die Unterscheidung zu summarisch, zu grob, es fehlen die Zwischenglieder, nur die Extreme stehen sich gegenüber; dadurch wird das durchaus falsche Bild einer bloßen Alternative vorgetäuscht, und das Weltbild wird dualistisch.

Wo in der älteren Metaphysik die Stufenfolge reicher ausgebaut ist, da fällt sie meist wieder in die Rangordnung der Gebilde zurück. So ist es z. B. bei Aristoteles und allen seinen scholastischen Nachfolgern. Körper, organischer Körper, beseeltes Lebewesen – das sind Stufen der Gebilde; dann aber folgen innerhalb der Seele echte Schichten: Vitalseele, wahrnehmende Seele, vernünftige Seele (Geist). Hier ist offenbar noch nicht unterschieden zwischen den zwei Arten der Stufenordnung. Darum bleibt die Reihe inhomogen und kann in der Ontologie nicht recht fruchtbar werden.

Einen bedeutenden Schritt vorwärts machte Descartes mit seiner Scheidung von extensio und cogitatio. Freilich ist das zunächst wieder eine Vereinfachung, es stehen sich wieder nur zwei Glieder gegenüber, und die Welt erscheint dualistisch geteilt. Aber dafür sind es auch wirklich grundsätzlich verschiedene Arten des Seienden, die sich wie zwei ganze Welten gegenüberstehen. Das war es, was Descartes ausdrücken wollte, wenn er diese Arten des Seienden als „Substanzen" bezeichnete: Gedanken sind aus einem anderen Stoff gemacht als die im Raume ausgedehnten Dinge. Und dieser radikalen Verschiedenheit entsprechen die ebenso verschiedenen Gegebenheitsweisen.

Auch diese letzteren hat Descartes klar gesehen[1]. Das ist insofern wichtig, als daran die Verschiedenheit der Grundwesenszüge hängt, von denen her die beiden Seinsbereiche bestimmt sind, ja nach denen sie geradezu benannt sind. Denn weder cogitatio noch extensio sind Gebilde oder Klassen von Gebilden, sondern lediglich die Unterscheidungsmerkmale ganzer Seinsgebiete. Sie charakterisieren die Seinsweise des räumlich Materiellen und des unräumlich Ge-

---

1 Das ist neuerdings in einem schönen Aufsatz von H[einz]. Heimsoeth gezeigt worden: „Zur Ontologie der Realitätsschichten in der französischen Philosophie", Blätter f[ür]. deutsche Philos[ophie, Bd. 13]. 1939[/1940, S. 251–276].

danklichen (des Bewußtseinsinhaltes). Der Universalienrealismus hatte das Allgemeine in den Dingen und im Denken (in den Begriffen) gleichgesetzt, das Individuelle aber hatte er für etwas Sekundäres gehalten, dessen Wesenszüge alle beim Allgemeinen liegen. So verwischt sich der ontologische Gegensatz der beiden Seinsbereiche. Descartes deckte diesen Gegensatz wieder auf und zeigte, daß er eine irreduzible Grundverschiedenheit bedeutet. In diesem Sinne ist er wohl der Erste, dem der ontologische Sinn des Schichtenverhältnisses aufging. Andererseits freilich steht er geschichtlich bereits am Ende des ontologisch denkenden Zeitalters. So kommt es, daß seine Entdeckung sich gerade für die Ontologie nicht mehr auswirken konnte.

Zunächst kam es nur zum systematischen Ausbau des Leib-Seele-Problems: der Mensch wurde nun in der Zweiheit der Seinsbereiche gesehen, in denen er steht. Die Grenzscheide geht mitten durch ihn hindurch und scheint sein Wesen zu spalten. Aber derselbe Schnitt geht auch durch die ganze Welt hindurch, er geht auch durch die Formen der Gemeinschaft und des geschichtlichen Lebens hindurch. Das ist damals nicht zu seinem Recht gekommen. Und das ist wohl verständlich, wenn man bedenkt, daß die eine Grenzscheide eben doch nicht ausreicht, die Welt als Schichtenbau zu sehen.

Die *cogitatio* reichte aus für die subjektive Innenwelt, das Seelenleben; für die überindividuelle Welt des gemeinsamen Geisteslebens reichte sie nicht aus, denn deren Gebilde überschreiten ja gerade die Sphäre des „Denkens" und der Innenwelt überhaupt. Hier liegt noch einmal ein Schnitt der Seinsebenen, der weniger auffällig und weniger bekannt, aber gleichfalls an Phänomenen aufweisbar ist. Und dasselbe gilt von der *extensio:* hier kennt jedermann den Unterschied des Anorganischen und des Organischen. Aber Descartes verwischte ihn bewußt, indem er den lebendigen Körper als Mechanismus auffaßte.

Es ist also vielmehr in Wahrheit so, daß drei große Einschnitte die Welt in Schichten aufteilen; und dementsprechend sind es nicht zwei, sondern vier unterschiedlich angebbare Hauptschichten, die sich in ihr überlagern. Der tiefste der drei Einschnitte ist allerdings derjenige, den die Cartesische Zweisubstanzenlehre festlegte; an ihm ist die Verschiedenheit der Seinsart am größten. Man könnte auch sagen, der Unterschied im Bestande der Kategorien ist hier am größten. Aber es ist nicht der alte Gegensatz von Natur und Geist, auch streng genommen nicht der von Denken und Ausdehnung, sondern ein solcher von organischem Leben und seelischem Leben. Diese beiden bilden die mittleren Schichten der realen Welt. Erst an sie schließen sich die am weitesten auseinanderliegenden Schichten an: nach unten die der leblosen Natur, nach oben die der geistigen Welt.

Drückt man dies verkürzt durch die Schlagworte „Sache, Lebendigkeit, Seele, Geist" aus, so wird der Unterschied der Seinsschichten von den Stufen der

Gebilde unwillkürlich wieder verschleiert. Man darf es sich darum mit den Bezeichnungen nicht zu bequem machen. Es gibt aber einen Leitfaden, an dem sich das Gesamtbild der Schichtenfolge in seiner Eigenart leicht festhalten läßt. Dieser Leitfaden ist in unseren Tagen durch die natürlichen Gruppen der Wissenschaften gegeben. Und geht man dem Entwicklungsgange des Schichtungsgedankens nach, so findet man, daß gerade diese Differenzierung der Wissenschaften in Gruppen es ist, an der das Bewußtsein der vier ontischen Hauptschichten der realen Welt sich allererst philosophisch fixiert und durchgesetzt hat.

So gruppiert sich um die Physik ein ganzer Kreis von Wissenschaften, die alle das Reich der anorganischen Natur zum Gegenstande haben. Ebenso schließt sich um die Zoologie und Botanik eine Reihe spezieller biologischer Wissenszweige zusammen, die alle es mit dem Organisch-Lebendigen zu tun haben. Vom Seelenleben handelt die Psychologie und auch sie ist im Begriff, sich mit einem Kranz von hochdifferenzierten Forschungszweigen zu umgeben, wie Völker- und Rassenpsychologie, Massenpsychologie, Charakterologie, Denk- und Willenspsychologie. Entscheidend aber ist, daß sich von dieser Gruppe noch eine weitere, wiederum in sich geschlossene Gruppe abhebt, die wir seit langem gewohnt sind als die der Geisteswissenschaften zusammenzufassen. Hierher gehören die Rechts- und Staatswissenschaft, die Sprach-, Kunst- und Literaturwissenschaften, sowie die ganze Mannigfaltigkeit der Geschichtswissenschaften.

Warum die Abgehobenheit dieser vierten Gruppe so entscheidend für den Abschluß des Gesamtbildes „nach oben zu" ist, liegt auf der Hand. Die drei ersten Seinsschichten lassen sich unschwer direkt an den Gegenstandsgebieten unterscheiden, die uns auch im alltäglichen Leben greifbar sind. Bei der vierten aber versagt das unmittelbare Gegenstandsbewußtsein, und es bedarf schon einer sehr eingehenden Überlegung, um geistiges Sein von seelischem zu unterscheiden. In der Tat ist denn auch dieser Unterschied, obgleich schon früher oft gesehen (von Hegel z. B.), erst im Beginn unseres Jahrhunderts – also erst nach Überwindung des Psychologismus – zu einiger Klarheit gebracht worden. Die intensive Arbeit zweier deutscher Philosophenschulen, des Neukantianismus und der Phänomenologie, hat die Unterscheidung durchgeführt. Und daß sie heute noch auf mancherlei Widerstände im Denken der Zeitgenossen stößt, ist nichts als die Folge dieses späten Durchdringens.

Aber es liegt auf der Hand, daß die Denker dieser Schulen – die ja von ontologischer Einstellung weit entfernt waren – ihren schwierigen Weg niemals gefunden hätten, wenn nicht die Differenzierung der Wissenschaften ihnen den Leitfaden dazu dargeboten hätte. Von den Grenzen psychologischer Methoden aus hätte man das eigenartige Seinsgebiet des geistigen Lebens schwerlich finden können. Gab es aber einen breit angelegten und sich ständig noch erweiternden Kreis von „Geisteswissenschaften", die bereits tatsächlich mit ganz anderen Methoden arbeiteten und offensichtlich ein Gegenstandsfeld ganz anderer Art hatten als die Psychologie, so mußte es auch ein Seinsgebiet mit eigener Seinsweise und eigenen Wesenszügen geben, das ihnen entsprach.

Dieses Seinsgebiet ist das der Sprache und des Rechts, der Sitte und der politischen Bewegung, des Wissens und der Künste. Aber nicht nur im Großen und im geschichtlichen Ausmaße gibt es das geistige Sein, sondern schon in der persönlichen Bewußtseinswelt des Einzelnen besteht es in derselben objektiven Inhaltlichkeit und Geformtheit, und auch da bereits erhebt es sich über die Flüchtigkeit der tragenden seelischen Akte und macht den geistigen Besitz des Menschen aus. Er transzendiert die Enge der Bewußtseinssphäre in der Mitteilbarkeit, im Übergreifen von Subjekt zu Subjekt, in der Tradierbarkeit von Generation zu Generation; so wie andererseits auch der geschlossene Kreis des Einzelbewußtseins seinen inhaltlichen Reichtum ja nicht aus sich allein schöpft, sondern aus dem geistigen Gemeingut der Lebenssphäre, in die es hineinwächst und an die es sich angleicht.

Die Philosophie des deutschen Idealismus hat an der Herausarbeitung dieser höchsten Seinsschicht wesentlichen Anteil. In Hegels Lehre vom „objektiven Geiste" war sie in einigen ihrer Wesenszüge bereits klar erkannt. Aber Hegel machte seinen großen Gedanken selbst zweideutig, dadurch daß er diesem Geiste Substantialität zusprach. Im Grunde verfuhr er dabei nach Cartesischer Art; und wie einst die cogitatio als Substanz gegolten hatte, so sollte jetzt auch der eben erst von ihr unterschiedene Geist als Substanz gelten. Dadurch wurde der neue Geistbegriff von vornherein mit einer ganzen Reihe metaphysischer Probleme belastet; und das hat ihn bei den Nachfolgern so zweideutig gemacht, daß man ihn schließlich wieder fallen ließ. Außerdem fehlte es an einer greifbaren Grenzziehung gegen das seelische Sein (bei Hegel den „subjektiven Geist"); wie denn das letztere in einer Metaphysik der objektiven Vernunft überhaupt keine rechte Eigenständigkeit bewahren konnte.

Das Resultat dieser ganzen geschichtlichen Entwicklung liegt heute noch keineswegs in abgerundeter Gestalt vor. Um den rechten Begriff des „Geistes" – d. h. um eine Fassung, die dem sehr verwickelt gewordenen Stande der Probleme wirklich gerecht werden könnte – wird heute noch auf der ganzen Linie gerungen. Diese Anfänge der neuen Ontologie aber haben das Ende des Streites nicht abgewartet, und zwar mit gutem Recht. In Bewegung sind schließlich alle Grundprobleme, in Bewegung ist auch die ontologische Forschung selbst; sie kann wie jede Wissenschaft jederzeit nur so weit gehen, wie ihre Probleme spruchreif geworden sind. Darüber hinaus würde alles leere Spekulation sein. Für das heutige Stadium der Dinge genügt aber die klare Einsicht der Eigenständigkeit geistiger Gehalte, sowie die Erfassung ihrer Seinsgrenze gegen das Ablaufen seelischer Akte.

V.

In der so erreichten Stufenfolge handelt es sich nun um wirkliche Schichten, die ihre ontische Eigenart behalten, auch wenn sie durch eine Mannigfaltigkeit von Gebilden und Seinsformen hindurchgehen.

Ist man einmal so weit, so zeigt sich allererst das eigentliche Problem der Schichtung. Denn im Stufengang der Gebilde war es noch gar nicht faßbar. Jetzt liegt der Nachdruck nicht mehr auf der Rangordnung – die ist ja leicht einzusehen, und in ihr wird sich so leicht niemand vergreifen –, sondern auf der besonderen Art der Überlagerung. Um diese herauszuarbeiten, muß man das innere Verhältnis der Schichten zueinander analysieren, und zwar sowohl ihrem Inhalt wie ihrer Abhängigkeit nach.

Das ist eine weitschauende Aufgabe. Man ermißt ihre Tragweite am besten, wenn man sich klar macht, daß in ihrer Richtung die Entscheidung über den Einheitstypus im Aufbau der Welt liegen muß. Ist nämlich die Welt ein Schichtenbau, so kann ihre Einheit in nichts anderem liegen als in der Verbundenheit ihrer Schichten; und verstehen wird diese sich nur dann lassen, wenn es gelingt, ihr die Gesetzlichkeit des Zusammenhanges abzugewinnen, in der sie ihre Stabilität hat. Auf diese Weise kann es sehr wohl gelingen, das durchgehende Band in der abgründigen Verschiedenheit aufzuzeigen, welche die Schichten voneinander scheidet. Das wäre dann ein Weg, die von altersher gesuchte und immer wieder verfehlte „Einheit der Welt" – nicht mehr konstruierend vorwegzunehmen, sondern allererst in Erfahrung zu bringen.

Hier eben liegt der Fragepunkt, an dem man immer zu vorschnell und summarisch vorgegangen ist, an dem die spekulative Ungeduld zu verfrühten Lösungen gedrängt und das Weltbild künstlich vereinfacht hat. Man wollte entweder alle Schichten von der höchsten oder alle von der niedersten abhängig machen. Das läuft dann auf die beiden schon oben angegebenen Typen der Metaphysik („von oben" und „von unten") hinaus. Und selbst wenn man dabei keine Kette durchgehender Abhängigkeit konstruierte, so neigte man doch dazu, die Schichten alle nach dem Vorbild einer einzigen, der obersten oder der untersten, zu verstehen.

Alle solche Versuche haben es sich zu leicht gemacht. Sie haben gar nicht erst untersucht, „wie" die Seinsschichten zusammenhängen, worin sie selbständig und worin abhängig sind. In diese Untersuchung gilt es vielmehr erst einzutreten. Und auch das kann man nicht unmittelbar, sondern nur auf dem

Umwege über die Analyse der einzelnen Seinsschichten selbst auf ihre Grundbestimmungen (oder Grundwesenszüge) hin. Denn natürlich ist die wirkliche
Weise des Zusammenhanges zwischen ihnen, die besondere Art von Abhängigkeit und Selbständigkeit, die hier waltet, nur an den Grundbestimmungen der
Schichten zu gewinnen.

Für solche Grundbestimmungen eines ganzen Seinsgebietes hat sich seit
den Tagen der Griechen der Terminus „Kategorien" durchgesetzt. Er ist zwar von
den Idealisten zur Bedeutung bloßer Verstandesformen herabgesetzt worden.
Die ursprüngliche Bedeutung aber ist die von allgemeinen und grundlegenden
„Seinsaussagen". Das aber ist es, worum es in der Erfassung und Formulierung
von Grundwesenszügen der Seinsschichten geht.

In diesem Sinne ist es zu verstehen, daß alle ins Spezielle – d. h. in die
Eigenart der Schichten – eindringende Ontologie die Form der „Kategorienlehre"
annimmt. Ihre Arbeitsweise ist die der „Kategorialanalyse"[2]. Denn nicht dem an
der gegebenen Oberfläche haftenden Blick können sich Grundwesenszüge er-
öffnen; es bedarf des Eindringens, der in die Tiefe gehenden Analyse.

Diese Arbeit ist umständlich, der eingeschlagene Umweg erweist sich als ein
unübersehbar weiter. Denn die Mannigfaltigkeit des Seienden ist reich, und ihrer
Kategorien gibt es auf jeder Schichtenhöhe viele. Der einzelne Denker würde da
freilich nicht weit kommen. Aber er findet reiche Vorarbeit, denn um Kategorien
haben sich die Systematiker aller Zeiten bemüht, wennschon sie nicht immer
unter diesem Titel nach ihnen gesucht haben. Und vieles, was die Philosophen
nicht fanden, hat sich im Gange der besonderen Wissenschaften ergeben – meist
ungesucht, ja oft von den Findern selbst nicht erkannt, dem Epigonen aber leicht
erkennbar durch das ungeheure Gewicht der Konsequenzen, die sich daraus
ergeben haben.

Die Geschichte der Philosophie und der Wissenschaften ist eine reiche
Fundgrube der Kategorialanalyse. Für die Auswertung dieses Schatzes ist es
nicht wichtig, ob man die Denker der Vorzeit streng im Sinne ihrer Intentionen
versteht; wichtig ist nur, daß man durch sie sehen lernt, was dem einsamen
Denken verschlossen bleibt. So hat sich im Laufe der Jahrhunderte eine Reihe
von Kategorien für die niederste Seinsschicht der realen Welt herausgestellt, die
heute kaum strittig sein dürfte, obgleich ihre Fassung in den Einzelheiten
schwankt. Dahin gehören Raum und Zeit, das Werden (der Prozeß) und der
Zustand, die Beharrung (Substanz) und das Bewirken (Kausalität), das Naturgesetz und die Wechselwirkung.

---

2 [Vgl. *Text 8* in diesem Band.]

Schon diese kleine Auslese von Beispielen genügt, um die Bedeutung der Kategorienforschung einzusehen. Jede einzelne Kategorie schließt zwar eine Fülle von Problemen ein, die sich durchaus nicht ohne weiteres lösen lassen; aber es sind doch auch an jeder einsichtige und wohlbekannte Züge. Und von diesen läßt sich ohne Schwierigkeiten ausgehen, wenn man das Verhältnis der Schichten bestimmen will. Setzt man nämlich neben die aufgezählten Kategorien der anorganischen Natur auch nur eine oder wenige Kategorien der organischen Welt, so leuchtet sofort ein, was es mit dem Verhältnis der Schichten auf sich hat. Als eine Grundbestimmung alles Lebendigen steht z. B. der Stoffwechsel da (ein Widerspruch zweier Prozesse, eines aufbauenden und eines abbauenden); desgleichen die aktive Selbstregulation und die ebenso aktive Selbstwiederbildung (Erzeugung); ferner die Determination auf Grund eines Anlagesystems, die Erblichkeit der Stammeseigenschaften und die Mutation (Variabilität) als Grenze der Erblichkeit.

Wie abgründig verschieden sind die beiden Kategoriengruppen! Der ganze Gegensatz der beiden Seinsschichten spiegelt sich darin; jede einzelne der Kategorien des Organischen ist offenbar denen der leblosen Natur gegenüber ein Novum, bedeutet also Autonomie des Organischen. Und doch, blickt man auf die erste Gruppe hin und erwägt ihre weit größere Allgemeinheit, so sieht man leicht, daß sie in der zweiten Gruppe doch irgendwie mit enthalten sein muß. Die Räumlichkeit, Zeitlichkeit, das Werden und die Zuständigkeit kehren offenbar wieder; nur die besonderen Formen in ihnen sind andere. Eine Art der Beharrung gibt es im Organischen auch, im Fortleben der Arten, wennschon sie nicht die Form der Substanz hat; das Bewirken ist in der Selbstwiederbildung und in der Determination vom Anlagesystem aus deutlich enthalten, obschon die letztere keineswegs in Kausalität aufgeht. Auf Wechselwirkung vollends beruht das ganze Zusammenspiel der organischen Funktionen. Und für das Walten einer Naturgesetzlichkeit in den letzteren spricht schon die Konstanz ihres Typus.

So sieht man schon beim ersten Vergleichen, daß zwischen den allgemeinen Wesenszügen der sich überlagernden Schichten sowohl Wesensverschiedenheit als auch Wesenszusammenhang besteht. Faßbar sind beide in großen Zügen schon vor der eigentlichen Analyse: die Verschiedenheit in der weit komplexeren Struktur der höheren, der Zusammenhang im Wiedererscheinen der niederen Kategorien als eingeordneter Momente der höheren.

Will man dieses Verhältnis allgemein als ein solches der ganzen Schichtenfolge fassen, so gilt es, die Gesetze herauszufinden, denen es unterliegt. Denn offenbar braucht sich, was vom Verhältnis der beiden niedersten Schichten gilt, deswegen noch nicht an den Schichtendistanzen zu wiederholen. Gesetze solcher Art können natürlich auch nicht bloße Naturgesetze sein, weil sie sich ja vielmehr bis in die Region des geistigen Seins hinauf erstrecken müssen. Und da sie im ganzen Umfange der Stufenfolge das Verhältnis der Kategorien von Schicht zu Schicht betreffen, so kann man sie mit Recht als „kategoriale Gesetze"[3] bezeichnen.

Ist man einmal diesen Gesetzen auf der Spur, so zeigt sich weiter, daß den Gesetzen der Abhängigkeit bereits solche der Schichtung selbst zugrunde liegen. Und diese haben den Vorzug, daß man sie unmittelbar am inhaltlichen Bau der Schichten gewinnen kann. Daraus aber ergibt sich dann mancherlei über ihre Selbständigkeit und Abhängigkeit. Ist nämlich eine Seinsschicht als Ganzes inhaltlich an eine andere gebunden – so wie sich in dem obigen Beispiel das Reich des Organischen als inhaltlich an die Wesenszüge des Anorganischen gebunden erwies –, so ist daraus zu entnehmen, daß hier auch eine grundsätzliche und unaufhebbare Abhängigkeit besteht. Und ob diese sich auf alles erstreckt, was die höhere Struktur ausmacht, oder an deren Eigenart eine Grenze findet, muß sich gleichfalls aus dem inhaltlichen Verhältnis der beiderseitigen Wesenszüge ergeben.

Es ist ein bestimmter Typus von Fragen, der bei Untersuchungen dieser Art immer wiederkehrt. Etwa: welche Seinsschicht kann gesondert von den angrenzenden bestehen? Gibt es z. B. Seelenleben ohne organisches Leben? Gibt es dieses ohne leblose Natur? Und ebenso umgekehrt. Oder: hat das Verhältnis der inhaltlichen Gebundenheit zwischen diesen Schichten eine einheitliche Richtung? Läßt diese sich umkehren, oder tritt sie auch nur in besonderen Fällen umgekehrt auf? Ferner: bedeutet dieses Gebundensein an eine andere Schicht zugleich ein Getragensein von ihr? Und gibt es Gegenseitigkeit des Tragens zwischen zwei sich überlagernden Schichten?

Geht man mit solchen Fragen mehr ins Spezielle, so richten sie sich auf die einzelnen Kategoriengruppen. Gibt es z. B. Grundwesenszüge, die so fundamental sind, daß sie allen Seinsschichten gemeinsam sind? Und wenn es sie gibt, liegt in ihnen die Verbundenheit der Schichtenmannigfaltigkeit zur Einheit der Welt? Oder gibt es noch andere Verbundenheit? Schließlich: gibt es auch in den einzelnen Schichten Kategorien, die auf andere Schichten übergreifen? Und wenn dem so sein sollte, was trennt dann noch die Schichten? Oder wird damit ihre Selbständigkeit gegeneinander hinfällig?

Da diese Fragen von Schicht zu Schicht ein anderes Gesicht zeigen – denn selbstverständlich gelten hier keine Analogieschlüsse vom Verhältnis zweier bestimmter Schichten auf das der anderen –, so ist es klar, daß die Problemfülle, die daran hängt, sich sehr schnell vervielfältigen und selbst eine schwer übersehbare Mannigfaltigkeit darstellt. Die Untersuchungen also, die hier einsetzen,

---

3 [Vgl. *Text 3* in diesem Band.]

müssen notwendigerweise umständlich werden. Ja, sie machen, streng genommen, eine ganze Wissenschaft aus. Diese Wissenschaft ist die Kategorialanalyse. In ihr drängen sich alle ins Besondere gehenden Fragen der neuen Ontologie zusammen.

Die Untersuchungen selbst können an dieser Stelle natürlich nicht geführt werden[4]. Statt dessen sollen nur in Kürze ihre Resultate angedeutet werden. Sie sind von der Art, daß sie auch für sich schon ein gewisses Gesamtbild geben und Konsequenzen ermöglichen, an deren Tragweite sich die Leistungsfähigkeit des ganzen Verfahrens sehr wohl ermessen läßt.

Von den beiden Fragegruppen ist die zweite die einfachere. In ihr kommt die Analyse zu sehr übersichtlichen Resultaten, die sich in folgenden Punkten festhalten lassen.

1) Es gibt Grundwesenszüge (Fundamentalkategorien), die allen Schichten gemeinsam sind. Sie treten paarweise, in Gegensatzform geordnet auf. Zu ihnen gehören: Einheit und Mannigfaltigkeit, Widerstreit und Einstimmigkeit, Form und Materie, Element und Gefüge u. a. m.; indem sie durch die Schichten des Seienden hindurchgehen, nehmen sie immer wieder andere Gestalt an. Die Schichten sind in der Tat durch sie verbunden, aber nicht durch sie allein.

2) Es gibt Kategorien niederer Schichten, die nach oben zu übergreifen, d. h. in die höheren Schichten durchgehen; aber es gibt kein Übergreifen in umgekehrter Richtung: Kategorien der höheren Schicht erstrecken sich nicht rückwärts auf die niederen. Die Zeitlichkeit, das Werden, die Veränderung, das Bewirken gehen wohl vom mechanischen Prozeß aufwärts bis in das geistiggeschichtliche Geschehen. Aber die aktive Selbstwiederbildung des Organismus erstreckt sich nicht abwärts auf das kosmische Geschehen; etwas dem Bewußtsein Vergleichbares, wie das Seelenleben es zeigt, kehrt am Organismus nicht wieder.

3) Es dringen aber auch keineswegs alle niederen Kategorien in die höheren Schichten durch; und wenn sie durchdringen, so doch nicht gleich in alle Schichten. Es gibt vielmehr ein „Abbrechen" ihrer Wiederkehr an bestimmten Einschnitten der Schichtenfolge. So bricht die mathematische Form der Quantitätsverhältnisse schon im Organischen ab, die Räumlichkeit und Materialität

---

4 Für alles Nähere muß hier verwiesen werden auf des Verfassers soeben erschienenes Werk „Der Aufbau der realen Welt, Grundriß der allgemeinen Kategorienlehre" (Berlin 1940), welches den III. Band seiner Ontologie bildet. Die vorausgehenden Bände heißen: I. „Zur Grundlegung der Ontologie" (1935), II. „Möglichkeit und Wirklichkeit" (1938) [*Zur Grundlegung der Ontologie*, Berlin 1935; *Möglichkeit und Wirklichkeit*, Berlin 1938; *Der Aufbau der realen Welt. Grundriß der allgemeinen Kategorienlehre*, Berlin 1940. Alle Bände sind im Verlag De Gruyter, Berlin, erschienen.].

im Seelischen (während die Zeitlichkeit bis oben durchgeht). Die Grenzscheide zwischen organischem und seelischem Leben erweist sich hierdurch als ein besonders tiefer Einschnitt. Ja, das Überlagerungsverhältnis selbst ist hier ein anderes als das zwischen lebloser und belebter Natur. Während der Organismus die Elemente des Materiellen in sich aufnimmt und „überformt", läßt das seelische Sein die organischen Formen und Prozesse hinter sich und erhebt sich als ein Reich anders gearteter Vorgänge und Gehalte (nämlich raumloser und immaterieller) über ihnen. Es „überbaut" sie, ohne sie zu überformen.

4) Die inhaltliche Selbständigkeit der höheren Schichten wird durch die Wiederkehr niederer Kategorien in ihnen nicht beeinträchtigt. Es setzen vielmehr in jeder höheren Schicht neue Wesenszüge ein, und auf ihnen beruht eben das „Höhersein" einer ganzen Seinsschicht der ontischen Rangordnung nach. Ohne kategoriales „Novum" gibt es keine Höhendistanz der Seinsebenen. Ein solches Novum ist im Organischen das Gleichgewicht der Prozesse und seine Selbstregulation, die Selbstwiederbildung und die Determination des Werdeganges vom Anlagesystem aus; ebenso im Seelischen die raumlose Mannigfaltigkeit, die Innenwelt des (Bewußtseins, die zwecktätige Aktivität; und im Reich des Geistes die Objektivität des Gedankens, die Verbundenheit der Individuen durch die Kraft gemeinsamer Ideen, die Freiheit und Verantwortungsfähigkeit der Person.

5) Das Einsetzen des Novums betrifft in der Stufenfolge des Seienden stets viele Kategorien zugleich auf gleicher Höhenlage. Dadurch tritt in den aufsteigenden Reihen der Realgebilde allererst das Stufenphänomen auf: die einheitlichen Einschnitte oder „Schichtendistanzen", die das Kontinuum der Formen unterbrechen und die Seinsebenen von einander abheben. –

Die Gesetzlichkeit, die sich in den aufgezählten Punkten ausspricht, ist die eigentliche Schichtungsgesetzlichkeit. Aus ihr wird soviel klar, daß die Welt nicht bloß ein Ganzes aus sich überhöhenden Stufen ist, sondern auch eine sehr bestimmte Form der Überlagerung zeigt und daß erst an dieser die Eigenart ihrer Einheit greifbar wird.

Das wird einleuchtend, sobald man mit diesen Resultaten an die erste Fragegruppe herantritt, von der unsere Überlegung ausging. Denn diese Fragen betreffen das Abhängigkeitsverhältnis der Schichten. Gibt es ein Seelenleben ohne organisches Leben? Gibt es dieses ohne die physisch-kosmische Welt? Diese Fragen lassen sich jetzt beantworten: es gibt offenbar beides nicht, weil in beiden Fällen Wesenszüge der niederen Schicht in der höheren vorausgesetzt sind. Der Organismus ist auch räumlich und materiell, darin gleicht er den bewegten Massen im Weltall; und die seelischen Akte sind ebenso zeitlich und prozeßhaft wie organische und atomare Vorgänge, darin gleichen sie diesen und sind mit ihnen zusammen einer einzigen zeitlich geordneten Welt eingefügt. So entspricht es auch aller menschlichen Erfahrung: wir kennen nirgends in der Welt ein freischwebendes Seelenleben ohne tragenden Organismus, an den es gebunden wäre; desgleichen kein organisches Leben, das nicht an einen bestimmten Zuschnitt der unbelebten Natur gebunden wäre, in dem allein es existieren kann (bestimmte Temperaturverhältnisse, Licht, Luft, Wasser u.s.f.). Und ebenso gibt es natürlich auch kein Geistesleben, das nicht vom Bewußtsein seelischer Individuen getragen wäre, obgleich es selbst nicht ein Bewußtsein höherer Ordnung ist; sofern aber diese Individuen ihrerseits an organisches Leben, und letzteres wiederum an das Bestehen der physisch-materiellen Welt gebunden ist, darf man sagen, daß der Geist als höchste Schicht von der ganzen Reihe der niederen Schichten getragen ist.

Aber umkehren läßt sich das Verhältnis des Gebundenseins und Getragenseins nicht. Die physische Welt besteht offenbar auch ohne organisches Leben, die organische auch ohne seelisches, die seelische Welt aber auch ohne den Geist. Kommt doch das Leben im Kosmos nur unter sehr eigenartigen und sicherlich nur selten sich zusammenfindenden Bedingungen zustande, eben solchen wie die Erdoberfläche sie darbietet; ist doch ein Bewußtsein nur in den höchsten Formen der Tierwelt gegeben, der Geist aber selbst im Werdegang des Menschen erst ein Spätprodukt.

Auf Grund dieser Überlegungen lassen sich die Gesetze der Abhängigkeit, die zwischen den Schichten waltet, auf einige wenige Sätze zurückführen.

1) Abhängig ist im Aufbau der realen Welt stets nur die höhere Schicht von der niederen; diese ist für jene die unerläßliche Vorbedingung, der tragende Boden, auf dem sie erst möglich wird. In keinem Falle aber ist die niedere Schicht von der höheren abhängig. Sie bedarf ihrer nicht.

2) Diese einseitige Abhängigkeit geht zwar durch die ganze Schichtenfolge hindurch, aber sie betrifft inhaltlich keineswegs die ganze Eigenstruktur der höheren Schichten. Sie besteht nur 1.) im Stärkersein der niederen Kategorien (soweit diese nämlich in die höheren Schichten durchdringen) und 2.) in der Bedingtheit der ganzen Daseinsform der höheren Schicht durch die niedere (sofern sie ein Fundament braucht, auf dem sie „aufruht").

3) In allen übrigen ist die höhere Schicht der niederen gegenüber autonom. Sie ist durch diese nur „bedingt", nicht aber auch „bestimmt". Alle spezifische Eigenart, durch die sie ausgezeichnet ist und die niederen Schichten überragt, beruht auf ihrem kategorialen Novum. Jede höhere Schicht ist nur partial abhängig. Sie ist also in ihrem Aufruhen auf der niederen Schicht und ihrem Getragensein von ihr doch nichtsdestoweniger ihr gegenüber „frei".

In diesen Gesetzen liegt der Grund, warum alle Metaphysik, die alles aus einem Prinzip herleiten will – sei es „von oben" oder „von unten" her –, im Irrtum ist. So einfach ist die reale Welt nicht gebaut, jede Schicht hat ihre

Selbständigkeit, die höheren durch ihre Autonomie in der Abhängigkeit. Eine Metaphysik, die alles vom Geiste her ableiten will, verstößt gegen das erste Gesetz; sie kehrt die natürliche Richtung der Abhängigkeit um, macht die höheren Kategorien zu den stärkeren (läßt Vernunft und Zwecktätigkeit bis in die Materie hinab walten). Und eine Metaphysik, die alles von der Materie her ableiten will, verstößt gegen das dritte Gesetz; sie sieht zwar die wahre Richtung der Schichtenabhängigkeit, macht sie aber zu einer totalen und verfehlt daher das kategoriale Novum und die Autonomie des Eigenartigen in den höheren Schichten (will seelische Akte und Geist aus physischen Prozessen ableiten).

Auf die eine wie auf die andere Weise wird in Wahrheit die Mannigfaltigkeit der Seinsschichten aufgehoben, die Welt gleichartig und monoton gemacht. Mit solcher Vereinfachung wird man ihrem Reichtum nicht gerecht, kann auch den wirklichen Einheitstypus, der sie zusammenhält, nicht als das würdigen, was er ist: als die Bändigung einer ungeheuren Mannigfaltigkeit durch die Form eines Schichtenbaues, in dem Abhängigkeit und Freiheit von Stufe zu Stufe gegeneinander wohl ausgewogen sind.

Das metaphysische Bedürfnis des Menschen hat eine Vorliebe für die extremen Theorien. Leidenschaft für die höchsten Dinge, Verbissenheit oppositionellen Kämpfertums und sensationslüsternes Haschen nach dem Überraschenden waren sich von jeher eins in dieser Vorliebe. Darum ist fast alle metaphysische Systembildung, welchen seelischen Motiven sie auch entsprang, den Weg der extremen Theorien gegangen. Aber eben diese Theorien sind es, welche den wirklichen Einheitstypus der Welt grundsätzlich verfehlen: sie müssen ihn verfehlen, weil sie extrem sind und weil dieser Einheitstypus kein extremer ist. Der Weg der Vernunft, dessen Eigenart es ist, der Welt *sine ira et studio* ihr Bild allererst abzugewinnen, war zu allen Zeiten unpopulär. Aber die seiende Welt läßt sich nichts abhandeln. Sie zwingt zwar den Menschen nicht, sie zu erkennen; sie verharrt in großartiger Gleichgültigkeit gegen seine schwindelhaften Weltbilder. Aber sie offenbart sich auch nicht dem, der ihr ein erdachtes Schema aufzwingen will.

Es ist aber doch fraglich, ob nicht gerade der ontische Einheitstypus der Welt in seiner Schlichtheit und Rücksichtslosigkeit gegen metaphysische Bedürfnisse das wuchtigere und imponierendere Gesamtbild ist, gegen welches die einseitigen Weltbilder zuletzt armselig erscheinen. In diesem ontischen Einheitstypus stehen sich in einer Stufenordnung zwei Arten der Selbständigkeit gegenüber, die des Stärkeren und die des Höheren. Und ihnen entsprechen zwei Typen der Überlegenheit, die sich in umgekehrtem Verhältnis abstufen. Überlegen ist das materielle Geschehen im Kosmos durch die Unaufhebbarkeit der gesetzlichen Bahnen, in denen es fortläuft; und von ihm abhängig ist alles Leben, Bewußtsein und Geist. Überlegen ist aber auch der Geist, der zwar jene Gesetzlichkeit nicht durchbrechen, wohl aber kraft seiner Einsicht erkennen und kraft seiner Zweckmäßigkeit für seine Ziele auswerten kann.

Das ist kein Widerspruch. Die beiden Arten der Überlegenheit sind vielmehr so ungleichartig, daß sie ohne Konflikt miteinander in einer Weltordnung zusammenbestehen. Was jene konstruierten Weltbilder nie fassen konnten – daß in einer Welt, die nicht vom Geiste geschaffen oder auch nur gelenkt ist, dennoch weitester Spielraum für das Wirken und Schaffen des Geistes, für eine Freiheit und seine Ideen ist –, das ergibt sich ohne Schwierigkeiten auf Grund der kategorialen[5] Gesetze.

Dieses Maß an Freiheit genügt dem Menschen. Nach Allmacht des Geistes zu haschen, ist Größenwahn. Der Mensch erhöht sich selbst nicht, wenn er die Welt verkleinert. Ihm ist es gegeben, an dieser Welt in seinen Grenzen mitzubauen, und zwar gerade ihrem Aufbau das höchste Stockwerk anzufügen. Größer aber ohne Zweifel ist es, an einem Großen zu bauen als an einem Kleinen.

VI.

Metaphysische Probleme sind nicht von der Art, daß man sie jemals durch eine entscheidende Einsicht bis zuende lösen und erledigen könnte. Auch das Einheitsproblem der Welt ist nicht von dieser Art. Trotzdem sind solche Probleme bearbeitbar, und jede neue Einsicht bedeutet ein Vorwärtskommen, ein Eindringen, ein Erobern von Neuland mit den Mitteln des Erkennens.

Das Ausschlaggebende im Schichtungsgedanken der neuen Ontologie – verstanden im Sinne der obigen Gesetze – ist dieses, daß man mit seiner Hilfe eine Reihe alter metaphysischer Fragen um ein Beträchtliches vorwärts bringen kann. Eingewurzelte Irrtümer, die allem Weiterkommen entgegenstanden, lassen sich durchschauen und überwinden, neue Wege werden beschreitbar.

Das Problem der natürlichen Einheit der Welt ist nur eines von vielen, die ihrer Lösung näher gerückt werden. Freilich ist es das im theoretischen Sinne zentrale Problem. Die alten Lösungsschemata haben sich als viel zu einfach erwiesen: es handelt sich weder um die Einheit eines Prinzips noch um die eines Weltgrundes, auch die Einheit der Ganzheit reicht nicht zu. Erst die Einheit des Aufbaus, in dem die Schichten einer bestimmten Dependenzgesetzlichkeit folgen, gibt eine erste Vorstellung vom Einheitstypus der Welt, die der Heterogeneität der Schichten und der Tiefe der Einschnitte zwischen ihnen gerecht wird. Die alten Weltbilder halben alle die Welt verkleinert. Die erste Tat der neuen

---

5 [kategorialen) Korrektur für: kategorischen]

Ontologie ist das Niederreißen der künstlichen Schranken und die Gewinnung des Ausblicks auf die Größe der Welt.

Etwas ganz ähnliches ist es mit denjenigen Problemen, welche die ontischen Gebilde höherer Stufen betreffen: den Menschen, die Gemeinschaft, das Volk, die Geschichte. Auch sie sind immer zu eng gefaßt worden, man sah auch sie zu einseitig, und zwar gleichfalls entweder nur „von oben" oder nur „von unten" her. Man faßte sie entweder vom Geiste aus oder von der Natur aus. Ihre Struktur kam dem sogar entgegen, denn an sich möglich ist beides: der Mensch ist Naturwesen und geistiges Wesen zugleich, ein Volk ist Stammesgemeinschaft und geistige Gemeinschaftsordnung zugleich, die Geschichte ist natürliches und geistiges Geschehen zugleich. Aber eben das „Zugleich", auf das hier alles ankam, gelangte dabei nicht zu seinem Recht. Tatsächlich aber ist die Zweiheit der Momente noch zu wenig für die adäquate Fassung dieser höchsten Seinsgebilde. Sie sind vielmehr ebenso geschichtete Gebilde wie die Welt, in der sie stehen; es kehren an ihnen dieselben Schichten wieder, welche die Welt ausmachen, und dieselben Einschnitte, welche die Welt aufgliedern, gehen auch mitten durch sie hindurch. Insonderheit überlagern sich in ihnen die verschiedenen Arten der Determination und der Gesetzlichkeit; ihre Gesamtdetermination ist selbst eine geschichtete, und darum schließt sie eine Reihe von Konfliktzonen ein.

Das beste Beispiel dafür ist der Mensch, der gerade in unseren Tagen viel umstrittene Gegenstand der Anthropologie. An ihm ist es unmittelbar zu sehen, wie das höchste Wesen auch das am meisten bedingte und abhängige ist. Die anthropologischen Theorien haben ihn meist einseitig gesehen, entweder als geistiges oder als Naturwesen; im ersteren Falle konnten sie die rassische Verschiedenheit, im letzteren die Autonomie menschlicher Initiative und Produktivität nicht verstehen. Das aber ist gerade das Eigentümliche des Menschenwesens, daß es in allen Seinsschichten gleich ursprünglich zu Hause ist, an aller Gesetzlichkeit und aller Determination teil hat. Die bekannte Wesenszweiheit von „Leib und Seele", die den Cartesischen Schnitt als einen mitten durch ihn hindurchgehenden zeigt, ohne doch seine Einheit zu zerreißen, ist hier nur ein Teilphänomen; der Mensch enthält vielmehr alle Schichten, er ist auch materielles und auch geistiges Wesen; und auch in ihm sind die Seinsschichten so geordnet, daß die höheren auf den niederen aufruhen und von ihnen getragen sind, ihrerseits aber Eigenstruktur und eigene Determination haben.

Dieses ontisch geschichtete Bild des Menschen gewährt die Möglichkeit, Einheit und Wesensverschiedenheit innerhalb seiner so zu vereinigen, daß die scheinbar widerstreitenden Phänomene sich miteinander reimen. So wird es verständlich, wie leibliche und seelische Anlagen sich vererben und den Stammescharakter großer Menschengruppen bestimmen können, ohne daß dadurch die geistige Welt, die auf diesen Anlagen fußt, ihrer Andersheit und

Selbständigkeit beraubt würde. Es ist ebenso irrig, den Menschen nur biologisch oder nur psychologisch, wie ihn nur geistesgeschichtlich anzusehen. Seine Einheit ist eine ebenso geschichtete wie die der Welt, in der er lebt; und ihn als gewachsene Einheit verstehen kann man nur, wenn man den Schichtenbau in ihm auf Grund derjenigen Gesetzlichkeit verstehen lernt, welche die Verbundenheit der Seinsschichten und des Heterogenen überhaupt in der realen Welt ausmacht.

Nicht anders ist es mit dem Problem der Geschichte. Ist der Ablauf der Geschehnisse, die den Werdegang und das Schicksal der Völker ausmachen, ein kausaler oder ein zweckvoll geleiteter? Bestimmt ihn das blinde Zusammentreffen oder Vernunft und Wille? Solange man an eine göttliche Vorsehung glaubte, galt die Frage als *a priori* zugunsten der Vernunft entschieden. Mit dem Fallen dieser metaphysischen Vision beginnt der Streit um die in der Geschichte waltende Determination: ein rein kausaler Prozeß könnte die politische und ideengeschichtliche Initiative des Menschen nicht enthalten; daß aber diese ausreichte, den Prozeß zu einem vernunftgeleiteten zu machen, kann selbst der extremste Optimist nicht verfechten.

Darum hat man längst gesehen, daß sich im Geschichtsprozeß zwei Determinationen sehr heterogener Art kreuzen und im Ringen miteinander begriffen sind. Aber wie sie miteinander zusammenbestehen können, bleibt unklar, solange man das geschichtliche Geschehen selbst als einen vollkommen einheitlichen Prozeß zu fassen sucht. Die Ontotogie lehrt, daß er vielmehr ein geschichteter Prozeß ist, und zwar aus der Überlagerung sämtlicher Seinsschichten. Der organische Prozeß des Stammeslebens der Völker mitsamt den mannigfachen physischen Prozessen, die in ihn bereits hineinspielen, wird überbaut vom seelischen Lebensprozeß der Individuen und vom Gemeinschaftsprozeß der geistigen Tendenzen und Strömungen. Und jede dieser Prozeßschichten bringt ihre eigene Determinationsform mit. Die Determination des ganzen Prozesses ist daher eine selbst wiederum geschichtete. Auf diese Weise ist inmitten der sich kreuzenden Kausalfäden sehr wohl Spielraum für menschliche Voraussicht und freie Selbstbestimmung, für die Initiative politischer Führergestalten und selbst für die der Geführten. Aber sie ist beschränkt und muß mit Mächten rechnen, die sie nicht beherrschen kann.

Auf dieser Basis wird eine Geschichtsphilosophie möglich, die sich eng an die Tatsachen hält. Und in gewissen Grenzen kann es ihr gelingen, das rätselhafte Ineinandergreifen von sinnvollem Streben und sinnlosem Geschehen in der Einheit eines und desselben Geschichtsprozesses zu entwirren. –

Es ist selbstverständlich, daß so weit ausschauende Konsequenzen sich in Kürze kaum andeuten, geschweige denn begründen lassen. Immerhin aber wird doch so viel klar, daß es sich um eine Behandlungsweise alter metaphysischer

Fragen handelt, bei der alles spekulativ Metaphysische grundsätzlich ausgeschaltet wird. Der beschrittene Weg führt denn auch nirgends auf bündige Lösungen hinaus, wie die philosophischen Systembilder sie zumeist gesucht haben. Er führt vielmehr zunächst in die volle Verschränktheit der Probleme hinein. Aber der Boden, auf den er führt, ist fester Grund.

Es ist vor allem ein Punkt, auf den es beim Aufräumen mit der spekulativen Metaphysik ankommt: die Entwurzelung der traditionellen Teleologie. Teleologisch nämlich ist bisher die Mehrzahl der metaphysischen Systeme gewesen (alle diejenigen, die eine „Metaphysik von Oben her" erstrebten, und das sind bei weitem die meisten). Man versteht ja auch sehr wohl, warum dem so ist: wenn zwecktätiger Verstand in allem Seienden waltet, so erklären sich damit die rätselhaftesten Phänomene fast ohne Schwierigkeit (z. B. die Zweckmäßigkeit der organischen Einrichtungen, das Erwachen des Bewußtseins im höheren Tier, das des Selbstbewußtseins im Menschen, das Auftauchen der Objektivität und freien Initiative im personalen Geiste u. s. w., kurz die ganze aufwärts führende Stufenreihe). Das Mißliche bleibt nur, daß die Phänomene für eine solche Annahme auch nicht die geringste Handhabe bieten; sie beweisen vielmehr, daß Zwecktätigkeit der Seinsschicht des Geistes vorbehalten ist, und daß ihre Übertragung von hier auf den Organismus und vollends auf die ganze leblose Natur ein anmaßendes Spiel der menschlichen Vernunft ist – entsprungen aus dem Bedürfnis, ihr eigenes Wesen im Ganzen der Welt wiederzufinden.

Der Menschengeist glaubt, die Welt gleiche ihm. Könnte die Welt ihm antworten, sie spräche wie der Erdgeist zu Faust: „Du gleichst dem Geist, den du begreifst, nicht mir". In das Ganz-andere und ihm Unähnliche führt ihn die ontologische Überlegung. Und damit allererst führt sie ihn auf die wirklichen Weltprobleme hin. Damit fallen die Typen der Metaphysik, die soviele Jahrhunderte geherrscht haben – einerlei ob Idealismus oder Rationalismus, Theismus oder Pantheismus –, mit einem Schlage hin.

Und erst damit rückt der Mensch als geistiges Wesen wirklich an die Stelle im Gesamtbilde der Welt, die ihm zukommt: an die höchste Stelle. Teilt er Vernunft und Zwecktätigkeit mit allen anderen Wesen, so nimmt er keine Sonderstellung in der Welt ein, hat vor dem Tiere und selbst vor den Dingen nichts voraus als höchstens das Wissen darum. Das aber entspricht der allgemeinen Stellung des Menschen in der Welt nicht, die ihn befähigt, Mächte der Natur zu Mitteln seiner Zwecke zu machen und sie dadurch in den Grenzen seiner Reichweite zu beherrschen.

Soweit der Geist überhaupt Herrschaft gewinnt, herrscht er nicht durch überlegene Kraft, sondern durch die Überlegenheit der Vorsehung und Vorbestimmung, deren er mächtig ist. Wären auch die Naturkräfte zweckgeleitet wie er in seinem Tun, er könnte sie nicht lenken; sie wären an ihre Zwecke gebunden, und keine sekundäre Macht könnte sie von ihrer Bestimmung abwenden. Nur dadurch, daß sie keine Bestimmung haben, sondern bloß blind ihren Gesetzen folgen, kann der Mensch ihnen eine geben. Diesen Unterschied aufheben bedeutet Selbstverkennung und Selbstpreisgabe des Geistes, den Verzicht auf seine hohe Fähigkeit der Sinngebung und des Schöpfertums.

Hieran läßt sich ermessen, was es mit der Entwurzelung der alten teleologischen Metaphysik auf sich hat. Es geht um nichts geringeres als um die Stellung des geistigen Wesens im Ganzen der realen Welt: um sein Sich-selbst-Begreifen, sein Sichwiederfinden aus der Verirrung, seine Rehabilitierung aus der Selbstverleugnung und Erniedrigung. Und das ist nicht eine bloße Angelegenheit der Theorie. Denn eine Freiheit, um die er nicht weiß und an die er nicht glaubt, ist keine wirkliche Freiheit.

Von einzigartiger Bedeutung in praktischer Hinsicht ist daher das engere Freiheitsproblem, das der Willensfreiheit. Ist der Mensch in seinen Entschlüssen unfrei – bestimmt durch die Notwendigkeit von Determinationsketten, die sich durch ihn hindurch auswirken –, so trägt er auch nicht Schuld und Verdienst seiner Taten, ist kein zurechnungsfähiges, und folglich auch kein sittliches Wesen. Darum haben die deutschen Idealisten so leidenschaftlich um den Erweis der Willensfreiheit gekämpft. Aber sie stießen auf die eingewurzelte Idee einer Weltdetermination, die alles Geschehen, auch das seelische und geistige, nach Art einer göttlichen Vorsehung teleologisch bestimmen sollte.

Gegen diesen finalen „Determinismus" war der Freiheitsgedanke machtlos. Hob man ihn aber auf, so fiel man in das andere Extrem: es schien, als würde damit alle Abhängigkeit im zeitlichen Ablauf der Geschehnisse, auch die kausale der Naturprozesse, aufgehoben. Einen solchen „Indeterminismus" konnte man angesichts der gesetzlichen Abläufe der physischen und selbst der organischen Prozesse, erst recht nicht aufrecht erhalten. Das war der Grund, warum konsequente Denker die Willensfreiheit schließlich fallen ließen – freilich meist ohne sich über die für den Menschen vernichtenden Konsequenzen ganz klar zu sein.

Hier aber gerade bewährt sich der Schichtungsgedanke. Wenn finale Determination nur dem geistigen Wesen eigen ist, das ja allein Bewußtsein hat und Zwecke setzen kann, so ist kein Grund, warum der Mensch den Kausalprozeß, in den er eingeordnet ist, nicht sollte umlenken können; Kausalprozesse sind ja nicht an Endziele gebunden, sie laufen gleichgültig fort und nehmen alle Bestimmung auf, die in die jeweiligen Ursachenkomplexe hineinspielt. Nur darauf kommt es an, ob das geistige Wesen eine eigene Determinante in die Waagschale zu werfen hat oder nicht.

Das Entscheidende hierbei ist, daß die Welt ein Schichtenbau und daß auch der Mensch ein geschichtetes Wesen ist. Hat jede Schicht ihre eigene Determinationsweise, so gibt es von Stufe zu Stufe aufwärts höhere Determinanten, die als Novum zu den niederen hinzutreten und so die Richtung des Prozesses mitbestimmen. Frei in diesem Sinne ist jede höhere Schicht über der niederen, die Willensfreiheit ist nur ein Spezialfall. Sie ist allerdings ein sehr besonderer Spezialfall, und ihr Problem ist mit dieser kategorialen Erwägung gewiß nicht bis zuende gelöst. Das aber ist das Schicksal aller metaphysischen Fragen, daß man sie nicht bis zuende löst. Nur die alte spekulative Streitfrage löst sich in Schein auf. Determinismus und Indeterminismus sind beide gleich im Irrtum. Es bedarf für das Auftreten von Freiheit keiner Durchbrechung niederer Determinationstypen (etwa der Kausalreihen); denn die hinzutretende höhere Determination handelt ihnen nichts ab, sie fügt vielmehr nur das Ihrige hinzu. Damit ist freie Bahn für Entscheidung und Selbstbestimmung des menschlichen Willens, und zwar unbeschadet des gesetzmäßigen Laufes der Dinge im Weltgeschehen.

Freiheit ist nur möglich in einer geschichteten Welt. In einer einschichtigen Welt gibt es keine „höhere" Determination, die zu einer „niederen" hinzutreten könnte. In der Lehre Kants von „Ding an sich und Erscheinung" läßt sich ein erstes Aufblitzen dieser Einsicht erkennen: indem er den Kausalnexus auf die Erscheinung einschränkte und ihm das Sittengesetz als „intelligible" Instanz entgegensetzte, gelang es ihm als Erstem, das „erste Anheben einer Kausalreihe in der Zeit" als „Kausalität aus Freiheit"[6] zu verstehen. Er sah die Sachlage nur noch viel zu einfach; denn nicht auf zwei Schichten ist die reale Welt beschränkt und nicht als ansichseiende tritt die höhere Schicht einer bloß erscheinenden gegenüber, sondern in gleicher Realität erhebt sich eine weit reichere Schichtenfolge zum Weltbau. Aber die Autonomie in der Abhängigkeit, wie sie von Stufe zu Stufe der höheren Schicht eigen ist, hat dennoch ihr legitimes Vorbild in der Kantischen Lösung der Kausalantinomie. –

Es ist eine lange Reihe weiterer Fundamentalprobleme, die gleich dem Freiheitsproblem durch Einführung des Schichtungsgedankens auf eine neue Basis gestellt werden. Das wichtigste von ihnen dürfte das Erkenntnisproblem sein. Solange man vom erkennenden Bewußtsein allein ausging, blieb es unverständlich, wie das Subjekt zur Berührung mit seinem Objekt kommen sollte; die Transzendenz der beiden Sphären schien unüberbrückbar. Ganz anders, wenn man das Erkenntnisverhältnis als eines von vielen Seinsverhältnissen versteht, in denen das Subjekt – als Glied der realen Welt – mit der übrigen Welt steht.

Erkenntnis ist dann nicht der einzige „transzendente" (über das Bewußtsein hinausgreifende) Akt. Sie steht in einer Linie mit dem Wollen und Handeln, dem Hoffen und Fürchten, dem Erleben und Erleiden und vielem ähnlichem. Diese

---

6 [Kant, *Kritik der reinen Vernunft*, A 444, B 472.]

Akte alle verbinden das Bewußtsein mit seiner realen Umwelt, sie alle haben reale Gegenstände und wissen um deren Realität. Das Erkennen ist unter ihnen nur dadurch ausgezeichnet, daß es den Gegenständen in ihrer Eigenart und um ihrer selbst willen zugewandt ist. Das Verhältnis aber zwischen dem Bewußtseinsinhalt und seinem Gegenstande ist das einer Zuordnung, die in der Schichtenordnung eine eigenartige Stellung einnimmt: das erkennende Bewußtsein mitsamt seinen Inhalten gehört der höchsten Schicht an, der des Geistes, seine Gegenstände aber verteilen sich gleichmäßig über alle Schichten. Legt man nun das ganze Gewicht auf die Erkenntnis des Seienden niederer Schichten, wie das im Erkenntnisproblem meist geschehen ist, so entsteht der Schein einer radikalen Ungleichartigkeit zwischen den Gegengliedern der Erkenntnisrelation, dem Subjekt und dem Objekt: sie scheinen durch eine unüberbrückbare Kluft getrennt zu sein. Und die Folge ist, daß man das Erkenntnisverhältnis selbst für etwas Unbegreifliches, ja geradezu Unmögliches hält.

In Wahrheit ist die Kluft nicht größer als die zwischen Seinsschichten verschiedener Höhe. Eben von diesen aber haben die kategorialen Gesetze gezeigt, daß sie in sehr bestimmter Weise – nämlich ihrer ontischen Abhängigkeit nach – bereits vor aller Erkenntnis miteinander verbunden sind. Die Heterogeneität der Schichten steht dem keineswegs im Wege. Die Getrenntheit also ist nur ein Aspekt des Bewußtseins. Und in Wirklichkeit steht der Zuordnung zwischen Vorstellung und Gegenstand nichts entgegen als das Vorurteil einer Theorie, die ihren Standort einseitig in der Bewußtseinsimmanenz gewählt hat.

Streift man dieses alte Vorurteil ab, so läßt sich auf ontologischer Grundlage die Erkenntnisrelation ohne sonderliche Schwierigkeiten weiter analysieren. Die durch den falschen Standpunkt bedingten künstlichen Aporien fallen hin, und das vielumstrittene Verhältnis der Gegenstandsprinzipien und Seinsprinzipien, an dem u. a. das ganze Apriorismusproblem hängt, wird in der neuen Form eines reinen Kategorienproblems bearbeitbar. –

Zum Schluß sei nur noch bemerkt, daß auch das Modeproblem unserer Zeit, das Relativismusproblem, das heute noch Vielen wie eine Destruktion philosophischer Erkenntnis erscheint, sich auf Grund des ontologischen Ansatzes behandeln und gleichsam unschädlich machen läßt.

Alles Relativsein setzt etwas voraus, „worauf" es relativ ist. Wenn nun, was heute für wahr gilt, morgen zum Irrtum gezählt wird, so kommt es auf die Gründe dieses Wandels an. Liegen die Gründe in der veränderten Lebenssituation des Menschen, wie der Pragmatismus und der Historismus beide (nur mit mancherlei Akzentverlegung) behaupten, so ist der geschichtliche Wandel in der Gesamtsituation des Menschen eben das, worauf die „Wahrheit" relativ erscheint. Dieser Wandel selbst also wird nicht mit relativiert, besteht auch nicht im bloßen Dafürhalten des Menschen, sondern an sich.

Damit aber ist man auf den Boden einer vom Für-wahr-Gelten unabhängigen Seinsebene hinausgelangt. Auf diesem Boden gibt es Ereignisse, Geschehnisse und Zustände, die schlechterdings so sind, wie sie sind, und keiner Relativität unterliegen. Und inbezug auf sie gewinnen dieselben wechselnden Überzeugungen, deren Wahrheit und Unwahrheit nur im zeitweiligen Gelten und Nichtgelten zu bestehen schien, den ursprünglichen Sinn von wahr und unwahr wieder. Denn ob sie wahr „sind" oder nicht, darüber entscheidet nun nicht noch einmal die Überzeugung der wechselnden Zeitgenossenschaft, sondern einzig ihr Zutreffen oder Nichtzutreffen auf ihren Gegenstand.

Die Frage aber, in welchen Grenzen es ein gewisses Wissen um dieses Zutreffen und Nichtzutreffen geben kann, ändert am absoluten Sinn des Wahrseins und Unwahrseins nichts. Das ist nicht mehr eine Frage der „Wahrheit", sondern des Wahrheitskriteriums; und die muß man der Erkenntnistheorie überlassen. Alle faktische Bestätigung aber hat ihren Grund im geschichtlichen Anwachsen der Erfahrung. Und dieses läßt sich weder vorwegnehmen noch beschleunigen.

6 Neue Anthropologie in Deutschland

Einleitung

Im Jahr 1940 ist Arnold Gehlens Buch *Der Mensch. Seine Natur und Stellung in der Welt* in erster Auflage erschienen. Während in der ursprünglichen Textfassung noch „ideologische Einverständnisformeln" mit dem NS-Regime zu finden sind, haben die weiteren Auflagen umfassende Überarbeitungen erfahren.[1] Nicolai Hartmann hat in den *Blättern für Deutsche Philosophie* (1941/42) eine der ersten Rezensionen zu Arnold Gehlens Buch vorgelegt; zu den Gehlenschen Einlassungen in die Zeitläufte findet sich keine Anmerkung. Hartmann stellt die Sache in den Mittelpunkt und betont, man habe „in Fachkreisen der deutschen Philosophie [auf nichts] so sehnlich gewartet wie auf einen neuen, grundlegenden Ansatz der philosophischen Anthropologie." (315)

Grundsätzlich erkennt Hartmann an, dass Gehlen den so dringend notwendigen Neuansatz in der philosophischen Anthropologie geleistet habe.[2] Die anthropo-biologische Perspektive liefert seiner Ansicht nach den „Leitfaden zur Bestimmung des Menschenwesens". Sie integriert die leiblichen und höheren Funktionen, sie begreift die „Unfertigkeit" des Menschen, sie versteht das „Übertierische" in ihm als Nichteingepasstheit in einen Umweltzusammenhang und beeindruckt den Rezensenten durch die innere Kohärenz der Beweisführung.

Hartmann referiert die zentralen Aspekte der Gehlenschen Anthropologie und schließt seine Betrachtung mit einigen kritischen Anmerkungen, nicht aber aus Anmaßung des Besserwissens, sondern um „gewisse naheliegende Einwände, wie sie vielleicht jedem Leser Gehlens zuerst in den Sinn kommen mögen, vorwegzunehmen und zu entkräften." (324) Der gewichtigste Einwand, den Hartmann aller Kritik vorwegnimmt, betrifft die implizite Vorannahme der Anthropologie. Diese setzt einen bestimmten Weltbegriff voraus, um die These von der bedrohten Stellung des Menschen in der Welt entfalten zu können. Die Grundstruktur der Welt, in welcher der Mensch lebt und die konstitutiv für sein Wesen ist, wird von

---

1 Vgl. Rehberg, Karl-Siegbert, „Nachwort des Herausgebers", in: Gehlen, Arnold, *Der Mensch. Seine Natur und seine Stellung in der Welt.* Teilband 2 (= *Arnold Gehlen. Gesamtausgabe.* Bd. 3.2.), 751–786; hier: 754.

2 Vgl. Harich, W., *Nicolai Hartmann – Leben, Werk, Wirkung,* hrsg. v. M. Morgenstern, Würzburg 2000, 133: „Durch Gehlen fühlte er sich produktiv herausgefordert. [...] Ein Jahr lang hat Hartmann mit Gehlens Untersuchungen und Befunden zugebracht, ehe er dazu ansetzte, sie in den „Blättern für deutsche Philosophie" zu besprechen. [...] Mit der Rezension schuf er das vielleicht eindrucksvollste Dokument seiner wissenschaftlichen Objektivität, seiner wach gebliebenen Bereitschaft, umzudenken."

Gehlen nicht eigens thematisiert. Vielmehr geht er unausgesprochen vom Zusammenbruch der klassischen Naturteleologie und Geschichtsphilosophie Hegelscher Prägung aus, denn er hat die Vorentscheidung getroffen, seine Theorie von diesen Altlasten des philosophischen Diskurses freizuhalten. Nach Hartmanns Anschauung ist diese Vorentscheidung Gehlens berechtigt, weil sie sich den mühsamen Umweg einer Destruktionsarbeit der tradierten Weltbilder spart. Aber sie birgt auch eine Gefahr in sich, weil die ungeklärten ontologischen Probleme damit nicht erledigt sind. So „rückt die neue Anthropologie in gefährliche Nähe gewisser spekulativ metaphysischer Theorien, die auch die geistig-geschichtliche Welt – die der Technik, der Kunst, der Moral, des Rechts, des Wissens und des politischen Lebens – als bloßen Teil des organischen Lebens verstehen wollen." (329)

Den möglichen Vorwurf eines biologischen Reduktionismus gegenüber Gehlens Theorie weist Hartmann jedoch vehement zurück. Damit schützt er diese vor ihren eigenen Konsequenzen, die von Gehlen sehr wohl einkalkuliert sind. Tatsächlich gründet die anthropo-biologische Perspektive in der These, dass die Konstitution der Menschenwelt aus der Bestimmung des Menschen als biologischem Mängelwesen zu deduzieren ist. „Das sieht nun recht bedrohlich aus. In der Tat, wenn es gerade aus biologischen Gründen einleuchtet, daß das geschilderte Mängelwesen gar nicht existiert haben kann, weil es ja nicht existenzfähig ist, so läßt sich auch nicht biologisch mit der ‚Notwendigkeit zu seiner Erhaltung' argumentieren. Dennoch möchte ich glauben, daß hier kein πρῶτον ψεῦδος vorliegt." (328) Hartmann möchte nicht glauben, was bei Gehlen explizit so gedacht wird, weil er dessen Setzung des Primats der biologischen Perspektive in seiner Ausschließlichkeit nicht anerkennt. Stattdessen liest er Gehlens Buch als eine anthropologische Studie, in der zum ersten Mal mit systematischer Präzision eine Gesamtperspektive auf den Menschen entworfen wird.[3]

Der zentrale Punkt der Rezension Hartmanns liegt auf der Herausarbeitung eines ontologischen Defizits in der anthropologischen Gesamtperspektive, „[d]enn ontologisch ist die Sachlage ja die, daß dieselben Seinsschichten, welche die ganze reale Welt ausmachen, auch am Menschenwesen wiederkehren. Auch er ist materielles, organisches, seelisches und geistiges Wesen, und auch in ihm wie im Aufbau der realen Welt ‚tragen' die niederen Schichten die höheren, diese aber haben ihre eigenen, höheren Seinsprinzipien."[4] Hartmanns Kritik der Anthropologie Gehlens ist wohlmeinend, sie umschifft alle weltanschaulich prekären

---

3 Vgl. Hartung, Gerald, *Das Maß des Menschen. Aporien der philosophischen Anthropologie und ihre Auflösung in der Kulturphilosophie Ernst Cassirers*, 2. Auflage: Weilerswist 2004, 185–203.
4 Vgl. Hartmann, Nicolai, *Naturphilosophie und Anthropologie* (vgl. *Text 7* in diesem Band, 340).

Textpassagen und mündet doch in der Skizzierung einer ernstzunehmenden Gegenposition. Gehlens Außerachtlassen der ontologischen Dimension wird von ihm am Ende einer Entwicklungslinie des philosophischen Denkens fixiert, die er seit seinen frühen Schriften als „Verdrängung der Ontologie" und d. h. als Folgeerscheinung der Kantischen Vernunftkritik diagnostiziert.[5]

Hartmanns Kritik an Gehlen ist doppeldeutig. Einerseits markiert sie die letzte Etappe der erwähnten Verdrängungsgeschichte, andererseits jedoch verspricht Hartmann sich von einer Hinwendung zur Anthropologie, dass mit dieser philosophischen Disziplin der Sinn für ontologische Fragen in die Debatte zurückkehrt. So ist der letzte Satz der Rezension zu verstehen, wo es heißt, dass alle Gebiete des menschlichen Lebens auf „Seinsgrundlagen" aufruhen, welche in der „Natur" des Menschen und seiner elementaren „Stellung in der Welt" bestehen.

Was von einer philosophischen Anthropologie als „Grundphilosophie" geleistet werden kann, ist bereits in den 20er und 30er Jahren des 20. Jahrhunderts umschrieben worden. „Die philosophische Anthropologie tritt nicht als eine neue, koordinierte Art zu den übrigen Wissenschaften vom Menschen hinzu. Sie berührt eine weit radikalere Problematik. Sie sucht sich zu gründen in einer Gesamtauffassung des Menschen als Menschen."[6] Bei Max Scheler meint die Rede von der Gesamtauffassung, dass die Bestimmung eines empirisch-anthropologischen Gattungsbegriffs vom Menschen in eine „Wesensanthropologie" eingeordnet wird. In diesem Zusammenhang werden die empirischen Daten über den Menschen durchaus ernstgenommen, aber sie werden in einem Wesensbegriff gegründet. Gehlen erklärt die Zeit der Wesensanthropologien für beendet.[7] Hartmann hingegen gibt zu bedenken, dass ein philosophisches Fragen nach dem Menschen ohne ontologische Rückversicherungen nicht auskommen darf. Um zu verstehen, was den Menschen als Seienden unter Seiendem, als Lebendigen unter Lebendigem ausmacht, muss auch eine Klärung der Begriffe „Sein", „Welt", „Geist", „Leben", „Natur" usw. herbeigeführt werden.

In der heutigen Debatte über aktuelle Aufgaben der Anthropologie sind ontologische Fragen nur noch latent gegenwärtig. Die anthropologische Forschung interessiert sich beispielsweise nicht mehr für die Frage, was der menschliche Geist „ist", sondern wie die Funktionszusammenhänge im Phänomenbereich geistiger Tätigkeit – Kognition, Emotionalität, Intentionalität, Kooperation sind

---

5 Hartmann, Nicolai, *Grundzüge einer Metaphysik der Erkenntnis*, Berlin-Leipzig 1921, 3, 27 ff. (4. Auflage: Berlin 1949, 3, 34 ff.).

6 Landsberg, P. L., *Einführung in die philosophische Anthropologie*, 2. Auflage: Frankfurt/M. 1934, 10 – 11.

7 Gehlen, Arnold, „Rückblick auf die Anthropologie Max Schelers". In: Good, P. (Hg.): *Max Scheler im Gegenwartsgeschehen der Philosophie*, Bern-München 1975, 179 – 188.

hier thematische Schwerpunkte – angemessen zu beschreiben sind. Die Feststellung der Angemessenheit richtet sich nicht mehr auf einen ontologischen Status des jeweiligen Konzepts, sondern auf seine Tauglichkeit für einen interdisziplinären Forschungsansatz und für ein Selbstverständnis des Menschen als Träger bestimmter körperlicher oder geistiger Funktionen. So geht es zum einen in Kulturanthropologie und Ethnologie um die Untersuchung der Vielfalt menschlicher Lebensformen und eine Suche nach dem, „was uns alle verbindet" (C. Antweiler). In einer evolutionären Anthropologie und Verhaltensbiologie wird die Durchführung des Mensch-Tier-Vergleichs weiter vorangetrieben und der Versuch einer genauen Bestimmung der graduellen Differenzen sowie der „human universals" in einem anthropo-biologischen Sinne unternommen. Hier werden beispielsweise funktionale Strukturen der Kooperation, der Sprachfähigkeit, einer „theory of mind" und Formen der Kommunikation untersucht.[8] Wenn auch die Begriffssprache Gehlens und Hartmanns antiquiert erscheinen mag, so bleiben doch die Positionen einer anthropo-biologischen Forschung im Sinne Gehlens und ihrer ontologischen Reflexion aktuell, denn in die gegenwärtige Diskussion über anthropologische Fragen mischt sich ein teilweise schwacher, teilweise durchaus starker und unreflektierter Naturalismus.[9] Nur ein Ausweiten des Fragens nach dem Menschen in die Richtungen philosophisch-anthropologischer und ontologischer Durchdringung der Ergebnisse empirischer Forschungen wird vor den Einseitigkeiten naturalistischer Erklärungsmodelle eine Grenze setzen. An diese – nicht unbedingt neue – philosophische Einsicht erinnert uns Nicolai Hartmann.

---

[8] Tomasello, Michael *Die Ursprünge der menschlichen Kommunikation*, Frankfurt/M. 2009. Kappeler, Peter M. u. Silk, Joan B. (Hg.), *Mind the Gap. Tracing the Origins of Human Universals*, Berlin, Heidelberg 2010.
[9] Vgl. Thies, Christian, „Anthropologie heute (1. und 2. Teil). Ein Literaturbericht", in: *Philosophische Rundschau* 56, 2009, 183–210, 296–312.

Neue Anthropologie in Deutschland
Betrachtungen zu Arnold Gehlens Werk
„Der Mensch, seine Natur und seine Stellung in der Welt"[1]

Auf nichts, soweit ich mich zurückerinnern kann, hat man in Fachkreisen der deutschen Philosophie so sehnlich gewartet wie auf einen neuen, grundlegenden Ansatz der philosophischen Anthropologie. Die alten Methoden, zum Teil noch aus der klassischen Idealistenzeit stammend, haben sich längst überlebt; eine Sturzflut sich drängender neuer Probleme – der Biologie, Psychologie, Sozial-, Geschichts- und Sprachwissenschaft – ist über sie hingegangen, neue Wege aber haben sich nur in unzureichendem Maße finden lassen. Auch die Psychologie, von der man sich am ehesten etwas Durchschlagendes versprechen mochte, war nicht in der Lage, hier wegweisend voranzugehen. Unterdessen ist aus der Gesamtsituation des neuen Deutschlands eine noch weit gewaltigere Fülle von brennenden Fragen der Völker- und Rassenkunde aufgestiegen, deren Diskussion in vollem Gange ist, für die es aber immer noch an einer Grundlage philosophischer Behandlung mangelt. Denn so steht es einmal: alle Differenzierung menschlich-völkischer Artung setzt irgendeine Grundvorstellung vom Wesen des Menschen überhaupt voraus, und ohne diese schwebt alle Besonderheit und Arteigenheit in der Luft.

Um diese Grundvorstellung – und zwar um sie allein, noch diesseits aller spezielleren Fragen – handelt es sich in dem Werk Arnold Gehlens, von dem ich hier zu berichten habe. Ein Jahr lang habe ich mit diesem Buche zugebracht, und heute will mir scheinen, die Zeit reicht noch nicht, damit zurechtzukommen. Nicht, als wäre es schwer geschrieben, wer etwas biologische Grundbegriffe mitbringt, liest es ohne Schwierigkeit; aber der Gegenstand ist abgründig, die Probleme haben es in sich – man geht ihnen nach, man verfolgt sie ein Stück weit an Hand einer meisterlichen Führung und verliert sich in ihre Tiefen. Denn, um es gleich zu sagen, das ist das didaktisch Schöne an diesem Werk: es führt bei aller Eleganz denkerischer Beherrschung und aller glückhaften Kraft, das an sich Schwierige leicht und übersehbar zu machen, doch nie über die Abgründe hinweg – selbst da nicht, wo die angebotenen Lösungen befreiend einfach scheinen –, sondern streng, treulich und unbeirrbar mitten in sie hinein.

Auf den ersten Anhieb merkt man das nicht so sehr. Um so zwingender wird es dem besinnlichen Leser, wenn er einen ersten Überblick gewonnen hat und dann zu den Einzelheiten zurückkehrt. Es geht eben hier in jeder Einzelheit um das Ganze. Ob von der Abstammungsfrage oder von den Wurzeln der Sprache, von der rätselhaften

---

1 [Gehlen, Arnold, *Der Mensch. Seine Natur und seine Stellung in der Welt*] Berlin, [Verlag] Junker und Dünnhaupt, 1940.

„Urphantasie" oder vom Phänomen des Willens die Rede ist, immer handelt es sich im Grunde um ein und dasselbe, um das Wesen des Menschen.

Es gibt freilich Versuche genug, das Wesen des Menschen zu bestimmen. Mit diesen setzt sich Gehlen laufend auseinander. Sie sind stets einseitig vorgegangen: entweder von den „höheren" Regionen des Menschenlebens aus, dem „geistigen" Leben, oder von den „niederen", tierischen, aus. Im ersteren Falle bekam man einen rein geisteswissenschaftlichen Begriff des Menschen, an dem das tragende Elementare fehlte und dem es nachträglich nicht mehr anzuflicken war; im letzteren aber wurde der Mensch als Tier unter Tieren verstanden, wobei dann bestenfalls für seine Besonderheit – unter anderem also auch für den „Geist" – wohl Spielraum blieb, aber kein Zusammenhang dieser Besonderheit mit der Spezies des Säugetiers, die er ist, sichtbar werden konnte.

Nun bildet dieser Zusammenhang aber gerade das Hauptproblem im Wesen des Menschen. Der Mensch ist nicht ein Tier, das außerdem noch Geist hat, als wäre der Geist ihm von außen angeflogen, sondern durchaus ein Wesen aus einem Guß. Und die Einheit dieses Gusses gilt es zu fassen. Andererseits aber gilt es ebensosehr, ihn gerade im Gegensatz zum Tier, und zwar auch zu den höchsten Tieren, den Primaten, zu verstehen, denen er stammverwandt ist. Anders ist seine Sonderstellung in der Natur selbst, noch diesseits alles geistigen Lebens, nicht zu verstehen.

Spaltet man das Wesen des Menschen in Leib, Seele, Geist auf, so entsteht eine Reihe von Rätselfragen, die sich auf dieser Basis gar nicht anpacken lassen. „Warum ist es der Natur eingefallen, ein Wesen zu organisieren, das der ungemeinen Irrtumsfähigkeit und Störbarkeit des Bewußtseins ausgesetzt ist? Warum hat sie den Menschen nicht lieber, statt mit Seele und Geist, mit ein paar sicher funktionierenden Instinkten mehr ausgestattet? Außerdem, wenn eine solche Einheit, eine Art Trinität, bestehen soll, wo sind denn die Begriffe und Denkformen, um Seele und Geist vom Leibe her (mit biologischen Kategorien) zu verstehen oder den Leib von der Seele und dem Geiste her? Das müßte ja möglich sein, wenn da eine Einheit ist. Nichts davon ist beantwortet und das Recht zu einem neuen Versuch unbestreitbar."[2]

Von hier aus wagt Gehlen den entscheidenden Schritt: es muß einen inneren, „noch nicht gesehenen" Zusammenhang geben zwischen dem Inneren und Äußeren des Menschen. Aber man kann ihn nicht in einem seiner Teile finden, auch nicht im Leibe, sofern man ihn einfach als tierischen Organismus faßt. Denn schon als leibliches Wesen steht der Mensch in Gegensatz zum Tiere. Und auf diesen Gegensatz kommt es an. Gelingt es, ihn zu fassen, so hat man damit den Leitfaden zur Be-

---

2 [Die Zitate entstammen der Erstauflage: Gehlen, Arnold, *Der Mensch. Seine Natur und seine Stellung in der Welt* (= *Arnold Gehlen Gesamtausgabe*, hrsg. v. Karl-Siegbert Rehberg, Bde 3.1 und 3.2, textkritische Edition unter Einbeziehung des gesamten Textes der 1. Auflage von 1940), Frankfurt a. M. 1993.)]

stimmung des Menschenwesens in der Hand und kann von hier aus rein auf Grund des anschaulichen Tatsachenmaterials die Grundlinie einer „elementaren Anthropologie" entwerfen.

Mit Recht, so will mir scheinen, darf dieser Gesichtspunkt sich als ein völlig neuer darbieten: die Grundfragestellung muß biologisch sein, aber nicht im hergebrachten engen Sinne biologisch, nicht in der Weise, daß sie nur auf Formen und Funktionen des Leibes ginge. Sie muß gerade die höheren Funktionen, die als solche keine leiblichen sind (Phantasie, Sprache, Denken und vieles mehr), mit umfassen. Und das wiederum nicht, um sie etwa aus jenen abzuleiten oder auf jene zurückzuführen, sondern um ihre Lebensnotwendigkeit aus den Lebensbedingungen des Menschen heraus verstehen zu lernen.

Diese Bedingungen eben sind wesentlich anderer Art als beim Tier. Der Mensch ist, wie Nietzsche sagt, „das noch nicht festgestellte Tier"[3]. Und Gehlen deutet: er ist unfertig, nicht „festgerückt", nicht angepaßt, es fehlt ihm an ausgebildeten Fähigkeiten, an festen Instinkten, die ihn zweckmäßig leiten, ebenso wie es ihm äußerlich an natürlichem Wärmeschutz und natürlichen Waffen fehlt. Er muß sich das alles erst schaffen. Er ist also ein Wesen, das an sich selbst eine Aufgabe vorfindet. Folglich muß die biologische Frage nach dem Wesen des Menschen dahin lauten: wie kann ein so stiefmütterlich bedachtes, schutzloses, bedürftiges Wesen sich am Leben erhalten?

Es ist ein glücklicher Griff, diese Frage ins Zentrum zu rücken. Sie ist einerseits in der Tat eine streng biologische, ist aber andererseits angetan, auf das unbestreitbar Übertierische im Menschen hinauszuführen. Die nachfolgenden Untersuchungen zeigen es in unzweideutigster Weise: was erforderlich ist, ein solches Lebewesen – das typische „Mängelwesen"[4] – am Leben zu erhalten, ist nichts Geringeres als „die ganze Breite der elementaren menschlichen Innerlichkeit, die Gedanken und die Sprache, die Phantasie, die sonderbaren bebilderten Antriebe, die kein Tier hat, die einzigartige Motorik und Beweglichkeit...[.]"

Ein zweiter Ansatz führt einen Schritt weiter. Er geht von dem bekannten Gedanken Uexkülls aus: das Tier ist genau und vollständig in seine „Umwelt" eingepaßt. Es nimmt von der Welt überhaupt nur solche Ausschnitte wahr, die seinen Lebensbedingungen entsprechen. Anders nach Gehlen der Mensch. Er ist nicht eingepaßt, er

---

3 [Nietzsche, Friedrich, *Die fröhliche Wissenschaft*, in: *Kritische Studienausgabe*, hg. von Colli, G./ Montinari, M., Bd. 3, München 1988, 81.]

4 [Herder, J. G., *Abhandlung über den Ursprung der Sprache* [1772]. Zweiter Teil, Stuttgart 1966, 80 – 81: „Als nacktes, instinktloses Tier betrachtet, ist der Mensch das elendste der Wesen. [...] Das instinktlose, elende Geschöpf, was so verlassen aus den Händen der Natur kam, war auch vom ersten Augenblicke an das freitätige, vernünftige Geschöpf, das sich selbst helfen sollte und nicht anders als konnte. Alle Mängel und Bedürfnisse als Tier waren dringende Anlässe, sich mit allen Kräften als Mensch zu zeigen."]

steht jenseits des Umweltverhältnisses, er muß sich selbst erst „in Form bringen", ist darum von Anbeginn gefährdet, auf seine Erfahrung, Stellungnahme, Handlung, seinen Vorblick in die Zukunft, auf Gewöhnung und Zucht angewiesen. Da er durch seine Wahrnehmungsfülle einer unzweckmäßigen Menge einströmender Eindrücke — einer ständigen „Reizüberflutung" – ausgesetzt ist, so bildet die Welt für ihn ein „Überraschungsfeld unvorhersehbarer Struktur", das erst in tastenden Versuchen durchgearbeitet, d. h. „erfahren" werden muß. Dazu bedarf es der „Entlastung", der Vereinfachung und der gebahnten Wege. Jene „Mängel" seiner Ausstattung bedeuten ebenso viele Belastungen. Das Wunderbare aber ist, wie der Mensch sie alle selbsttätig gerade zu Mitteln seiner Existenz umzugestalten weiß.

Hiermit sind außer der Grundfragestellung und der Richtung ihrer möglichen Beantwortung auch schon einige der „biologischen Kategorien" angedeutet, in deren Gleise sich die Untersuchung bewegt. Dieser Ansatz übernimmt zwar eine Menge fruchtbarer Motive von älteren und neueren Vorgängern, ist aber als Ganzes doch etwas durchaus Neues. Und das zeigt sich nun an einer Fülle von Einzelfragen, begonnen mit dem Problem der Abstammung (Deszendenz des Menschen) bis hinauf zu dem der Sprache, der Handlung, des Willens und des Charakters. Das Wesentliche dabei ist, daß diese Fragen nicht auseinandergerissen dastehen, sondern im Maße des Eindringens sich gegenseitig erleuchten. Der objektive Grund dafür ist aber das Ineinandergreifen der Funktionen und Leistungen selbst, die zur Erörterung stehen. Und das ist vielleicht das Wichtigste an dem ganzen Werk Gehlens. Denn es beweist die Fruchtbarkeit des Ansatzes – sofern dieser eben die Kraft hat, die an sich ungreifbare innere Einheit in solcher Mannigfaltigkeit erscheinen zu lassen.

Aus dieser Problemfülle seien hier nur ein paar Beispiele herausgegriffen. Eines der schönsten ist die Rolle der Rückempfindung und der „elementaren Kreisprozesse". Die Plastizität der menschlichen Motorik, die sie der „geführten" Tätigkeit fähig macht, beruht darauf, daß die eigene Bewegung wahrgenommen wird, neue Bewegung auslöst und so in einen Kreislauf einmündet, in welchem einerseits Dinge und Situationen, andererseits aber auch der Möglichkeitsbereich des eigenen Tuns allererst erfahren und fortschreitend erschlossen wird. Gesichtssinn und Bewegungsapparat bilden so ein einheitliches „sensomotorisches System". Ein ähnliches ist das „Sprach-Hörsystem", in dem ebenso jeder hervorgebrachte Laut rückempfunden wird. Es erweist sich, sensomotorische Systeme haben die Eigenart, zu dauernd neuen Versuchen anzureizen, die keinen aktuellen Gegenwartszweck verfolgen, sondern, entlastet vom Druck des Augenblicks, Fähigkeiten entwickeln, Erfahrung ansammeln, Welt erschließen, ja sowohl die Dinge als auch die eigenen Kräfte „verfügbar" machen. Gehlen faßt diese Besonderheit als ihren „kommunikativen" Charakter zusammen. Das Resultat, zu dem sie führen, ist ein Erfolg von unabsehbarer Tragweite: die sich allmählich herausbildende und nun in schroffem Gegensatz zur Gebundenheit tierischer Instinkte stehende freie Ersetzbarkeit des erworbenen Könnens und mit ihr die fortschreitende Weltorientierung und -beherrschung.

Das ist eine erste Probe auf das eingeführte Entlastungsprinzip. Aber es gibt eine ganze Stufenordnung von Funktionen, die unter diesem Prinzip verständlich werden: von den scheinbar einfachen Leistungen des kindlichen Spieles, des sachlich-objektiven Verhaltens und des erwachenden „Könnensbewußtseins" bis zu den hochkomplizierten der Sprache, der Bewegungsphantasie, des Vorblicks in die Zukunft oder des Dauerantriebs. In diesen Leistungen wird immer wieder der Gegensatz zum Tiere einleuchtend, dessen intelligenteste Reaktion stets an die gegebene Situation gebunden bleibt und überdies die Grenzen ihrer Angepaßtheit nicht überschreiten kann. Zugleich sind es diese Leistungen, durch welche die Hilflosigkeit des „unfertigen" Wesens sich kompensiert und schließlich in hohe Überlegenheit übergeht. Nicht aus der Hemmung unmittelbarer Reaktionen allein ist das Aufkommen des Bewußtseins biologisch verständlich, wohl aber aus der Mannigfaltigkeit schöpferischer Leistungen, die in die entstehende Lücke einspringen.

Ein lehrreiches und für vieles Weitere repräsentatives Kapitel ist in diesem Zusammenhange das der Bewegungsphantasie. Dieser Begriff, eine Entdeckung Palagyis[5], gewinnt bei Gehlen die Zentralstellung in der Entwicklung menschlicher Aktivität. „Wenn wir vor einem breiten Graben einen Sprung erwägen, so ist die Ausführung oder Unterlassung vom Resultat eines eingebildeten Sprunges abhängig. Wir können alle unsere Glieder phantasiemäßig in andere Lagen, Bewegungen oder Bewegungskombinationen versetzen, ohne dies wirklich auszuführen. Sportliche Fähigkeit scheint in hohem Grade in der guten Leistung der Bewegungsphantasie zu bestehen, die die bei jedem Sport beanspruchten neuen Kombinationen vorentwirft. Wir können uns mit ihr in eine Bewegung einleben – nicht eindenken –, ohne sie zu vollziehen." Verfolgt man nun die aufsteigende Linie von der Unfertigkeit frühkindlicher Bewegungen bis zu den gesteuerten Vollzügen sachbeherrschenden Tuns, so sieht man deutlich die Rolle der Bewegungsphantasie in ihrer zuerst vom Erfolg abhängigen, dann aber immer mehr der Aktion vorgreifenden Funktion. „Die Bewegungen müssen selbst aufgebaut, müssen herausgeholt und in Unterordnungs- und Führungsleistungen gegliedert werden." Dabei entwickelt sich ein „Hof von Phantasmen und Umgangserwartungen", ohne den die Bewältigung neuer Aufgaben nicht möglich wäre.

Solche Bewältigung stets neuer Aufgaben ist aber die allgemeine Lebensnotwendigkeit, unter der der Mensch steht. An dieser Anforderung entspringt die Geistesentwickelung. Diese ist also weit entfernt, etwas den leiblichen Fähigkeiten gegenüber Akzessorisches zu sein. Sie ist es vielmehr, die den Leib allererst zu dem

---

5 [Menyhért Palágyi: 12.1859 – 14.07.1924; ungarischer Philosoph und Physiker.]

ausgestaltet, was er als spezifisch menschlicher Organismus ist. Und alle Trennung des Physischen und Psychischen wird an solchen Phänomenen illusorisch.

Weiter führt dann der Begriff der „Bewegungssymbolik". Diese beginnt damit, daß der Gesichtssinn die Erfahrungen des Tastsinnes und der anderen Sinne mit übernimmt, so daß „wir schließlich den Dingen ihre Elastizität, Härte, Oberflächenstruktur, Trockenheit, Nässe, Schwere usw. ansehen". Das bedeutet die Entlastung der Hand, ihr Freiwerden für eigentliche Arbeitsleistung. „Die gesamte Kontrolle der Welt und unserer Handlungen wird in erster Linie von der Sehwahrnehmung übernommen oder abgelöst." Die Folge dieser Ablösung ist, daß die Sehwahrnehmung „hochsymbolische Zentren von Andeutungen auch der Tast- und Kollisionschancen, der Schwerewerte, der potentiellen Umgangserfolge enthält". Jedes gesehene Ding bringt schon gewisse Bewegungsvorschriften mit, deutet uns Hindernisse im Hinblick auf mögliche Aktionen an.

Zugrunde aber liegt die feinste Kooperation von Seh-, Tast- und Bewegungsphantasie. Hierauf beruht das Phänomen „der gekonnten Bewegung", das Resultat des Übungsvorganges. Die Glätte, Treffsicherheit, Eleganz der Ausführung wurzelt in dem Hinweggleiten des Bewußtseins über die automatisch gewordenen Zwischenphasen. Sie „holt nur noch die Knotenpunkte der Folge heraus", entlastet also wiederum die Führungsfunktion. Durch diese Verkürzung des Vorganges wird der Reichtum der Leistungsmöglichkeiten frei und verfügbar.

Die sensomotorischen Systeme bringen es schließlich zu einer allseitigen Auseinandersetzung des Menschen mit den Dingen, zu einer durchgearbeiteten und „erledigenden" Bekanntschaft (Intimität) mit ihnen. Und weil das unabhängig vom Druck physischer Bedürfnisse, in entlasteten Kreisprozessen vor sich geht, so führt es auch zu weiterer Entlastung: zur Struktur desjenigen Verhaltens, in dem allein es „objektive Erfahrung" gibt. Die Objektivität in diesem Verhalten zur Welt bedeutet eine Art Suspendierung der Dinge, ihr „Dahingestelltsein" oder Zur-Disposition-Gestelltsein. Die Dinge bekommen eine Neutralität für den Menschen, in der sie nun erst für ihn sind, was sie an sich sind. Soweit der Mensch dieses Verhältnis zu den Dingen gewinnt, ist er in seiner Welt „zu Hause" und kann jederzeit an jedem Punkte in sie hinein handeln. –

Das bis hierher Referierte ist in freier Auswahl den ersten 22 Kapiteln des Gehlenschen Buches entnommen. Ich halte diese Kapitel für die eigentlich grundlegenden, weil sie methodisch bahnbrechend sind und zugleich die wichtigsten Kategorien des Menschseins entwickeln. Die Tragweite der letzteren kommt freilich erst in der inhaltlich reicheren zweiten Hälfte des Buches zum Vorschein, und ich zweifle nicht, daß mancher Leser erst von der mit großer Eindringlichkeit durchgeführten Theorie der Sprache aus rückwärts gehend den rechten Zugang zu den mehr elementaren Partien finden wird. Diese Theorie, in gewissem Sinne das Zentralstück des ganzen Werkes, frappiert durch die Vielseitigkeit ihrer Ansätze, durch die Vielheit der

„Wurzeln", auf die sie das Sprachphänomen zurückführt, sowie durch die außerordentliche Mannigfaltigkeit der Verflechtung mit anderweitigen Problembereichen, die in sie hineinspielen oder im Gesamtgange der Untersuchung mit behandelt werden. Zu den letzteren gehören solche Phänomene wie das Wiedererkennen und Festhalten, die höhere Bewegungserfahrung, die geplante Handlung, das Festhalten der Hinsichten, die Vorstellung, die „Angleichung der inneren und äußeren Welt", das lautlose Denken und vieles mehr. Es würde viel zu weit führen, auch über diese Dinge zu berichten.

Nur eines sei hier in Kürze berührt: der Zusammenhang der Sprache mit den geschilderten kategorialen Grundzügen des Menschseins. Sprache ist nach Gehlen die gradlinige Fortsetzung derselben Aufbauordnung. die mit den sensomotorischen Prozessen beginnt. Sie wurzelt selbst in einem sensomotorischen System, arbeitet sich aus derselben Rückempfundenheit empor wie jene und führt gleich ihnen zu weiterer Entlastung, Verfügbarkeit, Objektivität und Beherrschung. Sie ist niemals als intellektuelle Leistung verständlich, geht vielmehr zeitlich dem Denken voran. Die Leistungen der Kommunikation in einer nicht beschränkten Weltsphäre, der Orientierung in ihr und der Bekanntschaft mit ihr konzentriert die Sprache nur noch einmal in sich und bringt sie zu höherer Vollendung. „So wächst sie wahrhaft organisch aus dem Unterbau menschlichen Sinnes- und Bewegungslebens heraus, in denselben Strukturen, mit denselben Worten beschreibbar, so daß sie zuletzt im Denken, im Bewußtsein, die gesamte Entwicklung der menschlichen Leistungen zusammenschließt und führt." In ihr gipfeln nicht nur die Prozesse der Erfahrung und des Umganges, sondern auch die Weltoffenheit wird in ihr produktiv bewältigt; weit vorgreifende Handlungsentwürfe werden möglich, und nicht nur die des Einzelnen, sondern erst recht die gemeinsamen, die durch Gleichrichtung auf gemeinsame Zukunft gehen.

Das Ausschlaggebende hierbei ist m. E. die außerordentliche Spannweite von Funktionen, welche das Phänomen der Sprache umfaßt: ihr Wurzeln in echt biologischer Notwendigkeit, ihr vielseitiger Anteil an der Menschwerdung und ihre produktive Leistung in der Sphäre des Gedankens, des zielbewußten Tuns und des Wollens. Man würde diese Theorie der Sprache vollkommen mißverstehen, wenn man sie als kausale Ableitung sinnbeschwingter Ausdrucksformen aus physiologischen Vorgängen verstehen wollte. Die Tendenz ist eher noch die umgekehrte: schon in den primitiven Leistungen des Menschenwesens liegt dieselbe Grundrichtung, die in der Ausdruckssymbolik kulminiert; die Intention auf die Sache, die dem Gedanken eignet, ist die Fortbildung derselben verarbeitenden Kraft, die ein unspezialisiertes und mangelhaft angepaßtes Lebewesen aufbringen muß, um sich im Leben zu erhalten. Man könnte die Zuspitzung ebensogut nach der anderen Seite richten und meinen, die Fähigkeiten des „Geistes" würden auf diese Weise schon den Zellen zugeschrieben. Man würde dem Gedanken des Verfassers damit ebenso Unrecht tun. Weder das eine noch das andere ist hier stillschweigend vorausgesetzt. Die höheren Funktionen sind weder auf niedere zurückführbar noch in ihnen enthalten, sondern entstehen auf ihrer bestimmten Entwicklungshöhe und unter sehr bestimmten Bedingungen, aber freilich nicht ohne ständigen aktiven Einsatz des aus seiner Hilflosigkeit sich emporringenden Menschenwesens.

Das wirkliche Vorgehen der Untersuchung hascht nicht nach Antwort auf solche spekulative Fragen. Es bleibt viel dichter bei den Phänomenen; gleichgültig gegen die traditionellen Dualismen geht es der Frage nach: wie hilft sich das instinktarme Menschenwesen und wie gelangt es zu seiner erstaunlichen Überlegenheit über die umgebende Welt? Und hier ist es diesseits aller metaphysischen Deutung ein kapitaler Gedanke, das große Rätselphänomen der Sprache bis in seine sublimen Folgeerscheinungen hinein in den Zusammenhang der Leistungen einzuordnen, deren ein solches Wesen zu seiner Existenz bedarf. Wer diese eindrucksvollen Darlegungen im Ernste durchdenkt, erlebt es bei jedem Schritt, wie aus diesem Zusammenhange heraus eine Reihe scheinbar unentwirrbar verwickelter Verhältnisse sich übersichtlich machen und auflösen läßt.

Gegen Ende des Werkes werden die hereingezogenen Probleme immer reicher, die Aufschlüsse von immer größerer Tragweite. Von hohem Interesse sind hier die Kapitel über die „Antriebe" (im Gegensatz zu den Trieben verstanden), über ihre Strukturen, ihre Weltoffenheit, ihr Auskristallisieren in anschaulichen „Bildern" und ihr sekundäres Triebhaftwerden; desgleichen die Abschnitte über das Hervorgehen der „Haltung", der Führungssysteme, der Zucht und „Zuchtbilder". Besondere Beachtung verdient in diesem Zusammenhange die höchst neuartige Lehre von der „Verschiebbarkeit" und Kombinierbarkeit der Antriebe, von ihrer „Plastizität" (Formbarkeit) und ihrem Verhältnis zur Gewohnheit. Bei der Diskussion der Gewohnheit fesselt hier den Kenner des Pragmatismus besonders das weise ausgewogene Abrücken von Dewey[6]. Tiefer noch führt die kurz und schlagend gebrachte Lehre vom „Antriebsüberschuß" und seiner Verfügbarkeit als einsetzbarer Energie. Auch auf die Frage, was der Wille ist, gibt es von hier aus eine erstaunlich bündige Antwort; aber sie ist verständlich nur bei genauem Eingehen auf die sich überhöhenden Stufen des Verhältnisses von Antrieb, Phantasie, Führung und Vollzug. Ich muß sie darum hier verschweigen.

Anschließend sei dagegen noch darauf hingewiesen, daß diese Anthropologie es auch unternimmt, eine neue Grundlage der Charakterologie zu geben. Charakter ist nach ihr nicht eine Sammlung von Eigenschaften, ist auch nicht herleitbar aus Trieben, wie so viele Theorien behauptet haben. Er ist vielmehr besondere Art, wie der Mensch aktiv das Triebleben hemmt oder in feste Ordnungen beherrschter und ausgewählter Kraft umsetzt, sie in Haltungsgewohnheiten faßt und an die objektive Welt

---

6 [Vgl. Dewey, John, *Die menschliche Natur. Ihr Wesen und ihr Verhalten*, Stuttgart 1931.]

hin verteilt. „Wo es also keine sog. Triebe mehr gibt, dort ist das Triebleben zu der natürlichen Ordnung gekommen."

Formung und Führung des Trieblebens ist die dem Menschen natürliche Verfassung. Er ist eben von Grund aus ein Wesen der eigenen Leistung und Zucht. Bis in die vegetativen Tiefen seines Wesens hinein ist er auf Arbeit und Handlung abgestimmt. „Ein aus der Führung entlassenes und nicht in Haltung formiertes Antriebsleben entartet." Der Charakter ist hiernach das besondere System von Antrieben, Dauerinteressen, Folgebedürfnissen usw., im ganzen „ein Haltungsgefüge aus übernommenen, angeeigneten oder abgestoßenen, aber immer verwerteten Antrieben, die man tätig an der Welt und aneinander orientiert hat, oder die sich als Nebenerfolge unserer Handlungen gegeneinander mitfolgend feststellen oder herausstellen". Darum braucht der Charakter Zeit, sich zu bilden, gelangt erst mit den Jahren zur Reife, bildet aber dann eine Konstante im weiteren Leben, und diese Konstante übernimmt dann die lebenswichtige Aufgabe, unsere Grundsätze und Grundentschlüsse der Beeinflußbarkeit durch Anreize der Oberfläche, d. h. des Bewußtseins, zu entziehen. Auf diese Weise bildet der Charakter eine Art Gegenwärtigkeit selbstverständlich gewordener Entscheidungen, „ein gespanntes Bewußtsein zu dem, was in der Richtung unserer tragenden Interessen liegt". Aus dieser Sphäre heraus geschieht die Auswahl dessen, was im Bewußtsein zugelassen und verarbeitet werden soll. Nicht das Bewußtsein also seligiert, es unterliegt vielmehr in seinen wichtigsten Funktionen der Selektion durch eine von ihm unabhängige Instanz.

So stellt sich der Charakter von oben gesehen dar. Von unten gesehen ist er nichts anderes als die „Fortsetzung der gerichteten, rhythmischen und geschlossenen Abläufe, zu denen sich der Lebensprozeß überall abstimmt, in den Umkreis des Selbstvollzogenen". Er stellt eine Geladenheit mit zügiger Handlungs- und Auswahlbereitschaft dar und wirkt um so überzeugender, je weniger ein Bedürfnis nach Begründung, ja auch nur eine Ahnung anderer Möglichkeiten hindurchscheint.

Das ist nun in der Tat ein neuer und, wie mir scheint, recht bedeutender Ansatz zur Lehre vom Charakter. Das ist etwas von Grund aus anderes als die gewohnten Theorien von Trieben und Eigenschaften; und anderes läßt sich damit fassen. Es ist freilich nur ein Ansatz, hingeworfen, ohne Durchführungen. Aber man beachte: er ist nicht ein für sich dastehender Einfall, er ist eine Konsequenz und setzt nichts Geringeres als die ganze neu entworfene Anthropologie voraus. Nur mit dem ganzen Gefüge der herausgearbeiteten Kategorien wird dieser Weg sich beschreiten lassen. Das Geheimnis aller Lehre vom Charakter ist, daß sie einer tragfähigen Basis bedarf. Und diese kann in nichts anderem bestehen als in einer Gesamtanschauung des Menschenwesens von seinen biologischen Grundlagen aus. An einer solchen hat es lange gefehlt.

Wer eine neue Theorie auf den Büchermarkt bringt, muß damit rechnen, Einwänden zu begegnen. Wer wie Gehlen noch dazu die Theorie zu einer ganzen Wissenschaft ausgestaltet – selbstverständlich ohne sie in einem einzelnen Buche erledigen zu können – und damit die methodische Überlegenheit über eine Menge bestehender Ansichten und Verfahren in Anspruch nimmt, wird sich erst recht über Mangel an Widerspruch nicht zu beklagen haben.

In dem unfehlbar entstehenden Streit der Meinungen ist nur ein radikaler Unterschied zu machen zwischen dem denkträgen Opponieren dessen, der seine fertige Ansicht mitbringt, an Umlernen aber gar nicht denkt, und der ebenbürtigen Kritik dessen, der mit dem Autor gehend sich erst einmal auf der neuen Bahn bewegen lernt, um dann das Gelernte von innen heraus zu prüfen. Ich muß gestehen, daß ich das erstere nicht will, obgleich ich mich von ungeklärten Widerständen nicht frei fühle, das letztere aber nicht kann, weil ich nicht, wie der Verfasser, auf seinem Gebiete selbständig gearbeitet habe. Das mag von einem Rezensenten befremdlich klingen. Ich möchte es aber an dieser Stelle ohne Beschönigung aussprechen, daß mich viele Rezensionen, die ich lese, weit mehr durch das Gegenteil befremden: durch die Anmaßung, mit der angehende Fachvertreter, die sich auf dem einschlägigen Gebiete noch durch keinerlei eigene Leistung ausgewiesen haben, sich unter dem Anschein selbstverständlichen Besserwissens Urteile erlauben, die nichts als ihre eigene Unfähigkeit beweisen, einen neuen Gedanken auch nur zu begreifen.

Daß ich mich in die Reihe solcher Beurteiler nicht zu stellen wünsche, wird man begreiflich finden. Überhaupt, das Rezensieren ist so wichtig nicht wie das Referieren. Und das ist, je besser das Buch, um so schwieriger. Wo es gilt, für eine bedeutende Leistung Interesse zu wecken, da ist die „Meinung" der ersten Beurteiler äußerst gleichgültig. Ich setze daher an Stelle fragwürdigen Kritisierens eine andere Betrachtung an den Schluß meines Berichts: den Versuch, gewisse naheliegende Einwände, wie sie vielleicht jedem Leser Gehlens zuerst in den Sinn kommen mögen, vorwegzunehmen und zu entkräften.

Das ist nicht aus der Luft gegriffen. In der Tat gibt es solcher Einwände eine Menge, und manche berühren sehr fundamentale Probleme – keineswegs bloß solche der Anthropologie, sondern auch Probleme der Philosophie überhaupt. Und eben weil sie so allgemein sind, glaube ich in ihnen ein Wort mitsprechen zu können.

Zunächst ein Wort über die peripher gestreiften Problemgebiete, die nicht im Brennpunkte der Untersuchungen stehen, aber das Wesen des Menschen durchaus betreffen und deswegen vom Verfasser mit in die Erörterungen gezogen sind. Dahin zählen das Problem der Erkenntnis und der Wahrheit, das des Wertes, des Ethos und der Freiheit, ja das der Philosophie überhaupt. Es scheint mir, daß gerade hier die Einwände sich verdichten dürften, obgleich Gehlen zu diesen Fragen nur sparsam Stellung nimmt, gleichsam im Vorbeigehen, um Konsequenzen zu ziehen. Aber eben die Sparsamkeit schneidet das nähere Eingehen ab. Man ersieht z. B. nicht, warum er sich an einen Erkenntnisbegriff hält, der dem Urteil und der Rationalität verdächtig nahe bleibt; oder warum Philosophie als eine Wissenschaft mit dem Vorzugsthema „Der Mensch" bestimmt wird. Er „hofft" zwar, hierfür mit seinem Buche den Beweis gebracht zu haben; genau gesehen aber beweist das Buch nur, daß die Philosophie als Wissenschaft sehr wesentlich durch die Anthropologie bestimmt ist. Was m. E. wichtig genug ist, aber sich nicht mit jener Bestimmung deckt. Ähnliches läßt sich auf den anderen genannten Problemgebieten zeigen.

Das gibt dann willkommenen Anlaß zur Ablehnung. Und leicht geschieht es – auf Grund eines bekannten Gesetzes alles polemischen Denkens –, daß die Ablehnung auch gleich auf das ganze Werk übertragen wird. Hierzu ist zu sagen, daß alle Einwände solcher Art das Wesen der Gehlenschen Anthropologie gar nicht berühren. Sie betreffen nur die Ausblicke, sind aber nicht einmal von diesen selbst hergenommen, sondern anderweitigen Theorien entnommen. Nehmen wir z. B. den Erkenntnisbegriff oder den Wahrheitsbegriff. Wenn der Erkenntnistheoretiker hier die ihm geläufigen Problemgehalte vermißt – und nehmen wir selbst an, mit Recht vermißt –, so kann daraus niemals folgen, daß in der entworfenen Theorie des Menschen etwas nicht stimmt, sondern stets nur, daß der Problemanschluß an das gnoseologische Arbeitsgebiet noch fehlt. Daß er sich nicht herstellen ließe, folgt nicht; es würde auch dann nicht „folgen", wenn er sich wirklich nicht herstellen ließe. Jedenfalls also läßt sich von hier aus nicht darüber urteilen. Wenn Gehlen eine Erkenntnistheorie schriebe, könnte man ihm daraus einen Vorwurf, wennschon einen ganz anderen, machen. Aber er schreibt keine. Was aber den abweichenden Gebrauch der Termini betrifft, so steht er damit ja nicht allein da. Was er über „Erkenntnis" und „Wahrheit" ausmacht, betrifft ja durchaus nur das, was er darunter versteht, nicht das, was der Gegner meint. Jedes Unterschieben anderer Bedeutungen führt hier auf einen leeren Wortstreit hinaus.

Das ist eine rein methodologische Überlegung. Und sie betrifft genau ebensosehr die anderen genannten Problemgebiete; die Verallgemeinerung dürfte sich von selbst verstehen. –

Der Art nach verwandt, aber mehr zentral gerichtet ist ein Einwand, der die außerordentlich weit gefaßte Rolle der Sprache betrifft. Um ein Moment herauszugreifen: entspricht es den Tatsachen, daß die Sprache nicht nur tragendes Element des Denkens, sondern auch universales Mittel zur „Entlastung der Bewegungsphantasie" ist? Die Entlastung könnte ja noch andere Mittel haben, z. B. die nicht sprachlich unterbaute Vorstellung; wofür man einen Beleg darin finden könnte, daß nur das wenigste, was unser Vorstellen beschäftigt, sich überhaupt sprachlich ausdrücken läßt (etwa das höchst aktuelle, immer wieder besondere Wesen fremdmenschlicher Eigenart). Das gilt keineswegs erst vom hochentwickelten Bewußtsein, sondern erst recht vom undifferenzierten und kindlichen.

Dagegen ist zu bedenken, daß es gerade fraglich bleibt, ob es die nicht sprachlich unterbaute Vorstellung gibt. Nicht als gäbe es keine Vorstellungen, denen das Wort nicht zu folgen vermag. Diese will Gehlen auch nicht bestreiten. Bleibt doch auch dem „lautlosen Denken" bei ihm ein weiter Bereich. Der Phantasie vollends dürfte ein noch weiterer bleiben. Aber das hebt das ursprüngliche Verhältnis nicht auf, daß diese Prozesse zuerst einmal am Worte die „Entlastung" gewinnen, die ihnen ihre Beweglichkeit gibt. Überhaupt dürfte der Nachdruck auf der Entlastungsfunktion ruhen. Und das ist es. was auch von der Bewegungsphantasie gilt. Sie mag den Apparat der Sprache wieder überflügeln und hinter sich lassen, könnte deswegen aber doch sehr wohl durch ihn vorerst einmal die Freiheit ihrer Spannweite gewonnen haben. In diesem Sinne läßt sich die These schon halten, daß auch ihre Entlastung auf Sprache angewiesen und gleichsam rückfundiert bleibt, auch wenn vor dem besonderen Vorstellungsgehalt das Wort versagt. Nimmt man hierzu die Phänomengruppe, die der Verfasser als „Festhalten der Hinsichten" und „flüssige Bewegungsintention" einleuchtend schildert, und macht man sich dazu noch die Rolle der „geplanten Handlung" klar, so scheinen die Abstriche, die man an der dem Sprachlaut zugemessenen Funktion allenfalls machen könnte, doch von untergeordneter Art. —

Ernster als diese Bedenken sind diejenigen, die an den gemachten Voraussetzungen ansetzen. Hier steht an erster Stelle die Ablehnung des Prioritätsrechtes jeder Art von Seins- oder Weltproblem, während doch andererseits der Verfasser gerade aus der bedürftigen und bedrohten Stellung des Menschen in der Welt heraus argumentiert, aus einer Stellung also, die einen sehr bestimmten Weltbegriff gebieterisch voraussetzt, zum mindesten aber einen solchen der kosmischen und organischen Welt, wovon bei der ständigen Gegenüberstellung tierischer und menschlicher Leistungen ja auch ausgiebiger Gebrauch gemacht wird.

Hier darf man dem Opponenten wohl einen Schritt entgegenkommen. Die Beschaffenheit der Welt, in welcher der Mensch lebt, ist schon auch konstitutiv für das Wesen des Menschen. Wäre die Welt z. B. von Gott eigens für den Menschen geschaffen und auf ihn zugeschnitten, so wäre seine Erhaltung in ihr schwerlich eine „Aufgabe" für ihn, und der Ausgang der Untersuchungen von seiner Bedürftigkeit und Hilflosigkeit würde auf einer irrigen Voraussetzung beruhen. Nicht viel anders wäre es auch, wenn die Welt nach Aristotelischer oder nach Hegelscher Art geordnet, d. h. entweder auf substantielle Formen teleologisch ausgerichtet oder die Exposition eines Weltgeistes in die Mannigfaltigkeit seiner Gestalten wäre. Verlangt man nun, daß jede schlicht biologische Fragestellung solche spekulativen Weltsysteme erst ausdrücklich zurückweise und sich für ein anderes, den heutigen wissenschaftlichen Kenntnissen besser angepaßtes entscheide, so ist das zwar sachlich nicht falsch, geht aber wohl in der Pedanterie des Denkens zu weit. Welcher heutige Leser würde wohl ein solches Weltbild zugrunde legen? Man darf sich da schon ein wenig auf den Stand der Wissenschaft und die allgemeine Bildung verlassen. Und der Verfasser hat vielmehr seinerseits recht, wenn er das tut.

Freilich gibt es bei unserer durchaus unfertigen Kenntnis der kosmischen und lebendigen Welt auch eine Unzahl von Fragen, die in unserem Weltbilde offenstehen. Und ohne Zweifel müßte eine Wissenschaft vom Menschen, als dem in dieser Welt lebenden, sie alle erst lösen – wenn sie in jeder Hinsicht sichergehen wollte. Das ist aber eine utopische Forderung. Das hieße warten wollen, bis die Metaphysik mit ihren Welträtseln zu Rande gekommen wäre. Die Forderung würde ja ähnlich auch für jedes andere Arbeitsgebiet gestellt werden müssen, und die Folge wäre, daß man auf keinem Gebiet einen Schritt wagen könnte, ehe die letzten Voraussetzungen gesichert wären. Die philosophische Erfahrung der Jahrhunderte lehrt aber gerade umgekehrt, daß die Voraussetzungen sich erst im Fortschreiten der Spezialforschung klären können. Ein gewisses Maß von Wagnis muß der Forscher eben schon auf sich nehmen. –

Ferner lassen sich Einwände gegen die biologischen Voraussetzungen erheben. Da ist z. B. das Uexküllsche Gegensatzschema „Individuum – Umwelt".[7] Gehlen lehnt es zwar für den Menschen ab, geht aber doch schon um des Vergleichs mit dem Tiere willen von ihm aus. Auch ist das menschliche „Welt-Haben" dem tierischen „Umwelt-Haben" durchaus parallel gebaut, involviert also auch dessen Zweideutigkeit. Ist nämlich die Umwelt nur „Merkwelt", also nur das, was das Tier von ihr auffaßt, so ist sie jedenfalls nicht die umgebende wirkliche Welt, an welche es mit seinen übrigen Funktionen, Beschaffenheiten und Instinkten angepaßt ist: und ist sie die letztere, so geht sie nicht entfernt in seiner Merkwelt auf. Diese Schwierigkeit überträgt sich auf die im Gegensatz zur „Umwelt" charakterisierte Welt des Menschen. Diese wird dann auch einmal als „gehabte Welt", dann aber auch wieder als die ihm noch weitgehend unbekannte – also jedenfalls nicht gehabte – Welt charakterisiert, in der Erfahrung, Orientierung und Bekanntwerden erst langsam fortschreiten.

Daß hier eine Unstimmigkeit liegt, ist leicht zu sehen. Daß sie aber den Kern der Sache betreffe, kann ich nicht finden. Schon die Uexküllsche Umweltlehre läßt sich mit wenigen Strichen zurechtrücken, so daß alle Zweideutigkeit verschwindet. Dasselbe dürfte auch von Gehlens Begriff der „Welt des Menschen" gelten. Aber auch wenn man ihn nicht zurechtrückt, die aufgewiesene Zweideutigkeit pflanzt sich von ihm aus keineswegs fort: sie infiziert nicht die in konkreter Mannigfaltigkeit entwickelten besonderen Verhältnisse des Menschen zur umgebenden Welt, etwa die Eigenart der sensomotorischen Systeme, der Bewegungsphantasie, der Erfahrung (auch nicht der höheren) oder der Handlung. Im Gegenteil, alle diese Funktionen und Leistungen, die ja gemeinsam in der Weltorientierung zusammenwirken, stehen merkwürdig unabhängig von jenen Begriffen da und lassen sich auch ohne sie ein-

---

7 [Vgl. von Uexküll, Jakob, *Umwelt und Innenwelt der Tiere*, Berlin 1921.]

deutig beschreiben. Wie denn auch Gehlen nicht eben häufig auf sie zurückgreift. Die Zweideutigkeit im Anfang erweist sich als unschädlich. Empfindet man sie als störend, so lasse man ohne Bedenken den Umweltbegriff und sein Analogon aus dem Spiel. Das übrige steht auf so reicher und fester Phänomenbasis, daß man ihn schwerlich vermissen wird. –

Viel ernster ist die Aporie die sich an den sehr drastisch entwickelten Begriff des „Mängelwesens" als des unfertigen, embryonalen, instinktarmen Lebewesens hängt. So schlagend nämlich auch die Konsequenzen sind, die Gehlen aus diesem Begriff zieht, es fragt sich doch: wie konnte überhaupt ein solches Wesen entstehen? Da wir ausführlich hören, daß die ganze Reihe spezifisch menschlicher Leistungen bis zu den höheren hinauf dazu gehört, diese Mängel auszugleichen, und diese Leistungen sich doch nur in Zeiträumen von geologischen Ausmaßen herausgebildet haben können, so sollte man meinen, ein solches Lebewesen hätte sofort wieder zugrunde gehen müssen, und zur Menschwerdung hätte es gar nicht kommen können. Ist also diese ganze Theorie vom Menschen auf einem biologischen πρῶτον ψεῦδος aufgebaut?

Das sieht nun recht bedrohlich aus. In der Tat, wenn es gerade aus biologischen Gründen einleuchtet, daß das geschilderte Mängelwesen gar niemals existiert haben kann, weil es ja nicht existenzfähig ist, so läßt sich auch nicht biologisch mit der „Notwendigkeit zu seiner Erhaltung" argumentieren. Dennoch möchte ich glauben, daß hier kein πρῶτον ψεῦδος vorliegt. Fragt man nämlich, wie solch ein Mängelwesen entstehen konnte, so hat man schon in der Frage vorausgesetzt, daß es der Anthropologie um die Phylogenese des Menschen gehe. Diese bildet nun ohne Zweifel ein wichtiges Desiderat der Wissenschaft. Aber die Ausführungen Gehlens über diesen Punkt sind sehr zurückhaltend; sie beziehen sich vorwiegend auf die Abwehr vorschneller Fehlschlüsse in Richtung des Alt-Darwinismus (Abstammung von Primaten) und lassen im übrigen die Frage nach der Stammeslinie offen.

Es besteht also gar nicht die Prätension, die Entstehungsweise des Menschen rekonstruieren. Das aber beweist, daß jenes „Mängelwesen" auch gar nicht als hypothetisches Glied der Stammeslinie gedacht ist, sondern vielmehr als das biologische Ausgangsgebilde, von dem auch beute noch in jedem Individuum der Prozeß der Menschwerdung ausgeht. Und da läßt sich schwerlich etwas einwenden, denn dieses hilflose Etwas haben wir empirisch aufweisbar und beobachtbar im frühkindlichen Alter vor Augen. Gehlen arbeitet denn auch ständig mit der Beobachtung frühkindlichen Verhaltens — und zwar mit dem Erfolge, daß der aktive Einsatz in der Herausarbeitung der eigentlich menschlichen Fähigkeiten aufs überzeugendste dargetan wird. Daß der Biologe von heute – im Unterschiede von dem vor 50 Jahren – die größte Vorsicht in Deszendenzfragen gelernt hat, ist eine seiner besten methodischen Errungenschaften. Darum läßt er gern die Finger vom Rekonstruieren und zieht, wo es angeht, ontogenetische Überlegungen den phylogenetischen vor. Man verlange also auch vom Anthropologen, wo er bewußt biologisch vorgeht, nicht das Unmögliche, daß er mehr gebe, als die Wissenschaft von heute vermag. –

Den schwersten Schlag habe ich bis zum Ende meiner Betrachtungen hinausgeschoben, obgleich ich sehr wohl auch mit ihm hätte beginnen können. Ich glaube aber, daß man mit ihm am ehesten zurechtkommt, wenn man in den übrigen Fragepunkten bereits klar sieht. Es handelt sich da eigentlich um drei inhaltlich verschiedene Einwände, und zwar im Gegensatz zu den vorgenannten um solche von fundamentalphilosophischer Art. Sie hängen indessen so eng zusammen, daß man gut tut, sie auch gemeinsam zu besprechen.

Der erste betrifft die schon zu Anfang berührte Ablehnung der bekannten Gegensätze „Leib – Seele" und „Außenwelt – Innenwelt". Denn hinter diesen Gegensätzen stecken nicht nur Vorurteile und Theorien, sondern auch Phänomene. Die unverwischbare Verschiedenheit der Gegebenheitsgebiete selbst läßt sich nun einmal auch durch den besten Aufweis der über sie hinweggreifenden Einheit des Menschenwesens nicht aufheben. Das alte psychophysische Problem würde also dadurch allein nicht aus der Welt geschafft sein, daß sich auch die spezifischen Leistungen des Bewußtseins dem Gefüge der organischen Funktionen einordnen lassen.

Der zweite Punkt betrifft die Ablehnung aller Schichtung überhaupt, sowohl einer Schichtung der Welt als auch einer solchen des Menschen. Das ist konsequent, aber es führt auf ein gewaltsam vereinfachtes Weltbild hinaus und rückt die neue Anthropologie in gefährliche Nähe gewisser spekulativ metaphysischer Theorien, die auch die geistig-geschichtliche Welt – die der Technik, der Kunst, der Moral, des Rechts, des Wissens und des politischen Lebens – als bloßen Teil des organischen Lebens verstehen wollen. Dieser Einwand erhält dadurch noch ein besonderes Gewicht, daß Gehlen selbst trotz aller Ablehnung doch auch einen gewissen Gebrauch von Schichtenunterschieden macht, indem er höhere und niedere Leistungen gegeneinander abhebt (höhere Erfahrung, Phantasie, Antriebsstruktur usw.), wobei das Höhersein eben durch das Aufkommen gegenständlichen Bewußtseins bedingt ist. Denn nicht ein Auseinandergerissensein, sondern eben solche Unterscheidung ist es, was eine vernünftige Schichtentheorie allein meint.

Und unmittelbar hinter dem zweiten taucht der dritte Fragepunkt auf: soll die verfochtene Einheit des Menschenwesens nun etwa so zu verstehen sein, daß alles spezifisch Menschliche aus körperlichen Vorgängen entspringen müßte? Soll das vom Bewußtsein, von der Vorstellungswelt, von Führung, Handlung, Zucht und Zuchtbildern gelten? Dies ist es ja wohl, was die Gegner am meisten fürchten werden. An „Leib und Seele" liegt ihnen am Ende nicht soviel. Wohl aber an Eigenart und Selbständigkeit des Geistes. Geht man hier einen Schritt zu weit in Richtung auf die physiologischen Prozesse zurück, so meinen sie gleich dem Materialismus ausgeliefert zu sein. Und wenn nicht diesem, so doch sicher einem – von ihnen selbst stets äußerst eng verstandenen – Biologismus.

In diesen drei Einwänden ist nun sehr Ernsthaftes und philosophisch Fundamentales mit mancherlei Allzumenschlichem vermengt. Das Gemenge sauber zu entwirren, reicht hier der Raum nicht. Ich beschränke mich daher auf die Abwehr der willkürlichen Zuspitzungen und die Herausarbeitung des Haltbaren auf beiden Seiten — so, wie sie mir vorschwebt.

Da ist zunächst die Ablehnung des Leib-Seele-Verhältnisses. Damit steht der Verfasser nicht allein. Die Zerreißung des Menschenwesens in heterogene Teile wird heute von vielen Psychologen und Physiologen rundweg abgelehnt, und zwar aus dem einfachen Grunde, daß das eigene Menschenwesen uns vielmehr als ungeteilte Einheit gegeben ist. Man wird anerkennen müssen, daß hierin eine gesunde Reaktion gegen den überspitzten Leib-Seele-Dualismus liegt, der in der Psychologie des 19. Jahrhunderts zu der auf alle Einheit verzichtenden Parallelismushypothese geführt hat. Hier liegen in der Tat Vorurteile, die zu überwinden waren. Und wenn nun heutige Theorien so weit gehen, um der Einheit willen den ganzen Unterschied fallen zu lassen, so ist das als Gegenschlag auf die Überspitzung wohl zu verstehen. Daß sie selbst wiederum zu weit gehen, ist freilich die Kehrseite und wohl auch die Schwäche ihrer Position.

Indessen, es ist immer irreführend, einen Autor in solchen Prinzipienfragen von seinen programmatischen Erklärungen aus zu beurteilen. Man muß vielmehr zusehen, was für einen Gebrauch er von diesen macht. Und da ist zweierlei zu sagen.

Erstens wird bei Gehlen die Schichtung der Welt in Wirklichkeit kaum angetastet. Z. B. von Aufhebung des Unterschiedes zwischen anorganischer und organischer Natur ist gar nicht die Rede; folglich muß man seine Ablehnung der Schichten so verstehen, daß sie diesen Unterschied unberührt läßt. Und das ist möglich, wenn man das Schichtenverhältnis streng kategorial und ohne alle metaphysische Tendenz des Auseinanderreißens zu fassen weiß (so also, wie es allein dem heutigen Stande der beiderseitigen Wissensgebiete entspricht). Und ein Gleiches läßt sich, wie mir scheint, auch von der Region des objektiv-geistigen Lebens sagen, die von den Problemen dieser „elementaren Anthropologie" nur gerade gestreift, aber nicht auf ihren eigentümlichen Kategoriengehalt hin untersucht wird. Überall, wo Gehlen auf Fragen dieser Region zu sprechen kommt, wie z. B. in der sehr lehrreichen Diskussion der „Führungssysteme", ist es ihm lediglich um die Zusammenhänge mit den biologischen Grundlagen des Menschseins zu tun, keineswegs aber um inhaltliche Ableitung aus ihnen. Mehr aber ist auch vom Standpunkt einer kategorial verstandenen Schichtung aus nicht zu verlangen. Denn die durchgehende Bedingtheit höherer Schichten durch die niederen ist ja gerade ein Hauptgrundsatz des Schichtungsgedankens. Für kategoriale Eigenart des Geistes bleibt dabei Spielraum genug. Denn Schichtung ist nicht Trennung, sondern Zusammenhang des Unterschiedenen, sofern dieses eine Stufenordnung bildet. Bedenkt man aber, daß die geisteswissenschaftlich orientierten Theorien den Zusammenhang mit der Vitalschicht meist übersehen oder wenigstens weitgehend ignoriert haben, so wird man Gehlen für seine Ablehnung einer falsch angelegten Schichtentheorie noch Dank wissen müssen.

Zweitens aber, was die mittleren Schichten betrifft, Organismus und seelische Innenwelt, so könnte man meinen, daß hier doch der Unterschied verwischt wird. Ich glaube nicht, daß das zutrifft. Worauf es ankommt, ist doch einzig, daß man den Phänomenbereich des „Bewußtseins", oder in anderer Version den des „Innen", als einen eigenartigen sieht und anerkennt. Mir scheint, daran fehlt es bei Gehlen nicht. Wir bekommen sogar eine sehr neuartige Bestimmung, was eigentlich Bewußtsein ist, und zwar eben aus dem Zusammenhang spezifisch menschlicher Leistungen heraus. Und was die „Innenwelt" anlangt, so wird noch im Hinblick auf die Weltoffenheit des Menschen ihr objektiver Charakter unterstrichen, und dem Ausdruck des Novalis „innere Außenwelt" wird der Vorzug gegeben. Benennungen freilich mögen Geschmackssache sein, aber an Unterscheidung fehlt es jedenfalls nicht, und selbst für gewisse Kategorien des Bewußtseins sind die Ansätze da. Was abgelehnt wird, ist durchaus nur das Auseinanderreißen von Leib und Seele. Und diese Ablehnung wird jeder mitmachen, dem es um die Einheit des Menschenwesens zu tun ist.

Daß aber Gehlen bei alledem den Schichtungsgedanken überhaupt für den Menschen ablehnt, dafür muß man die Vertreter dieses Gedankens verantwortlich machen, die ihn metaphysisch überspitzt und kritiklos popularisiert haben. Es geschieht eben nur zu leicht, daß ein guter Gedanke durch subalternes Denken entwertet wird. Und in der Entwertung verdient er dann die Ablehnung. Im übrigen vergesse man nicht, daß es in der Anthropologie weder um den Organismus ab solchen noch um das Bewußtsein als solches geht, sondern um den Menschen, und daß in allen spezifisch menschlichen Leistungen — von den Wahrnehmungs- und Bewegungsphänomenen bis zu den höchsten Formen des Handelns und der Erfahrung – Leib und Seele in der Tat als untrennbare Einheit auftreten.

Von hier aus kann man nun auch das allzuängstliche Bedenken derer, die um Würde und Eigenart des Geistes besorgt sind, zurückweisen. Nicht das verlangt die neue Theorie des Menschen, daß Phantasie, Gedanke, Führung, Selbstzucht usw. in einer Art mechanischer Folge aus physiologischen Vorgängen resultieren müßten, desgleichen nicht, daß sie aus bloßer Differenzierung körperlicher Funktionen entstehen müßten, sondern durchaus nur, daß sie mit zu den Bedingungen gehören, unter denen ein so exponiertes Wesen wie der Mensch erst wirklich lebensfähig wird. Diesem Grundgedanken läßt sich schwerlich etwas abhandeln, wie sehr man im übrigen auch über genetische Fragen streiten mag. Man braucht ihm aber auch nichts abzuhandeln. Denn der Würde des Menschengeistes widerstreitet er in keiner Weise.

Was Gehlen immer wieder unterstreicht, ist das Umgekehrte: daß die höheren Leistungen, die man gewöhnt ist, dem Geiste vorzubehalten, sich bis tief in die primitiven Anfänge des Menschseins hinab erstrecken. Am deutlichsten tritt das am Phänomen des Willens in Erscheinung, sofern es nicht eines neben anderen ist, sondern nahezu mit dem Grundwesen des Menschen zusammenfällt. Weil dem so ist, muß in einer elementar-anthropologischen Betrachtung von aller Zwei- oder Dreiteilung des Menschen abgesehen werden. Weit entfernt also, alles „Geistige" biologisch zu deuten, sucht diese Anthropologie eher das, was man der geistigen Leistung vorbehielt, bis in die Vitalfunktionen hinab geltend zu machen. Aber eben deswegen erweisen sich auch diese höchsten Funktionen als vital bedingt und können sich nicht in einem beliebig gearteten Organismus einstellen.

Ich kann nicht anders sagen: Trotz seiner ausdrücklichen Ablehnung aller „Schichten" scheint mir Gehlen einem sinnvoll verstandenen Schichtenbau sehr wohl gerecht zu werden. Der Sinn eines solchen ist eben die Abhängigkeit des Höheren vom Niederen und Elementaren, unbeschadet der Eigenart des Höheren – und das bedeutet: unbeschadet seiner kategorialen Selbständigkeit. Diese beiden Grundmomente finde ich im Aufbau des Menschenwesens, wie Gehlen es zeichnet, durchaus gewahrt. Ob man dagegen den Unterschied des Höheren und Niederen überhaupt ein Schichtenverhältnis nennen will oder nicht, ist von untergeordneter Bedeutung. Auf die Sache kommt es an, nicht auf das Wort. –

Ich habe hier nicht so sehr „meine" Bedenken zur Sprache gebracht als diejenigen, von denen ich glaube, daß sie der Mehrzahl der Leser in den Sinn kommen werden. Ich bilde mir nicht ein, damit schon alles erledigt zu haben, was sich vernünftigerweise vorbringen läßt; glaube aber wohl gewisse methodische Hinweise gegeben zu haben, wie man ein Werk vom Gewicht des Gehlenschen mit Nutzen lesen und auswerten kann, auch wenn man Voraussetzungen mitbringt, die den hier vertretenen zunächst schroff entgegenzustehen scheinen. Zweifeln möchte ich zwar, ob Gehlen diejenigen überzeugen wird, die mit einer eigenen, mehr oder weniger fertigen Theorie des Menschen an sein Werk herantreten, insonderheit diejenigen, die gewohnt sind, den Menschen ausschließlich von Kulturphänomenen her zu bestimmen; ich möchte aber nicht unterlassen, aufs nachdrücklichste darauf hinzuweisen, daß auch diese für ihren Forschungsweg neben der biologischen Elementar-Anthropologie durchaus Spielraum behalten. Auch sie können ohne Gefahr für die ethischen, sozialen, politischen oder künstlerischen Probleme des Menschen einstweilen aus diesem Buche viel lernen. Und sie werden gewiß gut tun, auch ihrerseits so weit wie möglich vorzustoßen.

Denn es gibt keine geistigen Gebiete menschlichen Lebens, weder des persönlichen noch des geschichtlichen, die nicht auf Seinsgrundlagen aufruhten, welche in der „Natur" des Menschen und seiner elementaren „Stellung in der Welt" bestehen.

7 Naturphilosophie und Anthropologie

Einleitung

Nach Hartmanns Rezensionsaufsatz zu Arnold Gehlens *Der Mensch* stellt seine Abhandlung „Naturphilosophie und Anthropologie" die zweite auf die anthropologische Thematik konzentrierte Auseinandersetzung dar. Während der erste Text einen neuen wichtigen Diskussionsbeitrag zur Anthropologie in der damaligen Gegenwartsphilosophie zum Anlass nahm, möchte Hartmann nun, auf der Grundlage des Abschlusses seines vierbändigen Projekts zu einer Neuen Ontologie, Klarheit über seine eigene anthropologische Position gewinnen.[1] Den letzten Band des Projekts, die *Philosophie der Natur*, hat er, wie aus dem Vorwort hervorgeht, im „Herbst 1943" fertig gestellt.[2] Im folgenden Jahr, 1944, erscheint dann sein Aufsatz „Naturphilosophie und Anthropologie".

Indem Hartmann die Anthropologie in den Horizont der Naturphilosophie stellt, knüpft er an die von Max Scheler und Helmuth Plessner begründete Tradition der modernen philosophischen Anthropologie an (auch wenn er beide Autoren nicht namentlich erwähnt). Plessner etwa hatte in *Die Stufen des Organischen und der Mensch* programmatisch geschrieben: „Ohne Philosophie der Natur keine Philosophie des Menschen".[3] Auch Hartmann verknüpft „Mensch" und „Natur" gleich zu Beginn seines Aufsatzes in einer aufschlussreichen Weise. Es geht ihm um das Doppelthema: die „Natur im Menschen und der Mensch in der Natur" (337). Der Naturbegriff wird in dieser Formulierung auf zwei verschiedene Weisen verwendet. Um sie zu unterscheiden, kann man sich an Kant halten: „Das Wort Natur wird entweder *substantive* oder *adiective* genommen. *Substantive* ist sie das aggregat aller Gegenstande der Sinne, *adiective* ist sie das innere *principium* der Wirksamkeit eines Wesens".[4] Der Mensch gehört demnach zur Natur im substantiven Sinn, hat aber eine Natur im adjektiven Sinn. Hartmann spricht analog von der „äußeren" und der „inneren" Natur von Lebewesen. Er verknüpft beide in einer Weise, die für seine gesamte anthropologische Konzeption zentral

---

1 Im Hintergrund steht die (von Robert Heiß berichtete) Einschätzung des späten Hartmann, dass „die neuen Bestrebungen" der Philosophie „in Richtung einer Anthropologie" gehen. Heiß, Robert, „Nicolai Hartmann", in: Heimsoeth, Heinz/ Heiß, Robert (Hgg.), *Nicolai Hartmann. Der Denker und sein Werk*, Göttingen 1952, 15–28, hier: 28.
2 Tatsächlich erschienen ist der Band dann 1950. Hartmann, Nicolai, *Philosophie der Natur. Abriß der speziellen Kategorienlehre*, Berlin 1950, V.
3 Plessner, Helmuth, *Die Stufen des Organischen und der Mensch. Einleitung in die philosophische Anthropologie*, Berlin – New York 1975, 26.
4 Kant, Immanuel, *Reflexion 5433*, in: ders., *Gesammelte Schriften*, hrsg. v. d. Kgl. Preußischen Akademie der Wissenschaften [und Nachfolgern], Berlin 1900 ff., Bd. 18, 181.

ist: Jede organische Spezies hat „ihre besondere innere Natur [...] nur in Bezogenheit auf eine umgebende äußere Natur" (337). Sofern man die zur inneren Natur der Lebewesen gehörenden Eigenschaften als wesentliche begreift, bedeutet das, dass zumindest einige der wesentlichen Eigenschaften von Lebewesen als relationale Eigenschaften gelten müssen.

Der Mensch ist Hartmann zufolge ein geschichtetes Wesen. Er ist durch die Schichten des anorganischen, organischen, seelischen und geistigen Seins bestimmt. Hartmann hatte seine Schichtenlehre erstmals in seinem Aufsatz „Kategoriale Gesetze" ausgeführt (*Text 3* im vorliegenden Band). Sie ermöglicht es ihm einerseits, gegen alle einseitigen Konzeptionen des Menschen, vor allem gegen reduktionistische Naturalismen und idealistische oder teleologische Positionen, zu argumentieren. Andererseits vermittelt seine Schichtenlehre die Anthropologie mit der Ontologie. Denn die vier Schichten, die sich am Menschen ausmachen lassen, sind zugleich die Schichten, die den Aufbau der realen Welt insgesamt bestimmen. Für eine Anthropologie, die vom Schichtungsgedanken her konzipiert wird, hat das wichtige Konsequenzen. Die „Kategorien des Menschseins", nach denen sie sucht, sind nicht einfach Kategorien bloß des Organischen, Seelischen oder Geistigen, sondern betreffen die besonderen „Formen ihres Ineinandergreifens" (343); und die Untersuchung des Ineinandergreifens muss sowohl (a) die Binnenstruktur des geschichteten Menschen als auch (b) die Formen seiner „Einbettung" in die reale Welt berücksichtigen (349).

Beide Probleme sind für die philosophische Anthropologie, für die damalige wie die heutige, von zentraler Bedeutung. (a) Hartmanns Frage nach den Verhältnissen zwischen den verschiedenen Seinsschichten, insoweit der Mensch ihnen angehört, stellt sich heute etwa als Frage nach dem Verhältnis von Geist und Gehirn oder nach der Beziehung zwischen der menschlichen Person und ihrem Körper; auch die Thematik der Leib-Körper-Differenz gehört in dieses Feld. Zu all diesen Problemen lässt sich auch von Hartmanns Ontologie her Stellung beziehen, aber sie sind in „Naturphilosophie und Anthropologie" von untergeordneter Bedeutung. (b) Größere Aufmerksamkeit widmet Hartmann hier der anthropologischen Analyse der Einbettung des Menschen in die reale Welt. Sein oben schon genannter Gedanke, dass alle Lebewesen ihre jeweilige innere Natur nur in Relation zu ihrer Umgebung haben, gilt für den Menschen – das ist Hartmanns Leitidee – in besonderem Maße: „Das Menschenwesen ist eben nicht ein ‚in sich bleibendes', sondern ein auf vielerlei Wegen ‚aus sich hinausdrängendes' und wiederum die umgebende Welt ‚in sich einbeziehendes'" (349). Hartmann macht dies in unterschiedlichen Kontexten deutlich: an dem „Hinausbezogensein des Bewusstseins in die umgebende Realwelt" und der „Mannigfaltigkeit seiner Verwurzelung in ihr" durch die transzendenten Akte (348); anhand des praktischen

Umgangs mit immer wieder verwendeten Alltagsgegenständen (349); und am „Hineinwachsen der Individuen in das bestehende Geistesleben" (362).

Hartmanns „Naturphilosophie und Anthropologie" ist in acht Abschnitte gegliedert. Der *erste* gibt einen kurzen historischen Überblick zur Diskussion des Wesens des Menschen von den Griechen bis in die damalige NS-Gegenwart. Hartmann spricht sich gegen alle „einseitigen Ansätze" aus und plädiert für die These, dass sich die Einheit des Menschen verständlich machen lässt, wenn dieser als ein „mehrschichtiges Wesen" konzipiert wird. Im *zweiten* Abschnitt erläutert er, warum es für den Aufbau der Anthropologie außer den Naturwissenschaften und insbesondere der Biologie auch einer Naturphilosophie bedarf: (i) Anthropologie benötigt ein Verständnis von Kategorien des Organischen. Das Erfassen dieser Kategorien erfordert aber über die positiven Wissenschaften hinaus Naturphilosophie. (ii) Indem die Anthropologie nach der Stellung des Menschen in der Natur fragt, geht es ihr auch um die spezifisch menschliche Lebenssphäre, das heißt die „Menschenwelt [...] mitsamt ihrer Geschichte" (341). Sie hat es also mit Natur in einem Sinn zu tun, der weiter als der naturwissenschaftliche ist. Hartmann versucht ihn mit seiner Rede von „Naturphilosophie" einzuholen. Sein Hauptaugenmerk liegt auf demjenigen „Ineinandergreifen des organischen, seelischen und geistigen Lebens" (342), das für die spezifisch menschliche Lebensform in ihrer Einbettung in die weit gefasste „Natur" charakteristisch ist.

Der *dritte* Abschnitt entwickelt die Frage nach den Kategorien des Menschseins, wobei drei Grundgestalten des Phänomens „Mensch" unterschieden werden: der Einzelmensch, die Gemeinschaft und die Geschichte. Bei allen dreien, so Hartmann, ist die kategoriale Schichtung insbesondere von organischem, seelischem und geistigem Sein zu beobachten. Zunächst stellt er den Einzelmenschen in den Mittelpunkt. Während Hartmann das Ineinandergreifen kategorial heterogener Momente noch in diesem Abschnitt anhand der Beispiele der aktiven Anpassung an die Natur und der menschlichen Aktivität in der Natur erläutert, diskutiert er es im *vierten* Abschnitt anhand der epistemisch und emotional transzendenten Akte (siehe dazu auch oben, *Text 4*). Die anthropologische Bedeutung dieser Akte liegt darin, dass sich das Verhältnis von Mensch und Natur in seinen vielfältigen Formen der Bezogenheit und Einbezogenheit im Rückgriff auf sie detailliert erläutern lässt. Mit dem *fünften* Abschnitt geht Hartmann zur zweiten Grundgestalt über, in der das Menschsein erscheint: zu der Gemeinschaft oder dem Kollektivum. Dabei stehen zunächst Fragen der Erkenntnis im Mittelpunkt und im *sechsten* Abschnitt dann ontologische Fragen. Diese betreffen Schichten des Zusammenlebens (Stammesleben, Staat) und ihre kategorialen Verhältnisse. Der *siebte* und *achte* Abschnitt bringt mit der Geschichte die dritte Grundgestalt des Phänomens „Mensch" ins Spiel.[5] Hartmann diskutiert die verschiedenen Formen der Kontinuität der Gemeinschaft in den Schichten des organischen und des geistigen Seins sowie ihrer Verhältnisse. *In puncto* geistiges Sein steht, wie Hartmann mit einem Hegelschen Terminus formuliert, der objektive Geist mit seinen Inhaltsgebieten (Sprache, Moral, Recht, Lebensstil, Kunstgeschmack etc.) im Zentrum.[6]

Was die Einordnung des von Hartmann hier dargelegten Ansatzes in seine Entstehungszeit betrifft, ist zunächst darauf hinzuweisen, dass die Schichtenontologie über genügend Ressourcen verfügt, einem Biologismus oder Rassismus begegnen zu können. Denn das geistige Sein ist auf jeder der Stufen des Menschseins (Einzelmensch, Gemeinschaft, Geschichte) kategorial frei. Und trotz der vereinzelt auftauchenden Rhetorik von „rassisch fremde[n] Elemente[n] in einem Volk" (364), wendet sich Hartmann in der Tat gegen jedweden Rassismus (359 f.). Problematischer ist eher, dass sich seine Konzeption des geistigen Lebens, um es so zu formulieren, nicht gerade durch einen liberalen Grundzug auszeichnet. Die „Menge an sich" sei „gerade durch ihre Vielköpfigkeit kopflos"; einer müsse daher „das Steuer in die Hand" nehmen (366). Geradezu beklemmend ist dann aber Hartmanns „Phänomenbeschreibung" der Rückwirkung des objektiven Geistes auf die Erbmasse der Gemeinschaft: „Die jeweilige Situation im objektiven Geiste bringt wohl immer Selektionsbedingungen mit sich, die sich im Abartungsgange auch an der Erbmasse bevorzugend und ausmerzend auswirken können" (364). Der Lenker des objektiven Geistes gilt demnach als Volkszüchter. Hartmann gelangt an dieser Stelle zu einer inakzeptablen Position, weil er offenbar glaubt, eine Ontologie des objektiv geistigen Seins könne die politische Philosophie und Ethik ersetzen oder ihr gegenüber den Primat beanspruchen.

---

5 Zu der von Hartmann in den Abschnitten 6–8 behandelten Thematik siehe ausführlich Becker, Silvia, *Geschichtlicher Geist und politisches Individuum bei Nicolai Hartmann*, Bonn 1990.
6 Zu Hartmanns Konzeption des objektiven Geistes und seiner diesbezüglichen Auseinandersetzung mit Hegel siehe Hartmann, Nicolai, *Das Problem des geistigen Seins*, 2. Auflage: Berlin 1949, 6–9, 175–405.

Naturphilosophie und Anthropologie

I.

Darin hängen Naturphilosophie und Anthropologie unlöslich zusammen, daß es eine „menschliche Natur" gibt – im Gegensatz zu allem, was Erziehung, Bildung, Tradition und Lebensschicksale aus einem Menschen machen, vollends aber zu dem, was er selbst durch sein Wollen und Tun aus sich macht. Freilich nicht nur darin hängen sie zusammen, sondern außerdem noch in dem Verhältnis des Menschen zur umgebenden Welt, sofern diese die Natur im weiteren Sinne ist.

Die Natur im Menschen und der Mensch in der Natur – so kann man das Thema umreißen, das beiden Wissensgebieten gemeinsam ist. In der Tat ist das Thema ein einheitliches, wiewohl die Akzente der beiden Inhaltsbereiche weit auseinanderfallen. Als tierisches Lebewesen gehört der Mensch der organischen Natur an, zwar als Spitzenleistung ihrer gewaltigen Produktionsfülle, aber doch auch nur als Spätling und relativ geringer Bruchteil ihrer Mannigfaltigkeit. Und wiederum, wie jede organische Spezies ihre besondere innere Natur, ihre Lebensform und Artgesetzlichkeit nur in Bezogenheit auf eine umgebende äußere Natur, in Angepaßtheit an sehr bestimmte Lebensbedingungen hat, so hat auch der Mensch die seinige nur im Hinblick auf die Lebensverhältnisse, in welche sein Auftreten inmitten des großen Gefüges der organischen und anorganischen Natur ihn stellt.

Man sollte meinen, daß dieser Zusammenhang genügend eindeutig auf der Hand liege, um bei jeder Art Besinnung auf menschliches Leben und Wesen die Grundlage zu bilden. Ein Blick auf die Geschichte des Themas „Mensch" lehrt das Gegenteil. Die Griechen freilich, soweit bei ihnen gewisse Anfänge anthropologischen Denkens vorliegen, haben ihn gesehen und in charakteristisch naturalistischen Theorien ausgeprägt; und wenn ihre Ansätze sich in dem Streit späterer Weltbilder nicht halten ließen, so liegt das nicht an einem Mangel einheitlicher Gesamtschau, sondern eher an deren metaphysischer Überspannung. Die Einheit menschlicher und außermenschlicher Natur beruhte hier von Anbeginn auf weitgehender Angleichung der Weltvorstellung an das Menschenwesen, auf Deutung der ganzen Welt nach Analogie des Menschen (oder dessen, was man vom Menschen wußte), also auf einem durchsichtigen Anthropomorphismus. Nicht allein in nächster Nähe des mythischen Denkens hat diese Weltsicht geblüht; sie herrscht auch noch in der Metaphysik und Physik des Aristoteles, wenn sie in diesen Schriften auch nicht auf den ersten Blick wiedererkennbar ist. Denn sie hat hier die Form der bekannten Lehre von der teleologischen Struktur der Naturvorgänge angenommen. Eben darum aber war es dieser Metaphysik so leicht gemacht, Geist und Natur im Menschenwesen zu vereinigen.

In christlicher Zeit dringt trotz fortdauernder Anlehnung an Aristoteles ein anderer Begriff des Menschen durch. Dieser sieht nicht mehr das Wesen des Menschen in einer ihm eingewurzelten „Natur", sondern in bewußtem Gegensatz dazu in einem geistigen Wesen, das gottähnlich und göttlichen Ursprungs ist, dem gegenüber denn auch der Organismus zu einem mehr äußeren Beiwerk herabsinkt. In vielen Abstufungen wiederholt sich diese Auffassung. Noch nach Jahrhunderten, im Deutschen Idealismus erfährt sie eine Erneuerung und großartige Steigerung, und zwar in einer gewissen Synthese mit dem antiken Aspekt des Menschen: wenn der Geist alles ist, wie bei Schelling und Hegel, so bedeutet das Auftreten des Menschen in der Welt das Bewußtwerden des von Hause aus unbewußten Geistes, oder in Hegels Begriffssprache das Einsetzen seines Fürsichseins. Damit wird alle Heterogeneität der menschlichen Natur gegen ihn zu einem bloßen Stufenunterschied herabgesetzt.

Erstaunlich aber mutet es heute an, daß auch in den Theorien des 19. Jahrhunderts die Anthropologie weitgehend idealistisch blieb, obgleich die idealistische Geistmetaphysik gestürzt war, und längst schon die vergleichende Anatomie einen Einblick in die strukturelle Analogie des organischen Baues der höheren Tiere mit dem des Menschen eröffnet hatte. Erst das späte Durchdringen der Abstammungslehre seit Darwin schlug hier Bresche. Aber gerade hierbei offenbarte das entrüstete Sturmlaufen der alten Anschauungen gegen die ersten – natürlich übereilten – Rekonstruktionen von Deszendenzlinien noch einmal die ganze, längst rein gefühlsmäßig gewordene Verfestigung der metaphysisch-idealistischen Überzeugungen.

Es ist kein Zufall, daß in eben der Zeit, als das Problem der Natur im Menschen erlosch, auch die allgemeine Naturphilosophie aufhörte. Nach der Epoche der großen Idealisten kommt statt der Anthropologie die Psychologie empor, die zwar selbst alsbald naturalistische Wege geht, aber doch das Organische im Menschen aus dem Spiel läßt; das allgemeine philosophische Naturproblem aber wird von einer bald logisch, bald erkenntnistheoretisch orientierten Methodologie des naturwissenschaftlichen Denkens abgelöst. Die beiden Problemgruppen sind eben nicht im Ernst voneinander ablösbar, und mit der einen steht und fällt auch die andere. So ist es denn auch nicht zu verwundern, daß in unserer Zeit beide zusammen wieder ans Licht gekommen sind.

Vielerlei wirkt hierbei zusammen, was scheinbar sehr verschiedenen Ursprungs ist und die gemeinsamen Antriebe der inneren Umstellung mehr verschleiert als offenbart: die Neuorientierung der Psychologie, die Umwälzung in den exakten Wissenschaften, die neuen Entdeckungen auf biologischem Gebiete; nicht weniger aber auch das Abwirtschaften des neukantischen Idealismus, die peinlich empfundenen Sackgassen des Positivismus, sowie die Anfänge der neuen Seinstheorie. Stärker aber als alles das fällt die neuartige Aktualität ins Gewicht, welche die Frage nach dem Wesen des Menschen vom politischen Leben her gewinnt. Denn hier handelt es sich um die Differenzierung menschlicher Art nach Stammeseigentümlichkeiten, wobei das Hauptgewicht auf die Erbfestigkeit charakteristischer Züge entfällt. Damit verschiebt sich endgültig die einst einseitig am Geistigen haftende Fragestellung auf das so lange ignorierte Problem der „menschlichen Natur".

Das bedeutet nun keineswegs, daß wir heute bei einem neuen Naturalismus anlangen müßten. Was hier not tut, ist gerade das vollständige Loskommen von den einseitigen Ansätzen, vom idealistischen wie vom naturalistischen. Statt dessen bedarf es vielmehr des doppelten Ansatzes, und zwar so, daß er das einheitliche Bild des Menschen nicht zerreißt. Denn der Mensch ist ein mehrschichtiges Wesen, und die heterogenen Gesetzlichkeiten des Organismus, des Seelenlebens und des Geistes bestehen in ihm zusammen, sich in ihm überlagernd und mannigfach ineinandergreifend. Man kann also das Ganze seines Wesens nur so fassen, daß man zum mindesten von beiden Seiten zugleich vorgeht, vom Naturwesen und vom geistigen Wesen im Menschen.

Wie die Einheit beider beschaffen sein mag, darum braucht man sich nicht voreilig Sorge zu machen. Denn da sie im Wesen des wirklichen Menschen vorliegt, wird sie sich wohl am ehesten fassen lassen, wenn man ihr unvoreingenommen von beiden Seiten aus nachgeht. Das Gegebene alles weiteren Vordringens liegt hier nun einmal so eigenartig verteilt, daß es sich in den extremen Schichten zusammendrängt, während die mittlere, die scheinbar am unmittelbarsten gegeben ist, dagegen zurücktritt.

II.

Warum bedarf es nun neben den exakten und biologischen Wissenschaften einer Naturphilosophie für den Aufbau der Anthropologie? Darauf kann man mit dem Ineinandergreifen des leiblichen, seelischen und geistigen Lebens allein nicht antworten. Man sollte meinen, um ein solches Ineinandergreifen zu ergründen, müßte die Seite des leiblichen Lebens genügend durch die biologische Wissenschaft vertreten sein. Und in gewissen Grenzen ist das ja auch zweifellos der Fall, wennschon gerade hier die Wissenschaft selbst auf gewisse Grenzen stößt, die sie nicht überschreiten kann. Tatsächlich aber ist die Sachlage doch eine andere.

Erstens ist die biologische Wissenschaft selbst gerade im Hinblick auf die hier einsetzenden Grenzfragen nicht eindeutig, ist in Theorien gespalten, die den Aspekt entscheidend verschieben. Zwar glauben heute viele Fachvertreter, der Streit zwischen Mechanismus und Vitalismus sei überwunden. Aber sieht man näher zu, so findet man, daß er nur verfeinert und in den Teilfragen verschoben ist.

Die einen glauben eben doch mit dynamischen Kategorien auszukommen, ja, sie meinen, mit der Ablösung der einst gar zu primitiv verstandenen „mechanischen" Verhältnisse durch solche der „Dynamik" dem alten Odium der ersteren zu entgehen; die anderen aber verbergen hinter neuen Schlagworten, wie etwa dem der „Ganzheit", doch wieder das alte Schema einer teleologischen Auffassung.

Worauf es ankäme, wäre aber gerade, solche Kategorien des Organischen aufzuzeigen, die weder von der Dynamik des Anorganischen noch von der Zwecktätigkeit bewußt handelnder Wesen hergenommen und auf den Organismus übertragen sind, sondern der eigentümlichen Seinsschicht des organischen Lebens selbst angehören und ihr methodisch abgewonnen sind. Diese letzteren dem Organismus abzulauschen, ist das Anliegen der Naturphilosophie, soweit sie Philosophie des Organischen ist. Die positive biologische Wissenschaft tut das von sich aus nicht. Sie steht dafür zu dicht bei den Tatsachen. Um Kategorien zu erfassen, bedarf es einer größeren Distanz. Und vor allem bedarf es der vollkommenen Freiheit des Blickes von jener allzu menschlichen Alternative der theoretischen Deutung.

Zweitens aber handelt es sich in der Anthropologie nicht um den Menschen als isoliert dastehendes Wesen, sondern um den Menschen in der Natur und in der Geschichte, d. h. um den Menschen, wie er inmitten der ihn umgebenden Welt dasteht. Damit wird man auf die Aktualität des Verhältnisses zwischen der Natur in ihm und der Natur außer ihm zurückgeworfen. Denn ontologisch ist die Sachlage ja die, daß dieselben Seinsschichten, welche die ganze reale Welt ausmachen, auch am Menschenwesen wiederkehren. Auch er ist materielles, organisches, seelisches und geistiges Wesen, und auch in ihm wie im Aufbau der realen Welt „tragen" die niederen Schichten die höheren, diese aber haben ihre eigenen, höheren Seinsprinzipien.

Das klingt zwar wunderbar selbstverständlich, wenn man es einmal erfaßt hat. Aber es ist jahrhundertelang in der Philosophie ignoriert worden. Heute ist in der Biologie das „Verhältnis zur Umwelt" wieder zu einem Hauptanliegen der Untersuchung geworden. Aber anthropologisch ist es noch keineswegs ausgewertet. In der Zeit der vorwiegenden Erkenntnistheorie sah man auch dieses Verhältnis fast ausschließlich vom Erkennen aus; die Gegenüberstellung von „Subjekt und Objekt" schien es ganz zu beherrschen. Man beging dabei den Fehler, auch die umgebende Welt des Menschen nur als sein „Objekt" zu betrachten, als ob sie nur insofern für ihn bestimmend wäre, als sie von ihm erkennend erfaßt wird. Denselben Fehler hat denn auch die Uexküllsche Umwelttheorie[1] auf die ganze Mannigfaltigkeit der tierischen Reaktionen übertragen;

---

1 [Vgl. von Uexküll, Jakob, *Umwelt und Innenwelt der Tiere*, Berlin 1921.]

dabei springt die Zweideutigkeit des erweiterten Umweltbegriffs klar in die Augen: die „Umwelt", die das Tier erfaßt (oder die seine Weltvorstellung ausmacht), ist natürlich nur ein winziger Ausschnitt aus der wirklichen umgebenden Welt, welche seine Lebensbedingungen ausmacht und an welche es tatsächlich ange-paßt ist.

Das Wichtige hierbei ist ja gerade, daß die den Menschen umgebende wirk-liche Welt für ihn auch in unzähligen Bezogenheiten bestimmend ist, die er nicht erfaßt. Sein Erkennen ist ein begrenztes, seine Einbettung in die Seinszusam-menhänge aber hat mit dieser Begrenztheit nichts zu schaffen. Der Mensch steht eben von vornherein und unabhängig von allem Erkennen in der Welt, die ih-rerseits auch ohne ihn da war. Das Auftreten des Menschen in dieser Welt ist sekundär und setzt, ontologisch gesehen, sie schon als bestehend voraus. Es müssen sehr bestimmte Bedingungen erfüllt sein – und sei es auch nur in einem verschwindend kleinen Winkel des Kosmos (an der Oberfläche eines mittelgroßen Planeten in bestimmtem Abkühlungsstadium), – damit überhaupt eine Lebewelt, und mit ihr der Mensch, aufkommen kann.

Will man das rätselvolle Wesen Mensch recht verstehen, so muß man es von vornherein aus seiner Stellung in der Natur heraus verstehen, ja, genauer: aus den besonderen Bedingungen heraus, welche seine nächste Umgebung ausmachen, diejenige Umgebung nämlich, in der allein sein Leben möglich ist. Durch sie eben ist er weitgehend bedingt, dem ganzen Dasein nach, aber auch in vielen Einzel-heiten seiner Art und Beschaffenheit.

Diese Bedingtheit haftet natürlich keineswegs an der umgebenden Natur allein, sondern auch an der vom Menschen selbst geschaffenen und gestalteten Sphäre, der Menschenwelt mitsamt ihrer zeitlichen Erhaltung und ihrer Verän-derung, d. h. mitsamt ihrer Geschichte. Denn die Sphäre, die der Mensch sich als die seinige in der Welt schafft, wächst ihm über den Kopf, sie beschwört Nöte und Aufgaben herauf, mit denen er fertig werden muß. Und so teilt sich denn das Problem in das seiner Stellung im Kosmos und seiner Stellung in der Geschichte. Beide Sphären sind gleich bestimmend für ihn, nicht nur allgemein, sondern auch in aller Differenzierung des Menschenwesens nach Völkern und Zeiten. Und beide sind es von Anbeginn. Denn auch geschichtliches Wesen ist der Mensch von Hause aus, weil er das „von Natur gemeinschaftbildende Wesen" ist (ζῷον φύσει πολιτικόν).

Man denke sich das nun nicht zu einfach. Die Sache liegt nicht etwa so, daß die Stellung des Menschen im Kosmos nur den Organismus in ihm, die Stellung in der Geschichte aber nur sein geistiges Leben beträfe. Beide betreffen vielmehr durchaus beides. Der Mensch ist auch als organisches Gebilde geschichtliches Wesen; daher die Rolle der Wirtschaft in der Geschichte, sowie die Wichtigkeit von Fortpflanzung und Vererbung spezifischer Eigenschaften im Leben eines Volkes.

Und er ist ebensosehr auch als geistiges Wesen ein Faktor im Kosmos; denn in einem gewissen Umkreise seines Lebens gestaltet er die umgebende Natur zu „seiner Welt" um, er züchtet Tiere und Pflanzen, verändert die Landschaft und das Angesicht der Erde.

Diese letzteren Dinge sind freilich in den älteren Theorien nicht nur immer gesehen, sondern auch meist beträchtlich überschätzt worden. Aus einer gewissen Herrscherstellung, zu der es der Mensch im Laufe seiner geistigen Entfaltung durch Ausnutzung von Naturenergien bringt, machte man vorschnell eine Art „Allmacht des Geistes"; man folgerte aus dem Erreichten, daß dem Menschen nun nichts mehr grundsätzlich unmöglich sei. Diese Hoffnungen haben sich als eitel erwiesen. Zwar hat auch die anthropologische Gegenthese von der „Ohnmacht des Geistes", die sich als übertriebene Reaktion eine Zeitlang Anhang verschaffte, sich um nichts mehr durchsetzen können; aber es hat sich doch gezeigt, daß hier sehr bestimmt gezogene Grenzen bestehen, welche der Mensch nicht überschreiten kann.

Dagegen ist die Geschichtlichkeit des Naturwesens im Menschen meist sehr unterschätzt worden. Das Gewicht der ökonomischen Dinge ist erst spät erkannt worden; und als es schließlich erkannt wurde, geriet man mit ihm frühzeitig in das andere, ebenso unfruchtbare Extrem, den historischen Materialismus. Mit diesem endgültig abzurechnen, ist heute noch eine unerledigte Aufgabe. Vollends aber das Problem der Erbfaktoren in der Geschichte, ihrer Erhaltung und Wandlung in der Folge der Generationen, beginnt erst in unserer Zeit in seine Rechte zu treten, nachdem die biologischen Wissenschaften seine allgemeinere Bedeutung im Pflanzen- und Tierreich herausgearbeitet und in gewissen statistischen Gesetzmäßigkeiten greifbar gemacht haben.

Hier also liegt der Grund, warum ein fruchtbarer Ansatz der Anthropologie naturphilosophische Orientierung voraussetzt: der Mensch – so gut als Einzelner wie als Gemeinschaft und als geschichtliches Wesen – besteht im Ineinandergreifen des organischen, seelischen und geistigen Lebens. Er steht auch in seinen höchsten Leistungen noch im vollen Zusammenhange der Natur und ragt doch mit allem, was ihn eigentlich auszeichnet, über diesen hinaus.

III.

Aus dieser Orientierung ist weiter leicht zu ersehen, daß der naturphilosophische Einschlag der Anthropologie sich nicht mit einer einzelnen Fragestellung umreißen läßt, sondern in eine ganze Reihe von Problemen zerfällt. Es handelt sich um die Vielfachheit der dem Menschenwesen eigentümlichen Leistungen, und nicht nur der elementaren, sondern ebensosehr der höheren und komplizierteren, und an jeder von ihnen wäre das Verhältnis des Organischen zum Überorganischen herauszuarbeiten. Wo sich dann die Hauptzüge dieses Verhältnisses einander nähern und greifbare Konvergenzpunkte zeigen, da etwa hätten wir die charakteristischen Kategorien des Menschseins zu suchen. Denn nicht einfach in reinen Kategorien des Organischen, Seelischen und Geistigen kann das spezifisch Menschliche aufgehen, sondern offenbar erst in den besonderen Formen ihres Ineinandergreifens.

Diese Aufgabe zu lösen, ist natürlich nicht Sache einer begrenzten Untersuchung, auch wohl kaum eines einzelnen Forschers, sondern der in unseren Tagen neu entstehenden Anthropologie selbst. Daß dem so ist, davon legt die Tatsache Zeugnis ab, daß die Ansätze von Untersuchungen solcher Art bereits in ihr enthalten sind und daß es auch an Ausblicken auf mögliche kategoriale Fassung keineswegs fehlt. Daß hierbei vorerst noch gewisse Einseitigkeiten vorherrschen, braucht einen daran keineswegs irrezumachen. Was es aber mit dieser Art Forschung auf sich hat, läßt sich sowohl programmatisch im Ganzen als auch konkret am Beispiel einzelner Problemgruppen zeigen.

Den Überblick gewinnt man am einfachsten, wenn man die drei Grundgestalten, in denen das Phänomen „Mensch" sich darstellt, zunächst einmal auseinanderhält, – selbstverständlich ohne den Anspruch, die Einheit des Phänomens dadurch zu zerreißen. Diese drei Gestalten sind: der Einzelmensch, die Verbundenheit der Einzelnen in der Gemeinschaft und die zeitliche Kontinuität dieser Verbundenheit über die Einheit der simultanen Gemeinschaft hinaus. In Kürze also, wiewohl weniger präzise: das Individuum, das Volk und die Geschichte.

Jede dieser drei Gestalten zeigt die gleiche ontische Schichtung von unten auf. Auch die Gemeinschaft der Zeitgenossen ist ebensosehr eine organische wie die einer seelisch-geistigen Prägung; und das geschichtliche Leben vollends ist ebensosehr ein Stammesleben mit immer neuen Kombinationen der organischen Erbmasse, wie es ein geistiges Leben mit gemeinsam sich wandelnden Tendenzen, Wertungen und Interessen ist. Auf jeder dieser Stufen kehren also dieselben Kategorien des Organischen wieder, nicht weniger aber auch die des seelischen und des geistigen Seins. Die letzteren zeigen freilich die Eigenart, daß sie sich am geschichtlichen Leben leichter erfassen lassen. Das bedeutet aber nicht, daß sie dem Individuum oder gar der Gemeinschaft weniger eigentümlich wären.

Wie eigenartig die doppelte Naturgebundenheit im Einzelmenschen ist, hat einleuchtend die neueste Anthropologie gezeigt[2]. Die Fähigkeiten des Menschen

---

2 Man vergleiche zum Folgenden: Arnold Gehlen, Der Mensch, seine Natur und Stellung in der Welt, Berlin 1940, Kap. 13–28. [Gehlen, Arnold, *Der Mensch. Seine Natur und seine Stellung in der*

sind im wesentlichen Anpassungen an die Verhältnisse, in denen er lebt; und zwar eminent aktive Anpassungen, von denen die meisten nicht, wie bei den Tieren, auf fester Artgesetzlichkeit, erblichen Instinkten usw. beruhen, sondern auf dem immer wieder neu einsetzenden Erwerb von Erfahrung und Geschicklichkeit. Schon von der Sinnestätigkeit gilt das, weit mehr aber noch von ihrer Kombination mit der ausprobierenden Aktivität. Von früh auf steht das erwachende Bewußtsein unter dem Hochdruck einer ungeheuren Reizüberflutung; zu ihrer Bewältigung tritt der Apparat der sensomotorischen Kreisprozesse in Tätigkeit, repräsentiert etwa durch die Systeme von Auge und Hand, Gehör und Sprechwerkzeug. Was dieser Apparat leistet, ist eine Vereinfachung des in der Mannigfaltigkeit der Eindrücke Gegebenen, eine Entlastung des Bewußtseins von der Unübersehbarkeit, ein Verfügbarmachen der Dinge, die Schaffung gebahnter Wege möglichen Tuns, sowie im Endeffekt eine weitgehende Orientierung in der umgebenden Welt.

Man kann schon diese wenigen aufgezählten Leistungsmomente des menschlichen Individuums als Kategorien des Menschseins bezeichnen. Denn offenbar sind sie konstitutiv für die Eigenart des Menschen, und zwar gerade im Hinblick auf seine auch von den höheren Tieren ihn unterscheidende Eigenart. Grundlegend für alles andere ist hier der Mangel an festen Instinkten, was zunächst einen schweren Nachteil gegenüber anderen Lebewesen bedeutet, eine Hilf- und Schutzlosigkeit, die erst ausgeglichen werden muß, um das Individuum lebensfähig zu machen; mittelbar aber ist dieser Mangel etwas eminent Positives, ein Offenstehen vielfacher Möglichkeiten, ein hohes Moment der Freiheit. Erst auf dieser Grundlage erwachsen die spezifisch menschlichen Fähigkeiten, vor allem die des sachgerechten Tuns, des Schaltens mit Dingen und gegebenen Umständen, des Sichzurechtfindens in der Vielspältigkeit immer neuer Lebenslagen, der zwecktätigen Verwertung von Naturverhältnissen, aber auch die des Erkennens und der Mitteilung. In all diesen Richtungen geht es von Hause aus um Entlastung, Orientierung, Verfügbarmachung und Beherrschung. Die ganze Anpassung des Menschen an die ihn umgebende Welt ist nicht eine ihm aufgeprägte Angepaßtheit, sondern gerade in den wichtigsten Stücken eine beweglich fortschreitende, dem Bedarf immer wieder folgende und wohl niemals ganz zu Ende kommende aktive Anpassung. Darauf beruht die Meisterung der stets neuen und anderen Situationen, die das Leben bringt, sowie die beherrschende Stellung in der Welt, zu der schließlich der Mensch gelangt.

Welt (= *Arnold Gehlen Gesamtausgabe*, hrsg. v. Karl-Siegbert Rehberg, Bde 3.1 und 3.2, textkritische Edition unter Einbeziehung des gesamten Textes der 1. Auflage von 1940), Frankfurt a. M. 1993.]

Die Voraussetzung alles aktiven Verhaltens liegt aber auch bei der äußeren Natur. Denn alle Aktivität erstreckt sich auf Objekte, mit denen der Mensch es zu tun hat. Und darauf kommt es an, daß diese trotz ihrer Eigenbestimmtheit und Eigengesetzlichkeit sich von ihm bestimmen lassen. Das ist durchaus nicht selbstverständlich. Hätten die Dinge ihre fest vorgeschriebene Bestimmung an sich, so wäre alles Tun an ihnen und Schalten mit ihnen ein Ding der Unmöglichkeit. Eine Vorstellung dieser Art von den Dingen herrschte in dem alten teleologischen Weltbilde. Nach diesem sollten in der Natur Zwecke walten, die im Wesen der Welt liegen und alle Prozesse, die in ihr ablaufen, auf ein vorbestimmtes Endstadium hinlenken. Wäre diese Weltansicht jemals konsequent zu Ende gedacht worden, sie hätte dahin führen müssen, alle Aktivität des Menschen aufzuheben; denn offenbar könnten die Zwecksetzungen des Menschen gegen die Übermacht waltender Naturzwecke nicht aufkommen.

Hier liegt also ein Zusammenhang vor, an dem man es unmittelbar sehen kann, daß das richtige Verständnis der Naturkategorien die Bedingung für das Verständnis des Menschenwesens ist. Die Aktivität, das Tun, die Zwecksetzung und die Fähigkeit, Mittel für die gesetzten Zwecke zu finden, ist offenkundig ein zentrales Moment – wenn nicht überhaupt das Grundmoment – in der allgemeinen Wesensart des Menschen, bestimmend bis in die grundsätzliche Stellung hinein, die er in der Welt einnimmt. Und eben dieses Grundmoment ist bedingt durch die kategoriale Art der Determination, welche die ihn umgebende Welt beherrscht. Diese Determination ist eben in ihrer allgemeinsten Form nicht eine finale, sondern eine bloß kausale. Kausalität aber ist es, die den Ablauf der Prozesse gleichgültig gegen ihr Resultat bestimmt. Kausalwirkungen können zwar nicht anders ausfallen, als die Ursachenkomplexe es bestimmen, aber die Ursachenkomplexe selbst können, solange sie sich noch nicht ausgewirkt haben, beliebig abgeändert werden. Es können ihnen bestimmende Momente eingefügt werden, soweit nur immer ein vorschauendes Bewußtsein sie durchschaut und Mittel des Eingreifens findet; womit dann zugleich die Wirkung abgeändert wird. Es ist die kategoriale Überlegenheit des Menschen über die umgebende Natur, sie durch Vorblick und Vorbestimmung lenken und für seine Zwecke ausnutzen zu können: eine Überlegenheit nicht der Kraft, sondern der Determinationsweise, nämlich eben der finalen über die bloß kausale Bestimmung. Der Kausalnexus ist indifferent, blind, ohne Bindung an das Künftige, er ist final „zufällig". Der Finalnexus ist vorsehend, vorbestimmend, er hat die Form der Steuerung auf das gesetzte Ziel hin. Darum lassen die Naturkräfte, soweit der Mensch sie durchschaut und zu fassen weiß, sich von ihm als Mittel vor seine Zwecke spannen. So ist es schon im einfachsten Tun; ja, so läßt es sich rückwärts bis in die Kreisprozesse (die sensomotorischen) des Ausprobierens, des Spielens und des fortschreitenden Verfügbarmachens der Gegenstände verfolgen. Nicht anders aber ist es auch noch in den Werken der Technik und im sittlich verantwortlichen Handeln.

An diesem Punkte ist es nun mit Händen zu greifen, wie das Ineinandergreifen der Seinsschichten im Menschen ein kategoriales ist. Die höhere Kategorie enthält hier die niedere als Element in sich, sie überformt sie; denn im Finalzusammenhang ist das dritte Glied, die Verwirklichung des Zweckes, ein einfacher Kausalprozeß: die Mittel bringen den Zweck als ihre Kausalwirkung hervor. Die Überformung aber besteht in den beiden voraufgehenden Gliedern, der Setzung des Zweckes und der Auffindung der Mittel vom Zweck aus. Diese beiden ersten Glieder sind charakteristische Bewußtseinsakte und durchaus nur von einem Bewußtsein vollziehbar. Dem realen Zeitfluß vorgreifen und ihm entgegen vom gesetzten Zweck aus rückläufig die Mittel auswählen kann eben nur ein Bewußtsein. Denn nur in der Anschauungszeit eines Bewußtseins gibt es die freie Beweglichkeit vor- und rückwärts in der Zeit. In der Realzeit ist das ein Ding der Unmöglichkeit. Darum auch läuft der dritte Akt des Finalnexus, die Verwirklichung, rechtläufig in der Zeit ab. Denn er ist ein Realprozeß.

Und noch in einem weiteren Punkte kann man hier das straffe Bezogensein des Menschenwesens auf die kategoriale Struktur der äußeren Natur sehen. In dem mittleren Gliede des Finalnexus geht es um das Auffinden der Mittel für den gesetzten Zweck. Woraufhin aber werden denn die Mittel ausgewählt? Doch auf ihr Geeignetsein hin. Was aber heißt das, und welche Mittel sind denn für einen Zweck geeignet? Darauf gibt es nur die eine Antwort: diejenigen, welche den Zweck kausal hervorbringen, deren Wirkungsweise also die gewünschte ist. Daraus ergibt sich aber weiter: Zwecktätigkeit eines Bewußtseins ist nur möglich in einer Welt, die bereits durchgehend unter dem Gesetz der Kausaldetermination steht. Hätte in der Natur nicht alles seine bestimmte Wirkungsweise, so wäre alles Auswählen von Mitteln auch für den hellsten Verstand ein Ding der Unmöglichkeit; es würden alle Mittel ebensogut das eine wie das andere hervorbringen können. Die Kausaldetermination der umgebenden Welt erweist sich so für den Menschen als aktives und zur Naturbeherrschung strebendes Wesen als eminent zweckmäßig; und man könnte versucht sein, diese Zweckmäßigkeit teleologisch als auf den Menschen abzielend zu deuten – in der bekannten Weise, wie die theologische Popularmetaphysik älterer Zeiten es des öfteren getan hat. Man würde dabei aber das natürliche Kategorienverhältnis umkehren, würde der niederen Seinsschicht die höheren Kategorien zusprechen und damit den Aufbau der Welt verkehren. Zweckmäßigkeit als solche ist nur ein Phänomen, das erst der kategorialen Deutung bedarf. Und da in dem Verhältnis von Mensch und äußerer Natur die bewegliche Anpassung nur auf seiten des Menschen liegen kann, so ist sie im vorliegenden Fall umgekehrt zu verstehen: die Zwecktätigkeit des Menschen kraft seines vorblickenden und vorbestimmenden Bewußtseins ist als eminent zweckmäßige Anpassung an die vorbestehende Kausalstruktur der ihn umgebenden äußeren Natur zu verstehen.

Es ist dieses dieselbe Anpassung, die wir bis in die höchsten Leistungen der Technik hinein wiederfinden. Überall ist die Gesetzlichkeit der Naturmächte eine feststehende und vorgegebene, die der Mensch nicht ändern kann, und alle Beherrschung und Dienstbarmachung von Naturmächten beruht auf der Berücksichtigung dieser Gesetzlichkeit durch den Menschen, auf seinem Erkennen ihrer Eigenart und seiner Anpassung an sie.

IV.

Nicht überall ist das Ineinandergreifen heterogener kategorialer Bestimmung so leicht aufweisbar wie in der menschlichen Aktivität. Die aktiven Akte (Wollen, Tun, Handeln) sind nur eine Seite in dem Geflecht von Beziehungen, die zwischen dem Menschenwesen und der äußeren Natur hin und her walten. Die sensomotorischen Systeme, in denen hier dem Entstehen nach alles wurzelt, sind im heutigen Problemstadium nur gerade beschreibbar geworden. An ihrer kategorialen Durchdringung fehlt es noch. Was aber sich über ihnen erhebt, ist eine Fülle von Akten sehr verschiedener Art, die alle die gleiche Grundstruktur des Übergreifens über die Schichten zeigen. Vom Bewußtsein aus lassen sie sich als „transzendente" Akte bezeichnen. Das Wort „Transzendenz" ist hierbei im Gegensatz zu dem üblich gewordenen Mißbrauch in seiner ersten Bedeutung als „Übersteigen" zu verstehen: diese Akte sind nicht im Bewußtsein beschlossen (immanent), sie gehören nicht seiner Innensphäre allein an, sondern übersteigen deren Grenze und greifen in die Außenwelt über. Es sind Akte der Verbindung zwischen Innen- und Außenwelt. Und eben deswegen sind sie für das Menschenwesen so charakteristisch. Denn der Mensch, obgleich sein Bewußtsein eine geschlossene Innensphäre bildet, die niemals in andere Sphären überfließt, ist doch ein weltoffenes Wesen, und sein Drinstehen im Realzusammenhang der umgebenden Welt ist ein allseitiges aktuelles Bezogensein über sich hinaus.

Solcher transzendenter Akte gibt es außer den aktiven noch mehrere Gruppen. Wohlbekannt ist es, daß auch das Erkennen hierhergehört, und zwar auf allen seinen Stufen, schon von der bloßen Wahrnehmung an aufwärts. Die meisten aber tragen emotionalen Charakter und liegen in der Entwicklung des Individuums dem Erkennen voraus. Dahin gehört die Gruppe der rein rezeptiv-emotionalen Akte, das Erleiden, Erleben und Erfahren; desgleichen die Gruppe der prospektiven Akte, die Erwartung, das Fürchten und Hoffen, Angst und Gefaßtsein, Bereitschaft, Neugierde und manches mehr. Ebenso gibt es eine Gruppe der zeitlich rückschauenden Akte, zu der nicht nur das Erinnern und Verweilen beim Vergangenen gehört, sondern auch mancherlei Aktuelleres, wie das Bereuen und Bedauern. Die letzteren beiden aber spielen bereits in eine weitere Aktgruppe hinein, die man die bewertende nennen kann; diese ist wiederum in sich reich gegliedert, denn sie begleitet fast alle übrigen Aktarten und spielt zum Teil mitbestimmend in sie hinein. Denn sie besteht in der Stellungnahme des Bewußtseins zu allem, was in jenen anderen Akten ihm gegeben ist.

Alle diese Aktgruppen unterscheiden sich ebenso wie das Tun vom bloßen Vorstellen, Denken oder Phantasieren. Die letzteren sind immanente Akte, weil sie ihren Gegenstand selbst hervorbringen und unabhängig von seiner Existenz in der realen Welt verlaufen. Vorstellen oder denken kann man sich eben alles Beliebige, so sehr auch dabei Anleihen bei der Erfahrung gemacht werden; und in der Phantasie vollends hat das Bewußtsein unbegrenzte Freiheit, sich eine Inhaltswelt zu schaffen, wie es sie will. Die Wahrnehmung, das Erleben, Erwarten, Befürchten sind von anderer Art; ihre Gegenstände liegen in der realen Welt. Die Akte hängen also nur mit ihrem einen Pol, dem Subjektspol, am Bewußtsein; mit dem anderen, dem Objektspol, hängen sie alle an irgendeinem Punkte des Realzusammenhanges, in welchen der Mensch hineingestellt ist. Darum ist die reale Welt, soweit überhaupt sie dem Bewußtsein gegeben ist, ihm in diesen Akten gegeben. Das gilt in erster Linie von den rezeptiven Akten, mittelbar aber von ihnen allen.

Für die gegenwärtige Untersuchung kommt es nicht auf die Einzelanalyse dieser Akte an[3]. Wichtig ist hier nur das Transzendenzverhältnis selbst, das Hinausbezogensein des Bewußtseins in die umgebende Realwelt und die Mannigfaltigkeit seiner Verwurzelung in ihr. Diese eben macht den anthropologischen Charakter in ihnen und damit zugleich ihre konstitutive Rolle im Aufbau des Menschenwesens aus. Es ist ja kein Zufall, daß an einem dieser transzendenten Akte, der Wahrnehmung, sich in der Geschichte der Philosophie das Problem des psychophysischen Zusammenhanges entwickelt hat. Dieses Problem konnte sich nur deswegen so einzigartig zuspitzen und zu metaphysisch konstruierten Lösungen führen, weil man die Einheit in der Schichtung des Menschenwesens nicht zu fassen wußte und nur die kategoriale Heterogeneität von Bewußtsein und äußerer Natur sah. Die ontologische Aufgabe wäre aber gerade gewesen, die in

---

3 Ich habe sie teilweise an anderer Stelle zu geben versucht, wiewohl in anderem Problemzusammenhang und mit anderen Forschungszielen. Vgl. „Zur Grundlegung der Ontologie", [2] Berlin 1941, Kap. 27–32, sowie „Zum Problem der Realitätsgegebenheit", Vortr. d. Kantgesellschaft Nr. 32, Berlin 1931. [Hartmann, Nicolai, Zur Grundlegung der Ontologie, 2. Auflage: Berlin 1941 (in der 4. Auflage: Berlin 1965, 163–193); ders., „Zum Problem der Realitätsgegebenheit", in: *Philosophische Vorträge – veröffentlicht von der Kant-Gesellschaft*, hrsg. v. Paul Menzer u. Arthur Liebert. Heft 32, 1931, 7–33; *Text 4* im vorliegenden Band.]

mannigfachen Bezogenheitsphänomenen gegebene Einheit auch kategorial inmitten der Verschiedenheit aufzuspüren.

Das Menschenwesen ist eben nicht ein „in sich bleibendes", sondern ein auf vielerlei Wegen „aus sich hinausdrängendes" und wiederum die umgebende Welt „in sich einbeziehendes". Man sieht das am besten, wenn man sich klarmacht, wie jeder Mensch um sich her eine Art Sphäre des Seinigen schafft, einen Umkreis von Gegenständen, mit denen er lebt, wirkt und arbeitet und die eben dadurch in einem engeren Sinne zu den „seinigen" werden, als sie es durch ein bloßes Besitzverhältnis sein könnten. Einen wertvollen Beitrag zum Verständnis dieses Verhältnisses gibt Heideggers Analyse des „Zuhandenseins", an welcher der Seinszusammenhang zwischen Mensch und Sache klar ins Auge springt: die Sache nämlich als Werkzeug oder Gebrauchsgegenstand ist, was sie ist, überhaupt nur in der Hand des Menschen, und zwar nur durch den Gebrauch. Damit freilich hört sie auf, bloßer Naturgegenstand zu sein. Aber gleichzeitig auch spiegelt sich in ihr die Synthese von Natur und Mensch; denn sie folgt in ihrer Dynamik nach wie vor den Naturgesetzen und ist dennoch durch die besondere Verwendung, zu der sie kommt, über den Naturzusammenhang hinausgehoben.

Das Ineinandergreifen, um das es hier geht, läßt sich fast durchweg ebensogut als Verhältnis von Mensch und Natur wie als das von Innen- und Außenwelt verstehen. Im ersteren Sinne ist es das anthropologische Grundverhältnis überhaupt, im letzteren umreißt es das wichtigste Schichtenverhältnis innerhalb des mehrschichtigen Menschenwesens. Jenes bedeutet die Einbettung des Menschen in die vorbestehende reale Welt, wozu auch die ganze Mannigfaltigkeit seiner Anpassungen an sie gehört; dieses dagegen das Aufruhen des seelischen und personal-geistigen Lebens auf dem organischen Prozeßgefüge des Organismus im Menschen. Die Problemeinheit beider Verhältnisse ist durch die Doppelheit der äußeren und inneren Natur gegeben, sofern die letztere ontologisch ja nur ein Bruchteil der allgemeinen und in ihrem Gros äußeren Natur ist.

So gesehen, wird es auch verständlich, warum in diesem Doppelverhältnis die wichtigsten kategorialen Aufschlüsse über das Menschenwesen liegen müssen. Es ist zu erwarten, daß die Forschung, wenn sie der Fülle der in ihm liegenden Probleme unbeirrt nachgeht, die hier verborgenen Zusammenhangskategorien auch mit der Zeit aufdecken wird. Die Gefahr, hierbei in die alten Einseitigkeiten zu verfallen, ist nicht groß. Denn da es sich in allen einschlägigen Akten gerade um das Ineinandergreifen des der Seinsschicht nach Heterogenen handelt – im Groben also um das von Natur und Geist –, so muß der Analyse das Ableiten in den Naturalismus ebenso fernliegen wie das hemmungslose Sichverlieren in den Geist-Idealismus.

Mit den aufgezählten Typen transzendenter Akte ist übrigens die Mannigfaltigkeit des Ineinandergreifens noch lange nicht erschöpft. Je höher hinauf in die geistige Entfaltung des Menschen, um so reicher wird diese Mannigfaltigkeit, entsprechend der allgemeinen Steigerung der Fähigkeiten und Leistungen. Ein besonderes Kapitel bildet hier z. B. das von Heidegger analysierte Phänomen der „Sorge", sofern dieses Wort nicht mehr einfach den einzelnen prospektiven Akt bezeichnet, sondern eine Grundeinstellung des auf das zeitlich Heranrückende eingestellten Lebens. In der Tat ist hier etwas spezifisch Menschliches getroffen. Denn nur der Mensch belastet sich mit der Sorge, das Tier lebt sorglos in der Gegenwart; das Leben im Vorblick und Vorgriff ist seine Überlegenheit, aber auch sein Schicksal, das er tragen muß.

Eine weitere Aktgruppe mit ergiebigem kategorialem Hintergrund ist die der Arbeit. Das Wesen der Arbeit ist noch wenig erforscht worden; man hat es nach seiner wirtschaftlichen und soziologischen Seite genugsam untersucht, aber kaum nach seiner anthropologischen Seite. Diese aber hatte erst das eigentliche Grundwesen in ihr ausgemacht. Es geht nicht im einfachen Tun auf, deckt sich auch nicht mit der Handlung, teilt aber mit beiden den Charakter der Zwecktätigkeit; transzendenter Akt ist sie, sofern sie das Naturgegebene verwendet und verwertet, der Sorge ist sie in der Weite der Vorausschau verwandt, und doch wiederum ihr fremd durch die Betonung der Leistung und ihre Ablösbarkeit vom Bewußtsein des Endzweckes. Arbeit kann selbstläufig werden und ihre Ziele aus den Augen verlieren, ja, sie kann blind im Auftrage des fremden Bewußtseins geleistet werden. Aber sie hat noch eine andere Seite, die hier besonders interessiert, weil in ihr der Charakter des Kreisprozesses wiederkehrt, den wir von den sensomotorischen Systemen her kennen. Diese Seite ist die seinerzeit von Hegel in der „Phänomenologie des Geistes" entdeckte: sie ist ihrem Wesen nach nicht nur Arbeit an der Sache, die da bearbeitet wird, sondern stets auch Arbeit des Menschen an sich selbst, und zwar, ohne daß er darum weiß. Arbeit ist jederzeit auch ein Lernen, nämlich ein Beherrschen-Lernen, durch das die Sache dem Menschen verfügbar wird. Das Einschalten der Naturkräfte in die technisch hochdifferenzierte Arbeit ändert hieran nichts. Denn auch so bleibt es der Leistungseinsatz des Menschen, von dem alle Initiative ausgeht. Und das Lernen – der Weisheit Anfang – kommt gerade darin zu seinen höheren Formen.

Nach zwei Seiten grenzen Sorge und Arbeit an weitere große Bereiche transzendenter Akte: an den der Handlung und den der Erkenntnis. Die Handlung zählt zu den eminent aktiven, die Erkenntnis zu den rezeptiven Akten; jene schließt sich unmittelbar an das einfache Tun mit seiner Finalstruktur, diese an die Wahrnehmung und das Erleben an. Ja, im praktischen Leben sind von unten auf in fast allem Tun schon Momente des Handelns, in allem Wahrnehmen und Erleben schon Momente des Erkennens enthalten. Denn vom Tun unterscheidet die Handlung nichts als das Bezogensein auf andere Menschen, das Für und Wider im Sichkreuzen mit deren Interessen; vom direkten Erleben aber hebt sich die

Erkenntnis im engeren Sinne nur durch die Ablösung vom augenblicklich Gegebenen und Aktuellen ab. Zu diesen beiden Aktgruppen wird noch unten mehr zu sagen sein. Die Handlung gehört mit ihrer ethischen Seite in den Problemzusammenhang der Menschengemeinschaft. Die Erkenntnis aber ist schon für sich ein großes und viel bearbeitetes Problemgebiet; nur ist die anthropologische Seite in ihr, das Verhältnis von Natur und Mensch, das ja auch für sie charakteristisch ist, in der hergebrachten Erkenntnistheorie wenig zur Geltung gekommen.

Schließlich ist auch die Sprache ein kategorial ergiebiges Aktgebiet, das in diesem Zusammenhang nicht fehlen darf. Sie gehört in die breitere Aktgruppe von Ausdruck und Mitteilung, die ja im Sprechen nicht aufgeht. Schleiermacher hat sie in seiner Gütertafel neben die „Offenbarung" gestellt, mit der er das Sichselbst-Offenbaren des Menschen über die Grenzen des Sprechens hinaus in den Unwägbarkeiten alles menschlichen Verhaltens meinte.

Über die anthropologische Wurzel der Sprache ist viel gehandelt worden. Heute dürfte soviel klargeworden sein, daß ihre Ursprünge in dem sensomotorischen Verhältnis von Gehör und aktiver Lautbildung zu suchen sind, wobei die über die Schichtendistanz hinweggreifende Verbindung von Laut und Sinn sich im tastenden Ausprobieren von Verstehen und Verstandenwerden herausbildet; ein langwieriger Prozeß, der sich als Sprechenlernen in jedem Individuum von unten auf neu vollziehen muß. Wichtiger vielleicht noch ist, daß die Sprache auch unabhängig von der Funktion des Mitteilens ein ganzes System von Vereinfachungen und Entlastungen bildet – durch das bloße Bezeichnen und Festhalten des Bezeichneten im Wort. Alle Auffassung des Allgemeinen findet an ihr den Anhalt. Von der Sprachtheorie ist das früh erkannt worden, und es hat nicht gefehlt, daß nun auch die Konsequenz gezogen wurde, alles Denken müsse auf „innerem Sprechen" beruhen.

Daß diese Folgerung viel zu weit geht, ist leicht zu sehen. Es gibt ja so unendlich vieles, was auch der Sprachgewandte nicht in Worte zu fassen vermag – etwa intuitiv erfaßte menschliche Eigenart oder ein komplizierteres Situationsgefüge –, was aber dennoch gerade in seinen allgemeineren Zügen sehr prägnant vom Denken erfaßt sein kann. Hier sind also von allen übertriebenen Thesen gewisse Abstriche zu machen. Aber das ändert nichts an der vermittelnden Rolle, welche die Sprache mit ihren festen Prägungen weitgehend im Denken spielt. Das wahre Verhältnis dürfte hier auf einer mittleren Linie liegen: alles Denken hat die Tendenz, sich sprachlich festgelegte Begriffe zu schaffen, um durch sie der Überflutung durch das gegebene Mannigfaltige Herr zu werden und immer wieder darüber hinauszugelangen; aber im Auffassen des Neuartigen dürfte das Denken dem Sprechen wohl stets einige Schritte voraus bleiben. Für das Ineinandergreifen der Seinsschichten im Menschen aber ist dieses Verhältnis lehrreich, weil der an

sich sinnfremde Laut durch die Sprache in den verwickelten Apparat der Sach-
beherrschung und Weltorientierung eingeschaltet wird.

Dem Vorwegsein des Denkens entspricht das Nachhinken der Sprache. Aber
es ist eben doch auch ein stetiges Nachkommen und fortschreitendes Einholen;
denn immer bleibt auch das Voraneilen des Denkens an die Bewältigung des
früher Gedachten durch die Funktion der Sprache gebunden. Darum ist die lebendige Sprache beweglich, ist der Neubildungen, ja der Sprachschöpfung fähig.
Es gibt freilich auch das ganz der fertigen Sprache verhaftete und gleichsam
sklavisch an ihre Bahnen gefesselte Denken. Aber das ändert das Grundverhältnis
nicht. Schon im sensomotorischen Apparat sind stets neue Bahnungen im Werden; auf den höchsten Stufen kennen wir den gleichen Prozeß in der fortschreitenden Begriffsbildung. Die Zwischenglieder sind schwerer faßbar; aber wo wir
auf sie stoßen, finden wir gleiche Produktivität, und im künstlerischen Können des
Dichters wird sie jedermann sichtbar. Denn alle Anschauung drängt zum Ausdruck und treibt neue Wendung hervor.

V.

Mit dem Phänomenbereich der Sprache sind wir indessen schon auf die zweite
Stufe des Menschseins hinausgelangt, auf die Menschengemeinschaft. Denn
niemand hat seine Sprache für sich allein, niemand erdenkt sich die eigene; ein
jeder übernimmt die gesprochene Sprache des Menschenkreises, in den er hineinwächst. Sprache eben ist Mitteilung und Austausch.

Dasselbe gilt aber auch von den großen Aktbereichen der Erkenntnis und des
Handelns. Das Handeln unterscheidet sich vom einfachen Tun durch das Gerichtetsein auf Menschen: es hat neben dem Sachobjekt, mit dem es schaltet, noch
das Personalobjekt, das von diesem Schalten mit der Sache betroffen ist. Es ist der
eminent zwischenmenschliche Akt. Das Erkennen aber ist insofern an die breitere
Menschensphäre gebunden, als es sich ja keineswegs auf die eigenen Erfah-
rungsquellen des Einzelnen, auf Wahrnehmung und Erleben, beschränkt, sondern in weitestem Maße das Wissen der Mitlebenden und mittelbar die Erkenntnis
früherer Zeiten in sich aufnimmt, um sie zu verwerten und mit ihrer Hilfe wei-
terzukommen.

Die weitausladende Problematik der Erkenntnis soll hier aus dem Spiele
bleiben. Zwar ist sie bis ins einzelne durch das Verhältnis der Schichten bestimmt
und müßte daraufhin eigentlich von Grund aus neu untersucht werden; aber das
ist eine Aufgabe größeren Stils und bedarf der Herausarbeitung neuer Ansätze.
Man vergegenwärtige sich dazu nur das eine: Erkenntnis hat die Form einer Relation, die Pole dieser Relation sind Subjekt und Objekt, das Subjekt gehört dem

geistigen Sein an, der Bereich der möglichen Objekte aber erstreckt sich über alle vier Seinsschichten des Realen und außerdem auch noch auf das ideale Sein. Und je nach der Seinssphäre und Seinsschicht, in der das Objekt liegt, ändern sich die Bedingungen möglichen Erfassens und Verfehlens. Dabei ist das Merkwürdige, daß dem erkennenden Subjekt die ihm heterogenste Seinsschicht, die des physisch Materiellen, am besten zugänglich ist: sowohl die Wahrnehmung mit ihren Anschauungsformen als auch das apriorische Erfassen des Allgemeinen sind der äußeren Natur am meisten angepaßt. Das Reich des Organischen ist beiden schon schwerer zugänglich und in seiner inneren Funktionsweise fast undurchdringlich. Das ist anthropologisch wohl verständlich, denn für die organischen Funktionen des eigenen Körpers ist es unzweckmäßig, wenn sie der Einmischung des Bewußtseins ausgesetzt sind; die menschliche Natur selbst scheint sie vor seinem Zugriff gesichert zu haben. Aber gnoseologisch bleibt deswegen die Merkwürdigkeit doch bestehen. Und sie setzt sich in den höheren Objektschichten fort. Denn auch die seelischen Akte als solche öffnen ihr Geheimnis erst einem sehr weit vorgeschrittenen Erkennen, die Psychologie mit ihren mannigfachen Irrwegen weiß davon zu sagen. Erst auf der Ebene des geistigen Seins stellt sich wieder ein breiteres Gegebenheits- und Verstehbarkeitsverhältnis her. Denn hier handelt es sich um ein weites inhaltliches Reich objektiver Gehalte. Aber auch hier bleiben die Hintergründe voller Rätsel, mit denen das Begreifen nicht zurechtkommt.

Das hat seinen guten Grund darin, daß die Erkenntnis von Hause aus praktischen Zwecken dient. Sie ist das große Instrument der Orientierung des Menschenwesens in der umgebenden Welt, in erster Linie also in der äußeren Natur. Diese Orientierung ist eine objektive, nicht eine solche, die alles auf das eigene Selbst orientiert, wie die der Tiere, sondern umgekehrt, Orientierung des Selbst auf die Welt. Erst dadurch wird diese zu einer Sphäre von Gegenständen; und wiederum nur so kann diese Gegenstandssphäre eine vielen erkennenden und in ihr lebenden Individuen gemeinsame sein.

Darüber hinaus läßt sich das höhere Erkennen, nämlich das des Allgemeinen in der Welt, als ein Anpassungsphänomen erster Ordnung verstehen, und zwar in erster Linie als Anpassung des Menschengeistes an die äußere Natur. Die Funktion des Verstandes beruht wesentlich auf dem Herausheben des Allgemeinen; sie bringt dadurch nicht nur eine ungeheure Vereinfachung und Vereinheitlichung zuwege, sondern das Vorwissen um das Nichterfahrene – einerlei, ob dieses nun bloß ein „noch nicht" Erfahrenes (etwa Künftiges) oder ein nicht Erfahrbares ist. Die Bedingung, unter der ein solches Sich-Bewegen im Allgemeinen – z. B. in Begriffen, Urteilen oder Gesetzesformen – einen wirklich objektiv orientierenden Sinn hat, ist offenbar die, daß auch in der realen Welt, und vor allem in der äußeren Natur, ein Allgemeines besteht, dem sich die Einzelfälle unterordnen. Das aber heißt nichts anderes, als daß unser Verstand an eine Welt angepaßt ist, in der es Gleichartigkeit der Gebilde, Zustände, Abläufe und Folgeformen gibt, in der also eine Wiederkehr des Formidentischen waltet. In der Physik ist diese Eigenart der Natur als ihre „Gesetzlichkeit" bekannt; auf anderen Gebieten tritt sie nicht so exakt greifbar hervor, liegt aber in anderen Formen den Einzelfällen ebensosehr zugrunde. Eine Natur, in der es keine Gleichförmigkeit gäbe, würde eine Erfahrung hervorrufen, in der es keine Analogien gäbe; und in einer solchen würde sich ein Verstand wie der unsrige mit seiner auf dem Subsumtionsverhältnis aufgebauten Logik nicht zurechtfinden können. Er eben ist von Hause aus an die Gleichförmigkeit der Natur angepaßt.

Das bedeutet keineswegs, daß es sich überall gleich um das „streng Allgemeine" handelte, wie in der Wissenschaft. Es ist auch gar nicht erst der Verstand, der sich daran hält. Schon im naiven Wahrnehmen waltet die Verallgemeinerung vor, schon in ihr wird eine Unmenge an Details übersehen und nur ein gewisser Ausschnitt von Bestimmtheiten herausgehoben; es fällt eben schon hier alles unter bestimmte Schemata, die vereinfachend wirken, und wo diese fehlen, da versagt das Erkennen. In allem Erkennen steckt ein Element des Wiedererkennens, und dieses ist an das real Gleichartige der Fälle gebunden. Und wenn Kant in seiner transzendentalen Deduktion recht hat mit der Beziehung aller „Rekognition" auf die Funktion des Begriffs, dann muß man die letztere schon mitten in der Wahrnehmung beginnen lassen. Worin dann ein weiterer Hinweis darauf läge, daß nicht erst die Sprache mit der Heraushebung des Allgemeinen beginnt.

Damit reimt sich denn auch die bekannte (aber erkenntnistheoretisch zu wenig beachtete) Beobachtung, daß gerade das naive – z. B. das kindliche – Bewußtsein sich vorwiegend in Allgemeinheiten bewegt und dadurch relativ arm der Fülle des Einzelfalles gegenübersteht; während andererseits die Auffassung des Individuellen und Einzigartigen, obgleich es an allen Gegenständen ebenso vertreten ist wie das Allgemeine, im ganzen erst einem späten und hochentwickelten Erkenntnisstadium gelingt. Ja, wenn man genauer zusieht, bringt es der Mensch nur in der Auffassung des Menschen zur eigentlichen Individuation, und auch da nur sehr mit Auswahl. Diese Auffassung des Individuellen aber ist bedingt durch das besondere praktische Interesse, das der Mensch am Individuum nimmt. Und auch da ist sie nicht die Regel, sondern nur Ausnahme; sie würde, auf alle begegnenden Gestalten gerichtet, den Menschen unmäßig belasten. Selbst an den wenigen Einzelnen, denen sie sich zuwendet, bleibt sie stets lückenhaft. Denn an sich ist jedes Individuelle eine in sich uferlose Mannigfaltigkeit. –

Gerade in diesem Punkt aber, wo sich das Erkennen am meisten dem Individuum zuwendet, greift es hinüber auf die andere Gestalt des Menschenwesens, die Gemeinschaft. Von Hause aus nämlich ist es für das Erkenntnisverhältnis charakteristisch, daß in ihm das Objekt unberührt und unverändert bleibt: nur im Subjekt geht etwas vor sich, die Entstehung der Objektvorstellung. Insofern ist der

Erkenntnisgegenstand überhaupt gleichgültig gegen sein Erkanntwerden. Das gilt aber nur von Gegenständen, die im Bereich der niederen Schichten liegen, von Dingen, Geschehnissen, Organismen. Vom Menschen als Gegenstand möglicher Erkenntnis gilt es nicht mehr.

Für den Menschen ist es nicht gleichgültig, ob und wie weit er von anderen Menschen erkannt, durchschaut, verstanden wird. Wie es eine Sehnsucht nach dem Verstandenwerden gibt, so gibt es auch eine Abwehr gegen das Durchschautwerden. Das eine wie das andere kann von größter Lebensaktualität sein. Der Mensch kann sich gegen das Erkanntwerden wehren, er kann sich ihm auch willentlich öffnen. Die Abwehr braucht keineswegs immer den Charakter der Lichtscheu zu tragen; es gibt auch eine intime Sphäre der Persönlichkeit, auf die der Mitmensch kein Anrecht hat, die sich also gerade moralisch mit Recht gegen ihn abschließt oder doch zum mindesten an seinen Takt appelliert. Aber auch abgesehen von der Frage nach Recht und Unrecht: es besteht eben doch die Möglichkeit des Sichverbergens, des Vortäuschens, der Verstellung, der Maske. Und dem entspricht auf der Seite des Erkennenden die Möglichkeit, der Abwehr zu begegnen, die Verstellung zu durchschauen. Und es läuft hierbei leicht auf eine Art Kampf zwischen Eindringen und Abwehr hinaus.

Sieht man sich nun dieses Verhältnis mehr in den Einzelheiten an, so findet man, daß das Menschenleben voll ist vom Wettstreit des Durchschauens mit der Abwehr. Wie sich die Interessen der Individuen im Leben mannigfach gegenseitig kreuzen und beeinträchtigen, so auch das Verbergen und Erraten der Interessen. Was wir Menschenkenntnis nennen, ist nichts anderes als die Kunst, den Mitmenschen gerade in dem zu durchschauen, was er verbirgt, die nicht geäußerte Initiative herauszuspüren und sich im eigenen Verhalten danach zu richten. Dem kommt stets eine Fülle von unfreiwillig dargebotenem Material entgegen. Denn der Mensch verrät sich eben auch in seinem Verhalten, seinem Sprechen und Schweigen. In aller Mitteilung spricht er ja nicht nur von der Sache, der er Ausdruck gibt, sondern spricht ungewollt auch sich selbst aus; er verrät stets mehr, als er sagen will. Und es ist nicht zu leugnen, daß eben dieses den Hauptreiz, aber auch eine Quelle unabsehbarer Spannungen in der Mannigfaltigkeit der von Mensch zu Mensch sich beweglich abspielenden Aktionen und Gegenaktionen ausmacht.

Das für unser Problem Interessante aber an aller unfreiwilligen Selbstoffenbarung ist dieses, daß es sich hierbei wenigstens teilweise stets auch um das Ineinandergreifen der Schichten handelt, oder in gröberen Umrissen um das Verhältnis von Geist und Natur im Menschen. Was aller Mimik und aller menschlichen Haltung eigentümlich ist, die feste Verbundenheit gewisser sinnlich sichtbarer Ausdrucksmomente mit der inneren Form des Aktes und der Initiative – oft bis in die verschwiegene Gesinnung des seelisch verschlossenen Menschen hinein –, das gerade ist hier das Ausschlaggebende. Denn die nachträgliche Beherrschung dieses Zusammenhanges durch den Willen, die doch auf willkürlichem Aus- und Einschalten der Ausdrucksbahnen beruhen müßte, ist offenbar nur in beschränktem Maße möglich.

VI.

Der Mensch in seiner zweiten Gestalt, in Gestalt der Gemeinschaft, ist ein Gebilde anderer Größenordnung und anderen Aufbaus, zeigt aber dieselben Seinsschichten wie das Individuum. Es wurzelt im organischen Zusammenhang der Individuen, ihrem weitgehenden vitalen und wirtschaftlichen Angewiesensein aufeinander; es setzt im Einzelmenschen ein Bewußtsein dieses Angewiesenseins voraus, und es erfährt vom Geiste führender Individuen her seine Formung durch Regelung, Normen und Gesetze unter Gesichtspunkten höherer Zwecksetzung.

Was die letzteren beiden Momente anlangt, so sind sie es, bei denen die bekannten Theorien der Menschengemeinschaft in der Regel fast ausschließlich verweilen. Das ist einseitig, aber es ist begreiflich, weil hier natürlich die von jeher bewußt gestellten und verfolgten Aufgaben des Menschen an der Gemeinschaft liegen, – ein Kreis von Aufgaben, der keineswegs erst mit der Organisation und Steuerung eines Gemeinwesens beginnt, sondern von unten auf in der Heranbildung der Individuen zu bewußten und verantwortlichen Gemeinschaftsträgern besteht. Denn es gibt kein Handeln und kein noch so persönliches Verhalten des Individuums, das nicht zugleich auch ein solches gegen die gemeinsame Menschensphäre wäre. Darum greift der Problembereich des Handelns und des Ethos, einerlei, von welchen Gesichtspunkten man an ihn herantritt, unweigerlich auf das größere Ganze der Gemeinschaftsgestaltung über. Und wenn Hegel den Satz aufstellte, die wahre Sittlichkeit sei die Wirklichkeit des Staates, so traf er, ungeachtet der wohl zu extremen Zuspitzung, doch sehr genau damit den Kernpunkt der Sache, daß sich ein starkes und tragfähiges Menschengebilde höherer Größenordnung nur durch die Verwurzelung in der Gesinnung seiner Träger verwirklichen läßt.

Nicht zu vergessen aber ist hierbei, daß der Zusammenschluß der Individuen überhaupt nicht erst vom Menschen erfunden, sondern von der Einrichtung des organischen Lebens übernommen und vom Menschen nur überformt ist. Es ist zu wenig, wenn man dabei allein an das Kollektivleben der Herdentiere denkt; es liegt hier vielmehr die das ganze Reich des Lebendigen umfassende Einrichtung des Stammeslebens zugrunde, kraft deren auch die einsiedlerisch lebenden Tiere sich immer wieder zur Fortpflanzung zusammenfinden müssen. Und, was vielleicht wichtiger ist, auch die Konflikte des Zusammenlebens stammen mit ihrer letzten

Wurzel aus der Gesetzlichkeit des tierischen Artlebens: innerhalb jeder Art stehen die Individuen doch auch in Konkurrenz, machen einander die Nahrung, den Lebensraum, ja bei manchen Arten direkt den Machtbereich streitig und geraten so in Kampf miteinander.

In der Natur ist dieser Kampf ums Dasein der Individuen ein eminent positiver Faktor des Artlebens. Auf ihm beruht die ständige natürliche Auslese der Individuen in jeder Generation, mit ihr also auch zugleich die Regulation des Arttypus, sowie dessen phylogenetische Umbildung. Beim Menschen ändert sich das. Zwar herrschen auch hier noch gewisse Selektionsprozesse, aber die großzügige Verschwendung, welche die Natur sonst allenthalben mit den Individuen treibt, wird bei einem so hochgezüchteten Wesen, das seinerseits Träger geistigen Lebens ist, offenbar untragbar; außerdem tritt hier an Stelle der allgemeinen Anpassung durch Selektion doch weitgehend die aktive Anpassung des Individuums dank seiner nicht auf Instinkte allein festgelegten, sondern in gewissen Grenzen beweglichen Natur. Das eigentlich Positive aber, das hier neu einsetzt, ist die Überformung des Zusammenlebens durch die Macht des Geistes, sofern er die entstandenen und immer wieder entstehenden Konflikte der Individuen zu durchschauen vermag und Mittel zu ihrer Überwindung findet. Diese Mittel sind: die konventionelle Sitte, die Moral, das Recht und die Formung der Stammesgemeinschaft zum Staate.

Versteht man Sitte und Moral als System der Normen, die das Verhalten des Individuums in bezug auf andere Individuen regulieren, Recht und Staat aber nicht bloß als Einrichtungen, sondern als das, was sie der Menschenformung nach sind, als die Bahnen der Überordnung des Gemeinschaftslebens über das individuelle Leben, so überzeugt man sich leicht davon, wie sehr wir es hier mit dem Ineinandergreifen von Natur und Geist im Menschenwesen zu tun haben. Alle Normierung ist Überformung eines Gewordenen. Das Gewordene ist zwar bei den Völkern historischer Zeit längst nicht mehr die bloß naturgewachsene Gemeinschaft; es überhöhen sich vielmehr an dieser die Überformungen, die, aus geistiger Initiative kommend, sich im Laufe der Zeit vordrängen oder übereinanderlegen. Aber selbst wo die Hochbauten durchdachter Staatsverfassungen auftreten, bleibt doch immer die Naturgrundlage bestehen, das Stammesleben der Individuen mit den alten Grundformen der ursprünglichen Interessenkonflikte. Auch hier, wie in jeder positiven Moral und bei jedem einmal herrschend gewordenen Lebensstil, bleibt das Grundphänomen die Überformung eines natürlichen Lebensverhältnisses.

Daß man diesen Satz nicht engherzig verstehen darf, ist selbstverständlich. Denn mit der Überformung und höheren Kompliziertheit des Zusammenlebens kommen natürlich auch unentwegt neue Formen des Interessenkonflikts auf, die dann durch neuen Einsatz rechtlicher und sittlicher Überformung ausgeglichen

werden müssen. Man denke etwa an die Konfliktformen, die einst mit der Um-
mauerung der Städte und der Enge des Zusammenwohnens aufkamen, oder auch
an die viel größeren, die in neuer Zeit mit der Industrialisierung ganzer Bevöl-
kerungsschichten und der Entstehung unserer Großstädte einsetzten. Und ebenso
handelt es sich ja auch nicht nur um eigentliche Stammesgemeinschaften, welche
die Naturgrundlage bilden; die Stämme vermischen sich mannigfaltig, nehmen
fremde Elemente auf. Aber das Gemisch der Menschenstämme kann selbst wieder
ein relativ einheitliches Gepräge abgeben und zu völkischer Einheit zusammen-
wachsen. Und von dieser gilt dann *mutatis mutandis* eben doch dasselbe wie von
den ursprünglichen Stammeseinheiten.

Es wäre ganz falsch, hieraus einen Schluß zu ziehen, etwa dahinzielend, daß
auch die besondere Art der Überformung vom Stammesleben her bestimmt sei.
Aus Furcht vielleicht vor solchen Konsequenzen hat man sich in idealistischen
Tagen so lange dagegen gesperrt, das anthropologische Problem im Aufbau des
Gemeinschaftslebens ernst zu nehmen, Sitte, Moral, Recht und Staat als Über-
formung zu verstehen. Man übersah dabei, daß alle Rechtsbestimmung schon
Antwort auf eine bestimmte Art von Konflikten ist, alle sittliche Norm oder Forderung (Gebot, Imperativ, Wert) schon die Idee eines Ausweges aus dem Widerstreit oder auch nur einer Meisterung von Situationen darstellt, in die der Einzelne
durch das Sichkreuzen menschlicher Interessen und Belange sich verstrickt sieht.
Das beeinträchtigt die Autonomie der sittlichen Forderungen und vollends die
Freiheit der persönlichen Entscheidung in keiner Weise. Gegeben ist mit der Naturgrundlage des Stammeslebens lediglich eine gewisse Typik möglicher Situationen, und diese kompliziert sich mit der Steigerung des geistigen Lebens noch
beträchtlich. Wie aber innerhalb eines Situationstypus der rechte und der unrechte
Ausweg sich unterscheiden, welches das ihm zugehörige Idealbild der sittlichen
Handlungsweisen, d. h. was in bezug auf ihn überhaupt gut und böse ist, das sagt
der Situationstypus als solcher keineswegs. Das kann nur der Geist unter Wertgesichtspunkten, die ihm allein zu fassen gegeben sind, herausfinden.

Der Mensch ist überhaupt dasjenige Lebewesen, das sich erst selbst zu dem
machen muß, was es seiner Bestimmung nach ist. Das heißt im Grunde, daß er das
„gemeinschaftbildende Wesen" ist. Aber eben die Gemeinschaft im Sinne trag-
fähiger und bestandfähiger Menschengemeinschaft fällt ihm nicht in den Schoß,
ihr Wesen muß erst gefunden werden, und zwar immer neu gefunden; denn er
selbst mit seinem Tun beschwört immer neue Formen des Konflikts herauf. Und
dasselbe gilt von seiner „Bestimmung". Auch diese ist ihm nicht gegeben mit
seiner Naturanlage – weder mit der gemeinsamen noch mit der persönlich-indi-
viduellen –, sondern er muß sie erst auffinden. Und da er sie nicht auf den ersten
Wurf treffen kann, muß er das Aufgefundene immer wieder erst ausprobieren, aus

der Erfahrung umlernen, neue Entwürfe machen, neue Ideale formen. Darum gibt es eine Geschichte der positiven Moral und des sittlichen Lebens selbst.

Aber in allen Entwürfen und aller Idealbildung bleibt er rückgebunden an die Natur im eigenen Menschenwesen. Und zwar auch das nicht nur an die allgemeine Menschennatur, sondern ebensosehr an die des besonderen Menschenstammes, an seine Erbanlage, die ihm nicht alles Beliebige, sondern nur Bestimmtes ermöglicht, ihn auch nicht zu beliebigen Abenteuern des Geistes, sondern nur zu bestimmten kulturellen Aufgaben berufen macht. Die Überformung aber, die von der einmal erfaßten Aufgabe ausgeht, ist ebensosehr eine solche des Individuums wie der Gemeinschaft. Muß doch innerhalb der Gemeinschaft jedes Individuum erst durch sie zum Erfassen der Aufgabe erzogen werden; und nicht nur zum Erfassen, sondern – was mehr ist – auch zur Erfüllung der Aufgabe, soweit es an ihm ist, sie zu erfüllen. Das ist der Grund, warum in jedem ganzheitlich kollektiven Gesamtgebilde menschlicher Individuen neben Sitte, Moral und Recht die Erziehung eine so große Rolle spielt. Der Einzelne muß von seinen Anfängen her, d. h. von seiner mitgebrachten Naturgrundlage aus eine lange Kette von Überformungen durchlaufen, die alle das autonome Werk des Geistes an ihm bilden. Und es ist leicht zu sehen, daß hierbei die beiden Stufen der Überformung, die des Einzelmenschen und die der Gemeinschaft, Hand in Hand gehen und in ihren wesentlichen Stücken eine und dieselbe Hinaufformung des Menschen zu höherer Bestimmung ausmachen. Denn eben die Verwirklichung des Gemeinwesens ist die Verwirklichung der sie tragenden Gesinnung in den Individuen, aus denen es besteht.

Der Mensch ist in Wahrheit jederzeit erst das, was er kraft der Idee, die er von sich hat, aus sich macht. Das gilt von der Gemeinschaft wie vom Individuum und ist im Grunde an beiden ein und dieselbe Leistung. Die Leistung ist die des Geistes. Aber das besondere Feld, auf dem sie fruchtbar wird, ist durch die Naturanlage des Menschenschlages mitbestimmt.

Es ist wohlbekannt, wie sehr mit dem Gesagten ein erst in unseren Tagen aktuell gewordenes Problem berührt ist. Wie weit es sich vom heutigen Stande der Wissenschaft aus lösen läßt, ist schwer zu sagen. Einstweilen klaffen hier die Lehrmeinungen noch weit auseinander. Die idealistisch, lebensphilosophisch oder auch nur geisteswissenschaftlich Eingestellten suchen dem Walten des Geistes und seinen Ideen alles zuzuschreiben, der Naturanlage aber nichts oder doch so wenig wie möglich übrigzulassen; die biologistisch oder rassentheoretisch Eingestellten drängen dahin, der erblichen Naturanlage im Stammesleben eines Menschenschlages die ausschlaggebenden Entscheidungen über Richtung und Gehalt leitender Ideen zuzuschreiben und dem Geistesleben nur noch die Rolle einer ausführenden Instanz übrigzulassen. Es ist nicht schwer zu sehen, daß die einen rückständig, die anderen zu heißspornig sind, und daß die Wahrheit wohl irgendwo in der Mitte liegen muß. Aber damit ist das Problem nicht gelöst. Damit vielmehr hebt es erst an.

Denn viel zu sehr ist hier immer noch alles auf die Alternative „Geist oder Natur" gestellt; wobei überdies noch beide Seiten zu eng gefaßt werden: der Geist zu einseitig als bloße Intellektualität, die Natur als bloßer Inbegriff organologisch verstandener Artgesetze. Es handelt sich aber vielmehr darum, wie die beiden Seinsschichten im Menschenwesen sich affirmativ zueinander verhalten; nicht also bloß darum, wie sie gegeneinander begrenzt oder gar voneinander ausgeschlossen sind, sondern darum, wie sie ineinandergreifen und zusammen das Einheitsbild eines naturverwurzelten und anlagegetreuen, dennoch aber zugleich autonom und hoch entfalteten Geisteslebens mit beweglich produktivem Ideen- und Leistungsreichtum ergeben können. Kurz, es geht hier nicht um die Wahl zwischen den Extremen, sondern um die Synthese des Heterogenen im Menschenwesen. Um konkret zu sprechen, es geht unter anderem darum, ob und wie weit überhaupt in organisch vererbbaren Eigentümlichkeiten sich implizit geistige Vorzugsrichtungen, Tendenzen oder auch nur menschliche Grundhaltungen mit vererben können. Und andererseits geht es darum, wie weit überhaupt neu aufkommende Ideengehalte bestimmend (etwa seligierend) und umbildend auf wurzelhafte und erbliche Natureigentümlichkeiten eines Menschenschlages rückwirken können.

Über das eine wie das andere liegen die Entscheidungen heute noch durchaus jenseits des Erforschten. Und alle möglichen Vorgriffe in der einen oder der anderen Richtung bewegen sich einstweilen noch im Stadium des Erratens und der Hypothese. Die dereinstige Entscheidung aber wird ohne Zweifel eine im wesentlichen naturphilosophische sein.

VII.

Die dritte Stufe, auf der das Menschsein erscheint, ist die der Geschichte. Sie teilt mit der Gemeinschaft die Überindividualität, hat aber nicht mehr die Form des Kollektivums, sondern die der Folge. Die Verbundenheit ist hier nicht die des Zusammenbestehens, sondern die der Ablösung. Es ist zwar die Menschengemeinschaft, die sich über die Köpfe der Einzelnen hinweg kontinuiert – das „Volk" lebt fort in der Folge der Generationen –, aber ihrem Bestande nach wechselt eben doch gerade auch die Gemeinschaft, und die Allheit der Individuen von heute ist nicht mehr die von ehedem. Das Gesetz der Zeitlichkeit und des Prozesses scheidet diese von jener. Denn Geschichte ist Prozeß, und im Prozeß vergehen die Stadien, und nur er selbst, der Prozeß, dauert fort. Die Geschichte ist das Auseinandergezogensein des Gemeinschaftslebens in die Zeit. Sie ist dieses, daß auch ein Volk

– genau so wie der Einzelmensch, wie alle Dinge und alles Reale – niemals als Ganzes beisammen ist, sondern jederzeit nur als besondere Phase derjenigen Wandlung dasteht, die es durchläuft.

Und dennoch gibt es die Ganzheit, das einheitliche Leben eines Volkes, wiewohl nicht in Form zeitlichen Beisammenseins. Die Aufeinanderfolge selbst hat auch ihre Art Einheit, obwohl sie weder am Individuum noch an der Gemeinschaft greifbar ist. Wenn man sie fassen will, sucht man nach dem Bleibenden im Prozeß, und unwillkürlich stellt man es sich zunächst nach Art der Substanz vor. Auf dieser Vorstellung ist z. B. die Hegelsche Geschichtsphilosophie aufgebaut, die den „Volksgeist" selbst als Substanz zu verstehen suchte. Das ist natürlich nur auf der Grundlage einer spekulativen Geistmetaphysik möglich. Aber das Problem, das dahintersteht, ist ein unvermeidliches und bedarf der Beantwortung.

Das Problem ist dieses: was ist das Sich-Erhaltende, Einheit und Kontinuität Stiftende in dem Prozeß, der im ständigen Wechsel nicht nur der Individuen, sondern auch der ganzen zu jeweiliger Gemeinschaft zusammengeschlossenen Generationen besteht?

Daß man auf diese Frage nicht mit der Substanzkategorie antworten kann, ergibt sich schon daraus, daß es Erhaltung in Form der Substanz nur in der niedersten Seinsschicht, der des Physisch-Materiellen, gibt. Diese liegt dem Menschen als Organismus wohl auch zugrunde, kommt aber schon für sein organisches Fortbestehen nicht auf. Denn gerade der Stoff und die Energie wechseln im Organismus, und die Erhaltung des tierischen Stammeslebens ist bereits eine ganz andere: nicht durch die Trägheit einer Substanz erhält sich das organische Leben, sondern durch selbsttätige Wiederbildung der gleichen Form in immer neuen Individuen. Das Leben der Art ist getragen vom Entstehen und Vergehen der Individuen; es besteht zwar jeweilig durchaus nur „in" ihnen, aber es kontinuiert sich über sie hinaus, indem sie selbst ihm immer wieder die neuen Träger erzeugen. Seine Erhaltung ist eine „aufruhende" auf dem beweglichen Wechsel seiner Träger; nicht Subsistenz, sondern „Superexistenz", nicht tragende, sondern getragene Einheit. Und dennoch ist sie Erhaltung des größeren Ganzen, des Lebens höherer Ordnung, von dem aus selbst das Kommen und Gehen der Individuen sich weitgehend reguliert. Man kann sie deswegen auch als „Konsistenz" bezeichnen, d. h. als die der Subsistenz entgegengesetzte Form des „Zusammenhalts". Aber nicht auf die Bezeichnung kommt es an, sondern allein darauf, daß hier eine Erhaltungskategorie anderer und offenbar höherer Art einsetzt als die Substanz.

Es ist selbstverständlich, daß die Klarstellung dieser Dinge einer weitgreifenden naturphilosophischen Analyse der einschlägigen Kategorien des Organischen bedarf. Die Reproduktion der Individuen setzt eine besondere Art von

Determination des Werdeganges durch ein Anlagesystem voraus; und das letztere wiederum hat seine eigene von Individuum zu Individuum sich kontinuierende Weise des Fortbestehens. Das „Wie" seiner Wirkungsweise im Entstehungsgange des neuen Individuums ist aber trotz mancher bahnbrechenden Einsicht heute noch weitgehend ungeklärt. An diesen kategorialen Momenten aber hängt die Erblichkeit der Arteigenschaften sowohl im Aufbau der Teilformen als auch in ihrer Funktion.

Neben diese Form der Erhaltung in der organischen Seinsschicht tritt nun aber beim Menschen eine zweite, nicht minder wichtige: die Erhaltung des geistigen Lebens mit seinen weit ausgebreiteten Inhaltsgebieten und seinen charakteristischen Eigentendenzen. Zu diesen Inhaltsgebieten gehört alles, was nicht der Einzelne sich erringt, sondern in seinem Werdegange von der älteren Generation übernimmt, erlernt, sich aneignet, um es selbst wiederum der nächsten Generation weiterzugeben. Von dieser Art ist die Sprache mit ihrem ganzen geformten geistigen Gehalt, desgleichen das Wissen, das Recht, die Moral, der Lebensstil mit all seinen Teilphänomenen, der künstlerische Geschmack und das Kunstverstehen, sowie noch manches mehr. Der Inbegriff dieser inhaltlichen Geistesgebiete ist es, was man seit Hegel den „objektiven Geist" nennt. Ihnen allen gemeinsam ist, daß der Einzelne sie nicht schafft, sondern „übernimmt", indem er in das gewordene und bestehende gemeinsame Geistesleben hineinwächst. Die Generationen, indem sie geschichtlich wechseln, „übergeben" einander den überkommenen geistigen Gehalt. Dieses Übergeben ist der eigentliche Sinn dessen, was man „Tradition" nennt. Der Ausdruck besagt, daß der geistige Gehalt in der Geschichte sich nicht vererbt, sondern durch das Hineinwachsen der Individuen in das bestehende Geistesleben sich überträgt. Wie denn jedes Kind erst langsam sprechen lernen muß, alles Wissen durch Aufnehmen und Verarbeiten erworben werden, alles moralische Verständnis und Urteil sich erst im Teilnehmen am gemeinsamen Leben herausbilden muß.

Daß auf allen diesen Gebieten das Inhaltliche des Geisteslebens sich auch wandelt, ändert nichts an der Tatsache, daß sich doch auch Wesentliches in ihm erhält. Und oft ist diese Erhaltungsform nicht weniger stark als die organische der Vererbung. Aber sie ist eine kategorial andere. Zwar ist sie ebensowenig wie diese von der Art der Subsistenz. Hier noch mehr als dort handelt es sich um getragene Konsistenz, oder wenn man das andere Bild vorzieht, um Superexistenz. Aber ihre Mittel und Wege sind andere. Hier liegt keine Natureinrichtung zugrunde, kein Anlagesystem bewirkt das „Übergeben", kein vom Bewußtsein unabhängiger Wiederbildungsprozeß sorgt im werdenden Individuum für das „Übernehmen". Es muß vielmehr alles mit eigenem Einsatz und in langjähriger Bemühung erworben werden, um es zu besitzen. Und wo der Heranwachsende der Führung hierbei bedarf, da bildet die Gemeinschaft ein ganzes System der Lehre und Erziehung heraus mit der dafür geeigneten Stufenfolge und Staffelung der Anforderungen. Es erwächst dem Menschen das große Tätigkeitsfeld der Pädagogik, das nun selbst wiederum ein ganzes Geistesgebiet mit eigener Tradition und Geschichte bildet.

Hält man nun diese beiden Formen der Erhaltung, die organische und die objektiv-geistige, zusammen, so sieht man, wie sich in der Menschengeschichte zwei Arten der Kontinuität überlagern, eine natürliche, vom Bewußtsein unabhängige und eine vom Geistesleben getragene, ganz auf Erarbeitung und Leistung gestellte. Offenbar ist es dabei so, daß sie beide relativ selbständig einander gegenüberstehen; wie sie denn dazu auch genügend verschiedenartig der Funktion nach sind. Aber ebenso einleuchtend ist es, daß sie in der Einheit des Geschichtsprozesses doch auch streng aufeinander bezogen sein und ineinandergreifen müssen. Denn nur was die organisch ererbten Fähigkeiten ermöglichen, läßt sich tradieren; und nur Fähigkeiten, die vom Geiste als solche erfaßt und ausgewertet werden, lassen sich zur Höhe kultureller Leistungen emporheben.

Wir stehen hier auf dem Boden geschichtlichen Lebens noch einmal vor einer besonderen – vielleicht der höchsten – Form des Verhältnisses von Natur und Geist im Menschenwesen. Dieses Verhältnis hat aber die Merkwürdigkeit an sich, daß die mittlere Seinsschicht des Menschen, das seelische Sein, die beiden Formen der Kontinuität voneinander trennt. Denn das Seelenleben bildet in jedem Individuum eine geschlossene Sphäre für sich. Das organische Leben des Einzelnen schließt unmittelbar an das elterliche organische Leben an, sein geistiges Leben schließt an das der Mitlebenden an; das Bewußtsein aber entsteht in jedem Individuum neu. Es kann nur nachträglich durch Mitteilung mit dem fremden Bewußtsein in Verbindung treten; dazu aber bedarf es schon der objektiv gemeinsamen Geistessphäre, zum mindesten also der Sprache, die es aus ihr übernimmt. Das Bewußtsein trennt, der Geist verbindet. Oder wenn man das ganze Schichtenverhältnis voll zum Ausdruck bringen will: das Bewußtsein, und mit ihm das seelische Leben überhaupt, steht als die Seinsschicht der Diskretion und Individuation mitten inne zwischen zwei heterogenen Arten der Kontinuität, der organischen und der objektiv geistigen, einer solchen der Erblichkeit und einer solchen des aktiven Übernehmens.

Man mißverstehe diesen Satz nicht. Das seelische Leben steht nicht etwa isoliert da, aus dem Zusammenhang gerissen. Der Zusammenhang vielmehr ist immer da. Es gibt kein in der Luft schwebendes Seelenleben, es ruht stets einem Organismus auf und wird stets von einem gemeinsamen Geistesleben überbaut, erfaßt, in seinen Zusammenhang hineingerissen. Es vererben sich ja auch seelische Eigenschaften und Tendenzen, und ein geistloses Bewußtsein, wie es der Mensch in fern-vorgeschichtlicher Frühzeit gehabt haben mag, kennen wir heute an ihm auch in seinen niedersten Repräsentanten nicht mehr. Aber diese verbindenden Mächte, die das Bewußtsein über sich hinausziehen, sind nicht die seinen, sondern gehören den angrenzenden Seinsschichten an. Daß sie stark genug sind, die geschlossene Innensphäre in einer Fülle transzendenter Akte zu sprengen und in die gemeinsame Welt einzubeziehen, das ist recht eigentlich das Wunder, das ihr geschieht.

Wie hierbei die beiden Kontinuitäten ineinandergreifen, ist einstweilen noch wenig geklärt. Da der Geist sich inhaltlich nicht vererbt, sondern tradiert, bestehen für ihn andere Möglichkeiten der Erhaltung, so unter anderem die der Verpflanzung von einem Volkskörper auf den anderen. Die Geschichte kennt viele Beispiele solcher Geisteserbschaft. Aber schwerlich kann letztere fruchtbar werden, wenn nicht die Voraussetzung homogener Anlage erfüllt ist. Schieben sich rassisch fremde Elemente in einem Volk vor – sei es durch Einsickern, sei es durch das Hervortreten einer unterdrückten Urbevölkerung –, so verschiebt sich auch die Empfänglichkeit für geistiges Gut oder gar die Gesamtrichtung des Geisteslebens. Und zuerst, wie es scheint, macht sich das auf dem Gebiet des Lebensstils, der Moral und der Lebensideale geltend, dort also, wo keine festen Einrichtungen bestehen und das Hauptgewicht auf der auch begrifflich nicht faßbaren Grundeinstellung der Menschen liegt.

Pfropft man andererseits ein hochentfaltetes Geistesleben auf ein geschichtlich noch junges Volk, so ändert sich zunächst nur das Inhaltliche. Die Anlage bleibt. Sie kann sich unter diesem Einfluß mit der Zeit durch Auslese ändern; sie kann aber auch wieder hervorbrechen und ihrerseits den übernommenen Geist wesentlich abändern. Eines wie das andere kennen wir aus der Geschichte, überall dort z. B., wo ein jugendstarkes Eroberervolk von der höheren Kultur der Unterworfenen überflutet und aus seiner selbständigen geistigen Entfaltung abgelenkt wird.

Es gibt mannigfaltige Wege, auf denen die beiden Arten der Kontinuität ineinandergreifen. Beide sind ja als Konsistenzformen begrenzt, sie garantieren nicht absolute Erhaltung, die Stetigkeit der geschichtlichen Linie in ihnen ist ebensosehr auch Abartung. Nur schreitet die Veränderung in ihnen mit sehr ungleichem Tempo fort, und ohne Zweifel ist der in der organischen Anlage verwurzelte Erbfaktor der um vieles beständigere, der des geistigen Tradierens der beweglichere. Sie haben so offenbar beide ihre Vorzüge und ihre Nachteile, was überall da spürbar werden dürfte, wo sie in Konflikt miteinander geraten. Die jeweilige Situation im objektiven Geiste bringt wohl immer Selektionsbedingungen mit sich, die sich im Abartungsgange auch an der Erbmasse bevorzugend und ausmerzend auswirken können. Je nach der herrschenden Vorzugsrichtung können Intelligenz, Gewandtheit, Arbeitsamkeit und Stetigkeit oder auch Tapferkeit, Opferfähigkeit, Rechtssinn usw. zu seligierender Bedeutung aufsteigen. Aber ebensosehr dürfte die gegebene Sachlage in den Erbfaktoren ihrerseits bereits die

Auswahl der Vorzugsrichtungen bestimmen und damit die Chancen geistiger Richtung vorzeichnen.

Nach der Hegelschen Geschichtsphilosophie bringt ein jedes Volk sein „eigenes Prinzip" mit in die Geschichte, und seine Entwicklung besteht wesentlich in der Bewußtmachung und Verwirklichung dieses Prinzips. Hegels Geistmetaphysik aber gab keine Auskunft darüber, worin ein solches Prinzip bestehen sollte. Denn der Gedanke der geistigen Substanz hat sich als unhaltbar erwiesen. Wohl aber könnte etwas derartiges in den mitgebrachten Erbfaktoren des Menschenschlages liegen, der mit ihnen in das geschichtliche Leben und in die Auseinandersetzung mit fremden Völkern und Kulturen eintritt. Nur würde es darauf ankommen, sein Wesen richtig zu fassen und die von ihm ausgehende Determination in die rechte Beziehung zu anderen geschichtlich determinierenden Mächten zu bringen. Denn solche liegen natürlich ebensosehr bei der äußeren geschichtlichen Kollokation, bei geographischen, wirtschaftlichen und nachbarlichen Verhältnissen, wie bei der Eigengesetzlichkeit geistig-kultureller Zusammenhänge und Entwicklungen.

VIII.

Es kann sich in den hier angestellten Überlegungen nicht um den Entwurf einer Geschichtsphilosophie handeln, ebensowenig wie in den voraufgegangenen um den einer Staatsphilosophie. Es interessiert hier auf allen Stufen des Menschentums nur das Verhältnis von Natur und Geist, oder, genauer gesprochen, das Ineinandergreifen der verschiedenen, im Menschenwesen vereinigten Seinsschichten, zu denen ja auch die anorganische Natur und das seelische Sein gehören.

Der Mensch nun ist ein aktives Wesen, und zur Höhe gelangt seine Aktivität, wo sie sich zur geistig zweckgeleiteten Tätigkeit erhebt. Was nun oben über den transzendenten Aktcharakter des Tuns ausgemacht wurde, zeigt deutlich die Tendenz der Bewältigung von Gegebenem und Vorgefundenem, der Auswertung und Beherrschung. Diese Tendenz setzt die Auswertbarkeit und Beherrschbarkeit des Gegenstandes, an dem sich das Tun versucht, voraus. In dem Gebiet der äußeren Natur liegen hierfür die Bedingungen besonders günstig; denn im wesentlichen hat es der Mensch bei ihr nur mit der neutralen Kausaldetermination zu tun, die zweck- und planlos wirkt und seiner Zielsetzung den weitesten Spielraum läßt. In den Grenzen seines Verständnisses dafür, was unter den waltenden Naturgesetzen möglich ist, hat er hier freie Hand.

Nicht so leicht hat er es mit sich selbst, sofern er sich selbst zum Gegenstande seines Tuns macht. Denn in ihm waltet nicht der einfache Kausalnexus allein, und die Gesetze seines Wesens sind nicht nur Naturgesetze. Und doch muß er gerade an sich selbst aktiv wirken und formen, denn er ist ja das Wesen, das sich erst selbst zu dem machen muß, was es seiner Bestimmung nach ist. Er muß als Individuum sich in Zucht nehmen, um sich auch nur auf die Höhe seiner Leistungsfähigkeit zu bringen; er muß die Gemeinschaft formen, daß sie bestand- und lebensfähig wird, und er muß den Geschichtsprozeß in die Hand zu nehmen und auf sinnvolle Ziele hinzulenken suchen.

Das sind ganz andere Aufgaben als die der äußeren Naturbeherrschung. Man wird die letzteren gewiß nicht unterschätzen dürfen, aber hier widersetzt sich dem Menschen wenigstens keine aktive Macht. Wohl aber stößt er auf eine solche, wo er es mit sich selbst und seinesgleichen zu tun hat. Der Mensch ist das vielschichtige Wesen, und je höher die Schicht, um so komplexer ist ihre Determination; und um so schwerer wird es, sie zu beherrschen. Schon mit der Natur in sich wird der Mensch schwer fertig, wenn er mit Anforderungen an sie herantritt, die nicht von Hause aus die ihrigen sind. Noch schwerer lenkbar ist das eigene Seelenleben, dessen Antriebe aus dunklen, dem Bewußtsein schwer greifbaren Hintergründen kommen, die aber ihrerseits das Bewußtsein weitgehend beherrschen und gleichsam in ihrem Dienste festhalten. Von Hause aus ist eben auch das Bewußtsein eine dem organischen Leben dienende und daher von ihm aus zweckmäßige Einrichtung; und es ist ein langer Weg der Losreißung aus dieser Dienstbarkeit, bis es zum objektiv eingestellten, vom Drang abgelösten Bewußtsein wird. Man kann diesen Weg, der phylogenetisch heute hinter uns liegt, noch ontogenetisch am Werdegang des kindlichen Bewußtseins verfolgen. Er ist nicht ohne ständiges Umlernen und die Konflikte des Umlernens zurückzulegen. Er führt, im Ganzen gesehen, vom geistlosen zum geistigen Bewußtsein, und seine höheren Stufen sind schon wesentlich vom gemeinsamen, objektiv-geistigen Leben bestimmt.

Die größten Schwierigkeiten aber begegnen der geistigen Initiative, wenn sie das Geistesleben selbst beherrschen, das kollektive Ganze der Individuen formen und führen, oder gar vorausschauend den Gang seiner Geschichte in die Hand nehmen will. Nun aber ist es das Schicksal des Menschen, daß gerade hier seine größten und dringlichsten Aufgaben liegen. Denn das Gemeinwesen bedarf der Vorausschau und Steuerung. Es ist ebenso wie der Einzelmensch den wechselnden Situationen ausgesetzt, den inneren wie den äußeren, und muß sie zu meistern suchen. Da es aber kein Gemeinbewußtsein über dem personalen Bewußtsein des Einzelmenschen gibt, die Menge an sich aber gerade durch ihre Vielköpfigkeit kopflos ist, so kann es stets nur das individuelle Bewußtsein sein, das hier einspringt, sich in den Dienst der Gemeinschaft stellt und das Steuer in die Hand nimmt. Die Aufgabe ist im Grunde eine übermenschliche.

Wer die Geschichte der Kulturvölker, ihrer Könige und Staatsmänner überschaut, der überzeugt sich leicht davon, daß dem so ist. Das wechselvolle Spiel der politischen Initiative mit seinem unberechenbaren Gelingen und Mißlingen legt deutliches Zeugnis von der Begrenztheit menschlicher Vorsehung und Vorbestimmung ab. Es läßt die Geschichte der Völker als ein oft unentwirrbares Geflecht sinnvoller Planung und sinnlosen Geschehens, als das Ineinandergreifen homogener Mächte erkennen, in dem die zwecktätige Leitung stets nur auf kurze Sicht, im Großen aber das ateleologische Geschehen waltet.

Ob sich das einmal ändern kann, ob der Menschengeist jemals an die ungeheure Aufgabe der Lenkung des Geschichtsprozesses auf weite Sicht heranwachsen wird, mag hier dahingestellt bleiben. Wichtig ist für die kategoriale Durchdringung der Sachlage zunächst nur dieses, daß es stets zweierlei Mächte sind, die im Geschichtsprozeß mit- und gegeneinander arbeiten. Es sind dieselben, wie sie auch im ethischen Leben des Einzelnen vorliegen: das Heraufziehen der immer neuen Situationen und das bewußt handelnde Verhalten des Menschengeistes in ihnen. Und es ist dasselbe Grundgesetz der Situation, das hier wie dort waltet: nicht der Mensch sucht sich die Situation aus, sondern er „gerät" in sie; ist er aber hineingeraten, so kann er nicht sich aus ihr zurückziehen, nicht ausweichen; er muß hindurch, und das bedeutet, er muß handeln. Er muß also entscheiden, muß seine Freiheit betätigen; denn was er tun soll, sagt ihm die Situation nicht. Er muß es finden.

Nur eben sind geschichtliche Situationen von ganz anderem Ausmaße als die privaten, und die in ihnen zu fällenden Entscheidungen von ganz anderer Tragweite und Schwere. Ginge es hier bloß um Naturgesetzlichkeit im Gange der Geschichte, bloß um Kausalzusammenhänge im Heraufkommen geschichtlicher Situationen, so würde der Menschengeist sie wohl mit einer Technik höherer Ordnung bewältigen können. Aber es geht nicht bloß um sie. Hier hat es der Mensch stets mit dem ebenso aktiven, vordenkenden und handelnden Gegenspieler zu tun, mit seinesgleichen, und zwar nicht etwa nur beim offenen Gegner, den er direkt bekämpfen kann, sondern stets auch innerhalb der Menschengemeinschaft, die er führen soll. Nicht die Komplexheit der Gesetzlichkeit allein steht ihm entgegen, sondern auch das selbsttätige Ausweichen und Anderswollen des Gegenstandes, an dem er handeln soll. Es ist der Mensch selbst mit seiner Macht eigener Zwecktätigkeit, der sich nicht passiv leiten läßt, sich immer wieder gegen die weitblickendere Zielsetzung sträubt, in ganzen Gruppen und Zusammenschlüssen ihr Opposition macht.

Es kommt zu alledem noch, daß auch das eigene Tun des an der Führung stehenden Menschengeistes, sein Organisieren und Ringen mit den Widerständen, immerfort neue Nöte und Schwierigkeiten heraufbeschwört. Alles menschliche Handeln erreicht ja nicht einfach das, was es bezweckt, es zieht stets auch andere als die gewünschten Folgen nach sich. Im politischen Leben steigern sich diese ins Unabsehbare; und von ihnen allen gilt dasselbe Gesetz wie von der an äußeren

Bedingungen hängenden Situation: sie werden nicht vorausgesehen, man „gerät" in sie, bekommt es aber dann mit ihnen zu tun und steht vor der neuen Aufgabe, die man handelnd bewältigen muß. Hier erwachsen dem Menschengeist die größten Anforderungen des schöpferischen Findens, sowohl der Ziele als auch der Mittel, die zu ihnen hinführen.

Es spielt hier noch mancherlei hinein. So z. B. die Langsamkeit und Schwere des „Einbildens" in das Bewußtsein, von dem Hegel gesprochen hat. Die Ideen, die einen lebenden Gemeingeist erfassen, durchdringen nicht ohne weiteres die ganze Masse der Individuen, sie bilden sich erst nach und nach in ihre innere Haltung ein. Praktisch ist keine Moral und kein Rechtsbewußtsein in einem Volk streng allgemein. In Krisenzeiten pflegt sich das in erschreckender Weise zu zeigen, wenn beim Einsturz politischer Macht plötzlich nicht etwa die Idealisten der Revolutionsidee, sondern ganz andere, dunkle, rechtlich und moralisch rückständige Elemente sich vordrängen und ihre primitiv gebliebenen Gelüste befriedigen wollen. Es wäre ganz falsch, hierfür die „menschliche Natur" verantwortlich zu machen; sie gerade ist es, die in ihrer Weise zu Zucht und Ordnung drängt. Aber es wird daran doch sichtbar, wie begrenzt die Macht des Geistes ist und wie schwer sie zu ringen hat, wo sie es mit ihresgleichen als Gegner zu tun bekommt.

Die Freiheit des geistigen Wesens im Menschen, die hohe Gabe der verantwortlichen Entscheidung, ist und bleibt eine zweischneidige Gabe. Es gibt, wie es einst Schelling ausdrückte, keine Freiheit zum Guten allein, es gibt nur die Freiheit zum Guten und Bösen zugleich. Der Mensch ist durch sie von innen her bedroht, bleibt ständig dem Entgleisen ausgesetzt. Das gilt so gut vom Einzelmenschen wie von der Gemeinschaft in ihrem geschichtlichen Leben. Und vielleicht ist es so, daß der Beweglichkeit des Geistes gegenüber immer noch der Faktor der natürlichen Anlage mit seiner Eigentendenz das konstante Element ist, aus dem auch immer wieder gesunde geistige Erneuerung hervorwachsen kann.

In welcher Weise das mit Bewußtsein in die Wege geleitet werden kann, darüber läßt sich etwas Bestimmtes noch nicht sagen. Davon erleben wir Heutigen den ersten Versuch. Aber man behalte dazu im Auge, daß auch die geschichtlichen Situationen dieselbe Überschichtung zeigen wie der Mensch selbst in seiner geschichtlichen Gestalt, und daß vermutlich auch hier dieselbe Eigengesetzlichkeit der Überlagerung waltet. Es liegt darum nah anzunehmen, daß das Rechnen mit den Naturfaktoren in der geschichtlichen Situation für den Geist, wenn er sie einmal erfaßt hat, nicht das Schwierigste und Fragwürdigste, sondern noch das relativ Einfachste ist, und daß es vielmehr die wechselnden Eigentendenzen des Geistes sind, mit denen er auch hier am schwersten zurechtkommt.

8 Ziele und Wege der Kategorialanalyse

Einleitung

Im Herbst 1947 hat Hartmann einen programmatischen Vortrag mit dem Titel *Ziele und Wege der Kategorialanalyse* auf dem deutschen Philosophenkongress gehalten. In diesem Vortrag verdichten sich seine systematischen und philosophiehistorischen Überlegungen. Über letztere gibt Heinz Heimsoeth in seiner Abhandlung *Zur Geschichte der Kategorienlehre* Auskunft.[1] Heimsoeth gibt nicht nur einen bibliographischen Überblick zur Literatur über das Thema „Kategorienlehre", sondern verweist auch darauf, dass nach Hartmanns Auffassung ein großes Projekt der Philosophie auf der Tagesordnung steht: die Konstruktion eines philosophischen Systems, das offen für Impulse wissenschaftlicher Forschung ist und zugleich seinen systematisierenden Anspruch nicht aufgibt.

Nicolai Hartmann hat seit der Entwicklung des Grundgerüsts seiner Neuen Ontologie das Kategorienproblem in den Blick genommen. Schon in seiner Abhandlung *Grundzüge einer Metaphysik der Erkenntnis* (1921) bietet er eine Skizze zur Geschichte des Kategorienproblems: Aristoteles steht am Beginn, der Platonismus führt zu einer Idealisierung der Kategorien, Kant steigert dies zu einer Subjektivierung derselben, im Neukantianismus schreitet ihre Subjektivierung und Verflüchtigung voran, bis die Seite des selbständigen Erkenntnisgegenstandes ganz verschwunden ist.

Gegen diesen Trend wendet sich Hartmann. Kategorien sind bei ihm die inhaltlichen Grundbestimmungen des Seienden, sie sind das Vertraute und Selbstverständliche im Leben – erst die Philosophie entdeckt an ihnen das Unverstandene, nämlich das Problem ihrer Genesis und Geltung.[2] Während Aristoteles den Schwerpunkt seiner Bestimmung der Kategorien darauf legt, dass sie Grundprädikate des Seienden sind, ist spätestens mit Kant eine Perspektivenverengung eingetreten, denn nun scheinen Kategorien nur noch als Prädikation im Urteil zu gelten. Damit ist scheinbar die Frage erledigt, ob Kategorien substantielle Formen des Seienden sind. Aber Hartmann betont, dass damit keinesfalls die Annahme, dass im Urteil etwas über „die Sache" ausgesagt wird, erledigt sei.

Die Hypothese von der ontologischen Tragfähigkeit kategorialer Bestimmungen muss allerdings reformuliert werden. Kant hat die Frage einer geschichtlichen Entstehung der Kategorien eingeklammert und gerade dadurch das

---

1 Vgl. Heimsoeth, Heinz, „Zur Geschichte der Kategorienlehre", in: ders., *Studien zur Philosophiegeschichte* (*Kantstudien – Ergänzungshefte* 82), Köln 1963, 211–239.
2 Vgl. dazu *Text 5* in diesem Band.

Problem des Geltungsanspruchs auf ein neues Niveau gehoben. „Sind [nämlich] Kategorien ‚reine Verstandesbegriffe' und beruht auf ihnen der apriorische Einschlag in unserer Erkenntnis […], so kommt alles darauf an, ob sie auch auf die Gegenstände zutreffen, über die wir urteilen."[3] Kant hat gesehen, dass diesem „Zutreffen" zwar enge Grenzen gesetzt sind, er hat dennoch an der Forderung ihrer „objektiven Gültigkeit"[4] festgehalten. So steht auch im Zentrum der Kantischen Kategorienlehre, wie Hartmann heraushebt, das „ontologische Kategorienproblem", denn „Kategorien also, auf denen apriorische Erkenntnis mit ‚objektiver Gültigkeit' beruhen soll, müssen zugleich Kategorien des Realen sein."[5]

Die Neue Ontologie als ein Programm der Kategorienforschung hält diesen Gedanken fest, denn jede kategoriale Aussage – ob in unserer Alltags- oder Wissenschaftssprache – erhebt den Anspruch, auf die Erkenntnisgegenstände zuzutreffen – das ist nach Hartmann „der unaufhebbar berechtigte Sinn des alten Terminus ‚Kategorie'."[6] In seiner großen Studie *Der Aufbau der realen Welt. Grundriß der Allgemeinen Kategorienlehre* (1940[7]) entfaltet Hartmann die Analyse des ontologischen Kategorienproblems, indem er die Unterscheidung von Gegenstandskategorien, auf die wir in Lebenswelt und Wissenschaft als „durchgehende Grundzüge der Erfahrungsgegenstände" vertrauen, und Erkenntniskategorien im Kantischen Sinn herausarbeitet. Der Grundgedanke dieses Buches ist, dass die Welt, wie wir sie vorfinden, in einem fundamentalen Sinne geordnet ist. Die reale Welt ist geschichtet, sie ist „nicht zweischichtig, sie ist zum mindesten vierschichtig."[8] Die vier Schichten ergeben sich durch die Differenzierung in die Bereiche des Leblosen (anorganische Natur), des Lebendigen (organische Natur), des Seelisch-Psychischen (Bewusstsein) und Geistigen (Kultur). Die Kategorienforschung hat die Aufgabe, in ständiger Auseinandersetzung mit den Wissenschaften die Schichtung der realen Welt herauszuarbeiten.

Im Vortrag *Ziele und Wege der Kategorialanalyse* (1947) wird das Programm einer Kategorienforschung verdichtet und die Frage, in welchem Sinne die realen Welt *für uns* geschichtet ist, verhandelt. In diesem Sinne grenzt auch hier die

---

3 Hartmann, Nicolai, „Systematische Selbstdarstellung", in: ders., *Kleinere Schriften*, Bd. 1, Berlin, 1–51.; hier: 6–7.
4 Kant, Immanuel, *Kritik der reinen Vernunft*, A 158, B 197.
5 Hartmann, Nicolai, „Systematische Selbstdarstellung", in: ders., *Kleinere Schriften*, Bd. 1, Berlin, 22f.
6 Ebd., 13.
7 Hartmann, Nicolai, *Der Aufbau der realen Welt. Grundriß der Allgemeinen Kategorienlehre* (1. Auflage: 1940), 3. Auflage: Berlin 1964.
8 Ebd., 174.

ontologische Forschung an eine anthropologische Grundfrage. Ganz allgemein zeigt Hartmann in der Auseinandersetzung mit den Wissenschaften – vor allem in der neueren Mathematik, Physik und Biologie –, was kategoriale Erkenntnis ist. Beispielhaft wird an den Determinationskategorien der Kausalität, Gesetzlichkeit und Wechselwirkung vorgeführt, dass der philosophische Beitrag zur Forschung in den Wissenschaften vorrangig in der Klärung des metaphysischen Einschlags in der wissenschaftlichen Begriffssprache liegt.

Bemerkenswert sind im Vortrag zwei Überlegungen, die an der Grenze zwischen Ontologie und Anthropologie entlangführen und die zudem verdeutlichen, dass die Neue Ontologie eine große Forschungshypothese impliziert. Hartmann spricht nämlich in zweierlei Hinsicht von einer „Lücke" in der Ordnung der realen Welt. Zum einen handelt es sich bei der kleinsten und bei der größten Ordnungseinheit (Atom und Kosmos) um „dynamische Gefüge" (396), deren Einheitscharakter auf einer Struktur der Zentraldetermination (400) beruht. Auch wenn es kein „Zentrum" gibt, so sind doch alle Teile dadurch bestimmt, dass sie auf ein Zentrum verweisen. In der Mitte zwischen diesen Polen gibt es „organische Gefüge", welche die Struktur einer „Ganzheitsdetermination" (401 f.) aufweisen. Hier ist nicht von einem Zentrum die Rede, sondern von einer Ganzheit der Gestalt, der Form, des Selbst, die unterschiedliche Komplexitätsgrade annehmen können. Hartmann spricht von einer Lücke in der kosmischen Ordnung, wo sich die Gefüge einer zentralen Determination entziehen und sich in ihren Zuständen, Prozessen und Zielen selbst regulieren. Diese „Lücke ist der kosmologische Ort des Menschen." (399) In diese Lücke fällt zum anderen die Differenz von Erkenntniskategorien (Anschauung und Begreifen) und Seinskategorien – eine Differenz, die nur *für uns Menschen* besteht. Diese Differenz ist erst im Prozess der Menschwerdung herausgebildet worden, insofern die Determination des organischen Gefüges „Mensch" aufgebrochen wurde. Daran hängen Chancen und Risiken mittelbarer kategorialer Erkenntnis, die Strukturen der Welt zu erkennen oder zu verfehlen.[9]

Das Problem der Inadäquatheit oder Adäquatheit des Wissens beschäftigt Hartmann seit seiner Studie *Grundzüge einer Metaphysik der Erkenntnis* (1921).[10] Im Vortrag von 1947 erweitert Hartmann die ontologische und erkenntnistheoretische Hypothese um eine anthropologische Pointe. Die Lehre vom Schichtungsaufbau der realen Welt eröffnet die Möglichkeit, dass eine Adäquation von Erkennen und Sein möglich ist, insofern weder die Inadäquatheit noch die Adäquatheit von Denken und Sein einfach gegeben sind, sondern exklusiv als

---

9 Vgl. insbesondere *Text 4* in diesem Band.
10 Vgl. Hartmann, Nicolai, *Grundzüge einer Metaphysik der Erkenntnis*, 4. Teil. 5. Abschnitt: *Problembewußtsein und Erkenntnisprogreß*, Berlin und Leipzig 1921, 363–389. Ebenso in diesem Band: *Text 3*.

Problem der höheren Schichten verhandelt werden. Weil innerhalb der Schichtenordnung eine Abhängigkeit der höheren von den niederen Schichten – und ihren jeweiligen kategorialen Verhältnissen – besteht, kann Hartmann die Adäquatheit der Kategorien für ihre jeweilige Schicht – beispielsweise die Kategorie des Raumes für die anorganische Schicht, die der Wechselwirkung für die organische Schicht usw. – behaupten und zugleich ihr Auseinanderfallen in Seins- und Erkenntniskategorien mitsamt der Inadäquatheit letzterer beschreiben.[11] Aus der von der Schichtenontologie behaupteten durchlaufenden Abhängigkeit höherer Seinsweisen von den niederen folgert Hartmann, dass zwischen den Ebenen der Seins- und Erkenntniskategorien eine Tendenz zur Kohärenzbildung nachweisbar ist, dass also „allen Kategorien des begreifenden Denkens [...] eindeutig die Tendenz innewohnt, sich mit den Seinskategorien zu decken und so die kategoriale Identität herzustellen. [...] Der ganze Apparat der Erkenntniskategorien, soweit diese beweglich sind, läßt sich hiernach auffassen als eine einzige große Zurüstung der Anpassung des Intellekts – und letzten Endes des Menschen überhaupt – an die Welt, in der er lebt." (406)[12]

An dieser Stelle vollzieht Hartmann den Übergang von der Ontologie zur Anthropologie, wobei der systematische Zusammenhang unklar bleibt. Ist die Anthropologie nur eine Spezialanwendung der Ontologie, wie Hartmann es auch im Fall der Naturphilosophie konzipiert, oder liefert die Ontologie lediglich die Absicherung für aktuelle anthropologische Forschungstendenzen? Es bleibt hier eine Unentschiedenheit, die sich insbesondere dann zeigt, wenn Hartmann darüber räsoniert, ob „Anpassung" eine allgemeine Tendenz in Lebensprozessen ist.[13] Zwar vermerkt er abschließend: „Man braucht das nicht biologisch zu überspitzen." (406) Und er warnt vor einem naturalistischen Fehlschluss, der die

---

11 Vgl. Hartmann, Nicolai, „Neue Wege der Ontologie", in: ders. (Hg.), *Systematische Philosophie*, Stuttgart-Berlin 1942, 199–311; hier: 231: „Die neue Anthropologie sieht wieder diese Zusammenhänge. Sie hat Raum für die Autonomie geistigen Lebens, weiß aber mit ihr die organische Seinsschicht des Menschenwesens zu vereinigen. [...] Alle Selbständigkeit, die wir am Geiste kennen, ist Selbständigkeit in der Abhängigkeit, und zwar in einer sehr gewichtigen und vielseitigen Abhängigkeit. Die Abhängigkeit bestreiten hieße die Augen vor den Tatsachen verschließen. Aber sie mit der Selbständigkeit zusammenzubringen, vermag nur eine ontologische Klärung des grundsätzlichen Verhältnisses zwischen den heterogenen Schichten des Realen."

12 Vgl. Stallmach, Josef, „Einführung", in: Hartmann, Nicolai, *Die Erkenntnis im Lichte der Ontologie*, Hamburg 1982, IX-XXXIX.

13 Vgl. beispielsweise Konrad Lorenz' berühmte Abhandlung: „Kants Lehre vom Apriorischen im Lichte gegenwärtiger Biologie", in: *Blätter für Deutsche Philosophie*, Bd. 15, 1941, 94–125. Wiederabgedruckt in: Lorenz, Konrad/ Wuketits, Franz M. (Hgg.), *Die Evolution des Denkens*, München-Zürich 1983, 95–124.

relative Autonomie geistiger Tätigkeit des Menschen aus dem Blick verliert. Aber die Nähe zu – wissenschaftlich oder weltanschaulich motivierten – Forschungsrichtungen, in denen einseitige Bestimmungen der Natur des Menschen entwickelt werden, zeigt sich gerade an diesem Punkt seiner Ausführungen und spiegelt sich in seinem Sprachgebrauch.[14]

Genau diese Ambivalenz hat Wirkung im 20. Jahrhundert gezeigt und bleibt auch heute noch bemerkenswert. Hartmanns Grundgedanke, dass es zwischen den Schichten des Realen eine durchlaufende Abhängigkeit der höheren Schichten von den niederen, aber keine Determination gibt, wirkt auf die „evolutionäre Erkenntnistheorie" des 20. Jahrhunderts.[15] Die neuere Forschungsrichtung einer „evolutionären Anthropologie" vertritt eher einen kulturalistischen Forschungsansatz.[16] In aktuellen Debatten über naturalistische oder kulturalistische Voreinstellungen in den anthropologischen Forschungen könnte die Auseinandersetzung mit der Neuen Ontologie Hartmanns und der philosophischen Anthropologie durchaus neue Aspekte ins Spiel bringen.[17]

---

14 Vgl. hierzu insbesondere die Einleitungen zu *Text 6* und *7.*

15 Vgl. Vollmer, Gerhard, *Evolutionäre Erkenntnistheorie. Angeborene Erkenntnisstrukturen im Kontext von Biologie, Psychologie, Linguistik, Philosophie und Wissenschaftstheorie*, 8. Auflage: Stuttgart 2002. Ders., *Wieso können wir die Welt erkennen? Neue Beiträge zur Wissenschaftstheorie*, Stuttgart 2003.

16 Tomasello, Michael, *Die kulturelle Entwicklung des menschlichen Denkens – Zur Evolution der Kognition*, Frankfurt/M. 2006. Vgl dazu Hartung, Gerald, „Genese und Geltung der Kategorien. Nicolai Hartmann und das Programm der Kategorienforschung", in: Hartung G./ Wunsch, M./ Strube, C. (Hgg.): *Nicolai Hartmann – Von der Systemphilosophie zur systematischen Philosophie*, Berlin 2012, 45–65.

17 Vgl. dazu erste Überlegungen bei Krüger, Hans Peter, *Gehirn, Verhalten und Zeit. Philosophische Anthropologie als Forschungsrahmen*, Berlin 2010.

Ziele und Wege der Kategorialanalyse[1]

I

Die gewichtigsten Aufgaben der Philosophie, heute wie ehedem, sind gewiß nicht die theoretischen. Aber wo wir es mit diesen aufnehmen, da sind es stets zugleich die praktischen Aufgaben, die mit ins Spiel gezogen werden, und zwar gerade die letzten und grundlegenden. Die Frage nach dem Wesen des Menschen und seiner Stellung in der Welt, nach der Willensfreiheit und nach dem Sinn des Lebens, sind ohne weit ausholende theoretische Vorarbeit gar nicht im Ernst angreifbar, geschweige denn lösbar. Es ist die immer wiederkehrende Erfahrung in der Geschichte menschlichen Denkens: wo etwas in der Auffassung und Gestaltung unseres Lebens versagt hat, da liegt schon ein Fehler im Weltbilde mit zugrunde. Spätere Zeiten pflegen ihn leicht zu sehen, das eigene Sehen des Zeitgenossen ist blind dafür. Der Fehler liegt eben in seiner Sehweise selbst.

Die Korrektur pflegt dann keineswegs von der Ethik allein her möglich zu sein, oder etwa von der Rechts- und Geschichtsphilosophie. Man muß viel tiefer, bis an die Wurzel greifen. Vor 150 Jahren bei Kant kam die Besinnung von einer Kritik der theoretischen Vernunft her, stieß aber dann sogleich bis zur Reform der Ethik, ja bis zum Problem des „ewigen Friedens"[2] vor. Das Freiheitsproblem, das hier die Schlüsselstellung innehatte, wurde nicht auf dem Felde der praktischen, sondern der „reinen" Vernunft gelöst.

Es scheint ein Gesetz des philosophischen Denkens zu sein: die letzten Entscheidungen, auch über aktuelle Probleme, liegen bei derjenigen Disziplin, zu der die Kantische Kritik die Prolegomena liefern wollte, bei der Metaphysik. Metaphysik aber gibt es heute wie vor Zeiten, bewußte und uneingestandene; die Weltbilder lösen einander immer noch ab, entstehen zu kurzem Leben und brechen vor der Kritik zusammen. Wie aber steht es heute mit ihren eigenen Voraussetzungen? Dunkel spüren es wohl die meisten der Suchenden, daß in den Weltbildern, die unser Denken sich schafft, noch so manches πρῶτον ψεῦδος steckt. Aber wer könnte von sich sagen, daß er klar um die eigene, stillschweigend hingenommene Metaphysik wüßte? Wie konnte eine dogmatische Rassemeta-

---

1 Das Nachstehende wurde unter dem Titel „Heutige Aufgaben der theoretischen Philosophie" als Vortrag auf dem Philosophenkongreß in Garmisch-Partenkirchen am 2. September 1947 vorgelegt. In einzelnen Teilen ist die jetzige Fassung eine erweiterte; sie wird aber gerade damit dem ursprünglichen Entwurf besser gerecht, weil die begrenzte Redezeit damals Streichungen notwendig machte.
2 [Kant, Immanuel, „Zum ewigen Frieden", in: *Akademie Textausgabe*, Bd. VIII, Berlin 1968, 341–386.]

physik sich breitmachen, die nicht einmal von der positiven Biologie aus stimmte? Wie wurde eine ökonomisch-materialistische Geschichtsmetaphysik möglich, die nach Belieben Phänomene streicht oder anerkennt, je nachdem sie ihr passen? Wie konnten die billigen neumystischen Doktrinen entstehen, wie das Heer der Angebote von Religionsersatz, mit denen wir überschwemmt worden sind? Wie wurde es möglich, daß ein wildgewordener Positivismus von der Mikromechanik der Atome aus uns die Willensfreiheit und das Dasein Gottes beweisen will? Ist das doch ein Rückschritt, der uns über die Jahrtausende hinweg gleich bis zu Epikur zurückversetzt; dieser schloß ungeniert aus der angenommenen „Parenklisis" der Atome auf die Freiheit menschlicher Entschlüsse. Aber wie ist heute, wo die ungeheure Distanz zwischen den Problembereichen längst übersehbar geworden ist, Argumentation von solcher Primitivität möglich?

Das alles ist darum möglich, weil es an durchgreifender Kritik der theoretischen Voraussetzungen fehlt. Man fragt sich demgegenüber unwillkürlich: sollte es wirklich immer noch an Erkenntniskritik fehlen, nachdem das Jahrhundert des Kritizismus die großen Grundprobleme hinter all der vielen Kritik fast hatte verschwinden lassen? Aber es liegt auf der Hand, daß dieser Kritizismus seine ursprüngliche Aufgabe – nämlich die, eine neue Metaphysik zu ermöglichen und zu fundieren,– nicht erfüllt hat. Und schon die alte Kritik der Vernunft, wie Kant sie gemeint hatte, reichte nicht zu. Sie war bloß allgemein, grundsätzlich, formal, betraf nicht die einzelnen Kategorien. Es war schon eine wichtige Errungenschaft, wenn Kant die „objektive Gültigkeit" unserer Verstandeskategorien insgesamt auf die Reichweite „möglicher Erfahrung" restringierte.[3] Aber der Erfahrungsbereich ist nicht für alle Kategorien der gleiche: die quantitativen Kategorien gelten nicht für das seelische und geistige Sein, die Zweckkategorie nicht für das Reich der Natur. Hier muß unterschieden werden zwischen divergenten, teils sich überschneidenden, teils sich ausschließenden Geltungssphären. Die wichtigsten Fehler der Metaphysik liegen in der Überschreitung von Geltungsgrenzen einzelner Kategorien, das heißt in der „Anwendung" der letzteren auf Gegenstände, für die sie nicht zuständig sind. Kategorien sind nun einmal die stillschweigenden Voraussetzungen, die wir in unserer Auffassung, Deutung und Beurteilung des Gegebenen machen, und jeder Fehlgriff, der hier unterläuft, wirkt sich unabsehbar in den Konsequenzen aus.

Hier liegt der eine Grund, warum wir es mit der theoretischen Aufgabe einer neuen, ins Inhaltliche und Einzelne gehenden Kategorienlehre zu tun haben. Es geht eben nicht mehr um die 12 „transzendentalen Verstandesbegriffe"[4], die Kant

---

3 [Vgl. Kant, *Kritik der reinen Vernunft*, B 197.]
4 [Kant, *Kritik der reinen Vernunft*, B 92–116.]

einst, ohne die Mannigfaltigkeit der Gegenstandsbereiche zu befragen, aus der formallogischen Urteilstafel ableitete. Es hat sich gezeigt, daß eine viel größere, heute noch gar nicht übersehbare Anzahl von Kategorien in Frage kommt, daß jedes Wissensgebiet seine eigenen hat, daß sie von Gebiet zu Gebiet teils wechseln, teils sich abwandeln und nur zum kleinsten Teil identisch durchgehen.

Darüber hinaus aber ist zu unterscheiden zwischen Kategorien der Wissenschaft und des begreifenden Denkens einerseits und solchen der Anschauung und des erlebenden Bewußtseins andererseits. Von der letzteren Art sind die Kantischen „Anschauungsformen" Raum und Zeit, von der ersteren etwa die Substanz, die Gesetzlichkeit, die Determinationsformen u.a.m. Zwischen diesen und jenen gibt es mannigfache Übergangsformen, die alle ihren sehr eigenen Charakter zeigen.

Dazu kommt ein zweiter Grund. Kant hatte in seinem „obersten Grundsatz aller synthetischen Urteile *a priori*"[5] die Bedingungen der Möglichkeit der Erfahrung mit denen der Gegenstände gleichgesetzt. Das ist eine Identitätsthese; abgekürzt lautet sie dahin, daß die Kategorien der Erkenntnis zugleich die der Gegenstände sind. Unter dieser Bedingung sind die unter ihnen gefällten synthetischen Urteile zutreffend. Das ist durchaus evident. Aber wie steht es mit dieser Bedingung selbst? Trifft sie wirklich so uneingeschränkt zu?

Wenn sie ganz zuträfe, könnte es keine Grenzen möglicher Erkenntnis, also kein Unerkennbares geben. Unerkennbar ist uns eben das, wofür unser Erkenntnisvermögen die Kategorien nicht hat. Nun gibt es aber im Hintergrunde aller Wissensgebiete genug des Unerkennbaren; ob es uns für immer unzugänglich ist oder nur zeitweilig – so etwa, daß wir nur einstweilen die zuständigen Kategorien dafür nicht haben –, ist hierbei eine sekundäre Frage. Denn auch für das bloß in unserer Zeit Unerkennbare fehlen uns eben doch die Kategorien. Wir können es also jedenfalls nicht mehr hinnehmen, daß sämtliche Kategorien der Gegenstände auch in unserem Verstande vertreten seien. Die Kantische Identitätsthese reicht nicht mehr zu.

Diese Einsicht wird auch dadurch gestützt, daß wir an manchen Kategorien des wissenschaftlichen Verstandes auch ein gewisses Wechseln, ein geschichtliches Kommen und Gehen verfolgen können. Das bekannteste Beispiel dafür ist die Ablösung des Telos als Naturprinzip durch das Kausalverhältnis an der Schwelle der klassischen Physik. Es ist wohlbekannt, wie umwälzend dieser kategoriale Wandel auf das gesamte wissenschaftliche Denken, und keineswegs bloß auf das physikalische, eingewirkt hat.

---

5 [Kant, *Kritik der reinen Vernunft*, B 193–197.]

Hierher gehört auch noch ein weiteres, sehr merkwürdiges Phänomen des wissenschaftlichen Denkens. Es gibt nämlich auch die inhaltliche Wesensverschiebung innerhalb einer und derselben Kategorie, wobei der Prozeß so läuft, daß von einer vorläufigen und offenkundig primitiveren Fassung die Annäherung an ein dahinter verborgenes, fundamentaleres Prinzip einsetzt. So ist im Problem der Substanz (als des Beharrenden) der Erkenntnisgang von der Materie zur Energie vorgedrungen, im Problem des real Allgemeinen von der substantiellen Form zur Gesetzlichkeit, im Zeitproblem von der naiv verstandenen Zeitanschauung zur Realzeit.

Faßt man diese Phänomenketten zusammen – und sie bilden nur einen kleinen Ausschnitt –, so ergibt sich die Aufgabe, anstelle der angenommenen durchgehenden Identität von Erkenntnis- und Seinskategorien vielmehr die Grenze dieser Identität zu ermitteln, ja, sie nach Möglichkeit für jede einzelne Kategorie greifbar zu machen. Darin besteht das Anliegen der neuen Kritik. Denn natürlich muß jede Verschiebung der Grenzen kategorialer Identität auch eine Verschiebung der Erkennbarkeitsgrenze im Gegenstandsfelde zur Folge haben. Einer gegebenen und aufweisbaren Erkennbarkeitsgrenze muß also jederzeit eine bestimmte Grenze der kategorialen Identität entsprechen.

Die Schwierigkeit, die der Erkenntnistheorie hierbei erwächst, besteht darin, daß wir die Struktur der Gegenstandskategorien stets nur erraten können, und zwar aus eben jenem Annäherungsverhältnis, von dem soeben die Rede war. Ihr Bild taucht gleichsam als antizipierter Grenzwert überall dort auf, wo kategoriale Begriffe eines fortgeschrittenen Erkenntnisstadiums sich deutlich gegen die eines rückständigeren oder naiveren abzuheben beginnen. Daß hierbei der Unsicherheitsfaktor ein beträchtlicher sein kann und daß Bestimmungen solcher Art stets einen hypothetischen Charakter behalten, ist selbstverständlich. Aber das ist an den Seinskategorien ja keineswegs ein Unikum; es ist nichts anderes als der hypothetische Einschlag aller menschlichen Erkenntnis, sofern sie mehr als bloße Konstatierung sein und etwas Prinzipielles erfassen will. Derselbe Einschlag des Hypothetischen haftet auch in den exakten Wissenschaften allem Prinzipiellen und Grundlegenden an, das wir in ihnen erschließen; wir neigen nur dazu, ihn in diesen Wissenschaften weniger zu beachten und gleichsam leichter zu vergessen, weil hier die Schlußketten übersichtlicher und die Verifikationen durch bereitliegendes Erfahrungsmaterial in erreichbare Nähe gerückt sind. Aber gerade grundsätzlich ist das Verhältnis hier wie dort das gleiche, und die großen Umwälzungen in der heutigen theoretischen Physik haben das wieder sehr eindringlich zum Bewußtsein gebracht. Den hypothetischen Einschlag letzter Einsichten können wir auf keinem Wissensgebiete ganz ausschalten; darin unterscheiden sich Physik und Metaphysik grundsätzlich nicht. Wir haben eben keine absoluten Erkenntniskriterien, sondern nur relative, und diese liegen stets nur in der Bewährung an Phänomenen. Erst wo überhaupt keine Phänomene mehr in Frage kommen, wird ein Verfahren solcher Art illusorisch.

An Phänomenen aber fehlt es im Felde der Kategorienforschung keineswegs. Und gerade hier hat die Forschung noch einen weiten Aufgabenbereich. Man darf nur nicht die absurde Prätension stellen, gleich zu endgültigen Resultaten zu gelangen. Hier bedarf es des langen Atems, der Geduld und der Selbstbescheidung. Im Unterschied, ja im bewußten Gegensatz zu den Systembaumeistern vergangener Zeiten, die gleich ein ganzes Weltbild konstruierten, um es sich dann in ihm wie in einem Gehäuse bequem zu machen, geht das philosophische Erfordernis unserer Tage dahin, alle Vorentscheidung und alles Konstruieren zu unterlassen und sich bei dem zu bescheiden, was in den positiven Wissenschaften dem Forscher geläufig ist: daß er nur ein Glied in der Kette derer ist, welche die Erkenntnis vorwärtsbringen, und daß es schon viel ist, wenn er sie nur einen Schritt weiterbringt, daß aber der Ertrag dessen, was er erarbeitet, erst späteren Zeiten zufallen kann. Es ist ein neues Arbeitsethos, das hier vom Philosophen gefordert ist, und im Maße seiner Fähigkeit zu diesem Ethos ist er der zur Aufgabe der Kategorialanalyse Berufene.

Es liegt auch auf der Hand, warum diese Arbeit eine so weit ausholende und mühevolle ist. Sie geht eben in Erkenntnistheorie nicht auf, sie ist im Grunde eine inhaltlich-ontologische. Denn sie hat es mit den Seinsstrukturen zu tun. So wenigstens der Tendenz und der Aufgabe nach. Aber auch wieder nicht mit ihnen allein, sondern bei jeder Kategorie gilt es, zugleich die entsprechende Erkenntnisform aufzuzeigen, und zwar gerade in ihrer Abweichung von der Seinsform, der sie zugeordnet ist. Überall handelt es sich um die Differenz von Bewußtseinskategorien und Seinskategorien, soweit wir diesen vorfühlend auf die Spur kommen können. Und da es nicht nur um Kategorien des wissenschaftlichen Denkens geht, sondern auch um solche der Anschauung und des unmittelbaren Erlebens, so erweitert sich die Aufgabe von der bloßen Doppelheit zur Vielfachheit der Kategorien, wobei an jeder einzelnen die inhaltlichen Unterschiede das Hauptanliegen bilden. Das Ganze dessen, was hier gefordert ist, kann man unter dem Titel einer „differentiellen Kategorialanalyse" zusammenfassen.[6]

---

6 Über die Methode eines solchen Vorgehens läßt sich vor dem wirklichen Eintritt in die Arbeit selbst nichts sagen, wohl aber nach Bewältigung wenigstens eines Teils. Ich habe daher über sie in den vier Schlußkapiteln (62–65) des III. Bandes meiner Ontologie „Der Aufbau der realen Welt" (Berlin 1940) [*Der Aufbau der realen Welt. Grundriß der allgemeinen Kategorienlehre*, 3. Auflage: Berlin 1964, 522–559], als Anhang zur Lehre von den Fundamentalkategorien, ausführlich Rechenschaft gegeben. Bruchstücke solcher Rechenschaft finden sich überdies schon in den früheren Arbeiten. – Ähnlich steht es mit der genaueren Begriffsbestimmung dessen, was eigentlich Kategorien sind. Auch das läßt sich zum Voraus nur als Nominaldefinition geben, was

Einen Punkt besonderen Interesses bildet hierbei die außerordentlich wechselnde Spannweite der kategorialen Differenz. Sie ist zweifellos am geringsten im Felde der Mathematik, weil es hier um Kategorien eines zunächst bloß idealen Seins geht, dessen Übergreifen auf die Realsphäre ein ihm selbst äußerliches und sekundäres ist. Das ideale Sein hat eine Nahstellung zum Bewußtsein, die für keine andere Seinsweise gilt, und diese ist greifbar in den Phänomenen einer unmittelbaren und inneren (apriorischen) Gegebenheit. Seins- und Erkenntniskategorien fallen hier noch weitgehend zusammen. Das ändert sich schon wesentlich bei den Naturkategorien; am greifbarsten dürfte hier die Spannweite des Auseinanderklaffens an den Beispielen von Raum und Zeit aufweisbar sein: der Realraum deckt sich nicht mit dem Anschauungsraum, die Realzeit nicht mit der Anschauungszeit; an beiden gibt es sowohl übereinstimmende als divergierende Momente. Die Kantische Analyse in seiner „transzendentalen Ästhetik" war zu einfach, es fehlte ihr überhaupt noch der Gesichtspunkt und das Problem der kategorialen Differenz. Am größten wird die Spannweite bei den Kategorien des Organischen, und das ist verständlich, wenn man bedenkt, daß die Lebensfunktionen dem Zugriff des Bewußtseins weitgehend entzogen sind: sie laufen in völliger Unabhängigkeit von unserem Wissen um sie ab, und diese Unabhängigkeit gehört mit zu der allgemeinen Zweckmäßigkeit des Organischen. Die Einmischung des Bewußtseins würde sie stören.

Auf den Gebieten des seelischen und des geistigen Seins wird die Spannweite wieder geringer. Hier nähern sich die Bewußtseinskategorien den Realkategorien, und dadurch werden die letzteren wieder greifbarer, so daß sie teilweise rein phänomenologisch aufweisbar werden. Doch ist auf diesen Gebieten die Kategorienforschung überhaupt noch in den Anfängen, wie denn die zugehörigen Wissensgebiete, die Psychologie und die Geisteswissenschaften, noch relativ junge Wissenschaften sind. Sie werden daher auch in den nachstehenden Betrachtungen aus dem Spiele bleiben müssen.

---

philosophisch wertlos ist; das Wesen der Sache kann erst aus den Untersuchungen selbst sich ergeben. Im übrigen glaube ich für die Definition der „Kategorien" als solcher mehr als andere getan zu haben. Darüber vgl. das oben genannte Werk, die Kapitel 1–17; desgl. auch schon die kleineren Arbeiten: „Wie ist kritische Ontologie überhaupt möglich?" (Festschrift für P. Natorp, Berlin 1924) [*Text 2* in diesem Band] und „Kategoriale Gesetze" (Philosophischer Anzeiger I, Bonn 1926) [*Text 3* in diesem Band].

II

Es sollen nun hier gewisse Beispiele einzelner Kategorien herausgegriffen werden, an denen die Problemlage der theoretischen Philosophie unserer Tage sich illustrieren läßt. Dabei soll es sich nicht um die zureichende Analyse handeln – für die wäre ein viel eingehenderes Verfahren erforderlich.[7] Als Beispiele kommen hierbei in erster Linie solche Kategorien in Betracht, die an sich naheliegen, aber bisher immer übergangen worden sind, obgleich sich leicht von ihnen zeigen läßt, daß sie überall stillschweigend vorausgesetzt sind und in Wahrheit das theoretische Weltbild weitgehend beherrschen. Sie gehören zumeist der Gruppe der kosmologischen Kategorien an, das heißt denjenigen, in denen die Spannweite der kategorialen Differenz eine mittlere ist.

Solche übergangenen Kategorien sind gleich die ersten, die sich hier aufdrängen, *Extension* und *Dimension* Denn alles dinglich Reale ist in gewissen Dimensionen „ausgedehnt" (extensiv). Natürlich wurden diese Kategorien von jeher verwandt, aber sie wurden zumeist falsch verwandt, weil man sich gar keine Rechenschaft über sie gab. Sie sind so elementar, daß sie dem Gefüge von Raum und Zeit noch vorgelagert sind und für deren Fassung die entscheidende Vorbedingung bilden.

Einst hatte Descartes den Raum als *extensio* (Ausdehnung) bestimmt. Das ist halbe Wahrheit. Denn die Zeit ist ebensosehr Ausdehnung wie der Raum, nur eben anders dimensionierte; und die Dauer entspricht der Raumstrecke in strengster Analogie. Und beide sind dimensionale Kategorien, sie bestehen in Dimensionen extensiver Größe. Aber „Dimension" ist nicht Ausdehnung (*extensio*), wie man gewöhnlich falsch übersetzt hat, sie ist auch nicht das, was ihr Name dem Wortsinn nach besagt: „Ausmessung". Ja, sie ist nicht einmal das Ausmeßbare. Ausmeßbar ist vielmehr nur ein Ausgedehntes, und zwar ein jedes nur „in" eben den Dimensionen, „in" denen es ausgedehnt ist. Die Dimension aber, und damit auch die ganzen Dimensionssysteme, sind einzig und allein dasjenige, „worin" das Ausgedehnte ausgedehnt ist. Das bedeutet: Dimension ist die Bedingung möglicher Ausdehnung; und folglich ist sie mittelbar auch die Bedingung möglicher Ausmessung. Will man aber hier eine konkretere Bestimmung für den sehr blassen Begriff der Bedingung setzen, so muß man sagen: Dimension ist das Substrat möglicher Ausdehnung. Der Ausdruck „Substrat" darf hier freilich nicht

---

7 Für dieses eingehendere Verfahren kann ich an dieser Stelle nur auf den IV. Band meiner Ontologie, die „Naturphilosophie" [*Philosophie der Natur. Abriß der speziellen Kategorienlehre*, Berlin 1950], vorausverweisen, die seit vier Jahren vollendet vorliegt, aber bisher nicht gedruckt werden konnte. Die Beispiele sind diesem Werk entnommen und können als eine Art Voranzeige gelten.

überspitzt (nach Art einer Materie) verstanden werden, sondern eben gerade nur als das, was das Wort besagt, als das kategorial Zugrundeliegende, gleichsam als das Medium möglicher Quantität, in und an dem alle Größenbestimmung ihr Maß hat.

Bedenkt man nun, daß Raum und Zeit dimensionale Kategorien sind, daß alles Ausgedehnte in der Welt „in ihnen" ausgedehnt ist und daß dieses nicht nur von Dingen, Gestalten und Lageverhältnissen, sondern auch von Prozessen und Folgeverhältnissen gilt, so ergibt sich daraus eine Konsequenz von größter Tragweite: Größe haben kann nur ein Ausgedehntes (*extensum*), niemals aber die Dimension, in der es ausgedehnt ist; also auch nicht ein Dimensionssystem. Der Raum selbst ist nicht ausgedehnt, und die Zeit selbst ist nicht ausgedehnt; und zwar eben darum, weil beide nur „Bedingungen" möglicher Ausdehnung sind.

Dieser Satz schneidet tief in die heutige, durch die Relativitätstheorie entfesselte Diskussion ein, ob der Weltraum „endlich oder unendlich" sei. Auch die vorsichtigsten spekulativen Formulierungen, wie etwa die Einsteinsche „unbegrenzt, aber endlich"[8], werden dem kategorialen Sinn der Dimension als solcher nicht gerecht. Auch sie setzen voraus, daß der Raum überhaupt eine Größe habe, sei es nun eine endliche oder unendliche (denn beides sind Quantitätsbestimmungen). Ein Dimensionssystem aber kann, rein als solches, weder endlich noch unendlich sein. Denn es läßt überhaupt keine Größenbestimmung zu; und alle solchen Bestimmungen der Theorie, sie mögen im übrigen so kritisch ausgewogen sein, wie sie wollen, beruhen auf einem kategorialen $\pi\rho\tilde{\omega}\tau o\nu\ \psi\epsilon\tilde{v}\delta o\varsigma$ und lassen sich ontologisch nicht halten.

Dasselbe gilt auch von der vielberufenen „Krümmung" des Raumes. Genauer geht es dabei um Geradheit oder Krümmung seiner Dimensionen. Das Problem ist vollkommen sinnvoll, solange man die Dimensionen wie ein *extensum* versteht: ein im Raume Ausgedehntes, eine Linie, ein Strahlenweg etc., kann natürlich gerade oder krumm verlaufen, die Dimensionen selbst können es keinesfalls. Nicht wenigstens, wenn man sie als das versteht, was sie ihrem Wesen nach sind, als kategoriale Bedingungen möglicher Größe, Gestalt oder Gestaltqualität, also auch möglichen Geradeseins und Krummseins. Krümmung wie Geradheit setzt ihrerseits schon Dimensionen voraus, „in denen" sie spielt. Sollten die Raumdimensionen selbst gerade oder krumm sein, so müßten sie andere Dimensionen voraussetzen, in denen sie ihrerseits die eine oder die andere Gestalt haben

---

8 [Vgl. der Sache nach Einstein, Albert, „Kosmologische Betrachtungen zur allgemeinen Relativitätstheorie", in: *Sitzungsberichte der Königlich Preussischen Akademie der Wissenschaften*, 1917.]

könnten. Dann aber würden diese Dimensionen, und nicht jene ersten, die kategorial primären, das heißt die eigentlichen Raumdimensionen sein.

Es ist also keineswegs so, daß hierbei der Euklidische Raum Recht behielte. Er behält genau so Unrecht wie der Riemannsche. Und das wiederum bedeutet nicht, daß die mathematischen Konsequenzen, die man in der theoretischen Physik gezogen hat, falsch wären; es bedeutet vielmehr nur, daß sie nicht den Raum selbst betreffen, sondern nur gewisse im Raume spielende Verhältnisse und Vorgänge, zum Beispiel die Strahlung oder das Kraftfeld, vielleicht auch die einfache mechanische Bewegung. Aber das alles ist bloß ein „im" Raume Ausgedehntes, nicht der Raum selbst. –

Was die kategoriale Differenz anlangt, so kann man es den soeben aufgezählten Bestimmungen leicht ansehen, daß sie nicht dem Anschauungsraume angehören, daß vielmehr der Realraum, dem sie zukommen, weitgehend unanschaulich ist. Die charakteristische Jenseitsstellung gegen endlich und unendlich, gerade und krumm ist der Raum-Anschauung nicht nur grundsätzlich fremd, sondern auch unerreichbar, unvollziehbar. Der Anschauungsraum ist unbeirrbar Euklidisch, und auch das nur in den Schranken unaufhebbarer Endlichkeit. Denn das Unendliche ist unanschaulich, einerlei ob es ein räumliches, zeitliches oder sonstwie Unendliches ist.

Von der Anschauungszeit gilt begreiflicherweise Analoges. Damit aber setzt am Raume wie an der Zeit eine lange Reihe von Wesensunterschieden zwischen Realkategorie und Bewußtseinskategorie ein. Von diesen Unterschieden soll hier nicht mehr die Rede sein. Ein einziges Gegensatzmoment, das die kategoriale Differenz veranschaulicht, genügt ja bereits, um ihr Wesen von innen her zu erleuchten.

III

Drei weitere übergangene Kategorien mögen sich hier anschließen: das Realverhältnis, der Prozeß und der Zustand. Sie stehen in einer Linie mit den wohlbekannten und viel behandelten Kategorien der Substanz und der Kausalität und sind in diesen schon vorausgesetzt. Aber sie sind kaum jemals richtig herausgestellt, ja auch nur genügend ins philosophische Bewußtsein gehoben worden.

Am meisten gilt das von der erstgenannten. Das *Realverhältnis* ist eine Selbstverständlichkeit, und doch ein Faktor von eigener Art im Gefüge der uns umgebenden Welt. Die Dimensionssysteme mitsamt den in ihnen auftretenden Größenverhältnissen ergeben von sich aus nur unerfüllte, „leere" Verhältnisse, so wie wir sie aus der reinen Geometrie und Kinematik kennen. Hegel nannte dieses das „unwesentliche Verhältnis". Die reale Welt aber bewegt sich in „wesentlichen

Verhältnissen", das heißt in solchen, die erst an einem real Ausgedehnten einsetzen.

In der Tat zeigt alles in der Welt, was Form, Struktur, Gestalt, Zusammenhang oder Abhängigkeit ist, den Typus des Real-Verhältnisses; alles also, was unseren Auffassungsformen zugänglich ist. Und nicht nur in der Natur. Das Realverhältnis durchzieht alle Stufen und Schichten des Wirklichen, auch die seelische und die geistige Welt. Was übrig bleibt und im Verhältnis als solchem nicht aufgeht, sind die schwer faßbaren Substratmomente; dahin gehören die soeben besprochenen dimensionalen Kategorien. Der Fundamentalgegensatz von Substrat und Relation beherrscht die Welt. In der Natur bestimmen die Substrate die „Art" der Größe und des Maßes, aber nicht diese selbst.

Relationalität ist nicht Relativität. Sie bedeutet, daß etwas wesenhaft in Verhältnissen besteht. So besteht die Gestalt in den räumlichen Verhältnissen ihrer Teile, der Rhythmus in den zeitlichen der Folge. Naturgebilde, welcher Art immer sie seien, sind in sich relational, sie bauen sich in Verhältnissen auf, bestehen im Realverhältnis dessen, was sie umfassen. Und schon das Umfassen selbst ist Realverhältnis. Hier geht es nicht um ein äußeres Sichverhalten zu einem anderen – ein se habere ad aliquid, wie Thomas es definierte –, nicht also um ein Aristotelisches πρός τι, das bloß akzessorisch auftritt und vorbestehende, relationslose Substanzen voraussetzt, sondern um das innere, relationale Gefüge alles real Bestehenden, einerlei ob es den Charakter des Gebildes oder den des Prozesses hat. Denn das Verhältnis der Zustände, welche der Prozeß durchläuft, ist diesem nicht weniger wesentlich als das der Teile dem Gebilde, das aus ihnen besteht. Das wird am greifbarsten an den geschlossenen Prozeßformen, wie sie uns am Organismus entgegentreten. Die meisten spezielleren Kategorien sind Sonderformen und Abwandlungen des Realverhältnisses: alles, was Form, Eigenschaft, Veränderung und Erhaltung, Verursachung oder Auswirkung ist, gehört hierher.

In der exakten Naturwissenschaft spielt das Realverhältnis eine entscheidende Rolle. Alles, was sich in mathematischer Gesetzesform fassen läßt, hat den Grundtypus der inneren Bezogenheit von Größen heterogener Dimension aufeinander: Strecke, Dauer, Geschwindigkeit, Beschleunigung, Richtung, Richtungsänderung; nicht weniger aber auch Masse, Dichte, Temperatur, die Intensitäten der Kräfte und so fort. Naturgesetze betreffen gerade die Abhängigkeit heterogen dimensionierter Größen voneinander; sie sind bis in ihre Einzelheiten hinein der Ausdruck bestehender Realverhältnisse. Zum mindesten haben sie die eindeutige Tendenz, es zu sein. Das bedeutet aber, daß die exakte Wissenschaft sich wesentlich in den Realverhältnissen solcher Größen bewegt und daß, soweit sie damit ihren Gegenstand trifft, die Naturvorgänge auch wirklich in ihnen bestehen.

Auch als Bewußtseinskategorie spielt das Realverhältnis eine beträchtliche Rolle. Aber diese deckt sich nicht mit seiner Rolle als Realkategorie. Die Anschauung bewegt sich zwar vorwiegend in Verhältnissen des Aufgefaßten, und diese sind in weitem Maße selbst das eigentlich Anschauliche; der reine Raum und die reine Zeit sind ja nicht anschaubar, erst die Lage und Anordnung der Gegenstände und Geschehnisse machen sie greifbar. Aber zugleich werden diese Verhältnisse von der Anschauung doch auch transponiert – in Form- und Gestaltqualitäten, die dann auch als etwas Qualitatives empfunden werden. Die Wahrnehmung und die konkrete Vorstellung faßt ihre Gegenstände nicht von den Elementen her, sondern von den bildhaften Ganzheiten her auf. Und an diesen Ganzheiten erscheint stets ein Teil der Verhältnisse als Qualität.

Das bedeutet, daß in der Anschauung, soweit sie nicht schon wissenschaftlich erweitert ist, die Verhältnisse vielfach durch Qualitäten „ersetzt" sind. Am bekanntesten ist dieses Phänomen gerade an den Wahrnehmungsqualitäten, wie sie den einzelnen Sinnesbereichen eigen sind, an den Farben, Tönen usw. Es war ein Irrtum, wenn man im 19. Jahrhundert diese Qualitäten in Quantitäten auflösen wollte. Auflösbar sind sie überhaupt nicht, und der physikalische Nachweis, daß ihnen an den Dingen selbst etwas ganz anderes entspricht, hebt ihre unzerlegbare Eigentümlichkeit in keiner Weise auf. Wohl aber waltet hier ein Gesetz des Umsatzes, dessen Wesen in der festen Zuordnung zwischen Empfindungsqualitäten und physischen Verhältnissen im Gegenstandsfelde wurzelt. Aber auch diese Verhältnisse sind vollgewichtige Realverhältnisse – z. B. Bewegungs- und Strahlungsverhältnisse von sehr bestimmter Struktur –, und keineswegs bloße Quantitäten. –

Anders steht es mit der *Prozeßkategorie*. Der Vorgang, das Geschehen oder das „Werden", wie man es früher meist genannt hat, ist erst recht nicht ein zu den Gebilden hinzutretendes Moment, für das diese schon zugrunde liegen müßten. Das Werden ist vielmehr die allgemeine Seinsform des Realen; nicht also ein Gegensatz zum Sein, wie das antike Denken es zumeist verstanden hat, sondern selbst eine Art des Seins, und zwar die grundlegende der gesamten realen Welt.

Daß dem so ist, war die große, obzwar oft mißverstandene Entdeckung des Heraklit. Schon seine Zeit wußte diese Errungenschaft nicht auszuwerten, und noch viele Jahrhunderte lang suchte man das Reale als ein Stillstehendes hinter dem Werden, statt es in ihm selbst zu erblicken. Daß „alles im Flusse ist", bedeutet nicht nur, daß es vom Flusse getragen und mitgeführt wird, sondern daß es auch selbst durch und durch Fluß ist, also nicht im Charakter des Gebildes aufgeht.

Der Prozeß ist indessen nicht die Zeitlichkeit selbst, sondern das, was in der Zeit „ausgedehnt" ist, sich in ihr ausbreitet, in ihr Anfang, Dauer und Ende hat. Wohl aber wird die Zeit erst am Prozeß, der in ihr abläuft, anschaulich. Denn die Zeit selbst, rein als solche, ist es nicht. Das ändert nichts daran, daß der

Grundcharakter des Prozesses eben seine Zeitlichkeit ist. Das drängt sich am unmittelbarsten in seiner Form als Veränderung auf: die Veränderung ist das Auseinandergezogensein aller Dinge in die aufeinanderfolgenden, niemals koinzidierenden Zeitstadien. Der Prozeß als Kategorie ist also dieses, daß kein Reales, einerlei ob Ding, Lebewesen oder Mensch, jemals als Ganzes beisammen ist. Er bedeutet so das perennierende Moment der Nichtidentität des Seienden mit sich selbst. Alle Identität in der realen Welt muß sich erst gegen das Grundgesetz dieser Prozessualität durchsetzen.

Daß auch der Mensch in keinem Augenblick seines Lebens als Ganzes beisammen ist, daß zu seiner Ganzheit alle Stadien seines Lebens gehören, die doch einander ausschließen, wie sehr sie auch als Stadien eines einzigen, einmaligen Ablaufs zusammengehören, das ist das Werk der Veränderung an ihm – kategorial gesprochen, das Novum des Prozesses. Denn die Zeit allein tut es nicht. Ist es doch gar nicht widersinnig, daß auch etwas im Zeitflusse mit sich identisch beharren könnte; und eben nach solch einem Beharrenden hat man ja auch von jeher gesucht. Die Zeit selbst verändert das Bestehende nicht, sie vernichtet nicht und sie bringt nicht hervor; die Zeit „zeitigt" nicht. Wohl aber ist es der Prozeß, der da zeitigt; er verändert, er bringt hervor und vernichtet, seine Modi sind das Entstehen und Vergehen – diese beiden Komplementärprozesse, die nach dem Worte Heraklits vielmehr ein und derselbe Prozeß sind. Denn das Vergehen des einen ist stets zugleich das Entstehen eines andern: „Der Weg hinauf und hinab ist ein und derselbe."[9]

Und eben darum geht das Wesen des Prozesses auch wiederum nicht im Auseinandergezogensein der Stadien auf. Die Stadien sind nur flüchtige Durchgangsphasen, Augenblickszustände; aber indem die Zustände kommen und gehen, beharrt der Prozeß. Er selbst ist das, was Dauer hat. Dauer jedoch gibt es nicht im Zeitpunkte. Dauer ist Ausdehnung in der Zeit. Wohl mag sie endlich sein in begrenzten Abläufen, Beharrung ist sie in ihren Grenzen deswegen doch. Und so ist denn die Veränderung, als Prozeß verstanden, nicht das Veränderliche, sondern sein Gegenteil, das Bleibende.

Dazu freilich muß der Prozeß irgendeine Einheitsform haben, ein Aneinanderschließen der Stadien zur Ganzheit. Bloße Kontinuität genügt hier nicht. Es verlaufen ja auch nicht alle Prozesse kontinuierlich. Der Gang des Uhrzeigers geht in Sprüngen, und von den atomaren Prozessen lehrt die Physik das Gleiche. Einst versuchte Aristoteles mit seinen Modalkategorien „Dynamis und Energeia", eine Wesensbestimmung des Prozesses zu geben; denn was er unter κίνησις verstand,

---

9 [Heraklit, „Fragment 60", in: Diels, Hermann (Hg.), *Die Fragmente der Vorsokratiker*, Berlin 1903, 75.]

war nicht Bewegung, sondern umfaßte jede Art von Prozeß. Aber er blieb im Ansatz stecken, denn seine Modalkategorien reichten nicht zu: die Dynamis konnte nur das Ausgangsstadium, die Energeia nur das Endstadium eines Werdeganges fassen; was dazwischenlag, das eigentliche Werden, blieb ungreifbar. Es stellte sich in jedem seiner Stadien als die „Wirklichkeit eines Möglichen, und zwar sofern es bloß möglich ist,"[10] dar. So definierte Aristoteles. Aber auch wenn das auf ein Durchgangsstadium zutreffen sollte, es erfaßte damit doch nur das Stadium, nicht den Prozeß selbst.

Dennoch liegt in dem Gedanken einer Modalanalyse des Prozesses eine fruchtbare Intention. Es fragt sich nur, wie sie mit besser zureichenden Mitteln anzugreifen ist. An die Stelle der Dynamis und Energeia, die einen unverkennbar teleologisch-spekulativen Hintergrund haben, sind die reinen Seinsmodi, Möglichkeit und Wirklichkeit, getreten. In ihnen ausgedrückt läßt sich die charakteristische Sachlage im Prozeß folgendermaßen fassen. In jedem gegebenen Prozeßstadium sind die weiteren Stadien noch unwirklich, sind im „Anrücken" begriffen; und solange sie im Anrücken sind, haben sie noch nicht ihre volle Bestimmtheit, bilden also eine Vielzahl von Möglichkeiten. Denn im Wesen des Prozesses als solchen liegt es noch nicht, daß sie in eindeutig bestimmter Weise ausfallen müssen (das setzt vielmehr erst mit der Kausalität ein, das heißt mit einer anderen Kategorie, die aber dem bloßen Nacheinander des Prozesses auch fehlen kann). Mit seinem Einrücken in das Jetzt erhält aber das Anrückende Bestimmtheit. Denn stets verwirklicht sich nur eine einzige Möglichkeit, und die übrigen heben sich auf, werden zum Unmöglichen. Daraus ergibt sich: im Vorrücken des Prozesses findet fortlaufend eine Auslese der Möglichkeiten statt. Das Fortschreiten von Stadium zu Stadium ist selbst die progressive Einschränkung des Möglichen: der Kreis dessen, was geschehen „kann" wird immer enger, und zuletzt bleibt für jeden Zeitpunkt nur eine Möglichkeit übrig. Dieses „Zuletzt" aber ist für jedes Stadium ein anderes und schreitet selbst mit dem Prozeß vorwärts.

Die „Möglichkeiten" in diesem Sinne sind weder bloße Wesensmöglichkeit (Widerspruchslosigkeit) noch auch volle Realmöglichkeit (geschlossene Kette von Realbedingungen); jene sind allgemein und unbestimmt, diese ist stets nur eine einzige. Es sind vielmehr Teilmöglichkeiten, das heißt unvollständige Bedingungskomplexe, die sich erst im Vorrücken vervollständigen. Mehr als das liegt eben nicht im Wesen des Prozesses. Denn er als solcher könnte ja auch ohne durchgehend waltende Determination des Anrückenden bestehen. Er verträgt sich aber mit jeder Determinationsform, mit der finalen so gut wie mit der kausalen. Die

---

10 [Vgl. Aristoteles, *Physik*. Buch 3. Kapitel 1, 200b-201b.]

bloße modale Verbundenheit der Stadien ist eben als solche noch keine richtungbestimmende Determination.

Als Bewußtseinskategorie ist der Prozeß eine eminente Anschauungs- und Erlebnisform, keineswegs also erst eine Form des eindringenden Begreifens. Alles Erleben bezieht sich auf Abläufe, Geschehnisse, Vorgänge. Das gilt auch von innerem Selbsterleben. Dabei spiegelt sich die Unbestimmtheit des Anrückenden mit seiner Pluralität des Möglichen merkwürdig adäquat in der stets wenigstens dunkel bewußten Ungewißheit des Zukünftigen; der Einschlag des Nichtwissens repräsentiert den Modus des Möglichscheinenden. Ebenso bemerkenswert ist die Vorstellung des Kontinuierlichen im Erleben – auch da, wo wir direkt nur einzelne Stadien erfassen. Die Apprehension verbindet leicht die erfaßten Ausschnitte zum Ganzen; sie ergänzt und gleitet gleichsam über die Lücken des Gegebenen hinweg. Man kann das auch umgekehrt so aussprechen: die Anschauung löst die fließende Einheit des Prozesses gar nicht erst auf, obgleich die Wahrnehmung sie ihr gemeinhin nicht gibt. Erst die Reflexion löst sie auf, so zum Beispiel bei Zenon dem Eleaten, und zwar in „Stillstände"; und dann erscheint der Prozeß als etwas Unbegreifbares. Aber das ist Sache der Theorie. Und hier hebt sich dann die Bewußtseinskategorie deutlich von der Realkategorie des Prozesses ab. –

Komplementär zum Prozeß und scheinbar im Gegensatz zu ihm steht der *Zustand* da. In den traditionellen Bahnen kategorialer Überlegung tritt an dieser Stelle nur die Substanz auf. Das hat seine guten Gründe, denn Substanz ist das, was im Prozeß beharrt, was also, in ihm stehend, ihm nicht unterliegt, sondern ihm widersteht. Daneben aber gibt es den anderen Gegensatz zu ihm, der sich am einfachsten als die „Zuständlichkeit" verstehen läßt.

Der Zustand nämlich beharrt keineswegs im Prozeß. Er gerade ist das, was im Prozeß entsteht und vergeht. Der Zustand wechselt, indem der Prozeß beharrt, fortgeht, dauert. Der Prozeß ist nichts anderes als der dauernde Wechsel der Zustände. Es ist also nicht so, wie man wohl auf den ersten Blick meinen möchte, daß der Prozeß flüchtig, der Zustand beständig wäre, sondern gerade umgekehrt: der Prozeß besteht fort, während die Zustände flüchtig auftauchen und schwinden.

In diesem Sinne ist der Zustand die echte innere Komplementärkategorie des Prozesses. Einst glaubte man, Zustände müßten notwendig einer Substanz anhaften, man nannte sie darum affectiones oder modi der Substanz und verstand sie als deren Akzidentien. Diese Auffassung mußte mit der alten Substanzenlehre fallen, und damit erweiterte sich der ganze Begriff des Zustandes; es zeigte sich, daß der Zustand nicht so sehr qualitativen wie relationalen Charakter hat: jede Kollokation von Umständen, jede Situation, jede Lebenslage hat den kategorialen Typus des Zustandes. Daher sind Kollokationen so flüchtig. Schließlich ist jeder Momentanschnitt durch den Prozeß ein Zustand. So gesehen ist der Zustand eine

Spezialform des Realverhältnisses und gewissen dauernden Gebilden eng verwandt; haben doch Gebilde überhaupt, welcher Art und Seinshöhe sie sein mögen, immer etwas Zuständliches an sich. Es ist auch gar nicht abwegig, „Dinge" als relativ konstante Zustände zu verstehen. Denn dem Werden unterliegen auch sie, und für die zeitliche Ausdehnung gibt es keine absoluten Maßstäbe. Auch in diesen Fällen ist der Zustand nicht Stillegung des Prozesses, der Prozeß nicht Ausschaltung des Zustandes, sondern beides steckt unaufhebbar ineinander.

Das Simultanverhältnis im Zustande also, die Kollokation, ist gleichgültig gegen den Unterschied von Flüchtigkeit und Dauer. Zustände können erstaunlich beharrlich sein; dann ist der Prozeß, in dem sie sich ablösen, nur ein langsamer. So ist im Abkühlungsprozeß des Erdkörpers der Übergangszustand, in dem wir leben, ein unabsehbar anhaltender Ausgleichszustand; er umfaßt zeitlich die ganze Entfaltung der Pflanzen- und Tierwelt auf der Erde, mitsamt dem Menschengeschlecht und seiner Geschichte. Ähnlich ist es mit den Bewegungszuständen im Kosmos, zum Beispiel dem des Sonnensystems.

Man kann solche typischen Dauerzustände mit einem gewissen Recht als Zustände im engeren Sinne verstehen. Ihre Stabilität ist eine Beharrungsform; damit nähern sie sich dem dynamischen Gefüge und dem Charakter des „Gebildes" überhaupt. Zugleich treten sie damit in ein noch anderes Gegensatzverhältnis zum Prozeß, denn an ihnen als den relativ konstanten Zuständen wechseln nun die flüchtigeren Momentanzustände. In dieser Form zeigen sie, von außen gesehen, die größte Ähnlichkeit mit Substanzen und spielen im Leben auch wirklich die Rolle von solchen, obgleich sie keine sind. Das trifft insonderheit dort zu, wo sie als greifbare Einzelgebilde auftreten, an Systemen aller Art, an Dingen und Lebewesen.

Das ergibt ein überraschendes Resultat. Nicht nur das meiste von dem, was man einst für Akzidentien hielt, ist in Wahrheit Zustand (wie sich oben ergab), sondern auch das meiste, was man für Substanzen hielt. Und damit wird auch die eigenartige Stellung der Zuständlichkeit im Bewußtsein durchsichtig: der Zustand ist als Bewußtseinskategorie eine zwar schon der Anschauung geläufige, aber doch eingeschränkte, zumeist verkannte und gleichsam verdrängte Kategorie. Verdrängt nämlich ist sie durch die Substantialität. Das unreflektierte Bewußtsein neigt dazu, alles, was eine gewisse Konstanz zeigt, als Substanz zu verstehen; der Zustandscharakter in ihm wird zumeist verkannt, und zwar auch dort, wo der Prozeß, dem es unterliegt, nicht verkannt wird. Die Substanz ist im Bewußtsein eine hybride Kategorie.

Verstärkt wird dieses Verhältnis noch durch die Neigung des Bewußtseins, die Stellung von Prozeß und Zustand zueinander als Alternative zu verstehen, was ihrem kategorialen Ineinanderverflochtensein widerstreitet. Über die flüchtig sich ablösenden Zustände gleitet das Erleben hinweg. Und die gewohnten Dauerzustände der umgebenden Welt bemerkt es als solche gar nicht. Darum entgeht ihm so leicht das Zuständliche überhaupt in den Realverhältnissen, während der Prozeß und das Beharrende sich ihm aufdrängen.

IV

Auch von den Determinationskategorien sind einige stets übergangen worden, obgleich man zumeist sehr wohl mit ihnen rechnet und ihren Begriff im eigenen Denken anwendet. Von dieser Art sind die Naturgesetzlichkeit und die Wechselwirkung. Erstere ist kaum jemals als Kategorie anerkannt, letztere immer (auch schon bei Kant) stiefmütterlich behandelt worden. Darin unterscheidet sich ihr Schicksal schroff von dem der Kausalität, mit der sie aufs engste zusammenhängen, die aber seit langem die größte Aufmerksamkeit erfahren hat und wohl die am meisten behandelte Kategorie ist.

Dennoch gibt es auch an der Kausalität eine Reihe übergangener Momente; und dieser Umstand hat es verschuldet, daß in den heutigen Diskussionen über sie keine völlige Klarheit erreicht worden ist. Verhängnisvoll hat sich das unter anderem in der Streitfrage der atomaren Prozesse ausgewirkt, in der es ja eben darum geht, ob sie noch kausal determiniert sind oder nicht. Es ist ein großer Unterschied, ob man unter Kausalität die Berechenbarkeit und die Möglichkeit der Voraussage versteht, wie das heute in der theoretischen Physik üblich geworden ist, oder bloß die lineare Bestimmtheit des Späteren durch das Frühere im Prozeß. Die Berechenbarkeit kann nämlich auch daran scheitern, daß wir den vollen Ursachenkomplex – kompliziert wie er ist – nicht zu fassen vermögen; deswegen braucht er aber noch nicht zu fehlen. Wo die Berechenbarkeit aufhört, braucht also der Kausalzusammenhang nicht aufzuhören.

Außerdem ist hier noch vielerlei zu unterscheiden: so das Kausalgesetz vom Kausalverhältnis, beide wieder von der Kausalabhängigkeit und dem mit ihr nicht identischen Kausalnexus; ebenso weiter die Kausalreihe, der Kausalprozeß, die Kausalnotwendigkeit. Und mit alledem ist noch nicht das innerste Moment berührt, das kausale Hervorbringen, das eigentliche „Verursachen" selbst.

Mit diesen sich in ihr überlagernden Momenten soll nur angedeutet werden, wie vieles auch in der Kausalität noch übergangen ist und unerörtert daliegt. Hier dagegen sollen uns zwei andere Determinationskategorien beschäftigen, die der Analyse noch weit mehr bedürfen. –

Die eine davon ist die *Naturgesetzlichkeit*. Man hat sie immer viel zu nah mit der Kausalität zusammengebracht und deswegen ihren kategorialen Eigengehalt verkannt. Andererseits hat man sie, gewissen Tendenzen der positiven Wissenschaft folgend, allzu leicht mit dem System von Sätzen identifiziert, in denen sie sich aussprechen läßt. Man vergaß dabei fast die Hauptsache: daß ein unaufhebbarer Unterschied besteht zwischen den in den Naturvorgängen wirklich waltenden Gesetzen und den Formulierungen (oder den verkürzten mathematischen Formeln), in denen die Wissenschaft sie zu fassen sucht. Letztere haben zwar die Tendenz, die ersteren zu treffen, aber sie bleiben doch etwas anderes, bloß in mente Bestehendes, selbst wenn sie inhaltlich sich mit jenen decken.

Das echte Naturgesetz, ob erkannt oder nicht, ist etwas der Substanz Verwandtes: es ist das Gleichbleibende in den Naturprozessen, die immer wiederkehrende Ablaufsform, gleichsam das identische Schema von Abläufen, die im übrigen sehr verschieden ausfallen können. Und so kann man denn die Gesetzlichkeit als die Gleichartigkeit der Prozesse definieren, oder ontologisch strenger als das Real-Allgemeine in ihnen. Das ist keineswegs eine Selbstverständlichkeit. An sich nämlich kann es sehr wohl auch Abläufe ohne ein sie verbindendes Allgemeines geben. Denn Prozesse sind Realvorgänge und als solche, wie alles Reale, durchaus individuell. Das heißt, sie sind ebenso einmalig und einzig wie die Gebilde, die in ihnen entstehen und vergehen; und wenn sie ein zweites Mal ablaufen, so sind es nicht mehr dieselben, sondern numerisch andere Prozesse. Vorausgesetzt ist dabei das kategoriale Verhältnis zwischen Allgemeinem und Individuellem überhaupt; dieses läßt sich dahin formulieren, daß die Einzelzüge eines Individuellen stets allgemein sind (an unzähligen anderen Fällen wiederkehren), während ihr Komplex, ihre Konstellation, das allein Individuelle am Einzelfall ist.

Daß es ein Real-Allgemeines gibt, ist gleichfalls keineswegs selbstverständlich. Es ist sogar oft bestritten worden, so schon im Nominalismus des Mittelalters und ebenso wieder im neukantischen Idealismus; dieser hielt es für ausgemacht, daß nur ein zusammenfassender Verstand das Allgemeine zustandebringen könne, und er erblickte hierin das Hauptargument des Idealismus. Wäre das wahr, so könnten wir keine Wissenschaft von den Realprozessen der Natur haben. Denn diese hält sich gerade an das Gleichartige in den Prozessen; einer uferlosen Mannigfaltigkeit ohne gemeinsame Züge könnte sie nicht Herr werden. Insofern steht der neuzeitliche Gesetzesgedanke dem alten Universalienrealismus näher. Der große Unterschied von diesem liegt dagegen in zwei Punkten: erstens waren die scholastischen „substantiellen Formen" statisch gemeint und konnten bestenfalls von Gebilden, nicht aber von Prozessen gelten, während hier gerade die beweglichen Prozeßformen als solche herausgearbeitet sind; und zweitens waren jene doch bloß tautologische Prinzipien, die nichts erklärten, weil sie das an den Phänomenen Greifbare bloß verallgemeinerten, während im Gesetz etwas grundsätzlich anderes erfaßt ist, was dem Einzelfall als sein formbestimmendes Moment zugrunde liegt. Wohl aber läßt sich sagen, daß das Prinzip des Naturgesetzes die alte Formsubstanz geschichtlich abgelöst und damit überflüssig gemacht hat. Es gibt in der Geschichte des wissenschaftlichen Denkens kaum eine zweite kategoriale Revolution, die so einschneidend wie diese das Weltbild umgeformt hätte.

Die Gesetzlichkeit ist das für unsern Verstand Faßbare an den Prozessen. Denn der menschliche Verstand ist diskursiv und muß sich an das Allgemeine in den Phänomenen halten, wenn er „begreifen" will. Als Determination verstanden aber ist die Gesetzlichkeit die Bestimmung vom Prinzip her. Schon allein dadurch kann sie sich mit der Kausalität nicht decken, die vielmehr die Bestimmung des Realen durch Reales, nämlich des späteren Prozeßstadiums durch das frühere, bedeutet. Die Ursache geht in die Wirkung über und verschwindet in ihr, sie ist die *causa transiens*; das Gesetz dagegen verschwindet nicht, es besteht fort und bleibt sich im Kommen und Gehen der Einzelfälle gleich. In ihm ist das alte Motiv der *causa immanens* aufgenommen, fortgeführt und durch adäquatere Fassung abgelöst; denn fehlerhaft an dieser war gerade ihre Fassung als causa.[11]

Daß es überhaupt ein Real-Allgemeines, Schemata, Gleichartigkeiten in den Abläufen gibt, ist so die Grundbedingung wissenschaftlicher Erfahrung der Prozesse. Die Induktion, fußend auf Beobachtung und Experiment, kann es zu haltbarer Verallgemeinerung nur bringen, wenn sie das Real-Allgemeine im genannten Sinne schon als in der Natur selbst bestehend voraussetzt: man muß um Gesetzlichkeit überhaupt schon vorauswissen, dann kann jeder Einzelfall dem geschickten Beobachter das Gesetz „verraten". Anders als mit diesem kategorial-apriorischen Einschlag ist exakte Induktion gar nicht möglich. Das macht die Bedeutung der Naturgesetzlichkeit auch wissenschaftstheoretisch zu einer unabsehbaren.

Ontologisch aber muß man sich weiter fragen: wie kann es überhaupt in der Natur zu einer Typik der Abläufe kommen? Ist doch gerade der Verlauf der Prozesse von Stadium zu Stadium kausal bestimmt. Die Ursachen aber können doch immer wieder verschieden liegen. Im Wesen der Prozesse als solcher kann es auch nicht liegen; denn im Prozeß besteht ja von jedem Stadium aus eine Mehrzahl von Möglichkeiten, und erst die Kausalität macht es, daß diese auf eine einzige eingeschränkt ist. Gerade von hier aus aber wird es greifbar, wodurch die Gleichartigkeit zustande kommt. Sie kommt offenbar dadurch zustande, daß die „eine Möglichkeit", die sich verwirklicht, nicht in jedem Fall eine von Grund aus neue ist, sondern in weiten Gruppen von Fällen dieselbe bleibt; freilich nur grundsätzlich und nur in gewissen Zügen, aber eben das ist bereits das Ausschlaggebende.

---

11 [Vgl. Spinoza, Baruch de, *Ethica ordine geometrica demonstrata et in quinque partes distincta*, Pars I. Propositio 18.]

Hier kann man nun einen überraschend tiefen Einblick in das Verhältnis von Kausalität und Gesetzlichkeit tun. Diese beiden Determinationsformen, beide in erster Linie den Prozeß betreffend, treten in der realen Welt durchaus verbunden auf. Sie machen zusammen das aus, was Kant „Kausalität nach Naturgesetzen"[12] nannte; es ist durchaus eine einzige, wiewohl mannigfach differenzierte Gesetzlichkeit der Kausalabläufe selbst. Aber an sich sind sie etwas von Grund aus Verschiedenes und könnten sehr wohl auch ohne einander bestehen. Die Gleichheit der Abläufe hängt nämlich nach dem Kausalprinzip einzig daran, daß immer wieder die gleichen Ursachenkomplexe auftreten; das aber liegt nicht im Wesen der Kausalität, sondern könnte von ihr aus auch anders sein. Denkbar ist also sehr wohl auch Kausalität ohne Gesetzlichkeit (nämlich, soweit sie selbst keine ist). Eine solche würde bedeuten, daß es keine Wiederkehr gleicher Kollokationen von Ursachen gäbe; was zur Folge hätte, daß die von den Kollokationen kausal abhängigen Prozesse ohne Gleichartigkeit, atypisch und in reiner Individualität, dabei aber durchaus in linear-notwendiger Folge ablaufen müßten. Und ebensosehr könnte es auch Gesetzlichkeit ohne Kausalität geben; so könnte es zum Beispiel in einer final determinierten Welt sein – wie das ja so oft angenommen worden ist. Ja, Gesetzlichkeit könnte auch ganz ohne linear laufende Realdetermination bestehen. Nur eben in der realen Welt, wie sie einmal ist, gibt es das nicht: hier bestehen beide Determinationen, die linear-kausale und die der Gesetze, miteinander, und zwar so, daß sie einander durchdringen. Aber die Typik der Prozesse ist auch in dieser Verflochtenheit nicht eine Folge der Kausalität, sondern eine besondere Eigentümlichkeit der kausalen Naturabläufe. Darum macht sie im Aufbau der Natur eine eigene Kategorie aus.

Ein kategoriales Moment eigener Art an der Naturgesetzlichkeit macht ferner ihre mathematische Struktur aus. Diese bildet das größte Wunder der Wissenschaft, denn hiermit bieten die in den Prozessen waltenden Realverhältnisse unserem Verstande eine Seite dar, deren Prinzipien er besitzt und beherrscht, mit denen er sie also exakt erfassen und berechnen kann. Von dieser Seite der Naturgesetze soll hier nicht die Rede sein; von ihr ist genügend gehandelt worden. Ihr kategoriales Wesen freilich ist keineswegs geklärt. Dazu seien hier nur zwei Dinge hervorgehoben.

Das eine betrifft die Seinsweise der mathematischen Verhältnisse als solcher. Man hat sie oft als bloß in Gedanken bestehende gefaßt. Das wäre plausibel, wenn es gar keine realen Naturprozesse gäbe, die sich nach ihnen richteten. Gibt es aber solche, und sind sie mathematisch berechenbar, so müssen die mathematischen Verhältnisse auch in ihnen selbst enthalten sein und sie beherrschen, und zwar

---

12 [Kant, *Kritik der reinen Vernunft*, B 472.]

unabhängig davon, wieweit der Verstand sie erfaßt. Das bedeutet, daß sie einen Seinscharakter haben müssen. Und dieser ist es, den man nach alten Vorbildern mit Recht als „ideales Sein" bezeichnet. Die Stellung des idealen Seins aber muß darin bestehen, daß es dem Verstande und den Realverhältnissen zugleich übergeordnet ist und beide in gleicher Weise bestimmt. Nur so ist der weitgehende Apriorismus der mathematischen Naturerkenntnis verständlich.

Das zweite betrifft die statistische Gesetzlichkeit in der heutigen Physik. Es ist ein verbreitetes Vorurteil, daß im Bereich der Quantenmechanik die eigentliche Gesetzlichkeit der Prozesse aufhöre. Was sich hier ändert, ist vielmehr nur der besondere Typus der Gesetze. Die Gesetze betreffen hier nicht mehr den Einzel-prozeß, sondern den Durchschnitt aus vielen; im übrigen sind sie genau so sehr Gesetze der Prozesse wie die klassischen. Daher die Erhaltung der letzteren in weiten Grenzen (Äquivalenzprinzip). Das ändert sich auch dann nicht, wenn man hinter den statistischen noch andere, unbekannte Gesetze annimmt, was auf Grund des erstaunlichen Phänomens, das im „Gesetz der großen Zahl" steckt, immerhin naheliegt. Denn auch in dieser Hintergrundschicht würden die Gesetze als solche den Charakter des Real-Allgemeinen und der Wiederkehr des Typischen behalten.

Als Erkenntniskategorie aber dringt die Gesetzlichkeit erst geschichtlich spät ins Bewußtsein durch. Sie ist deshalb von Hause aus keine Anschauungskate-gorie, sondern nur eine solche des Begreifens. Die wissenschaftliche Forschung hat sie sich erst langsam und gegen mancherlei Widerstände ankämpfend erobern müssen.

Ist sie aber einmal gefunden, so rückt sie an die zentrale Stelle des natur-wissenschaftlichen Denkens und hat die Tendenz, alles an sich zu reißen. So ist es in den exakten Wissenschaften der letzten Jahrhunderte geschehen. Sie wird also gewissermaßen nachträglich auch zu einer hybriden Kategorie – vergleichbar der Substanz, die von Anbeginn eine solche ist. In die Anschauung und in das Erleben dringt sie kaum ein. Hier ist sie vielmehr durch Surrogate vertreten, die zwar gelegentlich auch auf sie hinführen können, aber auch zu mannigfachen Fehlern verleiten. Solche Surrogate haben wir in den überall auf Grund geringster Er-fahrung schon einsetzenden Analogievorstellungen, sowie in anderen Formen vorschneller Verallgemeinerung. In der älteren Metaphysik dagegen haben die längste Zeit „substantielle Formen" die Stelle der Naturgesetze eingenommen. Dieses Surrogat ist ein Produkt des Verstandes und konnte deswegen durch den Gesetzesgedanken vollständig verdrängt werden. –

Die zweite übergangene Determinationskategorie ist die *Wechselwirkung*. Sie war zuerst von Kant in die Kategorientafel aufgenommen worden, blieb aber im Schatten der Kausalität wenig beachtet. Schelling und Schopenhauer haben sie als überflüssiges Anhängsel ganz über Bord geworfen. Die Fassung, die Kant vom dritten Newtonschen Axiom ausgehend ihr gegeben hatte, war ja auch in der Tat viel zu eng. Dabei ist es in Wahrheit so, daß fast alle weiter folgenden Kategorien – und gerade hier beginnen doch erst die spezielleren – Sonderformen der Wechselwirkung sind.

Es geht hier zunächst um die Verflechtung der Kausalfäden, um die großen Ursachenkomplexe, deren innerer Zusammenhang, weil er ein simultaner ist, natürlich nicht selbst wiederum ein kausaler sein kann. Eigentliche *causa efficiens* ist ja überhaupt und immer nur die Gesamtursache, die Teilursachen bewirken isoliert gar nichts, kommen auch isoliert gar nicht vor. Wohl aber beeinflussen sie sich gegenseitig als simultane Komponenten. Es gibt eben außer der linear-zeitlichen Auswirkung noch die Systemfunktion der Kausalmomente, und zwar in der Wirkungsfolge selbst, obgleich sie quer zur Zeitdimension gestellt ist.

Was im Räume zugleich ist, steht in durchgehender Wechselwirkung. Dieser Satz ist frei nach Kant formuliert (Kant hatte ihn zu eng auf „Substanzen" allein bezogen). Das bedeutet: alle gleichzeitigen Prozesse beeinflussen einander. Sie bilden miteinander einen einzigen Weltprozeß. So greifen Kausalität und Wechselwirkung ineinander: sie sind zwar durchaus Verschiedenes, aber in der realen Welt, wie sie ist, kommen sie nur zusammen vor. Sie bilden so ein plastisches Beispiel für die unlösliche Kohärenz der Kategorien gleicher Seinsschicht.

Wie aber stehen Gesetzlichkeit und Wechselwirkung zueinander? Daß sie sich in der Einheit eines Weltprozesses miteinander reimen, ist ja nicht selbstverständlich. Sie könnten einander auch stören.

Daß sie es nicht tun, kann man der Erfahrung entnehmen, die uns überall im Reiche der Natur durchaus eindeutige Bestimmtheit zeigt. Möglich aber ist das wohl nur, wenn es einen inneren Zusammenhang beider Kategorien gibt. Ein solcher wird greifbar, wenn man bedenkt, daß die Gleichförmigkeit der Abläufe an der Wiederkehr gleicher Ursachenkomplexe (Kollokationen) hängt, und zwar nach dem Kausalitätsgesetz selbst („gleiche Ursachen – gleiche Wirkungen"). Harmonie zwischen den zwei heterogenen Determinationsformen ist also in der Einheit eines Prozesses nur möglich, wenn die Wiederkehr der gleichen Ursachenkomplexe schon eine Folge der Wechselwirkung ist: das heißt, wenn nicht Beliebiges in beliebiger Weise gleichzeitig miteinander bestehen kann, sondern nur Bestimmtes mit Bestimmtem und in bestimmter Weise. Dann aber gewinnt die Wechselwirkung die überragende Bedeutung eines selektiven Seinsprinzips: sie bewirkt dann die Ausschließung des real Inkompossiblen und das Übrigbleiben des real Kompossiblen (das heißt dessen, was jeweilig real zusammenbestehen kann). Ein solches Ausleseprinzip muß dann natürlich von universaler Tragweite sein. Denn es liegt auf der Hand, daß unendlich vieles im Weltprozeß sich zusammenfinden muß, was nicht zusammenbestehen kann. Die Funktion der Wechselwirkung wäre es dann, es zu vernichten und auszuschalten und so die

Mannigfaltigkeit möglicher Kollokationen erheblich einzuschränken. Das aber würde die Wiederkehr typischer Abläufe und das Auftreten des Real-Allgemeinen im Gesamtgefüge des Weltprozesses vollauf erklären.

Zugleich sieht man deutlich, wie hier nicht nur zwei, sondern drei verschiedene Determinationsformen ineinandergreifen. Denn die dritte neben Gesetzlichkeit und Wechselwirkung ist die Kausalität. Sie determinieren alle verschieden und in verschiedenen Determinationsverhältnissen, und doch so ineinandergefügt, daß sie zusammen keine Überdeterminiertheit und keinen Konflikt ergeben. Das Kohärenzphänomen der Naturkategorien, das uns schon bei der Gesetzlichkeit begegnete, wird so noch um vieles eindrucksvoller.

Auch an diesem Punkte muß man sich darüber klar sein, daß ein solches Zusammenstimmen nichts weniger als selbstverständlich ist. Es gibt auch das konfliktvolle Ineinandergreifen heterogener Determinationen, das harte Aufeinanderstoßen und den Kampf zwischen ihnen. So ist es zum Beispiel im Ethos des Menschen: das Aufeinanderprallen von Seinsgesetzen des Menschen und sittlicher Forderung ergibt den moralischen Konflikt; und der Mensch ist der Kampfplatz, auf dem er ausgetragen wird. Ähnlich ist es im Denken: hier stoßen logische und psychische Gesetzlichkeit aufeinander, und das Resultat ist das in sich unstimmige, „unlogische Denken". Anders ist es mit der Natur. Sie ist konfliktlos, ist eindeutig determiniert, trotz der Mehrzahl der in ihr sich überschneidenden Determinationen. Sie enthält wohl das Aufeinanderstoßen der Kräfte, aber auch stets den Ausgleich und die einheitliche Resultante. Die drei Determinationsformen in ihr stören sich nicht nur nicht, sondern stehen so zueinander, daß gerade erst in ihrem Zusammentreffen der Naturprozeß eindeutig bestimmt ist. Den Konflikt gibt es, streng genommen, nur im Geiste.

Die Querstellung der simultanen Verbundenheit zur Kausalfolge entspricht hierbei genau dem „Senkrechtstehen" der Raumdimensionen auf der Zeit, wie es im vierdimensionalen System besteht. Das Bewirken selbst bleibt immer ein zeitliches und ein kausales; aber daß es in ihm überhaupt die Ganzheit einer Gesamtursache gibt und daß sie die Ganzheit einer Gesamtwirkung nach sich zieht, obgleich die Teilprozesse ja auch unverbunden, jeder für sich, ablaufen könnten, das ist die Leistung der Querverbundenheit in der Gleichzeitigkeit. Und zwar ist es so in jedem Augenblick und fortlaufend von Zustand zu Zustand. Das simultane Wirkungsgefüge ist nicht an greifbare Dauerzustände gebunden, sondern besteht mitten in der ungreifbaren Flüchtigkeit der wechselnden Augenblickszustände. Zusammen mit der Kausalität bildet sie an den Naturprozessen eine vierdimensionale Abhängigkeit.

Als Bewußtseinskategorie ist die Wechselwirkung eine ebenso sekundäre und späte Errungenschaft wie die Gesetzlichkeit. Die Anschauung kennt sie kaum, der Unterschied ist nur, daß sie nicht, wie die Gesetzlichkeit, zuletzt doch alles an sich reißt und „hybrid" wird, sondern auch im wissenschaftlichen Denken fast unpopulär bleibt. Das anschauliche Erleben dagegen begnügt sich beim Zusammentreffen der Ereignisse mit der „Zufälligkeit". Diese Bezeichnung ist hier auch nahezu tautologisch, denn „Zufall" bedeutet ja nichts anderes als das unvermutete Zusammenfallen selbst. Daß dieses Zufällige auch ein real notwendiges sein kann, darum weiß die Anschauung nicht, und darauf dringt sie auch nicht.

Was sie dagegen braucht, ist eine Anpassungsform für die Verbundenheit des Gleichzeitigen. Eine solche besitzt sie in den Einheitstypen der „Situation", der „Lebenslage", sowie in den gegenständlichen Ganzheiten der Wahrnehmung. Diese Einheitsformen sind immer begrenzt – und oft sehr subjektiv begrenzt –, aber immer gestalthaft und bildhaft. Sie teilen das objektiv Zusammengehörige in oft sehr willkürliche Bereiche auf, deren Verhältnis zueinander wir dann als ein äußerlich kontingentes empfinden. Es ist eben nicht die Wechselwirkung selbst, die in ihnen erscheint, sondern es sind Surrogate, die sich mit ihr weder decken, noch eindeutig auf sie hinführen.

V

Die Reihe der übergangenen Naturkategorien soll nur noch durch eine Gruppe ergänzt werden, die man als die des „dynamischen Gefüges" bezeichnen kann. Mit ihr treten die Prozesse zurück und die Gebilde in den Vordergrund.

An der Spitze steht die Kategorie des *dynamischen Gefüges* selbst. Sie schließt sich eng an die Wechselwirkung an, ist aber weit reicher als diese, die ja nur eine einzige in der Welt ist und auf große Entfernungen verschwindend gering wird. Zudem ist jene allgemeine Wechselwirkung stets nur im Augenblick da, ist ephemer, wie die Stadien des Weltprozesses; das besondere dynamische Gefüge ist ein Gebilde von weit höherer Konstanz, in ihm tritt das Wirkungsgefüge gleichsam verdichtet auf, zum geschlossenen Ganzen geworden, mit eigentümlicher Begrenzung und relativer Selbständigkeit. Man kann diese Gefüge auch als Zustände von Dauer verstehen, in denen die Kräfte und die Prozesse sich gegenseitig ergänzen, kompensieren und in Gang halten. Denn diese Gebilde sind in sich bewegliche Systeme. Aber die Prozesse, die in ihnen fortlaufen, sind die Teilvorgänge eines dynamischen Ganzen, das dadurch Dauer erlangt und im Aufbau der Natur wie eine relative Substanz wirkt, das heißt als Träger flüchtiger Zustände fungiert.

Es ist hier durchaus nur von den natürlichen, primären und selbständigen Gefügen die Rede; nicht also von den sogenannten „Dingen" unserer nächsten Umgebung. Diese sind zumeist künstliche oder künstlich überformte Gebilde. Aber auch die unmittelbar gegebenen natürlichen Formationen sind fast alle bloß Bruchstücke oder Teilstücke echter dynamischer Gefüge, so zum Beispiel ein

Steinblock, der im Sande ruht, oder auch ein Sandkorn. Beide sind Bruchstücke des Erdkörpers, und ihre kristallinische Struktur konnte sich nur in einem bestimmten Abkühlungszustande der Erdoberfläche bilden. Die Erde dagegen ist ein selbständiges dynamisches Gefüge, kenntlich als solches schon an ihrer äußeren Gestalt als Rotationsellipsoid. Dasselbe gilt vom Sonnensystem, dessen Glied sie ist, sowie von den größeren kosmischen Systemen. Es gilt aber auch von den Atomen, deren innerer Bau als Bewegungssystem nicht mehr fraglich sein kann, und in anderer Weise wohl auch von den Molekülen.

Die Art der Geschlossenheit ist in diesen Gefügen nicht wie die der sogenannten „Dinge" durch scharfe Raumgrenzen gegeben, sondern zumeist eine verschwimmende, durch dynamische Indifferenzierung der umgebenden Kraftfelder bestimmte Begrenzung. Das bedeutet, daß es innere Begrenzung ist, das heißt eine von innen her bestimmte. Denn es geht hier um die Abhebung gegen die unendlichen Kraftfelder der allgemeinen Wechselwirkung. Die dynamischen Gefüge schneiden die Fäden der letzteren natürlich nicht ab, aber sie sind durch ihre Innenkräfte ihnen innerhalb einer gewissen Reichweite überlegen. So ist es zum Beispiel mit den Gravitationsfeldern großer kosmischer Zentralkörper, die dadurch ein Planetensystem zusammenhalten. Daher die verschwimmende Grenze; denn das System reicht an sich so weit, als die innere Gravitation den umgebenden Gravitationsfeldern überlegen ist. So ist mit der Begrenzung zugleich auch die Einheit des Gefüges von innen her bestimmt. Die Stabilität dieser Gebilde besteht also nur relativ auf die umgebenden Kraftfelder, und wo diese stärker werden, löst sich der Verband. Ein schönes Beispiel dafür bilden die wunderbar regelmäßig aufgebauten Kugelsternhaufen, die (wie ihre Statistik zeigt) sich aufzulösen beginnen, wenn sie der galaktischen Äquatorialebene zu nahe kommen.

Das dynamische Gefüge gewinnt nun seine kategoriale Bedeutung, wenn man sieht, daß die tragenden Grundgebilde des Kosmos von seiner Art sind, ja daß die ganze räumliche Welt nach seinem Prinzip in dynamisch geschlossene Bezirke aufgeteilt ist. Die Atome sind nicht weniger dynamische Gefüge als die Spiralsysteme draußen im Weltraume. Dabei sind die größten Gefüge durchaus nicht die stabilsten, wie sie auch nicht die strukturell höchsten sind. Am ehesten möchte man glauben, daß die Atomkerne die stärksten dynamischen Verbände sind.

Dem inneren Bau der Gefüge kommt man auf die Spur, wenn man sieht, daß sie weder eine Summe noch auch bloße Ganzheit von Teilen sind. Auch Ganzheit ist eben bloß eine quantitative Kategorie. Die „Teile", um die es geht, sind vielmehr Glieder, und sie erhalten ihre Gliedfunktion vom Gefüge her, dem sie angehören. Sie sind vom Zusammenhang des Systems her bestimmt. Eine Gliedfunktion aber haben ebensosehr die einzelnen Kräfte und Prozesse, aus denen der Bewegungszustand des Ganzen sich aufbaut. Denn dieses Ganze besteht wesentlich im Gleichgewicht der Prozesse, respektive der Kräfte, die sie in Gang halten. Die größten Beispiele dafür hat die heutige Atomdynamik gebracht; bekannt aber ist dieses Verhältnis schon seit langem – an den Kräfteverhältnissen in der Planetenbewegung, am Strahlungsgleichgewicht in der Sonnenphotosphäre und anderen. Und auch hier sind die Grenzphänomene lehrreich, die uns diese wunderbar ausgewogenen Gleichgewichte in Auflösung zeigen; so die Sprengung des Atomverbandes durch hohe elektrische Spannung oder das zeitweilige Aufbrechen der thermodynamisch geschichteten Gaskugeln im Phänomen der „Nova" oder der „Supernova". –

Da die dynamischen Gefüge einander nach Größenordnungen überhöhen und umfassen, so liegt der Gedanke nah, in ihrer Ordnungsfolge von unten her auch eine Ordnung der Abhängigkeit und Zeitfolge zu sehen. Das würde einen von den kleinsten Gefügen her bedingten Stufenbau der Natur ergeben, in welchem immer die größeren Gefüge von den kleineren abhängig wären. Das stimmt nun im großen ganzen gesehen auch wirklich so: die größeren Systeme bauen sich stets über den kleineren auf, und zwar so, daß sie diese zu ihren Elementen oder Gliedern machen. Aber es ist nicht so, daß sie sich immer über den nächstkleineren aufbauen; es kommt auch vor, daß hierbei ganze Größenordnungen übersprungen werden. Hierher gehört zum Beispiel das bekannte Phänomen, daß die Spektren der meisten Sternatmosphären kein Vorhandensein von Molekülen (chemischen Verbindungen) anzeigen; und wo sie schließlich auftauchen, da handelt es sich um die am meisten abgekühlten Sterne, um solche also, die einmal höher temperiert waren. Woraus folgt, daß in der Bildung dieser gewaltigen Gaskörper nicht nur die Reihe der mittleren Größenordnungen, sondern auch die der Moleküle übersprungen ist. Das läßt sich zwar sehr gut aus der Abhängigkeit der Bildung chemischer Verbindungen von bestimmten Abkühlungszuständen der großen Massen verstehen. Aber die „von unten nach oben" durchgehende Abhängigkeit ist damit doch durchbrochen. Und man kann nicht einfach sagen, daß der Stufenbau der Natur rein „von unten her" bestimmt sei; er ist vielmehr in gewissen Gliedern ebensosehr „von oben her" bestimmt, das heißt von den größeren Gebilden her. Und der genauere Ausdruck für die Sachlage dürfte der sein, daß sich die Stufenordnung der Natur zugleich von zwei Seiten her aufbaut, von den kleinsten und von den größten dynamischen Gefügen her.

Dieser Aspekt bestätigt sich noch, wenn wir erwägen, daß wir heute zwei geschlossene Reihen von Größenordnungen dynamischer Gefüge kennen. Die eine gruppiert sich um die Atome. Unterhalb des Atoms kennen wir noch einige Arten seiner Bestandteile, von denen es freilich fraglich ist, ob sie noch körperhafte Gebilde sind; oberhalb seiner aber setzen die einfachen (anorganischen) Moleküle ein, über welchen sich dann direkt nur noch die Großmoleküle erheben, die man zwar „organische" nennt, die aber noch keine organisierte Materie sind. Dann reißt die Kette ab, um nach Überspringen vieler Größenordnungen wieder neu einzusetzen: mit den großen kosmischen Gebilden, den Sonnen und Sonnensystemen, den Sternhaufen, den Spiralsystemen (und den ihnen verwandten Formen) und vielleicht noch Gruppen oder „Schwärmen" von solchen. Das Bemerkenswerte in dieser Anordnung ist die offenkundige Lücke in der Mitte: es gibt zwar in ihr auch gewisse Typen dynamischer Gefüge (zum Beispiel die Kristalle), aber sie erfüllen die Lücke keineswegs; dafür drängen sich in diesen Größenordnungen die mannigfaltigen Formen der Bruchstücke und Teilstücke zusammen. Denn was wir Menschen sichtbare Dinge nennen, ist fast alles von dieser Art.

Wirklich bedeutsam aber für den Gesamtaufbau der Natur ist das Phänomen der großen Lücke dadurch, daß gerade in ihr der kosmologische Ort der höchsten Gefüge ist, aber diese sind freilich keine bloß dynamischen, es sind die organischen Gefüge. Und da der Mensch mit zu den letzteren gehört, so kann man auch sagen: die Lücke ist der kosmologische Ort des Menschen. Woraus weiter ohne Schwierigkeit verständlich ist, warum seine Auffassungsorgane so ganz an die Bruchstücke und Teilstücke angepaßt sind, desgleichen an Organismen seiner Größenordnung, das heißt an Metazoen und Metaphyten, keineswegs aber an die Einzelligen. Hier liegt auch der Grund, warum die meisten und gerade die wichtigsten dynamischen Gefüge der unmittelbaren Gegebenheit entzogen sind: die der einen Reihe sind viel zu klein, die der anderen viel zu groß für menschliche Sinne.

Kann man nun sagen, daß der Seinskategorie des dynamischen Gefüges auch eine Bewußtseinskategorie entspreche? Wohl schwerlich. Es sei denn, daß man ihr spätes Auftreten in der wissenschaftlich-philosophischen Überlegung selbst meint. Das anschauliche Erleben hat kein Äquivalent dafür, zu entlegen ist ihm die innere Dynamik kosmischer Systeme oder gar der Atome. Erst auf tausend Umwegen über das schließende Denken kommt das Bewußtsein an sie heran. Hier also wird die Grenze der kategorialen Identität eindeutig greifbar.

Dagegen gibt es eine gewisse sekundäre Anschaulichkeit der dynamischen Gefüge, und zwar in ihren äußeren Gestalten selbst. Sie tritt freilich erst nach Zurücklegung jener Umwege auf und beschränkt sich auf gewisse Gleichgewichtsformen. Als Beispiele können die sichtbaren Ellipsoide gewisser Planetenkörper (Jupiter und Saturn) gelten, nicht weniger aber auch die auf photographischen Aufnahmen sehr eindrucksvoll gewordenen Spiralformen der großen kosmischen Systeme. Näher zur Sphäre des Alltäglichen und der uns unmittelbar gegebenen Größenordnungen läßt sich für diese Art Anschaulichkeit vielleicht die Tropfenform in ihrer elastischen Flüchtigkeit, sowie der mit Recht viel bewunderte Formenreichtum der Kristalle anführen. Aber so weit dringt diese Anschaulichkeit nicht vor, daß sie einen Ersatz der fehlenden Bewußtseinskategorie bilden könnte. –

Von den im Gefolge des dynamischen Gefüges auftretenden Kategorien sollen hier nur noch zwei Determinationsformen genannt werden: die Zentraldetermination und die Ganzheitsdetermination. Beide sind natürlich schon speziellere Kategorien und setzen die allgemeineren Determinationsformen – die Wechselwirkung, die Gesetzlichkeit und die Kausalität – schon voraus. Ihre Sonderstruktur aber ist nicht weniger eigenartig als das Auftreten der Gefüge selbst.

Die *Zentraldetermination* trat uns bereits an dem Phänomen der dynamischen Begrenzung entgegen, das heißt einer Begrenzung von innen her. Hierbei rückt das Gegensatzpaar des Inneren und Äußeren auf den ersten Plan; es zeigt sich, daß die äußere Gestalt eines dynamischen Gefüges von seinem inneren Aufbau und seinem tragenden Kräfteverhältnis her bestimmt ist. Es gilt hier in wunderbar adäquater Verwirklichung der Satz Hegels: das Äußere ist die Äußerung eines Inneren.[13] Das ist gewiß nicht selbstverständlich, gilt auch keineswegs von allen beliebigen Realgebilden, sondern gerade nur von den primären dynamischen Gefügen. Denn in der Tat sind nur diese von innen heraus bestimmt, und zwar bis in ihre äußeren Formtypen hinein. Diese Bestimmtheit von innen her ist die Zentraldetermination. Sie ist ein um so merkwürdigeres und eindrucksvolleres Phänomen, je mehr sie sich gegen Kraftfelder der umgebenden Welt durchsetzen muß. Dafür sind die Beispiele oben gegeben worden.

Unter dem „Inneren" eines Gefüges darf man sich hierbei keineswegs ein geheimnisvolles Zentrum vorstellen, das die Prozesse dirigierte; auch um einen Zentralkörper (wie ja manche Systeme ihn haben) braucht es sich nicht zu handeln. Am ehesten kann man noch von einer (gleichfalls nicht scharf begrenzten) Zentralsphäre sprechen, sofern sie das beherrschende Kraftfeld des Ganzen bestimmt. Aber besser ist es, die räumliche Vorstellungsweise überhaupt fallen zu lassen und unter dem „Inneren" nur die zentral geordnete Dynamik des Gefüges als eine solche zu verstehen.

Diese Fassung genügt auch durchaus, um den Unterschied sekundärer Gebilde, die immer Bruchstücke oder Teilstücke selbständiger Gefüge sind, von diesen grundsätzlicher zu bestimmen, als das oben möglich war. Es läßt sich nämlich jetzt definieren: Bruchstücke und Teilstücke sind Gebilde, die ihr Inneres „außer sich" haben, deren äußere Formbestimmtheit also auch nicht die Äußerung eines eigenen Innern ist. Man kann auch sagen: es sind Gebilde, die keine selbständige Zentraldetermination haben. Wendet man diese Sätze ins Positive, so

---

13 [Vgl. Hegel, Georg Wilhelm Friedrich, *Enzyklopädie der philosophischen Wissenschaften im Grundrisse* (1830). Erster Teil. § 142, in: *Werke*, Bd. 8, Frankfurt/M. 1986, 279: „Die Wirklichkeit ist die unmittelbar gewordene Einheit des Wesens und der Existenz oder des Inneren und des Äußeren. Die Äußerung des Wirklichen ist das Wirkliche selbst, so daß es in ihr bleibt und nur insofern Wesentliches ist, als es in unmittelbarer Existenz ist."]

ergibt sich die Definition: echte dynamische Gefüge sind solche Gebilde, die ihr Inneres „in sich" haben und deren äußere Formbestimmtheit deswegen auch die Äußerung eines eigenen Inneren ist. Das aber bedeutet: es sind Gebilde mit eigener Zentraldetermination, und alle Teilphänomene an ihnen sind aus der Dynamik dieser Zentraldetermination zu verstehen.

Hiernach ist Zentraldetermination überhaupt die kategoriale Wesensform eines dynamischen Gefüges. Charakteristisch für diese Wesensform ist weiter, daß sie eine reine Konsistenzform – ohne Subsistenz, reine Erhaltungsform ohne Substrat – ist. Denn die Erhaltung dieser Gefüge geschieht nicht auf Grund der trägen Unveränderlichkeit von Stoff oder Energie, sondern auf Grund inneren Ausgleichs der Prozesse und Kräfte. Es sind Gleichgewichtsformen, und zwar beweglich-dynamische, in denen komplementäre Prozesse einander die Waage halten. Es fehlt ihnen auch nicht an einer gewissen Selbstregulation, obgleich diese in ihnen freilich noch eine automatische ist. Jeder Überschuß auf einer Seite löst eben schon den auf der anderen Seite (also des Komplementärprozesses) aus. Und so kommt es, daß diese Bewegungssysteme sich auspendeln und zu hochkonsistenten Zuständen des dynamischen Gleichgewichts gelangen können.

Diese Gleichgewichtsform mit der hinter ihr stehenden Zentraldetermination bildet ein kategoriales Grundmoment, das in allen höheren Gefügeformen in Kraft bleibt. Das gilt auch von den organischen Gefügen und weiter hinauf im Stufenreich der Welt von den Gemeinschaftsgefügen. Freilich tritt sie dabei in so mannigfaltig abgewandelten Formen auf, daß man sie nicht ohne weiteres wiedererkennt. Aber das ändert nichts am Prinzip der Zentraldetermination als solcher. –

Anders ist es mit der *Ganzheitsdetermination*. Die Natur bildet einen Stufenbau gestaffelter Größenordnungen von dynamischen Gefügen. Das ist natürlich nur möglich, wenn die Kräfteverhältnisse der einander umfassenden Gefüge harmonisch ineinandergreifen. Denn die Kraftfelder, welche die Gefüge von innen her zusammenhalten, sind ja auch nach außen wirksam – als Außenkräfte, die zugleich das nächstgrößere System wesentlich mitbestimmen. Die Staffelung der Gefüge bedeutet notwendig Überformung, und zwar gleichfalls eine gestaffelte, durchgehende. Die Lücken in der Reihenfolge ändern hieran nichts; die Überformung betrifft dann eben direkt das Kräfteverhältnis von Gefügen entfernterer Größenordnung. Aber auch da ist es noch dasselbe Umfassen und Umfaßtsein.

Es läßt sich nun zeigen, daß hierbei ein Verhältnis waltet, das man als dynamisches Grundgesetz des Stufenbaus bezeichnen kann. Dieses lautet, auf eine kurze Formel gebracht, so: die Außenkräfte des kleineren Gefüges sind zugleich die Innenkräfte des größeren. Sie sind also im größeren Gefüge nicht etwas Störendes, sondern aufbauende Momente. So ist zum Beispiel die chemische Affinität der Atome (eine charakteristische Außenkraft) als zusammenhaltende Bindekraft der Moleküle zu verstehen. Das Zwingende dieses Gesetzes liegt darin, daß ein

Gefüge, in welchem die Außenkräfte seiner Elemente dem Ganzen nicht harmonisch eingefügt wären, sich gar nicht würde erhalten können. Darum ist es besser, das dynamische Grundgesetz des Stufenbaus als Selektionsgesetz zu formulieren: es können bei gegebenen Elementen (kleineren Gefügen) immer nur solche größeren Gefüge entstehen, in denen die Außenkräfte der Elemente zugleich Innenkräfte der Gefüge sind. Jedes Gefüge anderer Art würde instabil sein.

Nun setzt aber dieses Verhältnis, wie es scheint, voraus, daß stets zuerst die kleineren Gefüge da wären und die größeren erst hinterher entständen, daß somit die Natur eindeutig von unten her aufgebaut wäre. Das stimmt in dieser Allgemeinheit nicht: sie ist in manchen Stücken auch von oben her aufgebaut, das heißt von den größeren Gefügen her. Wenn nun aber das dynamische Grundgesetz durchgehend gilt, so muß das allein stabile Kräfteverhältnis auch in diesen Fällen zutreffen. Es wird nur die umgekehrte Form annehmen und so lauten müssen: es können bei gegebenen größeren Gefügen nur solche kleinere sich in ihnen bilden, deren Außenkräfte zugleich Innenkräfte jener größeren Gefüge sind.

Das bedeutet, daß es auch eine Determination gibt, die von den größeren zu den kleineren Gefügen geht und somit tatsächlich der eigenen Zentraldetermination der Gefüge entgegenläuft. Diese geht also vom Gefüge zum Element (oder zum Gliede), vom Ganzen zum Teil. Man kann sie darum mit Recht als Ganzheitsdetermination bezeichnen.

Als bestes Beispiel für sie kann das oben gebrachte von der späten Bildung der Molekularverbände in den Sternatmosphären gelten; die großen Massen der leuchtenden Gaskugeln mitsamt ihrem geschichteten Aufbau bestehen offenbar vor, und die Moleküle können sich allererst in einem späten Abkühlungszustand ihrer Außenzonen bilden, sind also von dem Vorbestehen viel größerer Systeme abhängig. Man kann hierher auch die Bildung der Planetenkörper rechnen. Sicher ist ihre Entstehungsweise heute zwar nicht; aber die Mehrzahl der Theorien rechnet doch (nach dem Vorgange Laplaces[14]) damit, daß diese Körper sich gemeinsam aus einer einzigen rotierenden Masse gebildet haben. Das aber würde bedeuten, daß es die Frühzustände des ganzen Sonnensystems sind, die für ihre Bildung bestimmend gewesen sein müssen.

Das bei weitem größte Beispiel von Ganzheitsdetermination dürfte die Bildung der organischen Gefüge sein. Sie stehen, wie sich zeigte, mitten in der großen Lücke zwischen den kleinsten und den größten Gefügen; und ihre Daseinsweise, die Lebendigkeit, ist offenbar an Bedingungen der umgebenden Welt gebunden, wie sie nur als Seltenheit im Kosmos auf einer Planetenoberfläche in deren

---

14 [Pierre-Simon Laplace, 28. 03. 1749 – 05. 03. 1827. *Exposition du système du monde*, 2 Bde, Paris 1796.]

Spätstadium sich zusammenfinden können. Die Abhängigkeit von den größeren Gefügetypen liegt hier also auf der Hand: die vom Erdkörper und vom Sonnensystem. Das aber ist Ganzheitsdetermination.

VI

Jede der genannten Kategorien beansprucht ein eigenes Interesse und eigenes Problemgewicht, und es wird gewiß noch mancher Untersuchung bedürfen, bis die Lücke ausgeglichen ist, die ihr Übergangensein in der Philosophie bedeutet. Hier aber haben wir darüber hinaus noch mit dem Problem der kategorialen Identität und Nichtidentität zu tun, wie es im Eingang dieser Darlegung entworfen wurde, – mit der Frage also, wieweit Bewußtseins- und Seinskategorien übereinstimmen.

Es hat sich nun an den gebrachten Beispielen gezeigt, daß diese Identität an den einzelnen Kategorien sehr verschieden begrenzt ist.

Im ganzen dürfte die durchlaufene Reihe eine absteigende Linie der kategorialen Identität zeigen. Bezeichnend dafür ist, daß die zuletzt besprochenen Kategorien überhaupt kein eigentliches Analogon mehr im Bewußtsein haben; nicht wenigstens in der Anschauung und im Erleben, aber auch im begreifenden Denken doch erst spät und auch heute wohl erst im Stadium langsamen Durchdringens.

Man muß hieraus wohl den Schluß ziehen, daß es überhaupt einschneidende Verschiebungen im Kategorienbestande des erkennenden Bewußtseins gibt, daß diese aber nicht die Kategorien der Anschauung und des Erlebens betreffen, sondern die des Begreifens. So sind der Prozeß, der Zustand und die Substanz noch weitgehend der Anschauung angehörig und erleiden in ihr auch nicht so leicht einen Wandel, während das dynamische Gefüge und seine besonderen Determinationsformen erst dem Begreifen gegeben sind und in ihm einen durchaus verfolgbaren Prozeß des Durchdringens ins Bewußtsein durchlaufen.

Man darf indessen gerade hier den Gegensatz von Anschauung und Begreifen nicht allzusehr zuspitzen. Das wirkliche Begreifen nämlich – wenn man es nicht logisch formal als Begrifflichkeit mißversteht – ist weit entfernt anschauungsfremd zu sein. Es besteht vielmehr gerade in den höheren Formen der Schau, und selbst die logisch ausgeformten Begriffe, die es sich bildet, tragen noch den Charakter solcher Schau an sich. Lebendig und sacherhellend sind ja auch Begriffe nur, solange sie voll und ganz mit Anschauung erfüllt sind; sobald sie es nicht mehr sind, sinken sie zu Abstraktionen herab und sind dann mehr ein Hindernis als ein Mittel des Begreifens. Was übrigbleibt als Unterschied von Anschauung und Begreifen, ist also nur der Gegensatz von unmittelbarer und vermittelter Schau, denn im begreifenden Denken ist das Moment des Schauens in der Tat ein vermitteltes und nimmt als solches entweder die Form der eindringenden „Einsicht" oder die der zusammenfassenden „Überschau" an. Die letztere geht dann leicht in jenes kontemplative Schauen über, das die Alten als θεωρία bezeichneten.

Hält man dieses fest, so kann man die erkenntnistheoretische Einsicht, die sich aus unserer Betrachtung ergibt, ohne die Gefahr störender Mißverständnisse in folgender Weise zusammenfassen. Es gibt Erkenntniskategorien von zweierlei Art:

1. Kategorien der Anschauung und des unmittelbaren Erlebens, die relativ festliegen und jedenfalls vom erkennenden Bewußtsein nicht erst „eingeführt" und „angewandt" zu werden brauchen, weil sie schon in den primitiven Auffassungsformen enthalten sind. Von ihnen kann das Bewußtsein sich nicht freimachen.

2. Kategorien des Begreifens (der vermittelten Schau), die das erkennende Bewußtsein erwirbt oder zu denen es sich erst durchringen muß, die es vielmehr in gewissen Grenzen auch ändern, aufheben oder auswechseln kann.

Diese letzteren haben einen hypothetischen Einschlag, sind gleichsam Versuche des Bewußtseins, seinen Gegenstand zu fassen. Sie behalten daher, wie speziellere Hypothesen auch, stets etwas vom problematisch vortastenden Charakter, bleiben aber dafür beweglich, variabel, korrekturfähig und oft sogar umstritten. Im Felde dieser beweglichen Formen sekundären Eindringens liegt auch die weite Ebene möglicher „kategorialer Fehler". Fehler dieser Art sind ja nichts anderes als die Hinnahme ungeprüfter Versuche oder auch nur die Ausdehnung des Anwendungsgebietes von an sich zutreffenden Kategorien über deren Gültigkeitsgrenze hinaus.

Mannigfaltig wie diese beweglichen Kategorien selbst sind indessen auch die Übergangsformen zwischen ihnen und den Anschauungskategorien. Noch mannigfaltiger dürften die Arten ihres geschichtlichen Durchdringens ins Bewußtsein und in das Weltbild sein. Wahrscheinlich hat jede von ihnen ihre besondere Geschichte; und da diese sich stets auch innerhalb der allgemeinen Geistesgeschichte aufspüren läßt, so wartet hier eine Aufgabe von einzigartigem Reiz und Reichtum auf ihren philosophischen Bearbeiter.

So entfaltet sich zum Beispiel die Kategorie der Gesetzlichkeit im erkennenden Bewußtsein aus dem viel blasseren und unbestimmteren Prinzip der „Form" (μορφή) heraus. Das Gemeinsame zwischen beiden ist das kategoriale Moment des Real-Allgemeinen, das ja keineswegs ein bloß wissenschaftliches ist, sondern wahrscheinlich eine uralte Anschauungsweise (älter jedenfalls als die Kategorie des streng Einmaligen). Der gewaltige Vorzug, den die Gesetzeskategorie vor dem alten Formprinzip hat, ist nur der, daß sie imstande ist, das Wiederkehrende in den Prozessen zu fassen.

Ein anderes schönes Beispiel ist die Kausalität. Es ist mit ihr keineswegs so, daß man sie etwa bis an die Schwelle der Neuzeit nicht gekannt hätte. Die antike Atomistik hatte sie bereits in ziemlich reiner Form; und sie tritt dort in derartiger Vollendung in Erscheinung, daß man annehmen muß, sie sei auch dem Alltagsdenken der Alten nicht fremd gewesen. Aber sie wird dann jahrhundertelang von Finalvorstellungen verschiedenster Prägung überlagert, verdeckt, ja zum Teil ganz verdrängt, bis schließlich die neue „exakte" Physik sich wieder auf sie besinnt und sie nun als Grundlage alles weiteren Naturbegreifens erst ausprobieren und würdigen lernt.

Eine ähnliche geschichtliche Entwickelung läßt sich an der Substanzkategorie aufzeigen. Sie läuft freilich fast umgekehrt; denn einst, gleich nach ihrer Entdeckung, schien diese Kategorie alles umfassen zu wollen, was nur irgend Beharrung zeigte, ist aber in neuerer Zeit bis auf eine schmale Linie eingeschränkt worden.

Wieder eine andere geschichtliche Kurve zeigt das Durchdringen der Prozeßkategorie im Weltbewußtsein des Menschen. Von Hause aus dürfte ihr ein unumstrittenes und unaufhebbares Anschauungsmoment zugrunde liegen, das mit der Zeitanschauung eng zusammenhängt. Das wird sehr einleuchtend, wenn man beherzigt, daß die Zeit selbst, etwa als leeres Fließen verstanden, ja gar nicht anschaubar ist, sondern erst durch die in ihr sich ausbreitenden Inhalte anschaulich wird. Diese Inhalte aber sind die Prozesse. Über diese Anschauungsform des Prozesses geht nun aber eine merkwürdig hin- und herpendelnde Entwickelung des Begreifens hin, in der sie bald überdeckt und verkannt, bald ans Licht gezogen und zum Fundamentalmoment gemacht wird. Letzteres haben wir zum Beispiel erstmalig bei Heraklit, ersteres bei den Eleaten, die das Werden gar nicht für einen Seinsmodus gelten lassen. Verfeinert, aber auch intensiviert wiederholt sich dieselbe Antithese an der Schwelle des neuzeitlichen Denkens – damals, als Verhältnisse und Vorgänge aufhörten, für etwas bloß Akzidentelles zu gelten, und nun ihre Bewertung derartig umschlug, daß man in ihnen das eigentliche Wesen der Dinge zu erfassen meinte.

Es ist wohl klar, daß bei solchen Kategorien von einer vorfindbaren Identität mit entsprechenden Seinskategorien nicht gut die Rede sein kann. Es kann wohl zu ihr kommen, und die Richtung auf sie wohnt allen Versuchen des Bewußtseins inne. Aber von vornherein gegeben ist sie nicht. Hier zeigt die kategoriale Grundrelation ihr zweideutiges Gesicht – als bloß partiale Identität. Und damit hängen weitere Schäden und Schwächen des Kategoriengebrauchs (also der „Anwendung") zusammen: die Überspannung ihres Geltungsbereichs, die Grenzüberschreitung mit ihr – bis zu dem extremen Fall der „hybriden" Bewußtseinskategorie.

Indessen all diese Fehler mitsamt der dahinterstehenden Divergenz von Seins- und Bewußtseinsprinzip ändern nichts daran, daß allen Kategorien des begreifenden Denkens doch eindeutig die Tendenz innewohnt, sich mit den Seinskategorien zu decken und so die kategoriale Identität herzustellen. Diese Tendenz als solche ist ihnen wesentlich. Und sie bildet an ihnen einen eigenartigen Vorzug vor jenen festliegenden Kategorien der Anschauung. Denn das Begreifen ist beweglich, es kann sich seine Prinzipien in gewissen Grenzen selbst wählen und schaffen, ja sie ausprobieren, verwerfen und umschaffen. Seine Grundtendenz ist die der Annäherung an die Seinskategorien. Und das eben ist möglich, weil es mit einem gewissen Zielbewußtsein vorgehen und sogar mit sich selbst experimentieren kann. Von ihm gilt, was einst Hegel von der Dialektik sagte (die ja auch ein Fortschreiten in Kategorien ist): sie sei die Erfahrung, die das Bewußtsein mit sich selbst und seinem Gegenstande macht.

Der ganze Apparat der Erkenntniskategorien, soweit diese beweglich sind, läßt sich hiernach auffassen als eine einzige große Zurüstung der Anpassung des Intellekts – und letzten Endes des Menschen überhaupt – an die Welt, in der er lebt. Denn seine Erkenntnis ist das Sichzurechtfinden in der Welt und die Bedingung ihrer Auswertung durch ihn. Man braucht das nicht biologisch zu überspitzen. Es ist vielmehr dieselbe Adäquationstendenz, die in allem Zulernen, Erleben, Einsehen und Eindringen liegt, das von jenen Kategorien mit getragen ist. Auch das hochdifferenzierte Gebäude der Wissenschaften muß unter diesem Gesichtspunkt gewertet werden; wie wir denn auch gerade an der Wissenschaft, wo sie vor dem Unerkannten steht, das charakteristische Fortschreiten von Hypothese zu Hypothese sehen. In diesem aber steckt zumeist schon verborgen das Ringen um die Adäquation der eigenen Erkenntniskategorien.

Die Anpassung selbst also, von der hier die Rede ist, muß als ein eminenter Prozeß des wissenschaftlichen Lebens aufgefaßt werden. Als solcher ist er jederzeit eingebettet in den größeren Prozeß des geistig aktiven Lebens überhaupt, in dem ja die gleiche Anpassung auf vielerlei Geleisen nebeneinanderher fortschreitet. Dieser allgemeinere Prozeß ist der tragende. Aber durch ihn „erklären" läßt sich der speziellere schwerlich. Dazu müßten wir ihn besser kennen. Einstweilen steht es noch umgekehrt: vom Erkenntnisverhältnis und seinem Fortschreiten aus können wir noch am ehesten in ihn hineinleuchten. In diesem aber bildet die Adäquationstendenz beweglicher Erkenntniskategorien ein wesentliches Moment. –

Man kann gegen diesen ganzen Aufriß einwenden, damit würde ja der apriorische Einschlag der Erkenntnis – also gerade derjenige, der „Allgemeinheit und Notwendigkeit" haben sollte, – relativiert. Wo die Erkenntniskategorien sich verschieben oder gar wechseln können, läßt sich doch nicht von einer Notwendigkeit der Einsichten und Urteile sprechen, die auf ihnen beruhen.

Der Einwand hat recht. Aber es ist die Frage, ob er die hier gebrachte Darstellung der kategorialen Verhältnisse trifft oder den herangezogenen Aprioritätsbegriff. Bedeutet denn „*a priori*" eine infallible Einsicht, die durch nichts mehr angegriffen oder korrigiert werden könnte? Der Sinn des Wortes bedeutet nur, daß es Einsicht vom prius her sei, das heißt von einem Prinzip her. Dabei herrschte freilich in alter Zeit die Meinung, das Prinzip sei etwas Absolutes und Unveränderliches. Diese Meinung aber ist es, die sich vor der fortgeschrittenen Kategorienforschung nicht hat halten können. Es besteht also kein Grund, das alte Dogma von der Unumstößlichkeit apriorischer Einsichten zum Einwande gegen die Beweglichkeit der Erkenntniskategorien zu machen, nachdem einmal das merkwürdige Phänomen eben dieser Beweglichkeit jenes Dogma fragwürdig gemacht hat.

Nicht einmal gegen die tieferen Intentionen Kants verstößt man hiermit. War Kant es doch, der die „objektive Gültigkeit" seiner Kategorien nicht etwa stillschweigend voraussetzte, sondern gerade zum Thema einer weit ausladenden Untersuchung machte: der transzendentalen Deduktion der reinen Verstandesbegriffe. Diese Deduktion setzte geradezu voraus, daß die reinen Verstandesbegriffe sehr wohl auch irreführend sein können – in der Weise etwa, wie in der alten Naturwissenschaft die *lex parsimoniae naturae* und der *horror vacui* irreführend gewesen waren. Aber auch abgesehen von Kant, ist nicht alles nicht aus der Erfahrung Geschöpfte in unserer Gegenstandsvorstellung ein *a priori* Hingenommenes? Denn von irgendwelchen Voraussetzungen dürfte es stets bestimmt sein, und diese werden eben damit doch für etwas Prinzipielles genommen. In diesem Sinne sind unsere Vorurteile, einerlei ob sie leichtfertig oder tiefsinnig sein mögen, etwas Apriorisches. In den Wissenschaften aber, und gerade in den exakten, sind die Hypothesen durchaus von apriorischem Charakter, und zwar schon allein dadurch, daß sie der Erfahrung vorgreifen und nachträglich ihrer Bestätigung bedürfen.

Hier also liegt durchaus kein Hemmnis für den Gedanken des Wandels in den Erkenntniskategorien. Der Sinn apriorischer Erkenntnis liegt nach wie vor im Erfassen eines Allgemeinen und Notwendigen, aber es braucht kein irrtumsfreies und endgültiges Erfassen zu sein; ob es ein solches ist oder nicht, hängt daran, ob das in ihm vorausgesetzte kategoriale Prinzip ein objektiv gültiges ist oder nicht. Der Apriorismus beruht also immer noch auf der Identität von Bewußtseins- und Seinskategorien, genau so wie seine Grenzen auf der Begrenzung dieser Identität beruhen. Aber er ist deswegen keineswegs an feststehende Kategorien gebunden.

Denn inhaltlich wandert das *A priori* mit der fortschreitenden kategorialen Identität selbst mit fort. Sein Wandel ist ein Vorgang, der im Hintergrunde des allgemeinen Erkenntnisprogresses sich unsichtbar fortbewegt. Er gleicht dem letztern darin, daß er nicht jederzeit eigentlichen Fortschritt bedeutet, wohl aber gleich ihm die eindeutige Tendenz zum Fortschritt in sich trägt; er gleicht ihm auch darin, daß er sich in Irrtümern und Berichtigungen, in Annahmen und Bestätigungen (respektive Korrekturen), in Problemen und Lösungsversuchen fortbewegt. Dieses vielfach abgestufte Widerspiel ist ein fruchtbares und heilsames. Schon in alten Zeiten wußte man es wohl zu würdigen. Daß es sich aber bis in die hintergründige Dynamik des Kategorienwandels in unserem Weltbewußtsein erstreckt, ist eine neue Einsicht, deren Konsequenzen sich einstweilen noch nicht absehen lassen.

Textnachweise

1. „Diesseits von Idealismus und Realismus. Ein Beitrag zur Scheidung des Geschichtlichen und Übergeschichtlichen in der Kantischen Philosophie" (1924), in: *Kant-Studien* 29, 1924, 160 – 206 (wiederabgedruckt in: *Kleinere Schriften*, Bd. 2, Berlin 1957, 278 – 322).

2. „Wie ist kritische Ontologie überhaupt möglich? Ein Kapitel zur Grundlegung der allgemeinen Kategorienlehre" (1924), in: *Festschrift für Paul Natorp. Zum siebzigsten Geburtstage von Schülern und Freunden gewidmet*, Berlin – Leipzig 1924, 124 – 177 (wiederabgedruckt in: *Kleinere Schriften*, Bd. 3, Berlin 1958, 268 – 313).

3. „Kategoriale Gesetze. Ein Kapitel zur Grundlegung der allgemeinen Kategorienlehre" (1926), in: *Philosophischer Anzeiger. Zeitschrift für die Zusammenarbeit von Philosophie und Einzelwissenschaften* 1(2), 1926, 201 – 266.

4. „Zum Problem der Realitätsgegebenheit – 1. Der Vortrag, 2. Die Diskussion, 3. Schlusswort des Referenten" (1931), in: *Philosophische Vorträge – veröffentlicht von der Kant-Gesellschaft*, hrsg. v. Paul Menzer u. Arthur Liebert. Heft 32, 1931, 7 – 97.

5. „Neue Ontologie in Deutschland" (1946; urspl. 1940), in: *Felsefe Arkivi* 1(2 – 3), 1946, 1 – 50 (wiederabgedruckt in: *Kleinere Schriften*, Bd. 1, Berlin 1955, 51 – 89).

6. „Neue Anthropologie in Deutschland. Betrachtungen zu Arnold Gehlens Werk ‚Der Mensch, seine Natur und seine Stellung in der Welt'" (1941/2), in: *Blätter für Deutsche Philosophie* 15, 1941/1942, 159 – 177 (wiederabgedruckt in: *Kleinere Schriften*, Bd. 3, Berlin 1958, 378 – 393).

7. „Naturphilosophie und Anthropologie" (1944), in: *Blätter für Deutsche Philosophie* 18, 1944, 1 – 39 (wiederabgedruckt in: *Kleinere Schriften*, Bd. 1, Berlin 1955, 214 – 244).

8. „Ziele und Wege der Kategorialanalyse" (1948), in: *Zeitschrift für philosophische Forschung* 2, 1948, 499 – 536 (wiederabgedruckt in: *Kleinere Schriften*, Bd. 1, Berlin 1955, 89 – 122).

Begriffsregister

Adäquation, Adäquationstendenz   371, 406
Akt, Akttypen, Aktformen   5, 13, 133 f., 156,
    164, 173 f., 179 f., 185, 190, 194 – 198,
    200, 202 – 204, 206 – 210, 212, 214,
    218 – 226, 228 – 232, 234 – 238, 240 f.,
    244 – 251, 253 f., 256 – 263, 272 f., 278 f.,
    281, 294 f., 300, 302, 308 f., 334 f., 346 –
    353, 355, 364
– Gefühlsakt   190
– Transzendenter Akt, emotional-transzen-
    denter Akt   8, 185, 196, 203, 246, 262,
    347, 349 f., 364
Aktivismus   223, 263
Anpassung   213, 335, 344, 346 f., 349, 353,
    357, 372, 406
Anschauungsformen   27 – 29, 52, 91, 126,
    353, 376
Anthropologie   1, 5 – 11, 252, 265, 269,
    274 f., 277, 304, 311 – 315, 317, 322 – 325,
    328 – 340, 342 f., 371 – 373
Anthropomorph, Anthropomorphismus   30,
    94, 120, 138, 166, 192, 285, 337
Anti-Intellektualismus, Irrationalismus   180,
    229, 253, 262
Antinomien, Antinomik   18, 50, 60, 65, 110 –
    116, 172, 240, 243
Aporetik, aporetisch   4, 15 – 17, 22 – 25, 34 f.,
    47, 49, 77, 80 f., 85
Aposteriori   34, 38 – 40, 100, 188, 249
Apriori, Apriorität   2, 12, 26 – 28, 31 f., 34 f.,
    37 – 41, 43 – 48, 51 – 53, 55, 72 – 78, 88,
    90 f., 97 f., 113, 124, 130 f., 134, 178,
    187 f., 203, 226, 234 f., 239, 249, 256,
    275, 309, 353, 370, 379, 391, 393, 406 f.
Arbeit   13, 196, 265, 350
Atom   156, 231, 265, 279, 371, 375, 397 –
    399, 401
Autonomie   27, 33, 54 – 56, 65, 75, 93, 169,
    172 – 174, 227, 257, 297, 302, 304, 308,
    358, 372 f.
Axiologie, axiologisch   67, 69, 78 f., 93, 109,
    115 f.

Bewusstsein   265 – 267, 334, 370

Biologismus, Evolutionismus   86, 120, 138,
    168, 330, 336

Charakter, Charakterologie   293, 304, 318,
    322 f.
Chorismos   69, 85 f., 90
Concretum, Konkretum   69, 83 – 86, 90 – 92,
    95 f., 98, 114

Determination   34, 57 – 64, 79, 115 f., 120,
    136, 139 – 145, 148, 151, 155, 162 – 165,
    169 – 175, 297, 300, 304 f., 307 f., 345,
    362, 365 f., 371, 373, 386 f., 389, 391 –
    395, 400 – 402
Determinationskategorien   371, 389, 393
Dualismus   33, 38 f., 89, 115, 142, 224, 232,
    330

Eidos   69, 88, 128
Empirie   101, 190
Erfahrung, Erfahren   3 f., 12, 18, 29, 31, 38 –
    45, 50 – 52, 54 f., 70, 74, 90 f., 97, 100,
    102, 177 f., 191, 196, 207, 212, 219, 223,
    232 – 234, 253, 256, 258, 286, 295, 301,
    310, 318, 320 f., 327, 329, 331, 344, 348,
    354, 359, 374 – 376, 391, 393 f., 406 f.
Erkenntnis   1, 3 – 5, 8, 14, 17, 27, 30 f., 33,
    36 – 41, 44 – 48, 50 – 52, 67 f., 71 – 74,
    76 – 78, 86 f., 89 – 92, 96 – 103, 109,
    114, 125 f., 130 f., 134, 139, 144, 158,
    164, 178 f., 182, 184 – 189, 192, 194,
    201 – 205, 207, 211 f., 218 f., 221 – 226,
    228 – 230, 235 f., 238 – 241, 243 – 246,
    248, 251, 253 – 256, 260, 262 f., 271 –
    274, 278 f., 308 f., 313, 324 f., 335,
    350 – 353, 355, 369 – 372, 376 – 378,
    406 f.
– Erkenntnisakt   186 f., 189 f., 203, 206,
    208, 210, 218, 221, 223 f., 229, 237, 240,
    243, 253 f., 261, 272
– Erkenntnisfragen   266
– Erkenntniskritik   238 f., 243, 275, 375
– Erkenntnisphänomen   3, 36, 44 f., 99, 101,
    114, 179, 184, 186 f., 189, 200, 253, 255, 263

203, 208, 211, 221 f., 226 f., 234 – 237,
246, 248, 251, 254, 257 – 260, 308,
347 f.

Überbauung   120, 150, 165, 168, 175
Überformung   120, 162, 165, 172 – 174, 346,
357 – 359, 401
Überlagerung   63, 120, 132, 149 f., 152, 168,
295, 300, 305, 368
Überordnung   26, 33, 46, 116, 357
Umwelt   263, 309, 311, 317 f., 327 f., 340 f.
Unendlichkeit   35, 50, 97, 111
Universalienrealismus   286, 292, 390
Urteil   18, 27 – 32, 34 f., 37 – 46, 51, 77, 91,
100, 109, 125, 184, 188, 202, 212, 218,
226, 229, 234, 271, 278, 324 f., 353,
362, 369 f., 376, 406
Urteilskraft   59, 73, 95, 229, 245, 267

Vernunftmetaphysik   284
Verstand   8, 22, 27 – 29, 38, 44, 47, 49 – 51,
55, 75, 147, 239, 306, 353 – 355, 387,
390 – 393, 405
Volk, Volksleben   156, 273, 288 f., 304, 336,
343, 360 f., 364 f., 368
Volksgeist, Volkskörper, Volksleben   274,
290, 364
Vorurteil   31 f., 68, 70, 72, 74 f., 78, 80, 82 f.,
85, 87 – 91, 95 f., 97 f., 106, 113, 115, 127,
139, 165, 175, 183, 255, 275, 309, 329 f.,
393, 407

Wahrheit   34, 38 – 40, 47, 73, 87, 101, 106,
109, 111 f., 131, 142, 144 f., 149, 152 f.,
166, 168, 171, 175 f., 180, 184, 189, 196,
199, 206, 226, 234, 241, 246, 264, 271 –
273, 277, 279, 286, 292, 302, 309 f.,
324 f., 359, 380, 388, 394
Wahrnehmung   35, 182 f., 188, 190, 200 –
202, 207, 217, 233, 236 f., 246, 248,
280 f., 331, 347 f., 350, 352 – 354, 384,
387, 396
Wechselwirkung   296 f., 371 f., 389, 393 –
397, 400
Welt   5, 6, 8, 11, 13, 24, 34, 56, 60, 62 – 65,
71, 75, 83 – 85, 88, 94, 104, 1100 f., 115 –
120, 123, 127, 132 f., 137, 158 f., 164 f.,

172, 174 f., 178 – 180, 182 – 187, 195, 201,
205 – 207, 211, 213, 215, 217, 219, 221 f.,
229, 231, 235 – 237, 243, 249, 254 – 262,
265 f., 268, 270, 272, 274, 276, 279 f.,
282 – 287, 289 – 293, 295 – 308, 311 –
313, 315 – 318, 320 – 323, 326 f., 329 f.,
332, 334, 337 f., 340 – 349, 353, 364,
370 – 374, 378, 381 – 385, 389, 392, 394,
396 f., 400 – 402, 406
– Außenwelt   45, 47, 100, 178, 210, 213,
219, 231 – 234, 237 – 239, 273, 329, 331,
347, 349
– Dingwelt   85, 127, 234, 261
– Geistige Welt   290, 292, 304, 383
– Ideenwelt   159, 261
– Innenwelt   104, 231 f., 234, 239, 292, 300,
327, 329, 331, 340
– Intelligible Welt   179, 211, 261
– Materielle Welt   301
– Weltbewusstsein   194, 405, 408
Weltbild   12, 22, 60 f., 73, 79, 83, 94, 99,
165, 167, 169, 174, 205, 273 f., 276,
283 – 285, 291, 295, 302 f., 312, 326 f.,
329, 337, 345, 374, 378, 380, 391, 404
Wert   94, 115 f., 137, 151, 173, 197 f., 241,
270, 358
– Wertrealismus   241, 254 f.
Widerfahrnis, Betroffensein   190 – 192, 200,
203
Wille   56 f., 64, 94, 138, 170, 173 f., 197 f.,
305, 322
Willensfreiheit   33, 57, 60, 63 – 65, 138, 169,
172 – 174, 307 f., 374 f.
Wissen   43, 61, 71, 100, 106, 183, 202 f.,
232 f., 255 f., 275 – 277, 280 f., 289, 306,
362, 371, 379
Wissenschaft   3, 26, 71, 73 – 75, 81, 134,
184, 186, 202, 209 – 213, 215, 218, 229,
236, 239, 263 – 266, 270 f., 274, 279 f.,
294, 299, 324 f., 327 – 329, 339, 354,
359, 370 f., 376, 383, 389 f., 392 f., 406 f.
– Realwissenschaft   12, 249, 265 f., 283

Zeit, Zeitlichkeit   27 – 31, 35, 44, 52, 54, 88 –
92, 103, 123 f., 141 f., 159, 171, 173,
182 f., 213, 220, 231, 235, 266, 296,
308 f., 346, 376, 379 – 385, 395, 405

Personenregister

www.ingramcontent.com/pod-product-compliance
Lightning Source LLC
Chambersburg PA
CBHW021545260326
41914CB00001B/177